Müller · Rebler

Klärung von Eignungszweifeln im Fahrerlaubnisrecht

3. Auflage

Klärung von Eignungszweifeln im Fahrerlaubnisrecht

Rechtliche Grundlagen und praktische Sachbearbeitung

von

Prof. Dr. Dieter Müller,
Leiter des Studienbereichs Verkehrswissenschaften an der Hochschule der Sächsischen Polizei (FH), Schriftleiter der Zeitschrift Die Polizei,

Dr. Adolf Rebler,
Regierungsdirektor, Regierung der Oberpfalz

und

Dr. Udo Kranich,
Verkehrspsychologe

3. Auflage

Carl Heymanns Verlag 2025

Bibliografische Information der Deutschen Nationalbibliothek

Die Deutsche Nationalbibliothek verzeichnet diese Publikation in der Deutschen Nationalbibliografie; detaillierte bibliografische Daten sind im Internet über http://dnb.d-nb.de abrufbar.

ISBN 978-3-452-30398-1

www.wolterskluwer.com

Carl Heymanns – eine Marke von Wolters Kluwer Deutschland GmbH.

Umschlagkonzeption: Martina Busch, Grafikdesign, Homburg Kirrberg
Satz: Datagroup-Int SRL, Timisoara, Romania
Druck und Weiterverarbeitung: Sowa Sp. z o.o., Piaseczno, Polen

Gedruckt auf säurefreiem, alterungsbeständigem und chlorfreiem Papier.

Vorwort

Das Rechtsgebiet des auf mehrere Gesetze und Verordnungen verstreuten Fahreignungsrechts regelt und reguliert einerseits die Bedürfnisse der Fahrzeugführer auf Mobilität und andererseits die Sicherheitsbedürfnisse der Menschen, vor Gefahren verschont zu bleiben, die durch ungeeignete und nicht befähigte Fahrzeugführer verursacht werden können.

Tauchen tatsachenbedingte Bedenken oder gar Zweifel an der Fahreignung oder Befähigung einer Person auf, kann die Fahrerlaubnisbehörde tätig werden. Verfügt die betreffende Person noch nicht oder nicht mehr über eine Fahrerlaubnis, wird die Fahrerlaubnisbehörde überlegen, ob dieser Person auf ihren Antrag unter den gegebenen Bedingungen überhaupt eine erste oder erneute Fahrerlaubnis erteilt werden kann. Wenn die Person bereits über eine Fahrerlaubnis verfügt, wird die Fahrerlaubnisbehörde überprüfen, ob die betreffende Person ihre Fahrerlaubnis behalten kann. In allen angesprochenen Fällen stehen der Fahrerlaubnisbehörde zahlreiche abgestufte Möglichkeiten zur Verfügung, sich über einen Prozess der Bewertung und Begutachtung die notwendigen Sachinformationen zu verschaffen, die ein Urteil über das Vorhandensein oder das Fehlen der Fahreignung zulassen.

Dieser Praxisratgeber möchte in erster Linie den beteiligten Mitarbeitern in den Verkehrsbehörden auf eine leicht verständliche Weise das notwendige Hintergrundwissen vermitteln, um Probleme aus dem Bereich der Fahreignungsbegutachtung professionell zu bewältigen. Daneben sind aber auch die Mitarbeiter in denjenigen Institutionen und Behörden angesprochen, die sich entweder direkt oder indirekt mit dem Fahreignungsrecht oder dessen Teilbereichen beschäftigen müssen. Angesprochen sind daher auch die Behörden und Personen, denen Meldepflichten gegenüber den Fahrerlaubnisbehörden obliegen sowie die Volljuristen in den Verwaltungsgerichten und Anwaltskanzleien, die in Fahreignungssachen fachlich professionell entscheiden oder ihre Mandanten engagiert und fachlich geschickt vertreten müssen.

Der Inhalt führt den Leser in der Form eines Leitfadens durch die Grundsätze des Fahreignungsrechts, der Verkehrspsychologie, der Verkehrsmedizin und Spezialprobleme der Begutachtung. Die Inhalte machen den Leser nicht zu Experten auf diesen Fachgebieten. Die Erkenntnisse sollen aber ein fachliches Niveau sicherstellen, das dazu geeignet ist, die notwendigen Entscheidungsgrundlagen zu ermitteln, um ungeeignete Fahrzeugführer besser erkennen, überprüfen und im Verfahren gerecht behandeln zu können. Der inhaltliche Schwerpunkt dieses Buches liegt im öffentlichrechtlichen Fahreignungsrecht, wobei das Fahreignungsrecht des StGB zumindest in einigen Erläuterungen und Zitaten ansatzweise vertreten ist.

Wir Autoren bedanken uns bei Jürgen Brenner-Hartmann, der den verkehrspsychologischen Teil in der Vorauflage verantwortet hatte und auf dessen großen Erfahrungsschatz wir aufbauen durften. Einen besonderen Dank schulden wir den beiden Experten des Themengebietes der Fahreignung Dr. Thomas Wagner und Volker Kalus, die uns den von ihnen erarbeiteten Katalog von behördlichen Fragestellungen selbstlos im Sinne einer möglichst großen Verbreitung dieses exzellenten fachlichen Standards zur Verfügung gestellt haben.

Zu großem Dank verpflichtet sind wir auch unseren Lektoren Frau Baier (Datagroup Deutschland) und Herrn Wagner (Wolters Kluwer Deutschland), die uns in jeder Phase dieser Neuauflage unterstützt haben.

Die Autoren freuen sich über konstruktiv-kritische Rückmeldungen zu den Inhalten des Buches, die gerne an den Verlag gerichtet werden dürfen und bei einer Folgeauflage mit Sicherheit berücksichtigt werden.

Halle (Saale), Regensburg und Leipzig, im Juli 2024

Dieter Müller, Adolf Rebler und Udo Kranich

Inhaltsverzeichnis

Abkürzungsverzeichnis

a.A.	andere Ansicht
AAK	Atemalkoholkonzentration
a.a.O.	am angegebenen Ort
aaSoP	amtlich anerkannter Sachverständiger oder Prüfer (für den Kraftfahrzeugverkehr)
Abb.	Abbildung
Abs.	Absatz, Absätze
ADR	Übereinkommen über die internationale Beförderung gefährlicher Güter auf der Straße
a.F.	alte Fassung
AG	Amtsgericht
Alt.	Alternative
AMG	Gesetz über den Verkehr mit Arzneimitteln (Arzneimittelgesetz)
amtl.	amtliche
ÄndVO	Änderungsverordnung
Anm.	Anmerkung
Art.	Artikel
Ast.	Antragsteller
Aufl.	Auflage
BAK	Blutalkoholkonzentration
BASt	Bundesanstalt für Straßenwesen
BayBO	Bayerische Bauordnung
BayKG	Kostengesetz (für Bayern)
BayObLG	Bayerisches Oberstes Landesgericht
BayVBl.	Bayerische Verwaltungsblätter (Zeitschrift)
BayVwVfG	Bayerisches Verwaltungsverfahrensgesetz
BeckRS	Beck-Rechtsprechung
Begr.	Begründung
Beschl.	Beschluss
BfF	Begutachtungsstelle für die Fahreignung
BGB	Bürgerliches Gesetzbuch
BGBl. I	Bundesgesetzblatt Teil I
BGH	Bundesgerichtshof
BGHSt	Entscheidungen des Bundesgerichtshofes in Strafsachen
BR	Bundesrat
bspw.	beispielsweise
BT	Bundestag
BTM	Betäubungsmittel
BtMG	Gesetz über den Verkehr mit Betäubungsmitteln (Betäubungsmittelgesetz)
BVerfG	Bundesverfassungsgericht

BVerfGE	Entscheidungen des Bundesverfassungsgerichts
BVerfGK	Kammerentscheidungen des Bundesverfassungsgerichts
BVerwG	Bundesverwaltungsgericht
BVerwGE	Entscheidungen des Bundesverwaltungsgerichts
BZRG	Gesetz über das Zentralregister und das Erziehungsregister (Bundeszentralregistergesetz)
bzw.	beziehungsweise
ca.	circa
CanG	Gesetz zum kontrollierten Umgang mit Cannabis und zur Änderung weiterer Vorschriften (Cannabisgesetz)
CTU	chemisch-toxische Untersuchungen
DAR	Deutsches Autorecht (Zeitschrift)
DGUV	Deutsche Gesetzliche Unfallversicherung
DGVM	Deutsche Gesellschaft für Verkehrsmedizin
DGVP	Deutsche Gesellschaft für Verkehrspsychologie
d.h.	das heißt
dl	Deziliter
DLR	Deutsches Zentrum für Luft- und Raumfahrt
DRE	Drug-Recognition-Experts
Drucks.	Drucksache
DVBl	Deutsches Verwaltungsblatt (Zeitschrift)
EGGVG	Einführungsgesetz zum Gerichtsverfassungsgesetz
Entsch.	Entscheidung
et al.	et alii (und andere)
e.V.	eingetragener Verein
evtl.	eventuell
f.	folgender
FA/FAin	Facharzt/Fachärztin
FAER	Fahreignungsregister
FA-MPU	Fachausschuss Medizinisch-Psychologische Untersuchungen
FE	Fahrerlaubnis
FeV	Verordnung über die Zulassung von Personen zum Straßenverkehr (Fahrerlaubnis-Verordnung)
ff.	fortfolgende
FFI	fahreignungsfördernde Interventionen
GG	Grundgesetz
ggf.	gegebenenfalls
gGmbH	gemeinnützige Gesellschaft mit beschränkter Haftung
GGVSEB	Gefahrgutverordnung Straße, Eisenbahn und Binnenschifffahrt

Halbs.	Halbsatz
HKS	Tachykardie, Herzrhythmusstörungen, Hypertonie, Angina pectoris, Myokardinfarkt, kardiogener Schock
h.M.	herrschende Meinung
i.d.R.	in der Regel
infas	Institut für angewandte Sozialwissenschaft
i.S.d.	im Sinne des/der
i.S.v.	im Sinne von
i.v.	intravenös
i.V.m.	in Verbindung mit
JGG	Jugendgerichtsgesetz
Kap.	Kapitel
KCanG	Gesetz zum Umgang mit Konsumcannabis (Konsumcannabisgesetz)
Kfz	Kraftfahrzeug
KG	Kammergericht
kg	Kilogramm
km/h	Kilometer pro Stunde
KommP BY	KommunalPraxis Bayern (Zeitschrift)
LG	Landgericht
LKV	Landes- und Kommunalverwaltung (Zeitschrift)
LSD	Lysergsäurediethylamid
m	Meter
m.	mit
med.-psych.	medizinisch-psychologisches
MFU	medizinische Fahreignungsuntersuchung
Mg	Milligramm
MiStra	Anordnung über Mitteilungen in Strafsachen
Ml	Milliliter
MPU	medizinisch-psychologische Untersuchung
m.w.N.	mit weiteren Nachweisen
n.F.	neue Fassung
ng	Nanogramm
NJOZ	Neue Juristische Online-Zeitschrift (Zeitschrift)
NJW	Neue Juristische Wochenschrift (Zeitschrift)
NpSG	Neue-psychoaktive-Stoffe-Gesetz
Nr.	Nummer, Nummern

NStZ-RR	Neue Zeitschrift für Strafrecht Rechtsprechungs-Report Strafrecht (Zeitschrift)
NZV	Neue Zeitschrift für Verkehrsrecht (Zeitschrift)
OLG	Oberlandesgericht
OVG	Oberverwaltungsgericht
OWiG	Gesetz über Ordnungswidrigkeiten
PTV	psychologische Testverfahren
PUG	psychologisches Untersuchungsgespräch
PVT	Polizei, Verkehr & Technik (Zeitschrift)
QRS	QRS-Verbreiterung
Rdn.	Randnummer, Randnummern (intern)
Rn.	Randnummer, Randnummern (extern)
Rspr.	Rechtsprechung
S.	Seite
s.	siehe
sog.	sogenannter, sogenannte
st.	ständige
StGB	Strafgesetzbuch
StPO	Strafprozessordnung
StVG	Straßenverkehrsgesetz
StVO	Straßenverkehrs-Ordnung
SVR	Straßenverkehrsrecht (Zeitschrift)
THC	Tetrahydrocannabinol
THC-COOH	11-Nor- 9-Carboxy-Δ^9-Tetrahydrocannabinol
u.a.	unter anderem
Urt.	Urteil
u.U.	unter Umständen
u.v.m.	und vieles mehr
v.	vom
VD	Verkehrsdienst (Zeitschrift)
VdTÜV	Verband der Technischen Überwachungsvereine e.V.
VerkMitt	Verkehrsrechtliche Mitteilungen
VG	Verwaltungsgericht
VGH	Verwaltungsgerichtshof
vgl.	vergleiche
VkBl.	Verkehrsblatt
VRS	Verkehrsrechts-Sammlung

VwGO	Verwaltungsgerichtsordnung
VwVfG	Verwaltungsverfahrensgesetz
WHO	Word Health Organization (Weltgesundheitsorganisation)
wistra	Zeitschrift für Wirtschafts- und Steuerstrafrecht (Zeitschrift)
z.B.	zum Beispiel
zfs	Zeitschrift für Schadensrecht (Zeitschrift)
ZNS	Zentralnervensystem
ZPO	Zivilprozessordnung
ZVS	Zeitschrift für Verkehrssicherheit (Zeitschrift)

Literaturverzeichnis

Aberl, Franz	Crystal Meth – Droge mit zerstörerischer Wirkung, in: PVT 2014, S. 2
ADAC	Drogen im Straßenverkehr, 2012
Aderjan, Rolf	Beurteilungskriterien der Kraftfahreignung aus toxikologischer Sicht, in: Toxichem Krimtech (= Mitteilungsblatt der GTFCh, kostenfrei im Internet unter https://www.gtfch.org/cms/index.php/toxichemkrimtech) 2003, S. 143 ff.
AG Drogen	Kokain (http://www.agdrogen-pf.de/checkpoint/faq/8-kokain/)
Amphetamine und Metamphetamine	http://www.praevention.at/upload/products/Amphetamine.pdf
Akademie der Polizei, Baden-Württemberg (Hrsg.)	Lehrbrief Drogen im Straßenverkehr, Wertheim 2005
Bachmeier, Werner/Müller, Dieter/Rebler, Adolf	Verkehrsrecht Kommentar, 3. Aufl. 2017
Bund gegen Alkohol und Drogen im Straßenverkehr (BADS)	Heroin (https://www.bads.de/wissen/illegale-drogen/heroin/)
Baldauf, Ricardo	Die Meldepflicht gem. § 2 Abs. 12 StVG bei charakterlichen Mängeln – Erkenntnisse aus einem Praxistest im Freistaat Sachsen, in: Die POLIZEI 2021, S. 277 ff.
Banse, R.	Aggressivität, Straftaten und Fahreignung: Empirische Zusammenhänge und Implikationen für die Fahreignungsbegutachtung, in: ZVS 3 (2012), S. 119–123.
Barsch, Gundula	Drogen – Begriff und Wirkungsweise (http://www.hs-merseburg.de/~barsch/Inhalte/drogenarbeit%20PDF/Drogenbegriff.pdf.)
Becker, Rainer/Müller, Dieter	Staatliche Reaktionen bei Gewalt gegen Kinder und bei Partnergewalt – Es gibt mehr Möglichkeiten als man denkt, in: Die POLIZEI 2022, S. 27 ff.
Becker, Ulrich/Heckmann, Dirk/Kempen, Bernhard/Manssen, Gerrit	Öffentliches Recht in Bayern, 6. Aufl. 2014
Berufsverband Deutscher Psychologinnen und Psychologen (Hrsg.)	Bericht zur verkehrspsychologischen Beratung nach § 71 FeV – Sachstand und Perspektiven (verfasst von Allhoff-Cramer, A.), in: ZVS 53 (2007), S. 146 ff.
Berufsverband Deutscher Psychologinnen und Psychologen (Hrsg.)	Leitfaden Anforderungen an Organisation und Durchführung verkehrspsychologischer Beratungen, http://www.bdp-verkehr.de/service/berater/leitfaden_1.html

Berz, Burmann	Handbuch des Straßenverkehrsrechts, 48. EL August 2023
Beske, Fritz/Katalinic, Alexander/Peters, Elke/ Pritzkuleit, Ron	Morbiditätsprognose 2050 – Ausgewählte Krankheiten für Deutschland, Brandenburg und Schleswig-Holstein, Kiel 2009
Blaues Kreuz München	Alkohol (https://www.blaues-kreuz-muenchen.de/content/alkohol)
Blum, Heribert/ Huppertz, Bernd/ Baldarelli, Marcello	Verkehrsstrafrecht, München 2015
Böhme, Jan/Müller, Dieter	Gefährderansprachen und fahrerlaubnisrechtliche Anordnungen in der Gefährdersachbearbeitung der politisch motivierten Kriminalität, in: Die POLIZEI 2023, S. 297 ff.
Bode, Hans Jürgen	Vorschläge für das Verfahren zur Neuerteilung einer Fahrerlaubnis, in: NZV 1995, S. 212 ff.
Bode, Hans Jürgen/ Winkler, Werner	Fahrerlaubnis – Eignung, Entzug, Wiedererteilung, 5. Aufl., Bonn 2006
Bonk, Heinz Joachim	Bindungswirkungen strafgerichtlicher Entscheidungen in verwaltungsbehördlichen Fahrerlaubnis-Entziehungsverfahren, in: Blutalkohol 31 (1994), S. 23
Brand, Hanna/Künzel, Jutta/ Braun, Barbara	Suchthilfe in Deutschland 2014-Jahresbericht der Deutschen Suchthilfestatistik (DSHS), München 2015
Brandt, Ewald/Halecker, Dela-Madeleine/Brieler, Paul/ Püschel, Klaus (Hrsg.)	Verkehrseignung – Senioren – Krankheit, Medikamente, Alkohol, Lengerich 2023
Brenner-Hartmann, Jürgen	D Fachliche Grundlagen und Praxis der Begutachtung, in: Müller/Rebler, Die Klärung von Fahreignungszweifeln im Fahrerlaubnisrecht, Rechtliche Grundlagen und praktische Sachbearbeitung, 2. Aufl., Köln 2017
Brenner-Hartmann, Jürgen/ Fastenmeier, Wolfgang/Graw, Matthias (Hrsg.)	Beurteilungskriterien – Urteilsbildung in der Fahreignungsbegutachtung, 4. Aufl., Bonn 2022
Brenner-Hartmann, Jürgen/ Wagner, Thomas/Mußhoff, Frank/Hoffmann-Born, Hannelore/Löhr-Schwaab, Sabine/Müller, Anita	Einführung in die Beurteilungskriterien der medizinisch-psychologischen und ärztlichen Begutachtung, Bonn 2011
Brieler, Paul/Zentgraf, Maritta/Krohn, Brigitte/Seidl, Joachim/Kalwitzki, Klaus-Peter	Kurse zur Wiederherstellung der Kraftfahreignung gem. § 70 FeV – Evaluation des Kursprogramms für verkehrsauffällige Kraftfahrer ABS, in: ZVS 55 (2009), S. 139 ff.

Brunnauer, Alexander/ Laux, Gerd — Psychopharmaka und Verkehrssicherheit, in: Journal für Neurologie, Neurochirurgie und Psychiatrie 2008, S. 31 ff.

Brunnauer, Alexander/ Laux, Gerd — Psychische Erkrankungen, Psychopharmaka und Fahrtauglichkeit, in: Golka, Klaus/Hengstler, Jan G./ Letzel, Stephan/Nowak, Dennis (Hrsg.), Verkehrsmedizin – arbeitsmedizinische Aspekte, Orientierungshilfe für Praxis, Klinik und Betrieb, Heidelberg 2011, S. 127 ff.

Brutscher, Bernd — Verkehrsstraftaten, 9. Aufl., Hilden 2016

Buchardt, Ingo/Brieler, Paul — Wegfall der Kurse nach § 70 FeV für Punktetäter, in: SVR 2011, S. 401 ff.

Bundesanstalt für Straßenwesen — Geeignete Testverfahren und -geräte im Rahmen der Fahreignungsbegutachtung oder einer Eignungsuntersuchung nach § 11 Absatz 9 der Fahrerlaubnis-Verordnung (FeV), 2023, https://www.bast.de/DE/Verkehrssicherheit/Qualitaetsbewertung/Anerkennung/u3-anerkennung/geeignete-Verfahren.html (abgerufen am 15.06.2024).

Bundesanstalt für Straßenwesen — Begutachtungsleitlinien zur Kraftfahreignung, Berichte der Bundesanstalt für Straßenwesen, Heft M 115 in der Reihe »Mensch und Sicherheit«, Verlag NW Bremen 2022

Bundesanstalt für Straßenwesen (Hrsg.) — Qualität in der Fahreignungsberatung und fahreignungsfördernde Maßnahmen, Berichte der Bundesanstalt für Straßenwesen, Heft M 252 in der Reihe »Mensch und Sicherheit«, Verlag NW Bremen 2015

Bundesanstalt für Straßenwesen (Hrsg.) — Begutachtungsleitlinien zur Kraftfahrereignung, Heft 115 in der Reihe »Mensch und Sicherheit«, Bergisch Gladbach 2014 mit Stand: 01.05.2014, im kostenfreien Download erhältlich unter http://www.bast.de/

Bundesanstalt für Straßenwesen (Hrsg.) — Cannabis und Verkehrssicherheit, Heft M 182 in der Reihe »Mensch und Sicherheit«, Bergisch Gladbach 2006

Bundesanstalt für Straßenwesen (Hrsg.) — Drogenerkennung im Straßenverkehr – Schulungsprogramm für Polizeibeamte, Heft M 96 aus der Reihe »Mensch und Sicherheit«, Bergisch Gladbach 1997

Bundesanstalt für Straßenwesen (Hrsg.) — Projektgruppe MPU-Reform, Heft M 257 aus der Reihe »Mensch und Sicherheit«, Bergisch-Gladbach 2015

Bundesanstalt für Straßenwesen — 50. Erfahrungsaustausch »Begutachtung der Fahreignung«, TOP 4: MPU-Statistik, Bergisch-Gladbach 2024

Bundesministerium für Familie, Senioren, Frauen und Jugend (Hrsg.) — Sechster Bericht zur Lage der älteren Generation in der Bundesrepublik Deutschland – Altersbilder in der Gesellschaft, Berlin 2010

Burhoff, Detlef — Praktische Fragen der Drogenfahrt nach § 24a Abs. 2 StVG, in: Burhoff online unter http://www.burhoff.de/insert/?/veroeff/aufsatz/zap_f9_s781.htm

Burhoff, Detlef	Handbuch für das straßenverkehrsrechtliche OWi-Verfahren, 7. Aufl., Bonn 2024
Burmann, Michael/ Heß, Rainer/ Hühnermann, Katrin/Jahnke, Jürgen	Straßenverkehrsrecht Kommentar, 28. Auflage, München 2024
Buschbell, Hans	Münchener Anwaltshandbuch Straßenverkehrsrecht, 4. Aufl., München 2015
Buschbell, Hans/ Höke, Bernd-Matthias	Münchener Anwaltshandbuch Straßenverkehrsrecht, 5. Aufl. 2020
Buschbell, Hans/ Utzelmann, Hans Dieter	Die Fahrerlaubnis in der anwaltlichen Beratung, 4. Aufl., Bonn 2009
Caritas Deutschland	Substitution (https://www.caritas.de/glossare/substitution)
Daldrup, Thomas	Cannabis im Straßenverkehr, in: Bundesanstalt für Straßenwesen (Hrsg.), Kongressbericht 1997 der Deutschen Gesellschaft für Verkehrsmedizin e.V., Heft 92 aus der Reihe »Mensch und Sicherheit«, Bergisch Gladbach 1998, S. 272 ff.
Das Verkehrslexikon – Tabelle der Cannabis-Konsumformen nach Daldrup	http://www.verkehrslexikon.de/Texte/Cannabis99.php
Dauer, Peter	Krankheitsbedingte Mängel der Fahreignung aus verwaltungsrechtlicher Sicht, in: Deutscher Verkehrsgerichtstag (Hrsg.), 50. Deutscher Verkehrsgerichtstag, Hamburg 2012, S. 83 ff.
Dauer, Peter	Krankheitsbedingte Mängel der Fahreignung aus verwaltungsrechtlicher Sicht, in: DAR 2012, S. 181 ff.
Dauer, Peter/Glowalla, Peter/ Brauckmann, Jürgen/ Böhne, Arne	Handbuch des Fahrerlaubnisrechts, 5. Aufl., Bonn 2017
Deutsche Akademie für Verkehrswissenschaft e.V. (Hrsg.)	44. Deutscher Verkehrsgerichtstag 2006, Hamburg 2006
Deutsche Akademie für Verkehrswissenschaft e.V. (Hrsg.)	17. Deutscher Verkehrsgerichtstag 1979, Hamburg 1979
Deutsche Gesellschaft für Verkehrspsychologie (DGVP)/Deutsche Gesellschaft für Verkehrsmedizin (DGVM) (Hrsg.)	Urteilsbildung in der Fahreignungsbegutachtung – Beurteilungskriterien, 4. Aufl., Bonn 2022

Deutsche Gesetzliche Unfallversicherung (Hrsg.)	Leitfaden für Betriebsärzte zur Anwendung des G 25 »DGUV Grundsatz Fahr-, Steuer- und Überwachungstätigkeiten«, Berlin 2010
Deutsche Hauptstelle für Suchtfragen (DHS) (Hrsg.)	– Amphetamine & Ecstasy, aus der Reihe »Die Sucht und ihre Stoffe«, Hamm 2020 – Benzodiazepine und Z-Drugs, aus der Reihe »Die Sucht und ihre Stoffe«, Hamm 2022 – Cannabis, aus der Reihe »Die Sucht und ihre Stoffe«, Hamm 2024 – Heroin, aus der Reihe »Die Sucht und ihre Stoffe«, Hamm 2018 – Kokain, Crack & Freebase, aus der Reihe »Die Sucht und ihre Stoffe«, Hamm 2018 – Methamphetamin, aus der Reihe »Die Sucht und ihre Stoffe«, Hamm 2019 – Neue psychoaktive Substanzen (NPS), aus der Reihe »Die Sucht und ihre Stoffe«, Hamm 2019 – Opiat- und Opioid-Schmerzmittel, aus der Reihe »Die Sucht und ihre Stoffe«, Hamm 2024
Deutsches Institut für Medizinische Dokumentation und Information (DIM-DI)	OPS – Operationen- und Prozedurenschlüssel Internationale Klassifikation der Prozeduren in der Medizin, Version 2015
Deutsche Suchthilfestatistik	ICD-10 Diagnose (Stelle 4 und 5) (https://www.suchthilfestatistik.de/)
Deutscher Verkehrsgerichtstag	1. bis 61. Deutscher Verkehrsgerichtstag, Themen und Empfehlungen aller Verkehrsgerichtstage bis 2023, https://deutscher-verkehrsgerichtstag/pages/dokumentation/themenempfehlungen.php (abgerufen am 15.06.2024)
Deutscher Verkehrssicherheitsrat (Hrsg.)	Drogen und Medikamente im Straßenverkehr – Faktensammlung, Bonn 2002
DeVol, Don/Seidl, Joachim/Kiegeland, Peter/Wagner, Thomas	Die verkehrspsychologische Fahreignungsberatung und fahreignungsfördernde Interventionsangebote, Positionspapier 01/2015 der DGVP
DHS	DHS-Factsheet: Alkohol im Straßenverkehr, Stand: April 2017 (https://www.dhs.de/fileadmin/user_upload/pdf/Broschueren/FS_Alkohol_im_Strassenverkehr.pdf)
Dittmann, Volker	Ärztliche Dokumentation der Fahrsicherheit, in: Deutsches Ärzteblatt 2012, S. A 542
Drogenbeauftragte der Bundesregierung (Hrsg.)	Drogen- und Suchtbericht 2021, Berlin 2022 (https://www.bundesdrogenbeauftragter.de/assets/user_upload/PDF-Publikationen/DSB_2021_final_bf.pdf)
drogen-info-berlin	http://www.drogen-info-berlin.de/htm/speed.htm

drugcom.de	Drogenlexikon: Metamphetamin (http://www.drugcom.de/drogenlexikon/buchstabe-m/methamphetamin/)
drugcom.de	Wie lange können Drogen im Körper nachgewiesen werden? (http://www.drugcom.de/haeufig-gestellte-fragen/allgemeine-fragen/wie-lange-koennen-drogen-im-koerper-nachgewiesen-werden/)
drug-scouts	Nachweiszeiten (http://www.drugscouts.de/de/page/nachweiszeiten)
Ellinghaus, Dieter	Rücksichtslosigkeit und Partnerschaft, Uniroyal-Verkehrsuntersuchung Band 12, Köln 1986
Ellinghaus, Dieter/Steinbrecher, Jürgen	Die Autobahn – Verkehrsweg oder Kampfstätte? – Eine Untersuchung über Konflikte und Unfallgeschehen auf Autobahnen, Uniroyal-Verkehrsuntersuchung Band 19, Köln/Aachen 1994
Ellinghaus, Dieter/Steinbrecher, Jürgen	Verfall der Sitten? – Eine Untersuchung über die Entwicklung der Verkehrsmoral der letzten Jahrzehnte, Uniroyal-Verkehrsuntersuchung Band 25, Köln/Hannover 2000
Ellrich, Karoline/Pfeiffer, Christian/Baier, Dirk	Gewalt gegen Polizeibeamte, Hannover 2010
Erdogan-Griese, Bülent/Janssen, Alfred	Klare Standards für medizinische Gutachten, in: Rheinisches Ärzteblatt 11/2012 (https://www.aekno.de/fileadmin/user_upload/RheinischesAerzteblatt/Ausgaben/2012/2012.11.016.pdf)
Ernemann, Andreas, in: Satzger/Schluckebier/Widmaier	StGB, 6. Aufl. 2023
Falkenstein, Michael/Poschadel, Sebastian	Fahreignung und Alter in Deutschland, in: Golka, Klaus/Hengstler, Jan G./Letzel, Stephan/Nowak, Dennis (Hrsg.), Verkehrsmedizin – arbeitsmedizinische Aspekte, Orientierungshilfe für Praxis, Klinik und Betrieb, Heidelberg 2011, S. 176 ff.
Feldmann, Felix/Reisewitz, Nick	Facetten der polizeilichen Meldepflicht aus § 2 XII StVG, in: Müller, Dieter (Hrsg.), Rothenburger Beiträge – Polizeiwissenschaftliche Schriftenreihe, Verkehrssicherheitsarbeit Teil IV, Rothenburg/O.L. 2018, S. 1 ff.
Ferner, Wolfgang/Bachmeier, Werner/Müller, Dieter	Fachanwaltskommentar Verkehrsrecht, Köln 2009
Ferner & Kollegen	Drogen im Straßenverkehr, 2012, S. 12 (http://www.ferner.de/pdf/Drogen_im_Strassenverkehr_220212.pdf)
Fischer, Thomas	StGB, 71. Aufl. 2024.
Fries, Wolfgang/Wilkes, Florian/Lössl, Heliane	Fahreignung bei Krankheit, Verletzung, Alter, Medikamenten, Alkohol und Drogen, 2. Aufl., München 2008

Gehrmann, Ludwig	Bedenken gegen die Kraftfahreignung und Eignungszweifel in ihren grundrechtlichen Schranken, in: NZV 2003, 10
Gehrmann, Ludwig	Der Arzt und die Fahreignungsmängel seines Patienten – Vertrauensverhältnis kontra Verkehrssicherheit, in: NZV 2005, S. 1 ff.
Gehrmann, Ludwig	Grenzwerte für Drogeninhaltsstoffe im Blut und die Beurteilung der Eignung im Fahrerlaubnisrecht, in: NZV 2008, S. 377 ff.
Gehrmann, Ludwig	Neue Erkenntnisse über die medizinische und psychologische Begutachtung von Kraftfahrern, in: NZV 2002, S. 488 ff.
Geiger, Harald	Anforderungen an medizinisch-psychologische Gutachten aus verwaltungsrechtlicher Sicht, in: NZV 2001, S. 20
Geiger, Harald	Aktuelle Rechtsprechung zum Fahrerlaubnisrecht, in: DAR 2012, S. 121 ff.
Geiger, Harald	Die Fragestellung für die Erstellung von Fahreignungsgutachten, in: SVR 2008, S. 405 ff.
Geiger, Harald	Die Zulässigkeit unbestimmter Rechtsbegriffe, in: SVR 2009, S. 41
Geiger, Harald	Die MPU: Untersuchungsanlässe, inhaltliche Anforderungen, Reformansätze, in: SVR 2010, S. 81 ff.
Geiger, Harald	Teilgutachten im Rahmen der Fahreignungsbegutachtung, in: DAR 2011, S. 244
Geiger, Harald	Kurse nach § 70 FeV: Bestandsaufnahme und Reformüberlegungen, in: SVR 2012, S. 168 ff.
Geiger, Harald	Rechtsschutzmöglichkeiten im Fahrerlaubnisrecht, in: SVR 2006, S. 121 ff.
Geiger, Harald	Überlegungen zur Reform der MPU, in: SVR 2010, S. 408 ff.
Gesundheit.GV.AT (Öffentliches Gesundheitsportal Österreichs)	Cannabis: Substanz & Wirkung (https://www.gesundheit.gv.at/krankheiten/sucht/cannabis/wirkung.html#:~:text=Cannabis%20z%C3%A4hlt%20zu%20den%20Hanfgew%C3%A4chsen,und%20auf%20die%20Psyche%20nimmt)
GIB ACHT IM VERKEHR	Illegale Drogen im Straßenverkehr (https://gib-acht-im-verkehr.de/drogen/)
Gilg, Thomas	Einfluss von Alkohol, Rauschmitteln und Medikamenten auf die Fahrtüchtigkeit, in: Golka, Klaus/Hengstler, Jan G./Letzel, Stephan/Nowak, Dennis (Hrsg.), Verkehrsmedizin – arbeitsmedizinische Aspekte, Orientierungshilfe für Praxis, Klinik und Betrieb, Heidelberg 2011, S. 190 ff.

Glaeske, Gerd/ Schicktanz, Christel	BARMER GEK Arzneimittelreport 2012, Schriftenreihe zur Gesundheitsanalyse Band 14, Schwäbisch Gmünd 2012
Golka, Klaus/Hengstler, Jan G./Letzel, Stephan/Nowak, Dennis (Hrsg.)	Verkehrsmedizin – arbeitsmedizinische Aspekte, Orientierungshilfe für Praxis, Klinik und Betrieb, Heidelberg 2011
Haase, Wolfgang/ Sachs, Hans	Drogenfahrt mit Blutspiegeln unterhalb der Grenzwerte der Grenzwertkommission – Straftat (§ 316 StGB), Ordnungswidrigkeit (§ 24a StVG) oder Einstellung (§ 47 OWiG), in: NZV 2008, S. 221 ff.
Harbort, Stephan	Indikatoren für rauschmittelbedingte Fahrunsicherheit, in: NZV 1996, S. 219 ff.
Harbort, Stephan	Polizeiliche Verdachtsgewinnung bei rauschmittelbeeinflusster Verkehrsteilnahme, in: PVT 1994, S. 264 ff.
Haus, Klaus-Ludwig/Zwerger, Dietmar	Das verkehrsrechtliche Mandat, Band 3: Verkehrsverwaltungsrecht einschließlich Verwaltungsprozess, 2 Aufl., Bonn 2012
Hein, Lisa	Methadon, 30.09.2021 (Methadon: Wirkung, Anwendung, Nebenwirkung – NetDoktor.de – https://www.netdoktor.de/medikamente/methadon/)
Hentschel, Peter	Trunkenheit, Fahrerlaubnisentziehung, Fahrverbot, 10. Aufl., München 2006
Hentschel, Peter/ König, Peter/Dauer, Peter	Straßenverkehrsrecht Kommentar, 47. Aufl., München 2023
Hentschel, Peter/ Krumm, Carsten	Fahrerlaubnis, Alkohol/Drogen im Straf- und Ordnungswidrigkeitenrecht, 8. Aufl., Baden-Baden 2023
Herbert, Thomas	Anforderungen an die Begutachtungsstellen für Fahreignung zur Erstellung einer Begutachtung der Fahreignung (medizinisch-psychologisches Gutachten), in: DAR 2010, S. 288 f.
Hettenbach, Michael	Drogen im Straßenverkehr – neue Entwicklungen, in: Deutsche Akademie für Verkehrswissenschaft (Hrsg.), 44. Deutscher Verkehrsgerichtstag 2006, Hamburg 2006, S. 162 ff.
Hettenbach, Michael/ Kalus, Volker/ Möller, Manfred R./ Pießkalla, Michael/Uhle, Axel	Drogen und Straßenverkehr, 3. Aufl., Bonn 2016
Hilger, N./ Ziegler, H./ Rudinger, G./ DeVol, D./ Jansen, J./ Laub, G./ Müller, K./Schubert, W.	EVA-MPU – Zur Legalbewährung alkoholauffälliger Kraftfahrer nach einer medizinisch-psychologischen Fahreignungsbegutachtung (MPU), in: ZVS 2012, 58 (1), S. 1-6
Hillmann, Frank-Roland	Rechtsschutz gegen Maßnahmen der Verwaltungsbehörde, in: DAR 2006, S. 128

Hillmann, Frank-Roland	Eine Erfolgsgeschichte mit Schönheitsfehlern – Die MPU-Reformüberlegungen zur Medizinisch-Psychologischen Untersuchung, in: ZRP 2010, S. 149 ff.
Hillmann, Frank-Roland	Private MPU im strafrechtlichen Hauptverfahren, in: DAR 2012, S. 231 ff.
Himmelreich, Klaus	Bindungswirkung einer strafgerichtlichen Eignungs-Beurteilung gegenüber der Fahrerlaubnisbehörde bei einem Trunkenheitsdelikt mit einer BAK ab 1,6 ‰ – Ein »ordentlich begründender« Strafrichter ersetzt eine MPU, in: NZV 2005, S. 337 ff.
Himmelreich, Klaus/ Janker, Helmut/Karbach, Ulrike	Fahrverbot, Fahrerlaubnisentzug und MPU-Begutachtung, 8. Aufl., Neuwied 2007
Himmelreich, Klaus/ Halm, Wolfgang	Handbuch Verkehrsrecht, 7. Aufl. 2022
Hoffmann, Wolfgang	Verkehrsüberwachung bei Drogen im Straßenverkehr, in: PVT 2001, S. 107 f.
Institut für angewandte Sozialwissenschaft (infas)/ Deutsches Zentrum für Luft- und Raumfahrt (DLR)	Mobilität in Deutschland 2008 Ergebnisbericht, Bonn und Berlin 2010, im kostenfreien Download erhältlich unter http://www.mobilitaet-in-deutschland.de/02_MiD2008/publikationen.htm
Jacobshagen, Wolfgang	Leistungstests für Berufskraftfahrer, in: ZVS 51 (2005), S. 125 ff.
Jacobshagen, Wolfgang/ Utzelmann, Hans Dieter	Medizinisch-Psychologische Fahreignungsbegutachtung bei alkoholauffälligen Fahrern und Fahrern mit hohem Punktestand – Empirische Ergebnisse zur Wirksamkeit und zu deren diagnostischen Elementen, Verband der Technischen Überwachungsvereine e.V. (Hrsg.), Köln 1996
Janker, Helmut	Strafrecht gegen Verkehrsrowdies – Rechtliche und rechtspolitische Aspekte, in: SVR 2005, S. 121 ff.
Jagow, Franz-Joachim	Rechtsgutachten über Obergutachten, 2005
Jellinek, Elvin Morton	The disease concept of alcoholism, 1960
Jung, Werner	Herz-Kreislauf-Erkrankungen und Verkehrssicherheit, in: Golka, Klaus/Hengstler, Jan G./Letzel, Stephan/Nowak, Dennis (Hrsg.), Verkehrsmedizin – arbeitsmedizinische Aspekte, Orientierungshilfe für Praxis, Klinik und Betrieb, Heidelberg 2011, S. 91 ff.
Juris, W.	Die Empfehlungen des Arbeitskreises III beim 62. Verkehrsgerichtstag in Goslar, in: Blutalkohol 61 (2024), S. 121-124
Kajan, Gerd/Schneider, Walter/ Utzelmann, Hans Dieter	Führerschein (k)ein Problem, 5. Aufl., Bonn 2004
Kalus, Volker	Fahrerlaubnisrecht in der Praxis, Köln 2011

Kalus, Volker/ Wagner, Thomas	Die Fragestellung im verwaltungsrechtlichen Überprüfungsverfahren, in: VD 2024, 87–111
Karachaliou, K./Rauschert, C./ Schneider, F./von Glahn-Middelmenne, C./Friedrich, M./Neumeier, E.	Bericht 2022 des nationalen REITOX-Knotenpunkts an die EMCDDA (Datenjahr 2021/2022), Deutschland, Workbook Drogen, München: Deutsche Beobachtungsstelle für Drogen und Drogensucht DBDD.
Kauert, Gerold	Toxikologisch-medizinische Aspekte des Medikamenteneinflusses auf die Fahrtüchtigkeit, in: DAR 1996, S. 447 ff.
Kauert, Gerold	Zur drogen- oder medikamentenbedingten Fahruntüchtigkeit aus medizinisch-toxikologischer Sicht, in: DAR 2000, S. 438 ff.
Klein, Hermann Hubert	Positionspapier der Deutschen Gesellschaft für Kardiologie: Fahreignung bei kardiovaskulären Erkrankungen, in: Deutscher Verkehrsgerichtstag (Hrsg.), 50. Deutscher Verkehrsgerichtstag, Hamburg 2012, S. 93 ff.
Klipfel, Dieter/Müller, Dieter/ Sooth, Wilfried/Walther, André	Leitfaden Drogenerkennung – Drogenvortests und Anfangsverdacht in der Unfallaufnahme und Verkehrsüberwachung, Bonn 2009
Knack/Henneke	VwVfG, 11. Aufl. 2019
Koehl, Felix	Cannabiskonsum und Fahreignung, in: DAR 2012, S. 185 ff.
Koehl, Felix	Fehlende Fahreignung – Zweifel an der Fahreignung, in: SVR 2012, S. 6 ff.
Koehl, Felix	Führerscheintourismus: Die Rechtsprechung des EuGH zur dritten EU-Führerscheinrichtlinie und ihre Konsequenzen für verwaltungsbehördliche und gerichtliche Verfahren, in: DAR 2012, S. 446 ff.
Koehl, Felix	Neuere Rechtsprechung im Straßenverkehrsverwaltungsrecht, in: SVR 2011, S. 441 ff.
Kraftfahrt-Bundesamt (Hrsg.)	Jahresbericht 2011, Flensburg 2012
Kranich, Udo/Kulka, Kristin/ Reschke, Konrad	Verkehrspsychologie im automobilen Straßenverkehr, Hamburg 2008
Kranich, Udo/ Reschke, Konrad	Verkehrspsychologie im automobilen Straßenverkehr: Kompakt, Hamburg 2021
Krismann, Michael	Die bedingte Eignung zum Führen von Kraftfahrzeugen sowie die beschränkte und mit Auflagen versehene Fahrerlaubnis bei rauschmittelbeeinflusster Straßenverkehrsteilnahme, in: NZV 2011, S. 417 ff.
Kroj, G. et al.	Psychologisches Gutachten Kraftfahreignung, Bonn 1995
Krumm, Carsten	Das strafrechtliche Fahrverbot, in: SVR 2009, S. 136
Kubitzki, Jörg	Ecstasy im Straßenverkehr, in: ZVS 47 (2001), S. 178 ff.

Kugele	VwVfG, 1. Aufl. 2014
Kürti, Karl	Zur möglichen Reform der Medizinisch-Psychologischen Fahreignungsbegutachtung, in: SVR 2010, S. 327 ff.
Lange, Steffen/ Mehlhorn, Marcel	Empirische Forschung zur Fahreignung durch einen Abgleich zwischen dem polizeilichen Auskunftssystem Sachsen (PASS) und dem Fahreignungsregister (FAER) in Bezug auf Gewalttäter und deren charakterlicher Fahreignung, in: Müller, Dieter (Hrsg.), Rothenburger Beiträge – Polizeiwissenschaftliche Schriftenreihe, Verkehrssicherheitsarbeit Teil IV, Rothenburg/O.L. 2018, S. 235 ff.
Laub, Gerhard/ Brenner-Hartmann, Jürgen	Die Begutachtungsstelle für Fahreignung (BfF) – Aufgaben und Arbeitsweise, in: NZV 2001, S. 16 ff.
Laufs, Adolf/ Uhlenbruck, Wilhelm	Handbuch des Arztrechts, 3. Aufl., München 2002
Laux, Gerd/ Brunnauer, Alexander/ Graw, Matthias (Hrsg.)	Fahreignung bei psychischen Erkrankungen – Leitfaden für Verkehrsmedizin und Verkehrspsychologie, Bonn 2019
Lehmann, Maria Luise	Körperliche Fahreignung – Eine Handreichung zu Auffälligkeiten ausgewählter Erkrankungen für die polizeiliche Praxis, in: Müller, Dieter (Hrsg.), Verkehrssicherheitsarbeit Teil II, Band 77 der Rothenburger Beiträge, Rothenburg/Oberlausitz 2015, S. 257 ff.
Lenhart, Uwe/ Blume, Ingeborg	Verteidigung bei Fahrten unter Rauschmitteleinwirkung, in: NJW 2010, S. 3205 ff.
Leyk, Dieter/Rüther, Thomas/ Wunderlich, Max et. al.	Leistungsfähigkeit im mittleren und höheren Lebensalter, in: Deutsches Ärzteblatt 2010, S. 809 ff.
Lütkes, Hermann/ Bachmeier, Werner/ Müller, Dieter/Rebler, Adolf (Hrsg.)	Großkommentar Straßenverkehrsrecht, Loseblatt-Kommentar, Stand: Juni 2024
Maag, Christian/ Krüger, Hans-Peter	Aggressionen im Straßenverkehr, Heft M 151 in der Reihe »Mensch und Sicherheit« der Bundesanstalt für Straßenwesen, Bergisch Gladbach 2003
Madea, Burkhard/ Mußhoff, Frank/ Berghaus, Günther (Hrsg.)	Verkehrsmedizin – Fahreignung, Fahrsicherheit, Unfallrekonstruktion, 2. Aufl., Köln 2012
Mahlberg, Lothar	Langzeitrehabilitation charakterlich »ungeeigneter« Kraftfahrer und frühzeitig-vorläufige Wiedererteilung der Fahrerlaubnis, in: NZV 1992, S. 10 ff.
Matschke, Christian	Aggressivität – Ein Mangel der charakterlichen Fahreignung, in: Müller, Dieter (Hrsg.), Verkehrssicherheitsarbeit Teil II, Band 77 der Rothenburger Beiträge, Rothenburg/Oberlausitz 2015, S. 177 ff.

Mattern, Rainer	Welches Risiko akzeptiert die Rechtsordnung?, in: Deutscher Verkehrsgerichtstag (Hrsg.), 50. Deutscher Verkehrsgerichtstag, Hamburg 2012, S. 101 ff.
Meyer-Goßner, Lutz/ Schmitt, Bertram	Strafprozessordnung – Mit GVG und Nebengesetzen, 67. Aufl., München 2024
Möller, Manfred R.	Drogen im Straßenverkehr – neue Entwicklungen, in: Deutsche Akademie für Verkehrswissenschaft (Hrsg.), 44. Deutscher Verkehrsgerichtstag 2006, Hamburg 2006, S. 172 ff.
Möller, Manfred/ Maurer, Hans-Jürgen	Verdachtsgewinnung und Beweissicherung bei Drogen im Straßenverkehr – Teile 1 und 2, Polizeispiegel 2003, Hefte 6, S. 14–22 und Heft 7/8, S. 18–21
Müller, Christian P./Topic, Bianca/Huston, Josef P./ Strohbeck-Kühner, Peter/ Lutz, Beate/Skopp, Gisela/ Aderjan, Rolf	Cannabis und Verkehrssicherheit-Mangelnde Fahreignung nach Cannabiskonsum: Leistungsdefizite, psychologische Indikatoren und analytischer Nachweis, Heft M 182 aus der Reihe »Mensch und Sicherheit«, Bergisch Gladbach 2006
Müller, Dieter	Anmerkungen zur »Rechtsgutachtlichen Stellungnahme« der Kanzlei Quaas und Partner – Rechtliche Qualität und Verbindlichkeit der Beurteilungskriterien, in: Blutalkohol 47 (2010), S. 401 ff.
Müller, Dieter	Badesalz und Legal Highs – Neue Drogen und ein ratloser Staat, in: Legal Tribune Online (in Kooperation mit SPIEGEL ONLINE), April 2012
Müller, Dieter	Besitz von Betäubungsmitteln als Pflichtmitteilung der Polizei an die Fahrerlaubnisbehörde, in: Die POLIZEI 2021, S. 489 ff.
Müller, Dieter	Bußgeldkatalog – Kommentar für die Praxis, 2. Aufl., Köln 2022
Müller, Dieter	Das Fahreignungsseminar – ein Überblick, in: SVR 2015, S. 241 ff.
Müller, Dieter	Der Verkehrsunterricht gem. § 48 StVO – eine Anwendungsstudie, in: VD 2004, S. 325 ff.
Müller, Dieter	Dienstfahrerlaubnis und Fahreignung, in: NZV 2012, S. 57 ff.
Müller, Dieter	Die Übermittlung fahreignungsrelevanter Informationen deutscher Polizeibehörden an Polizei- und Fahrerlaubnisbehörden in der Schweiz, in: DAR 2017, S. 246 ff.
Müller, Dieter	Drogen am Steuer erlaubt? Zur Anlage des § 24a StVG, in: VD 2005, S. 293 ff.
Müller, Dieter	Fahranfänger und das Unfallrisiko Alkohol, in: ZVS 47 (2001), S. 20 ff.
Müller, Dieter	Fahreignung, Stuttgart 2013

Müller, Dieter	Inhalte und Grenzen polizeilicher Mitteilungspflichten an Fahrerlaubnisbehörden, in: SVR 2007, S. 241 ff.
Müller, Dieter	Neue Ansätze der Prävention bei Jugenddelinquenz im Verkehrsstrafrecht – Teile I und II, in: Die Kriminalprävention 4/2001 und 5/2001, S. 147 ff., 189 ff.
Müller, Dieter	Probleme des Fahreignungsrechts und die Pflichtmitteilungen der Polizei gem. § 2 Abs. 12 StVG, in: DAR 2013, S. 69 ff.
Müller, Dieter	Rechtliche Grundlagen der Fahreignung, in: Golka, Klaus/Hengstler, Jan G./Letzel, Stephan/Nowak, Dennis (Hrsg.), Verkehrsmedizin – arbeitsmedizinische Aspekte, Orientierungshilfe für Praxis, Klinik und Betrieb, Heidelberg 2011, S. 213 ff.
Müller, Dieter	Rechtsfolgen von Manipulationen bei theoretischen Fahrerlaubnisprüfungen, in: NZV 2021, S. 514 ff.
Müller, Dieter	THC-Grenzwerte aus rechtlicher Sicht, in: ZVS 2023, S. 132 ff.
Müller, Dieter	Trunkenheitsfahrten und ihre juristischen Auswirkungen im Bereich von Soldaten, Schifffahrtsführern und weiteren verantwortlichen Personen, in: DAR 2023, S. 383 ff.
Müller, Dieter	Verkehrsrecht im Überblick – 1. Quartal 2011, in: ZVS 57 (2011), S. 106 ff.
Müller, Dieter	Verkehrsunfall aus ungeklärter Ursache – Ein Beitrag zur Aus- und Fortbildung von Polizeibeamten im deutschen Fahreignungsrecht, in: Blutalkohol 2017, S. 288 ff.
Müller, Dieter/Rebler, Adolf	Aggressionsdelikte und Fahreignung, in: SVR 2016, S. 333 ff.
Müller, Dieter/Rebler, Adolf	Alpi & Co. – die Suche nach dem Kick und die charakterliche Fahreignung, in: SVR 2017, S. 51 ff.
Müller, Dieter/Rebler, Adolf	Das Recht des ruhenden Verkehrs, 4. Aufl., München 2024
Müller, Dieter/Rebler, Adolf	Die Eignung als persönliche Voraussetzung in Spezialmaterien des Sicherheitsrechts, in: NVwZ 2017, S. 440 ff.
Müller, Dieter/Rebler, Adolf	Die fahrerlaubnisrechtliche Behandlung der »Reichsbürger«, in: NZV 2019, 119 ff.
Müller, Dieter/Rebler, Adolf	Die Klärung von Eignungszweifeln im Fahrerlaubnisrecht, 2. Aufl. 2017
Müller, Dieter/Rebler, Adolf	Die Reichsbürger und das Verkehrsrecht, in: DAR 2017, S. 349 ff.
Müller, Dieter/Rebler, Adolf	Klärung von Eignungszweifeln nach § 11 FeV (in drei Teilen), in: SVR 2016, S. 241 ff., 298 ff., 335 ff.

Müller, Dieter/Rebler, Adolf	Konsum »Harter Drogen« = Entziehung der Fahrerlaubnis, in: SVR 2021, S. 165 ff.
Müller, Dieter/Rebler, Adolf	Medikamente und Fahreignung (in zwei Teilen), in: VD 2018, S. 171 ff., 236 ff.
Müller, Dieter/Schubert, Wolfgang/Huetten, Manuela	Standardisierte Fahrtüchtigkeitstests (SFT) durch Polizeibeamte, in: DAR 2020, S. 656 ff.
Müller, Dieter/ Sterbling, Anton/ Fritzsche, Erik	Vergleichbarkeit des beweissicher festgestellten Atemalkoholwertes mit dem beweissicher festgestellten Blutalkoholwert, in: Müller, Dieter (Hrsg.), Rothenburger Beiträge – Polizeiwissenschaftliche Schriftenreihe, Verkehrssicherheitsarbeit Teil VI, Rothenburg/O.L. 2021, S. 1 ff.
Müller, Karin	Begutachtung und Förderung der Fahreignung – MPU, Beratung und Kurse für verkehrsauffällige Kraftfahrer, in: SVR 2009, S. 409 ff.
Münchener Kommentar zum StVR	1. Aufl. 2016 (MüKoStVR/Hahn/Kalus)
Neumeier, E./ Karachaliou, K./Schneider, F.	Bericht 2023 des nationalen REITOX-Knotenpunkts an die EMCDDA (Datenjahr 2022/2023), Deutschland, Workbook Gesundheitliche Begleiterscheinungen und Schadensminderung, München: Deutsche Beobachtungsstelle für Drogen und Drogensucht DBDD
Neumeier, E./ Karachaliou, K./Schneider, F.	Bericht 2023 des nationalen REITOX-Knotenpunkts an die EMCDDA (Datenjahr 2022/2023), Deutschland, Workbook Drogenpolitik, München: Deutsche Beobachtungsstelle für Drogen und Drogensucht DBDD
Nickel, Wolf-Rüdiger/ Jacobshagen, Wolfgang/ Schubert, Wolfgang	Evaluation des Referenzkriteriums, in: ZVS 55 (2009), S. 199 f.
Nickel, Wolf-Rüdiger	Beurteilungskriterien – Wege zu Transparenz und Vereinheitlichung, in: Nickel, Wolf-Rüdiger/Utzelmann, Hans Dieter/Weigelt, Günther (Hrsg.), Bewährtes sichern – Neues entwickeln, 1. bundesweites Kolloquium der Verkehrspsychologen amtlich anerkannter Medizinisch-psychologischer Untersuchungsstellen, Köln 1990
Noeske, A./Püschel, K./ Bajanowski, T.	Qualitätssicherung in der verkehrsmedizinischen Begutachtung, in: Blutalkohol 54 (2017), S. 147–158
Österreichische ARGE	Suchtvorbeugung: Kokain (https://www.praevention.at/fileadmin/user_upload/09_Infobox/Infomaterialien/ARGE_Flyer/suchtinfo_kokain_web.pdf)
Patermann, Andreas/ Schubert, Wolfgang/ Graw, Matthias	Handbuch des Fahreignungsrechts, Köln 2015

Peitz, Jürgen/ Hoffmann-Born, Hannelore	Arzthaftung bei problematischer Fahreignung, Bonn 2005
Pießkalla, Michael	Aktuelle Fragen zur Fahreignung gelegentlicher Cannabiskonsumenten unter besonderer Berücksichtigung des Mischkonsums mit Alkohol, in: NZV 2008, S. 542 ff.
Poethko-Müller, Christina	Ecstasy, Bundesgesundheitsblatt – Gesundheitsforsch – Gesundheitsschutz, 1999, S. 187.
Pohl & Marx Rechtsanwälte	Nachweiszeiten von Drogen im Urin und im Blut (http://www.anwalt-verkehrsrecht-berlin.com/html/nachweiszeiten_von_drogen.html)
Pott, André	Reaktionsmöglichkeiten der Fahrerlaubnisbehörde nach Besitz oder Konsum von Cannabis, in: NZV 2012, S. 111 ff.
Prügner, Thomas	Längsschnittstudie zu Drogenfahrten im Straßenverkehr im Freistaat Sachsen, in: Müller, Dieter (Hrsg.), Rothenburger Beiträge – Polizeiwissenschaftliche Schriftenreihe, Verkehrssicherheitsarbeit Teil IV, Rothenburg/O.L. 2018, S. 365 ff.
Pschyrembel-Klinisches Wörterbuch	De Gruyter-Verlag
Rebler, Adolf	Der Verkehrsunterricht zum Erhalt der Sicherheit, in: VD 2005, S. 297 ff.
Rebler, Adolf	Gesundheitliche Eignung von Verkehrsteilnehmern – Maßnahmen der Fahrerlaubnisbehörde in Zweifelsfällen, in: SVR 2011, S. 121 ff.
Rebler, Adolf	Breite Rechtsgrundlage für Blutproben im Straßenverkehr, in: VD 2012, S. 247
Rebler, Adolf	Alkohol und Drogen – Maßnahmen der Behörde, in: VD 2014, S. 151, 171
Rebler, Adolf	Charakterliche Eignung zur Teilnahme am Straßenverkehr, in: VD 2014, S. 233
Rebler, Adolf	Das medizinisch-psychologische Gutachten zur Klärung von Eignungszweifeln, in: SVR 2015, S. 281
Rebler, Adolf/Müller, Dieter	Keine Rechtsgrundlage für die Untersagung des Führens fahrerlaubnisfreier Fahrzeuge?, in: DAR 2023, S. 437 ff.
Rinnert, Kurt	Diabetes und Fahrtauglichkeit, in: Golka, Klaus/ Hengstler, Jan G./Letzel, Stephan/Nowak, Dennis (Hrsg.), Verkehrsmedizin – arbeitsmedizinische Aspekte, Orientierungshilfe für Praxis, Klinik und Betrieb, Heidelberg 2011, S. 80 ff.
Satzger, Helmut/ Schluckebier, Wilhelm/ Werner, Raik	StGB, 6. Aufl. 2024

Schewe/Kröss/Ludwig/ Schäufele/Schuster	Experimentelle Untersuchungen zur Frage des Grenzwertes der alkoholbedingten Fahruntüchtigkeit bei Fahrradfahrern, in: Blutalkohol 1984, S. 97
Scheidler, Alfred	Wann steht die Ungeeignetheit des Betroffenen gem. § 11 Abs. 7 FeV zur Überzeugung der Fahrerlaubnisbehörde fest?, in: SVR 2015, S. 54 = VD 2014, S. 241
Scheidler, Alfred	Anordnung einer MPU: Fällt die 1,6-Promille-Grenze?, in: VD 2014, S. 283
Schneider, F./Karachaliou, K./ von Glahn-Middelmenne, C./ Friedrich, M./Neumeier, E.	Bericht 2022 des nationalen REITOX-Knotenpunkts an die EMCDDA (Datenjahr 2021/2022), Deutschland, Workbook Drogenmärkte und Kriminalität, München: Deutsche Beobachtungsstelle für Drogen und Drogensucht DBDD
Schwerdtfeger, Gunther/ Schwerdtfeger, Angela	Öffentliches Recht in der Fallbearbeitung, 15. Aufl. 2018
Scheufen, Michael/ Müller-Rath, Frank/ Schubert, Wolfgang	Kontrollteilnahme von Begutachtern der BASt an Explorationsgesprächen im Rahmen der MPU, in: NZV 2008, S. 332 ff.
Schmidt, Matthias/ Schmidt, Tino/Müller, Dieter	Der Einfluss von Alkohol auf die kognitive Leistungsfähigkeit im Straßenverkehr, in: Die POLIZEI 2023, S. 376 ff.
Schmidt, Sandra/ Pfafferott, Ingo	Leitfaden der BASt zur Anerkennung von § 70-Kursen – Erfahrungen und Perspektiven, in: ZVS 48 (2002), S. 48 ff.
Schmidt-Clausen, Hans-Joachim/Freiding, Achim	Sehvermögen von Kraftfahrern und Lichtbedingungen im nächtlichen Straßenverkehr, Heft M 158 in der Reihe »Mensch und Sicherheit« der BASt, Bergisch Gladbach 2004
Schneider, F./Karachaliou, K./ Neumeier, E.	Bericht 2023 des nationalen REITOX-Knotenpunkts an die EMCDDA (Datenjahr 2022/2023), Deutschland, Workbook Gefängnis, München: Deutsche Beobachtungsstelle für Drogen und Drogensucht DBDD
Schöch, Heinz	Präventive Verkehrskontrollmaßnahmen bei Alkohol- und Drogenfahrten und ihre Bedeutung für das Straf- und Bußgeldverfahren, in: Blutalkohol 34/1997, S. 169 ff.
Schoknecht	Gutachten des Bundesgesundheitsamtes zum Sicherheitszuschlag auf die Blutalkoholbestimmung, in: NZV 1990, S. 104
Schubert, Wolfgang	Medizinisch-psychologische Begutachtung zur Fahreignung, in: Golka, Klaus/Hengstler, Jan G./Letzel, Stephan/ Nowak, Dennis (Hrsg.), Verkehrsmedizin – arbeitsmedizinische Aspekte, Orientierungshilfe für Praxis, Klinik und Betrieb, Heidelberg 2011, S. 260 ff.

Schubert, Wolfgang/ Kranich, Udo	Die verkehrspsychologische Beratung – Bestandsaufnahme und Perspektive, in: ZVS 53 (2007), S. 89 ff.
Schubert, Wolfgang/ Mattern, Rainer	Criteria for the evaluation of future assessment models of physical and mental fitness of drivers, in: Nickel, W.-R./ Sardi, P. (Eds), Fit to Drive – 1st International Traffic Expert Congress in Berlin from May 3rd–5th 2006 (Tagungsband), S. 106 ff.
Schubert, Wolfgang/ Huetten, Manuela/ Reimann, Caroline/ Graw, Matthias/ Schneider, Walter/ Stephan, Egon (Hrsg.)	Begutachtungs-Leitlinien zur Kraftfahreignung – Kommentar, 3. Aufl., Bonn 2018
Schulze, Horst	Lebensstil und Verkehrsverhalten junger Fahrer und Fahrerinnen, hrsg. von der Bundesanstalt für Straßenwesen (Heft M 56) in der Reihe »Mensch und Sicherheit«, Bergisch Gladbach 1996
Schönke, Adolf/ Schröder, Horst	Strafgesetzbuch (StGB) Kommentar, 30. Aufl., München 2019
Schurig, Roland	StVO – Kommentar zur Straßenverkehrs-Ordnung mit VwV-StVO, 17. Aufl., Köln 2020
Schwerfel, J.	Bericht 2023 des nationalen REITOX-Knotenpunkts an die EMCDDA (Datenjahr 2022/2023), Deutschland, Workbook Prävention, München: Deutsche Beobachtungsstelle für Drogen und Drogensucht DBDD
Seidenberg, André	Methadon (http://www.seidenberg.ch/media/Merkblatt_Methadon-Patientinnen-Information.pdf)
Sektion Verkehrspsychologie im Berufsverband Deutscher Psychologinnen und Psychologen (Hrsg.)	Leitfaden zur verkehrspsychologischen Beratung nach § 71 FeV, 2001
Sipp, W./Neumeier, E./ Karachaliou, K./Schneider, F.	Bericht 2023 des nationalen REITOX-Knotenpunkts an die EMCDDA (Datenjahr 2022/2023), Deutschland, Workbook Rechtliche Rahmenbedingungen, München: Deutsche Beobachtungsstelle für Drogen und Drogensucht DBDD
Spann	Die Stellung des medizinischen Sachverständigen im Verkehrsstrafprozess, in: DAR 2010, S. 309
Stadt Zürich	Drogeninformationszentrum (https://www.stadt-zuerich.ch/sd/de/index/ueber_das_departement/medien/medienmitteilungen_aktuell/2024/05/drogeninformationszentrum-jahresrueckblick-2023.html)

Statistisches Bundesamt	Verkehrsunfälle – Unfälle unter dem Einfluss von Alkohol oder anderen berauschenden Mittel im Straßenverkehr 2021 (https://www.destatis.de/DE/Themen/Gesellschaft-Umwelt/Verkehrsunfaelle/Publikationen/Downloads-Verkehrsunfaelle/unfaelle-alkohol-5462404217004-1_2021449.pdf?__blob=publicationFile)
Tepe, Linus	Haust Du, dann läufst Du! – Zur Berücksichtigung von Aggressionspotenzial im Fahrerlaubnisrecht, in: NZV 2010, S. 64 ff.
TÜV Süd	Führerschein und Prüfung (http://www.tuev-sued.de/fuehrerschein_pruefung/aktuell_informiert/alkohol_und_drogen_im_strassenverkehr/wirkung_von_alkohol)
Universitätsklinikum Bonn	Informationszentrale gegen Vergiftungen (https://www.ukbonn.de/ueber-uns/zentrale-bereiche/giftnotrufzentrale/)
Vetter, Brigitte	Psychiatrie – Ein systematisches Lehrbuch, 7. Aufl., Kiel 2007
Vogel, Alexander	Neue psychoaktive Substanzen in der polizeilichen Praxis, in: Müller, Dieter (Hrsg.), Rothenburger Beiträge – Polizeiwissenschaftliche Schriftenreihe, Verkehrssicherheitsarbeit Teil IV, Rothenburg/O.L. 2018, S. 419 ff.
Vollrath, Mark/Sachs, Hans/Babel, Bernward/Krüger, Hans-Peter	Drogen im Straßenverkehr – Fahrsimulationstest, ärztliche und toxikologische Untersuchungen bei Cannabis und Amphetaminen, Heft M 145 aus der Reihe »Mensch und Sicherheit«, Bergisch Gladbach 2002
Vollrath, Mark/Löbmann, Rebecca/Krüger, Hans-Peter/Schöch, Heinz/Widera, Teresia/Mettke, Melanie	Fahrten unter Drogeneinfluss – Einflussfaktoren und Gefährdungspotenzial, Heft M 132 aus der Reihe »Mensch und Sicherheit«, Bergisch Gladbach 2000
von Glahn-Middelmenne, C.	Bericht 2023 des nationalen REITOX-Knotenpunkts an die EMCDDA (Datenjahr 2022/2023), Deutschland, Workbook Behandlung, München: Deutsche Beobachtungsstelle für Drogen und Drogensucht DBDD
de Vries, Hinrich	Krankheitsbedingte Fahruntüchtigkeit im Strafrecht, in: Deutscher Verkehrsgerichtstag (Hrsg.), 50. Deutscher Verkehrsgerichtstag, Hamburg 2012, S. 119 ff.
Wagner, Thomas/Müller, Dieter/Koehl, Felix/Rebler, Adolf	Fahreignungszweifel bei Verkehrsdelinquenz, Aggressionspotenzial und Straftaten, Bonn 2020
Weigelt, Günther/Buchholtz, Uwe/Preusser, Wolfgang	Zur bedingten Eignung in der Fahreignungsbegutachtung, in: NZV 1991, S. 55 ff.
Weimann-Schmitz, Christiane	Qualifikation der Gutachter und deren Rolle im Rahmen von Fahreignungsgutachten, in: Blutalkohol 61 (2024), S. 131-138

Weinand, Manfred	Kompensationsmöglichkeiten bei älteren Kraftfahrern mit Leistungsdefiziten, hrsg. von der Bundesanstalt für Straßenwesen (Heft M 77) in der Reihe »Mensch und Sicherheit« der BASt, Bergisch Gladbach 1997
Wendlinger, Georg	Fahrerlaubnisrecht: Ermessensausübung bei der Überprüfung der charakterlichen Fahreignung, in: NZV 2006, S. 505 ff.
Wilhelm, Barbara/Kotterba, Sylvia/Orth, Maritta	Tagesschläfrigkeit, auslösende Erkrankungen und Verkehrssicherheit, in: Golka, Klaus/Hengstler, Jan G./Letzel, Stephan/Nowak, Dennis (Hrsg.), Verkehrsmedizin – arbeitsmedizinische Aspekte, Orientierungshilfe für Praxis, Klinik und Betrieb, Heidelberg 2011, S. 67 ff.
Winterberg, Carsten	Betäubungsmittel im Straßenverkehr, 4. Aufl. 2022
Zwerger, Dietmar	Aktuelle Rechtsfragen beim Entzug der Fahrerlaubnis wegen Drogenauffälligkeit, in: DAR 2005, S. 431

Kapitel 1 Formale und materielle Aspekte der Fahreignung

Übersicht Rdn.

Vorbemerkung zu Kapitel 1

1 In diesem ersten Kapitel soll der Begriff der Fahreignung in seinen verschiedenen Ausprägungen und Anwendungsmöglichkeiten anwendungsorientiert näher bestimmt werden. Die drei wichtigsten Bereiche der Fahreignung sollen dabei fachlich ausführlich dargestellt und inhaltlich näher beleuchtet werden.

A. Begrifflichkeit und Problemfälle der Fahreignung

Vorbemerkung Kapitel 1 A.

2 Eignung, Fahreignung und Kraftfahreignung sind **unbestimmte Rechtsbegriffe**, die gesetzlich nicht abschließend definiert sind und daher von der Rechtsprechung und Literatur näher bestimmt und ausgelegt werden müssen. Es gibt keinen absoluten, für sämtliche Fahrzeugführer geltenden Begriff der Fahreignung (a.A. *Himmelreich/Janker/Karbach*, S. 16 f. Rn. 47). Dieser muss vielmehr spezifisch für das jeweils im Raum stehende Verkehrsmittel gefunden werden (z.B. Kraftfahreignung für das Führen

von Kfz). Hinsichtlich der Überprüfung der Eignung wird der Fahrerlaubnisbehörde kein **Beurteilungsspielraum** eingeräumt, daher sind ihre Entscheidungen gerichtlich vollständig überprüfbar (*Haus/Zwerger*, S. 72 Rn. 34).

3 Art. 2 Abs. 1 GG gewährleistet die **allgemeine Handlungsfreiheit** im umfassenden Sinne (BVerfG, Stattgebender Kammerbeschluss v. 20.06.2002 – 1 BvR 2062/96, Rn. 38, juris, auch zum Folgenden). Von dieser Handlungsfreiheit ist auch das Führen von Kraftfahrzeugen im öffentlichen Straßenverkehr erfasst. Die Handlungsfreiheit ist allerdings nicht unbegrenzt gewährleistet. Zum Schutz eines kollidierenden Rechtsguts dürfen unter Beachtung des **Verhältnismäßigkeitsgrundsatzes** Beschränkungen vorgenommen werden. Sie sind verfassungsmäßig, wenn sie zum Schutz des Rechtsguts nicht nur geeignet und erforderlich sind, sondern auch zur Art und Intensität der Rechtsgütergefährdung in einem angemessenen Verhältnis stehen. Dies setzt eine Gesamtabwägung zwischen der Schwere des Eingriffs und dem Gewicht der ihn rechtfertigenden Gründe voraus. Die angegriffene Verfügung der Fahrerlaubnisentziehung und die darauf bezogenen Behörden- und Gerichtsentscheidungen enthalten einen Eingriff in den Schutzbereich des Grundrechts. Die Entziehung einer Fahrerlaubnis dient dem legitimen Zweck, den fahrungeeigneten Erlaubnisinhaber davon abzuhalten, aktiv mit einem Kraftfahrzeug am öffentlichen Straßenverkehr teilzunehmen. Dadurch sollen von ihm ausgehende Gefahren für die Sicherheit des Straßenverkehrs und damit verbundene Gefahren für Leben, Gesundheit und Eigentum anderer Bürger abgewendet werden. Ein auch verfassungsrechtlich tragfähiger Anlass zur Entziehung einer Fahrerlaubnis besteht zum einen bei einem dauerhaften, generell die Fahreignung (und nicht lediglich situationsbedingt die Fahrtüchtigkeit) ausschließenden **Eignungsmangel**; der Gesetzgeber hat dem Rechnung getragen. In Betracht kommen hier die schon erwähnten körperlich-geistigen Mängel, also Defizite der körperlich-geistigen Leistungsfähigkeit oder Fehlfunktionen, die das Unvermögen des Betroffenen zur Folge haben, ein Kraftfahrzeug sicher und verkehrsgerecht im Straßenverkehr zu führen. Zum anderen können charakterlich-sittliche Mängel die Fahreignung ausschließen. Solche Mängel liegen vor, wenn der Betroffene bereit ist, das Interesse der Allgemeinheit an sicherer und verkehrsgerechter Fahrweise den jeweiligen eigenen Interessen unterzuordnen und hieraus resultierende Gefährdungen oder Beeinträchtigungen des Verkehrs in Kauf zu nehmen.

4 Für ein begriffliches Erfassen der Eignungsproblematik ist zunächst einmal die Unterscheidung zwischen der **Fahrtüchtigkeit** und der Fahreignung wichtig. Von der Fahrtüchtigkeit bzw. besser der **Fahrsicherheit** spricht man, wenn die aktuellen körperlichen und geistigen Fähigkeiten ein sicheres Führen eines Fahrzeugs zulassen. Von einer **Fahreignung** spricht man, wenn die grundlegenden persönlichen Fähigkeiten von Körper, Geist und Charakter das sichere Führen eines Fahrzeugs zulassen. D.h. während sich die Fahrtüchtigkeit bzw. Fahrsicherheit auf einem aktuellen Zustand beziehen, blickt die Fahreignung auf einen längeren Zeitraum. Ein aktuell etwa aufgrund einer akuten fiebrigen Erkrankung fahrunsicherer Fahrzeugführer kann sehr wohl seine grundsätzliche Fahreignung behalten und wird wieder fahrsicher, wenn er gesund ist. Bei einem fahrungeeigneten Fahrzeugführer unterstellt die Rechtsordnung, dass er zu keinem Zeitpunkt seiner vorliegenden Ungeeignetheit ein Fahrzeug sicher im Straßenverkehr führen kann.

Sämtlichen Eignungsüberprüfungen ist gemeinsam, dass **Prognoseentscheidungen** über die künftige Gefährlichkeit oder Ungefährlichkeit der zu begutachtenden Person getroffen werden müssen. Als gefährlich sind regelmäßig diejenigen Verhaltensweisen anzusehen, die zu Verkehrsunfällen führen oder zu gefährlichen Verkehrssituationen führen, bei denen es nur durch glückliche Umstände nicht zu einem Verkehrsunfall gekommen ist (sogenannte »**Beinahe-Unfälle**«, also konkrete Gefährdungen von Rechtsgütern). Auch das Auslösen von Konfliktsituationen im Verkehrsgeschehen oder unfallerhöhende bzw. die Unfallfolgen erhöhenden Verhaltensweisen spiegeln die Unfallgefahr wieder (*Bode/Winkler*, S. 213 Rn. 339). 5

Die Fahreignung ist dabei nach einer Leitentscheidung des *Bundesverwaltungsgerichts* aufgrund einer umfassenden Würdigung der » ***Gesamtpersönlichkeit*** « nach dem Maßstab seiner Gefährlichkeit für den öffentlichen Straßenverkehr zu beurteilen, wobei alle Eigenschaften, Fähigkeiten und Verhaltensweisen für die Beurteilung der Verkehrsgefährlichkeit relevant sind (BVerwG, VerkMitt 1987, 71). 6

Solange Kraftfahrzeugführer keine Verkehrsunfälle verursachen und von ihnen keine konkreten Gefahren ausgehen, muss der Staat nicht regulierend eingreifen. Dieses Argument des verhältnismäßigen Handelns der staatlichen Institutionen folgt schon aus dem verfassungsrechtlichen **Rechtsstaatsprinzip** und wird immer wieder dann angeführt, wenn staatliche Instrumente wie z.B. eine obligatorische Überprüfung der Fahreignung oder gar nur obligatorische Sehtests ab einem bestimmten Lebensalter gefordert werden. 7

Auf der Grundlage des **Rechtsstaatsprinzips** dürfen staatliche Instanzen, Behörden und deren Mitarbeiter gegenüber den Bürgern nur verhältnismäßig handeln, d.h. sie müssen einen gerechten Ausgleich zwischen den Ansprüchen des Staates auf Regulierung bestimmter Lebenssachverhalte auf der einen Seite und den berechtigten Bedürfnissen der Bürger nach Wahrung ihrer Grundfreiheiten auf der anderen Seite gewährleisten. Im Fahreignungsrecht wird dieser Grundsatz dadurch berücksichtigt, dass das Verlangen nach Beibringung eines Gutachtens nur dann als rechtmäßig angesehen werden kann, wenn aufgrund konkreter tatsächlicher Anhaltspunkte berechtigte Zweifel an der Kraftfahreignung eines betroffenen Kraftfahrers bestehen. Das Bundesverfassungsgericht fordert daher zu Recht, dass »nicht bereits jeder Umstand, der auf die entfernt liegende Möglichkeit eines Eignungsmangels hindeutet, ein hinreichender Grund für die Anforderung eines medizinisch-psychologischen Gutachtens (ist). Vielmehr müssen der Entscheidung über die Anforderung tatsächliche Feststellungen zugrunde gelegt werden, die einen Eignungsmangel als naheliegend erscheinen lassen.« (BVerfG, Beschl. v. 24.06.1993 – 1 BvR 689/92, juris) 8

Vor diesem rechtsstaatlichen Hintergrund darf eine Ungeeignetheit nur dann angenommen werden, wenn das von dem betreffenden Fahrerlaubnisinhaber als Führer eines Kraftfahrzeuges ausgehende Sicherheitsrisiko für andere Menschen das allgemeine durch das Führen von Kraftfahrzeugen bestehende Risiko deutlich überwiegt (*Himmelreich/Janker/Karbach*, S. 12 Rn. 39). 9

Eine besondere Rolle im Rahmen der Beurteilung der Fahreignung spielen die **Fahranfänger**, die seit vielen Jahren die Hauptrisikogruppe auf den Straßen abbilden. Sie 10 verursachen im Vergleich zu ihrem Anteil an der Gesamtbevölkerung die meisten Verkehrsunfälle mit Todesfolgen und sind in der Gruppe der im Straßenverkehr getöteten Personen deutlich überrepräsentiert. Allerdings resultiert eine temporäre mangelhafte Fahreignung von Personen aus dieser Gruppe regelmäßig aus mangelnder Fahrerfahrung und einem noch jugendtypischen Risikoverhalten, das sich im Laufe der Jahre durch den Zugewinn an Reife und Erfahrung wieder verliert. Dadurch passen die Instrumente des Fahreignungsrechts, die eher auf einen Personenkreis zugeschnitten sind, deren Angehörige auf Dauer ungeeignet oder nur noch bedingt geeignet sind, nur partiell auf die Gruppe der Fahranfänger.

11 Die ersten mit potenziell in ihrer Fahreignung defizitären Verkehrsteilnehmern in Kontakt tretenden Personen sind die anderen **Unfallbeteiligten**, die Insassen der beteiligten Fahrzeuge, Zeugen des Unfallgeschehens und nicht zuletzt die **Unfallopfer**. Alle genannten Personen sind jedoch dem Staat gegenüber nicht zur Auskunft über möglicherweise gewonnene Erkenntnisse über eine mangelhafte Fahreignung eines Unfallbeteiligten verpflichtet. Eine derartige Verpflichtung trifft allerdings die Polizeibeamten, die im Rahmen der Aufnahme von Verkehrsunfällen, aber auch während ihrer ganz normalen Überwachung des Straßenverkehrs auf Eignungsdefizite bei Fahrzeugführern aufmerksam werden können.

12 Nach dem Fahreignungsrecht unterteilt sich die Fahreignung in die drei Bereiche körperliche, geistige und charakterliche Fahreignung (*Bode/Winkler*, S. 116 ff., sprechen von »Elementen der Eignung«). Daneben tritt als weitere, übergreifende Kategorie die bedingte Eignung. Dabei kann durchaus auch von den beiden Oberkategorien der unbedingten und bedingten Eignung gesprochen werden (*Fries/Wilkes/Lössl*, S. 7, sprechen in anderer Terminologie von »uneingeschränkter und bedingter Fahreignung«).

Abb. 1: Die drei Bereiche der Fahreignung (Quelle: Prof. Dr. D. Müller)

Durch die Anordnung, ein medizinisch-psychologisches Gutachten einzuleiten und der Verkehrsbehörde vorzulegen, wird in den im Rahmen des allgemeinen Persönlichkeitsrechts durch Art. 2 Abs. 1 i.V.m. Art. 1 Abs. 1 GG gewährleisteten Schutz des einzelnen vor Erhebung und Weitergabe von Befunden über Gesundheitszustand, seelische Verfassung und Charakter eingegriffen. Da die Charakterforschung Selbstachtung und gesellschaftliche Stellung des Betroffenen berührt, stehen die psychologischen Befunde eines Gutachtens zur Feststellung der Fahreignung dem unantastbaren Bereich privater Lebensgestaltung noch näher als die insoweit zu erhebenden rein medizinischen Feststellungen (BVerfG, Beschl. v. 24.06.1993 – 1 BvR 689/92, BVerfGE 89, 69–91, auch zum Folgenden). Demgegenüber stellt die präventive Kontrolle von Kraftfahrern zum Schutz der Bürger vor dem hohen Risiko des motorisierten Straßenverkehrs für Leben, Gesundheit und Eigentum eine im überwiegenden Interesse der Allgemeinheit liegende und damit grundsätzlich zulässige Einschränkung des allgemeinen Persönlichkeitsrechts dar. Demgemäß müssen an die Eignung zum Führen von Kraftfahrzeugen hohe Anforderungen gestellt werden. 13

I. Körperliche Fahreignung

Geeignet zum Führen von Kraftfahrzeugen ist, wer die notwendigen **körperlichen Anforderungen** erfüllt, die das Geschehen im Straßenverkehr stellt. Die Anforderungen an die körperliche Eignung sind regelmäßig dann erfüllt, wenn keine die Fahreignung einschränkende oder gar ausschließende Erkrankung oder ein Mangel nach Anlage 4, 5 oder 6 zur FeV vorliegt, wodurch die Eignung oder die bedingte Eignung zum Führen von Kraftfahrzeugen ausgeschlossen wäre. 14

Sind **körperliche Mängel** vorhanden, beeinträchtigen sie die Eignung zum Führen von Kfz nur, wenn sie nicht durch geeignete Hilfsmittel kompensiert werden können. Körperliche Mängel können oft auch in Kombination mit geistigen und/oder charakterlichen Mängeln vorliegen (näher *Laux/Brunnauer/Graw*, S. 3 f.). 15

Im Hinblick auf die geringe **Kontrolldichte** im Straßenverkehr werden konkrete Anhaltspunkte für Fahreignungszweifel nicht dadurch widerlegt, dass den Behörden keine fahreignungsrelevanten Ausfallerscheinungen, die Beteiligung an einem **Verkehrsunfall** oder eine unsichere **Fahrweise** bekannt geworden sind (BayVGH, Beschl. v. 28.05.2024 – 11 ZB 24.414, Rn. 18, juris). 16

Wird durch eine **Krankheit** die Fahrtüchtigkeit entweder ständig unter das erforderliche Maß herabgesetzt oder auch nur die erhebliche Gefahr einer plötzlich und überraschend eintretenden Fahruntüchtigkeit bzw. Fahrunsicherheit hervorgerufen, kann dies eine Nichteignung zur Folge haben. Bei akuten Krankheiten ist regelmäßig eine Fahrunsicherheit gegeben, bei mittel- bis langfristigen körperlichen Folgen auch eine Fahrungeeignetheit. 17

Verschiedene Untersuchungen haben ergeben, dass ca. 1,5 bis 3,4 % aller Verkehrsunfälle mit Todesfolge auf medizinische Gründe zurückgeführt werden können (*Jung*, S. 92). 18

19 Bei der Entziehung der Fahrerlaubnis eines kranken Menschen handelt es sich um keine Diskriminierung. Einer an multipler Sklerose erkrankten Person wird z.B. ihre Fahrerlaubnis nicht entzogen, weil sie an multipler Sklerose erkrankt ist, sondern nur dann, wenn die Krankheit bei ihr mittlerweile so weit fortgeschritten ist, dass die bestehenden Beeinträchtigungen ein sicheres Führen eines Kraftfahrzeugs nicht mehr ermöglichen (BayVGH, Beschl. v. 17.03.2008 – 11 ZB 07.495, juris).

20 Generell ist zu prüfen, ob für die Weigerung oder Nichtvorlage des Gutachtens ein berechtigter bzw. »ausreichender« Grund existiert, da nur im Falle einer verschuldeten Nichtmitwirkung die Vermutung berechtigt ist, der Betroffene wolle einen Eignungsmangel verbergen (*VG Ansbach*, Beschl. v. 21.02.2024 – AN 10 S 24.188, juris).

21 Im Folgenden soll ein kurzer Auszug aus der Anlage 4 der FeV hinsichtlich verschiedener in Deutschland und Europa epidemiologisch weit verbreiteter Krankheitsbilder dargestellt werden. Für sämtliche an der Beurteilung von Fragen der Fahreignung direkt oder indirekt beteiligte Personen ist die genaue Kenntnis der Anlagen 4, 5 und 6 der FeV unerlässlich.

22

Krankheiten, Mängel	**Eignung oder bedingte Eignung**		**Beschränkungen/Auflagen bei bedingter Eignung**	
	Fahrerlaubnisklassen A, A1, B, BE, M, S, L, T	Fahrerlaubnisklassen C, C1, CE, C1E, D, D1, DE, D1E, FzF	Fahrerlaubnisklassen A, A1, B, BE, M, S, L, T	Fahrerlaubnisklassen C, C1, CE, C1E, D, D1, DE, D1E, FzF
3. Bewegungsbehinderungen	Ja	Ja	ggf. Beschränkung auf bestimmte Fahrzeugarten oder Fahrzeuge, ggf. mit besonderen technischen Vorrichtungen gemäß ärztlichem Gutachten, evtl. zusätzlich medizinisch-psychologisches Gutachten und/oder Gutachten eines amtlich anerkannten Sachverständigen oder Prüfers. Auflage: regelmäßige ärztliche Kontrolluntersuchungen; können entfallen, wenn Behinderung sich stabilisiert hat.	
4. Herz- und Gefäßkrankheiten				
4.4 Akutes Koronarsyndrom (Herzinfarkt)				

Krankheiten, Mängel	**Eignung oder bedingte Eignung**		**Beschränkungen/Auflagen bei bedingter Eignung**	
4.4.1 EF > 35 %	Ja, bei komplikationslosem Verlauf, kardiologische Untersuchung	Fahreignung kann sechs Wochen nach dem Ereignis gegeben sein, kardiologische Untersuchung		
4.4.2 EF ≤ 35 % oder akute dekompensierte Herzinsuffizienz im Rahmen eines akuten Herzinfarktes	Fahreignung kann vier Wochen nach dem Ereignis gegeben sein, kardiologische Untersuchung	in der Regel nein, kardiologische Untersuchung		
5. Diabetes mellitus (Zuckerkrankheit)				
5.1 Neigung zu schweren Stoffwechselentgleisungen	Nein	Nein		
5.2 Bei erstmaliger Stoffwechselentgleisung oder neuer Einstellung	Ja, nach Einstellung	Ja, nach Einstellung		
5.3 Bei ausgeglichener Stoffwechsellage unter Therapie mit oralen Antidiabetika mit niedrigem Hypoglykämierisiko	Ja	Ja, bei guter Stoffwechselführung ohne Unterzuckerung über drei Monate		Regelmäßige ärztliche Kontrollen
5.4 Bei medikamentöser Therapie mit hohem Hypoglykämierisiko (z.B. Insulin)	Ja, bei ungestörter Hypoglykämiewahrnehmung	Ja, bei guter Stoffwechselführung ohne schwere Unterzuckerung über drei Monate und ungestörter Hypoglykämiewahrnehmung		Fachärztliche Begutachtung alle drei Jahre, regelmäßige ärztliche Kontrollen

Krankheiten, Mängel	Eignung oder bedingte Eignung		Beschränkungen/Auflagen bei bedingter Eignung	
5.5 Wiederholt auftretende schwere Hypoglykämien im Wachzustand	Für die Dauer von drei Monaten nach dem letzten Ereignis nicht geeignet. Eine stabile Stoffwechsellage und eine ungestörte Hypoglykämiewahrnehmung sind sicherzustellen, fachärztliche Begutachtung	Keine wiederholt schwere Hypoglykämie in den letzten zwölf Monaten. Unter besonders günstigen Umständen ggf. auch kürzere Frist möglich. Der Zeitraum bis zur Wiedererlangung der Fahreignung beträgt mindestens drei Monate, fachärztliche Begutachtung	Regelmäßige ärztliche Kontrollen	Regelmäßige ärztliche Kontrollen
5.6 Bei Komplikationen siehe auch Nummer 1, 4, 6, 10				
6. Krankheiten des Nervensystems				
6.3 Parkinsonsche Krankheit	Ja, bei leichten Fällen und erfolgreicher Therapie	Nein	Nachuntersuchungen in Abständen von ein, zwei und vier Jahren	
6.6 Epilepsie	Ausnahmsweise ja, wenn kein wesentliches Risiko von Anfallsrezidiven mehr besteht, z.B. ein Jahr anfallsfrei	Ausnahmsweise ja, wenn kein wesentliches Risiko von Anfallsrezidiven mehr besteht, z.B. fünf Jahre anfallsfrei ohne Therapie	Nachuntersuchungen	Nachuntersuchungen

Krankheiten, Mängel	**Eignung oder bedingte Eignung**		**Beschränkungen/Auflagen bei bedingter Eignung**	
10. Nierenerkrankungen				
10.1 Schwere Niereninsuffizienz mit erheblicher Beeinträchtigung	Nein	Nein		
10.2 Niereninsuffizienz in Dialysebehandlung	Ja, wenn keine Komplikationen oder Begleiterkrankungen	Ausnahmsweise ja	Ständige ärztliche Betreuung und Kontrolle, Nachuntersuchung	Ständige ärztliche Betreuung und Kontrolle, Nachuntersuchung
11. Verschiedenes				
11.2 Tagesschläfrigkeit				
11.2.1 Messbare auffällige Tagesschläfrigkeit	Nein	Nein		
11.2.2 Nach Behandlung	Ja, wenn keine messbare auffällige Tagesschläfrigkeit mehr vorliegt	Ja, wenn keine messbare auffällige Tagesschläfrigkeit mehr vorliegt	Ärztliche Begutachtung, regelmäßige ärztliche Kontrollen	Ärztliche Begutachtung, regelmäßige ärztliche Kontrollen
11.2.3 Obstruktives Schlafapnoe Syndrom (OSAS) mittelschwer/schwer (mittelschwer: Apnoe-Hypopnoe-Index zwischen 15 und 29 pro Stunde; schwer: Apnoe-Hypopnoe-Index von mind. 30 pro Stunde)	Ja, unter geeigneter Therapie und wenn keine messbare auffällige Tagesschläfrigkeit mehr vorliegt	Ja, unter geeigneter Therapie und wenn keine messbare auffällige Tagesschläfrigkeit mehr vorliegt	Ärztliche Begutachtung, regelmäßige ärztliche Kontrollen in Abständen von höchstens drei Jahren	Ärztliche Begutachtung, regelmäßige ärztliche Kontrollen in Abständen von höchstens drei Jahren
11.3 Schwere Lungen- und Bronchialerkrankungen mit schweren Rückwirkungen auf die Herz-Kreislauf-Dynamik	Nein	Nein		

Krankheiten, Mängel	Eignung oder bedingte Eignung		Beschränkungen/Auflagen bei bedingter Eignung	
11.4 Störung des Gleichgewichtssinnes	In der Regel nein	In der Regel nein	Im Einzelfall entsprechend den Begutachtungsleitlinien zur Kraftfahreignung	Im Einzelfall entsprechend den Begutachtungsleitlinien zur Kraftfahreignung

23 Das Straßenverkehrsgeschehen erfordert regelmäßig hohe psychophysische Eignungsvoraussetzungen, die von einem Fahrerlaubnisbewerber und zu jedem Zeitpunkt seines Führerscheinbesitzes auch von einem Fahrerlaubnisinhaber erfüllt werden müssen.

24 Angelehnt an *Bode/Winkler* sind folgende psychophysische Qualitäten besonders gefordert (*Bode/Winkler*, S. 116 f. Rn. 67):

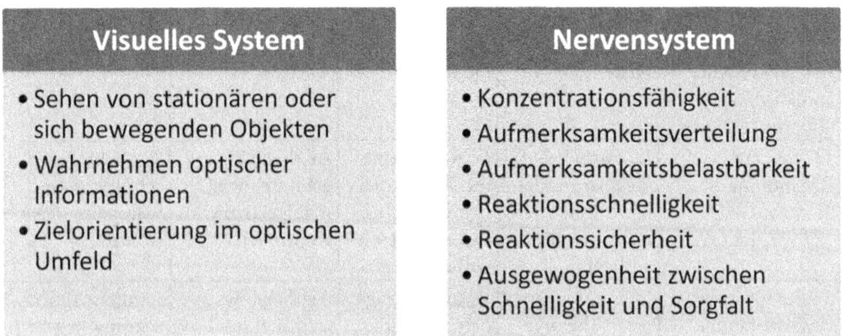

Abb. 2: Erforderliche psychophysische Qualitäten (**Quelle: Prof. Dr. D. Müller**)

25 Die Fähigkeit zum guten **Sehen** wird im Verkehrsgeschehen ständig abgefordert und ist Gegenstand der Anlage 6 zu den §§ 12, 48 Abs. 4, 5 FeV (näher *Bode/Winkler*, S. 127 f. Rn. 102 ff.). Zahlreiche Verkehrsunfälle lassen den Schluss zu, dass Probleme mit der Funktionstüchtigkeit des visuellen Systems zumindest mitursächlich waren.

26 Danach würde die Fahrerlaubnisbehörde auf der Grundlage von § 12 Abs. 8 FeV zur Vorbereitung ihrer Entscheidung über die Eignung die Beibringung eines augenärztlichen Gutachtens anordnen.

27 Der **optische Prozess** folgt während der Verkehrsteilnahme zwingend dem regelmäßig wiederkehrenden Muster:

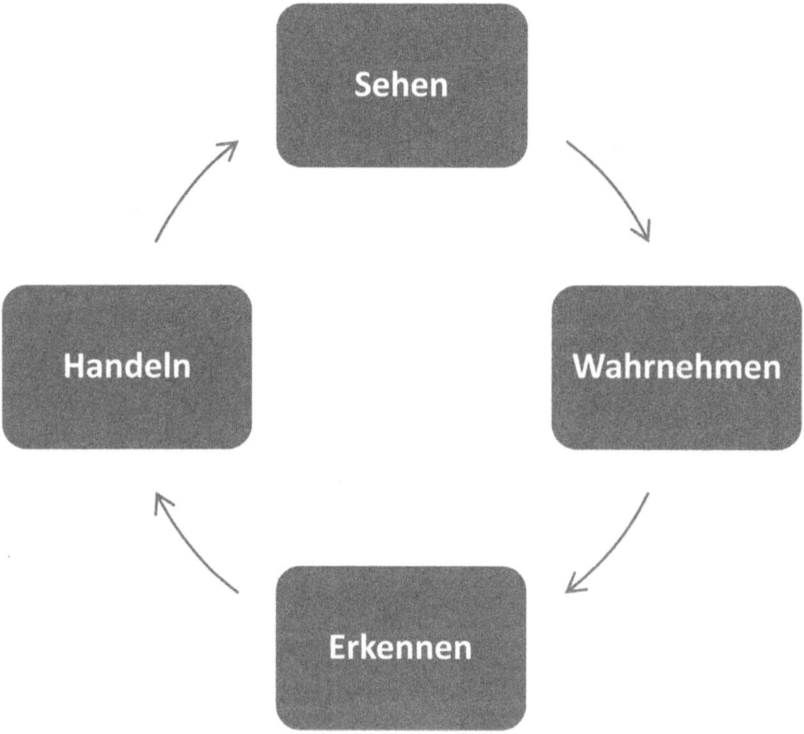

Abb. 3: Optischer Prozess (Quelle Grafik: Prof. Dr. D. Müller)

Probleme mit der **Sehkraft** können im Zusammenhang mit der Fahreignung insbesondere während der Dämmerung und in der Dunkelheit offenbar werden, weil die ohnehin geringere Anzahl möglicher Informationen eine erhöhte Konzentration und ein besonders leistungsfähiges Wahrnehmungsvermögen eines jeden Kraftfahrers benötigen (ebenso *Schmidt-Clausen/Freiding*, S. 7). **28**

Nach den Erkenntnissen von *Schmidt-Clausen* und *Freiding* ist die Funktionsfähigkeit des visuellen Systems insbesondere abhängig von den folgenden vier Faktoren (S. 7 ff.): **29**
- **Kontrastempfindlichkeit** (dazu näher *Schmidt-Clausen/Freiding*, S. 7 f., 33, 38),
- **Sehschärfe** (dazu näher *Schmidt-Clausen/Freiding*, S. 8, 39 dort insbesondere Dämmerungssehschärfe),
- **Blendung** (dazu näher *Schmidt-Clausen/Freiding*, S. 8 f.) und der
- **Adaption** (dazu näher *Schmidt-Clausen/Freiding*, S. 9).

Neben dem visuellen System sind ergänzend auch das auditive und haptische System zu benennen (zu Schwerhörigkeit und Gehörlosigkeit näher *Bode/Winkler*, S. 128 Rn. 106 f.), die im Straßenverkehr ebenfalls ständig gefordert sind und adäquat funk- **30** tionieren müssen (z.B. beim Hören eines Signalhorns eines Einsatzfahrzeugs oder dem Bemerken eines glatten Fahrbahnuntergrundes durch Verlust der Lenkbarkeit).

31 Die **Begutachtungs-Leitlinien** beinhalten zahlreiche weitere Hinweise zur Beurteilung des Problemkreises Krankheit und Fahreignung. Folgende Tabelle sollte für die notwendige Vertiefung des fachlichen Verständnisses hilfreich sein:

Krankheitsbilder in den Begutachtungs-Leitlinien	
Krankheit	**Laufende Nr.**
Affektive Psychosen	3.12.4
Alkoholabhängigkeit	3.13.2
Alkoholmissbrauch	3.13.1
Altersdemenz und Persönlichkeitsveränderungen durch pathologische Alterungsprozesse	3.12.3
Arzneimittel in Dauerbehandlung	3.14.2
Auffälligkeiten bei der Fahrerlaubnisprüfung	3.18
Bewegungsbehinderungen	3.3
Demenz und organische Persönlichkeitsveränderungen	3.12.2
Epileptische Anfälle und Epilepsie	3.9.6
Herz- und Gefäßkrankheiten	3.4
Herzinsuffizienz	3.4.5
Herzklappenerkrankungen	3.5.7
Herzrhythmusstörungen	3.4.1
Hirnstörungen, kreislaufabhängig	3.9.4
Hirnverletzungen und Hirnoperationen	3.9.5
Hörvermögen	3.2
Hypertonie (arterielle)	3.4.2
Hypotonie (arterielle)	3.4.3
Intellektuelle Leistungseinschränkungen	3.15
Koronare Herzkrankheit (Herzinfarkt)	3.4.4
Lungen- und Bronchialerkrankungen	3.8
Neuromuskuläre Erkrankungen der Peripherie	3.9.2
Nierenerkrankungen	3.6
Organisch-psychische Störungen	3.12.1
Organtransplantationen	3.7
Parkinsonsche Krankheit	3.9.2
Schizophrene Psychosen	3.12.5
Sehvermögen	3.1
Störungen des Gleichgewichtssinnes	3.10
Straftaten	3.16
Sucht (Abhängigkeit) und Intoxikationszustände bei Betäubungsmitteln und Arzneimitteln	3.14.1

Krankheitsbilder in den Begutachtungs-Leitlinien	
Krankheit	**Laufende Nr.**
Tagesschläfrigkeit (messbar und auffällig)	3.11.1
Verstöße gegen verkehrsrechtliche Vorschriften	3.17
Zuckerkrankheit (Diabetes mellitus)	3.5

Eine ausführliche Zusammenstellung von in der Rechtsprechung behandelten körperlichen Mängeln bieten *Fries/Wilkes/Lössl* (S. 8 ff.). 32

Verschiedene Anforderungen an die körperliche Leistungsfähigkeit werden von *Fries/Wilkes/Lössl* dargestellt und bieten einen großen Fundus an qualitativ hochwertigen Informationen auch für Polizeibeamte, die auf Fahrzeugführer mit körperlichen Handicaps stoßen: 33

- Gebrauchsfähigkeit von Armen und Beinen *(Fries/Wilkes/Lössl,* S. 83 ff),
- weitere orthopädische Krankheitsbilder *(Fries/Wilkes/Lössl,* S. 109 ff),
- internistische Erkrankungen *(Fries/Wilkes/Lössl,* S. 121 ff.),
- Sehfähigkeit *(Fries/Wilkes/Lössl,* S. 94 ff mit zahlreichen anschaulichen Fotos über Sehschwächen),
- Hörvermögen *(Fries/Wilkes/Lössl,* S. 98),
- Gleichgewicht *(Fries/Wilkes/Lössl,* S. 99).

Noch nicht überall bekannt ist die Erkenntnis, dass auch die **Schläfrigkeit**, zumal am Tage, eine wichtige Ursache für Verkehrsunfälle ist (vgl. Begutachtungsleitlinien Nr. 3.11.1). Diese Tatsache wurde oft unterschätzt, insbesondere diejenige der Krankheit des Schlafapnoe-Syndroms, das die **Tagesschläfrigkeit** auslöst (*Wilhelm/Kotterba/Orth*, S. 67). Dabei ist die Schläfrigkeit deutlich von der Müdigkeit zu unterscheiden. Während die Schläfrigkeit unvermittelt zum Einschlafen führen kann, geht die Müdigkeit nicht mit einer Einschlafneigung einher (*Wilhelm/Kotterba/Orth*, S. 72 f.). 34

Auch der **Diabetes mellitus** ist mit ca. 8 Millionen Diabetikern in Deutschland zu einer Volkskrankheit geworden (vgl. Begutachtungsleitlinien Nr. 3.5), die bei den Patienten ein deutliches Risiko für deren Fahreignung bedeutet. Dabei müssen regelmäßig die folgenden Faktoren berücksichtigt werden (nach *Rinnert*, S. 80): 35

- Potenzial zur Unfallgefährdung durch Selbst- und Fremdgefährdung,
- Qualität der Stoffwechseleinstellung über einen längeren Zeitraum,
- Art der medizinischen Behandlung,
- auftretende Hypoglykämien (Häufigkeit, Wahrnehmung, Notwendigkeit der Fremdhilfe),
- mögliche Folgeerkrankungen (Polyneuropathie, Retionopathie),
- persönlicher Umgang mit der Erkrankung (Stand und Ausprägung der Selbstbehandlungskompetenz).

36 Im Verlauf der Erkrankung können die folgenden körperlichen und geistigen Funktionsdefizite und -störungen auftreten (*Rinnert*, S. 82):

Abb. 4: Körperliche und geistige Funktionsdefizite und -störungen bei Diabetes mellitus (Quelle Grafik: Prof. Dr. D. Müller)

37 Selbst Haus- und Fachärzte sind in zahlreichen Fällen verkehrsmedizinische Laien und übersehen bei ihren Patienten **Krankheitssymptome**, die auf körperliche und psychische Störungen hindeuten, die mit einer verkehrsrelevanten Leistungsbeeinträchtigung verbunden sind (vgl. dazu *Dittmann*, S. A 542).

38 Wichtige Hilfsmittel aus der **Arbeitsmedizin** zur Sensibilisierung und Diagnostik zur Beurteilung des individuellen Gefährdungspotentials am jeweiligen Arbeitsplatz stellt die DGUV für die betriebsärztlichen Dienste z.B. durch ihren Berufsgenossenschaftlichen Grundsatz G 25 zur Verfügung. Diese Informationen könnten problemlos in die polizeiliche Aus- und Fortbildung integriert werden, indem die in allen Bundesländern vorhandenen polizeiärztlichen Dienste in die verschiedenen Lehrangebote

an Polizeifachhochschulen und polizeilichen Fortbildungsinstituten einbezogen werden. Dies wird z.B. an der Hochschule der Sächsischen Polizei seit dem Jahr 2007 erfolgreich praktiziert, indem Polizeistudenten die Pupillendiagnostik durch einen **Polizeiarzt** in Theorie und Praxis erlernen. Wohl gemerkt: Das Ziel einer solchen Aus- und Fortbildung ist die Sensibilisierung der Polizeibeamten für fahreignungsrelevante gesundheitliche Probleme und nicht das dilettantische Erlernen medizinischer diagnostischer Methoden.

Eine Sensibilisierung kann u.a. in den folgenden fahreignungsrelevanten Bereichen erreicht werden, die bei körperlichen Fehlfunktionen allesamt auch als unfallauslösende Ursachen gelten können (vgl. dazu *DGUV*, S. 21): 39

Bereich **Aufmerksamkeit** 40
- Fähigkeit, über lange Zeiträume und Monotonie auf seltene, zufällig auftretende Reize zu reagieren (= Vigilanz),
- Fähigkeit, die Konzentration und Reaktion auf einen bestimmten Reiz aus einer Summe von Reizen aufrecht zu erhalten (= selektive Aufmerksamkeit),
- Fähigkeit zu geteilter und paralleler Informationsverarbeitung (= geteilte Aufmerksamkeit),
- Fähigkeit zu automatisierter Verarbeitung (= geteilte Aufmerksamkeit),
- Fähigkeit, über lange Zeiträume auf zufällig auftretende Reize zu reagieren (= Daueraufmerksamkeit).

Bereich **Sehen** 41
- Untersuchung des Gesichtsfeldes,
- Untersuchung des Dämmerungssehens,
- Untersuchung der Blendungsempfindlichkeit
- Untersuchung der Sehschärfe für Fernsehen,
- Untersuchung des räumlichen Sehens,
- Untersuchung des Farbsinns.

Bereich **Hören** 42
- Untersuchung des Hörvermögens (Flüster- und Umgangssprache).

Zu guter Letzt sei noch drauf hingewiesen, dass einige unbedarfte Kraftfahrzeugführer, 43 die auf Verdachtsmomente hinsichtlich Fahreignungsmängel angesprochen werden, ausgesprochen offen reagieren werden. Diese Verkehrsteilnehmer werden in einigen Fällen offen ihre krankheitsbedingten und seelisch bedingten Mängel offenlegen und in einigen Fällen sogar froh darüber sein, sich damit gegenüber einer Amts- und Vertrauensperson eine psychische Last von der Seele reden zu können. In den seltenen Fällen derart offener Gespräche obliegt es den Polizeibeamten als Vertrauenspersonen einerseits ihrem gesetzlichen Auftrag zur Gefahrenabwehr zu genügen und andererseits dem Verkehrsteilnehmer, etwa durch Hinweise auf ärztliche und/oder psychotherapeutische Fachleute, konkret zu helfen. Dafür ist allerdings eine souveräne fachliche Durchdringung der Materie des Fahreignungsrechts unverzichtbar.

Die Behörde kann sich im Hinblick auf die Anordnung der Beibringung eines Gut- 44 achtens nicht nur auf das Verhalten des Betroffenen im Straßenverkehr stützen, sondern auch auf Äußerungen gegenüber Polizeibeamten und eine ärztliche Einschätzung (OVG Mecklenburg-Vorpommern, Beschl. v. 02.04.2024 – 1 M 411/23 OVG, juris).

II. Geistige Fahreignung

45 Geeignet zum Führen von Kraftfahrzeugen ist, wer die notwendigen **geistigen Anforderungen** erfüllt, die das Geschehen im Straßenverkehr stellt. Sind **geistige Mängel** vorhanden, beeinträchtigen sie die Eignung zum Führen von Kfz nur, wenn sie nicht durch geeignete Gegenmaßnahmen (z.B. Medikamente) aufgefangen oder verhindert werden können. **Geistige Eignungsmängel** liegen z.B. bei organischen Geisteskrankheiten, schweren Nervenleiden oder psychopathischen Veranlagungen mit Missbrauchsneigungen vor, oft auch in Kombination mit körperlichen und/oder charakterlichen Mängeln.

46 Bei Bedenken gegen die körperliche oder geistige Eignung, insbesondere bei Hinweisen auf eine Erkrankung oder einen Mangel nach Anlage 4 oder 5 zur FeV, kann die Fahrerlaubnisbehörde in Zweifelsfällen, in denen die Ungeeignetheit noch nicht feststeht (§ 11 Abs. 7 FeV), mangels eigener medizinischer Fachkompetenz nicht ohne Gutachten über die Fahreignung entscheiden (BayVGH, Beschl. v. 12.02.2024 – 11 CS 23.2216, Rn. 13, juris).

47 Von der Gruppe der psychisch erkrankten Patienten geben mehr als 66 % der behandelten Personen an, über eine gültige Fahrerlaubnis zu verfügen und 80 % dieser Patienten nehmen aktiv am Straßenverkehr teil (*Brunnauer/Laux*, S. 127). Diese vielfach medikamentös behandelten Patienten begegnen Polizeibeamten also auch im Rahmen der Verkehrsüberwachung.

48 Geistige Fähigkeiten sind u.a. dafür erforderlich, um die Verkehrsvorschriften ihrem Sinngehalt nach erfassen zu können. Dieses fachliche Verständnis stößt allerdings auch für geistig vollkommen geeignete Kraftfahrzeugführer oft an seine Grenzen, wenn allgemeine Verkehrsvorschriften wie z.B. die sogenannte »**Winterreifenpflicht**« des § 2 Abs. 3a StVO vom Verordnungsgeber so verklausuliert gestaltet wurden, dass kaum jemand ohne juristisches Vorwissen diese Nomen noch verstehen kann (ist dies tatsächlich der Fall, liegt regelmäßig ein unvermeidbarer **Verbotsirrtum** nahe, der gem. § 11 Abs. 2 OWiG sogar zu einer Einstellung des Verfahrens oder zu einem Freispruch führen würde).

49 Oft gehen geistige Erkrankungen mit der Auferlegung einer Betreuung einher. Wenn Anhaltspunkte für das Bestehen einer psychiatrischen Erkrankung und einer **Betreuung** vorliegen, kann die Fahrerlaubnisbehörde die Betreuungsakte anfordern und die daraus gewonnenen Erkenntnisse im Fahrerlaubnisverfahren verwerten (hier: Vorliegen einer paranoiden Schizophrenie). Das Grundrecht des Betroffenen auf informationelle Selbstbestimmung muss in diesem Fall hinter dem Schutz von Leben und Gesundheit dritter Verkehrsteilnehmer zurücktreten (VG Düsseldorf, Beschl. v. 25.05.2023 – 14 L 1081/23, juris).

Im Folgenden soll ein kurzer Auszug aus der Anlage 4 hinsichtlich verschiedener in 50
Deutschland und Europa epidemiologisch weit verbreiteter Krankheitsbilder dargestellt werden. Für sämtliche an der Beurteilung von Fragen der Fahreignung direkt oder indirekt beteiligte Personen ist die genaue Kenntnis der Anlage 4 der FeV unerlässlich.

51

Krankheiten, Mängel	**Eignung oder bedingte Eignung**		**Beschränkungen/Auflagen bei bedingter Eignung**	
	Fahrerlaubnisklassen A, A1, B, BE, M, S, L, T	Fahrerlaubnisklassen C, C1, CE, C1E, D, D1, DE, D1E, FzF	Fahrerlaubnisklassen A, A1, B, BE, M, S, L, T	Fahrerlaubnisklassen C, C1, CE, C1E, D, D1, DE, D1E, FzF
7. Psychische (geistige) Störungen				
7.1 Organische Psychosen				
7.1.1 akut	Nein	Nein		
7.1.2 nach Abklingen	Ja, abhängig von der Art und Prognose des Grundleidens, wenn bei positiver Beurteilung des Grundleidens keine Restsymptome und kein 7.2	Ja, abhängig von der Art und Prognose des Grundleidens, wenn bei positiver Beurteilung des Grundleidens keine Restsymptome und kein 7.2	In der Regel Nachuntersuchung	In der Regel Nachuntersuchung
7.2 Chronische hirnorganische Psychosyndrome				
7.2.1 leicht	Ja, abhängig von Art und Schwere	Ausnahmsweise ja	Nachuntersuchung	Nachuntersuchung
7.2.2 schwer	Nein	Nein		
7.3 Schwere Altersdemenz und schwere Persönlichkeitsveränderungen durch pathologische Alterungsprozesse	Nein	Nein		

Krankheiten, Mängel	Eignung oder bedingte Eignung		Beschränkungen/Auflagen bei bedingter Eignung	
7.4 Schwere Intelligenzstörungen/geistige Behinderung				
7.4.1 leicht	Ja, wenn keine Persönlichkeitsstörung	Ja, wenn keine Persönlichkeitsstörung		
7.4.2 schwer	Ausnahmsweise ja, wenn keine Persönlichkeitsstörung (Untersuchung der Persönlichkeitsstruktur und des individuellen Leistungsvermögens)	Ausnahmsweise ja, wenn keine Persönlichkeitsstörung (Untersuchung der Persönlichkeitsstruktur und des individuellen Leistungsvermögens)		
7.5 Affektive Psychosen				
7.5.1 Bei allen Manien und sehr schweren Depressionen	Nein	Nein		
7.5.2 nach Abklingen der manischen Phase und der relevanten Symptome einer sehr schweren Depression	Ja, wenn nicht mit einem Wiederauftreten gerechnet werden muss, ggf. unter medikamentöser Behandlung	Ja, bei Symptomfreiheit	Regelmäßige Kontrollen	Regelmäßige Kontrollen
7.5.3 bei mehreren manischen oder sehr schweren depressiven Phasen mit kurzen Intervallen	Nein	Nein		
7.5.4 nach Abklingen der Phasen	Ja, wenn Krankheitsaktivität geringer und mit einer Verlaufsform in der vorangegangenen Schwere nicht mehr gerechnet werden muss	Nein	Regelmäßige Kontrollen	

Krankheiten, Mängel	Eignung oder bedingte Eignung		Beschränkungen/Auflagen bei bedingter Eignung	
7.6 Schizophrene Psychosen				
7.6.1 akut	Nein	Nein		
7.6.2 nach Ablauf	Ja, wenn keine Störungen nachweisbar sind, die das Realitätsurteil erheblich beeinträchtigen	Ausnahmsweise ja, nur unter besonders günstigen Umständen		
7.6.3 bei mehreren psychotischen Episoden	Ja	Ausnahmsweise ja, nur unter besonders günstigen Umständen	Regelmäßige Kontrollen	Regelmäßige Kontrollen

Unter den intellektuellen Fähigkeiten sind auch die Fähigkeiten zu einer kritischen Selbstbeobachtung, Selbstbeurteilung und Selbstkontrolle zu verstehen (*Bode/Winkler*, S. 119 Rn. 75). 52

Eine ausführliche Zusammenstellung von in der Rechtsprechung behandelten geistigen Mängeln bieten *Fries/Wilkes/Lössl* (S. 10 f.). 53

Suizide oder **Suizidversuche** sind häufig Ausdruck einer Depression, Psychose oder Substanzabhängigkeit (BayVGH, Beschl. v. 12.02.2024 – 11 CS 23.2216, Rn. 13, juris, auch zum Folgenden). Zu den relevanten Erkrankungen und Mängeln zählen unter anderem – und zwar sowohl für die Fahrerlaubnis der Gruppe 1 (im Fall der Antragstellerin Klassen AM, B, BE, L und T) als auch der Gruppe 2 (hier Klassen C1, C1E, CE 79 und Fahrerlaubnis zur Fahrgastbeförderung) – Epilepsie (Anlage 4 Nr. 6.6 zur FeV), sehr schwere Depressionen (Anlage 4 Nr. 7.5 zur FeV) und die Abhängigkeit von Betäubungsmitteln im Sinne des Betäubungsmittelgesetzes oder von anderen psychoaktiv wirkenden Stoffen (Anlage 4 Nr. 9.3 zur FeV). 54

Verschiedene Anforderungen an die psychische Leistungsfähigkeit werden von *Fries/Wilkes/Lössl* dargestellt und bieten einen großen Fundus an qualitativ hochwertigen Informationen auch für die Mitarbeiter in den Fahrerlaubnisbehörden und für Polizeibeamte, die auf Fahrzeugführer mit allerdings oft verborgen bleibenden psychischen Handicaps stoßen: 55

- Wahrnehmungsfähigkeit (*Fries/Wilkes/Lössl*, S. 100),
- Aufmerksamkeit (*Fries/Wilkes/Lössl*, S. 101),
- Belastbarkeit (*Fries/Wilkes/Lössl*, S. 102 f.),
- neurologische und psychiatrische Erkrankungen (*Fries/Wilkes/Lössl*, S. 138 ff.).

Polizeibeamte sind auch keine Psychiater oder Psychologen und verfügen im Regelfall nicht über deren diagnostische Fähigkeiten im Hinblick auf psychische Erkrankungen mit Fahreignungsrelevanz. Auch wird von keinem Polizeibeamten zu erwarten sein, dass er die international gültige Klassifikation von Erkrankungen **ICD-10** beherrscht (diagnostische Kategorien für psychische Erkrankungen finden sich z.B. im Kapitel V. 56

unter deren Kategorien F0 bis F9). Für den Bereich der geistigen Fahreignung kann jedoch von einem Polizeibeamten erwartet werden, dass er auf Besonderheiten im Benehmen eines Verkehrsteilnehmers aufmerksam wird und ggf. deren Hintergründe und Motivationen im gebotenen sachlichen Umfang seiner konkreten polizeilichen Tätigkeit erfragt. Da Polizeibeamte im Rahmen ihres Polizeistudiums oder ihrer Ausbildung durch teils promovierte Diplom-Psychologen einen großen Anteil Psychologie studiert haben, verfügen sie über ein breites psychologisches Grundwissen, das sich im Rahmen der Fortbildung durchaus in den fahreignungsrelevanten Bereichen vertiefen lässt. So können sie auch interessante Grenzfälle wie den folgenden einordnen und die ihnen vorliegenden Informationen der Fahrerlaubnisbehörde mitteilen:

57 Eine auffällige Fahrweise und Verwirrtheit des Fahrers können Bedenken an der Fahreignung begründen. Auf eine Verwirrtheit kann im Einzelfall geschlossen werden, wenn der Fahrer gegenüber der Polizei oder Zeugen äußert, er suche nach »**Elektro Magnetische Wellen Terroristen**« und dabei eine mit **Aluminiumfolie** umwickelte Bleischale und Bleiweste als Schutzausrüstung mitführt (VGH Hessen, Beschl. v. 28.04.2023 – 2 B 61/23, juris).

III. Charakterliche Fahreignung

58 Die charakterliche Eignung taucht als Begriff weder im StVG noch in der FeV auf. Die Vorschrift des § 11 Abs. 1 Satz 3 FeV hilft mangels ihres Charakters als Definition auch nicht weiter, weil nicht festgelegt ist, wann ein Verstoß gegen verkehrsrechtliche Vorschriften oder Strafgesetze als »erheblich« angesehen werden kann (ebenso beklagt von *Bode/Winkler*, S. 99 Rn. 15).

59 Da die gesamte **Persönlichkeit** eines Menschen mit all ihren Facetten den Charakter ausmacht und nicht jede Facette einen sachlichen Bezug zur Fahreignung hat, ist es die Aufgabe aller an fahreignungsrelevanten Sachverhalten arbeitenden Personen, diejenigen Charaktereigenschaften herauszufiltern, die einen negativen Einfluss auf die Fahreignung haben können. Diese negativen Eigenschaften können in Delikten des Verkehrsrechts und des Strafrechts offenbar werden und müssten im nächsten Schritt auf ihre Relevanz hinsichtlich von Bestand oder Verlust der Fahreignung überprüft werden.

60 Das Fahrerlaubnisrecht geht grundsätzlich von der ebenso idealisierenden wie irrigen Vorstellung aus, dass ausschließlich charakterlich geeignete Personen als Fahrzeugführer am Straßenverkehr teilnehmen. Die charakterliche Eignung zum Führen von Kraftfahrzeugen ergibt sich u.a. aus den folgenden **Persönlichkeitsmerkmalen:**
- Fähigkeit zur kritischen Selbstreflexion der eigenen Rolle in Verkehrsvorgängen,
- Fähigkeit zur aktiven Selbstkontrolle des eigenen Verkehrsverhaltens,
- Wahl eines aggressiven oder defensiven Fahrverhaltens,
- Fähigkeit zu rücksichtsvollem Fahrverhalten,
- Fähigkeit zur vorausschauenden Planung des eigenen Fahrverhaltens,
- emotionale Stabilität oder Labilität im eigenen Verkehrsverhalten,
- Beeinflussbarkeit des eigenen Fahrverhaltens durch Verkehrssituationen.

Diese wichtigen Merkmale werden allerdings kaum jemals vollständig im Rahmen des Erwerbs einer Fahrerlaubnis erlernt bzw. gar überprüft. Teilaspekte finden sich jedoch bereits im Lern- und Prüfungsstoff der **Fahrschulen.** Die Bewerber um eine Fahrerlaubnis der Klasse D bzw. D1 als Omnibusfahrer bzw. die Bewerber um eine Fahrerlaubnis zur Fahrgastbeförderung müssen gem. § 11 Abs. 1 Satz 4 FeV das zusätzliche Eignungskriterium der besonderen **Verantwortung** bei der Beförderung von Fahrgästen erfüllen, also in besonderer Hinsicht das zusätzliche Eignungskriterium der **Zuverlässigkeit** erfüllen (dazu näher *Bode/Winkler*, S. 121 Rn. 83 ff.). Bei dieser Gruppe besonders qualifizierter Fahrzeugführer darf die Beibringung eines ärztlichen Gutachtens auch dann angeordnet werden, wenn Anlass zu Zweifeln hinsichtlich des **Realitätssinnes** des betreffenden Fahrerlaubnisinhabers besteht (*Koehl*, Fehlende Fahreignung, S. 12). 61

Ursachen für wiederholt begangene oder eignungsrelevante Verkehrsverstöße sind oft in den folgenden, teils grenzwertigen Verhaltensweisen und Einstellungen zu finden (angelehnt an *Bode/Winkler*, S. 199 Rn. 299): 62

- Täter lernen an ihren Erfolgen, d.h. an unentdeckt gebliebenen Taten, dass diese auch zukünftig aller Wahrscheinlichkeit nach nicht entdeckt werden,
- werden Täter doch einmal entdeckt, glauben diese, sie seien als »Pechvögel« erwischt worden, hätten nächstes Mal mehr Glück und lernen auch nicht durch Strafen, Bußgelder oder Fahrverbote,
- Täter im jugendlichen Alter lassen sich kaum durch rationale Überlegungen oder Argumente leiten, sondern handeln geprägt durch ihre Risikobereitschaft und dem Austesten der Grenzen von Normen, des geführten Fahrzeugs oder ihres fahrerischen Könnens,
- Täter kompensieren im Straßenverkehr das Nichtbewältigen von Konfliktsituationen ihres Lebens z.B. in Beruf und Familie,
- Täter im Seniorenalter akzeptieren ihre alters- oder krankheitsbedingten Leistungsminderungen nicht und nehmen unbeirrt weiterhin am Straßenverkehr teil.

Der Entzug einer Fahrerlaubnis wegen **charakterlicher Mängel** wird bislang weitgehend von der Spezialregelung des **Fahreignungs-Bewertungs-Systems (früher: Punktesystem)** (§ 4 StVG, §§ 40 ff. FeV) erfasst (ebenso *Koehl*, Neuere Rechtsprechung, S. 441). Sind 8 oder mehr Punkte erreicht, hat die Fahrerlaubnisbehörde dem Betroffenen zwingend die Fahrerlaubnis zu entziehen (§ 4 Abs. 5 Satz 1 Nr. 3 StVG). Aber auch bereits eine einschlägige Straftat kann zur strafrichterlichen Beurteilung »zum Führen eines Kraftfahrzeugs charakterlich ungeeignet« führen. Nach § 4 Abs. 1 StVG ist jedoch das Fahreignungs-Bewertungssystem nicht anzuwenden, wenn sich die Notwendigkeit früherer oder anderer die Fahreignung betreffender Maßnahmen nach den Vorschriften über die Entziehung der Fahrerlaubnis nach § 3 Absatz 1 oder einer auf Grund § 6 Absatz 1 Nummer 1 erlassenen Rechtsverordnung ergibt. Im Falle des Feststellens charakterlicher Fahreignungsmängel, die ja gerade nicht aus einem Verhalten im Straßenverkehr herrühren müssen, werden die Regeln des Fahreignungs-Bewertungssystems demnach suspendiert. Die beiden Systeme der Entziehung der Fahrerlaubnis nach § 3 Abs. 1 Satz 1 StVG i.V.m. § 46 Abs. 1 Satz 1 und nach dem Fahreignungs-Bewertungssystem gem. § 4 StVG sind voneinander unabhängig und können daher nebeneinander ergriffen werden. 63

64 Generell beweist eine Person, die wegen einer Straftat verurteilt oder der ein Strafbefehl auferlegt wurde, dass sie mit den Normen des Strafrechts und dadurch mit dem durch den Staat vorgegebenen Normenkatalog Probleme hat und zumindest eine Norm nicht befolgt hat. Im Falle einer Vorsatztat deutet dieses normabweichende Verhalten daraufhin, dass der betreffende Straftäter auch beim Befolgen der Normen des Verkehrsrechts Probleme haben könnte. Wenn die betreffende Straftat im direkten Zusammenhang mit dem Straßenverkehr steht, also im öffentlichen Straßenverkehr begangen wurde oder Auswirkungen auf diesen hatte ist der Straftäter gem. § 2 Abs. 4 StVG ungeeignet zum Führen eines Kraftfahrzeugs. Dieselbe Schlussfolgerung gilt, wenn eine begangene Straftat, begangen im öffentlichen Verkehrsraum oder anderswo, auf ein hohes **Aggressionspotenzial** des Täters schließen lässt. In diesen Fällen wird regelmäßig auch die Bewertung der Normen des Straßenverkehrsrechts erschwert und die Fahreignung sollte überprüft werden (Begutachtungs-Leitlinien, S. 50 f.).

65 Die Begutachtungs-Leitlinien definieren explizit:

> »Wer aufgrund des rücksichtslosen Durchsetzens eigener Interessen, aufgrund seines großen Aggressionspotenzials oder seiner nicht beherrschten Affekte und unkontrollierten Impulse in schwerwiegender Weise die Rechte anderer verletzt, lässt nicht erwarten, dass er im motorisierten Straßenverkehr die Rechte anderer Verkehrsteilnehmer – zumindest in den sehr häufig auftretenden Konfliktsituationen – respektieren wird.
>
> Solange ein solches Fehlverhalten besteht, ist auch mit sicherheitswidrigen Auffälligkeiten im Straßenverkehr zu rechnen.« (S. 85)

Feldmann/Reisewitz bestätigen in ihrer empirischen Forschungsarbeit diese These (*Feldmann/Reisewitz*, S. 64).

66 Der Eignungsausschlusstatbestand des § 11 Abs. 1 Satz 3 FeV erfasst außer Verkehrsstraftaten allgemeine Straftaten dann, wenn sich aus ihnen Anhaltspunkte dafür ergeben, dass sich der Führerscheinbewerber/-inhaber im Straßenverkehr nicht ordnungsgemäß verhalten wird (OVG Rheinland-Pfalz, Urt. v. 11.04.2000 – 7 A 11670/99, juris). Zur Anordnung zum Beibringen eines medizinisch-psychologischen Gutachtens wegen eines Zusammenhangs von **Straftaten** nicht verkehrsrechtlicher Art mit der Kraftfahreignung hat unlängst und richtungsweisend der BayVGH Stellung bezogen (BayVGH, Beschl. v. 08.10.2009 – 11 CS 09.1894, 11 C 09.1892, juris). Im Falle einer wegen schweren Bandendiebstahls verurteilten Heranwachsenden war deren Fahrerlaubnis im Ergebnis rechtmäßig aus charakterlichen Gründen entzogen worden.

67 Der Annahme von Anhaltspunkten für ein hohes Aggressionspotenzial durch die Fahrerlaubnisbehörde steht im Einzelfall nicht entgegen, dass der Betreffende vorzeitig aus der Haft entlassen wurde und der Beschluss des Landgerichts ihm bescheinigt, dass sein Vollzugsverhalten kein Aggressionspotenzial habe erkennen lassen und aus psychologischer Sicht kein Anhalt für eine erhöhte Aggressions- oder Gewaltbereitschaft bestehe. Diese Beurteilung im Rahmen der Sozialprognose beinhaltet keine Aussage zur Kraftfahreignung und ist für die Fahrerlaubnisbehörde nicht bindend (VG Neustadt/Weinstraße, Beschl. v. 20.09.2012 – 1 L 765/12.NW, juris).

Die außerhalb des Straßenverkehrs begangenen und fahreignungsrelevanten Delikte sind sehr vielfältig. Die Entziehung der Fahrerlaubnis wegen charakterlicher Ungeeignetheit, die sich im Zusammenhang mit der Begehung von Straftaten manifestiert, muss sich aber, um verfassungsrechtlich gerechtfertigt zu sein, am Schutzzweck der Befugnisnormen orientieren und setzt daher voraus, dass die Anlasstat oder die Anlasstaten tragfähige Rückschlüsse darauf zulassen, dass der Betroffene bereit ist, die Sicherheit des Straßenverkehrs seinen eigenen Interessen unterzuordnen. Es müssen konkrete Anhaltspunkte dafür vorhanden sein, dass aus der Teilnahme des Betroffenen im Straßenverkehr zukünftig eine Gefährdung desselben resultieren kann (BayVGH, Beschl. v. 05.07.2012 – 11 C 12.874, Rn. 23, juris). 68

Auch bei der Verurteilung wegen Widerstands gegen Vollstreckungsbeamte (§ 113 StGB) kann es sich, jedenfalls wenn weitere Umstände vorliegen (hier: verbale Bedrohung von Arbeitskollegen im Jahr vor der Straftat) um eine Straftat handeln, bei der Anhaltspunkte für ein hohes Aggressionspotenzial bestehen. Dem steht es nicht entgegen, dass diese Straftat nicht in Nr. 3.14 der Begutachtungs-Leitlinie zur Kraftfahrereignung ausdrücklich genannt ist (VG Freiburg im Breisgau, Beschl. v. 04.08.2008 – 1 K 1299/08, juris). 69

Auch eine gefährliche Körperverletzung stellt unzweifelhaft eine Aggressionstat im Sinne der letzten Alternative von § 11 Abs. 3 Satz 1 Nr. 4 FeV dar (BayVGH, Beschl. v. 20.02.2007 – 11 CS 06.2029, Rn. 30, juris, auch zum Folgenden). Der Antragsteller hat hierbei unter Alkoholeinfluss, offenkundig aus geringstem Anlass und mit großer Brutalität gemeinsam mit seinem Bruder Gewalt gegen Menschen ausgeübt und diese erheblich verletzt. § 11 Abs. 3 Satz 1 Nr. 4 FeV spricht wörtlich von »Straftaten, bei denen Anhaltspunkte für ein hohes Aggressionspotenzial bestehen«. Hierfür ist die vom Antragsteller begangene Tat geradezu exemplarisch. Ein Zusammenhang der Aggressionstat mit dem Straßenverkehr ist bereits nach dem klaren Wortlaut von § 11 Abs. 3 Satz 1 Nr. 4 FeV nicht erforderlich. Zu Recht habe somit die Fahrerlaubnisbehörde unter dem 28.04.2006 aufgrund dieser Tat die Beibringung eines medizinisch-psychologischen Gutachtens angeordnet. 70

Wenn ein Straftäter einen erheblichen Teil der angeklagten Taten (Widerstand gegen Vollstreckungsbeamte, Körperverletzung, Bedrohung, Beleidigung) zumindest im Kern eingestanden hat und diese im Übrigen durch die vom Amtsgericht vernommenen zahlreichen Zeugen mit einer jedenfalls für das dem Recht der präventiven Gefahrenabwehr zugeordnete Fahrerlaubnisrecht überzeugend belegt werden, lässt der Gesamteindruck einer beim Täter bestehenden Bereitschaft zum sofortigen und ungewöhnlich heftigen Einsatz körperlicher Gewalt auch und gerade im Zusammenhang mit der Teilnahme am Straßenverkehr, die besondere Anforderungen an besonnenes und berechenbares Verhalten stellt, schwerwiegende Zuwiderhandlungen befürchten, die unter anderem auch die körperliche Integrität anderer Verkehrsteilnehmer gefährden (OVG Nordrhein-Westfalen, Beschl. v. 09.06.2010 – 16 E 614/10, Rn. 1, juris). 71

Auch nicht rechtskräftig abgeurteilte Straftaten können Anlass für eine Eignungsbegutachtung nach § 11 Abs. 3 Satz 1 Nr. 6 und 7 FeV geben. Von großer Bedeutung für 72 das Fahreignungsrecht könnte die in erster Linie für Staatsanwälte geltende folgende Vorschrift aus der bundesweit gültigen Allgemeinen Verwaltungsvorschrift MiStra sein:

»**Abschnitt 45 MiStra – Nr. 45: Fahrerlaubnissachen**
§ 13 Absatz 1 Nummer 5, Absatz 2, § 17 Nummer 1, 3 EGGVG

(1) In Strafsachen, in denen die Entziehung der Fahrerlaubnis (§§ 69, 69a Absatz 1 Satz 1 und 2 StGB) oder nur eine Sperre nach § 69a Absatz 1 Satz 3 StGB in Betracht kommt, sind der nach § 73 Absatz 1 bis 3 FeV zuständigen Verwaltungsbehörde mitzuteilen

1. die Beschlüsse nach § 111a StPO,
2. der Ausgang des Verfahrens, in den Fällen des § 69a Absatz 1 Satz 3, Absatz 5 und 6 StGB unter Angabe des Zeitpunkts, in dem die Sperre abläuft,
3. die rechtskräftigen Beschlüsse nach § 69a Absatz 7 StGB.

(2) Sonstige Tatsachen, die in einem Strafverfahren – gleichgültig, gegen wen es sich richtet – bekannt werden, sind der nach § 73 Absatz 1 bis 3 FeV zuständigen Verwaltungsbehörde mitzuteilen, wenn ihre Kenntnis für die Beurteilung erforderlich ist, ob die Inhaberin oder der Inhaber einer Fahrerlaubnis zum Führen von Fahrzeugen ungeeignet ist. Dabei ist zu berücksichtigen, wie gesichert die zu übermittelnden Erkenntnisse sind. Die Mitteilung ordnen Richterinnen oder Richter, Staatsanwältinnen oder Staatsanwälte an.«

73 Allerdings würde diese Vorschrift nur dann praktische Wirkungen für die Verkehrssicherheit entfalten können, wenn Staatsanwälte den Sinn dieser Vorschrift für die Verkehrssicherheit erkennen würden und den Fahrerlaubnisbehörden ihre Erkenntnisse über Fahreignungsmängel charakterlicher Art aus dem Strafverfahren an die Fahrerlaubnisbehörden melden würden. Die Rechtsgrundlage dafür ist jedenfalls vorhanden.

74 Als Anhaltspunkte für ein hohes Aggressionspotenzial nach § 11 Abs. 3 Satz 1 Nr. 6 und 7 FeV kommen insbesondere Straftaten wie schwere und gefährliche Körperverletzung, Raub, Widerstand gegen Vollstreckungsbeamte, Beleidigung, Nötigung, Bedrohung oder Sachbeschädigung in Betracht (VGH Hessen, Beschl. v. 13.02.2013 – 2 B 189/13, juris).

75 Zweifel an der charakterlichen Fahreignung können auf der Grundlage des § 11 Abs. 3 Nr. 4–7 FeV (ggf. i.V.m. § 46 Abs. 3 FeV) sofort zur Anordnung der Beibringung eines medizinisch-psychologischen Gutachtens führen, ohne zuvor die Verhältnismäßigkeitsstufe eines **Arztgutachtens** durchlaufen zu müssen (zu Recht betont von *Wendlinger*, S. 505).

76 Eine ausführliche Zusammenstellung von in der Rechtsprechung behandelten charakterlichen Mängeln bieten *Fries/Wilkes/Lössl* (S. 11). Welche Aggressionsdelikte meldepflichtig sind, ergibt sich aus der vollständigen Zusammenstellung von *Baldauf* (*Baldauf*, S. 278 ff.).

IV. Bedingte Fahreignung

77 In der Vorschrift des § 2 Abs. 4 Satz 2 StVG spricht der Gesetzgeber die bedingte Fahreignung an. Er versteht darunter das Recht einer nicht vollständig und daher lediglich bedingt geeigneten Person auf Erteilung einer Fahrerlaubnis. Diese muss

erteilt werden, wenn mittels Beschränkungen oder Auflagen eine Fahreignung hergestellt werden kann.

Die bedingte Eignung wird in § 46 nur indirekt dadurch definiert, dass die Fahrerlaubnis mit Beschränkungen oder unter Auflagen erteilt wird, wenn der Bewerber aufgrund körperlicher oder geistiger Mängel nur bedingt zum Führen von Kraftfahrzeugen geeignet ist und durch entsprechende Beschränkungen der Fahrerlaubnis oder durch Auflagen gewährleistet werden kann, dass der Fahrerlaubnisinhaber ein Kraftfahrzeug im öffentlichen Straßenverkehr sicher führen kann und wird. »**Gewährleisten**« bedeutet, dass nach fachlicher Beurteilung unter Berücksichtigung der Persönlichkeit des Fahrerlaubnisinhabers eine über das durchschnittliche allgemeine Maß hinausgehende Unfallwahrscheinlichkeit nicht anzunehmen ist (VG Augsburg, Urt. v. 16.12.2008 – Au 3 K 08.185, Rn. 19, juris). 78

Die Regelung des § 46 Abs. 2 FeV zur bedingten Geeignetheit steht im Zusammenhang mit der vollständigen Ungeeignetheit nach § 46 Abs. 1 FeV. Letztere zieht den Entzug der Fahrerlaubnis nach sich. Ein Entzug der Fahrerlaubnis im Falle einer noch bedingten Eignung wäre unverhältnismäßig, weil er nicht das mildeste Mittel darstellte. Vorrangig ist in einem solchen Fall die Beschränkung der Fahrerlaubnis oder die Anordnung von Auflagen, wenn die Mängel hierdurch kompensierbar sind (VG Karlsruhe, Urt. v. 25.02.2020 – 9 K 4395/18, Rn. 17, juris). 79

Rechtsgrundlage für den Erlass von Auflagen bei Erteilung einer Fahrerlaubnis ist § 2 Abs. 4 Satz 2 StVG i.V.m. § 23 Abs. 2 Satz 1 FeV. Danach erlässt die Fahrerlaubnisbehörde bei der Erteilung einer Fahrerlaubnis Auflagen, wenn dadurch das sichere Führen eines Kraftfahrzeuges durch einen bedingt zum Führen von Kraftfahrzeugen geeigneten Bewerber gewährleistet wird (VG Regensburg, Beschl. v. 09.10.2018 – RN 8 S 18.1078, Rn. 41, juris). 80

Eine teilweise Entziehung einer Fahrerlaubnis, insbesondere eine Entziehung bezogen auf einzelne Fahrerlaubnisklassen, in Abhängigkeit von der konkreten Kraftfahreignung ist rechtlich zulässig (VG Bayreuth, Beschl. v. 29.09.2021 – B 1 S 21.1014, Rn. 34, juris, auch zum Folgenden). Schon der Wortlaut des § 46 Abs. 2 Satz 1 StVG besagt, dass eine Einschränkung der Fahrerlaubnis »so weit wie notwendig« möglich ist. Auch § 2 Abs. 4 Satz 2 StVG bestimmt, dass einem Bewerber, der nur bedingt zum Führen von Kraftfahrzeugen geeignet ist, eine Fahrerlaubnis mit **Beschränkungen** oder unter Auflagen zu erteilen ist, wenn dadurch das sichere Führen von Kraftfahrzeugen gewährleistet ist. 81

Ein Kraftfahrer ist nur bedingt geeignet zum Führen von Kraftfahrzeugen, wenn er zwar nicht völlig ungeeignet, aber aufgrund bestimmter Mängel nur eingeschränkt geeignet ist, ein Kraftfahrzeug zu führen (VG München, Urt. v. 29.11.2022 – M 19 K 19.1306, Rn. 39, juris). 82

§ 46 Abs. 2 Satz 1 FeV ermöglicht bei sachgerechter Auslegung, dass anstelle einer vollständigen Entziehung der Fahrerlaubnis bei einem bedingt geeigneten Inhaber einer Fahrerlaubnis eine teilweise Entziehung wie hier auch bezogen auf einzelne Fahrerlaubnisklassen möglich ist, da in diesem Fall eine vollständige Entziehung 83 gegen den Verhältnismäßigkeitsgrundsatz verstoßen würde. Schon der Wortlaut des § 46 Abs. 2 Satz 1 StVG besagt, dass eine Einschränkung der Fahrerlaubnis »so weit wie notwendig« möglich ist (VG Würzburg, Urt. v. 05.11.2014 – W 6 K 14.560, Rn. 28, juris, auch zum Folgenden). Auch § 2 Abs. 4 Satz 2 StVG bestimmt, dass einem Bewerber, der nur bedingt zum Führen von Kraftfahrzeugen geeignet ist, eine Fahrerlaubnis mit Beschränkungen oder unter Auflagen zu erteilen ist, wenn dadurch das sichere Führen von Kraftfahrzeugen gewährleistet ist. § 2 Abs. 2 Satz 1 StVG regelt, dass die Fahrerlaubnis für die jeweilige Klasse zu erteilen ist. Umgekehrt kann die Fahrerlaubnis auch für die jeweilige Klasse entzogen werden. Darüber hinaus belegt § 6 Abs. 1 Satz 3 FeV, dass die Erlaubnis sogar auf einzelne Fahrzeugarten einer Klasse beschränkt werden kann, so wie es beim Kläger konkret hinsichtlich der Fahrerlaubnis der Klasse B erfolgt ist. § 23 Abs. 2 Satz 2 FeV regelt ebenso, dass sich die Beschränkung insbesondere auf eine bestimmte Fahrzeugart oder ein bestimmtes Fahrzeug mit besonderer Einrichtung erstrecken kann. Die Regelung ist dabei nicht abschließend, wie schon der Wortlaut »insbesondere« verdeutlicht.

84 **Krankheiten** können generell eine Nichteignung/nur bedingte Fahreignung bewirken, wenn sie die Fahrtüchtigkeit entweder ständig unter das erforderliche Maß herabsetzen oder auch nur die erhebliche Gefahr einer plötzlich und überraschend eintretenden **Fahruntüchtigkeit** bilden (OVG Schleswig-Holstein, Beschl. v. 26.04.2017 – 4 LA 4/17, juris).

85 Bei Beschränkungen und Auflagen, die im Falle einer bedingten Eignung gem. § 23 Abs. 2 FeV auferlegt werden können, handelt es sich nicht um zwei Arten der bedingte Eignung (so aber *Weigelt/Buchholtz/Preusser*, S. 57), sondern um fahrerlaubnisrechtliche Instrumente mittels derer die Fahreignung wiederhergestellt werden kann. Eine Wiederherstellung der Fahreignung durch **Beschränkungen** oder **Auflagen** hält der Gesetzgeber nur bei körperlichen und geistigen Mängeln für denkbar (BR-Drucks. 821/96, S. 67). Eine andere Auffassung vertreten *Bode/Winkler*, die eine bedingte Eignung auch im Bereich der charakterlichen Eignung für möglich halten, der durch Maßnahmen der »psychohygienischen Führung« begegnet werden könne (*Bode/Winkler*, S. 111 Rn. 50; ebenso *Krismann*, S. 418; unentschlossen noch *Haus/Zwerger*, S. 68 Rn. 21). Diese Kurse zur Rehabilitation charakterlich auffälliger Fahrzeugführer wären jedoch regelmäßig kaum überprüfbar und deren Wirksamkeit für den Erhalt oder das Wiedererlangen der charakterlichen Eignung wäre kaum messbar, sodass dieser Ansatz derzeit abzulehnen ist. Allerding lohnt es sich, darüber nachzudenken, ob die Verkehrspsychologie wirksame Methoden erarbeiten könnte, um diese Risikogruppe verkehrsrechtlich zu resozialisieren.

86 In jedem Fall muss am Ende der Beurteilungskette ein sicheres Führen von Kraftfahrzeugen gewährleistet sein, ist dies trotz einschlägiger Beschränkungen oder Auflagen nicht möglich, muss die Fahrerlaubnis versagt werden.

Voraussetzungen der bedingten Eignung 87

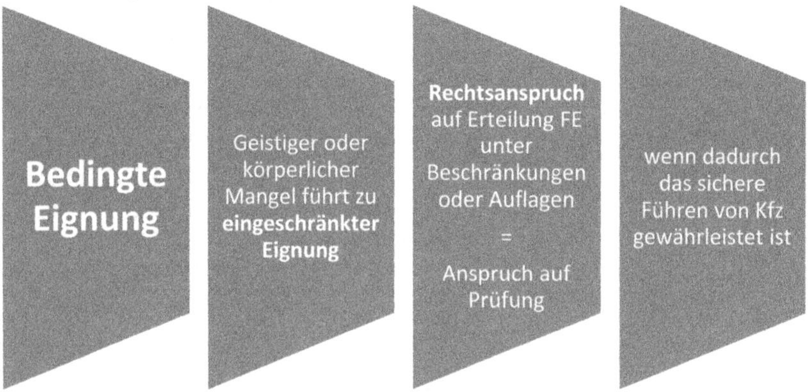

Abb. 5: Schema Bedingte Eignung (Quelle: Prof. Dr. D. Müller)

Bei der Annahme einer nur bedingten Fahreignung spielt es keine Rolle, dass keine Erkrankung gemäß Anlage 4 zu den §§ 11, 13 und 14 FeV vorliegt. Denn die in Anlage 4 enthaltene Zusammenstellung ist hinsichtlich der Aufzählung der Krankheiten und Mängel nicht abschließend (VG Karlsruhe, Urt. v. 25.02.2020 – 9 K 4395/18, Rn. 19, juris). 88

Eine praktische Fahreignungsprüfung, mit der die Auswirkungen einer behandelten **Schlafstörung** auf die **Aufmerksamkeitsleistung** im Straßenverkehr ermittelt werden sollen, kann nicht im Wege der Auflage zur Fahrerlaubnis (§ 46 Abs. 2 FeV) gefordert werden. Es handelt sich dabei vielmehr um eine Maßnahme zur Klärung von Eignungszweifeln, die auf § 11 Abs. 4 FeV zu stützen ist (VG Freiburg im Breisgau, Beschl. v. 07.09.2009 – 1 K 1209/09, juris). 89

Die in Form von Einzeltests an einem computergesteuerten Testgerät vorgenommene **Leistungsdiagnostik** ergaben für den Kläger in mehreren Fällen unzureichende Ergebnisse. Die Resultate werden in Prozentrangwerten mitgeteilt. Maximal erreichbar ist ein **Prozentrangwert** von 100, die schlechteste Leistung erhält den Wert 1. Der Mittelwert (50) spiegelt die durchschnittlich zu erwartende Leistung wider. Leistungen unter dem Prozentrangwert 16 müssten als normabweichend niedrig bezeichnet werden (VG Augsburg, Urt. v. 16.12.2008 – Au 3 K 08.185, Rn. 21, juris). 90

Erweist sich der Fahrerlaubnisinhaber noch als bedingt geeignet zum Führen von Kraftfahrzeugen, schränkt die Fahrerlaubnisbehörde die Fahrerlaubnis so weit wie notwendig ein oder ordnet die erforderlichen Auflagen an (BayVGH, Beschl. v. 31.05.2023 – 11 ZB 23.152, Rn. 15, juris). 91

Nach § 11 Abs. 4 Nr. 2 FeV kann die Beibringung eines Gutachtens eines amtlich anerkannten Sachverständigen oder Prüfers für den Kraftfahrzeugverkehr zur Klärung von Eignungszweifeln für die Zwecke nach § 11 Abs. 2 FeV bei Behinderungen 92 des **Bewegungsapparates** angeordnet werden, um festzustellen, ob der Behinderte das Fahrzeug mit den erforderlichen technischen Hilfsmitteln sicher führen kann (VG Bayreuth, Beschl. v. 29.09.2021 – B 1 S 21.1014, Rn. 37, juris).

93 Fahrerlaubnisbewerber und Fahrerlaubnisinhaber haben einen **Rechtsanspruch** auf eine Fahrerlaubnis unter Auflagen oder Beschränkungen, wenn mit Hilfe dieser Maßnahmen die Fahreignung hergestellt bzw. wiederhergestellt werden kann (ebenso *Hentschel/König/Dauer*, § 23 FeV Rn. 7).

94 Mögliche Beschränkungen wären z.B. (vgl. *Hentschel/König/Dauer*, § 23 FeV Rn. 5):
- Führen einer bestimmten Fahrzeugart (z.B. mit Automatikgetriebe),
- Ausrüstung des Fahrzeugs mit bestimmten technischen Einrichtungen,
- Beschränkung auf Fahrten bei Tageslicht.

95 Rechtsgrundlage für die angeordneten Auflagen ist § 46 Abs. 2 Satz 1 Alt. 2 FeV, wonach die Fahrerlaubnisbehörde gegenüber dem Inhaber einer Fahrerlaubnis, der sich noch als bedingt geeignet zum Führen von Kraftfahrzeugen erweist, die erforderlichen Auflagen anordnet (VG München, Urt. v. 29.11.2022 – M 19 K 19.1306, Rn. 32, juris, auch zum Folgenden). Im Einzelfall sind im Interesse der Allgemeinheit an der Sicherheit des Straßenverkehrs Auflagen gemäß § 46 Abs. 2 Satz 1 Alt. 2 FeV erforderlich, an die im Interesse des Betroffenen an einer Auflagenfreiheit die allgemeinen Maßstäbe der Verhältnismäßigkeit anzulegen sind.

96 Bei Auflagen sind nach § 25 Abs. 3 FeV die in der Anlage 9 festgelegten **Schlüsselzahlen** zu verwenden (VG Frankfurt/Oder, Beschl. v. 20.05.2022 – 6 L 59/22, Rn. 10, juris). **Einschränkungen** und Nebenbestimmungen zur Fahrerlaubnis, für die keine konkrete Schlüsselzahl existiert, sind durch die **Schlüsselzahl 177** zu dokumentieren. Diese verweist auf einen bei Führen des Kraftfahrzeugs zwingend mitzuführenden Anhang zum Führerschein, in dem die Bestimmungen im Klartext aufgeführt sind. Hierdurch wird durch den Verordnungsgeber der möglichen Vielfalt in Betracht kommender Beschränkungen und Auflagen Rechnung getragen (*Trésoret*, in: Freymann/Wellner, jurisPK-Straßenverkehrsrecht, 1. Aufl., Stand: 24.06.2019, § 25 FeV Rn. 108). Die Schlüsselzahl 177 wurde im Gutachten auch ausdrücklich unter der Nr. 6 – bezogen auf keine motorisierten Zweiradfahrzeuge bzw. Fahrzeuge mit Zweiradlenker – genannt (VG Bayreuth, Beschl. v. 29.09.2021 – B 1 S 21.1014, Rn. 48, juris).

97 Mögliche Auflagen wären z.B. (vgl. *Hentschel/König/Dauer*, § 23 FeV Rn. 5):
- Fahren nur mit Sehhilfe,
- Auflage regelmäßiger Nachuntersuchungen sowie der Übermittlung der Untersuchungsergebnisse.

98 Nach Nr. 5.4 der Anlage 4 zur FeV besteht bei Diabetes mellitus (Zuckerkrankheit) und einer medikamentösen Therapie mit hohem Hypoglykämierisiko (z.B. Insulin) für bestimmte Fahrzeuggruppen zumindest bedingte Eignung. Als Auflage kommen eine fachärztliche Begutachtung alle drei Jahre und regelmäßige ärztliche Kontrollen in Betracht (BayVGH, Beschl. v. 20.11.2018 – 11 CS 18.2302, juris).

Die Fahrerlaubnisbehörde ist befugt, erforderliche Auflagen anzuordnen, soweit sich der Inhaber einer Fahrerlaubnis aufgrund einer Erkrankung, in diesem Fall **Diabetes mellitus**, nur als bedingt geeignet zum Führen von Kraftfahrzeugen erweist. Bei einer Diabetes mellitus (**Zuckerkrankheit**) ist bei Fahrerlaubnisinhabern der Gruppe 2 bei einer »ausgeglichenen Stoffwechsellage unter Therapie mit oralen Antidiabetika mit niedrigem **Hypoglykämierisiko**« grundsätzlich von einer lediglich bedingten Fahreignung auszugehen. Ob die unbedingte Fahreignung tatsächlich gegeben ist, ist in diesem Fall ausschließlich durch regelmäßige ärztliche Kontrollen abzuklären (VG Cottbus, Urt. v. 08.08.2019 – 1 K 1401/18, juris, auch zum Folgenden). Die Anordnung der regelmäßigen Kontrolle der Fahreignung durch einen **Facharzt** ist regelmäßig für sich genommen ungeeignet, der Verkehrssicherheit zu dienen und der Fahrerlaubnisbehörde die Gewissheit zu verschaffen, dass der Fahrerlaubnisinhaber uneingeschränkt für Kraftfahrzeuge der Gruppe 2 fahrgeeignet ist, wenn dem angefochtenen Bescheid nach völlig offen ist, wie die Auflage der regelmäßigen ärztlichen Kontrollen überwacht werden soll. Die Anordnung der regelmäßigen Überprüfung der Fahreignung durch einen Facharzt ist zu unbestimmt, wenn sich aus dem Bescheid nicht ergibt, welcher Arzt – ein Allgemeinmediziner, ein Facharzt oder ein Diabetologe – die regelmäßigen ärztlichen Kontrollen der Stoffwechselparameter durchzuführen hat. 99

Im Hinblick auf die **Umkreisauflage**, nach der die Fahrerlaubnis des Antragstellers für die Fahrerlaubnisklassen B und BE nur im Umkreis von 15 Kilometern seines Wohnsitzes genutzt werden darf (Umkreisauflage), bestehen bereits durchgreifende Bedenken gegen deren Rechtmäßigkeit, weil diese Auflage weder geeignet noch erforderlich und auch nicht angemessen ist, um das mit dieser Auflage verfolgte Ziel zu erreichen, das beim Führen eines Kraftfahrzeuges mit zunehmender Dauer steigende Risiko eines Krampfanfalls und die sich daraus ergebenden negativen Folgen für die Fahreignung zu unterbinden (VG Frankfurt/Oder, Beschl. v. 20.05.2022 – 6 L 59/22, Rn. 9, juris, auch zum Folgenden). Unbeschadet dessen ist eine standortfixierte Umkreisauflage, die allein an den Wohnsitz anknüpft, nicht erforderlich und würde den Antragsteller über Gebühr einschränken. Mit der an seinen Wohnsitz anknüpfenden Umkreisauflage werden auch Fahrten über eine kurze Zeitdauer an anderen Orten unterbunden, die außerhalb des Wohnsitzes angetreten werden, wie etwa an Urlaubs- oder Besuchsorten. 100

Ausweislich der polizeilichen Feststellungen in der Behördenakte zeigt das sog. **Messi-Syndrom** bei der Klägerin erhebliche Auswirkungen. Das Fahrzeug der Klägerin ist fast bis unter das Dach befüllt mit Gegenständen, insbesondere Abfall. Ein sicheres Führen eines Kraftfahrzeugs ist unter diesen Umständen kaum bis überhaupt nicht möglich. Die von einem solchen Fahrzeug ausgehenden Gefahren sind erheblich. Abgesehen von der sehr eingeschränkten Sicht aus dem Fahrzeug, besteht eine große Gefahr, dass Gegenstände unter die Pedale rutschen und dadurch insbesondere ein (schnelles) Abbremsen deutlich erschweren. Demgegenüber ist das Interesse der Klägerin, von einer zweijährigen sozialpsychologischen Behandlung verschont zu bleiben, deutlich geringer einzustufen (VG Karlsruhe, Urt. v. 25.02.2020 – 9 K 4395/18, Rn. 25, juris). 101

102 Nach Ziffer 7.5.1 der Anlage 4 zur Fahrerlaubnisverordnung ist für die Fahrerlaubnisklassen der Gruppe 1 bei **affektiven Psychosen**, wie sie beim Kläger unstreitig vorliegen, bei allen Manien und sehr schweren Depressionen die Fahreignung nicht gegeben (VG München, Urt. v. 19.08.2019 – M 26 K 18.2999, Rn. 25, juris, auch zum Folgenden). Bei einer **bipolaren Störung**, an der der Kläger leidet, ist die Fahreignung während manischer Phasen der Erkrankung ausgeschlossen. Eine solche Phase lag zum Zeitpunkt des Ergehens des Widerspruchsbescheides beim Kläger vor.

103 Maßgeblicher Beurteilungszeitpunkt für die **Anfechtungsklage** gegen die **Auflagenanordnungen** ist die Sach- und Rechtslage zum Zeitpunkt der letzten gerichtlichen Tatsachenentscheidung. Die angeordneten Auflagen verlängern sich fortwährend, sodass von einem Dauerverwaltungsakt auszugehen ist (VG München, Urt. v. 29.11.2022 – M 19 K 19.1306, Rn. 31, juris).

104 Führt eine Person ein Kraftfahrzeug ohne Einhaltung der Beschränkung, liegt eine Straftat des Fahrens ohne Fahrerlaubnis gem. § 21 StVG vor, fährt sie unter Nichteinhalten der Auflagen, liegt lediglich ordnungswidriges Handeln gem. § 23 Abs. 2 i.V.m. § 75 Nr. 9 FeV vor. In beiden Fällen kann jedoch das verkehrswidrige Handeln zu Bedenken gegenüber der Fahreignung führen und gem. § 11 Abs. 3 Nr. 4, 5 i.V.m. § 46 Abs. 3 FeV eine medizinisch-psychologische Untersuchung angeordnet werden.

V. Sonderproblem Alkohol

105 Nach den Zahlen des aktuellsten vorliegenden Drogen- und Suchtberichts der Bundesregierung trinken in Deutschland ca. 13 % aller Menschen Alkohol in gesundheitlich riskanten Mengen und gelten 3,4 % aller Menschen als alkoholabhängig (Drogen- und Suchtbericht 2021, S. 68). Zahlreiche Menschen aus diesen beiden Gruppen besitzen ihre Fahrerlaubnis noch und sind nur aufgrund der geringen polizeilichen Kontrolldichte auf den deutschen Straßen bislang noch nicht als Täter von Straftaten oder Ordnungswidrigkeiten entdeckt geworden.

106 Nicht fahrgeeignet ist, wer Alkohol missbräuchlich trinkt oder vom Alkoholgenuss abhängig ist. Beide Arten des Genusses müssen nicht im Zusammenhang mit dem Führen eines Kraftfahrzeugs stehen, um zu Zweifeln (Missbrauch) oder der Gewissheit (Abhängigkeit) mangelnder Fahreignung zu führen (ebenso *Geiger*, Die MPU, S. 81, der es einen »privaten **Alkoholmissbrauch**« nennt). Problematisch ist es jedoch oft, dass Polizeibeamte keinen Blick für den Zusammenhang zwischen Missbrauch, Abhängigkeit und Fahreignung besitzen und daher relevante Sachverhalte nicht an die Fahrerlaubnisbehörden gemeldet werden.

107 Alkoholmissbrauch ist nach Anlage 4 Nr. 8.1 nur dann fahreignungsrelevant, wenn ein die Fahrsicherheit beeinträchtigender Alkoholkonsum vorliegt, der nicht hinreichend sicher von dem Führen von Fahrzeugen getrennt werden kann. Nach § 13 Nr. 2a FeV ist ein medizinisch-psychologisches Gutachten beizubringen, »wenn nach dem ärztlichen Gutachten zwar keine Alkoholabhängigkeit, jedoch Anzeichen für

Alkoholmissbrauch vorliegen, oder sonst Tatsachen die Annahme von Alkoholmissbrauch begründen.«

In diesem Zusammenhang hat der VGH Baden-Württemberg entschieden, dass bereits die einmalige Feststellung einer erheblichen Alkoholisierung die Annahme von Alkoholmissbrauch begründen und Anlass zur Anordnung der Beibringung eines medizinisch-psychologischen Gutachtens zur Fahreignung geben könne, wenn weitere tatsächliche Umstände vorliegen, die geeignet sind, den Verdacht zu erhärten, dass der Betroffene den Konsum von Alkohol und die Teilnahme am Straßenverkehr nicht zuverlässig zu trennen vermag (VGH Baden-Württemberg, Urt. v. 24.06.2002 – 10 S 985/02, NZV 2002, 580 ff.; Urt. v. 29.07.2002 – 10 S 1164/02, NZV 2002, 582 f.). Diese Beurteilung sieht bei Berufskraftfahrern anders aus. 108

Bei einem **Taxifahrer** ist bei einem festgestellten **Alkoholexzess** von 3,32 AAK im privaten Bereich ohne Teilnahme am Straßenverkehr auch nach Verneinung einer Alkoholabhängigkeit durch fachärztliches Gutachten die Anordnung der Beibringung eines medizinisch-psychologischen Gutachtens zur Klärung des Trennvermögens berechtigt (VG München, Beschl. v. 20.04.2004 – M 6b S 04.1467, juris). 109

Auch im Ausland begangene Alkoholdelikte im Straßenverkehr dürfen nach richtiger Auffassung der Rspr. im deutschen Fahreignungsrecht verwertet werden. Voraussetzung dafür ist, dass eine solche **Auslandstat** in gleichem Maße hinreichend nachgewiesen ist, wie dies bei einer entsprechenden Zuwiderhandlung im Inland gefordert werden müsste (vgl. VG Ansbach, Beschl. v. 27.02.2012 – AN 10 S 12.00140, juris, das sich auf die beiden folgenden Entscheidungen stützt; BayVGH, Beschl. v. 09.06.2010 – 11 CS 10.786, juris; OVG Mecklenburg-Vorpommern, Beschl. v. 27.03.2008 – 1 M 204/07, juris). 110

Zwar ist nicht jede Alkoholauffälligkeit mit einem charakterlichen Mangel gleichzusetzen (so zu Recht *Bode/Winkler*, S. 108 Rn. 38), wenn diese jedoch im Zusammenhang mit dem Führen eines Fahrzeugs im öffentlichen Straßenverkehr geschieht, kann auch eine solche **Gedankenlosigkeit** eine fahreignungsrelevante Charakterschwäche offenbaren. 111

Zahlreiche Täter von folgenlosen Trunkenheitsfahrten oder alkoholisierte Verursacher von Verkehrsunfällen weisen kaum zu korrigierende Verhaltensdefizite mit Rückfallneigungen auf (*Bode/Winkler*, S. 137 Rn. 145), würden also trotz einschlägiger Deliktserfahrungen jederzeit wieder ein Kraftfahrzeug unter Alkoholeinfluss führen. 112

Auch zur Eignungsproblematik Alkohol ist ein Blick in die Anlage 4 der FeV hilfreich: 113

Krankheiten, Mängel	**Eignung oder bedingte Eignung**		**Beschränkungen/Auflagen bei bedingter Eignung**	
	Fahrerlaubnisklassen A, A1, B, BE, M, S, L, T	Fahrerlaubnisklassen C, C1, CE, C1E, D, D1, DE, D1E, FzF	Fahrerlaubnisklassen A, A1, B, BE, M, S, L, T	Fahrerlaubnisklassen C, C1, CE, C1E, D, D1, DE, D1E, FzF

Krankheiten, Mängel	Eignung oder bedingte Eignung		Beschränkungen/Auflagen bei bedingter Eignung	
8. Alkohol				
8.1 Missbrauch (Das Führen von Fahrzeugen und ein die Fahrsicherheit beeinträchtigender Alkoholkonsum kann nicht hinreichend sicher getrennt werden.)	Nein	Nein		
8.2 nach Beendigung des Missbrauchs	Ja, wenn die Änderung des Trinkverhaltens gefestigt ist	Ja, wenn die Änderung des Trinkverhaltens gefestigt ist		
8.3 Abhängigkeit	Nein	Nein		
8.4 nach Abhängigkeit (Entwöhnungsbehandlung)	Ja, wenn Abhängigkeit nicht mehr besteht und in der Regel ein Jahr Abstinenz nachgewiesen ist	Ja, wenn Abhängigkeit nicht mehr besteht und in der Regel ein Jahr Abstinenz nachgewiesen ist		

114 **Polizeibeamte** sollten folgende Merkmale von alkoholbedingten Trunkenheitsfahrten im Hinblick auf eine mögliche Ungeeignetheit besonders protokollieren und können das Delikt der Fahrerlaubnisbehörde mitteilen (nach *Bode/Winkler*, S. 134 Rn. 132):

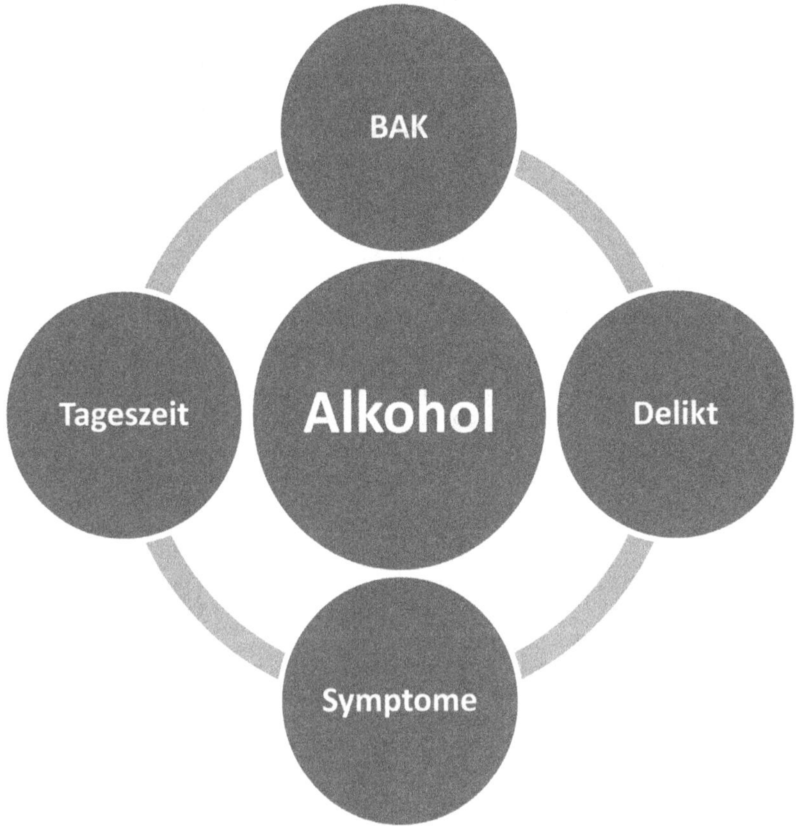

Abb. 6: Mitteilungspflichtige Tatsachen der Polizei an die Fahrerlaubnisbehörde

Bekanntlich kann das Delikt des § 24a Abs. 1 StVG auch durch den beweissicheren Nachweis der Atemalkoholkonzentration mittels eines Wertes von mindestens 25 mg/l Alkohol in der Atemluft geführt werden, sodass – insoweit ergänzend zu der Empfehlung von *Bode/Winkler* – auch die Atemalkoholkonzentration der Fahrerlaubnisbehörde mitgeteilt werden muss. Die Polizei in ganz Deutschland nutzt dafür einheitlich das beweissichere Atemalkoholtestgerät der Firma Draeger mit der Produktbezeichnung Draeger Alcotest 9510 DE. Eine polizeiinterne Forschungsarbeit deutete unlängst an, dass dieses Messgerät unproblematisch auch für den Nachweis der strafbaren Trunkenheitsfahrt gem. § 316 StGB eingesetzt werden könnte (*Müller/Sterbling/Fritzsche*, S. 430 f.).

Aus der Tageszeit in Verbindung mit der BAK können z.B. Rückschlüsse auf Trinkgewohnheiten und Giftfestigkeit (**Alkoholtoleranz**) gezogen werden. Aus der Art des Delikts können Rückschlüsse auf charakterliche Eigenschaften des Täters gezo- 115 gen werden und die Symptome liefern ebenfalls Nachweise auf Alkoholtoleranz und innere Einstellungen des Täters.

116 Neben diesen Tatmerkmalen sind auch die folgenden Tätermerkmale für die Beurteilung der Fahreignung sowohl im Problemkreis Alkohol wie auch im Problemkreis Betäubungsmittel von Interesse (nach *Bode/Winkler*, S. 135 Rn. 134):

- Lebensalter,
- Dauer des Besitzes der Fahrerlaubnis,
- Verkehrs- und Legalbewährung.

117 Bestehen Eignungszweifel bei einer Alkoholproblematik, können Fahrerlaubnisbehörden auf der Grundlage von § 13 FeV die Beibringung verschiedener Gutachten anordnen (näher *Hentschel/König/Dauer*, § 13 FeV Rn. 15 ff.).

118 Polizeibeamte sollten zumindest die fünf Typen von alkoholkranken Menschen nach *Jellinek* (siehe Literaturverzeichnis) kennen und voneinander unterscheiden können, die ihnen täglich in ihrem Dienst, ob mit oder ohne Kraftfahrzeug begegnen können.

Art	Typisierung	Abhängigkeit	Suchtkennzeichen
Alpha	Konflikttrinker, Erleichterungstrinker	Psychisch	Kein Kontrollverlust; Fähigkeit zur Abstinenz
Beta	Gelegenheitstrinker	Keine	Kein Kontrollverlust; Fähigkeit zur Abstinenz
Gamma	Süchtiger Trinker	Zuerst psychisch, später physisch	Kontrollverlust, jedoch zeitweilige Fähigkeit zur Abstinenz; Toleranzerhöhung
Delta	Gewohnheitstrinker	Physisch	Unfähigkeit zur Abstinenz; kein Kontrollverlust; rauscharmer, kontinuierlicher Alkoholkonsum
Epsilon	Episodischer Trinker	Psychisch	Mehrtägige Exzesse mit Kontrollverlust

VI. Sonderproblem Betäubungsmittel und Arzneimittel

119 Nach den Zahlen des aktuellen Drogen- und Suchtberichts der Bundesregierung sind die **Medikamentenabhängigkeit** und der **Medikamentenmissbrauch** in Deutschland weit verbreitet (Drogen- und Suchtbericht, S. 35 ff., auch zum Folgenden). Bis zu 2,3 Millionen Menschen gelten als medikamentenabhängig und ca. 4 bis 5 % der häufig verordneten Medikamente (z.B. Schlaf- und **Beruhigungsmittel**) besitzen ein hohes Abhängigkeitspotenzial.

Unter den 18 bis 64jährigen in Deutschland lebenden Menschen weisen nach vorsichtigen Schätzungen ca. 600.000 Menschen einen riskanten Konsum von **Cannabis** auf (Drogen- und Suchtbericht, S. 40). 120

Nach ernst zu nehmenden Annahmen ist davon auszugehen, dass ca. 100.000 Kraftfahrzeugführer regelmäßig unter Rauschmitteleinfluss ihr Fahrzeug führen (*Gilg*, S. 194). Dabei handelt es sich angesichts der geschätzten Zahl gelegentlicher Cannabiskonsumenten, die zwischen 2 Millionen und 4 Millionen schwanken eher um eine vorsichtige Schätzung regelmäßig drogenbeeinflusster Fahrer. 121

Zahlreiche Menschen aus den Gruppen derjenigen, die Medikamente und/oder illegale Betäubungsmittel missbrauchen bzw. abhängig suchtkranke Menschen besitzen ihre Fahrerlaubnis noch und sind ebenfalls nur aufgrund der geringen polizeilichen Kontrolldichte auf den deutschen Straßen oder eines vernachlässigten Aus- und Fortbildungsstandes der Polizeibeamten in Sachen Erkennen drogenbeeinflusster Fahrzeugführer bislang noch nicht als Straftäter entdeckt worden. 122

Nicht jede Auffälligkeit im Zusammenhang mit **Handel**, Besitz und Genuss von Betäubungsmitteln ist mit einem charakterlichen Mangel gleichzusetzen (so zu Recht *Bode/Winkler*, S. 108 Rn. 38), wenn diese weitestgehend illegalen Tätigkeiten (der Konsum ist bekanntlich rechtsstaatlich geduldet und nicht kriminalisiert, wohl aber der vorangegangene Besitz mit der Ausnahme des seit dem 01.04.2024 nicht mehr inkriminierten Cannabis) jedoch im Zusammenhang mit dem Führen eines Fahrzeugs im öffentlichen Straßenverkehr geschieht, kann auch eine solche Gedankenlosigkeit eine fahreignungsrelevante Charakterschwäche offenbaren (zu den möglichen Rechtsfolgen des Besitzes von Cannabis näher *Pott*, S. 111 f.). 123

Räumt ein Fahrerlaubnisinhaber im Rahmen eines Strafverfahrens allerdings freimütig ein, eine bestimmte in seinem Besitz befindliche Menge an Betäubungsmitteln habe dem **Eigengebrauch** dienen sollen, liegt darin bei sachgerechtem Verständnis regelmäßig zugleich das Eingeständnis des Betroffenen, bereits in der Vergangenheit entsprechende Substanzen konsumiert zu haben. Diese Angaben dürfen in einem nachfolgenden verwaltungsrechtlichen Verfahren auch in Ansehung von § 3 Abs. 4 Satz 1 StVG, wonach die Fahrerlaubnisbehörde in einem Entziehungsverfahren von dem durch das Strafgericht festgestellten Sachverhalt nicht zum Nachteil des Fahrerlaubnisinhabers abweichen darf, verwertet werden (OVG Nordrhein-Westfalen, Beschl. v. 16.05.2012 – 16 A 1782/11, juris). 124

Zur Problematik des Genusses von **Cannabis** und Fahreignung ist nach Auffassung des BVerfG »davon auszugehen, dass aus dem Konsum von Cannabis zwar erhebliche Gefahren für die Sicherheit des Straßenverkehrs hervorgehen können, dass aber je nach der Art und Intensität des Konsums zu unterscheiden ist, so dass weder ein pauschaler Gefährdungsausschluss noch eine pauschale Gefährdungsannahme gerechtfertigt ist.« (BVerfG, Beschl. v. 20.06.2002 – 1 BvR 2062/96, juris). 125

Der Genuss von Cannabis, auch außerhalb des Straßenverkehrs, bietet auf dieser Grundlage zwar immer einen rechtmäßigen Untersuchungsanlass, taugt aber nicht für eine Vorverurteilung infolge einer Unterstellung der Nichteignung. Nach dieser 126 zentralen Entscheidung des BVerfG zu dem am weitesten verbreiteten illegalen Betäubungsmittel »kann Cannabiskonsum die Fahreignung ausschließen. Hierbei spielt es keine Rolle, in welcher Verkehrsform (Haschisch, Marihuana, Haschisch-Öl) die in der Cannabispflanze enthaltenen Cannabinoide aufgenommen werden. Von unzureichender Kraftfahreignung in Folge drogenkonsumbedingter körperlich-geistiger Leistungsdefizite ist insbesondere auszugehen, wenn der Konsum von Drogen beim Betroffenen dazu geführt hat, dass seine Auffassungsgabe, seine Konzentrationsfähigkeit, sein Reaktionsvermögen oder seine Selbstkontrolle ständig unter dem für ein sicheres und verkehrsgerechtes Führen von Kraftfahrzeugen im Straßenverkehr erforderlichen Maß liegen. Fahruntauglichkeit ist ferner anzunehmen, wenn der Betroffene grundsätzlich außer Stande ist, eine drogenkonsumbedingte zeitweilige Fahruntüchtigkeit rechtzeitig als solche zu erkennen oder trotz einer solchen Erkenntnis von der aktiven Teilnahme am Straßenverkehr abzusehen.« (BVerfG, Beschl. v. 20.06.2002 – 1 BvR 2062/96, juris).

127 Zur Unterscheidung der verschiedenen fahreignungsrelevanten Konsumarten von Cannabis hat der Toxikologe *Thomas Daldrup* eine Tabelle entwickelt (sog. **Daldrup-Tabelle** oder »**CIF-Faktor**« vgl. dazu *Daldrup*, S. 272):

Befund THC-COOH ng/ml Blut	**Beurteilung**
THC-COOH < 5,0	Einmaliger oder gelegentlicher Konsum
THC-COOH < 5,0 und THC positiv	Verdacht auf gelegentlichen Konsum wurde bestätigt, weil mindestens zweimaliger Cannabiskonsum nachgewiesen wurde. Der Betroffene hat in engem zeitlichen Zusammenhang mit der Blutentnahme (d.h. am Tag der Blutentnahme selber!) Cannabis konsumiert. Verdacht auf Kontrollverlust und damit Verdacht auf regelmäßigen Konsum.
THC-COOH ≥ 5,0 und < 75 ng/ml	Es liegt mindestens gelegentlicher Konsum mit Verdacht auf regelmäßigen Konsum vor.
THC-COOH ≥ 75 ng/ml	Es liegt regelmäßiger Konsum von Cannabisprodukten vor.

Diese Tabelle ist für den Bereich des Fahreignungsrechts gerichtlich anerkannt und wurde bereits in diverse Ländererlasse übernommen (z.B. Erlass des Senators für Bau und Umwelt der Hansestadt Bremen vom 14.08.2000 »FeV 000814 – Fahreignung bei Betäubungs- und Arzneimittelkonsum«).

128

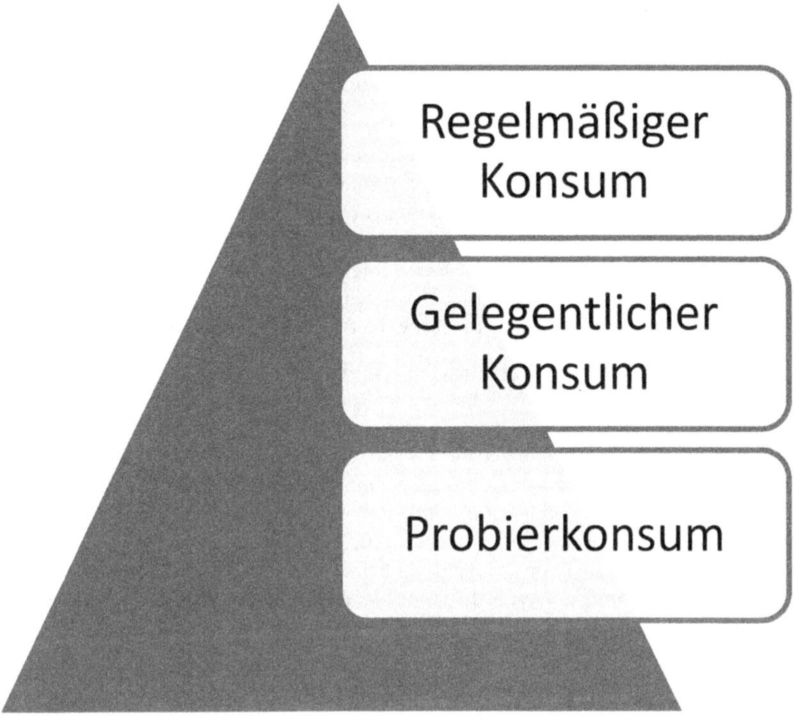

Abb. 7: Konsumstufen von Cannabis

Eine lediglich einmalige, als **Probierkonsum** zu bewertende Einnahme von **Cannabisprodukten** ist nach der Anlage 4 fahreignungsrechtlich nicht relevant. 129

Bei einer **gelegentlichen Einnahme** von Cannabisprodukten besteht die Fahreignung nur dann fort, wenn der Drogenkonsument zwischen dem Konsum und dem Führen von Fahrzeugen ausreichend trennen kann und kein zusätzlicher Gebrauch von Alkohol oder anderen psychoaktiv wirkenden Stoffen sowie keine Störung der Persönlichkeit und kein **Kontrollverlust** vorliegt (Anlage 4 zur FeV Nr. 92.2; näher dazu *Haus/Zwerger*, S. 150 ff. Rn. 62 ff.). Gelegentlicher Konsum von Cannabis im Sinne von Nr. 9.2.2 der Anlage 4 zur Fahrerlaubnis-Verordnung liegt dann vor, wenn der Betroffene in zumindest zwei selbstständigen Konsumvorgängen Cannabis zu sich genommen hat und diese Konsumvorgänge einen gewissen, auch zeitlichen Zusammenhang aufweisen (BVerwG, Urt. v. 23.10.2014 – 3 C 3/13, juris). 130

Liegt ein langer Zeitraum zwischen zwei Einnahmen entfällt dadurch das eignungsrechtliche Kriterium der gelegentlichen Einnahme nicht (*Pießkalla*, S. 543). 131

Bei einer **regelmäßigen Einnahme** von Cannabisprodukten (nach den Begutachtungs-Leitlinien ist dies täglich oder gewohnheitsmäßig, S. 41 Nr. 3.12.1) besteht keine 132

Fahreignung mehr (Anlage 4 zur FeV Nr. 9.2.1; näher dazu *Haus/Zwerger*, S. 146 ff. Rn. 53 ff). Die gewohnheitsmäßige Einnahme von Cannabis kann nur dann als regelmäßig im Sinne von Nr. 9.2.1 Anlage 4 zur FeV angesehen werden, wenn sie nicht deutlich seltener als täglich erfolgt (OVG Nordrhein-Westfalen, Beschl. v. 01.06.2010 – 16 B 428/10, juris).

133 Zwar wird weder in der Fahrerlaubnisverordnung noch in der Anlage 4 zu dieser Vorschrift definiert, wann ein gelegentlicher Konsum von Cannabis vorliegt. Ein »gelegentlicher« Cannabiskonsum liegt jedenfalls immer dann vor, wenn dieses Betäubungsmittel öfter als in der Form eines einmaligen, experimentellen Gebrauchs, aber weniger als »regelmäßig« eingenommen wird. Daraus folgt, dass bereits ein zweimaliger Cannabiskonsum ausreicht, um die Schwelle vom Probierkonsum zur »**Gelegentlichkeit**« zu überschreiten (VG Ansbach, Beschl. v. 10.04.2008 – AN 10 S 08.00439, juris).

134 Auch ein von einem Betroffenen behauptetes »**Passivrauchen**« von Cannabis schützt nicht vor den möglichen Rechtsfolgen. Eine für einen Fahrerlaubnisinhaber günstigere Bewertung des Passivrauchens von Cannabis gegenüber dem aktiven Eigenkonsum im Hinblick auf die Voraussetzungen der Fahrungeeignetheit nach Nr. 9.2.2 der Anlage 4 zur FeV ist nämlich nicht gerechtfertigt, wenn sich der Betreffende vor der Autofahrt längere Zeit bewusst in einem Raum mit stark cannabishaltigem Rauch aufgehalten hat (VGH Baden-Württemberg, Beschl. v. 10.05.2004 – 10 S 427/04, juris). Ohnehin führt Passivrauchen von Cannabis zu keiner nennenswerten Konzentration von THC im Blut (*Haus/Zwerger*, S. 129 Rn. 11), sodass entsprechende Äußerungen als Schutzbehauptungen zu bewerten wären.

135 Zur grundsätzlichen Einordnung der Eignungsproblematik des Genusses von Arzneimitteln und Betäubungsmitteln ist ein Blick in die Anlage 4 der FeV ebenso hilfreich:

Krankheiten, Mängel	**Eignung oder bedingte Eignung**		**Beschränkungen/Auflagen bei bedingter Eignung**	
	Fahrerlaubnisklassen A, A1, B, BE, M, S, L, T	Fahrerlaubnisklassen C, C1, CE, C1E, D, D1, DE, D1E, FzF	Fahrerlaubnisklassen A, A1, B, BE, M, S, L, T	Fahrerlaubnisklassen C, C1, CE, C1E, D, D1, DE, D1E, FzF
9. Betäubungsmittel, andere psychoaktiv wirkende Stoffe und Arzneimittel				
9.1 Einnahme von Betäubungsmitteln im Sinne des Betäubungsmittelgesetzes	Nein	Nein		
9.2 Einnahme von Cannabis				

Krankheiten, Mängel	**Eignung oder bedingte Eignung**		**Beschränkungen/Auflagen bei bedingter Eignung**	
9.2.1 Missbrauch (Das Führen von Fahrzeugen und ein die Fahrsicherheit beeinträchtigender Cannabiskonsum können nicht hinreichend sicher getrennt werden.)	Nein	Nein		
9.2.2 nach Beendigung des Missbrauchs	Ja wenn die Änderung des Cannabiskonsumverhaltens gefestigt ist	Ja wenn die Änderung des Cannabiskonsumverhaltens gefestigt ist		
9.2.3 Abhängigkeit	Nein	Nein		
9.3 Abhängigkeit von Betäubungsmitteln im Sinne des Betäubungsmittelgesetzes oder von anderen psychoaktiv wirkenden Substanzen	Nein	Nein		
9.4 Missbräuchliche Einnahme (regelmäßig übermäßiger Gebrauch) von psychoaktiv wirkenden Arzneimitteln und anderen psychoaktiv wirkenden Stoffen	Nein	Nein		
9.5 Nach Entgiftung und Entwöhnung	Ja, nach einjähriger Abstinenz	Ja, nach einjähriger Abstinenz	Regelmäßige Kontrollen	Regelmäßige Kontrollen
9.6 Dauerbehandlung mit Arzneimitteln				
9.6.1 Vergiftung	Nein	Nein		

Krankheiten, Mängel	Eignung oder bedingte Eignung		Beschränkungen/Auflagen bei bedingter Eignung	
9.6.2 Beeinträchtigung der Leistungsfähigkeit zum Führen von Kraftfahrzeugen unter das erforderliche Maß	Nein	Nein		

136 Insbesondere hinsichtlich der Betäubungsmittel müssen Polizeibeamte des Streifendienstes stets auch die Informationen ihrer Kollegen des **Rauschgiftdezernats** abfordern, um über die lokal gehandelten illegalen Drogen ebenso informiert zu werden wie über die in spätestens halbjährlichem Rhythmus neu auf dem Markt auftauchenden Designerdrogen, deren Auswirkungen auf die Fahreignung auf der Hand liegen, weil jeder Konsum einer anderen Droge als Cannabis nach Anlage 4 Nr. 9.1 sofort zum Verlust der Fahreignung führt und der Fahrerlaubnisbehörde unverzüglich gemeldet werden muss (zu den neuen Drogen **Badesalz** und **Legal Highs** siehe *Müller, D.*, Legal Tribune Online).

137 Fahreignungsrelevant sind nicht nur die in der Anlage zu § 24a StVG aufgeführten neun verschiedenen Substanzen, sondern sämtliche in den Anlagen I bis III zu § 1 BtMG aufgeführten Stoffe des **Betäubungsmittelrechts** sowie sämtliche damit im Zusammenhang stehenden Zubereitungen.

138 Psychoaktiv wirkende Arzneimittel werden entweder von Ärzten verordnet und von Patienten konsumiert oder illegal erworben und ohne ärztliche Verordnung eingenommen. Beide Konsumarten bergen zahlreiche Gefahren, die fahreignungsrelevant sind (näher *Glaeske/Schicktanz*, S. 18 ff.). Eine zentrale Rolle bei den fahreignungsrelevanten Wirkungen dieser Medikamente spielen die verordnenden Ärzte, deren Pflicht es ist, ihre Patienten über sämtliche für die verkehrssichere Teilnahme am Straßenverkehr relevanten Wirkungen und Nebenwirkungen umfassend aufzuklären.

139 Die Einnahme von **Benzodiazepinen** kann etwa – in Abhängigkeit von der Dosierung, der Anzahl der eingenommenen Präparate und der Dauer der Behandlung – zu einem um den Faktor 1,5 – 5,5 erhöhten relativen Verkehrsunfallrisiko führen (*Brunnauer/Laux*, Psychopharmaka, S. 32). Auch bei den in einer neueren Studie untersuchten Unfallverursachern konnten 4-mal häufiger sedierende Substanzen (Trizyklika, Benzodiazepine) im Blutplasma nachgewiesen werden als in einer Kontrollgruppe von Personen, die nicht Verursacher eines Unfalls vergleichbaren Ausmaßes waren (*Brunnauer/Laux*, a.a.O.).

140 Ein Großteil der verordneten Medikamente sind Mittel, die auf das zentrale **Nervensystem** wirken wie **Psychopharmaka** und Benzodiazepine, für die es derzeit auf dem Markt keine von der Polizei im Rahmen der Verkehrsüberwachung einzusetzenden Schnelltestverfahren gibt. Daher sind die Beamten darauf angewiesen, die negative Beeinflussung durch Medikamente am Verhalten der Verkehrsteilnehmer zu erkennen.

Die Erkenntnisse des neuen Forschungszweiges der »**Gender-Medizin**«, die sich mit den Erkrankungen und ihren Therapien im Zusammenhang mit dem Geschlecht des Patienten befasst, könnten dazu geeignet sein, Polizeibeamte in Bezug auf bestimmte Altersgruppen und Geschlechtsgruppen von Verkehrsteilnehmern sensibler zu informieren. 141

Beweisanzeichen für eine aktuelle Wirkung der gebräuchlichsten auf das ZNS wirkenden Arzneimittel sowie der gängigsten illegalen Betäubungsmittel sind Folgende (sämtliche nachfolgenden Informationen entstammen den Internetangeboten der Bundeszentrale für gesundheitliche Aufklärung auf deren Website www.drugcom.de, der Website www.toxinfo.org der Toxikologischen Abteilung der II. Medizinischen Klinik der Technischen Universität München, der Website www.dhs.de der Deutschen Hauptstelle für Suchtfragen e.V. und der Website www.partypack.de der Drogenhilfe Köln gGmbH): 142

Betäubungsmittel	**Beweisanzeichen (Symptome)**
Amphetamine	Verstärkung des Antriebs, Unruhe, Angstgefühl, Tremor, Tachykardie, Extrasystolie, Hypertonie, Mydriasis, Schwitzen, Schlaflosigkeit, Exzitation, Fieber, Exsikkose, Halluzinationen, Delir, cerebrale Krampfanfälle, Hypotonie, Schock
Antidepressiva	**Zentralnervöse Symptome:** Bewusstseinstrübung und Atemdepression bis hin zum areaktiven Koma mit Atemstillstand. **Kardiale Symptome:** Blutdruckabfall und QRS-Verbreiterung mit Herzrhythmusstörungen verschiedenster Art, wie z.B. Kammertachykardien, Kammerflimmern und Asystolie. Auch AV-Blockierungen und Bradykardien sind möglich. **Anticholinerge Symptome:** Mundtrockenheit, Mydriasis, Blasensperre, Fieber, Tachykardie, Agitation, cerebrale Krampfanfälle
Barbiturate	Bewusstlosigkeit, Untertemperatur, Blutdruckabfall, Atemlähmung
Benzodiazepine	Benommenheit, Koma, Hypotension, Atemdepression
Cannabis (= Haschisch, = Marihuana)	Insbesondere nach oraler Aufnahme: euphorische Stimmung, Tachykardie, Blutdruckanstieg, Störung des Zeit- und Raumgefühls. Hohe Dosen oder erhöhte Empfindlichkeit können Angst- und Panikzustände, Halluzinationen und ein delirantes Syndrom verursachen.
Cocain	**ZNS:** Euphorie, Unruhe, Angst, Verwirrtheit, cerebrale Krampfanfälle, Bewusstlosigkeit, Atemstillstand. **HKS:** Tachykardie, Herzrhythmusstörungen, Hypertonie, Angina pectoris, Myokardinfarkt, kardiogener Schock

Betäubungsmittel	**Beweisanzeichen (Symptome)**
Designerdrogen (z.B. Ecstasy, Legal Highs, Spice)	Siehe Amphetamine
Engelstrompete	Mydriasis, trockene warme gerötete Haut, Tachykardie, später Arrhythmie möglich, motorische Unruhe, Somnolenz. Halluzinationen, bei Kindern Angstzustände; Krampfanfälle, Bewusstseinsstörung, Harnverhalt. Dauer der Symptome ca. ein Tag
Ethanol/Ethylalkohol	**Akute Vergiftungen:** Euphorie, Enthemmung, Rauschzustände, Koordinationsstörungen, in schweren Fällen Bewusstlosigkeit und respiratorische Insuffizienz. **Chronische Vergiftung:** Entzugssyndrom mit vegetativen Beschwerden, cerebralen Krampfanfällen und Delirium tremens; Leberzirrhose, Pankreatitis, Kardiomyopathie, Persönlichkeitsveränderung
GHB, GBL (= K.O.Tropfen, = Liquid Ecstasy)	Willenlosigkeit mit nachfolgender Bewusstlosigkeit
Heroin (= Morphin, = Methadon)	Bewusstseinstrübung bis Koma, Atemdepression
Insulin	Symptome der Hypoglykämie bei Blutzucker unter 45 mg/dl: Schwitzen, Zittern, Heißhunger, Nervosität, Verwirrtheit, cerebrale Krampfanfälle, Bewusstlosigkeit. Bei langwirkenden Insulinen kann Hypoglykämie verzögert (nach 24 Stunden) auftreten.
Ketamin	Erhöhter Puls und Blutdruck, Schwindel, Verlust der Bewegungskoordination, starker Speichelfluss, Angstzustände, Bewusstlosigkeit
LSD	Halluzinogene Droge, die schon nach Minuten Halluzinationen, Panikattacken und psychomotorische Unruhezustände sowie Übelkeit, Mydriasis, Hypertonie, Tachykardie, Tremor und cerebrale Krampfanfälle auslösen kann.
Salvia Divinorum (= Zaubersalbei)	Spektrum reicht von Entspannung, leicht gesteigerte Sinneswahrnehmung bis zu Wachtraumsequenzen, Visionen, außerkörperlichen Erfahrungen und Identitätsverlust.
Zauberpilze	Nach Genuss von rohen oder getrockneten Pilzen (enthalten halluzinogene Substanzen Psilocybin und Psilocin) kommt zu es zu optischen Halluzinationen, die bis zu fünf Stunden anhalten können. Danach kann sich in seltenen Fällen eine Psychose entwickeln.

143 Zahlreiche weitere Beweisanzeichen, die auch im Rahmen freiwilliger psychophysischer Tests von Polizeibeamten überprüft werden könnten, schildert der ausführliche Aufsatz von *Haase/Sachs* (S. 222 ff.).

Bestehen Eignungszweifel bei einer Problematik durch Arzneimittel oder Betäubungsmittel, können Fahrerlaubnisbehörden auf der Grundlage von § 14 FeV die Beibringung verschiedener Gutachten anordnen (näher *Hentschel/König/Dauer*, § 14 FeV Rn. 10 ff.). 144

VII. Sonderproblem Aggressionen

Charakterliche Eignungsmängel liegen nach § 2 Abs. 4 StVG vor, wenn erheblich oder wiederholt gegen verkehrsrechtliche Vorschriften oder gegen Strafgesetze verstoßen wurde. Der Begriff »erheblich« ist nicht gleichzusetzen mit »schwerwiegend« im Sinne einer strafrechtlichen Bewertung, er bezieht sich auf die Kraftfahreignung. Ungeschriebene tatbestandliche Voraussetzung für beide Alternativen ist ein für die Kraftfahreignung relevanter Bezug (VG Bayreuth, Gerichtsbescheid v. 07.02.2022 – B 1 K 21.1119, Rn. 26, juris). 145

Aggressionen sind emotionale Verhaltensformen, die sich im Straßenverkehr in einer besonderen Art der Verkehrsteilnahme und/oder in den Begleitformen der Verkehrsteilnahme wie etwa besonderen Gesten gegenüber anderen Verkehrsteilnehmern oder verbalen Äußerungen zeigen können. Aggressionen sind nicht nur vorübergehende Zustände, sondern können auch überdauernde Persönlichkeitsmerkmale sein (näher *Wagner/Müller/Koehl/Rebler*, S. 54 ff.; *Maag/Krüger*, S. 11). Im zweiten Fall kann die Fahreignung beeinträchtigt oder ausgeschlossen sein. 146

Fahrer mit einem aggressiven Fahrstil verursachen 60 % mehr Unfälle als Fahrer mit einem ruhigen und insgesamt ausgeglichenen Fahrstil (*Tepe*, S. 65). Aufgabe des proaktiv zu handhabenden Fahreignungsrechts ist es daher, diese aggressiven Fahrer frühestmöglich zu erkennen und Mittel und Wege zu ergreifen, deren Fahrstil durch verschiedene staatliche Handlungsmöglichkeiten zu verändern. In erster Linie kann dies über das Fahreignungs-Bewertungssystem (§ 4 StVG, § 40 FeV) geschehen und in zweiter Linie durch das Begutachtungssystem (§§ 2, 3 StVG, §§ 11 bis 14 FeV). Als Vorstufe dienen die Systeme des Verkehrsunterrichts gem. § 48 StVO für die Erwachsenen und den Weisungen zum Verkehrsunterricht gem. § 10 JGG für Jugendliche und Heranwachsende (*Müller*, der Verkehrsunterricht, S. 325; *ders.*, Neue Ansätze, S. 147, 189). Zudem existiert in manchen, leider viel zu wenigen Bundesländern auch das präventive System der »Gelben Karte«, einer auf dem Gefahrenabwehrrecht basierenden polizeilichen Gefährderansprache, die auf mögliche Konsequenzen bei fortgesetzt unterbleibender Verhaltensänderung hinweist (*Baldauf*, S. 284). 147

Die Begutachtungsleitlinien sprechen hinsichtlich der Übertragbarkeit von Charaktereigenschaften auf das Verhalten im Straßenverkehr eine deutliche Sprache, indem sie formulieren: 148

»Wer aufgrund des rücksichtslosen Durchsetzens eigener Interessen, aufgrund seines großen Aggressionspotenzials oder seiner nicht beherrschten Affekte und unkontrollierten Impulse in schwerwiegender Weise die Rechte anderer verletzt, lässt nicht erwarten, dass er im motorisierten Straßenverkehr die Rechte anderer Verkehrsteilnehmer – zumindest in den sehr häufig auftretenden Konfliktsituationen – respektieren wird. Solange ein solches Fehlverhalten besteht, ist auch mit sicherheitswidri- 149 gen Auffälligkeiten im Straßenverkehr zu rechnen.« (Begutachtungsleitlinien, S. 85; dieses Thema befindet sich in den Begutachtungsleitlinien auf dem hinsichtlich der dazu ergangenen Rechtsprechung und den Inhalten der Begutachtung vollkommen veralteten Stand vom 01.02.2000 [!])

Die These wurde unlängst durch aktuelle empirische Studien aus dem Bereich der Polizei bestätigt (*Feldmann/Reisewitz*, S. 64; *Baldauf*, S. 280; *Lange/Mehlhorn*, S. 336).

150 Die Gründe für das Entstehen von Aggressionen im Straßenverkehr sind vielfältig, jedoch hinsichtlich ihrer Auswirkungen auf die Fahreignung nachrangig (näher *Wagner/Müller/Koehl/Rebler*, S. 54 ff.). Vorrangig sind demgegenüber die praktischen Auswirkungen einer aggressiven Verkehrsteilnahme, die regelmäßig auf eine charakterliche Ungeeignetheit schließen lassen. Dies nicht zuletzt deshalb, weil ein aggressives Verkehrsverhalten regelmäßig gegen die Grundregeln des § 1 Abs. 1 StVO verstößt. Aggressive Fahrer sind latent angriffsbereit und verursachen regelmäßig Angriffe auf andere Verkehrsteilnehmer (im Ergebnis ebenso *Tepe*, S. 66).

151 Auf aggressives Verkehrsverhalten werden Polizeibeamte ebenso aufmerksam wie Mitarbeiter der kommunalen Verkehrsüberwachung oder andere Verkehrsteilnehmer, die sich nicht selten in einer Opferrolle wiederfinden. Insbesondere ist in den vergangenen Jahren eine deutliche Zunahme von **Gewaltdelikten** gegenüber Polizeibeamten zu beobachten (näher dazu *Ellrich/Pfeiffer/Baier*, S. 2 f.). Jedes dieser Gewaltdelikte ist eine potenziell fahreignungsrelevante und dadurch meldepflichtige Tatsache gegenüber der Fahrerlaubnisbehörde (näher *Wagner/Müller/Koehl/Rebler*, S. 92 ff.).

152 Auch in der inneren Einstellung eines Verkehrsteilnehmers zu den in Deutschland geltenden Verkehrsvorschriften kann eine aggressive Grundhaltung deutlich werden, wenn die Regeln lediglich als den eigenen Fahrstil reglementierende Hindernisse empfundenen werden, die beliebig übertreten werden können (näher *Ellinghaus/Steinbrecher*, Verfall, S. 147 ff.). Auf diese Einstellung können Polizeibeamte im Rahmen von Verkehrskontrollen aufmerksam werden.

153 Aggressionen im Straßenverkehr werden an besonderen Verhaltensweisen deutlich, die sich je nach dem Verkehrsraum, in dem sie anzutreffen sind, voneinander unterscheiden. Auch die Empfindungen und Wahrnehmungen aggressiven Verhaltens durch die aggressiven Verkehrsteilnehmer und deren Opfer sind sehr unterschiedlich (zu den verschiedenen Ursachen der Aggressionen näher *Kranich/Kulka/Reschke*, S. 62 ff). Empfindlicher veranlagte Menschen sehen daher Aggressionen, wo »dickfelligere« Personen noch gar kein aggressives Verkehrsverhalten erblicken.

154 Im Rahmen einer Befragungsstudie durch *Ellinghaus*, sind dennoch zahlreiche Verhaltensformen im Straßenverkehr übereinstimmend als aggressives Verkehrsverhalten interpretiert worden (*Ellinghaus*, Rücksichtslosigkeit, S. 54 ff, auch zum Folgenden):

155 Im **Stadtverkehr**:
- mangelnde Bereitschaft, das Reißverschlussverfahren zu praktizieren,
- häufige Spurwechsel zum Zweck des schnelleren Vorankommens,

- Hindurchschlängeln der Zweiradfahrer,
- bedrängendes Verhalten von Radfahrern gegenüber Fußgängern.

Auf **Landstraßen**: 156
- riskantes Überholen,
- zu langsames Fahren,
- zu schnelles Fahren, insbesondere durch Motorradfahrer.

Auf **Autobahnen**: 157
- dichtes Auffahren,
- Betätigen der Lichthupe,
- Blockieren des Überholfahrstreifens,
- sich in eine Lücke drängeln nach einem Überholvorgang,
- mangelnde Bereitschaft, das Reißverschlussverfahren zu praktizieren,
- unangemessen langsame Geschwindigkeit,
- unangemessen hohe Geschwindigkeit.

Dabei kann ein Verhalten im Straßenverkehr dann als aggressiv interpretiert werden, wenn sich ein Konflikt zwischen zwei oder mehreren Verkehrsteilnehmern – vornehmlich Fahrzeugführern – durch eine fahrzeugbezogene Kraftentfaltung oder ein verbales wie nonverbales Verhalten der Person darstellen lassen (zu eng interpretiert von *Maag/Krüger*, S. 19, die lediglich auf das Fahrverhalten abheben und damit aggressives Verhalten im ruhenden Verkehr vollständig ausblenden). 158

Nach den Ergebnissen einer Befragung von Beamten der Autobahnpolizei-Inspektionen in Bayern ergeben sich hinsichtlich aggressiven Fahrverhaltens auf bayerischen Autobahnabschnitten die folgenden Ergebnisse und Schlussfolgerungen (*Maag/Krüger*, S. 29): 159
- **Drängeln** ist die häufigste und weiterhin zunehmende aggressive Verhaltensweise auf Autobahnen,
- die Entdeckungs- und Bestrafungswahrscheinlichkeit des Drängelns ist zu gering,
- das Drängeln findet vor allem bei starkem Verkehrsaufkommen und unter sicherer Umgebungsbedingung statt.

Im Rahmen einer Auswertung von 6.889 Anzeigenvorgängen aus dem Verkehrsstrafrecht im Bereich des Polizeipräsidiums Mittelfranken ergab sich die folgende Rangliste von teils tateinheitlich begangenen Verkehrsstraftaten mit aggressivem Handlungshintergrund (*Maag/Krüger*, S. 29 f.): 160
1. Gefährdung des Straßenverkehrs gem. § 315c StGB (47 %)
2. Nötigung gem. § 240 StGB (43 %)
3. Beleidigung gem. § 185 StGB (17 %)
4. Gefährlicher Eingriff in den Straßenverkehr gem. § 315b StGB (9 %)

In den Monaten April bis Oktober wurden deutlich mehr Delikte angezeigt als in den anderen Monaten und der häufigste Tattag war der Freitag (*Maag/Krüger*, S. 31). Die angezeigten Täter sind zu mehr als 92 % männlich und zu fast 60 % im Alter von bis zu 40 Jahren (*Maag/Krüger*, S. 32). 161

162 Aber auch im Stadtverkehr kann »dichtes, bedrängendes Auffahren auf den Vordermann – insbesondere bei gleichzeitigem Betätigen von Lichthupe und Signalhorn – Gewalt im Sinne des § 240 StGB sein« (BVerfG, Beschl. v. 29.03.2007 – 2 BvR 932/06, juris).

163 Die Entziehung der Fahrerlaubnis nach § 3 Abs. 1 Satz 1 StVG i.V.m. § 46 Abs. 1 Satz 1 einerseits und die Entziehung der Fahrerlaubnis sowie sonstige Maßnahmen nach dem Punktsystem gem. § 4 StVG andererseits sind voneinander unabhängig und können daher nebeneinander ergriffen werden. Wenn bei einem Inhaber einer Fahrerlaubnis daher ein hohes Aggressionspotenzial besteht, das erwarten lässt, dass er sich im Straßenverkehr unbeherrscht und die Verkehrssicherheit gefährdend verhält, kommt es tatsächlich nicht darauf an, ob – und wenn ja wie viele – Punkte im Fahreignungsregister aufgrund seines Verhaltens in der Vergangenheit eingetragen wurden. Ein solcher charakterlicher Mangel wiegt regelmäßig derart schwer, dass von Seiten der Fahrerlaubnisbehörde nicht abgewartet werden kann, bis er sich in (tatsächlich bekannt gewordenen und geahndeten) Zuwiderhandlungen gegen Verkehrsvorschriften in so ausreichender Zahl und im erforderlichen zeitlichen Zusammenhang niederschlägt, die zu einer Anhäufung von mindestens 8 Punkten im Verkehrszentralregister führen, was erst zu diesem Zeitpunkt zu einer Entziehung der Fahrerlaubnis nach dem Fahreignungs-Bewertungssystem berechtigen würde (§ 4 Abs. 5 Satz 1 Nr. 3 StVG), wäre die Fahrerlaubnisbehörde auf ein Vorgehen nach dem Fahreignungs-Bewertungssystem beschränkt (BayVGH, Beschl. v. 07.11.2013 – 11 CS 13.1779, Rn. 15, juris).

164 Allerdings werden die Begutachtungsmöglichkeiten gem. § 11 Abs. 3 Nr. 4 bis 7 FeV in den Fahrerlaubnisbehörden noch viel zu selten genutzt (*Baldauf*, S. 280 f.). Diese Möglichkeiten bleiben zumeist aus Unkenntnis der bereits seit vielen Jahren gesicherten Rechtsprechung durch die Sachbearbeiter in den Fahrerlaubnisbehörden ungenutzt. Aber auch die Polizeibeamten kennen diese Möglichkeiten des Fahreignungsrechts nicht. Die Ursache liegt in beiden genannten Behördenbereichen in einer mangelhaften Aus- und Fortbildung begründet. Wenn aber die Aus- und Fortbildung in den Behörden vernachlässigt werden, sind die Fehler in der Anwendung des Fahreignungsrechts vorprogrammiert (*Müller*, Verkehrsunfall aus ungeklärter Ursache, S. 288 ff.).

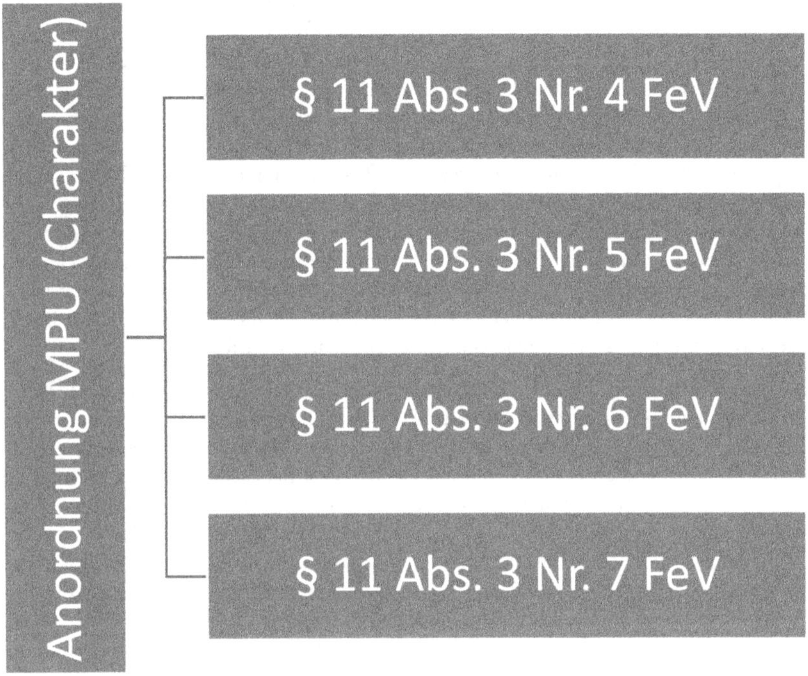

Abb. 8: Anordnungsmöglichkeiten für MPU bei charakterlichen Mängeln (Quelle: Prof. Dr. D. Müller)

Die Anordnungsmöglichkeiten werden ausführlich erläutert und bewertet im Rahmen der Kommentierung des § 11 FeV (s. Kap. 2 A., Rdn. 1 ff.) und sollen hier nur ergänzend angesprochen werden (näher *Wagner/Müller/Koehl/Rebler*, S. 92 ff.). 165

Nach § 11 Abs. 3 Satz 1 Nr. 6 FeV kann zur Klärung von Eignungszweifeln die Beibringung eines Gutachtens einer amtlich anerkannten Begutachtungsstelle für Fahreignung (medizinisch-psychologisches Gutachten) bei einer erheblichen Straftat angeordnet werden, die im Zusammenhang mit der Kraftfahreignung steht, insbesondere, wenn Anhaltspunkte für ein hohes Aggressionspotenzial bestehen oder die erhebliche Straftat unter Nutzung eines Fahrzeugs begangen wurde (VG Bremen, Beschl. v. 24.01.2024 – 5 V 2805/23, Rn. 13, juris). 166

Abzustellen ist gem. § 11 Abs. 3 Satz 1 Nr. 6 FeV auf eine erhebliche Straftat, die im Zusammenhang mit der Kraftfahreignung steht, insbesondere wenn Anhaltspunkte für ein hohes Aggressionspotenzial bestehen oder die erhebliche Straftat unter Nutzung eines Fahrzeugs begangen wurde (VG Bayreuth, Gerichtsbescheid v. 07.02.2022 – B 1 K 21.1119, Rn. 27, juris, auch zum Folgenden). In diesem Fall kann die Fahrerlaubnisbehörde die Beibringung eines medizinisch-psychologischen Gutachtens zur Klärung von Eignungszweifeln anordnen (§ 11 Abs. 3 Satz 1 FeV). Bei der ersten Alternative 167 reicht das Vorliegen einer Straftat, die »**erheblich**« sein muss und im Zusammenhang mit der Kraftfahreignung steht. Der Bezug zur Kraftfahreignung setzt weder voraus, dass für die Bejahung des Begriffs »**erhebliche Straftat**« ein Pkw als Mittel zur Straftat benutzt worden ist, noch muss es sich um Verstöße gegen verkehrsrechtliche Vorschriften handeln. Die Verstöße müssen auch nicht im Straßenverkehr begangen worden sein. Ein Zusammenhang zwischen dem Begehen einer Straftat und einer mangelnden Eignung zum Führen von Kraftfahrzeugen liegt vor, wenn die Tat Rückschlüsse auf die charakterliche Eignung zum Führen von Kraftfahrzeugen zulässt. So können z.B. die Massivität der Gewaltanwendung und die Gefahrgeneigtheit sowie Verletzungseignung der Handlung einen Anhalt für aggressive Neigungen oder eine generell geringe Hemmschwelle gegenüber der körperlichen Integrität anderer bieten. Ein hohes Aggressionspotenzial kommt abstrakt betrachtet regelmäßig in solchen Straftaten zum Ausdruck, die sich durch Aggression gegen Personen oder Sachen ausdrücken.

168 Nicht jede Straftat, die im Zusammenhang mit der Kraftfahreignung steht und Anhaltspunkte für ein hohes **Aggressionspotenzial** bietet, stellt zugleich eine erhebliche Straftat im Sinne von § 11 Abs. 3 Satz 1 Nr. 6 FeV dar. Einen Anhalt für aggressive Neigungen oder eine generell geringe Hemmschwelle gegenüber der körperlichen Integrität anderer bieten die Massivität der Gewaltanwendung oder die **Gefahrgeneigtheit** oder Verletzungseignung der Handlung (BayVGH, Beschl. v. 09.03.2021 – 11 CS 20.2793, juris, auch zum Folgenden). Denn wer aufgrund des rücksichtslosen Durchsetzens eigener Interessen, aufgrund seines großen Aggressionspotenzials oder seiner nicht beherrschten Affekte und unkontrollierten Impulse in schwerwiegender Weise die Rechte anderer verletzt, lässt nicht erwarten, dass er im motorisierten Straßenverkehr die Rechte anderer Verkehrsteilnehmer – zumindest in den sehr häufigen Konfliktsituationen – respektieren wird.

VIII. Sonderproblem altersbedingte Einschränkungen

169 Allein das **Alter** von Kraftfahrzeugführern lässt keinerlei Rückschlüsse auf deren Fahreignung oder Nichteignung zu. Es ist für sich allein genommen auch kein sachlich ausreichender Grund, die Beibringung eines ärztlichen Gutachtens anzuordnen (OVG Rheinland-Pfalz, Urt. v. 26.02.1969 – 2 A 11/69 –, DAR 1969, 332).

170 Allerdings sind bestimmte altersbedingte physiologische Einschränkungen z.B. des Bewegungsapparates natürliche Begleiterscheinungen des fortschreitenden natürlichen Alterungsprozesses. Die gesamtgesellschaftliche Entwicklung in der **Demografie** weist eine steigende Lebenserwartung auf, die sich schon heute bereits über eine im Verhältnis verstärkte Verkehrsteilnahme von **Senioren** als Kraftfahrzeugführer bemerkbar macht und sich in den nächsten Jahrzehnten noch verstärken wird. Nach derzeitigen Schätzungen werden im Jahr 2025 von den über 80 jährigen Frauen mehr als 80 % und von den Männern der gleichen Altersgruppe mehr als 90 % im Besitz einer gültigen Fahrerlaubnis sein (*infas/DLR*, S. 168 ff.; *Falkenstein/Poschadel*, S. 176).

171 In diesem Zusammenhang kann eine Kombination aus altersabhängigen körperlichen Leistungseinbußen und hinzutretenden Krankheiten zu einem erhöhten Verkehrs- und

Unfallrisiko führen, die auch von der Polizei im Rahmen der Verkehrsüberwachung und -unfallaufnahme berücksichtigt werden muss.

Die folgenden Aussagen treffen nicht auf sämtliche Senioren zu, bilden aber zuverlässige Trends ab. Dabei zeigt sich im Alter zunächst eine stetige Abnahme der visuellen Fähigkeiten, während die kognitiven Fähigkeiten nur teilweise beeinträchtigt werden (*Falkenstein/Poschadel*, S. 180 f.). Besondere Probleme können auftreten, wenn mehrere Fahraufgaben gleichzeitig bewältigt werden müssen (*Falkenstein/Poschadel*, S. 181). Dies ist oft bei Vorfahrt- und Vorrangsituationen der Fall, die gehäuft im Stadtverkehr bewältigt werden müssen. Während der größte Teil der mobilen Senioren eigene Defizite erkennt und durch angepasste Verhaltensweisen (wie z.B. dem Verzicht auf Langstreckenfahrten oder Stadtfahrten oder Nachtfahrten) sorgsam darauf reagiert, gibt es auch eine kleine Gruppe älterer Fahrer, die selbst deutliche Fahrfehler nicht wahrnehmen oder diese Fehler bagatellisieren (*Falkenstein/Poschadel*, S. 182). 172

Tatsächlich haben Senioren mit fortschreitendem Alter auch typische und vor allem fahreignungsrelevante **Alterserkrankungen**, die von Polizeibeamten im Rahmen ihres Dienstes festgestellt werden können. Dazu zählen vor allem Erkrankungen des Bewegungsapparates wie Arthrose, rheumatoide Arthritis (auch als chronische Polyarthritis bezeichnet) und chronische Rückenschmerzen, die allesamt zu fahreignungsrelevanten **Bewegungseinschränkungen** beim Führen eines Kraftfahrzeuges führen können. Das gleichzeitige Auftreten gleich mehrerer chronischer Erkrankungen (Multimorbidität) im höheren Alter ist dabei ein Prozess, der ebenso unaufhaltsam wie auch fahreignungsrelevant ist (vgl. dazu näher den 6. Altenbericht der Bundesregierung BT-Drucks. 17/3815, S. 165 f.). 173

Auch der weit verbreitete **Bewegungsmangel** sowie das damit verbundene Folgeproblem des Übergewichts zahlreicher Senioren sind schon heute signifikante Probleme (*Leyk* et al., S. 809). Diese Alterserkrankungen werden in den kommenden Jahrzehnten deutlich zunehmen (vgl. dazu *Beske* et al., S. 5 ff.), sodass Polizeibeamte zukünftig im Straßenverkehr vermehrt entsprechend erkrankte Senioren antreffen werden und deren fahreignungsrelevante Einschränkungen erkennen müssen. Dabei wird es Polizeibeamten schwer fallen oder gar unmöglich sein, auf fahreignungsrelevante Erkrankungen der inneren Organe oder psychische Erkrankungen aufmerksam zu werden, wenn der Verkehrsteilnehmer diese nicht von sich aus anspricht (etwa Herzschwäche, Atemnot, Depressionen, Wahrnehmungsdefizite). 174

Problematisch sind aus Sicht des Fahreignungsrechts diejenigen Senioren als Kraftfahrzeugführer, die ärztlicherseits gänzlich unbehandelt oder ignorant mit vorhandenen Erkrankungen umgehen und dadurch andere Verkehrsteilnehmer potenziell gefährden. Unproblematisch sind dem gegenüber diejenigen verantwortungsbewussten Senioren, die ihre Mobilität durch ärztlich gestützte Behandlung, und zwar auch als Kraftfahrzeugführer, so lange es ihnen möglich ist erhalten. 175

Am Beispiel eines Sturzes im öffentlichen Verkehrsraum, etwa im Zusammenhang mit dem Führen eines Kraftfahrzeuges oder eines Fahrrades können Polizeibeamte auf folgende fahreignungsrelevante Erkrankungen aufmerksam werden: 176
– Muskelschwäche,

- Sehstörung,
- Schwindel,
- Arthrose,
- Morbus Parkinson,
- Hypoglykämie etc.

177 Ebenso gut wären als Ursachen dieser Stürze aber auch folgende, nicht fahreignungsrelevante Faktoren denkbar:
- schlechte Ausleuchtung des Verkehrsraumes,
- Stolperfallen im Verkehrsraum,
- glatter Untergrund etc.

178 Auch die oben genannten Bereiche fahreignungsrelevanter altersbedingter Erkrankungen sollten zukünftig im Rahmen von Fortbildungsveranstaltungen etwa durch den polizeiärztlichen Dienst unterrichtet werden.

B. Meldepflichten der Polizei

Vorbemerkung Kapitel 1 B.

179 Um den Fahrerlaubnisbehörden die Einleitung von Überprüfungsmaßnahmen hinsichtlich der möglichen Nichteignung oder Nichtbefähigung zu ermöglichen, hat die Polizei den Fahrerlaubnisbehörden ihr bekannt gewordene Informationen über **Tatsachen** zu übermitteln, die auf nicht nur vorübergehende Mängel hinsichtlich der Eignung oder auf Mängel hinsichtlich der Befähigung einer Person zum Führen von Kraftfahrzeugen schließen lassen (näher zu dieser Pflicht *Müller, D.*, Mitteilungspflichten, S. 241 ff.). Diese Verpflichtung findet ihre gesetzliche Grundlage in der Vorschrift des § 2 Abs. 12 StVG.

180 Diese im Verkehrsrecht einmalige Vorschrift der direkten Weitergabe von Personendaten zum Zwecke der Eignungsüberprüfung benennt zunächst einmal die Fahrerlaubnisbehörden als zuständige Behörden und Adressaten von Informationen über eignungsrelevante Tatsachen sowie auf der anderen Seite die Polizei als Überbringer der Informationen (zum für diese Vorschrift geltenden Polizeibegriff *Müller, D.*, Mitteilungspflichten, S. 242 f.). Nach dieser Rechtsgrundlage werden die mitzuteilenden Informationen auf Sachverhalte beschränkt, »soweit dies für die Überprüfung der Eignung oder Befähigung aus Sicht der übermittelnden Stelle erforderlich ist«. Demnach darf die Polizei vor dem Hintergrund ihrer organisatorisch durch die Aspekte der Verkehrssicherheit vorgeprägten Sichtweise entscheiden, ob die Übermittlung erforderlich ist. Diese Entscheidung bedarf also vorangehender Überlegungen im Einzelfall und würde im Falle pauschaler Handhabung gegen den verfassungsrechtlich verankerten Verhältnismäßigkeitsgrundsatz verstoßen. Ein guter fachlicher Kontakt zur Fahrerlaubnisbehörde ist für die praktische Handhabung dieser Mitteilungspflicht unerlässlich, um darüber entscheiden zu können, in welchen Fallsituationen welche Daten zur Beurteilung der Kraftfahrereignung erforderlich sind.

Der Polizei werden Tatsachen, die auf eine mangelhafte Fahreignung hindeuten, oft im Rahmen einer allgemeinen Verkehrskontrolle bekannt. Diese läuft nach einem bewährten Muster ab. 181

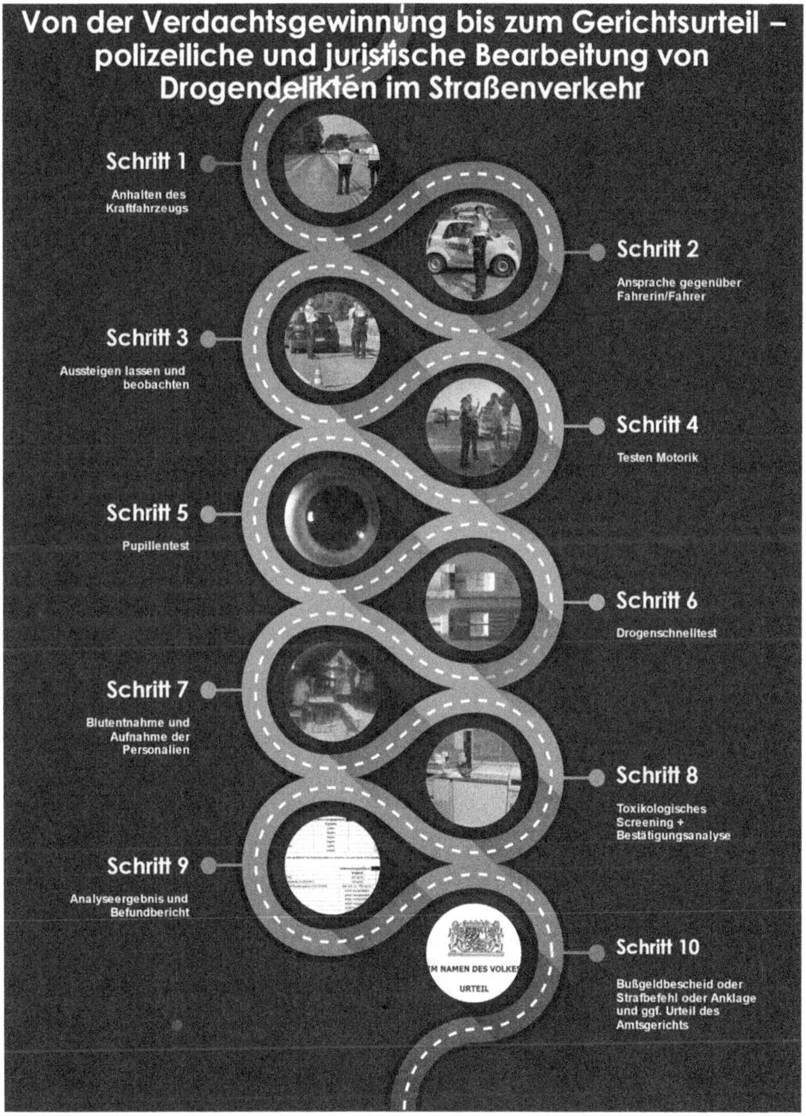

Abb. 9: Ablaufdiagramm Verdachtsgewinnung und Beweissicherung (Quelle: Prof. Dr. D. Müller)

182 Einen ersten Anhaltspunkt über diesen sachlichen Gegenstand der polizeilichen Mitteilungen gibt die im Gesetzgebungsverfahren für die Vorschrift des § 2 Abs. 12 StVG abgegebene Begründung zur damaligen Neufassung des StVG (BR-Drucks. 821/96, S. 51), indem sie beispielhaft die drei Bereiche Alkoholmissbrauch sowie Einnahme und Besitz von Drogen besonders hervorhebt. Daneben muss die Polizei nach dem Willen des Gesetzgebers jedoch auch alle Tatsachen berichten, die »den Verdacht einer andauernden Ungeeignetheit nahelegen«.

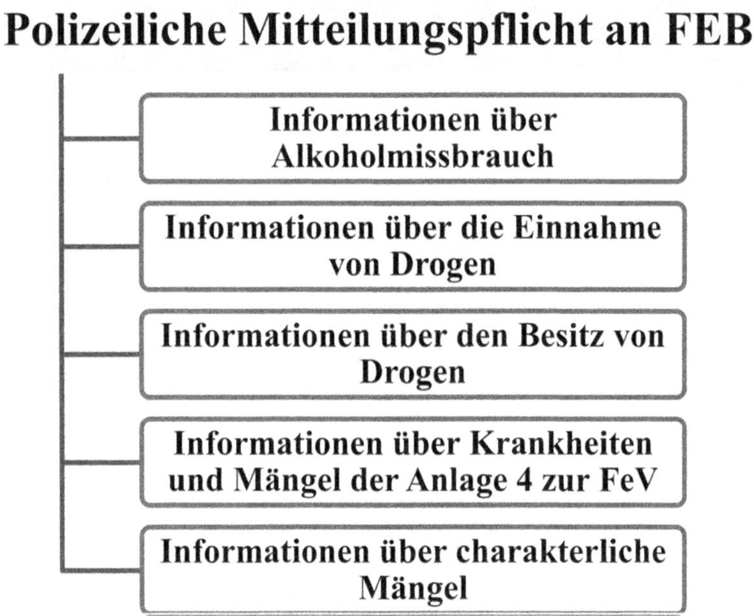

Abb. 10: Hauptgründe der Mitteilungspflicht gem. § 2 Abs. 12 StVG (Quelle: Prof. Dr. D. Müller)

183 Erkenntnisse können aber auch aus gänzlich anderen Verfahren gewonnen werden, wie z.B. aus der Ermittlung und Sachbearbeitung von Körperverletzungs- und anderen Delikten, die gegen die Integrität von Personen gerichtet sind. Diese Bewertung folgt der Erkenntnis einer unteilbaren Persönlichkeit eines Menschen, der sich als Führer eines Kraftfahrzeuges in seinem ursprünglichen Charakter nicht plötzlich ändert, sondern sein möglicherweise aggressives Wesen nicht nur im häuslichen Umfeld, sondern auch im Straßenverkehr auslebt. Befand sich einer der Täter z.B. unter dem Einfluss von Betäubungsmitteln oder spielte der Umgang mit Betäubungsmitteln bei einer beteiligten Person eine Rolle, ist auf der Grundlage des § 14 FeV eine Pflichtmitteilung an die Fahrerlaubnisbehörde bereits aus diesem Grund zwingend erforderlich, weil grundsätzlich auch der

Besitz von Drogen regelmäßig Zweifel an der Eignung zum Führen von Kraftfahrzeugen begründet.

Brauchbare Tatsachenmitteilungen der Polizei führen im Regelfall direkt zur Anordnung der Beibringung eines Arztgutachtens gem. § 11 Abs. 2 FeV (direkte Anwendung bei Fahrerlaubnisbewerbern und gegenüber Fahrerlaubnisinhabern über die Verweisungsvorschrift des § 46 Abs. 3 FeV). Diese Anordnungsgrundlage stützt sich direkt auf die mitgeteilten Tatsachen, die bei der Fahrerlaubnisbehörde zu »**Bedenken**« hinsichtlich der Fahreignung führen. Diese auf Tatsachen gegründeten und einen Gefahrenverdacht herbeiführenden Bedenken sollen mittels des angeforderten Gutachtens ausgeräumt werden (näher *Rebler*, Eignung, S. 123). 184

I. Meldepflicht nach Verkehrsunfall

Konkrete Anlässe für offen zutage tretende Fahreignungsmängel können aufgrund einer Beteiligung von Personen an Verkehrsunfällen gegeben sein. Für eine erste allgemeine Orientierung zum Problemkreis der Fahreignung lohnt sich stets ein Blick auf die Hauptursachen für Verkehrsunfälle mit Personenschäden, die durch das Fehlverhalten von Fahrzeugführern verursacht wurden. 185

Ein eindeutiger Bezug eines Verkehrsunfalls zu mangelnder Fahreignung besteht immer dann, wenn ein Verkehrsunfall aufgrund einer Alkoholisierung oder einer Drogenbeeinflussung herbeigeführt wurde. Aber auch sämtliche anderen unfallrelevanten Fahrfehler können auf eine mangelhafte Fahreignung hindeuten, müssen dies aber nicht zwangsläufig. Auch Verkehrsunfälle, die durch alkoholisierte und/oder drogenbeeinflusste Fahrer verursacht wurden können singuläre Ereignisse sein, die nicht auf eine mangelnde Fahreignung hindeuten, sondern aufgrund einer einmalig motivierten, durch einen Rauschzustand hervorgerufenen Fahrunsicherheit beruhen. Je höher jedoch beim jeweiligen Täter die erreichten Promillewerte bzw. Rauschmittelwerte im Tatzeitpunkt lagen, desto eher drängt sich der Verdacht auf, dass auch eine Fahreignungsproblematik im Raum steht, die einer Überprüfung bedarf. 186

Die polizeiliche Aufnahme eines Verkehrsunfalls dient dabei mehreren Zielen und verfolgt unterschiedliche Zwecke. 187

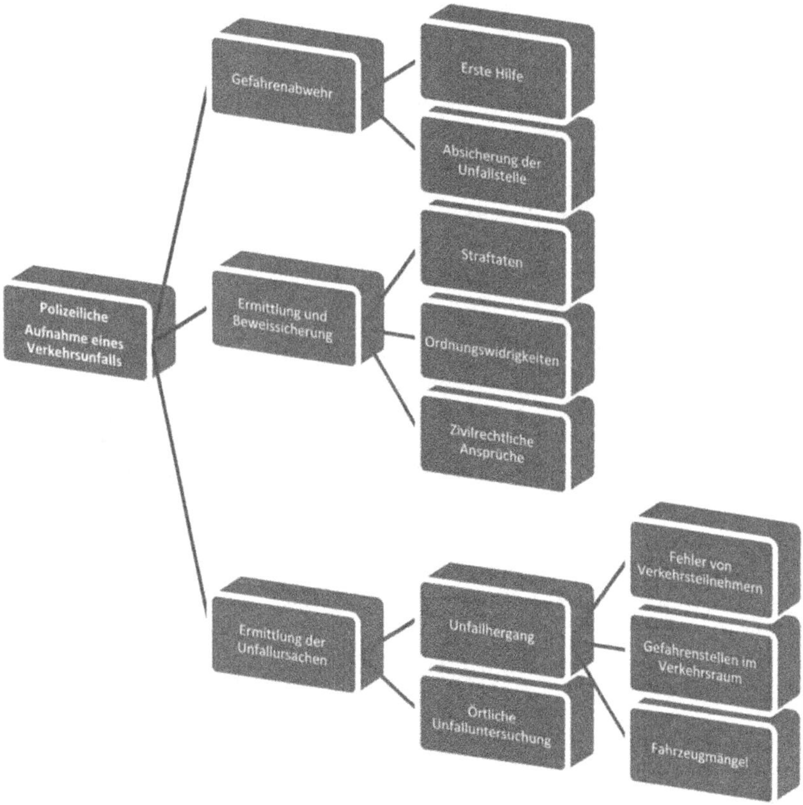

Abb. 11: Ziele und Zwecke der polizeilichen Aufnahme eines Verkehrsunfalls

188 In mehreren Teilabschnitten der Unfallaufnahme und -sachbearbeitung können Polizeibeamte auf Fakten aufmerksam werden, die auf Fahreignungsmängel eines Unfallbeteiligten schließen lassen. Dabei bleibt es stets dem pflichtgemäßen Ermessen eines jeden Beamten überlassen, welche der gesetzlich zulässigen Maßnahmen er miteinander abwägt und schließlich anordnet. Eine freiwillige Maßnahme ist etwa die Untersuchung der aktuellen Fahrtüchtigkeit.

189 **§ 36 StVO – Zeichen und Weisungen der Polizeibeamten**

(5) Polizeibeamte dürfen Verkehrsteilnehmer zur Verkehrskontrolle einschließlich der Kontrolle der Verkehrstüchtigkeit und zu Verkehrserhebungen anhalten. Das Zeichen zum Anhalten kann auch durch geeignete technische Einrichtungen am Einsatzfahrzeug, eine Winkerkelle oder eine rote Leuchte gegeben werden. Mit diesen Zeichen kann auch ein vorausfahrender Verkehrsteilnehmer angehalten werden. Die Verkehrsteilnehmer haben die Anweisungen der Polizeibeamten zu befolgen.

Zwar müssen Fahrzeugführer eine polizeiliche Weisung, anzuhalten ebenso befolgen wie die Weisungen, das Fenster zu öffnen und aus dem Fahrzeug auszusteigen, jedoch handelt es sich bei einer Teilnahme an psychophysischen Tests oder einem **Drogenschnelltest** um Angebote freiwilliger Tests, die von dem betreffenden Fahrzeugführer auch verweigert werden dürfen (zur polizeilichen Erkennung drogenbeeinflusster Fahrer näher *Klipfel* et al., S. 31 ff.). 190

Zahlreiche Polizeibeamte in verschiedenen Bundesländern sind schon heute nach den Qualitätsmaßstäben der amerikanischen »**Drug-Recognition-Experts**« ausgebildet worden. Sie können daher drogenbeeinflusste Fahrzeugführer besser erkennen als andere Polizeibeamte und sind aufgrund ihrer fachlichen Sensibilisierung auch dazu in der Lage, Fahreignungsmängel eher zu erkennen als fachlich nicht so versierte Kollegen. Das von der Polizei Niedersachsen initiierte und geleitete Projekt SFT (= Standardisierte Fahrtüchtigkeits Tests) versucht, dieses Wissen und die praktischen Kenntnisse in die Länderpolizeien zu tragen. 191

DRE-Experten würden verdächtigen Fahrzeugführern zunächst die folgenden standardisierten Tests in freiwilliger Form anbieten: 192

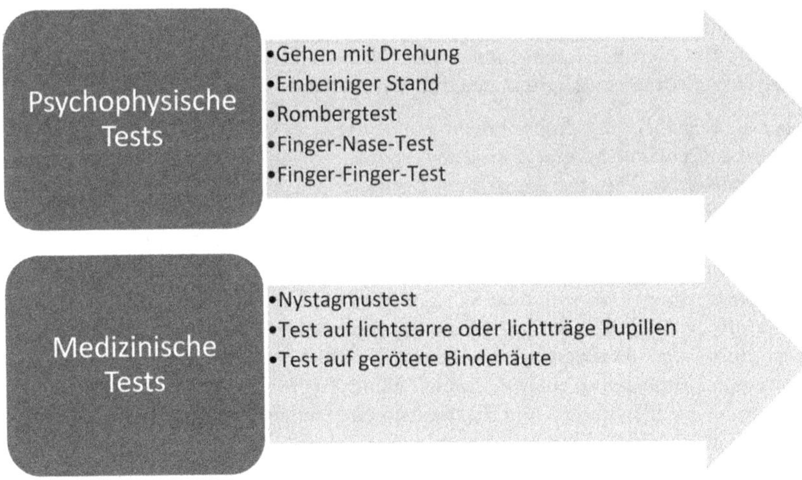

Abb. 12: Psychophysische Tests zur Verdachtsgewinnung

Diese Ergebnisse würden den **Anfangsverdacht** erhärten oder aber zerstreuen, was den Verkehrsteilnehmern im Rahmen der zwingend notwendigen prozessualen **Belehrung** vorab erläutert werden müsste. Erfahrungsgemäß verweigern sich nach einer in Tonfall und Sachlichkeit angemessenen Belehrung die wenigsten Verkehrsteilnehmer diesen Leistungstests. 193

Polizeibeamte haben durch diese Tests die Möglichkeit, akute Gleichgewichtsstörungen und andere körperliche **Leistungsdefizite** zu erkennen, die auf mangelnde Fahrtüchtigkeit ebenso hinweisen können wie auf mangelnde Fahreignung. 194

195 Sämtliche Ergebnisse würden auf einem standardisierten Erhebungsbogen oder digital auf dem Laptop im interaktiven Funkstreifenwagen (in Deutschland im Gegensatz zu zahlreichen anderen Staaten zurzeit noch die Ausnahme im Polizeidienst) vermerkt.

196 Erst nach positiven Tests würde etwa ein **Drogenschnelltest** eingesetzt werden, der selektiv bestimmte Verdachtsmomente etwa auf Beeinflussung durch THC oder Amphetamine bestätigen könnte und zur Anordnung einer Blutentnahme durch den zuständigen Richter führen würde.

II. Meldepflicht nach Verkehrsauffälligkeiten

197 Weniger schwerwiegende Auffälligkeiten im Straßenverkehr, sprich: fahrlässig begangene und unbedeutende Ordnungswidrigkeiten im Bereich des Verwarnungsgeldes (5 bis 55 €) können nahezu jedem Verkehrsteilnehmer passieren und legen regelmäßig keinen Verdacht einer mangelnden Fahreignung nahe. Schwerwiegende Auffälligkeiten und grobe Pflichtverletzungen sind demgegenüber stets Verdachtsmomente, die auf **charakterliche Eignungsmängel** hindeuten können.

198 Grobe Pflichtverletzungen liegen bei Verstößen vor, die von der Polizei immer wieder als Ursachen schwerer Verkehrsunfälle ermittelt werden (= objektive Komponente) und ihre Beweggründe in einem besonders leichtsinnigen, nachlässigen oder gleichgültigen Verhalten von Kraftfahrzeugführern finden (= subjektive Komponente).

199 Über die Regelbeispiele grober Pflichtverletzungen des § 4 Abs. 1 Nr. 1 bis 4 BKatV hinaus sind auch sämtliche erwiesenen Verstöße gegen die **sieben Todsünden** des § 315c Abs. 1 Nr. 2 StGB grundsätzlich als grob verkehrswidrig begangene Verkehrsverstöße gleichzeitig auch als grobe Verletzungen der Pflichten eines Kraftfahrzeugführers anzusehen. Wird also in diesen Fällen das Strafverfahren lediglich deshalb eingestellt, weil bei einem Kraftfahrzeugführer trotz erwiesenen grob verkehrswidrigen Verhaltens ein rücksichtsloses Handeln nicht nachgewiesen werden kann, wäre nach Abgabe der Sache von der Staatsanwaltschaft an die Bußgeldbehörde von dieser ausnahmslos ein Fahrverbot wegen einer groben Verletzung der Pflichten eines Kraftfahrzeugführers berechtigt. Kommt es zu einer Verurteilung oder einem Strafbefehl liegt eine Bewertung grob verkehrswidrigen und rücksichtslosen Handelns als eignungsrelevante Tatsache im Sinne eines charakterlichen Eignungsmangels nahe und eine medizinisch-psychologische Untersuchung kann auf der Grundlage von § 11 Abs. 3 Nr. 4 bis 6 FeV (ggf. i.V.m. § 46 Abs. 3 FeV) angeordnet werden (ebenso *Wendlinger*, S. 508).

200 *Feldmann/Reisewitz* haben in ihrer empirischen Forschungsarbeit nachgewiesen, dass bei durch die Begehung strafbarer Aggressionsdelikte auffälligen Straftätern eine hohe Wahrscheinlichkeit dafür besteht, dass diese Straftäter zusätzlich auch Verkehrsstraftaten begehen (*Feldmann/Reisewitz*, S. 64). Konsequenz aus dieser spezifischen Forschung ist es, dass die Polizei gem. § 2 Abs. 12 StVG vermehrt Mitteilungen an die Fahrerlaubnisbehörde abgeben sollte, wenn sie Strafanzeigen gegen Aggressionsstraftäter fertigt. Welche Aggressionsdelikte meldepflichtig sind, ergibt sich aus der vollständigen Zusammenstellung von *Baldauf* (*Baldauf*, S. 278 ff.).

Ein probates Hilfsmittel zur Unterscheidung des Bedeutungsgehalts von Verkehrsordnungswidrigkeiten und Verkehrsstraftaten ist die Anlage 13 zu § 40 FeV (BGBl. I 2014, S. 363–367), die eine Punktbewertung der einzelnen Delikte nach dem Punktsystem beinhaltet. 201

1. mit drei Punkten folgende Straftaten, soweit die Entziehung der Fahrerlaubnis oder eine isolierte Sperre angeordnet worden ist: 202

laufende Nummer	Straftat	Vorschriften
1.1	Fahrlässige Tötung	§ 222 StGB
1.2	Fahrlässige Körperverletzung	§ 229 StGB
1.3	Nötigung	§ 240 StGB
1.3a	Gefährliche Eingriffe in den Bahn-, Schiffs- und Luftverkehr	§ 315 StGB
1.4	Gefährliche Eingriffe in den Straßenverkehr	§ 315b StGB
1.5	Gefährdung des Straßenverkehrs	§ 315c StGB
1.6	Verbotene Kraftfahrzeugrennen	§ 315d Absatz 1 Nummer 2 und 3, Absatz 2, 4 und 5 StGB
1.7	Unerlaubtes Entfernen vom Unfallort	§ 142 StGB
1.8	Trunkenheit im Verkehr	§ 316 StGB
1.9	Vollrausch	§ 323a StGB
1.10	Unterlassene Hilfeleistung	§ 323c StGB
1.11	Führen oder Anordnen oder Zulassen des Führens eines Kraftfahrzeugs ohne Fahrerlaubnis, trotz Fahrverbots oder trotz Verwahrung, Sicherstellung oder Beschlagnahme des Führerscheins	§ 21 StVG
1.12	Kennzeichenmissbrauch	§ 22 StVG

2. mit zwei Punkten 203

2.1 folgende Straftaten, soweit sie nicht von Nummer 1 erfasst sind:

laufende Nummer	Straftat	Vorschriften
2.1.1	Fahrlässige Tötung, soweit ein Fahrverbot angeordnet worden ist und die Tat im Zusammenhang mit dem Führen eines Kraftfahrzeugs oder unter Verletzung der Pflichten eines Kraftfahrzeugführers begangen wurde	§ 222 StGB
2.1.2	Fahrlässige Körperverletzung, soweit ein Fahrverbot angeordnet worden ist und die Tat im Zusammenhang mit dem Führen eines Kraftfahrzeugs oder unter Verletzung der Pflichten eines Kraftfahrzeugführers begangen wurde	§ 229 StGB

laufende Nummer	Straftat	Vorschriften
2.1.3	Nötigung, soweit ein Fahrverbot angeordnet worden ist und die Tat im Zusammenhang mit dem Führen eines Kraftfahrzeugs oder unter Verletzung der Pflichten eines Kraftfahrzeugführers begangen wurde	§ 240 StGB
2.1.3a	Gefährliche Eingriffe in den Bahn-, Schiffs- und Luftverkehr, sofern ein Fahrverbot angeordnet worden ist und die Tat im Zusammenhang mit dem Führen eines Kraftfahrzeugs oder unter Verletzung der Pflichten eines Kraftfahrzeugführers begangen wurde	§ 315 StGB
2.1.4	Gefährliche Eingriffe in den Straßenverkehr	§ 315b StGB
2.1.5	Gefährdung des Straßenverkehrs	§ 315c StGB
2.1.6	Verbotene Kraftfahrzeugrennen	§ 315d Absatz 1 Nummer 2 und 3, Absatz 2, 4 und 5 StGB
2.1.7	Unerlaubtes Entfernen vom Unfallort	§ 142 StGB
2.1.8	Trunkenheit im Verkehr	§ 316 StGB
2.1.9	Vollrausch, soweit ein Fahrverbot angeordnet worden ist und die Tat im Zusammenhang mit dem Führen eines Kraftfahrzeugs oder unter Verletzung der Pflichten eines Kraftfahrzeugführers begangen wurde	§ 323a StGB
2.1.10	Unterlassene Hilfeleistung, soweit ein Fahrverbot angeordnet worden ist und die Tat im Zusammenhang mit dem Führen eines Kraftfahrzeugs oder unter Verletzung der Pflichten eines Kraftfahrzeugführers begangen wurde	§ 323c StGB
2.1.11	Führen oder Anordnen oder Zulassen des Führens eines Kraftfahrzeugs ohne Fahrerlaubnis, trotz Fahrverbots oder trotz Verwahrung, Sicherstellung oder Beschlagnahme des Führerscheins	§ 21 StVG
2.1.12	Kennzeichenmissbrauch, soweit ein Fahrverbot angeordnet worden ist und die Tat im Zusammenhang mit dem Führen eines Kraftfahrzeugs oder unter Verletzung der Pflichten eines Kraftfahrzeugführers begangen wurde	§ 22 StVG

2.2 folgende besonders verkehrssicherheitsbeeinträchtigende Ordnungswidrigkeiten:

laufende Nummer	Ordnungswidrigkeit	laufende Nummer der Anlage zur Bußgeldkatalog-Verordnung (BKat)*
2.2.1	Kraftfahrzeug geführt mit einer Atemalkoholkonzentration von 0,25 mg/l oder mehr oder mit einer Blutalkoholkonzentration von 0,5 Promille oder mehr oder mit einer Alkoholmenge im Körper, die zu einer solchen Atem- oder Blutalkoholkonzentration führt	241, 241.1, 241.2
2.2.1a	Kraftfahrzeug geführt mit 3,5 ng/ml oder mehr Tetrahydrocannabinol im Blutserum	242, 242.1, 242.2, 243a, 243a.1, 243a.2
2.2.2	Kraftfahrzeug unter der Wirkung eines in der Anlage zu § 24a Absatz 2 des Straßenverkehrsgesetzes genannten berauschenden Mittels geführt	242, 242.1, 242.2
2.2.3	Zulässige Höchstgeschwindigkeit überschritten	9.1 bis 9.3, 11.1 bis 11.3 jeweils in Verbindung mit 11.1.6 bis 11.1.10 der Tabelle 1 des Anhangs (11.1.6 nur innerhalb geschlossener Ortschaften), 11.2.5 bis 11.2.10 der Tabelle 1 des Anhangs (11.2.5 nur innerhalb geschlossener Ortschaften) oder 11.3.6 bis 11.3.10 der Tabelle 1 des Anhangs (11.3.6 nur innerhalb geschlossener Ortschaften)
2.2.4	Erforderlichen Abstand von einem vorausfahrenden Fahrzeug nicht eingehalten	12.6 in Verbindung mit 12.6.3, 12.6.4 oder 12.6.5 der Tabelle 2 des Anhangs sowie 12.7 in Verbindung mit 12.7.3, 12.7.4 oder 12.7.5 der Tabelle 2 des Anhangs
2.2.5	Überholvorschriften nicht eingehalten	19.1.1, 19.1.2, 21.1, 21.2
2.2.5a	Bei stockendem Verkehr auf einer Autobahn oder Außerortsstraße für die Durchfahrt von Polizei- oder Hilfsfahrzeugen keine vorschriftsmäßige Gasse gebildet	50, 50.1, 50.2, 50.3
2.2.5b	Unberechtigt mit einem Fahrzeug auf einer Autobahn oder Außerortsstraße eine freie Gasse für die Durchfahrt von Polizei- oder Hilfsfahrzeugen (§ 11 Absatz 2 StVO) benutzt	50a, 50a.1, 50a.2, 50a.3
2.2.6	Auf der durchgehenden Fahrbahn von Autobahnen oder Kraftfahrstraßen gewendet, rückwärts oder entgegen der Fahrtrichtung gefahren	83.3

laufende Nummer	Ordnungswidrigkeit	laufende Nummer der Anlage zur Bußgeldkatalog-Verordnung (BKat)*
2.2.7	Als Fahrzeugführer Bahnübergang unter Verstoß gegen die Wartepflicht oder trotz geschlossener Schranke oder Halbschranke überquert	89b.2, 244
2.2.8	Als Kraftfahrzeugführer rotes Wechsellichtzeichen oder rotes Dauerlichtzeichen nicht befolgt bei Gefährdung, mit Sachbeschädigung oder bei schon länger als einer Sekunde andauernder Rotphase eines Wechsellichtzeichens	132.1, 132.2, 132.3, 132.3.1, 132.3.2
2.2.8a	Einem Einsatzfahrzeug, das blaues Blinklicht zusammen mit dem Einsatzhorn verwendet hatte, nicht sofort freie Bahn geschaffen	135, 135.1, 135.2
2.2.8b	Beim Führen eines Kraftfahrzeugs elektronisches Gerät rechtswidrig benutzt mit Gefährdung oder mit Sachbeschädigung	246.2, 246.3

* Bußgeldkatalog

204 **3. mit einem Punkt folgende verkehrssicherheitsbeeinträchtigende Ordnungswidrigkeiten:**

3.1 folgende Verstöße gegen die Vorschriften des Straßenverkehrsgesetzes:

laufende Nummer	Verstöße gegen die Vorschriften	laufende Nummer des BKat*
3.1.1	des § 24c des Straßenverkehrsgesetzes	243b

* Bußgeldkatalog

3.2 folgende Verstöße gegen die Vorschriften der Straßenverkehrs-Ordnung:

laufende Nummer	Verstöße gegen die Vorschriften über	laufende Nummer des BKat*
3.2.1	die Straßenbenutzung durch Fahrzeuge	4.1, 4.2, 5a, 5a.1, 6
3.2.2	die Geschwindigkeit	8.1, 9, 10, 11 in Verbindung mit 11.1.3, 11.1.4, 11.1.5, 11.1.6 der Tabelle 1 des Anhangs (11.1.6 nur außerhalb geschlossener Ortschaften), 11.2.2, 11.2.3, 11.2.4, 11.2.5 der Tabelle 1 des Anhangs (11.2.2 nur innerhalb, 11.2.5 nur außerhalb geschlossener Ortschaften), 11.3.4, 11.3.5, 11.3.6 der Tabelle 1 des Anhangs (11.3.6 nur außerhalb geschlossener Ortschaften)

laufende Nummer	Verstöße gegen die Vorschriften über	laufende Nummer des BKat*
3.2.3	den Abstand	12.5 in Verbindung mit 12.5.1, 12.5.2, 12.5.3, 12.5.4 oder 12.5.5 der Tabelle 2 des Anhangs, 12.6 in Verbindung mit 12.6.1 oder 12.6.2 der Tabelle 2 des Anhangs, 12.7 in Verbindung mit 12.7.1 oder 12.7.2 der Tabelle 2 des Anhangs, 15
3.2.4	das Überholen	17, 18, 19, 19.1, 153a, 21, 22
3.2.5	die Vorfahrt	34
3.2.6	das Abbiegen, Wenden und Rückwärtsfahren	39.1, 41, 42.1, 44, 45
3.2.7	Park- oder Halteverbote mit Behinderung von Rettungsfahrzeugen	51b.3, 53.1
3.2.7a	Unzulässiges Halten in »zweiter Reihe«	51a.1, 51a.2, 51a.3
3.2.7b	Unzulässiges Parken auf Geh- und Radwegen oder Radschnellwegen	52a.1, 52a.2, 52a.2.1, 52a.3, 52a.4
3.2.7c	Unzulässiges Halten auf Schutzstreifen für den Radverkehr	54a.1, 54a.2, 54a.3
3.2.7d	Unzulässiges Parken in »zweiter Reihe«	58.1, 58.1.1, 58.1.2, 58.2, 58.2.1
3.2.8	das Liegenbleiben von Fahrzeugen	66
3.2.9	die Beleuchtung	76
3.2.10	die Benutzung von Autobahnen und Kraftfahrstraßen	79, 80.1, 82, 83.1, 83.2, 85, 87a, 88
3.2.11	das Verhalten an Bahnübergängen	89, 89a, 89b.1, 136, 245
3.2.12	das Verhalten an öffentlichen Verkehrsmitteln und Schulbussen	92.1, 92.2, 93, 95.1, 95.2
3.2.13	die Personenbeförderung, die Sicherungspflichten	99.1, 99.2
3.2.14	die Ladung	102.1, 102.1.1, 102.2.1, 104
3.2.15	die sonstigen Pflichten des Fahrzeugführers	108, 246.1, 247
3.2.16	das Verhalten am Fußgängerüberweg	113
3.2.17	die übermäßige Straßenbenutzung	116
3.2.18	Verkehrshindernisse	123
3.2.19	das Verhalten gegenüber Zeichen oder Haltgebot eines Polizeibeamten sowie an Wechsellichtzeichen, Dauerlichtzeichen und Grünpfeil	129, 132, 132a, 132a.1, 132a.2, 132a.3, 132a.3.1, 132a.3.2, 133.1, 133.2, 133.3.1, 133.3.2
3.2.20	Vorschriftzeichen	150, 151.1, 151.2, 152, 152.1
3.2.21	Richtzeichen	157.3, 159b
3.2.22	andere verkehrsrechtliche Anordnungen	164

laufende Nummer	Verstöße gegen die Vorschriften über	laufende Nummer des BKat*
3.2.23	Auflagen	166

* Bußgeldkatalog

3.3 folgende Verstöße gegen die Vorschriften der Fahrerlaubnis-Verordnung:

laufende Nummer	Verstöße gegen die Vorschriften über	laufende Nummer des BKat*
3.3.1	die Fahrerlaubnis zur Fahrgastbeförderung	171, 172
3.3.2	das Führen von Kraftfahrzeugen ohne Begleitung	251a

* Bußgeldkatalog

3.4 folgende Verstöße gegen die Vorschriften der Fahrzeug-Zulassungsverordnung:

laufende Nummer	Verstöße gegen die Vorschriften über	laufende Nummer des BKat*
3.4.1	die Zulassung	175
3.4.2	ein Betriebsverbot und Beschränkungen	253

* Bußgeldkatalog

3.5 folgende Verstöße gegen die Vorschriften der Straßenverkehrs-Zulassungs-Ordnung:

laufende Nummer	Verstöße gegen die Vorschriften über	laufende Nummer des BKat*
3.5.1	die Untersuchung der Kraftfahrzeuge und Anhänger	186.1.3, 186.1.4, 186.2.3, 187a
3.5.2	die Verantwortung für den Betrieb der Fahrzeuge	189.1.1, 189.1.2, 189.2.1, 189.2.2, 189.3.1, 189.3.2, 189a.1, 189a.2
3.5.3	die Abmessungen von Fahrzeugen und Fahrzeugkombinationen	192, 193
3.5.4	die Kurvenlaufeigenschaften von Fahrzeugen	195, 196
3.5.5	die Achslast, das Gesamtgewicht, die Anhängelast hinter Kraftfahrzeugen	198 und 199 jeweils in Verbindung mit 198.1.2 bis 198.1.7, 199.1.2 bis 199.1.6, 198.2.4 oder 199.2.4, 198.2.5 oder 199.2.5, 198.2.6 oder 199.2.6 der Tabelle 3 des Anhangs
3.5.6	die Besetzung von Kraftomnibussen	201, 202
3.5.7	Bereifung und Laufflächen	212, 213, 213a
3.5.8	die sonstigen Pflichten für den verkehrssicheren Zustand des Fahrzeugs	214.1, 214.2, 214a.1, 214a.2

laufende Nummer	Verstöße gegen die Vorschriften über	laufende Nummer des BKat*
3.5.9	die Stützlast	217
3.5.10	den Geschwindigkeitsbegrenzer	223, 224
3.5.11	Auflagen	233

* Bußgeldkatalog

3.6 folgende Verstöße gegen die Vorschriften der Gefahrgutverordnung Straße, Eisenbahn und Binnenschifffahrt (GGVSEB):

laufende Nummer	Beschreibung der Zuwiderhandlung	gesetzliche Grundlage
3.6.1	Als tatsächlicher Verlader Versandstücke, die gefährliche Güter enthalten, und unverpackte gefährliche Gegenstände nicht durch geeignete Mittel gesichert, die in der Lage sind, die Güter im Fahrzeug oder Container zurückzuhalten, sowie, wenn gefährliche Güter zusammen mit anderen Gütern befördert werden, nicht alle Güter in den Fahrzeugen oder Containern so gesichert oder verpackt, dass das Austreten gefährlicher Güter verhindert wird.	Unterabschnitt 7.5.7.1 ADR i.V.m. § 37 Absatz 1 Nummer 21 Buchstabe a) GGVSEB
3.6.2	Als Fahrzeugführer Versandstücke, die gefährliche Güter enthalten, und unverpackte gefährliche Gegenstände nicht durch geeignete Mittel gesichert, die in der Lage sind, die Güter im Fahrzeug oder Container zurückzuhalten, sowie, wenn gefährliche Güter zusammen mit anderen Gütern befördert werden, nicht alle Güter in den Fahrzeugen oder Containern so gesichert oder verpackt, dass das Austreten gefährlicher Güter verhindert wird.	Unterabschnitt 7.5.7.1 ADR i.V.m. § 37 Absatz 1 Nummer 21 Buchstabe a) GGVSEB
3.6.3	Als Beförderer und in der Funktion als Halter des Fahrzeugs entgegen § 19 Absatz 2 Nummer 15 GGVSEB dem Fahrzeugführer die erforderliche Ausrüstung zur Durchführung der Ladungssicherung nicht übergeben	Unterabschnitt 7.5.7.1 ADR i.V.m. § 37 Absatz 1 Nummer 6 Buchstabe o) GGVSEB

Die mit jeweils zwei Punkten bewerteten Ordnungswidrigkeiten können der Fahrerlaubnisbehörde sofort von der Polizei oder der Bußgeldbehörde gemeldet werden. Nimmt ein Fahrzeugführer etwa an **Rennen** im Straßenverkehr teil, bestehen berechtigte Bedenken an seiner charakterlichen Eignung zum Führen eines Kraftfahrzeuges 205 im Straßenverkehr (VG Gelsenkirchen, Beschl. v. 05.12.2006 – 7 L 1587/06, juris), sodass der Gesetzgeber sich dazu genötigt sah, den neuen Straftatbestand des Verbotenen Kraftfahrzeugrennens gem. § 315d StGB einzuführen, der gleichzeitig gem. § 69 StGB als ein Regelfall der Ungeeignetheit eingestuft wurde.

Auch mehrere gleichartige Verstöße, die zwar allesamt noch nicht zu einer Anzahl von 8 Punkten im Fahreignungsregister (FAER) führen, können meldepflichtig sein. Eine Fahrerlaubnisbehörde ist nämlich z.B. zur Anforderung eines medizinisch-psychologischen Gutachtens berechtigt, wenn ein Führerscheininhaber in kürzester Zeit wegen dreier erheblicher **Geschwindigkeitsüberschreitungen** auffällig wird (VG München, Beschl. v. 20.12.2006 – M 1 S 06.4357, juris).

206 Grundsätzlich können mehrfache Auffälligkeiten Zweifel an der Eignung zum Führen von Kraftfahrzeugen auch dann rechtfertigen, wenn jede Auffälligkeit für sich allein noch keinen Eignungszweifel auslöst (VG Bayreuth, Beschl. v. 16.02.2012 – B 1 S 11.1058, juris, bei einer Fahrerlaubnisinhaberin auf Probe).

207 Selbst eine permanente Begehung von **Parkverstößen** kann eine Ungeeignetheit beweisen, denn »[e]in Kraftfahrer, der offensichtlich nicht willens ist, auch bloße Ordnungsvorschriften, die im Interesse eines geordneten, leichten und ungefährdeten Verkehrs geschaffen sind, einzuhalten, und der solche Vorschriften hartnäckig missachtet, wenn dies seinen persönlichen Interessen entspricht, ist zum Führen von Kraftfahrzeugen nicht geeignet.« (OVG Berlin-Brandenburg, Beschl. v. 14.03.2007 – OVG 5 S 21.07, juris).

208 Auch die Unterscheidung zwischen schwerwiegenden Zuwiderhandlungen und weniger schwerwiegenden Zuwiderhandlungen bei den **Fahrerlaubnisinhabern auf Probe** gem. § 2a StVG kann die Mitarbeiter von Polizei, Bußgeldbehörden und Fahrerlaubnisbehörden in Richtung Fahreignungsmängel sensibilisieren, wenn ein Delikt aus der Gruppe der schwerwiegenden Zuwiderhandlungen begangen wurde (vgl. dazu die Anlage 12 zu § 34 FeV, BGBl. I 2010, 2098–2099).

209 Es ist nicht erforderlich, dass ein Betroffener eine wiederholte Straftat bzw. Ordnungswidrigkeit nach deutschem Recht begangen haben muss (VG Augsburg, Beschl. v. 27.11.2001 – Au 3 S 01.1522, juris, auch zum Folgenden). Vom Schutzgedanken der FeV her ist davon auszugehen, dass sich die Ungeeignetheit auch bei einer Auffälligkeit nach ausländischem Recht ergibt, wenn die im Ausland festgestellten Tatsachen einer Zuwiderhandlung im Sinne der Verwirklichung der objektiven Tatbestandsmerkmale einer entsprechenden Straftat bzw. Ordnungswidrigkeit nach deutschem Recht entsprechen. »Denn ansonsten könnte die Behörde Tatsachen, die auf die Ungeeignetheit eines Kraftfahrers hinweisen, die sich aber im Ausland ergeben haben, nicht verwerten. Dies liefe dem Sinn und Zweck der Regelungen der Fahrerlaubnisverordnung zuwider.«

Nach den **Begutachtungs-Leitlinien** kann nach der Begehung eignungsrelevanter Straftaten eine Fahreignung nur dann als wiederhergestellt gelten, wenn folgende Voraussetzungen erfüllt sind (vgl. Begutachtungs-Leitlinien, Nr. 3.16): 210

- Eine positiv zu wertende Veränderung der Lebensweise ist deutlich erkennbar und wird durch die jetzigen Lebensverhältnisse gestützt.
- Die Veränderung wurde durch den Betroffenen aus seinem Problembewusstsein heraus vollzogen.
- Generelle Fehleinstellungen oder Störungen, die eine soziale Einordnung verhindern, lassen sich nicht mehr feststellen.
- Die drei vorgenannten Voraussetzungen haben sich über einen gewissen Zeitraum (ca. ein Jahr) verstetigt.
- Für die Fahrer von Lkw und Bussen gelten strengere Maßstäbe.

Ähnliche Maßstäbe gelten auch für die Täter von Ordnungswidrigkeiten (vgl. Begutachtungs-Leitlinien, Nr. 3.17). 211

III. Meldepflicht der Bußgeldbehörde nach Verkehrsverstößen

Nach eignungsrelevanten Verkehrsverstößen im Bereich der Ordnungswidrigkeiten haben neben der Polizei auch Bußgeldbehörden Meldepflichten zu beachten. Diese Meldepflichten folgen aus § 49a Abs. 4 Nr. 1 OWiG i.V.m. § 17 Nr. 3 EGGVG. 212

§ 17 EGGVG – Übermittlung in sonstigen Fällen 213

Die Übermittlung personenbezogener Daten ist ferner zulässig, wenn die Kenntnis der Daten aus der Sicht der übermittelnden Stelle

...

3. zur Abwehr erheblicher Nachteile für das Gemeinwohl oder einer **Gefahr für die öffentliche Sicherheit,**

...

erforderlich ist.

Als übermittelnde Stelle wäre die Bußgeldbehörde anzusehen, deren Mitarbeiter allerdings auf dem Fachgebiet des Fahreignungsrechts qualitativ derart gut aus- und fortgebildet sein müssten, dass sie aus der Bearbeitung der ihnen vorliegenden Sachverhalte mögliche Gefahren erkennen können. Die Teilnahme eines ungeeigneten Fahrers am Straßenverkehr wäre dabei aufgrund der Gefährlichkeit dieser Person, einen Verkehrsunfall zu verursachen, in jedem Fall als eine konkrete Gefahr für die öffentliche Sicherheit anzusehen. Auch die Erforderlichkeit der Datenübermittlung wäre gegeben, weil der Gefahr ohne diese Daten nicht begegnet werden könnte. 214

IV. Meldepflicht nach Anlasstaten

Auch bei anderen dienstlichen Tätigkeiten als Verkehrsüberwachung und Verkehrsunfallaufnahme können den Polizeibeamten Tatsachen bekannt werden, die auf einen Fahreignungsmangel hindeuten. 215

216 Folgende Delikte oder Deliktsgruppen können für eine mangelnde charakterliche Fahreignung sprechen:
- Widerstand gegen die Staatsgewalt,
- Straftaten gegen die öffentliche Ordnung,
- Beleidigung,
- Straftaten gegen das Leben,
- Straftaten gegen die körperliche Unversehrtheit,
- Straftaten gegen die persönliche Freiheit,
- Sachbeschädigung,
- Gemeingefährliche Straftaten.

Zahlreiche weitere Delikte können ebenfalls zu einer Anordnung einer medizinisch-psychologischen Untersuchung führen (*Baldauf*, S. 278 ff.).

217 Es verwundert, dass die in der Begehung von Straftaten offen zutage tretenden charakterlichen Mängel von Straftätern nicht deutlich öfter den Fahrerlaubnisbehörden als Tatsachen gemeldet werden, die auf eine mangelnde charakterliche Fahreignung hindeuten, zumal empirische Forschung den Zusammenhang zwischen Aggressionsstraftaten und charakterlichen Fahreignungsmängeln deutlich belegt (*Feldmann/Reisewitz*, S. 64; *Baldauf*, S. 280; *Lange/Mehlhorn*, S. 321, 336). Schließlich ist die Persönlichkeitsstruktur eines Täters unteilbar und verändert sich nicht im positiven Sinne durch das Einsteigen in ein Kraftfahrzeug und nachfolgendes Führen des Kraftfahrzeugs durch den Straßenverkehr. So ist zu beobachten, dass Fahrerlaubnisbehörden kaum Mitteilungen der **Kriminalpolizei** erhalten, allenfalls noch Mitteilungen im Zusammenhang mit dem Besitz und Handel mit Betäubungsmitteln. Deutlich aggressiv motivierte Straftaten wie sämtliche **Körperverletzungsdelikte** und Beleidigungen, ja selbst Aggressionsdelikte wie der Widerstand gegen Vollstreckungsbeamte werden den Fahrerlaubnisbehörden regelmäßig nicht gemeldet und können daher nicht zur Anordnung einer medizinisch-psychologischen Untersuchung führen. Ursachen dafür sind Mängel in der Aus- und Fortbildung der Polizei, die ihren Beamten die Zusammenhänge zwischen charakterlich gestörten Personen und ihrer Fahreignung nicht hinreichend verdeutlichen.

218 Auch vorsätzliche **Tötungsdelikte** führen als Spitze der Aggressionstaten regelmäßig nicht dazu, dass vorhandene Fahrerlaubnisse entzogen werden, ja nicht einmal die charakterliche Fahreignung der Straftäter hinterfragt wird, sodass die Fahrerlaubnisse nach Absitzen der Freiheitsstrafen regelmäßig noch vorhanden sind. Dabei könnte das Verfahren der Eignungsüberprüfung auch im Strafvollzug durchgeführt werden.

219 Dabei könnte nahezu problemlos jede der Fahrerlaubnisbehörde mitgeteilte Aggressionstat eines Fahrerlaubnisinhabers gem. § 11 Abs. 3 Nr. 6, 7 FeV i.V.m. § 46 Abs. 3 FeV zur Anordnung der Beibringung eines medizinisch-psychologischen Gutachtens führen, die zumindest bei Körperverletzungsdelikten aufgrund eines offen zutage getretenen charakterlichen Mangels regelmäßig gerechtfertigt wäre (ebenso *Wendlinger*, S. 508).

C. Die Fahreignungsbegutachtung

Eine Begutachtung der Fahreignung hat immer einen konkreten **Untersuchungsanlass**. Regelmäßig liegt der auf sachlichen Grundlagen beruhende Verdacht vor, dass die Fahreignung eingeschränkt oder ausgeschlossen ist. Die Begutachtung dient dazu, diesen Verdacht entweder auszuräumen oder zu erhärten. 220

Die beiden zentralen gesetzlichen Vorschriften für die Eignung zum Führen von Kraftfahrzeugen sind § 2 Abs. 2 Satz 1 Nr. 3 StVG sowie § 2 Abs. 4 StVG, die einerseits die Eignung zum Führen von Kraftfahrzeugen gesetzlich einfordern bevor die Fahrerlaubnis zu erteilen ist und andererseits diese Kraftfahrereignung durch die folgenden sechs Kriterien gesetzlich näher, jedoch nicht vollumfänglich ausdifferenzieren: 221

- Erfüllen der notwendigen körperlichen Anforderungen,
- Erfüllen der notwendigen geistigen Anforderungen,
- nicht erheblich gegen verkehrsrechtliche Vorschriften verstoßen,
- nicht wiederholt gegen verkehrsrechtliche Vorschriften verstoßen,
- nicht erheblich gegen Strafgesetze verstoßen,
- nicht wiederholt gegen Strafgesetze verstoßen.

Zu Unrecht wird das im Sinne der Verkehrssicherheit funktionierende System der Fahreignungsbegutachtung immer wieder von Seiten der **Anwaltschaft** in unsachlichem Tonfall angegriffen (*Hillmann*, S. 149 f., spricht von einer »Macht der Psychologen« und sieht die MPU in einem »schlechten Ruf«). Ganz im Gegensatz dazu steht die gesamte verwaltungsgerichtliche Rechtsprechung hinter diesem Rechtsinstitut, nimmt jedoch mit Fug und Recht zu den bestehenden Fehlern im System immer wieder deutlich Stellung. 222

Neben dem Genuss von Alkohol und den nach der Begrifflichkeit des StGB so genannten »anderen berauschenden Mitteln« treten bei diversen Kraftfahrzeugführern in den letzten Jahren auch immer wieder in Verkehrsverstößen dokumentierte charakterliche Fehlentwicklungen zutage, die von den Gerichten im Rahmen der Fahreignungsbegutachtung gewürdigt werden müssen. Wiederholte Zuwiderhandlungen im Straßenverkehr i.S. des § 2 Abs. 4 StVG sind z.B. anzunehmen, wenn der Fahrerlaubnisinhaber mindestens zwei Mal gegen Vorschriften verstoßen hat, wobei Zuwiderhandlungen nicht nur im Falle von Straftaten anzunehmen sind, sondern auch bei Verstößen gegen Bestimmungen über Verkehrsordnungswidrigkeiten (OVG Mecklenburg-Vorpommern, Beschl. v. 27.03.2008 – 1 M 204/07, juris). Es gibt jedoch auch in den Fällen ordnungswidrigen Verhaltens Grenzen einer rechtmäßigen Anordnung von medizinisch-psychologischen Gutachten. So ist nach Ansicht des Verwaltungsgerichts München bei drei Geschwindigkeitsüberschreitungen, die nicht unmittelbar hintereinander, sondern innerhalb eines Zeitraums von immerhin 19 Monaten begangen wurden, wobei zwischen dem zweiten und dem dritten Verstoß 16 Monate liegen und jeweils außerhalb geschlossener Ortschaften stattfanden (Überschreitung um 27/26/29 km/h), keinesfalls die getroffene Anordnung der Beibringung eines medizinisch-psychologischen Gutachtens zu rechtfertigen (VG München, Beschl. v. 06.03.2008 – M 6a S 08.722, juris). 223

224 Die Frage des »Ob« der Kraftfahrereignung kann bei vorliegendem Verdacht auf Nichteignung grundsätzlich auf drei unterschiedlichen Wegen der Fallbegutachtung beantwortet werden. Die Fallbegutachtung geht dabei von der Annahme aus, dass die erforderlichen Grundeinstellungen zur gefahrlosen Verkehrsteilnahme, die spezifischen Verhaltensdispositionen der betreffenden Personen und deren individuellen Eignungsdefizite im Rahmen einer Begutachtung eindeutig diagnostiziert werden können (ebenso *Müller, K.*, S. 409).

225 Die spezifische Anordnung der passenden und verhältnismäßigen Form der Begutachtung durch die Fahrerlaubnisbehörde richtet sich danach, welche konkreten Eignungszweifel im Einzelfall bestehen.

226 Folgende Gutachten dürfen angeordnet werden:

- Beibringung eines **ärztlichen Gutachtens** (§ 11 Abs. 2 Satz 1 FeV, § 12 Abs. 8 Satz 1 FeV, § 13 Nr. 1 FeV, § 14 Abs. 1 FeV),
- Beibringung eines **medizinisch-psychologischen Gutachtens** (§ 11 Abs. 3 FeV, § 13 Nr. 2 FeV, § 14 Abs. 2 FeV),
- Beibringung eines Gutachtens eines amtlich anerkannten **Sachverständigen** oder **Prüfers** für den Kraftfahrzeugverkehr (§ 11 Abs. 4 FeV).

227 Sämtliche nach Fahreignungsrecht angeordneten Gutachten von Ärzten oder Verkehrspsychologen müssen gem. § 11 Abs. 5 FeV nach den in Anlage 4a zu § 11 Abs. 5 FeV festgelegten inhaltlichen und formalen Grundsätzen erarbeitet werden. Jeder Gutachter hat im Rahmen seiner Begutachtung der betreffenden Person die Begutachtungsleitlinien als Richtlinien seiner ermittelnden und bewertenden Arbeit zu beachten. Die Begutachtungsleitlinien verstehen sich dabei als »Entscheidungshilfe für den Einzelfall«.

228 Die Fahrerlaubnisbehörde legt auf der Grundlage der ihr vorliegenden Informationen gem. § 11 Abs. 6 FeV die Art der vorzunehmenden Begutachtung fest. Grundlage einer rechtmäßigen Anordnung eines Gutachtens sind einerseits berechtigte, durch Tatsachen belegte Zweifel an der Kraftfahrereignung (dazu näher *Haus/Zwerger*, S. 74 Rn. 42 ff.). Andererseits muss das angeordnete Gutachten auch dazu geeignet sein, effektiv zur Klärung der entstandenen Zweifel beizutragen (OVG Nordrhein-Westfalen, Beschl. v. 22.11.2001 – 19 B 814/01). Fälle, in denen durch die Fahrerlaubnisbehörde zunächst ein ärztliches Gutachten angeordnet wird, der Erkenntnisgewinn aufgrund dieses Gutachtens jedoch zur juristischen Gesamtbegutachtung des Falles aufgrund einer tatsächlich erforderlichen verkehrspsychologischen Begutachtungskomponente nicht ausreicht, hätte in rechtmäßiger Weise sogleich die Beibringung eines medizinisch-psychologischen Gutachtens angeordnet werden müssen.

229 Weigert sich ein Betroffener, sich untersuchen zu lassen oder bringt er der Fahrerlaubnisbehörde das von ihr geforderte Gutachten nicht fristgerecht bei, so darf die Behörde bei ihrer Entscheidung gem. § 11 Abs. 8 S. 1 FeV auf die Nichteignung des Betroffenen schließen. Voraussetzung für diesen Schluss ist allerdings, dass die Untersuchungsanordnung rechtmäßig ist und die Weigerung ohne ausreichenden Grund

erfolgt (VG München, Beschl. v. 06.03.2008 – M 6a S 08.722, juris; *Hentschel/König/Dauer*, § 11 FeV Rn. 24).

230 Inhaltlich hat ein MPU-Gutachten nach der Anlage 4 a zur FeV die folgenden allgemeinen Anforderungen zu erfüllen:

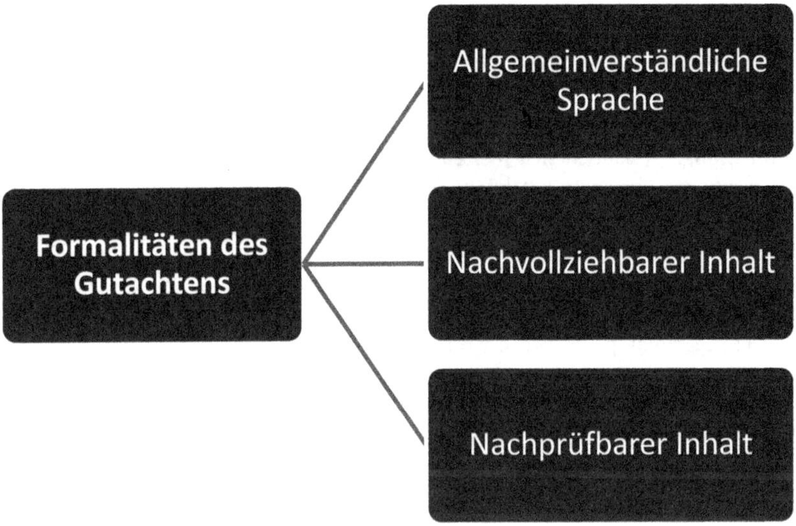

Abb. 13: Anforderungen an ein MPU-Gutachten nach Anlage 15 zur FeV

231 Diese Anforderungen müssen von den ihren Klienten begutachtenden Medizinern und Psychologen deshalb erfüllt werden, weil deren Gutachten vom Auftraggeber des Gutachtens, also der zu begutachtenden Person, und von den Mitarbeitern der Fahrerlaubnisbehörde inhaltlich verstanden werden müssen. Die Nachvollziehbarkeit eines Gutachtens soll dabei durch die Darstellung aller wesentlichen Befunde und die Darstellung aller Schlussfolgerungen erreicht werden. Die Nachprüfbarkeit eines Gutachtens soll durch die vollständige Angabe der Untersuchungsverfahren und die Angabe der genutzten Quellen gewährleistet werden. Werden dabei Leistungstests eingesetzt, sind im Gutachten auch deren Ablauf und Ergebnisse zu schildern (*Geiger*, Die MPU, S. 84). Der Auftraggeber hat einen Anspruch auf »ein faires und nachvollziehbares Verfahren« (*Hillmann*, Eine Erfolgsgeschichte, S. 151) auch im Rahmen der MPU.

232 Eine **Fahrverhaltensbeobachtung** beantwortet in vielen Fällen die Frage, ob sich ein festgestellter Teilleistungsmangel auch im realen Verkehr auswirkt oder ob er möglicherweise – z.B. auf der Basis von persönlicher Erfahrung, einer verantwortungsbewussten Sicherheitseinstellung oder eines hohen Grads an Zuverlässigkeit und Empfänglichkeit gegenüber ärztlichem oder psychologischem Rat – kompensiert werden kann (vgl. dazu *Schubert/Schneider/Eisenmenger/Stephan*, S. 225). Eine Fahrverhaltensprobe ist demnach nur veranlasst, wenn eine Kompensation festge-

stellter Teilleistungsmängel in Betracht kommt (BayVGH, Beschl. v. 17.03.2008 – 11 ZB 07.495, juris).

233 Eine wissenschaftliche Untersuchung darüber, ob die den Fahrerlaubnisbehörden vorgelegten Gutachten diese Anforderungen auch tatsächlich erfüllen, fehlt zwar bislang. Aber der allgemeine Vorwurf von Klienten und der Anwaltschaft, die Gutachten würden im Wesentlichen als vorformulierten Standardsätzen bestehen, ist unzutreffend, weil standardisierte Antworten ein notwendiges Stilmittel sind, um die in der Tat standardisierten Fragen der Fahrerlaubnisbehörden adäquat beantworten zu können (ebenso *Geiger*, Überlegungen, S. 409).

234 Anmerkung: Es handelt sich hier eher um eine juristische Betrachtungsweise mit Hinweisen v.a. auf Rechtsprechung. Es soll an dieser Stelle betont werden, dass sich der Ruf der MPU in den letzten Jahren eher positiv verändert hat (s. z.B. VGT »Der Idiotentest auf dem Prüfstand«).

235 Inzwischen gibt es auch hohe fachliche Anforderungen an die MPU und die Gutachtenerstellung. Diese werden z.B. von der Bundesanstalt für Straßenwesen (BAST) regelmäßig überprüft. Zudem gibt es in den Begutachtungsstellen Qualitätsmanagementsysteme, die zur Qualitätssicherung beitragen. Evaluationsstudien haben zudem eine hohe Prognosesicherheit der MPU belegt (s. dazu auch Kap. 4 Rdn. 58–62).

D. Entziehung der Fahrerlaubnis

Vorbemerkung Kapitel 1 D.

236 Ein Entzug (Entziehung) einer bestehenden Fahrerlaubnis ist auf zweierlei Weise in unterschiedlichen Verfahren möglich. Dabei ist zu beachten, dass einer verurteilten Person die strafrechtlichen Konsequenzen hinsichtlich ihrer Fahrerlaubnis regelmäßig wichtiger sind als die ausgesprochenen Strafen (ebenso *Hentschel/Krumm*, S. 227 Rn. 433).

237 Folgende auf Fahrerlaubnis und Führerschein bezogene Sanktionen sind im Straf- und Bußgeldverfahren laut StGB und im Verwaltungsverfahren nach StVG möglich:

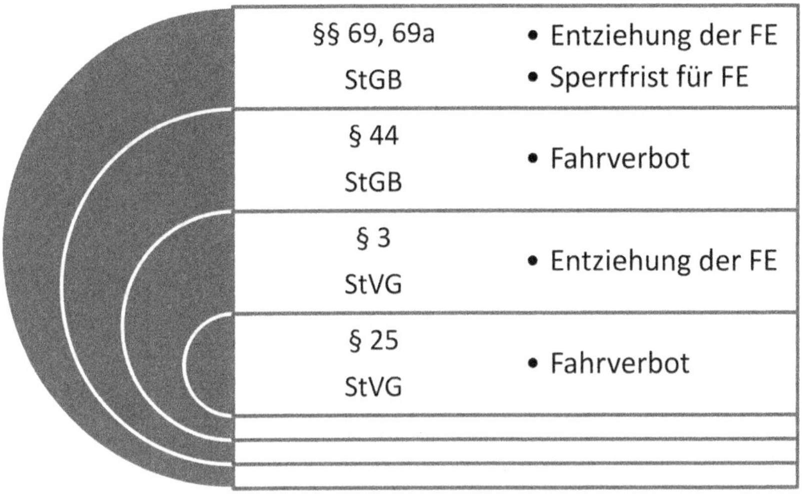

Abb. 14: Auf Fahrerlaubnis und Führerschein bezogene Sanktionen nach StGB und StVG

I. Entziehung der Fahrerlaubnis im Strafverfahren

Die Fahrerlaubnis kann im Rahmen eines Strafverfahrens auf der Grundlage der §§ 69, 238
69a StGB entzogen werden. Dabei handelt es sich nicht um eine Bestrafung, sondern um eine Maßregel der Besserung und Sicherung gem. § 61 Nr. 5 StGB, deren zweigeteilte Zielsetzung es ist, den Straftäter über diese Maßnahme wieder auf den Pfad der verkehrsrechtlichen Tugend zurückzuführen und die Allgemeinheit vor weiteren Verkehrsverstößen dieses Täters einstweilen zu schützen. Dennoch wird die Entziehung der Fahrerlaubnis von den Straftätern nur sehr selten als Maßregel, sondern vielmehr als zusätzliche Strafe empfunden und noch seltener als Besinnungsmaßnahme genutzt, um etwa auf freiwilliger Basis eine verkehrspsychologische Beratung oder einen Kurs wahrzunehmen.

Die Fahrerlaubnis kann im Rahmen einer Hauptverhandlung ebenso entzogen wer- 239
den wie im Strafbefehlsverfahren oder im beschleunigten Verfahren (vgl. dazu näher *Buschbell/Utzelmann*, § 14 Rn. 12).

Vor der strafrechtlichen Entziehung einer Fahrerlaubnis muss im Rahmen eines Straf- 240
prozesses eine rechtswidrig begangene Straftat festgestellt worden sein, die bei dem Führen eines Kraftfahrzeuges im Straßenverkehr oder im Zusammenhang mit dem Führen begangen worden sein muss (näher *Hentschel/Krumm*, S. 231 ff. Rn. 441 ff.).

Sind beide Zwecke der Besserung und Sicherung erreicht worden, so darf dem Täter 241
eine Fahrerlaubnis wieder erteilt werden, wobei allerdings die Frage der bestehenden oder wieder erlangten Fahreignung wiederum durch die Fahrerlaubnisbehörde gestellt werden kann.

242 Regelmäßig wird die Fahrerlaubnis zum Führen von Kraftfahrzeugen im Strafverfahren gem. § 111a StPO vorläufig entzogen, wenn dringende Gründe für die Annahme vorhanden sind, dass die Fahrerlaubnis gem. § 69 StGB entzogen werde wird. Diese strafprozessuale Maßnahme soll vorbeugend wirken, damit von der betreffenden Person vorerst keine Gefahren für andere Verkehrsteilnehmer hervorgerufen werden können, indem sie weiterhin Kraftfahrzeuge führt (vgl. dazu näher *Meyer-Goßner*, § 111a StPO Rn. 1 ff.; *Buschbell/Utzelmann*, § 14 Rn. 14 ff.).

II. Entziehung der Fahrerlaubnis im Verwaltungsverfahren

243 Der zweite mögliche Weg der nachträglichen Entziehung einer bestehenden Fahrerlaubnis führt über das Verwaltungsrecht und die Normen des § 3 Abs. 1 StVG sowie den § 46 FeV.

244 Nach § 3 Abs. 1 StVG i.V.m. § 46 Abs. 1 FeV hat die Fahrerlaubnisbehörde die Fahrerlaubnis zu entziehen, wenn sich deren Inhaber als ungeeignet zum Führen von Kraftfahrzeugen erweist. Dies gilt gem. §§ 46 Abs. 1 Satz 2, 11 Abs. 1 Satz 3 FeV insbesondere, wenn erheblich oder wiederholt gegen verkehrsrechtliche Vorschriften oder Strafgesetze verstoßen wurde und dadurch die Eignung zum Führen von Kraftfahrzeugen ausgeschlossen ist. Die Entziehung einer Fahrerlaubnis darf jedoch nicht auf ein medizinisch-psychologisches Gutachten gestützt werden, das die Fahrerlaubnisbehörde ohne Zustimmung des Betroffenen zur Kenntnis bekommen hat (BVerwG, Beschl. v. 11.06.2008 – 3 B 99.07, juris).

245 Eine Entziehung der Fahrerlaubnis im Verwaltungsverfahren trägt den Charakter einer **Sicherungsmaßnahme**, die dazu dient, der Allgemeinheit die Teilnahme ungeeigneter Kraftfahrzeugführer zu ersparen und von diesen Personen ausgehende Gefahren abzuwehren (*Haus/Zwerger*, S. 73 Rn. 37).

246 Das Verfahren zur Klärung begründeter Zweifel an der fortbestehenden Kraftfahrereignung von Fahrerlaubnisinhabern im Hinblick auf andere berauschende Mittel ist z.B. in den §§ 46 Abs. 3, 14 FeV geregelt. Danach ist bei Verdacht auf **Abhängigkeit** bzw. Einnahme von Betäubungsmitteln diesem Verdacht gem. § 14 Abs. 1 Satz 1 und 2 FeV zunächst durch die Anordnung eines ärztlichen Gutachtens nachzugehen, und zwar zur Klärung der Frage des tatsächlichen Konsumverhaltens. Erst dann, wenn diese Frage geklärt ist, ergibt sich, ob eventuell zusätzlich ein medizinisch-psychologisches Gutachten erforderlich ist, und zwar in den in § 14 Abs. 1 Satz 4 und Abs. 2 FeV aufgeführten Fällen.

247 Weigert sich der Betroffene, sich untersuchen zu lassen oder bringt er der Fahrerlaubnisbehörde das von ihr geforderte Gutachten nicht fristgerecht bei, so darf sie bei ihrer Entscheidung gem. § 11 Abs. 8 Satz 1 FeV auf die Nichteignung des Betroffenen schließen und die Fahrerlaubnis entziehen. Voraussetzung ist allerdings insoweit, dass die Untersuchungsanordnung rechtmäßig ist und die Weigerung ohne ausreichenden Grund erfolgt (*Hentschel/König/Dauer*, § 11 FeV Rn. 24).

E. Fahrverbot

Vorbemerkung Kapitel 1 E.

248 Fahrverbote sind ihrer Rechtsnatur nach spezialpräventive Maßnahmen und dürfen daher von den Bußgeldbehörden und Gerichten nicht aus generalpräventiven Gründen angeordnet werden. Das Fahrverbot soll also einen Täter dazu anregen, über seine Tat und sein Verhalten selbstkritisch nachzudenken, um daraus den Schluss zu ziehen, sich zukünftig im Straßenverkehr regelkonform zu verhalten. Der generelle Zweck von Fahrverboten als individuelle »**Denkzettel- und Besinnungsmaßnahmen**« (BGHSt 38, 125, 134) soll nach dem Willen des Gesetzgebers auf erzieherischem Weg direkt das zukünftige Verhalten des Kraftfahrzeugführers beeinflussen und ist dadurch als ein verkehrspädagogisches Element des Straßenverkehrsrechts anzusehen.

249 Dieser Sinn und Zweck von Fahrverboten wurde ich seiner Rechtsanwendung und Wirksamkeit auf betroffene Kraftfahrzeugführer bislang noch nicht wissenschaftlich evaluiert, sodass der präventive Wirksamkeitsnachweis dieses Rechtsinstruments bis heute nicht erbracht wurde.

250 Aus der Verhängung eines Fahrverbots kann zwar nicht direkt auf mangelnde Fahreignung des betreffenden Kraftfahrzeugführers geschlossen werden, jedoch würde eine wiederholte Verhängung eines Fahrverbots den Verdacht eines Eignungsmangels nahelegen und wäre durch die Bußgeldbehörde als fahreignungsrelevante Tatsache der Fahrerlaubnisbehörde gem. § 17 Nr. 3 EGGVG mitzuteilen. Auch das Führen eines Kraftfahrzeugs während der Laufzeit eines Fahrverbots würde, eingestuft als charakterlicher Mangel, auf der Grundlage von § 11 Abs. 3 Nr. 4, 5 FeV regelmäßig zur Anordnung einer medizinisch-psychologischen Untersuchung führen (ebenso *Wendlinger*, S. 508).

I. Fahrverbot im Strafverfahren

251 Das Fahrverbot gem. § 44 StGB ist eine **Nebenstrafe**, die verhängt werden darf, wenn das Gericht zwar im strafbaren Verhalten des Täters keinen Fahreignungsmangel erkennt, gleichwohl aber eine Besinnungsstrafe für nachlässig oder leichtsinnig handelnde Täter für geboten hält.

252 Allein die Tatsache, dass ein Strafgericht anstelle einer in Betracht kommenden Entziehung der Fahrerlaubnis (§ 69 StGB) ein Fahrverbot (§ 44 StGB) verhängt, ist regelmäßig nicht schon für sich genommen Ausdruck einer stillschweigenden Prüfung (und Bejahung) der Fahreignung, so dass nicht bereits deswegen eine Bindungswirkung entsteht (VG Düsseldorf, Beschl. v. 07.05.2024 – 14 L 783/24, Rn. 30, juris, auch zum Folgenden). Aus den Urteilsgründen lässt sich hier eine eindeutige Feststellung zur Fahreignung des Antragstellers nicht erkennen. Das Urteil des Landgerichts H. führt dazu wörtlich aus:

»Daneben hielt die Kammer gemäß § 44 Abs. 1 Satz 1 i.V.m. Satz 2 StGB die Verhängung eines Fahrverbots für erforderlich, um allen Strafzwecken zu genügen. Unter Berücksichtigung des gesamten Tatbildes, der Täterpersönlichkeit und des Umstandes, dass das hier verhängte Fahrverbot gemäß § 44 Abs. 1 S. 2 StGB der Vermeidung der Vollstreckung einer Freiheitsstrafe dienen sollte, war nach Auffassung der Kammer ein Fahrverbot von fünf Monaten angemessen«.

253 Daraus wird deutlich, dass das Strafgericht nicht deshalb von einer Entziehung der Fahrerlaubnis nach § 69 StGB abgesehen hat, weil es den Antragsteller als fahrgeeignet angesehen hat, sondern ausschließlich aus anderen Gründen, nämlich, weil dies der Vermeidung der Vollstreckung einer Freiheitsstrafe dienen sollte. Eine Bindungswirkung an das strafgerichtliche Urteil kann bei einer solchen offenen Formulierung jedenfalls nicht angenommen werden. Denn Grundlage für die Frage, ob die Fahrerlaubnisbehörde an der eigenständigen Beurteilung der Fahreignung des Antragstellers gehindert ist, sollen nicht Mutmaßungen sein, sondern eindeutige Feststellungen im Urteil, an denen es indessen fehlt.

254 Zwar ist die Tatsache, dass ein Strafgericht anstelle einer in Betracht kommenden Entziehung der Fahrerlaubnis (§ 69 StGB) ein Fahrverbot (§ 44 StGB) verhängt, regelmäßig nicht schon für sich genommen Ausdruck einer stillschweigenden Prüfung (und Bejahung) der Fahreignung, so dass nicht bereits deswegen eine Bindungswirkung entsteht. 13 Es fragt sich aber, ob hier etwas anderes zu gelten hat. Denn wie sich aus den Entscheidungsgründen des Berufungsurteils zweifelsfrei ergibt, war Ziel des Berufungsverfahrens – und Schwerpunkt der landgerichtlichen Prüfung – gerade die »Abwehr« der erstinstanzlich verhängten Maßregel der Besserung und Sicherung nach § 69 StGB. Vor diesem Hintergrund könnte einiges dafürsprechen, dass (ausnahmsweise) schon die Entscheidungsformel – Änderung der in erster Instanz ausgesprochenen Fahrerlaubnisentziehung in eine Entscheidung nach § 44 StGB – Ausdruck einer im Sinne des § 3 Abs. 4 StVG hinreichenden Prüfung der Kraftfahreignung des Antragstellers sein könnte, zumal Fahrverbot und Fahrerlaubnisentziehung sich gegenseitig grundsätzlich ausschließen, § 69 Abs. 1 Satz 1 StGB die Entziehung der Fahrerlaubnis seinem Wortlaut nach zwingend vorschreibt, sofern die tatbestandlichen Voraussetzungen – unter anderem die fehlende Kraftfahreignung – gegeben sind, und eine allzu »kleinteilige« Betrachtung das Ziel des § 3 Abs. 4 StVG, Doppelprüfungen zu vermeiden, konterkarieren könnte (OVG Saarland, Beschl. v. 09.08.2023 – 1 B 75/23, Rn. 17, juris).

255 Demnach entfaltet ein Strafurteil, das zu der Erkenntnis gelangt, dass das (erstinstanzliche) Urteil des Amtsgerichts insoweit aufzuheben ist, als der Angeklagten die Fahrerlaubnis entzogen und eine Sperrfrist für die Neuerteilung der Fahrerlaubnis festgesetzt wurde, weil im Hinblick auf die Schwere der Straftat und unter Berücksichtigung des erheblichen Zeitablaufes seit Begehung der Taten, um nachhaltig auf den Angeklagten einzuwirken, die Verhängung eines Fahrverbotes von zwei Monaten gem. § 44 Abs 1 StGB ausreichend sei, keine Bindungswirkung, wenn und soweit das Strafgericht zur Fahreignung des Angeklagten keine weiteren Feststellungen zu seiner Kraftfahreignung getroffen hat (OVG Sachsen-Anhalt, Beschl. v. 25.02.2016 – 3 L 204/15, juris, auch zum Folgenden). Allein

der Hinweis im Strafurteil auf den Zeitablauf seit Begehung der Tat ist angesichts der Bestimmungen über die Berücksichtigungsfähigkeit von fahreignungsrelevanten Vorfällen (vgl. § 29 StVG) und den Prüfungsumfang einer medizinisch-psychologischen Untersuchung (Anlage 4a Nr. 1 zu § 11 Abs 5 FeV) nicht geeignet, von einer positiven Feststellung der Fahreignung durch das Strafgericht auszugehen. Grundlage für die Beantwortung der Frage, ob die Fahrerlaubnisbehörde an der eigenständigen Beurteilung der Fahreignung des Angeklagten gehindert ist, sind allein entsprechende eindeutige Feststellungen im Urteil. Abgeurteilte Straftaten können bei Erlass der Beibringungsanordnung solange verwertet werden, solange sie im Fahrerlaubnisregister eingetragen und nicht tilgungsreif sind (vgl. § 29 StVG). Ergibt die Würdigung der Behörde, dass die festgestellten Tatsachen nach Art und Gewicht aussagekräftige Anzeichen für aufklärungsbedürftige Eignungszweifel sind, besteht ohne das Vorliegen besonderer Umstände kein Anlass dafür, dass die Behörde ihre diesbezüglichen Überlegungen nochmals im Rahmen einer ausdrücklich als solche bezeichneten Ermessensausübung wiederholt.

Die in § 3 Abs. 4 Satz 1 StVG angeordnete Bindungswirkung der Fahrerlaubnis- 256
behörde gilt nicht, wenn in den schriftlichen Urteilsgründen unklar bleibt, ob das Strafgericht die Fahreignung eigenständig beurteilt hat (OVG Nordrhein-Westfalen, Beschl. v. 27.11.2013 – 16 B 1031/13, juris).

II. Fahrverbot im Verwaltungsverfahren

Auf der Grundlage von § 25 StVG kann von der Bußgeldbehörde mit dem Bußgeld- 257
bescheid zusätzlich zu einer Geldbuße unter bestimmten Bedingungen als **Nebenfolge** ein Fahrverbot gegenüber einem Kraftfahrzeugführer verhängt werden (näher zum Ganzen *Deutscher*, in: Burhoff, Handbuch, Kap. Fahrverbot). Auch für die auf der Grundlage von § 4 BKatV verbindlich festgelegten Regelfahrverbote ist der § 25 StVG die alleinige Rechtsgrundlage. Ein Fahrverbot darf generell nur dann verhängt werden, wenn in diesem Rahmen der Grundsatz der Verhältnismäßigkeit beachtet worden ist.

Die Voraussetzungen des Verhängens eines Fahrverbots sind gesetzlich in § 25 Abs. 1 258
Satz 1 StVG wie folgt geregelt:

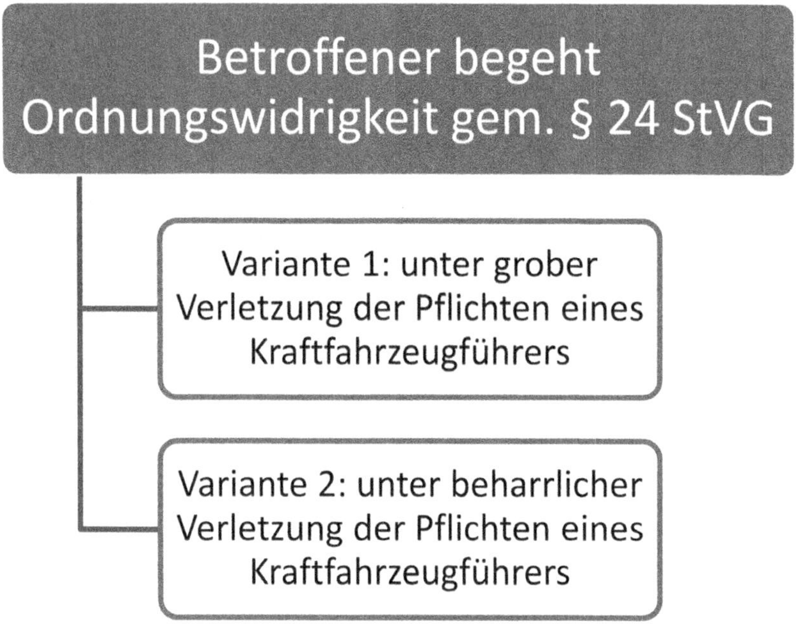

Abb. 15: Voraussetzungen des Verhängens eines Fahrverbots

259 Nach dieser Vorschrift existieren zwei Fallgruppen von Fahrverboten, nämlich einerseits die groben und andererseits die beharrlichen Verletzungen der Pflichten eines Kraftfahrzeugführers. Die gesetzliche Vorschrift des § 25 StVG benennt lediglich die beiden genannten Fallgruppen von Fahrverboten, ohne diesen Fallgruppen einzelne Tatbestände etwa des BKat zuzuordnen. Eine solche Zuordnung nimmt die BKatV in ihrem § 4 vor. Die Vorschrift des § 4 Abs. 1 BKatV ordnet der ersten Fallgruppe grober Verletzungen der Pflichten eines Kraftfahrzeugführers in den Nr. 1 bis 4 verschiedene Untergruppen von groben Pflichtverstößen zu, die zu Regelfahrverboten führen sollen (näher dazu *Deutscher*, in: Burhoff, Handbuch, Kap. Fahrverbot; *Müller, D.*, Leitfaden, S. 169 ff.). Bei den genannten Tatbeständen soll die Anordnung eines Fahrverbotes »in der Regel« erfolgen, so dass den genannten Tatbeständen eine Indizwirkung in Richtung des Verhängens dieser Nebenfolge zukommt.

260 Für die zweite Fallgruppe der beharrlichen Verletzungen eines Kraftfahrzeugführers benennt § 4 Abs. 2 Satz 2 BKatV – ebenfalls mit indizierender Wirkung – lediglich das Fallbeispiel eines besonderen Geschwindigkeitsverstoßes (näher dazu *Deutscher*, in: Burhoff, Handbuch, Kap. Fahrverbot; *Müller, D.*, Leitfaden, S. 172 ff.).

Kapitel 2 Kommentierungen ausgewählter Bestimmungen der FeV

Übersicht Rdn.

A. § 11 FeV

§ 11 1
Eignung

(1) [1]Bewerber um eine Fahrerlaubnis müssen die hierfür notwendigen körperlichen und geistigen Anforderungen erfüllen. [2]Die Anforderungen sind insbesondere nicht erfüllt, wenn eine Erkrankung oder ein Mangel nach Anlage 4 oder 5 vorliegt, wodurch die Eignung oder die bedingte Eignung zum Führen von Kraftfahrzeugen ausgeschlossen wird. [3]Außerdem dürfen die Bewerber nicht erheblich oder nicht wiederholt gegen verkehrsrechtliche Vorschriften oder Strafgesetze verstoßen haben, sodass dadurch die Eignung ausgeschlossen wird. [4]Bewerber um die Fahrerlaubnis der Klasse D oder D1 und der Fahrerlaubnis zur Fahrgastbeförderung gemäß § 48 müssen auch die Gewähr dafür bieten, dass sie der besonderen Verantwortung bei der Beförderung von Fahrgästen gerecht werden. [5]Der Bewerber hat diese durch die Vorlage eines Führungszeugnisses nach § 30 Absatz 5 Satz 1 des Bundeszentralregistergesetzes nachzuweisen.

(2) [1]Werden Tatsachen bekannt, die Bedenken gegen die körperliche oder geistige Eignung des Fahrerlaubnisbewerbers begründen, kann die Fahrerlaubnisbehörde zur Vorbereitung von Entscheidungen über die Erteilung oder Verlängerung der Fahrerlaubnis oder über die Anordnung von Beschränkungen oder Auflagen die Beibringung eines ärztlichen Gutachtens durch den Bewerber anordnen. [2]Bedenken gegen die körperliche oder geistige Eignung bestehen insbesondere, wenn Tatsachen bekannt werden, die auf eine Erkrankung oder einen Mangel nach Anlage 4 oder 5 hinweisen. [3]Die Behörde bestimmt in der Anordnung auch, ob das Gutachten von einem

1. für die Fragestellung (Absatz 6 Satz 1) zuständigen Facharzt mit verkehrsmedizinischer Qualifikation,
2. Arzt des Gesundheitsamtes oder einem anderen Arzt der öffentlichen Verwaltung,
3. Arzt mit der Gebietsbezeichnung »Arbeitsmedizin« oder der Zusatzbezeichnung »Betriebsmedizin«,
4. Arzt mit der Gebietsbezeichnung »Facharzt für Rechtsmedizin« oder
5. Arzt in einer Begutachtungsstelle für Fahreignung, der die Anforderungen nach Anlage 14 erfüllt,

erstellt werden soll. [4]Die Behörde kann auch mehrere solcher Anordnungen treffen. [5]Der Facharzt nach Satz 3 Nummer 1 soll nicht zugleich der den Betroffenen behandelnde Arzt sein.

(3) [1]Die Beibringung eines Gutachtens einer amtlich anerkannten Begutachtungsstelle für Fahreignung (medizinisch-psychologisches Gutachten) kann zur Klärung von Eignungszweifeln für die Zwecke nach Absatz 1 und 2 angeordnet werden,

1. wenn nach Würdigung der Gutachten gemäß Absatz 2 oder Absatz 4 ein medizinisch-psychologisches Gutachten zusätzlich erforderlich ist,

2. zur Vorbereitung einer Entscheidung über die Befreiung von den Vorschriften über das Mindestalter,
3. bei erheblichen Auffälligkeiten, die im Rahmen einer Fahrerlaubnisprüfung nach § 18 Absatz 3 mitgeteilt worden sind,
4. bei einem erheblichen Verstoß oder wiederholten Verstößen gegen verkehrsrechtliche Vorschriften,
5. bei einer erheblichen Straftat, die im Zusammenhang mit dem Straßenverkehr steht, oder bei Straftaten, die im Zusammenhang mit dem Straßenverkehr stehen,
6. bei einer erheblichen Straftat, die im Zusammenhang mit der Kraftfahreignung steht, insbesondere wenn Anhaltspunkte für ein hohes Aggressionspotenzial bestehen oder die erhebliche Straftat unter Nutzung eines Fahrzeugs begangen wurde,
7. bei Straftaten, die im Zusammenhang mit der Kraftfahreignung stehen, insbesondere wenn Anhaltspunkte für ein hohes Aggressionspotenzial bestehen,
8. wenn die besondere Verantwortung bei der Beförderung von Fahrgästen nach Absatz 1 zu überprüfen ist oder
9. bei der Neuerteilung der Fahrerlaubnis, wenn
   a) die Fahrerlaubnis wiederholt entzogen war oder
   b) der Entzug der Fahrerlaubnis auf einem Grund nach den Nummern 4 bis 7 beruhte.

[2]Unberührt bleiben medizinisch-psychologische Begutachtungen nach § 2a Absatz 4 und 5 und § 4 Absatz 10 Satz 4 des Straßenverkehrsgesetzes sowie § 10 Absatz 2 und den §§ 13 und §§ 14 in Verbindung mit den Anlagen 4 und 5 dieser Verordnung.

(4) Die Beibringung eines Gutachtens eines amtlich anerkannten Sachverständigen oder Prüfers für den Kraftfahrzeugverkehr kann zur Klärung von Eignungszweifeln für die Zwecke nach Absatz 2 angeordnet werden,
1. wenn nach Würdigung der Gutachten gemäß Absatz 2 oder Absatz 3 ein Gutachten eines amtlich anerkannten Sachverständigen oder Prüfers zusätzlich erforderlich ist oder
2. bei Behinderungen des Bewegungsapparates, um festzustellen, ob der Behinderte das Fahrzeug mit den erforderlichen besonderen technischen Hilfsmitteln sicher führen kann.

(5) Für die Durchführung der ärztlichen und der medizinisch-psychologischen Untersuchung sowie für die Erstellung der entsprechenden Gutachten gelten die in der Anlage 4a genannten Grundsätze.

(6) [1]Die Fahrerlaubnisbehörde legt unter Berücksichtigung der Besonderheiten des Einzelfalls und unter Beachtung der Anlagen 4 und 5 in der Anordnung zur Beibringung des Gutachtens fest, welche Fragen im Hinblick auf die Eignung des Betroffenen zum Führen von Kraftfahrzeugen zu klären sind. [2]Die Behörde teilt dem Betroffenen unter Darlegung der Gründe für die Zweifel an seiner Eignung und unter Angabe der für die Untersuchung in Betracht kommenden Stelle oder Stellen mit, dass er sich innerhalb einer von ihr festgelegten Frist auf seine Kosten der Untersuchung zu unterziehen und das Gutachten beizubringen hat; sie teilt ihm außerdem mit, dass er die zu übersendenden Unterlagen einsehen kann. [3]Der Betroffene hat die Fahrerlaubnisbehörde darüber zu unterrichten, welche Stelle er mit der Untersuchung beauftragt hat. [4]Die Fahrerlaubnisbehörde teilt der untersuchenden Stelle mit, welche Fragen im Hinblick auf die Eignung des Betroffenen zum Führen von Kraftfahrzeugen zu klären sind und übersendet ihr die vollständigen Unterlagen, soweit sie unter Beachtung der gesetzlichen Verwer-

tungsverbote verwendet werden dürfen. [5]Die Untersuchung erfolgt auf Grund eines Auftrags durch den Betroffenen.

(7) Steht die Nichteignung des Betroffenen zur Überzeugung der Fahrerlaubnisbehörde fest, unterbleibt die Anordnung zur Beibringung des Gutachtens.

(8) [1]Weigert sich der Betroffene, sich untersuchen zu lassen, oder bringt er der Fahrerlaubnisbehörde das von ihr geforderte Gutachten nicht fristgerecht bei, darf sie bei ihrer Entscheidung auf die Nichteignung des Betroffenen schließen. [2]Der Betroffene ist hierauf bei der Anordnung nach Absatz 6 hinzuweisen.

(9) Unbeschadet der Absätze 1 bis 8 haben die Bewerber um die Erteilung oder Verlängerung einer Fahrerlaubnis der Klassen C, C1, CE, C1E, D, D1, DE oder D1E zur Feststellung ihrer Eignung der Fahrerlaubnisbehörde einen Nachweis nach Maßgabe der Anlage 5 vorzulegen.

(10) [1]Hat der Betroffene an einem Kurs teilgenommen, um festgestellte Eignungsmängel zu beheben, genügt in der Regel zum Nachweis der Wiederherstellung der Eignung statt eines erneuten medizinisch-psychologischen Gutachtens eine Teilnahmebescheinigung, wenn
1. der betreffende Kurs nach § 70 anerkannt ist,
2. auf Grund eines medizinisch-psychologischen Gutachtens einer Begutachtungsstelle für Fahreignung die Teilnahme des Betroffenen an dieser Art von Kursen als geeignete Maßnahme angesehen wird, seine Eignungsmängel zu beheben,
3. der Betroffene nicht Inhaber einer Fahrerlaubnis ist und
4. die Fahrerlaubnisbehörde der Kursteilnahme nach Nummer 2 vor Kursbeginn zugestimmt hat.

[2]Wurde die Beibringung eines Gutachtens einer amtlich anerkannten Begutachtungsstelle für Fahreignung nach § 4 Absatz 10 Satz 4 des Straßenverkehrsgesetzes oder nach § 11 Absatz 3 Nummer 4 bis 7 angeordnet, findet Satz 1 keine Anwendung.

(11) [1]Die Teilnahmebescheinigung muss
1. den Familiennamen und Vornamen, den Tag und Ort der Geburt und die Anschrift des Seminarteilnehmers,
2. die Bezeichnung des Seminarmodells und
3. Angaben über Umfang und Dauer des Seminars

enthalten. [2]Sie ist vom Seminarleiter und vom Seminarteilnehmer unter Angabe des Ausstellungsdatums zu unterschreiben. [3]Die Ausstellung der Teilnahmebescheinigung ist vom Kursleiter zu verweigern, wenn der Teilnehmer nicht an allen Sitzungen des Kurses teilgenommen oder die Anfertigung von Kursaufgaben verweigert hat.

Amtliche Begründung 2

VkBl. 1998, 1053: Die Eignungsvorschriften in §§ 11 bis §§ 14 konkretisieren die Bestimmung in § 2 Abs. 2 Nr. 3 und Abs. 4 StVG, wonach der Bewerber zum Führen von Kraftfahrzeugen geeignet sein muss. Die Ermächtigung zur Regelung durch Rechtsverordnung enthält § 6 Abs. 1 Nr. 1 Buchst. c) StVG … Die Grundregelung besagt, dass Bewerber um eine Fahrerlaubnis die hierfür notwendigen körperlichen und geistigen Anforderungen erfüllen müssen und nicht erheblich oder nicht wiederholt gegen verkehrsrechtliche Vorschriften oder gegen Strafgesetze verstoßen haben dürfen. Damit wird im Straßenverkehrsgesetz positiv gefordert, dass der Bewerber geeignet ist. Durch Verordnung wird festgelegt, wie die Eignung festgestellt wird. Dabei wird insbesondere unterschieden zwischen den verschiedenen Klassen. Für Motorrad und

Pkw (Klassen A und B) bleibt es in der Praxis auch in Zukunft dabei, dass eine ärztliche Untersuchung nur bei besonderem Anlass angeordnet wird. Im übrigen ist wie bisher lediglich ein Sehtest erforderlich. Bei Lkw und Bussen (Klassen C und D) und der Fahrerlaubnis zur Fahrgastbeförderung wird es wie bisher eine Eingangsuntersuchung geben sowie Wiederholungsuntersuchungen (dies ist neu für die Klasse C, bei der es bislang nur eine Eingangsuntersuchung gab). Davon zu unterscheiden ist die anlaßbezogene Überprüfung der Eignung eines Bewerbers oder Inhabers der Fahrerlaubnis: Hierzu legt die Verordnung fest, wann Anlass für eine Untersuchung gegeben ist und nach welchen Grundsätzen die Eignung oder bedingte Eignung zu beurteilen ist (siehe hierzu Ausführungen zu Anlage 4) …

Die Eignung im Zusammenhang mit Alkohol oder Betäubungsmitteln und Arzneimitteln ist in besonderen Vorschriften (§§ 13, 14) behandelt im Hinblick auf die große Bedeutung dieser Fragen bei der Eignungsbegutachtung.

***VkBl. 1998, 1067: § 11 Abs. 1 Satz 1** wiederholt die Formulierung von § 2 Abs. 4 StVG in Bezug auf die körperliche und geistige Eignung. Die Verordnung konkretisiert in **§ 11 Abs. 1 Satz 2**, in welchen Fällen die Anforderungen an die Eignung nicht erfüllt sind und verweist hierzu auf die Anlagen 4 und 5. Diese Anlagen enthalten eine Aufstellung von Erkrankungen und Mängeln, die die Eignung oder die bedingte Eignung ausschließen. Da die Fahrerlaubnisbehörde in aller Regel nicht die notwendigen Fachkenntnisse bei der Eignungsbeurteilung hat, bedient sie sich der Gutachten von fachlich kompetenten Personen oder Stellen. Die Absätze 2 und 3 ermächtigen die Fahrerlaubnisbehörde zur Anordnung der Beibringung von Gutachten eines Facharztes oder einer Begutachtungsstelle für Fahreignung. Anlage 4 gibt auch Hilfestellung bei der Frage, ob ein Anlass zur Begutachtung gegeben ist. …*

*Für Bewerber der Klasse D oder D1 wird in **Satz 4** außerdem gefordert, dass sie die Gewähr dafür bieten, dass sie der besonderen Verantwortung bei der Beförderung von Fahrgästen gerecht werden. Diese Formulierung ersetzt den Begriff der »persönlichen Zuverlässigkeit« der bisherigen Regelung in § 15e Abs. 1 Nr. 2 StVZO. Durch die neue Formulierung soll zum Ausdruck gebracht werden, dass nicht die allgemein Zuverlässigkeit im Sinne des Gewerberechts gemeint ist, sondern der Bezug zur Beförderung der Fahrgäste hergestellt wird.*

***Anlage 4** richtet sich in ihrem Aufbau nach Anhang III der EG -Führerscheinrichtlinie und den Begutachtungs-Leitlinien »Krankheit und Kraftverkehr« (künftig »Kraftfahreignung«) des Gemeinsamen Beirats für Verkehrsmedizin beim Bundesministerium für Verkehr und Bundesministerium für Gesundheit. Es ist nicht Aufgabe dieser Tabelle, eine abschließende Regelung zu treffen, weder hinsichtlich der Aufzählung der Krankheiten und Mängel, noch inhaltlich in Bezug auf die Bewertung der Eignung bzw. Nichteignung. Dies ergibt sich bereits aus dem Verordnungstext in Absatz 1 Satz 2 (»insbesondere nicht«), wird aber auch durch die Vorbemerkungen zur Anlage 4 nochmals deutlich gemacht. …*

*Die **Absätze 2 und 3** ersetzen die bisherige Regelung in §§ 9, 12, 15b, 15c StVZO. Dort war allerdings keine detaillierte Regelung bezüglich der anzuordnenden Untersuchung getroffen, sondern die möglichen Untersuchungen waren in einer Ermessensvorschrift aufgeführt. Die neue Regelung legt demgegenüber selbst fest, in welchen Fällen ein ärztliches Gutachten oder ein medizinisch-psychologisches Gutachten durch eine Begutachtungsstelle für Fahreignung zulässig ist. Bei Bedenken gegen die körperliche oder geistige Eignung kommt zunächst grundsätzlich nur einfachärztliches Gutachten in Frage.*

*Die Anlässe für ein medizinisch-psychologisches Gutachten sind im Einzelnen in **Absatz 3** aufgeführt. Sie beziehen sich auf den gesamten Eignungsbereich, nicht nur die körperliche und* *geistige Eignung. Für den Bereich »Alkoholproblematik« und »Betäubungs- und Arzneimittel« enthalten die §§ 13 und 14 spezielle Zuweisungsreglungen (siehe auch Absatz 3 Satz 2). ...*

***Absatz 6** befasst sich mit dem Verfahren bei der Anordnung der Beibringung eines Gutachters. Wichtig ist die Festlegung der Fragestellung durch die Behörde. Bei der Anordnung kann die Fahrerlaubnisbehörde auch die Sollbestimmung des Absatzes 2 Satz 5, wonach der begutachtende Arzt nicht zugleich der behandelnde Arzt sein soll, näher konkretisieren. Die Anordnung zur Beibringung eines Gutachtens kann – wie bereits durch die Rechtsprechung des Bundesverwaltungsgerichts festgelegt – nur zusammen mit einer anschließend ablehnenden Entscheidung (Entziehung oder Versagung) angefochten werden. ...*

*Eine Begutachtung kommt nur dann in Frage, wenn Eignungszweifel vorliegen, nicht wenn die mangelnde Eignung bereits feststeht und ohne Hinzuziehung eines Gutachters über sie entscheiden werden kann; dies stellt **Absatz 7** klar.*

***Absatz 8** entspricht der bisherigen Rechtsprechung des Bundesverwaltungsgerichts.*

Die Absätze 5 bis 8 gelten allgemein für das Verfahren bei ärztlichen und medizinisch-psychologischen Untersuchungen, sie sind somit auch auf die Untersuchungen nach den §§ 13 und 14 anzuwenden.

***Absatz 10** regelt einen Bereich, der bislang in den Bundesländern auf der Basis von Modellversuchen praktiziert wurde. Grundlage ist die Bewertung des Gutachtens im Rahmen der Eignungsbegutachtung, dass der Betroffene zwar noch nicht geeignet ist, die Eignungsmängel aber durch die Teilnahme an einem bestimmten Kurs beseitigt werden können. ...*

Begr. zur ÄndVO v. 07.08.2002 (VkBl. 2002, 890):

In Absatz 6 wird die Mitteilungspflicht der Behörde an den Betroffenen aufgenommen, dass er die zu übersendenden Unterlagen einsehen kann. Dadurch soll auch für weniger rechtskundige Bürger deutlich gemacht werden, dass die Fahrerlaubnisbehörde zwar bestimmt, welche Unterlagen für die Begutachtung zur Ausräumung von Zweifeln übersandt werden müssen, der Antragsteller als Auftraggeber des Gutachtens aber zumindest die Gelegenheit erhalten muss, sich darüber zu informieren. Die Möglichkeit zur Einsichtnahme soll auch im Hinblick auf die allgemein akzeptierte Forderung zur Transparenz des Verwaltungshandelns angeboten werden.

Begr. zur ÄndVO v. 09.08.2004 (BR-Drucks. 305/04 v. 11.06.2004):

Zu Abs. 3 Satz 1 Nr. 4:

In der Fahrerlaubnis-Verordnung (FeV) fehlt eine Regelung, wonach die Fahrerlaubnisbehörde eine medizinisch-psychologische Untersuchung anordnen kann, wenn auf Grund von Verstößen gegen verkehrsrechtliche Vorschriften, die keine Straftaten darstellen, Eignungszweifel bestehen. Gerade beim Vorliegen einer Vielzahl von Ordnungswidrigkeiten oder der Teilnahme an illegalen Straßenrennen, die Zweifel an der charakterlichen Eignung begründen, muss jedoch im Hinblick auf den Verhältnismäßigkeitsgrundsatz auch die Anordnung einer medizinisch-psychologischen Untersuchung möglich sein.

Gem. § 46 Abs. 1 FeV ist die Fahrerlaubnis zu entziehen, wenn sich der Inhaber als ungeeignet zum Führen von Kraftfahrzeugen erweist. Das kommt insbesondere auch in Betracht, wenn erheblich oder wiederholt gegen verkehrsrechtliche Vorschriften verstoßen wurde. Steht also aufgrund einer Vielzahl von Verstößen gegen verkehrsrechtliche Vorschriften (wobei es sich auch um Ordnungswidrigkeiten handeln kann) die Nichteignung zur Überzeugung der Fahrerlaub-

nisbehörde fest, so hat sie die Fahrerlaubnis zu entziehen. Für die Fälle der bloßen Eignungszweifel besteht dagegen bisher keine Möglichkeit der Anordnung einer medizinisch-psychologischen Untersuchung. …

Begr. zur ÄndVO v. 18.07.2008 (VkBl. 2008, 566):

Zu Abs. 3 Satz 1 Eingangssatz:

Bislang fehlt es an einer gesetzlichen Regelung für die gutachterliche Überprüfung der besonderen Verantwortung im Sinn des § 11 Abs. 1 Satz 4. Diese Lücke wird durch diese Regelung geschlossen.

Zu Abs. 3 Satz 1 Nr. 4–7:

a) Begriff der Straftaten: Diese Vorschrift stellt bei Vorliegen vorwerfbarer Straftaten (Plural) unter den weiteren normierten Voraussetzungen die Anordnung einer medizinisch-psychologischen Untersuchung in das pflichtgemäße Ermessen der Fahrerlaubnisbehörde. Der baden-württembergische VGH hat vor längerer Zeit entschieden, dass dies auch bei Vorliegen nur einer, aber erheblichen Straftat möglich ist (VGH Mannheim, Beschl. v. 25.07.2001, Az: 10 S 614/00). Dies ist eine praxisgerechte Interpretation, die auch beim Vollzug dieser Vorschrift häufig Anwendung findet und deshalb auch in den Verordnungstext Eingang findet. Der Begriff »erheblich« ist hierbei nicht ohne weiteres mit »schwerwiegend« gleichzusetzen, sondern bezieht sich auf die Kraftfahreignung.

b) Straftaten im Zusammenhang mit dem Straßenverkehr: Der Große Senat für Strafsachen des Bundesgerichtshofs hat mit Beschluss vom 27.04.2005 (Az. GSSt 2/04) Folgendes entschieden: § 69 StGB bezweckt ausschließlich den Schutz der Sicherheit des Straßenverkehrs. Die strafgerichtliche Entziehung der Fahrerlaubnis wegen charakterlicher Ungeeignetheit bei Taten im Zusammenhang mit dem Führen eines Kraftfahrzeugs (§ 69 Abs. 1 Satz 1 Variante 2 StGB) setzt daher voraus, dass ein spezifischer Zusammenhang zwischen Anlasstat und Verkehrssicherheit besteht. Die Anlasstat muss tragfähige Rückschlüsse darauf zulassen, dass der Täter bereit ist, die Sicherheit des Straßenverkehrs seinen eigenen Interessen unterzuordnen. Danach ist es nicht mehr allein ausreichend, wenn der Täter wiederholt Straftaten unter Benutzung eines Kraftfahrzeuges – z.B. zum Beutetransport – begangen hat. Er weist dann zwar charakterliche Mängel auf, die aber allein den Schluss zulassen, dass er gerade für die Verkehrssicherheit gefährlich ist. Für die geforderte Prognose kann es jedoch genügen, dass der Angeklagte im Zusammenhang mit den Anlasstaten naheliegend mit einer Situation gerechnet hat oder rechnen musste, in der es zur Gefährdung oder Beeinträchtigung des Verkehrs kommen konnte, wobei auch sein in der einbezogenen Vorverurteilung gezeigtes Verhalten (riskante Fluchtfahrten aus Angst vor Entdeckung) zu berücksichtigen ist (BGH, Beschluss vom 31.05.2005, Az: 4 StR 85/03; wistra 2005, 337).

Ausgehend von der strafgerichtlichen Änderung der Rechtsprechung besteht die Gefahr, dass sich die verwaltungsgerichtliche Rechtsprechung dieser Tendenz wohl auch als Folge der gleichlautenden Formulierungen in § 69 StGB und § 11 Abs. 3 Nr. 4 FeV insoweit anschließt, als für die Geltendmachung von Fahreignungzweifeln und die Anordnung einer medizinisch-psychologischen Untersuchung (MPU) Anhaltspunkte herzuleiten seien, dass sich der Betreffende auch im Straßenverkehr nicht ordnungsgemäß verhalten werde. Bereits nach der Rechtsprechung des OVG Rheinland-Pfalz (Beschluss v. 16.03.1994 Az: 7 B 10161/94 und Urteil v. 11.04.2000, Az: 7 A 11670/99) müsse aufgezeigt werden, inwieweit sich aus der Straftat Anhaltspunkte dafür ergeben, dass sich der Betreffende im Straßenverkehr nicht mehr ordnungsgemäß verhalten werde. Dafür reiche es nicht aus, dass ein Pkw als Mittel zur Straftat benutzt worden sei.

Die frühere gegenteilige Rechtsprechung des Bundesverwaltungsgerichts (BVerwGE 11, 334) sei veraltet und überholt. Die vom OVG Rheinland-Pfalz geforderte Herleitung berücksichtigt die Unterscheide zwischen der verwaltungsrechtlichen Fahrerlaubnisentziehung und der strafrechtlichen Maßregel der Besserung und Sicherung des § 69 StGB nicht hinreichend. Auch ist die Erfüllung der gerichtlichen Vorgaben in der Praxis kaum möglich. Folglich könnte auch bei massiven Straftaten (Drogentransport per Kfz usw.), soweit sie kein Aggressionspotential beinhalten, keine Fahreignungsbegutachtung angeordnet werden. Dies ist bei dem ersichtlichen gestörten Regelverständnis der Täter keine hinzunehmende Tatsache.

Begr. zur ÄndVO v. 17.12.2010 (BR-Drucks. 580/10 v. 22.09.2010, S. 25 = VkBl. 2011, 82):

Zu Abs. 10 Satz 2:

Die Evaluation von am Markt angebotener Kurse zur Wiederherstellung der Kraftfahreignung nach § 70 haben für den Bereich der Entzugsfälle aufgrund des Punktesystems unbefriedigende Erfolgsergebnisse ergeben. Daher ist es nicht mehr gerechtfertigt ist, aufgrund einer alleinigen Teilnahme an einem derartigen Kurs die durch eine Begutachtungsstelle für Fahreignung festgestellten Eignungsmängel als behoben anzusehen und von der Wiederherstellung der Kraftfahreignung auszugehen ist.

Zur Anlage 4 (BR-Drucks. 580/10 v. 22.09.2010, S. 30 f. = VkBl. 2011, 84 f.):

Diese Vorschriften dienen der Umsetzung der Richtlinie 2009/112/EG und 2009/113/EG vom 25.08.2009 zur Änderung der Richtlinien 91/439/EWG und 2006/126/EG (2. und 3. Führerschein-Richtlinie). Da das Bestehen unterschiedlicher Anforderungen an die Fahrtüchtigkeit in verschiedenen Mitgliedstaaten die Freizügigkeit beeinträchtigen kann, hatte der Rat in seiner Entschließung vom 26.06.2000 ausdrücklich eine Überprüfung der gesundheitlichen Anforderungen im Rahmen der Führerscheinprüfung gefordert... Die o.g. EG-Richtlinien unterscheiden bei Zuckerkrankheit hinsichtlich der Fahreignung zwischen niedrigem und hohem Hypoglykämie-Risiko. Aus wissenschaftlicher Sicht sollten orale Antidiabetika mit niedrigem Hypoglykämie-Risiko wie eine Diät eingestuft werden. Die Ergänzung der Nummer 5.3 um diesen Zusatz dient der Klarstellung der Abtrennung von Fällen nach Nummer 5.4.

Da es außer Insulin noch andere Medikamente gibt, die ein hohes Hypoglykämie-Risiko beinhalten, ist eine Aufhebung der Spezifizierung in Nummer 5.4 notwendig. ...

Begr. zur ÄndVO v. 26.06.2012 (BR-Drucks. 245/12 v. 02.05.2012, S. 27 = VkBl. 2012, 592):

Durch die Forderung eines Führungszeugnisses wird der unbestimmte Rechtsbegriff »besondere Verantwortung bei der Beförderung von Fahrgästen gerecht wird« konkretisiert.

Begr. zur ÄndVO v. 16.04.2014 (BR-Drucks. 78714 v. 26.02.2014, S. 66 = VkBl. 2014, 433) zu Anlage 4a:

Die neue Anlage 4a ersetzt die bisherige Anlage 15 und wurde aufgrund der Arbeitsergebnisse der MPU-Reform angepasst. So soll klargestellt werden, dass Untersuchungen und Gutachten auf Basis der Begutachtungsleitlinien zur Kraftfahreignung zu erfolgen haben. Diese werden unter Federführung der BASt unter Beteiligung der jeweiligen Fachgesellschaften erarbeitet. Sie werden im Verkehrsblatt bekanntgemacht, treten jedoch jeweils erst dann in Kraft, wenn in der Fahrerlaubnis-Verordnung nach Zustimmung des Bundesrates ein entsprechender statischer Verweis aufgenommen wurde. ...

Grundlage für die Begutachtung sind die Begutachtungsleitlinien für Kraftfahreignung. Diese werden im Verkehrsblatt bekanntgemacht, treten jedoch jeweils erst dann in Kraft, wenn in der Fahrerlaubnis-Verordnung nach Zustimmung des Bundesrates ein entsprechender statischer Verweis aufgenommen wurde. …

Begr. zur ÄndVO v. 21.12.2016 zu Abs. 10 Satz 1 (BR-Drucks. 253/16):

Zur Klarstellung wird deutlich formuliert, dass nur Personen, die nicht Inhaber einer Fahrerlaubnis sind, an diesen Kursen teilnehmen können.

Begr. zur Zwölften Verordnung zur Änderung der Fahrerlaubnis-Verordnung und anderer straßenverkehrsrechtlicher Vorschriften zu § 11 Absatz 10 Nummer 4 FeV (BR-Drucks. 417/17 v. 07.07.2017):

Es soll hiermit insbesondere für die Betroffenen klargestellt werden, dass die zuständige Fahrerlaubnisbehörde Herrin des Verfahrens ist und somit eine Zustimmung nur vor Beginn einer Maßnahme erfolgen kann.

I. Zweck und Anwendungsbereich der Vorschrift/Subsidiarität gegenüber §§ 13, 14 FeV

3 § 11 FeV behandelt die »Eignung«, und zwar unmittelbar als Voraussetzung für den Erwerb einer Fahrerlaubnis. Für Aufklärungsmaßnahmen im Rahmen eines Entziehungsverfahrens gilt § 11 aber entsprechend (§ 46 Abs. 3 FeV), ebenso für das Führen fahrerlaubnisfreier Fahrzeuge (§ 3 Abs. 2 FeV). Im Hinblick auf Letzteres ist aber in der letzten Zeit berechtigte Kritik laut geworden: die Regelungen der FeV werden hier nicht als ausreichende Rechtsgrundlagen angesehen (siehe OVG Rheinland-Pfalz, Urt. v. 20.03.2024 – 10 A 10971/23.OVG und BayVGH, Urt. v. 17.04.2023 – 11 BV 22.1234: § 3 der Fahrerlaubnis-Verordnung regelt die Anforderungen an die Eignung zum Führen von fahrerlaubnisfreien Fahrzeugen nicht hinreichend bestimmt und kann daher als Rechtsgrundlage für behördliche Untersagungen nicht herangezogen werden. Zur Thematik siehe auch *Müller/Rebler*, Keine Rechtsgrundlage für die Untersagung des Führens fahrerlaubnisfreier Fahrzeuge?!, DAR 2023, 437).

4 Wesentlicher Inhalt der Vorschrift sind die Negativ-Abgrenzung, also die Beantwortung der Frage, wann Nichteignung vorliegt (die Vorschrift verweist hierzu auf die Anlagen 4 und 5 zur FeV) und die Auflistung von Möglichkeiten, die Eignung – in Form von Gutachten überprüfen zu lassen. Bei Alkohol- und Drogenproblematik gehen die spezielleren §§ 13 und 14 FeV vor (zu § 13 FeV VG Augsburg, Beschl. v. 01.10.2009 – Au 7 E 09.1387, juris; siehe auch BayVGH, Beschl. v. 09.02.2009 – 11 CE 08.3028, SVR 2009, 113: »§ 13 FeV enthält abschließende spezielle Regelungen zur Abklärung von Fahreignungszweifeln bei einer Alkoholproblematik. Ist keiner der Tatbestände des § 13 FeV einschlägig, scheidet ein Rückgriff auf die Ermessensvorschrift des § 11 Abs. 3 Satz 1 Nr. 9 FeV auch im Rahmen eines Verfahrens auf Neuerteilung der Fahrerlaubnis trotz § 20 Abs. 5 FeV aus, soweit es um die Abklärung von Eignungsfragen im Zusammenhang mit Alkohol geht.«). § 13 FeV ist aber jedenfalls in dem Fall nicht speziellere Vorschrift im Verhältnis zu § 11 Abs. 3 Satz 1 FeV, in dem es nicht nur um eine Alkoholproblematik, sondern auch um die charakterliche Eig-

nung des Fahrerlaubnisbewerbers geht, so z.B. bei der Anordnung zur Beibringung eines medizinisch-psychologischen Gutachtens nach § 11 Abs. 3 Satz 1 Nr. 5 FeV (VG Freiburg im Breisgau, Urt. v. 16.02.2011 – 3 K 1089/10, juris).

Zum Verhältnis von § 11 Abs. 3 FeV zu §§ 13, 14 FeV (Eignungszweifel Alkohol-, Drogen- und Arzneimittelproblematik) siehe auch VG Lüneburg, Beschl. v. 06.04.2018 – 1 B 90/17, zfs 2018, 356: 5

»Zwar wird allgemein angenommen, dass sowohl § 13 FeV als auch § 14 FeV eine Spezialvorschrift gegenüber § 11 FeV darstellt (vgl. BR-Drs. 443/98 S. 219, 260 f.), so dass sich die von der Fahrerlaubnisbehörde zu treffenden Maßnahmen zur Klärung von Eignungszweifeln wegen einer Alkohol-, Betäubungsmittel- oder Arzneiproblematik in erster Linie nach den Bestimmungen der §§ 13, 14 FeV richten (vgl. im Falle einer Alkoholproblematik: VGH Baden-Württemberg, Urt. v. 11.10.2017 – 10 S 746/17 –, juris Rn. 32 m.w.N.; Bayerischer VGH, Beschl. v. 9.2.2009 – 11 CE 08.3028 –, juris Rn. 15, 17). Hieraus kann aber nicht der Schluss gezogen werden, dass im Fall der Begehung von Straftaten mit Alkohol-, Betäubungsmittel- oder Arzneimittelbezug der Zugriff auf § 11 Abs. 3 FeV stets gesperrt wäre. Gegen diese Annahme spricht schon der grundsätzlich unterschiedliche – sich in einer entsprechenden Fragestellung niederschlagende – Untersuchungsgegenstand einer auf § 11 Abs. 3 FeV gestützten Gutachtenanordnung im Vergleich zu einer auf Grundlage von § 13 Satz 1 Nr. 2 FeV oder § 14 Abs. 2 FeV ergangenen Anordnung. So kann (und muss unter Umständen) die Behörde in Fällen, in denen sowohl (nicht im Zusammenhang mit einer Trunkenheitstat stehende) Zweifel an der charakterlichen Fahreignung vorliegen als auch der Verdacht einer Alkohol-, Drogen- oder Arzneimittelproblematik aufzuklären ist, eine Gutachtenanordnung sowohl auf § 11 Abs. 3 FeV als auch auf § 13 Satz 1 Nr. 2 FeV im Falle einer Alkoholproblematik oder § 14 Abs. 2 FeV im Falle einer Drogen- oder Arzneimittelproblematik stützen (vgl. VGH Baden-Württemberg, Urt. v. 11.10.2017, a.a.O., Rn. 32). Hier machte sich die Antragstellerin nicht allein eines Trunkenheitsdelikts nach § 316 StGB und einer Straßenverkehrsgefährdung infolge des Genusses anderer berauschender Mittel (§ 315c Abs. 1 Nr. 1 Buchst. a) StGB) schuldig, sondern machte sich daneben wegen unerlaubten Entfernens vom Unfallort (§ 142 Abs. 1 StGB) strafbar.

Allerdings darf bei der Auslegung gerade der Vorschriften des § 11 Abs. 3 Satz 1 Nr. 4 und 5 FeV nicht übersehen werden, dass zwischen den grundsätzlich verschiedenen Untersuchungsgegenständen des § 11 Abs. 3 FeV und der §§ 13 Satz 1 Nr. 2, 14 Abs. 2 FeV trotzdem – je nach Fallkonstellation nicht immer gleiche – Schnittmengen existieren. So lässt sich das im Rahmen eines medizinisch-psychologischen Gutachtens zu klärende Trennungsvermögen auch als Frage der charakterlichen Eignung im Sinne der Einhaltung des Verbots, ein Kraftfahrzeug in einem Zustand der alkohol-, drogen- oder arzneimittelbedingten Fahruntüchtigkeit zu führen, begreifen. Umgekehrt wird ein Gutachter bei einer auf § 11 Abs. 3 Satz 1 Nr. 4 FeV gestützten Untersuchung bei der Prognostizierung zukünftiger Verstöße gegen die Vorschriften des § 315c Abs. 1 Nr. 1 Buchst. a) StGB oder des § 316 Abs. 1 StGB zumindest die Frage des Trennungsvermögens ebenfalls in den Blick nehmen dürfen. Dementsprechend wird man gerade die Vorschriften des § 11 Abs. 3 Satz 1 Nr. 4 und 5 FeV nicht so auslegen dürfen, dass hierdurch die Wertung des Verordnungsgebers, bei bestimmten alkohol-, drogen- oder arzneimittelbedingten Verstößen gegen Verkehrsvorschriften von der (zwingenden) Einholung eines medizinisch-psychologischen Sachverständigengutachtens abzusehen, umgangen wird. Zu berücksichtigen sind diese Gesichtspunkte im Rahmen des von der Behörde nach § 11 Abs. 3 Satz 1 FeV auszuübenden Ermessens«.

6 Für die Beurteilung des **Sehvermögens** trifft § 12 FeV mit dem Sehtest Spezialregelungen. Die Vorschrift beschränkt sich aber auf den Normalfall der Erteilung einer Fahrerlaubnis, bezieht sich also auf Konstellationen, bei der keine »sonstigen« Anhaltspunkte für Zweifel am Sehvermögen vorliegen. Sind bspw. Untersuchungen nötig, die über die Überprüfung der zentralen Tagessehschärfe hinausgehen, kann ein augenärztliches Gutachten nach § 12 Abs. 8 Satz 2 FeV erforderlich werden, für deren Erstellung nach § 12 Abs. 8 Satz 2 die Vorschriften der Absätze 5 bis 8 des § 11 FeV entsprechend gelten (siehe hierzu VG Ansbach, Urt. v. 31.07.2015 – AN 10 K 14.00237, juris).

7 Rechtsgrundlage für die Anordnung eines ärztlichen Gutachtens zur Klärung der Frage, ob bei dem Betroffenen aufgrund der bestimmungsgemäßen Einnahme betäubungsmittelhaltiger psychoaktiver Arzneimittel Leistungseinschränkungen oder sonstige Fahreignungsmängel vorliegen, ist aber § 11 Abs. 2 Satz 1 FeV. Die Vorschrift des § 14 Abs. 1 Satz 1 Nrn. 3 und 4 FeV, die zwingend die Anordnung eines ärztlichen Gutachtens vorschreibt, ist lediglich bei dem Verdacht der missbräuchlichen Einnahme von psychoaktiv wirkenden Arzneimitteln einschlägig (VGH Baden-Württemberg, Urt. v. 11.08.2015 – 10 S 444/14, juris).

II. Eignung und Befähigung als Grundvoraussetzungen für die Teilnahme am Straßenverkehr

8 Wer eine Fahrerlaubnis erwerben will, muss zum Führen eines Kraftfahrzeugs geeignet und befähigt sein (§ 2 Abs. 2 Satz 1 Nr. 3 und Nr. 5 StVG). Erweist sich dann der Inhaber einer Fahrerlaubnis als ungeeignet zum Führen von Kraftfahrzeugen, hat ihm die Fahrerlaubnisbehörde die Fahrerlaubnis zu entziehen (§ 46 Abs. 1 Satz 1 FeV). Ist er nur noch bedingt geeignet, schränkt die Fahrterlaubnisbehörde die Fahrerlaubnis ein (§ 46 Abs. 2 Satz 1 FeV). Für fahrerlaubnisfreie Fahrzeuge enthält § 3 Abs. 1 Satz 1 FeV entsprechende Aussagen.

9 »Eignung« und »Befähigung« sind also zentrale Begriffe des Fahrerlaubnisrechts. Dabei wurde die Unterscheidung zwischen den beiden Begriffen erst mit Änderungsgesetz vom 24.04.1998 (VkBl. 1998, 787) eingeführt. Bis dahin umfasste der Begriff der »Eignung« zum Führen von Kraftfahrzeugen sowohl die Eignung in körperlicher und geistiger sowie charakterlicher Hinsicht als auch die Befähigung.

10 »**Geeignet**« zum Führen eines Fahrzeugs ist dabei derjenige, der ein Fahrzeug führen will, dieser Aufgabe in körperlicher, psychischer und charakterlicher Hinsicht auch gewachsen ist. Nach der Legaldefinition in § 2 Abs. 4 StVG ist geeignet zum Führen von **Kraftfahrzeugen**, wer die notwendigen körperlichen und geistigen Anforderungen erfüllt und nicht erheblich gegen verkehrsrechtliche Vorschriften oder gegen Strafgesetze verstoßen hat. Die Eignung wird vom Gesetz positiv als Voraussetzung für die Erteilung der Fahrerlaubnis gefordert. Kann die Eignung nicht festgestellt werden, geht dies zu Lasten des Verkehrsteilnehmers (*Dauer*, in: Hentschel/König/Dauer, § 2 StVG Rn. 41). Bei Erteilung oder Neuerteilung der Fahrerlaubnis besteht keine Eignungsvermutung, d.h. die Erteilung der FE ist zu versagen, wenn die Eignung nicht

positiv festgestellt werden kann (OVG Nordrhein-Westfalen, Beschl. v. 11.04.2017 – 16 E 132/16, NZV 2017, 447). Die Eignung wird bei Bewerbern um eine Fahrerlaubnis der Klassen A und B (Pkw und Krafträder) aber nicht ohne besonderen Anlass gesondert überprüft – hier findet nur ein Sehtest statt (§ 12 Abs. 2 Satz 1 FeV); es besteht insofern keine Nachweispflicht (*Dauer*, in: Hentschel/König/Dauer, § 2 StVG Rn. 41). Für die Klassen C, C1, D, D1 und den zugehörigen Anhängerklassen E sowie der Fahrerlaubnis zur Fahrgastbeförderung sind Eignungsuntersuchungen nach Anlage 5 zur FeV durchzuführen. Ansonsten ist die Eignungsüberprüfung immer **anlassbezogen**, d.h. es müssen konkrete Zweifel an der Geeignetheit eines Betroffenen vorliegen (Abs. 2 Satz 1).

Dagegen umfasst die **Befähigung** allgemein die für eine Tätigkeit notwendigen spe- 11
zifischen Kenntnisse, Fähigkeiten und Fertigkeiten sowie die sonstigen Eigenschaften, die sich aus einer entsprechenden Ausbildung und einer gewissen Erfahrung ergeben – also etwas »Erworbenes«. Bezogen auf die ordnungsgemäße Teilnahme am Straßenverkehr sind dies die Kenntnis der Verkehrsregeln und die Beherrschung des Fahrzeugs. Befähigt zum Führen von Kraftfahrzeugen ist, wer

1. ausreichende Kenntnisse der für das Führen von Kraftfahrzeugen maßgebenden gesetzlichen Vorschriften hat,
2. mit den Gefahren des Straßenverkehrs und den zu ihrer Abwehr erforderlichen Verhaltensweisen vertraut ist,
3. die zum sicheren Führen eines Kraftfahrzeugs, gegebenenfalls mit Anhänger, erforderlichen technischen Kenntnisse besitzt und zu ihrer praktischen Anwendung in der Lage ist und
4. über ausreichende Kenntnisse einer umweltbewussten und energiesparenden Fahrweise verfügt und zu ihrer praktischen Anwendung in der Lage ist.

Die Befähigung zum Führen von Kraftfahrzeugen ist in einer theoretischen und prak- 12
tischen Prüfung nachzuweisen (§ 2 Abs. 2 Satz 1 Nr. 5 StVG).

Zweifel an der Befähigung zum Führen von Kraftfahrzeugen und an der Eignung 13
können sich überlappen (BayVGH, Beschl. v. 24.01.2022 – 11 CS 21.1897, SVR 2022, 198). Der BayVGH weiter: »Denn praktische Fahrfertigkeiten stellen einerseits einen wichtigen Teilbereich der Eignung dar (vgl. BVerwG, U. v. 17.9.1987 – 7 C 79.86 – NJW 1988, 925 = juris Rn. 12), erscheinen andererseits aber auch als Teil der Fähigkeit, die zum sicheren Führen von Kraftfahrzeugen erforderlichen Kenntnisse praktisch anzuwenden, und damit der in § 2 Abs. 5 StVG umschriebenen Befähigung (vgl. auch BayVGH, B. v. 23.6.2016 – 11 CS 16.907 – juris Rn. 20 f.; OVG Bremen, a.a.O. Rn. 7; Koehl, SVR 2019, 476/479). Zugleich liegt auf der Hand, dass mangelnde Befähigung ihre Ursache in einer Erkrankung haben kann, die (auch) zur körperlichen oder geistigen Ungeeignetheit zum Führen von Kraftfahrzeugen führt. Daher stand der Anordnung eines Gutachtens über die Befähigung zum Führen von Kraftfahrzeugen nach § 46 Abs. 4 FeV nicht entgegen, dass die der Fahrerlaubnisbehörde vorliegenden Tatsachen es möglicherweise zugleich erlaubt hätten, auf der Grundlage des § 11 Abs. 2 FeV die Beibringung eines ärztlichen Gutachtens über die Eignung anzuordnen, woran sich ggf. ebenfalls die Anordnung eines Gutachtens eines

amtlich anerkannten Sachverständigen oder Prüfers für den Kraftfahrzeugverkehr, allerdings nach § 11 Abs. 4 Nr. 1 FeV, hätte anschließen können (vgl. dazu Rebler, SVR 2018, 125/128 f.; BayVGH, B. v. 9.7.2012 – 11 ZB 12.1052 – juris Rn. 48; B. v. 23.11.2011 – 11 CS 2067 – juris Rn. 14; Nr. 3.12.3 der Begutachtungsleitlinien zur Kraftfahreignung vom 27.1.2014 [Verkehrsblatt S. 110] in der Fassung vom 28.10.2019 [Vkbl S. 775]). Weder dem Straßenverkehrsgesetz noch der Fahrerlaubnis-Verordnung kann insoweit eine Rangfolge entnommen werden.«

14 Bei der Frage, ob jemand geeignet ist, handelt es sich zwar um eine personenbezogene Prüfungsentscheidung (BayVGH, Beschl. v. 10.11.2009 – 11 CS 09.2426, BayVBl. 2009, 111). »Eignung« ist hier aber ein unbestimmter Rechtsbegriff ohne Beurteilungsspielraum, der von den Verwaltungsgerichten voll überprüft werden kann (VG Bayreuth, Urt. v. 14.08.2015 – B 1 K 13.708, juris); denn es lässt sich im Wege der Auslegung mit hinreichender Genauigkeit ermitteln, was darunter zu verstehen ist (*Geiger*, SVR 2009, 41). Das ist im Fahrerlaubnisrecht anders als in anderen Rechtsbereichen, in denen auch der Begriff »Eignung« verwendet wird (z.B. im Beamtenrecht). Ein Beurteilungsspielraum ergibt sich nämlich nicht – sozusagen von sich heraus – aus der Verwendung eines bestimmten Begriffes. Nur soweit der Gesetzgeber der Verwaltung eine »Bandbreite jeweils rechtmäßiger Entscheidungen« einräumt, kann ein Beurteilungsspielraum bestehen (*Schwerdtfeger*, Rn. 79). Entscheidend ist also die (durch den Gesetzgeber geschaffene) Regelungsdichte in einem bestimmten Bereich- und die ist im Fahrerlaubnisrecht mit seinen sozialen Massenphänomenen nun einmal sehr hoch. Was der Gesetzgeber vom Verkehrsteilnehmer erwartet, damit dieser als »geeignet« anzusehen ist, ist Gegenstand vieler Regelungen: unmittelbar mit der »Eignung und bedingten Eignung zum Führen von Kraftfahrzeugen« befasst sich bspw. die Anlage 4 zur FeV, mittelbar wird die charakterliche Eignung durch das Fahreignungs-Bewertungs-System überprüft.

15 Eine andere – bisher noch nie gestellte – Frage ist es allerdings, ob der Gesetzgeber mit »Eignung« nicht zu viel verlangt. Denn eine »Eignung« bezieht sich (positiv) auf die Erfüllung individueller Anforderungen: »geeignet« ist, wer gerade für eine bestimmte Aufgabe »der (oder die) Richtige« ist. Die Anforderungen im Straßenverkehr sind aber typisiert, es geht um nichts Anderes als um Zuverlässigkeit (im sicherheitsrechtlichen Sinne), besser: um den Ausschluss von Unzuverlässigkeit. Dies wird aber in den übrigen Materien des (allgemeinen und speziellen) Sicherheitsrechts auch ohne den massiven Eingriff einer psychologischen Begutachtung überprüft.

III. Die körperliche/gesundheitliche Nichteignung (Abs. 1 Satz 2)

16 § 11 Abs. 1 Satz 1 wiederholt die Formulierung von § 2 Abs. 4 Satz 1 StVG in Bezug auf die körperliche und geistige Eignung zum Führen von Kfz. Absatz 1 Satz 2 stellt konkretisierend klar, dass die Anforderungen insbesondere dann nicht erfüllt sind, wenn eine Erkrankung oder ein Mangel nach Anlage 4 oder 5 vorliegt, wodurch die Eignung oder die bedingte Eignung zum Führen von Kfz ausgeschlossen wird (*Dauer*, in: Hentschel/König/Dauer, § 11 FeV Rn. 19).

Für die Beurteilung, ob jemand körperlich/gesundheitlich geeignet ist, ein Kraftfahrzeug zu führen, sind insbesondere die Anlagen 4 und 5 zur FeV heranzuziehen (Abs. 1 Satz 2). 17

Anlage 4 (»Eignung und bedingte Eignung zum Führen von Kraftfahrzeugen«) und Anlage 5 (»Eignungsuntersuchungen für Bewerber und Inhaber der Klassen C, C1, D, D1 und der zugehörigen Anhängerklassen E sowie der Fahrerlaubnis zur Fahrgastbeförderung«) sind integrale Bestandteile der FeV und damit Gesetze im materiellen Sinne, an die sowohl Verwaltung als auch Rechtsprechung gebunden sind (BayVGH, Beschl. v. 24.11.2008 – 11 CS 08.2665, juris; BayVGH, Urt. v. 15.01.2013 – 11 B 11.1726, juris). Die Anlage 4 ist »für den Sachverständigen jedoch nicht ohne die Begutachtungs-Leitlinien zur Kraftfahreignung … verständlich, welche die fachliche Basis für die rechtliche Bewertung bestimmter Störungsbilder liefert.« (*Brenner-Hartmann*, in: Madea/Mußhoff/Berghaus, B 1.6.3, S. 218). 18

Nach Anlage 4a (»Grundsätze für die Durchführung der Untersuchungen und die Erstellung der Gutachten«) sind Grundlage für die Beurteilung der Eignung die Begutachtungs-Leitlinien für Kraftfahreignung vom 27.01.2014 (VkBl. S. 110) in der Fassung vom 17.02.2021 (VkBl. S. 198). Durch die Verankerung der Begutachtungsleitlinien in der Fahrerlaubnisverordnung (FeV, Anlage 4a) zum 01.05.2014 und durch die Veröffentlichung im Verkehrsblatt vom Februar 2014 haben die Leitlinien normativen Charakter erhalten (*Bundesanstalt für Straßenwesen – BASt*, Begutachtungsleitlinien zur Kraftfahreignung – Hintergrund und Stellenwert (https://www.bast.de/DE/Verkehrssicherheit/Fachthemen/U1-BLL/BLL_node.html [aufgerufen am 01.07.2024]). Als Entscheidungsgrundlage für medizinisch-psychologische Gutachten bei den Hauptfragestellungen (*Brenner-Hartmann*, in: Madea/Mußhoff/Berghaus, B 1.6.3 Tab. B1.14, S. 219) dienen dem Gutachter die (rechtlich unverbindlichen) »Beurteilungskriterien zur Kraftfahrereignung«. Die Anlage 4a (»Grundsätze für die Durchführung der Untersuchung und die Erstellung der Gutachten«) legt u.a. fest, 19

- welche Grundsätze bei der Durchführung der **Untersuchung** zu beachten sind
- welche Grundsätze bei der Erstellung des **Gutachtens** zu beachten sind
- dass **Personen**, die mit Unternehmen oder Institutionen vertraglich verbunden sind, die Kurse zur Wiederherstellung der Kraftfahreignung anbieten, **nicht auch MPU-Gutachten erstellen dürfen** (Interessenkollision)
- welche **Anforderungen Befunde** erfüllen müssen.

Anlage 4 und Anlage 5 sind allerdings nicht abschließend (siehe amtl. Begr. VkBl. 1998, 1067), weder hinsichtlich der Eignung noch in Bezug auf die Bewertung der Eignung (*Dauer*, in: Hentschel/König/Dauer, § 11 FeV Rn. 19). Das geht bereits aus dem Wortlaut des § 11 Abs. 1 Satz 2 FeV hervor (»insbesondere«). Auch Nr. 3 der Vorbemerkung zur Anlage 4 spricht davon, dass »die nachstehend vorgenommenen Bewertungen … für den Regelfall« gelten. Kompensationen seien möglich. 20

Bei nachgewiesener Ungeeignetheit ist eine Fahrerlaubnis zu entziehen oder ein Antrag auf Erteilung einer Fahrerlaubnis zu versagen, ohne dass eine Verhältnismäßigkeitsprüfung stattfinden würde. Nur wenn die Behörde einen Ermessens- oder Beurteilungsspielraum hat, nicht auch im Rahmen der Anwendung bindender Vor- 21 schriften, hat die Behörde den Verhältnismäßigkeitsgrundsatz zu beachten (VG Augsburg, Beschl. v. 22.05.2007 – Au 3 S 07.00518, BeckRS 2007, 34885).

IV. Das »Vorliegen« eines Mangels – Dauer (Abs. 1 Satz 2)

22 Zum »Vorliegen eines Mangels« führt das OVG Mecklenburg-Vorpommern (Beschl. v. 28.01.2013 – 1 M 97/12, Blutalkohol 50 [2013], 141 – bezogen auf Alkoholproblematik), aus: »Ausdrückliche normative Vorgaben, wie lange ein festgestellter Mangel im Sinne von § 46 Abs. 1 Satz 2 FeV »vorliegt«, existieren nicht. Allerdings enthält Nr. 9.5 Anlage 4 FeV die Aussage, dass zur Wiedererlangung der Eignung im Regelfall eine einjährige Abstinenz nach Entgiftung und Entwöhnung erforderlich ist. Daraus könnte bei systematischer Auslegung gefolgert werden, dass – jedenfalls in aller Regel – ein festgestellter Eignungsmangel solange fortbesteht, bis zumindest eine einjährige durchgängige Abstinenz nachgewiesen ist, wobei den Betroffenen eine entsprechende Nachweisobliegenheit trifft (vgl. VGH München, Beschl. v. 09.05.2005 – 11 CS 04.2526 –, BayVBl. 2006, 18 – zitiert nach juris; VGH Mannheim, Urteil vom 13.09.2003 – 10 S 1917/02 –, ZfS 2004, S. 93, 96). Eine kürzere Dauer der Abstinenz bzw. eines Abstinenznachweises wäre danach für die Wiedererlangung der Kraftfahrereignung nur dann als ausreichend anzusehen, wenn besondere Umstände in der Person des Betroffenen gegeben sind (insbesondere Kompensationen der Wirkungen des Betäubungsmittelkonsums durch besondere menschliche Veranlagung, durch Gewöhnung, durch besondere Einstellung oder durch besondere Verhaltenssteuerungen und -umstellungen, vgl. Vorbemerkung Nr. 3 Anlage 4 zur FeV). Im Fahrerlaubnisentziehungsverfahren obliegt es dabei grundsätzlich zunächst dem Fahrerlaubnisinhaber, das Bestehen solcher atypischen Umstände in seiner Person substantiiert darzulegen (vgl. VGH Mannheim, Urteil vom 30.09.2003 – 10 S 1917/02 –, ZfS 2004, S. 93, 96; vgl. zum Ganzen OVG Greifswald, Beschl. v. 19.03.2004 – 1 M 2/04 –, juris). Demgegenüber wird allerdings mit guten Argumenten auch der Standpunkt eingenommen, dass Nr. 9.5 Anlage 4 FeV nur auf Fälle einer festgestellten Abhängigkeit von Betäubungsmitteln angewendet werden könne und die Beantwortung der Frage, welche Dauer einer Verhaltensänderung zu fordern sei, wenn keine Abhängigkeit vorgelegen hat, demzufolge von einer individuellen gutachterlichen Bewertung des vorangegangenen Konsumverhaltens und der Persönlichkeit des Betroffenen abhänge (vgl. VG Potsdam, Beschl. v. 19.10.2007 – 10 L 703/07 –, Blutalkohol 45, 152 – zitiert nach juris).«

V. Die charakterliche Nichteignung (Abs. 1 Satz 3)

1. Grundsätzliches

23 Weder im StVG noch in der FeV ist die charakterliche Eignung eines Verkehrsteilnehmers direkt angesprochen.

24 Sie wird in § 2 Abs. 4 StVG und § 11 Abs. 1 Satz 3 FeV lediglich mittelbar negativ dahingehend definiert, dass der Bewerber nicht erheblich oder nicht wiederholt

gegen verkehrsrechtliche Vorschriften oder gegen Strafgesetze verstoßen haben darf (VG Cottbus, Beschl. v. 24.07.2013 – VG 1 L 150/13, juris).

Die Kraftfahreignung beurteilt sich auf der Grundlage einer umfassenden Würdigung der Gesamtpersönlichkeit des Kraftfahrers nach Maßgabe seiner Gefährlichkeit für den Straßenverkehr. Dabei sind sämtliche im Einzelfall bedeutsamen Umstände heranzuziehen, die Aufschluss über die körperliche, geistige und charakterliche Eignung eines Fahrerlaubnisinhabers geben können. Insbesondere bei der charakterlichen Eignung kommt eine Vielzahl von Tatsachen und persönlichen Merkmalen in Betracht, wie Art, Umstände und Anzahl der bereits begangenen verkehrsrechtlichen oder auch nicht verkehrsrechtlichen Straftaten und sonstigen Verfehlungen, das Alter, die persönlichen und familiären Verhältnisse, etwaige Alkohol- oder Drogenauffälligkeiten und anderes mehr (BVerwG, Urt. v. 20.02.1987 – 7 C 87/84, VRS 72, 393). Bei Straftaten muss auch aufgezeigt werden, inwieweit sich aus der Straftat Anhaltspunkte dafür ergeben, dass sich der Betreffende auch im Straßenverkehr nicht ordnungsgemäß verhalten wird (BayVGH, Beschl. v. 08.10.2009 – 11 CS 09.1891, 11 C 09.1888, juris; VG Cottbus, Beschl. v. 24.07.2013 – VG 1 L 150/13, juris). 25

Voraussetzung für die charakterliche Eignung zum Führen von Kraftfahrzeugen ist die charakterlich gefestigte Bereitschaft des Kraftfahrzeugführers, diejenigen Regeln und Normen des menschlichen Zusammenlebens einzuhalten, die dem Schutz der Interessen und insbesondere der Sicherheit jedes einzelnen dienen (VG Berlin, Beschl. v. 31.01.2002 – 11 A 286.02, NZV 2002, 338). 26

Verkehrsverstöße, die im Verwarnungsverfahren gerügt werden können, bleiben grundsätzlich bei der Prüfung der Eignung eines Kraftfahrers unberücksichtigt (BVerwG, Urt. v. 18.05.1973 – VII C 12/71, NJW 1973, 1992). Eine Ausnahme von diesem Grundsatz liegt aber vor, wenn ein Kraftfahrer selbst nach Ahndung durch eintragungsfähige Bußgeldbescheide die Vorschriften des ruhenden Verkehrs hartnäckig missachtet (BVerwG, Urt. v. 17.12.1976 – VII C 57/75, NJW 1977, 1212). 27

Ein Kraftfahrer, der offensichtlich nicht willens ist, auch bloße Ordnungsvorschriften, die im Interesse eines geordneten, leichten und ungefährdeten Verkehrs geschaffen sind, einzuhalten, und der solche Vorschriften hartnäckig missachtet, ist zum Führen von Kraftfahrzeugen nicht geeignet. Dies gilt auch, wenn die Verstöße lediglich mit einem Verwarngeld belegt wurden. Ein Kraftfahrer ist jedenfalls dann zum Führen von Kraftfahrzeugen ungeeignet, wenn er binnen eines Jahres mindestens 174 Verkehrsordnungswidrigkeiten, davon mindestens 159 Parkverstöße, begeht. Besonderes Gewicht gewinnen Parkverstöße, wenn sie vornehmlich im direkten Umfeld der Wohnung des Kraftfahrers stattgefunden haben. Der Kraftfahrer stellt mit diesem Verhalten seine Interessen über die Interessen anderer Verkehrsteilnehmender (VG Berlin, Urt. v. 28.10.2022 – VG 4 K 456/21, BeckRS 2022, 32821). 28

Siehe hierzu auch die Ausführungen gleich im Anschluss. 29

2. Abgrenzung zum Fahreignungs-Bewertungs-System bei charakterlich ungeeigneten Verkehrsteilnehmern

30 Zum Schutz vor Gefahren, die von (charakterlich ungeeigneten) Inhabern einer Fahrerlaubnis ausgehen, die wiederholt gegen die die Sicherheit des Straßenverkehrs betreffenden straßenverkehrsrechtlichen oder gefahrgutbeförderungsrechtlichen Vorschriften verstoßen, hat die Fahrerlaubnisbehörde Maßnahmen nach dem Fahreignungs-Bewertungssystem zu ergreifen (§ 4 Abs. 1 Satz 1 StVG). (Eigentlich) hat damit das Fahreignungs-Bewertungssystem (a.F.: Punktsystem) innerhalb der Regelungen des Fahrerlaubnisrechts die Aufgabe, die Allgemeinheit vor der Gefährdung durch mehrfach mit Verkehrsverstößen auffällig gewordenen Kraftfahrzeugführern oder -haltern zu schützen (VGH Baden-Württemberg, Urt. v. 09.01.2007 – 10 S 1386/06, VRS 112, 394).

31 Das Fahreignungs-Bewertungssystem beinhaltet die Bewertung von Verkehrszuwiderhandlungen (Straftaten und Ordnungswidrigkeiten) mit einer nach Art und Schwere der Verstöße festgelegten Punktzahl und das Ergreifen abgestufter Maßnahmen der Fahrerlaubnisbehörde bei Erreichen oder Überschreiten bestimmter Punkteschwellen. Es bezweckt eine Vereinheitlichung der Behandlung von Mehrfachtätern und soll dem Betroffenen Gelegenheit geben, aufgetretene Mängel durch Fahreignungsseminare frühzeitig zu beseitigen. Das abgestufte und transparente System rechtfertigt die Annahme, dass Personen, die 8 Punkte (a.F.: 18 Punkte) oder mehr erreicht haben, als ungeeignet zum Führen von Kraftfahrzeugen anzusehen sind. Aus dem Fahreignungs-Bewertungssystem ergibt sich aber auch, dass der Gesetzgeber bewusst die weitere Straßenverkehrsteilnahme von Kraftfahrern mit einem nicht unerheblichen »Sündenregister« in Kauf genommen und die Entziehung der Fahrerlaubnis von der zuvor eingeräumten Möglichkeit, Angebote und Hilfestellungen (siehe hierzu auch VG München, Beschl. v. 06.03.2008 – M 6a S 08.722, DAR 2008, 283) wahrzunehmen, abhängig gemacht hat (VGH Baden-Württemberg, Beschl. v. 05.05.2014 – 10 S 705/14, juris; BayVGH, Beschl. v. 02.06.2003 – 11 CS 03.743, juris).

32 Eine Abweichung davon ist aber möglich nach § 4 Abs. 1 Satz 3 StVG. Danach ist das Fahreignungs-Bewertungssystem nicht anzuwenden, wenn sich die Notwendigkeit früherer oder anderer die Fahreignung betreffender Maßnahmen nach den Vorschriften über die Entziehung der Fahrerlaubnis nach § 3 Abs. 1 StVG oder aufgrund der FeV ergibt.

33 Durch die Abweichung vom Fahreignungs-Bewertungssystem auf der Grundlage von § 4 Abs. 1 Satz 2 StVG wird im öffentlichen Interesse sichergestellt, dass ungeeignete Kraftfahrer schon vor Erreichen von 8 Punkten im Fahreignungsregister von der Teilnahme am motorisierten Straßenverkehr wirksam ausgeschlossen werden können oder besondere Eignungszweifel durch weitergehende Maßnahmen, wie z.B. eine medizinisch-psychologische Untersuchung, sofort geklärt werden können. Ein Verlassen des Fahreignungs-Bewertungssystems auf der Grundlage des § 4 Abs. 1 Satz 2 StVG muss aber die Ausnahme bleiben und vom Vorliegen besonderer Gründe abhängen. Durch das Fahreignungs-Bewertungssystem hat der Gesetzgeber nämlich deutlich gemacht, dass mit Punkten bewertete Verkehrsverstöße grundsätzlich noch keine Eignungsüber-

prüfung auslösen sollen, sondern dass in der Regel das Instrumentarium des § 4 StVG anzuwenden ist (OVG Rheinland-Pfalz, Beschl. v. 27.05.2009 – 10 B 10387/09.OVG, DAR 2009, 478). Maßnahmen außerhalb des Fahreignungs-Bewertungssystems wie die Entziehung der Fahrerlaubnis oder zumindest die Anordnung zur Beibringung eines Eignungsgutachtens sind deshalb nur in besonderen Ausnahmekonstellationen zulässig, wenn ein Fahrerlaubnisinhaber bspw. durch die beharrliche und häufige Begehung von -isoliert betrachtet auch nicht gewichtigen – Verkehrszuwiderhandlungen oder durch einen erheblichen Verkehrsverstoß verkehrsauffällig geworden ist und sich aus einem derartigen Verhalten Fahreignungsmängel oder zumindest Eignungsbedenken in charakterlicher Hinsicht ableiten lassen. Es müssen besondere Gründe dafür vorliegen, dass es im konkreten Fall auch ohne Erreichen von 8 Punkten und abweichend von der grundsätzlichen Linie des § 4 StVG nicht verantwortet werden kann, weitere Delikte des Fahrerlaubnisinhabers »abzuwarten« und ihm »Angebote« des Gesetzgebers (Punkteabbau, Fahreignungsseminar) zu gewähren, sondern ihm außerhalb des Fahreignungs-Bewertungs-Systems seine Fahrerlaubnis zu entziehen oder zumindest die Beibringung eines Gutachtens zur Klärung von Eignungszweifeln anzuordnen (VG München, Beschl. v. 06.03.2008 – M 6a S 08.722, DAR 2008, 283.) Die Fahrerlaubnisbehörde muss dabei im Einzelnen unter Auswertung aller konkreten Umstände näher begründen, warum sie aus besonderen Gründen im Einzelfall, der sich erheblich vom Normalfall sonstiger Verkehrsteilnehmer mit einem Punktestand abheben muss, aufgrund einer Würdigung der Gesamtpersönlichkeit des Kraftfahrers oder wegen der Art, der Häufigkeit oder des konkreten Hergangs der Verkehrsverstöße Eignungsbedenken hegt, die sofortige weitergehende Aufklärungsmaßnahmen etwa durch eine medizinisch-psychologische Untersuchung gebieten, ohne dem Betroffenen die Chance zu belassen, zuvor die abgestuften Hilfsangebote des § 4 StVG wahrzunehmen (VGH Baden-Württemberg, Beschl. v. 05.05.2014 – 10 S 705/14, juris). Wird die Beibringung eines medizinisch-psychologischen Gutachtens gefordert, sind die Anforderungen an die Umstände, die ausnahmsweise ein Abrücken vom Punktesystem ermöglichen, allerdings auch nicht zu überspannen, da die von der Fahrerlaubnisbehörde ergriffene Maßnahme zur Aufklärung der Eignungszweifel in ihrer Eingriffsintensität deutlich hinter der unmittelbaren Entziehung der Fahrerlaubnis zurückbleibt (OVG Schleswig-Holstein, Beschl. v. 04.01.2023 – 5 LA 200/20, juris).

Eine derartige, das Verlassen des Fahreignungs-Bewertungssystems rechtfertigende 34
Ausnahme liegt nach dem VGH Baden-Württemberg (Beschl. v. 05.05.2014 – 10 S 705/14, juris) insbesondere dann vor, wenn der Fahrerlaubnisinhaber nach einer vorher erfolgten Entziehung der Fahrerlaubnis nach dem Fahreignungs-Bewertungssystem, der Vorlage eines positiven medizinisch-psychologischen Gutachtens und der Neuerteilung binnen kurzer Zeit, in rascher Folge erhebliche Zuwiderhandlungen im Straßenverkehr begeht.

Auch nach dem BayVGH (Beschl. v. 07.02.2012 – 11 CS 11.2708, juris; siehe 35
zur Thematik auch noch OVG Nordrhein-Westfalen, Beschl. v. 10.12.2010 – 16 B 1392/10, NJW 2011, 1242) ist unabhängig von der jeweiligen Punktzahl in einem solchen Fall die Fahrerlaubnis zu entziehen. Wiegen aber die neuerlichen Zuwiderhandlungen weniger schwer oder ist der zeitliche Abstand zwischen ihnen weniger

eng, ist in solchen Fällen nicht (schon) von der feststehenden fehlenden Fahreignung auszugehen, sondern (nur) vom Bestehen begründeter Fahreignungszweifel. Die Fahrerlaubnisbehörde kann dann im Rahmen des ihr von § 11 Abs. 3 Satz 1 Nr. 4 FeV eingeräumten Ermessens die Beibringung eines medizinisch-psychologischen Gutachtens verlangen. Dabei muss sie allerdings erkennen lassen, dass es im jeweiligen Einzelfall gerechtfertigt ist, nicht (nur) nach den grundsätzlich vorrangigen Maßnahmen, die das Fahreignungs-Bewertungssystem erlaubt, vorzugehen, sondern eine medizinisch-psychologische Untersuchung zu verlangen (BayVGH, Beschl. v. 07.02.2012 – 11 CS 11.2708, juris).

36 Ein besonderer Grund zum Abweichen von den starren Vorgaben des Fahreignungs-Bewertungssystems liegt bei Aggressionsstraftätern vor. Besteht bei einem Fahrerlaubnisinhaber nämlich ein hohes Aggressionspotenzial, das erwarten lässt, dass er sich im Straßenverkehr unbeherrscht und die Verkehrssicherheit gefährdend verhält, kommt es nicht darauf an, ob und gegebenenfalls wie viele Punkte aufgrund seines Verhaltens in der Vergangenheit im Fahreignungsregister eingetragen worden sind. Ein derartiger charakterlicher Mangel wiegt so schwer, dass nicht abgewartet werden kann, bis er sich in tatsächlich bekannt gewordenen und geahndeten Verkehrsverstößen in so ausreichender Zahl und im erforderlichen zeitlichen Zusammenhang niederschlägt, welche die Entziehung der Fahrerlaubnis im Rahmen des Fahreignungs-Bewertungssystems rechtfertigen (BayVGH, Beschl. v. 10.02.2021 – 11 ZB 20.2642, juris; ausführlich zur Problematik von charakterlichen Fahreignungsmängeln bei Aggressionstätern *Baldauf*, in: Die POLIZEI, S. 277 ff. und *Wagner/Müller/Koehl/Rebler*, S. 54 ff.).

VI. Die erweiterten Anforderungen bei der Fahrgastbeförderung (Abs. 1 Satz 4)

37 Die in § 11 Abs. 1 Satz 4 FeV geforderte besondere Eignung für die Fahrgastbeförderung (siehe § 48 FeV) geht über die ansonsten geforderten körperlichen, geistigen und charakterlichen Eigenschaften hinaus (VG München, Urt. v. 25.02.2014 – M 1 K 13.4022, juris). Es handelt sich nicht um eine allgemeine Zuverlässigkeit im Sinne des Gewerberechts, sondern es wird auf spezifische, auf die besondere Verantwortung im Zusammenhang mit der Beförderung von Personen bestehende Anforderungen abgestellt (siehe amtl. Begr. VkBl. 1998, 1067). Bei der Anforderung der Gewähr für die besondere Verantwortung bei der Fahrgastbeförderung handelt es sich um ein von der Eignung zum Führen von Kraftfahrzeugen unabhängiges Erfordernis eigener Art, nämlich die besondere charakterliche Eignungsvoraussetzung, die die Vertrauenswürdigkeit des Betroffenen kennzeichnet (OVG Nordrhein-Westfalen, Beschl. v. 08.06.2022 – 16 B 1237/21, NJW 2022, 2633).

38 Danach handelt es sich um eine besondere charakterliche Eignungsvoraussetzung, deren Vorliegen auf Grund einer Prognoseentscheidung durch die zuständige Behörde zu beurteilen ist. Diese Prognoseentscheidung zu der Frage, ob der Bewerber die Beförderung von Fahrgästen ordentlich ausführen werde oder nicht, erfolgt auf Grund einer Würdigung der Gesamtpersönlichkeit des Betroffenen anhand aller bekannten verwertbaren Straftaten und Ordnungswidrigkeiten verkehrsrechtlicher und nicht ver-

kehrsrechtlicher Art sowie sonstiger aktenkundig gewordener Vorkommnisse (VG München, Urt. v. 25.02.2014 – M 1 K 13.4022, juris).

Die persönliche Zuverlässigkeit ist ein von der Eignung zum Führen von Kraftfahr- 39
zeugen unabhängiges Erfordernis eigener Art. Sie ist eine Charaktereigenschaft, die das besondere Vertrauensverhältnis zwischen dem Fahrer und seinen Fahrgästen in Bezug auf deren ordnungsgemäße Beförderung betrifft (OVG Nordrhein-Westfalen, VRS 83, 398). Die bei der Beförderung von Fahrgästen erforderliche besondere Verantwortung im Sinne von § 11 Abs. 1 Satz 4 FeV verlangt auch eine erhöhte Zuverlässigkeit bei der Beachtung straßenverkehrsrechtlicher Vorschriften (OVG Nordrhein-Westfalen, Beschl. v. 23.04.2013 – 16 B 1408/12, SVR 2013, 433; VG Düsseldorf, Beschl. v. 20.10.2012 – 6 L 1336/12).

Die Verlängerung einer Fahrerlaubnis der Klasse D setzt voraus, dass der Bewerber der 40
besonderen Verantwortung bei der Beförderung von Fahrgästen gerecht wird. Daran fehlt es, wenn die ernsthafte Befürchtung besteht, dass die besonderen Sorgfaltspflichten im Rahmen der Personenbeförderung künftig missachtet werden. Bestehen diesbezüglich Zweifel, kann die Fahrerlaubnisbehörde zur Klärung ein medizinisch-psychologisches Gutachten anordnen und im Fall der Nichtvorlage die Verlängerung der Fahrerlaubnis ablehnen. Solche Zweifel können sich nach den Umständen des Einzelfalls aus einer strafrechtlichen Verurteilung wegen des Besitzes kinderpornografischer Schriften ergeben (VG Neustadt/Weinstraße, Urt. v. 21.05.2014 – 1 K 31/14.NW, juris).

Die notwendige Charakterfestigkeit bezieht sich auch auf die Respektierung von Eigen- 41
tum und Vermögen der beförderten Fahrgäste (BayVGH, Beschl. v. 06.05.2013 – 11 CE 13.765, juris). Eignungsbedenken können sich daher auch aus Straftaten, insbesondere Vermögensdelikten, ergeben, die nicht im Zusammenhang mit dem Straßenverkehr oder der Fahrgastbeförderung stehen (VG Gießen, Urt. v. 29.09.2010 – 6 K 4151/09.GI, DAR 2011, 226). Eine Verurteilung wegen veruntreuender Unterschlagung in 43 Fällen rechtfertigt Zweifel an der Gewähr der besonderen Verantwortung bei der Beförderung von Fahrgästen (hier: Krankentransport und Mietwagen; VG Hannover, Urt. v. 12.08.1992 – 5 A 5722/21, juris). Die besondere Eignung ist auch nicht gegeben bei sexueller Nötigung in einem minder schweren Fall, selbst wenn die Tat nicht in Ausübung der Personenbeförderung begangen wurde (VG München, Urt. v. 11.07.2000 – M 6b K 00.812, juris).

Im Normalfall dient als Nachweis für die Eignung zur Fahrgastbeförderung ein Füh- 42
rungszeugnis erweiterten Inhalts (§ 32 Abs. 3, 4 BZRG), das der Bewerber allerdings nicht vorlegen oder dem Antrag beifügen kann, da es der Behörde zugesandt wird (*Dauer*, in: Hentschel/König/Dauer, § 11 FeV Rn. 22). Absatz 1 Satz 5 ist deshalb so zu verstehen, dass es die Verpflichtung des Bewerbers ausdrückt, das Führungszeugnis bei ei der für ihn zuständigen Meldebehörde (§ 30 Abs. 2 BZRG) zu beantragen hat (*Dauer*, in: Hentschel/König/Dauer, § 11 FeV Rn 22).

Nicht anlassbezogenen Eingangs- und Wiederholungsuntersuchungen (auch ohne 43
konkrete Eignungsbedenken) müssen sich die Bewerber um eine Fahrerlaubnis der

Lkw- und Bus-Klassen C, C1, CE, C1E, D, D1, DE oder D1E nach Maßgabe der Anlage 5 FeV unterziehen (siehe Abs. 9). Dies gilt auch für die Verlängerung der Fahrerlaubnis einer dieser Klassen, die gem. § 23 Abs. 1 FeV nur befristet erteilt werden (*Dauer*, in: Hentschel/König/Dauer, § 11 FeV Rn. 57).

44 Siehe auch unten Rdn. 233.

VII. Zweifel begründende Tatsachen (Abs. 2 Satz 1)/Vorgehen bei getilgten Eintragungen/keine Zäsur durch Erteilung der Fahrerlaubnis

45 Werden Tatsachen bekannt, die konkrete »Bedenken« an der Fahreignung des Betroffenen begründen (und noch nicht die Regelfallbeurteilung der Ungeeignetheit nach sich ziehen), ordnet die Behörde Aufklärungsmaßnahmen an, um die für die Beurteilung der Kraftfahreignung maßgeblichen Umstände festzustellen (*Zwerger*, DAR 2005, 431).

46 Bedenken gegen die körperliche und geistige Fahreignung bestehen nach § 11 Abs. 2 Satz 2 FeV insbesondere dann, wenn Tatsachen bekannt werden, die auf eine Erkrankung oder einen Mangel nach Anlage 4 oder 5 zur FeV hinweisen. Nicht erforderlich ist also, dass eine solche Erkrankung oder ein solcher Mangel bereits feststeht. Allerdings darf die Beibringung des Gutachtens nur aufgrund konkreter Tatsachen, nicht auf einen bloßen Verdacht »ins Blaue hinein« bzw. auf Mutmaßungen, Werturteile, Behauptungen oder dergleichen hin verlangt werden (BayVGH, Beschl. v. 04.09.2019 – 11 ZB 19.1178, BeckRS 2019, 21166; auch BVerwG, Urt. v. 05.07.2001 – 3 C 13.01, DAR 2001, 522).

47 Es müssen konkrete tatsächliche Anhaltspunkte vorliegen, die Bedenken gegen die Eignung begründen (VG des Saarlandes, Beschl. v. 16.11.2009 – 10 L 905/09, juris). Das gilt auch schon für »bloße« Aufklärungsmaßnahmen. Die Fahrerlaubnisbehörde hat nicht das Recht, »ins Blaue hinein« die Vorlage ärztlicher Gutachten zu verlangen; Voraussetzung für intensive behördliche Ermittlungen ist vielmehr ein durch Tatsachen getragener Anfangsverdacht (VGH Hessen, Beschl. v. 28.04.2023 – 2 B 61/23, DVBl 2024, 426), also – wie es in § 152 Abs. 2 StPO umschrieben wird – das Bestehen zureichender tatsächlicher Anhaltspunkte (BayVGH, Beschl. v. 30.03.2020 – 11 CS 20.123, BeckRS 2020, 6731).

48 Der Nachweis eines Mangels ist (noch) nicht notwendig (VG Ansbach, Urt. v. 22.09.2008 – AN 10 K 07.03295, AN 10 K 07.01051, AN 10 S 07.01052, juris); ebenso wenig »massive Anhaltspunkte« (OVG Nordrhein-Westfalen, Beschl. v. 30.06.2004 – 19 B 195/04, juris). Denn einerseits dürfen die Maßnahmen gegen Inhaber von Fahrerlaubnissen nicht zu spät getroffen werden, weil dadurch die Schutzpflichten des Staates unzureichend erfüllt und Schadensersatzpflichten riskiert werden, andererseits darf aber die präventive Gefahrenabwehr nicht zu weit vorgeschoben werden und den Betroffenen bei noch nicht ernsthaft besorgniserregenden entfernten Verkehrsgefahren in seinem Recht auf freie Entfaltung seiner Persönlichkeit (Art. 2 Abs. 1 GG) übermäßig einschränken (*Gehrmann*, NZV 2003, 10). Ob die der Behörde vorliegenden Tatsachen ausreichen, ist nach den gesamten Umstän-

den des jeweiligen Einzelfalls zu beurteilen (BayVGH, Beschl. v. 30.03.2020 – 11 CS 20.123, BeckRS 2020, 6731).

Anlass für die nähere Klärung von Tatsachen sind nach der Terminologie des Verordnungsgebers begründete »Bedenken« (§ 11 Abs. 2 FeV). Haben sich ursprünglich vorhandene »Bedenken« zu »Eignungszweifeln« verdichtet, kann auch ein medizinisch-psychologisches Gutachten (§ 11 Abs. 3 FeV) oder nach § 11 Abs. 4 FeV das Gutachten eines amtlich anerkannten Sachverständigen oder Prüfers für den Kraftfahrzeugverkehr (aaSoP) verlangt werden (a.A. *Dauer*, in: Hentschel/König/Dauer, § 11 FeV Rn. 24: die sprachliche Differenzierung zwischen »Bedenken« und »Zweifeln« hat keine inhaltliche Bedeutung). Steht die Nichteignung nach Ansicht der Fahrerlaubnisbehörde allerdings fest, muss (und darf) das Gutachten gem. § 11 Abs. 7 FeV nicht verlangt werden (OVG Niedersachsen, Beschl. v. 19.11.2004 – 12 ME 404/04, zfs 2005, 48; *Scheidler*, SVR 2015, 54). 49

(Anonymen) Hinweisen Dritter kommt allgemein noch kein eigener Erkenntniswert zu, der Ermittlungsmaßnahmen, wie sie § 11 Abs. 2 FeV vorsieht, begründet, weil aus dem sie kennzeichnenden Charakter der Unverbindlichkeit für den Anzeigenden – die Behauptungen können auf bloßer Böswilligkeit beruhen und für den Anzeiger folgenlos aufgestellt werden – bereits kein genügender Anfangsverdacht erwächst (VG Neustadt/Weinstraße, Beschl. v. 14.09.2015 – 3 L 783/15.NW, juris). 50

Die Einlieferung in eine Klinik wegen starker Alkoholisierung, ein Aufenthalt in einer Rehabilitationsklinik für Abhängigkeitserkrankungen, ärztliche Aussagen in einem Entlassungsbericht und ein Aufenthalt in einer Adaptionseinrichtung gehen über bloße Mutmaßungen hinaus und ergeben in ihrer Gesamtschau tatsächliche Anhaltspunkte für einen Abhängigkeitsverdacht, so dass die Anordnung eines ärztlichen Gutachtens gerechtfertigt ist (BayVGH, Beschl. v. 30.03.2020 – 11 CS 20.123, BeckRS 2020, 6731). 51

Zweifel am Realitätssinn eines Betroffenen rechtfertigen die Anordnung eines Gutachtens. Das gilt bspw., wenn jemand die Rechtsordnung der Bundesrepublik Deutschland und die Legitimation der deutschen Parlamente, Gerichte und Behörden grundsätzlich in Frage stellt, auf dieser Grundlage wiederholt für sich in Anspruch genommen hat, konkrete Maßnahmen der Behörden und Gerichte als für ihn ungültig anzusehen, und daher keine hinreichende Sicherheit dafür bietet, dass er den verkehrsrechtlichen Regeln Folge leisten wird (VG Braunschweig, Beschl. v. 23.02.2007 – 6 B 413/06, juris). Zu den »Reichsbürgern« siehe weiter VGH Baden-Württemberg (Beschl. v. 02.01.2018 – 10 S 2000/17, SVR 2018, 157): Das Äußern politischer und rechtlicher Auffassungen, die der Allgemeinheit völlig abwegig erscheinen (insbesondere Leugnen der Existenz der Bundesrepublik Deutschland und der Gültigkeit ihrer Rechtsnormen), und hierauf zurückzuführende Verhaltensweisen außerhalb des Straßenverkehrs durch sog. Reichsbürger bieten für sich allein gesehen noch keine hinreichenden tatsächlichen Anhaltspunkte für eine die Fahreignung ausschließende psychische Erkrankung im Sinn der Nr. 7 der Anlage 4 der FeV. Da das für Anhänger der »Reichsbürgerbewegung« typische abweichende Verhalten im Regelfall seine Ursache in der Gruppenzugehörigkeit haben dürfte, bedarf es für eine Anordnung, 52 sich einer Begutachtung durch einen Facharzt für Neurologie und Psychiatrie zu unterziehen, um abzuklären, ob eine der in Nr. 7 der Anlage 4 der FeV genannten psychischen Krankheiten vorliegt, weiterer hinreichend gewichtiger Anhaltspunkte, die auf eine solche schwere psychische Erkrankung hindeuten. Dem ist grundsätzlich zuzustimmen.

53 Ein hinreichender Verdacht fehlender Fahreignung gemäß Nr. 7 der Anlage 4 zur FeV ist dann gegeben, wenn es sich bei den Äußerungen des Fahrerlaubnisinhabers nicht um lediglich (abwegige) rechtliche oder politische Meinungsäußerungen handelt, sondern deutliche Hinweise auf Wahnvorstellungen über tatsächliche Geschehensabläufe zu erkennen sind (OVG Berlin-Brandenburg, Beschl. v. 30.01.2015 – 1 S 10.13, LKV 2015, 178). Allerdings können Zweifel an der charakterlichen Eignung des Fahrerlaubnisinhabers gegeben sein, wenn jemand das geltende Recht negiert und dies durch eine nachlässige oder gleichgültige Einstellung zu den straßenverkehrsrechtlichen Vorschriften in der Weise zum Ausdruck bringt, dass seine Verkehrsordnungswidrigkeiten mit Punkten geahndet werden (so das OVG Berlin-Brandenburg weiter).

54 Zu den Reichsbürgern siehe auch *Müller/Rebler*, NZV 2019, 119.

55 Hohes Alter eines Fahrerlaubnisinhabers ist für sich genommen noch kein Grund, die Fahreignung anzuzweifeln. Allerdings führt eine nicht bestandene praktische Fahrprobe, die ein geeignetes Mittel zur Überprüfung der Kraftfahreignung ist, zu der Verneinung dieser Kraftfahreignung (VG Düsseldorf, Beschl. v. 04.03.2015 – 14 L 484/15, Blutalkohol [2015] 52, 292). Bei der Anordnung eines medizinisch psychologischen Gutachtens zur Überprüfung der Kraftfahreignung müssen konkrete tatsächliche Anhaltspunkte Bedenken gegen die Kraftfahreignung begründen. Auszugehen ist dabei davon, dass ein hohes Alter des betroffenen Kraftfahrers (hier: 86 Jahre) bzw. das in höherem Alter zu erwartende allmähliche Absinken der allgemeinen Leistungsfähigkeit für sich allein genommen keinen Anlass bietet, dessen geistige und/oder körperliche Eignung zum Führen von Kraftfahrzeugen durch ein ärztliches Gutachten zu überprüfen. Ein Grund hierfür besteht vielmehr nur dann, wenn sich zu dem hohen Alter Umstände gesellen, die das Vorliegen greifbarer Ausfallerscheinungen von Gewicht als möglich und nach der vorzunehmenden Gesamtschau aller der Fahrerlaubnisbehörde vorliegenden Erkenntnisse als nahe liegend erscheinen lassen (VG des Saarlandes, Beschl. v. 16.11.2009 – 10 L 905/09, juris).

56 Im Fahreignungsregister nach § 29 i.V.m. § 28 Abs. 2 StVG bereits getilgte Eintragungen dürfen für die Eignungsbeurteilung nicht mehr verwertet werden; das gilt nicht nur für die Eignungsbeurteilung an sich, sondern auch schon für die Frage, ob Tatsachen vorliegen, die die Eignung in Zweifel ziehen. Der Begriff [Speicherung von Daten, die erforderlich sind für die] »Beurteilung der Eignung« im Sinne des § 28 Abs. 2 Nr. 1 StVG setzt bereits bei der Frage an, ob überhaupt Zweifel an der Eignung bestehen (OVG Rheinland-Pfalz, Urt. v. 11.04.2000 – 7 A 11670/99, DAR 2000, 377; *Dauer*, in: Hentschel/König/Dauer, § 11 FeV Rn 23a). Solange aber die Tilgungsfristen noch nicht abgelaufen sind, besteht für eine weitere einzelfallbezogene Prüfung, ob die gegebenen Verdachtsmomente noch einen Gefahren-

verdacht begründen, grundsätzlich kein Anlass mehr (VGH Baden-Württemberg, Urt. v. 03.09.2015 – 10 S 778/14, juris).

Insbesondere steht es (dann) weiteren Aufklärungsmaßnahmen nicht entgegen, dass der 57 zum Anlass genommene Vorfall schon sehr lange zurückliegt (siehe z.B. VG Würzburg, Beschl. v. 27.02.2015 – W 6 S 15.119, Blutalkohol 52 [2015], 293 und VG Dresden, Beschl. v. 27.07.2015 – 6 L 633/15, juris; siehe auch *Dauer*, in: Hentschel/König/Dauer, § 13 FeV Rn 24: »Umstritten ist, inwieweit länger zurückliegende Trunkenheitsfahrten als Anlass für die Aufforderung zur Gutachtenbeibringung herangezogen werden können. Nach überwiegender Auffassung der Rspr. richtet sich die Berücksichtigungsfähigkeit allein nach der Eintragung im Fahreignungsregister – FAER.«). Der Anordnung der sofortigen Vollziehung der Fahrerlaubnisentziehung nach festgestelltem Konsum harter Drogen steht z.B. nicht entgegen, dass das Geschehen bereits vor elf Monaten stattfand (OVG Niedersachsen, Beschl. v. 19.11.2004 – 12 ME 404/04, zfs 2005, 48).

Wie lange einem Betroffenen eine im früheren Verkehrszentralregister bzw. im heu- 58 tigen Fahreignungsregister eingetragene Trunkenheitsfahrt entgegengehalten werden darf, richtet sich allein nach den Tilgungs- und Verwertungsvorschriften (BayVGH, Beschl. v. 11.08.2023 – 11 CS 23.1103, BeckRS 2023, 22041).

Nach dem BayVGH (Beschl. v. 09.08.2021 – 11 ZB 21.1201, BeckRS 2021, 24911) 59 rechtfertigen der Zeitlauf oder der konkrete Ablauf des Verwaltungsverfahrens nicht eine »Abwägung« zwischen der Trunkenheitsfahrt und dem zeitlichen Abstand, wenn eine Straftat noch nicht tilgungsreif ist. Es bestehe in einem solchen Fall kein Ermessen.

Im Falle des VG Würzburg (Beschl. v. 27.02.2015 – W 6 S 15.119, Blutalkohol 52 60 [2015], 293) lagen zwischen zwei Trunkenheitsfahrten über 10 1/2 Jahre, die erste Fahrt unter Alkoholeinfluss war aber noch verwertbar: »Denn wenn ein Verkehrsverstoß – wie hier – zu einer wiederholt registerpflichtigen Handlung führt, regelt sich dessen Fahreignungsrelevanz nach den für dieses Register geltende Tilgungs- und Verwertungsbestimmungen. Ist der anlassbezogene Sachverhalt danach verwertbar, ist für eine zusätzlich einzelfallbezogene Prüfung kein Raum. Zwischen zwei Trunkenheitsfahrten können mehrere Jahre liegen, solange wie hier keine Tilgungsreife eingetreten ist (vgl. OVG NRW, B. v. 27.11.2013 – 16 B 1031/13 – NZV 2014, 543; B. v. 25.10.2013 – 16 B 856/13 – juris; BayVGH, B. v. 27.9.2013 – 11 CS 13.1399 – juris; B. v. 22.8.2011 – 11 ZB 10.2620 – juris; B. v. 6.9.2007 – 11 CS 07 480 und 11 CE 07.481 – juris; B. v. 22.3.2007 – 11 CS 06.1634 – juris; vgl. auch BVerwG, B. v. 21.5.2012 – 3 B 65/11 – Buchholz 442.10, § 65 StVG Nr. 2). In der Rechtsprechung wurden sogar noch deutlich längere Zeiträume als 10 Jahre zwischen zwei relevanten Alkoholfahrten akzeptiert, ohne dass sie einer Gutachtensaufforderung entgegenstanden, so etwa 12 Jahre (BayVGH, B. v. 31.10.2014 – 11 CS 14.1627 – juris) oder 13 Jahre (VG Bayreuth, U. v. 13.12.2011 – B 1 K 10.772 – juris)«.

Von einem Teil der Rechtsprechung wird dagegen aus dem Grundsatz der Verhält- 61 nismäßigkeit abgeleitet, dass nicht jede in der Vergangenheit liegende, im FAER noch nicht getilgte Fahrt unter Alkoholeinfluss als Grundlage für die Anordnung eines medizinisch-psychologischen Gutachtens herangezogen werden kann (*Dauer*, in: Hentschel/König/Dauer, § 13 FeV Rn. 24 unter Verweis auf OVG Thüringen, Beschl. v. 27.03.2012 – 2 EO 135/12, VRS 123, 183 und VG Neustadt/Weinstraße, Beschl. v. 16.03.2006 – 3 L 357/06.NW, zfs 2006, 358).

62 Für Straftaten vertritt der BayVGH die Auffassung, dass es für die Frage von Eignungszweifeln und die anschließende Ermessensausübung einen Unterschied macht, ob eine fahreignungsrelevante Zuwiderhandlung erst kurze Zeit oder aber bereits mehrere Jahre zurückliegt, selbst wenn sie nach den maßgeblichen Tilgungsvorschriften noch verwertbar ist. Bei mehrere Jahre zurückliegenden Verkehrsverstößen hat die Fahrerlaubnisbehörde mit Blick auf deren Art, Zahl und Erheblichkeit insbesondere zu erwägen, ob verbleibende Eignungszweifel ohne Beibringung eines medizinisch-psychologischen Gutachtens ausgeräumt werden können, z.B. durch Vorlage von Zeugnissen, Berichten eines Bewährungshelfers oder anderen geeigneten Beweismitteln. Wenn dies in Betracht kommt, wird sie dem Fahrerlaubnisbewerber oder -inhaber hierzu Gelegenheit geben müssen. Das hat erst recht bei nicht im Fahreignungsregister eingetragenen Straftaten zu gelten, bei denen nicht schon der Gesetzgeber eine Vorentscheidung über einen bestehenden Zusammenhang zwischen Tat und Fahreignung getroffen hat. Durch einen langen Zeitablauf kann sich auch ergeben, dass ein aufgrund wissenschaftlicher Untersuchungen allgemein anzunehmender Zusammenhang mit der Fahreignung im konkreten Fall nicht mehr ausreicht, um eine Gefahrerforschungsmaßnahme zu rechtfertigen. Ziehen Umstände, die Zweifel an der Fahreignung begründen, keine Eintragung in das Fahreignungsregister nach sich, muss einzelfallbezogen unter Einbeziehung aller relevanten Umstände geprüft werden, ob die gegebenen Verdachtsmomente noch einen relevanten Gefahrenverdacht begründen. Die Anordnung eines medizinisch-psychologischen Gutachtens ist nur gerechtfertigt, wenn dies zur Abwehr einer bei realistischer Einschätzung tatsächlich bestehenden Gefahr notwendig ist, d.h. wenn eine hinreichende Wahrscheinlichkeit besteht, dass der Betroffene ein entsprechendes Verhalten im Straßenverkehr zeigt (BayVGH, Urt. v. 17.10.2022 – 11 B 20.2996, zfs 2023, 53).

▶ Hinweis:

63 Im Hinblick auf die oben angeführte Entscheidung des *BayVGH* zu Straftaten ist zu berücksichtigen, dass § 13 FeV (Klärung von Eignungszweifeln bei Alkoholproblematik) – im Gegensatz zur Anordnungsbefugnis nach § 11 FeV – kein Ermessen zulässt (zu § 13 FeV: BayVGH, Beschl. v. 11.09.2018 – 11 CS 18.1708, zfs 2018, 655; OVG Saarland, Beschl. v. 18.09.2000 – 9 W 5/00, zfs 2001, 92; zu § 11 Abs. 3 Satz 1 Nr. 4–7 FeV siehe Begr. zur ÄndVO v. 18.07.2008 (VkBl. 2008, 566): »Diese Vorschrift stellt bei Vorliegen verwertbarer Straftaten (Plural) unter den weiteren normierten Voraussetzungen die Anordnung einer medizinisch-psychologischen Untersuchung in das pflichtgemäße Ermessen der Fahrerlaubnisbehörde.«).

64 Für **Blutproben** gilt Folgendes: Nach § 81a Abs. 2 StPO a.F. durften Blutproben in strafrechtlichen Verfahren ohne Einwilligung des Betroffenen nur entnommen wer-

den, wenn dies vorher ein Richter angeordnet hat. Nur in Fällen, in denen Gefahr im Verzug ist, bestand für die Ermittlungsbehörden die Möglichkeit, auf die Einschaltung eines Richters zu verzichten. Insbesondere bei der Überprüfung alkoholisierter Kraftfahrzeugführer lag eine solche Eilbedürftigkeit oft nicht vor, da die zur Tatzeit vorliegende Blutalkoholkonzentration auch durch Rückrechnung bestimmt werden kann. Aus dem Beweiserhebungsverbot des § 81a Abs. 2 StPO folgte aber i.d.R. kein Beweisverwertungsverbot. Ein Beweisverwertungsverbot nahm man nur dann an, wenn die Voraussetzungen von Gefahr im Verzug willkürlich angenommen, der Richtervorbehalt bewusst und gezielt umgangen bzw. ignoriert wird oder wenn die den Richtervorbehalt begründende Rechtslage in ähnlicher Weise grob verkannt bzw. fehlerhaft beurteilt wird. (Noch) geringere Anforderungen an die Verwertung von Blutproben, die ohne notwendige richterliche Anordnung erlangt wurden, waren im Verfahren auf Entziehung der Fahrerlaubnis zu beachten. In diesem Verwaltungsverfahren geht es nicht um die Bestrafung eines Täters, sondern um den Schutz der Allgemeinheit vor ungeeigneten Kraftfahrern. Dieser unterschiedliche Ansatzpunkt wirkte sich auch auf die Berücksichtigung von Verfahrensfehlern aus. Eine (rechtswidrig) erlangte Blutprobe konnte daher im Verfahren auf Entziehung der Fahrerlaubnis – grundsätzlich problemlosberücksichtigt werden (vgl. z.B. OVG Rheinland-Pfalz, Beschl. v. 29.01.2010 – 10 B 11226/09, juris; VGH Baden-Württemberg, Beschl. v. 21.06.2010 – 10 S 4/10, DAR 2010, 537; zusammenfassend *Rebler*, VD 2012, 247). »Nach Streichung des Richtervorbehalts beim Verdacht von »Trunkenheitsdelikten« (einschließlich illegaler Drogen) im Verkehrsstraf- und -ordnungswidrigkeitenrecht in § 81a StPO und § 46 OWiG durch Gesetz v. 17. 8. 2017 (BGBl. I S. 3202) hat sich das Thema erledigt« (so *Dauer*, in: Hentschel/König/Dauer, § 11 FeV Rn. 23b). Nach der Neufassung bedarf die Entnahme einer Blutprobe keiner richterlichen Anordnung, wenn bestimmte Tatsachen den Verdacht von Verkehrsstraftaten oder Verkehrsordnungswidrigkeiten unter Alkohol- oder Drogeneinfluss begründen. Ergeht eine Fahrerlaubnisentziehungsverfügung nach Inkrafttreten der Neufassung der §§ 81a Abs. 2 StPO, 46 Abs. 4 OWiG (24.08.2017), so unterliegt das Ergebnis einer zuvor ohne richterliche Anordnung entnommenen Blutprobe bei Vorliegen der tatbestandlichen Voraussetzungen der neugefassten Vorschriften keinem Verwertungsverbot (OVG Saarland, Beschl. v. 04.12.2018 – 1 D 317/18, NJW 2019, 695).Die Behauptung, Blutproben wären verwechselt worden, wird einem »positiv Getesteten« i.d.R. nicht weiterhelfen:

Die Verwechslung von Blutproben stellt einen hochgradig atypischen Sachverhalt dar, 65
sodass der Beteiligte, der eine derartige Gegebenheit behauptet, konkret und nachvollziehbar dartun muss, warum es in seinem Fall zu einem solchen Ablauf gekommen sein soll. Solange es an einem diesbezüglichen, durch geeignete Nachweise untermauerten Vortrag fehlt, besteht für die Behörde keine Veranlassung, ihrerseits einschlägige Ermittlungen anzustellen (BayVGH, Beschl. v. 13.12.2005 – 11 CS 05.1350, juris).

Allgemein gilt, dass im sicherheitsrechtlichen Fahrerlaubnisentziehungsverfahren unter 66
Verstoß gegen datenschutzrechtliche Bestimmungen gewonnene fahreignungsrelevante Erkenntnisse, ähnlich wie Erkenntnisse, die in einem Straf- oder Ordnungswidrigkeitenverfahren möglicherweise rechtswidrig gewonnen wurden, jedenfalls keinem

pauschalen Verwertungsverbot unterliegen. In diesen Fällen ist jedenfalls nicht allgemein von einem Beweisverwertungsverbot auszugehen, sondern nach den Umständen des Einzelfalles unter Abwägung der Schwere des Eingriffs in die Rechte des Betroffenen einerseits sowie des Interesses an der Straßenverkehrssicherheit und am Schutz von Leben und Gesundheit unbeteiligter Dritter andererseits abzuwägen, ob ein Verwertungsverbot anzunehmen ist (BayVGH, Beschl. v. 31.01.2014 – 11 CS 13.2216, BayVBl. 2014, 665).

67 Zu einem Fall der Entbindung von der ärztlichen Schweigepflicht siehe BayVGH, Beschl. v. 24.08.2010 – 11 CS 10.1129, SVR 2011, 275:

> »... Berücksichtigungsfähig war entgegen dem Beschwerdevorbringen auch die Mitteilung des behandelnden Arztes gegenüber der Polizei, beim Antragsteller sei es zu einem akuten Alkoholentzugssyndrom gekommen. Angesichts der Größe der Gefahr, die von einer weiteren motorisierten Verkehrsteilnahme des Antragstellers – insbesondere von der beabsichtigten baldigen Wiederaufnahme seiner Berufstätigkeit, die mit dem Führen von Lastkraftwagen einherging – für das Leben und die Gesundheit einer Vielzahl unbeteiligter Personen ausgehen konnte, war dieser Arzt sowohl nach § 34 StGB als auch nach § 9 Abs. 2 Satz 1 der Berufsordnung für die Ärzte Bayerns vom 6. August 2007 auch ohne Entbindung von der Schweigepflicht berechtigt, die zur Abwehr von Gefahren für die öffentliche Sicherheit zuständigen Stellen des Staates – hierzu gehört auch die Polizei – von einschlägigen Tatsachen in Kenntnis zu setzen (vgl. zu der sich aus § 34 StGB ergebenden Befugnis, die ärztliche Schweigepflicht dann zu durchbrechen, wenn sich z.B. aus einem Anfallsleiden oder aus einer manifesten Alkoholsucht schwerwiegende Gefahren für die Sicherheit des Straßenverkehrs ergeben) ...«

68 Seitens der Polizei unter Bruch eines Berufsgeheimnisses erlangte Informationen unterliegen keinem Verwertungsverbot bei der Fahrerlaubnisbehörde, wenn eine Abwägung der widerstreitenden Rechtsgüter zu Lasten des Fahrerlaubnisinhabers ausgeht, was regelmäßig der Fall ist (OVG Sachsen, Beschl. v. 18.03.2021 – 6 B 3/21, juris; VG Oldenburg, Beschl. v. 21.08.2019 – 7 B 2289/19, juris).

69 Konkreten Anlass für Zweifel an der Fahreignung bietet oft irgendein auffälliges Verhalten im Straßenverkehr, das die Polizei nach § 2 Abs. 12 StVG an die Fahrerlaubnisbehörde meldet:

- Polizeibeamte erkennen eine unsichere Fahrweise (Fahren in Schlangenlinien, mehrfacher Fahrstreifenwechsel ohne vorherige Ankündigung, verspätete Rektion auf Anhaltesignal der Polizei), ohne dass dies auf Alkoholeinfluss zurückzuführen gewesen wäre (VG München, Urt. v. 03.08.2001 – M 6a K 01.2698, juris; BayVGH, Beschl. v. 13.03.2007 – 11 ZB 05.1282, juris).
- Die FE-Behörde erhält vom Ordnungsamt die Mitteilung, dass jemand aufgrund einer Anordnung des Gesundheitsamtes wegen Fremd- und Selbstgefährdung in einer Klinik untergebracht worden ist (VG Ansbach, Urt. v. 22.09.2008 – AN 10 K 07.03295).
- Jemand begeht massive Verkehrsverstöße (Rotlichtverstoß), im weiteren Verlauf der Fahrt gerät er über die Fahrbahnmitte, fährt über den Gehweg, kommt in einer Linkskurve von der Fahrbahn ab und fährt frontal in ein Verkehrszeichen und einen Blumenkübel (VG des Saarlandes, Beschl. v. 13.07.2009 – 10 L 406/09, juris).

- Auch eine Diagnose, die im Rahmen einer stationären oder ambulanten Suchttherapie erstellt wurde und deren Kosten durch den Träger der Einrichtung getragen wurden, kann regelmäßig übernommen werden (BayVGH, Beschl. v. 18.01.2016 – 11 ZB 15.2025, juris).

Mitteilungen der Polizei nach § 2 Abs. 12 StVG und sonstige polizeiliche Schilderungen sind grundsätzlich berücksichtigungsfähig, wenn sie Anhaltspunkte für Fahreignungszweifel des Betroffenen enthalten und nicht durch substantiierte Einwände erschüttert werden oder sonst der weiteren Klärung bedürfen (BayVGH, Beschl. v. 11.07.2022 – 11 CS 22.939, DAR 2022, 648). Ferner können sich Behörden und Verwaltungsgerichte im Fahrerlaubnis-Entziehungsverfahren auf dieselben Beweismittel stützen wie die Strafgerichte (BayVGH, Beschl. v. 15.03.2021 – 11 CS 20.2867, DAR 2021, 647). 70

Für den Schluss von aktenkundigen Tatsachen auf eine – auch im Hinblick auf die Fragestellung – notwendige Eingrenzung auf die Tatbestände der Anlage 4 fehlt den Fahrerlaubnisbehörden i.d.R. die fachliche Kompetenz (BayVGH, Beschl. v. 03.09.2015 – 11 CS 15.1505, juris). Oft liegt es deshalb nahe, zunächst einen Amtsarzt im Wege der Amtshilfe unter Schilderung der Vorkommnisse und ggf. anonymisierter Übermittlung der vorliegenden Unterlagen um eine Einschätzung zu bitten, ob und ggf. welche Erkrankung genau vorliegen könnte, um dann dem Betroffenen die konkreten Zweifel an der Fahreignung mitzuteilen und die im Gutachten zu klärenden Fragen festzulegen (BayVGH, Beschl. v. 03.09.2015 – 11 CS 15.1505, juris; siehe auch BayVGH, Beschl. v. 08.06.2021 – 11 CS 20.2342, BeckRS 2021, 16280: »Soweit es nur um das Verständnis einer ärztlichen Feststellung oder von medizinischen Fachbegriffen geht, kann eine Fahreignungsbehörde im Einzelfall allerdings auch gehalten sein, die Amtshilfe bzw. den Sachverstand ihres Gesundheitsamts in Anspruch zu nehmen.«; VGH Baden-Württemberg, Beschl. v. 02.12.2013 – 10 S 1491/13, VRS 126, 38). 71

Amtsärztliche Vermutungen aufgrund von Erkenntnissen nach »Hören-Sagen« tragen eine Gutachtenanordnung zur Überprüfung der Fahreignung grundsätzlich nicht. Eine ausreichende vorherige Sachaufklärung der Tatsachen, die die Möglichkeit fehlender Fahreignung begründen, durch die Straßenverkehrsbehörde ist unverzichtbar (VG Osnabrück, Beschl. v. 28.05.2013 – 6 B 20/13, SVR 2014, 153). 72

Bloße Überreaktionen und uneinsichtiges Verhalten des Fahrerlaubnisinhabers begründen für sich genommen keine Zweifel an der geistigen Eignung zum Führen eines Kraftfahrzeuges und rechtfertigen daher regelmäßig nicht die Anordnung der Beibringung eines ärztlichen Gutachtens (VG des Saarlandes, Beschl. v. 10.12.2010 – 10 L 2150/10, juris). 73

Allein abwegig erscheinende Äußerungen eines Fahrerlaubnisinhabers – hier die Suche nach »Elektro Magnetische Wellen Terroristen« sowie ein Mitführen einer mit Alufolie umwickelten Bleischale und einer mit Blei gefüllten Weste – stellen keinen hinreichenden Grund für die Anforderung eines Fahreignungsgutachtens bezogen auf das Vorliegen einer psychischen Störung dar (VG Gießen, Urt. v. 24.08.2023 – 6 K 2554/22.GI, BeckRS 2023, 29949). 74

75 Tatsachen, die Zweifel an der Fahreignung eines Fahrerlaubnisinhabers begründen und auf die die Anordnung der Beibringung eines Gutachtens gestützt wird, müssen auch im Zeitpunkt des Erlasses der Entziehungsverfügung noch verwertbar sein. Dies ist nicht der Fall, wenn ein Gutachten, das Zweifel an der Fahreignung begründende Tatsachen enthält, nach Maßgabe von § 2 Abs. 9 StVG vor Erlass der Entziehungsverfügung zu vernichten ist, auch wenn es zum Zeitpunkt der Gutachtenanordnung ggf. noch verwertbar war (OVG Nordrhein-Westfalen, Beschl. v. 19.07.2023 – 16 B 467/23, NJW 2023, 3527 – siehe auch nachfolgend).

▶ **Exkurs: Verwertbarkeit/Berücksichtigung von Umständen trotz Tilgung von Eintragungen im Fahreignungsregister**

76 – Nach dem OVG Mecklenburg-Vorpommern, Beschl. v. 22.05.2013 – 1 M 123/12, NJOZ 2014, 579 greift das gesetzliche Verwertungsverbot nach Maßgabe von § 29 Abs. 8 Satz 1 StVG (a.F.) auf jeder Stufe des Verfahrens betreffend die Beurteilung der Eignung des Antragstellers. Auch der Gutachter darf die betroffene Tat und Entscheidung dem Betroffenen nicht mehr vorhalten bzw. zu seinem Nachteil verwerten. Hat die fehlerhafte Übersendung nicht verwertbarer Unterlagen an die Untersuchungsstelle kausal zur Folge, dass die Frage der Eignung des Antragstellers zum Führen von Kraftfahrzeugen aktuell noch nicht beurteilt werden kann, kann dem Antragsteller gestützt auf den allgemeinen öffentlich-rechtlichen Folgenbeseitigungsanspruch im einstweiligen Anordnungsverfahren ein Anordnungsanspruch dergestalt zustehen, dass der Antragsgegner ihn vorläufig so stellen muss, als wenn bislang auf die Gutachtenanordnung hin noch keine Begutachtung durch eine amtlich anerkannte Begutachtungsstelle für Fahreignung erfolgt wäre.

– Tatsachen, die Zweifel an der Fahreignung eines Fahrerlaubnisinhabers begründen und auf die die Anordnung der Beibringung eines Gutachtens – hier nach § 13 Satz 1 Nr. 1 FeV – gestützt wird, müssen auch im Zeitpunkt des Erlasses der Entziehungsverfügung noch verwertbar sein. Dies ist nicht der Fall, wenn ein Gutachten, das Zweifel an der Fahreignung begründende Tatsachen enthält, nach Maßgabe von § 2 Abs. 9 StVG vor Erlass der Entziehungsverfügung zu vernichten ist, auch wenn es zum Zeitpunkt der Gutachtenanordnung gegebenenfalls noch verwertbar war (OVG Nordrhein-Westfalen, Beschl. v. 19.07.2023 – 16 B 467/23, NJW 2023, 3527. – Aus den Gründen: »Nach § 2 Abs. 9 Satz 2 StVG sind unter anderem Gutachten zur Feststellung oder Überprüfung der Eignung oder Befähigung nach spätestens zehn Jahren zu vernichten, es sei denn, mit ihnen im Zusammenhang stehende Eintragungen im Fahreignungsregister oder im Zentralen Fahrerlaubnisregister sind nach den Bestimmungen für diese Register zu einem früheren oder späteren Zeitpunkt zu tilgen oder zu löschen. Die Zehn-Jahres-Frist beginnt gemäß Satz 4 mit der rechts- oder bestandskräftigen Entscheidung oder mit der Rücknahme des Antrags durch den Ast.

Dies zugrunde gelegt, war das Gutachten jedenfalls zum Zeitpunkt des Erlasses der streitgegenständlichen Ordnungsverfügung nicht mehr verwertbar, selbst wenn man hinsichtlich der Berechnung der Frist nicht auf die Tilgung

der Eintragung der durch Strafbefehl vom 9.7.2007, mit dem das Strafgericht zugleich die Fahrerlaubnis des Ast. entzog und der seit dem 28.7.2007 rechtskräftig ist, geahndeten fahrlässigen Trunkenheitsfahrt …, sondern auf die Zehn-Jahres-Frist beginnend nach § 2 Abs. 9 Satz 4 StVG mit der Wiedererteilung der Fahrerlaubnis am 16.1.2013 abstellt mit der Folge ihres Ablaufs zum 16.1.2023. Später zu tilgende oder zu löschende Eintragungen i. S. d. § 2 Abs. 9 Satz 2 StVG, also solche, die die Frist von zehn Jahren verlängern, sind nicht ersichtlich.
Der Umstand, dass das Gutachten – gegebenenfalls – noch nicht zu vernichten war, als der Ag. den Ast. mit Anordnung vom 31.8.2022 zur Beibringung eines ärztlichen Gutachtens aufforderte, rechtfertigt keine andere Beurteilung. Zwar darf die Fahrerlaubnisbehörde nach § 11 Abs. 8 FeV auf die Nichteignung des Betroffenen schließen, wenn er ein von ihr zu Recht gefordertes Fahreignungsgutachten nicht beigebracht hat, und es ist insoweit nach ständiger Rechtsprechung für die Beurteilung der Rechtmäßigkeit der Beibringungsanordnung auf den Zeitpunkt ihres Ergehens abzustellen. Doch lässt sich weder § 11 Abs. 8 FeV noch anderen Regelungen im Straßenverkehrsgesetz oder in der Fahrerlaubnis-Verordnung entnehmen, dass damit auch ein im Straßenverkehrsgesetz angeordnetes Verwertungsverbot für im Fahreignungsregister zu tilgende und zu löschende oder aus anderen Gründen nicht berücksichtigungsfähige Eintragungen oder – wie hier – der Löschung oder Vernichtung unterliegende Auskünfte, Gutachten u. Ä. i. S. v. § 2 Abs. 9 Satz 1 StVG, durchbrochen wird.«

– Nach dem BayVGH, Urt. v. 18.01.2023 – 11 B 22.1153, BeckRS 2023, 241 steht der Versagung der Neuerteilung einer Fahrerlaubnis unter Rückgriff auf die noch nicht getilgte Entziehungsentscheidung wegen Nichtbeibringung eines Fahreignungsgutachtens nach einer Fahrt unter der Wirkung von Cannabis kein Verwertungsverbot nach § 29 Abs. 7 StVG a.F. entgegen, wenn zum Zeitpunkt der Anordnung des Fahreignungsgutachtens die Eintragung der gerichtlichen Entscheidung über die zugrunde liegenden Ordnungswidrigkeit nach § 24a Abs. 2 StVG nicht mehr verwertbar war. Die der Entziehung der Fahrerlaubnis zugrunde liegenden Tatsachen können dem Antragsteller so lange vorgehalten werden, wie die Entziehungsentscheidung selbst noch keinem Verwertungsverbot unterliegt. – Aus den Gründen: »Mit anderen Worten können die der Entziehung der Fahrerlaubnis zu Grunde liegenden Tatsachen dem Kläger solange vorgehalten werden, wie die Entziehungsentscheidung selbst noch keinem Verwertungsverbot unterliegt … Danach dürfen, ist eine Eintragung im Fahreignungsregister gelöscht, die Tat und die Entscheidung der betroffenen Person für die Zwecke des § 28 Abs. 2 StVG, also u.a. zur Beurteilung der Fahreignung (§ 28 Abs. 2 Nr. 1 StVG), nicht mehr vorgehalten und nicht zu ihrem Nachteil verwertet werden (Satz 1). Abweichend davon darf eine Tat und die hierauf bezogene Entscheidung trotz ihrer Löschung aus dem Fahreignungsregister für die Durchführung anderer als der in § 29 Abs. 6 Satz 3 Nr. 4 StVG genannten Verfahren zur Erteilung oder Entziehung einer Fahr-

erlaubnis – also insbesondere für die Durchführung eines Neuerteilungsverfahrens – verwendet werden, solange die Tat als Grundlage in einer noch gespeicherten Maßnahme nach § 28 Abs. 3 Nr. 5, 6 oder 8 StVG genannt ist (Satz 2).
Mit dieser Änderung hat der Gesetzgeber allein eine Klarstellung und keine Neuregelung beabsichtigt. In der Begründung des Gesetzentwurfs heißt es, nach einem Entzug der Fahrerlaubnis wegen Verstößen gegen verkehrsrechtliche Vorschriften sei es notwendig, im Rahmen eines Neuerteilungs- oder erneuten Entziehungsverfahrens die Gründe, die zum Entzug der Fahrerlaubnis geführt hätten, zu berücksichtigen. Nur so könne die Überprüfung der Fahreignung im Hinblick auf das vorausgegangene verkehrsgefährdende Verhalten, das den einzelnen Verstößen zugrunde liege, wirksam vorgenommen werden. In der Praxis seien Zweifel aufgetreten, ob die Verwertungsverbote des § 29 Abs. 6 und Abs. 7 StVG auch die Verwendung von Taten im Zusammenhang mit einem Entziehungsbescheid umfassen, dessen Grundlage die Taten bilden und in dessen Begründung sie genannt und der Behörde damit weiter zugänglich seien. Die nun vorgenommene »gesetzliche Klarstellung« diene der Vermeidung fachlich unerwünschter Ergebnisse. Die einer Entziehungs- oder Versagungsentscheidung zugrunde liegenden Verstöße sollten Basis einer folgenden (Wieder-)Erteilungsentscheidung sein können, solange die Entziehungs- oder Versagungsentscheidung selbst im Register gespeichert sei. Die Einfügung von § 29 Abs. 7 Satz 2 StVG solle die Verwendung trotz Löschung (d.h. nach Ablauf der Überliegefrist) für die Fahreignungsbeurteilung in einem Verfahren zur (Wieder-)Erteilung einer Fahrerlaubnis sicherstellen. Es sei allerdings vorausgesetzt, dass die Tat in der Entziehungs- oder Versagungsentscheidung genannt und diese Entscheidung noch gespeichert sei und daher ihrerseits (mit ihren Gründen) noch verwertet werden dürfe. Es gehe dabei um die Verwertung von Kenntnissen über Verstöße, die im Entziehungsbescheid oder in den Urteilsgründen vorgehalten würden, da die Verstöße als eigener Eintrag aus dem Register insbesondere nach Löschung nicht mehr hervorgingen (BT-Drs. 19/28684 S. 52 f.). Diese Einschätzung des Gesetzgebers spricht dafür, dass schon die seinerzeit anwendbare Fassung des § 29 Abs. 7 StVG a.F. in dem von der Beklagten vertretenen Sinn zu verstehen war.«

- Siehe auch VG Köln, Urt. v. 06.09.2022 – 6 K 1043/21, juris (Rn. 94): »Unabhängig davon findet sich im Fahrerlaubnisregister unter der lfd. Nummer 3 aktuell u.a. die Entscheidung über die Versagung der Fahrerlaubnis aus dem ersten Wiedererteilungsverfahren. Soweit die Versagungseintragung u.a. auf eine mangelnde Eignung wegen körperlicher oder geistiger Mängel verweist, sind sowohl das Gutachten der B. GmbH als auch das zum Anlass für die Begutachtungsanordnung vom 24. Januar 2018 genommene Gutachten des Dr. med. T. verwertbar. Denn nach § 2 Abs. 9 Satz 2 StVG dürfen Registerauskünfte, Führungszeugnisse, Gutachten und Gesundheitszeugnisse regelmäßig zehn Jahre aufbewahrt werden. Diese Zehnjahresfrist beginnt gemäß § 2 Abs. 9 Satz 4 StVG mit der rechts- oder bestandskräftigen Entscheidung oder mit der Rücknahme des Antrags durch den Antragsteller. Dies bedeutet, dass die Zehnjahresfrist grundsätzlich mit Abschluss des Verfahrens beginnt, in dem die Unterlagen angefallen sind.«

- VG Berlin, Urt. v. 04.03.2021 – 4 K 125/20, juris = Blutalkohol 58 [2021], 180–184): Die Löschungsfrist für ein medizinisch-psychologisches Gutachten nach **§ 2 Abs. 9 StVG** richtet sich grundsätzlich nach der Tilgungsfrist für die Entscheidung über die Fahrerlaubnis, für die es angefertigt wurde. Das Gutachten stellt insofern eine neue Tatsache dar und darf auch noch verwertet werden, wenn die Taten und Entscheidungen, die zur Fahrerlaubnisentziehung geführt haben, bereits getilgt wurden. – Aus den Gründen: »Nach § 2 Abs. 9 Satz 2 StVG sind Gutachten, die nur zur Feststellung oder Überprüfung der Eignung oder Befähigung verwendet werden dürfen, spätestens nach zehn Jahren zu vernichten, es sei denn, mit ihnen im Zusammenhang stehende Eintragungen im Fahreignungsregister oder im Zentralen Fahrerlaubnisregister sind nach den Bestimmungen für diese Register zu einem früheren oder späteren Zeitpunkt zu tilgen oder zu löschen. Nach Satz 3 der Vorschrift ist in diesem Fall für die Vernichtung oder Löschung der frühere oder spätere Zeitpunkt maßgeblich. Das Gutachten aus dem Jahr 2009 steht im Zusammenhang mit der Eintragung der Versagung der Erteilung der Fahrerlaubnis mit Bescheid vom 5. November 2009 im Fahreignungsregister. Die Löschungsfrist bestimmt sich mithin nach der Tilgungsfrist des Versagungsbescheids aus dem Jahr 2009.
  Der damit erzielte Gleichlauf zwischen Tilgungsfrist für die Ablehnung der Erteilung der Fahrerlaubnis und Verwertbarkeitsdauer des Gutachtens ist sachgerecht. Der Einwand des Klägers, dass mit der Verwertbarkeit des Gutachtens auch Verkehrsverstöße sowie Tatsachen mittelbar verwertbar bleiben, die als solche bereits getilgt worden sind, schlägt nicht durch. Nach § 29 Abs. 7 Abs. 1 StVG dürfen die Tat und die Entscheidung der betroffenen Person für die Zwecke des § 28 Abs. 2 StVG zwar nicht mehr vorgehalten und nicht zu ihrem Nachteil verwertet werden, wenn die Eintragung im Fahreignungsregister gelöscht ist. Das Bundesverwaltungsgericht führt insofern aber aus, dass das Ergebnis eines Gutachtens eine neue Tatsache schafft, die selbständige Bedeutung hat (BVerwG, Urteil vom 28. April 2010 – 3 C 2.10 –, juris Rn. 19). Das Gutachten mag insofern zwar auf den mittlerweile getilgten Taten beruhen und diese berücksichtigen, bleibt aber zumindest hinsichtlich des Ergebnisses eine neue Tatsache, die selbständige Bedeutung hat. Dies gilt bereits deswegen, weil das Gutachten eigenständige Bewertungen und Beurteilungen trifft, die zwar auf die vergangenen Taten und Entscheidungen Bezug nehmen, aber auch – etwa hinsichtlich des Umgangs des Betroffenen mit den fraglichen Taten – über diese hinausgehen. Bei der Frage nach der Geeignetheit zur Teilnahme am Straßenverkehr, bei der es ein hohes Schutzbedürfnis der Gesellschaft gibt, stellen diese mithin eigenständige Erkenntnisse dar. Die Erwähnung einzelner – inzwischen – unverwertbar gewordener Taten erfassen mithin ein vorliegendes Gutachten nicht insgesamt, wenn es nicht ausschließlich auf ihnen beruht. Die Richtigkeit dieser Auslegung zeigt

sich u.a. auch an folgender Überlegung: Wäre der Kläger der Gutachtenanforderung 2019 gefolgt und hätte diese rein hypothetisch eine negative Prognose ergeben, hätte das LABO die Fahrerlaubniserteilung versagt. Bei einer – wiederum rein hypothetischen – Neubeantragung ein Jahr nach dem Gutachten und anschließender Verweigerung der Befolgung der Gutachtenanordnung durch den Kläger muss aus Gründen der Verkehrssicherheit außer Frage stehen, dass das Gutachten aus dem Jahr 2019 für diese Frage verwertbar hätte bleiben müssen – damit wären aber selbst in dieses Gutachten mittelbar die nach § 29 Abs. 7 Satz 1 StVG getilgten Taten und Entscheidungen eingeflossen. Ist dies der Fall, liegt es nahe, die Verwertbarkeit des Gutachtens an die direkt auf die Gutachtenerstellung folgende Entscheidung zu knüpfen – so wie es § 2 Abs. 9 Satz 2, 3 StVG tut.«

- § 29 Abs. 7 Satz 3 Nr. 1 StVG erfasst nicht die Durchführung von Verfahren, die die Untersagung des Führens erlaubnisfreier Fahrzeuge zum Gegenstand haben (OVG Schleswig-Holstein, Beschl. v. 21.12.2022 – 5 MB 24/22, NJW 2023, 1899).
- Nach § 65 Abs. 3 Nr. 2 Satz 1 StVG ist § 29 StVG in der bis zum Ablauf des 30.04.2014 geltenden Fassung nur hinsichtlich der Tilgung und Löschung von bis zum 30.04.2014 im Verkehrszentralregister gespeicherten Entscheidungen anwendbar, nicht auch hinsichtlich der Verwertung dieser Eintragungen. Für die Verwertung kommt § 29 Abs. 7 Satz 1 StVG in der ab dem 01.05.2014 geltenden Fassung zur Anwendung. Dementsprechend besteht ein Verwertungsverbot erst mit der Löschung bzw. der Löschungsreife der (Alt-)Eintragung und damit erst, wenn auch die einjährige Überliegefrist abgelaufen ist (BVerwG, Beschl. v. 23.02.2022 – 3 B 11/21, NJW 2022, 2214).

77 Im Fall der nach einem positiven Fahreignungsgutachten und der anschließenden Wiedererteilung der Fahrerlaubnis erneuten Begehung von Zuwiderhandlungen kann die Fahrerlaubnisbehörde die zeitlich davorliegenden Umstände trotz der Löschung des Punktestands im Fahreignungsregister ergänzend berücksichtigen und hat die Möglichkeit, die Eignung auch ohne das Erreichen von acht Punkten wieder in Frage zu stellen und ggf. durch eine erneute Anordnung der Beibringung eines medizinisch-psychologischen Gutachtens prüfen zu lassen (BayVGH, Beschl. v. 17.11.2020 – 11 CS 20.1814, BeckRS 2020, 32669.

78 Dem Umstand, dass ein Fahrerlaubnisinhaber zuvor im Straßenverkehr nicht unter Alkoholeinfluss mit einem Kraftfahrzeug auffällig geworden ist, ist wegen der Lückenhaftigkeit der Verkehrsüberwachung grundsätzlich keine ausschlaggebende bzw. entlastende Bedeutung zuzubilligen (OVG Mecklenburg-Vorpommern, Beschl. v. 14.10.2022 – 1 M 148/22 OVG, BeckRS 2022, 32708).

79 Eine akute polymorphe psychotische Störung mit Symptomen einer Schizophrenie kann bei fraglicher Drogenabstinenz auch mehr als zwei Jahre nach ihrem nachweislichen Auftreten berechtigte Zweifel an der Eignung des Betroffenen zum Führen von Kraftfahrzeugen begründen (OVG Niedersachsen, Beschl. v. 09.02.2024 – 12 PA 65/23).

VIII. Mitwirkungspflichten des Betroffenen – allgemein

1. Grundsatz

Das Verwaltungsverfahren kennt ebenso wie der Verwaltungsprozess grundsätzlich keine Behauptungslast und Beweisführungspflicht (formelle oder subjektive Beweislast). Behörden und Verwaltungsgerichte ermitteln den entscheidungserheblichen Sachverhalt von Amts wegen (§ 24 Abs. 1 Satz 1 VwVfG bzw. § 86 Abs. 1 Satz 1 Halbs. 1 VwGO). Indes sollen die Beteiligten bei der Sachaufklärung gem. § 26 Abs. 2 Satz 1 und 2 VwVfG mitwirken bzw. sind hierzu nach § 86 Abs. 1 Satz 1 Halbs. 2 VwGO heranzuziehen. Da die in diesem Rahmen geregelte Mitwirkung an der Ermittlung des Sachverhalts nicht mit Zwang durchgesetzt werden kann, sondern bloß eine Obliegenheit der Beteiligten betrifft, sind sie im Ausgangspunkt zwar frei, selbst darüber zu entscheiden, ob sie ihre Mitwirkung verweigern wollen oder nicht. Unterlässt es ein Beteiligter aber ohne zureichenden Grund, seinen Teil zur Sachaufklärung beizutragen, obwohl ihm das ohne weiteres möglich und zumutbar ist und er sich der Erheblichkeit der in Rede stehenden Umstände bewusst sein muss, kann dieses Verhalten je nach den Gegebenheiten des Falles bei der Beweiswürdigung zu seinen Lasten berücksichtigt werden. Das wurde nach alter Rechtslage regelmäßig angenommen, wenn sich ein nach Cannabisgenuss verkehrsauffällig gewordener Fahrerlaubnisinhaber zu der Frage der Konsumhäufigkeit nicht oder nur unzulänglich äußerte (OVG Nordrhein-Westfalen, Beschl. v. 22.05.2012, BeckRS 2012, 51146). 80

Auch schon vor einer Gutachtensanforderung ist der Betroffene nach Art. 26 Abs. 2 Satz 2 BayVwVfG verpflichtet, an der Aufklärung eines fahreignungsrelevanten Sachverhalts mitzuwirken und ihm bekannte Tatsachen und Beweismittel anzugeben, u.a. auch vorhandene Unterlagen – wie einen vollständigen Entlassungsbericht einer Rehabilitationsklinik – vorzulegen (BayVGH, Beschl. v. 30.03.2020 – 11 CS 20.123, BeckRS 2020, 6731). Verweigert er eine geeignete, ihm mögliche und zumutbare Mitwirkung, die auch erforderlich ist, weil sie Tatsachen aus seinem persönlichen Lebensbereich betrifft und ggf. die Entbindung des behandelnden Arztes von der Schweigepflicht voraussetzt, berechtigt dies die Behörde zu einer für ihn nachteiligen Beweiswürdigung (BayVGH, Beschl. v. 30.03.2020 – 11 CS 20.123, BeckRS 2020, 6731). 81

Statt durch Vorlage eines Gutachtens kann der Betroffenen Eignungszweifel bei medizinischen Fragen unter Umständen auch durch andere geeignete Beweismittel ausräumen; das setzt allerdings voraus, dass keinerlei Restzweifel hinsichtlich der Fahreignung mehr verbleiben, weil aus den hierzu vorgelegten Unterlagen eindeutig auch für den (medizinisch und psychologisch nicht geschulten) Laien nachvollziehbar hervorgeht, dass die ursprünglichen Bedenken unbegründet sind (*Dauer*, in: Hentschel/König/Dauer, § 11 FeV Rn. 24; BayVGH, Beschl. v. 20.03.2020 – 11 ZB 20.145, zfs 2020, 295). 82

Bei fehlenden finanziellen Mitteln des Betroffenen für die Beibringung eines rechtmäßig geforderten Fahreignungsgutachtens besteht weder ein Anspruch auf Übernahme der 83

Begutachtungskosten noch auf deren Vorfinanzierung durch die Fahrerlaubnisbehörde (BayVGH, Beschl. v. 12.03.2019 – 11 CS 18.2278, 11 C 19.504, VRS 135, 214).

2. Beweislast und Beweisregeln im Fahrerlaubnisrecht

a) Der Ausgangspunkt: Der Untersuchungsgrundsatz

84 Nach § 24 Abs. 1 VwVfG ermittelt die Behörde den Sachverhalt von Amts wegen. Sie bestimmt Art und Umfang der Ermittlungen; an das Vorbringen und die Beweisanträge der Beteiligten ist sie nicht gebunden.

85 Vergleichbares bestimmt § 86 Abs. 1 VwGO für das gerichtliche Verfahren: Das Gericht erforscht den Sachverhalt von Amts wegen; die Beteiligten sind dabei heranzuziehen. Es ist an das Vorbringen und an die Beweisanträge der Beteiligten nicht gebunden. Der in diesen Vorschriften normierte Untersuchungsgrundsatz schließt die Belastung eines Beteiligten mit der subjektiven bzw. formellen Beweislast aus (*Ritgen*, in: Knack/Henneke, VwVfG, 11. Aufl. 2019, § 24 Rn. 56.)

86 Das VwVfG enthält keine Beweislastregelungen. Das Verwaltungsverfahren kennt grundsätzlich keine Behauptungslast und Beweisführungspflicht eines Beteiligten (sog. formelle Beweislast), da dies mit dem Untersuchungsgrundsatz nicht vereinbar wäre (BVerwG, Urt. v. 16.10.1995 – 7 B 163/95, NJW 1996, 409).

87 Von Bedeutung wird die Beweislast im Verwaltungsverfahren damit nur mit Blick auf die Frage, wem es zur Last fällt, wenn sich ein Sachverhalt nicht aufklären lässt. Insoweit geht es um die materielle Beweislast (*Ritgen*, in: Knack/Henneke, VwVfG, 11. Aufl. 2019, § 24 Rn. 56). Die Beweislast der Beteiligten besteht damit insoweit, als der Beteiligte keine für ihn günstige Tatsache in Anspruch nehmen kann, die sich nicht im Wege der Amtsermittlung ermitteln bzw. feststellen lässt (*Kugele*, VwVfG, 1. Aufl. 2014, § 24 Rn. 6).

88 Wer die materielle Beweislast trägt, bestimmt sich nach dem materiellen Recht und ist durch Auslegung der im Einzelfall einschlägigen Norm zu ermitteln; enthält diese keine besonderen Regelungen, greift der allgemeine Rechtsgrundsatz ein, dass die Nichterweislichkeit von Tatsachen, aus denen eine Partei ihr günstige Rechtsfolgen herleitet, zu ihren Lasten geht (*Züll*, in: Buschbell/Höke, MAH Straßenverkehrsrecht, 5. Aufl. 2020, § 7 Rn. 12). Das bedeutet, dass die Unerweislichkeit einer Tatsache im Bereich der Leistungsverwaltung zu Lasten des Antragstellers geht.

89 Im Bereich der Eingriffsverwaltung dagegen hat die Behörde die materielle Beweislast.

90 Die Amtsermittlungspflicht endet aber dort, wo die Mitwirkungslast der Beteiligten beginnt. Jeder muss also grundsätzlich das vortragen, was in seiner Sphäre liegt und was der Behörde und dem Gericht nicht aus den Akten erkennbar ist (Darlegungslast).

b) Die grundsätzliche Beweislast im Fahrerlaubnisrecht

aa) Die Erteilung der Fahrerlaubnis

§ 2 Abs. 4 und 5 StVG ist zu entnehmen, dass der Fahrerlaubnisbewerber die materielle Beweislast für seine Eignung und Befähigung trägt (*Züll*, in: Buschbell/Höke, MAH Straßenverkehrsrecht, 5. Aufl. 2020, § 7 Rn. 12). Das Vorliegen der Fahreignung wird vom Gesetz positiv als Voraussetzung für die Erteilung der Fahrerlaubnis gefordert; die Nichtfeststellbarkeit geht also zu Lasten des Bewerbers. 91

Auch bei der Neuerteilung der Fahrerlaubnis besteht keine Eignungsvermutung, d.h. die Erteilung der Fahrerlaubnis ist zu versagen, wenn die Eignung nicht positiv festgestellt werden kann. 92

bb) Die Entziehung der Fahrerlaubnis

Eine im Rahmen der Erst- bzw. Wiedererteilung bestehende vergleichbare Pflicht, das Fortbestehen der Fahreignung nachzuweisen, findet sich im Verfahren auf Entziehung der Fahrerlaubnis nach § 3 StVG, § 46 FeV nicht. Weil § 3 Abs. 1 Satz 1 StVG als Ermächtigungsgrundlage für die Fahrerlaubnisentziehung nur auf § 2 Abs. 7 und Abs. 8 StVG verweist, die in § 2 Abs. 6 StVG statuierte Nachweispflicht des Bewerbers aber von der Verweisung ausnimmt, verbleibt es im Entziehungsverfahren bei den allgemeinen Grundsätzen der Beweislastverteilung (VG Düsseldorf, Urt. v. 24.03.2011 – 6 K 1156/11, BeckRS 2011, 49628). Nach diesen Grundsätzen hat die Fahrerlaubnisbehörde die Voraussetzungen der Entziehungsnorm darzulegen und zu beweisen (VG Düsseldorf, Urt. v. 24.03.2011 – 6 K 1156/11, BeckRS 2011, 49628). 93

Im Verfahren über die Entziehung der Fahrerlaubnis gelten die allgemeinen Regeln über die Verteilung der Beweislast. Eine Tatsachenvermutung (§ 292 ZPO) zugunsten der Behörde besteht nicht beweisen (VG Düsseldorf, Urt. v. 24.03.2011 – 6 K 1156/11, BeckRS 2011, 49628). 94

Eine Ungewissheit über ermächtigungsbegründende Tatsachen, wie etwa das Fehlen der Fahreignung eines Fahrerlaubnisinhabers wegen Alkoholmissbrauchs, geht grundsätzlich zu Lasten der Behörde, da diese im Bereich der Eingriffsverwaltung, wie bei der Entziehung der Fahrerlaubnis, nach den allgemeinen Regeln die materielle Beweislast trägt, jedenfalls wenn der Betroffene seinen Mitwirkungsobliegenheiten nachgekommen ist (BayVGH, Beschl. v. 23.08.2023 – 11 CS 23.980, BeckRS 2023, 22034). 95

So war bspw. die Gelegentlichkeit des Cannabiskonsums (Nr. 9.2.2 der Anlage 4 FeV) ein Tatbestandsmerkmal, für das die Fahrerlaubnisbehörde die materielle Beweislast trägt mit der Folge, dass eine etwaige Nichterweislichkeit zu ihren Lasten geht (BayVGH, Beschl. v. 06.11.2018 – 11 CS 18.821, BeckRS 2018, 28754). 96

cc) Die Modifikation durch die Mitwirkungspflicht

97 Das Eingreifen von Beweislastregeln setzt voraus, dass der Betroffene zuvor seiner Mitwirkungspflicht bei der Sachverhaltsermittlung nachgekommen ist (OVG Sachsen-Anhalt, Beschl. v. 31.08.2018 – 3 M 290/18, BeckRS 2018, 20621).

98 Nach § 26 Abs. 2 Satz 1 und 2 VwVfG sollen die Beteiligten bei der Sachaufklärung mitwirken. Da die in diesem Rahmen geregelte Mitwirkung an der Ermittlung des Sachverhalts nicht mit Zwang durchgesetzt werden kann, sondern bloß eine Obliegenheit der Beteiligten betrifft, sind sie im Ausgangspunkt zwar frei, selbst darüber zu entscheiden, ob sie ihre Mitwirkung verweigern wollen oder nicht. Unterlässt es ein Beteiligter aber ohne zureichenden Grund, seinen Teil zur Sachaufklärung beizutragen, obwohl ihm das ohne weiteres möglich und zumutbar ist und er sich der Erheblichkeit der in Rede stehenden Umstände bewusst sein muss, kann dieses Verhalten je nach den Gegebenheiten des Falles bei der Beweiswürdigung zu seinen Lasten berücksichtigt werden (OVG Nordrhein-Westfalen, Beschl. v. 22.05.2012 – 16 B 536/12, juris.

99 Ist ein Gutachten zu Recht angefordert worden, wird es dem Betroffenen i.d.R. zumutbar sein, dem Gutachter die Einsichtnahme in anderweitig angefallene Krankenakten zu ermöglichen (BayVGH, Beschl. v. 07.11.2005 – 11 CS 05.1859: »Dem Gutachter die Einsichtnahme in anderweitig angefallene Krankenunterlagen und damit eine sichere Beurteilung seiner Fahreignung zu ermöglichen, wäre dem Antragsteller zumutbar gewesen.«) bzw. bei der Gewinnung entsprechender Nachweise mitzuwirken. Das ergibt sich für das Fahrerlaubnisrecht aus § 11 Abs. 8 FeV. Nach dieser Vorschrift gilt: Weigert sich der Betroffene, sich untersuchen zu lassen, oder bringt er der Fahrerlaubnisbehörde das von ihr geforderte Gutachten nicht fristgerecht bei, darf sie bei ihrer Entscheidung auf die Nichteignung des Betroffenen schließen. Bei § 11 Abs. 8 FeV handelt es sich um einen Akt der Beweiswürdigung (BayVGH, Beschl. v. 22.04.2020 – 11 CS 19.2434, juris; VGH Baden-Württemberg, Beschl. v. 24.01.2012 – 10 S 3175/11, DAR 2012, 164).

100 Der Betroffene ist grundsätzlich nur verpflichtet, an der Aufklärung von aus bekannten Tatsachen resultierenden Eignungszweifeln mitzuwirken (BayVGH, Beschl. v. 17.02.2020 – 11 CS 19.2518.19, juris). Er muss aber damit bspw. alles tun, was die ordnungsgemäße Erstellung eines Gutachtens erfordert. Auf Sachverhalte, die eine neue Fragestellung erforderlich machen würden, braucht er dagegen von sich aus nicht hinzuweisen. Nur wenn der Gutachter selbst zutreffend von mangelnder Mitwirkung ausgeht und deshalb ein negatives Gutachten erstellt, ist eine Entziehung der Fahrerlaubnis gerechtfertigt (BayVGH, Beschl. v. 26.07.2019 – 11 CS 19.1093, juris). Als Weigerung im Sinne des § 11 Abs. 8 Satz 1 FeV ist auch der Fall zu behandeln, in dem der Betroffene sich teilweise der Untersuchung verweigert oder sie teilweise unmöglich macht.

IX. Die Anforderung von Gutachten als Maßnahme zur Klärung von Eignungszweifeln

1. Funktion des Gutachtens und Umfang der Begutachtung/Alter des Gutachtens

Die FE-Behörde hat i.d.R. nicht die notwendigen Fachkenntnisse, um zu prüfen, ob jemand (noch) geeignet ist. Deshalb ist sie auf Fachgutachten angewiesen (amtl. Begr. BR-Drucks. 43/98, S. 254). Die ärztlichen Gutachten sollen insbesondere bei Bedenken gegen die körperliche oder geistige Fähigkeit des Bewerbers oder des Inhabers der Fahrerlaubnis medizinisch feststellen, ob diese Mängel vorliegen, damit der Entscheidungsträger die Eignung gemäß den Regelfällen der Bewertungen in Anlage 4 abschließend selbst zu beurteilen vermag. Zu diesem Zweck hat die Behörde dem Betroffenen die Gruppe der Ärzte gem. § 11 Abs. 2 Satz 3 FeV zu nennen und ihm als Auftraggeber die Auswahl eines bestimmten Arztes aus der Gruppe zu überlassen (*Gehrmann*, NZV 2003, 10). 101

Statt durch Vorlage eines Gutachtens kann der Betroffenen Eignungszweifel bei medizinischen Fragen unter Umständen auch durch andere geeignete Beweismittel ausräumen; das setzt allerdings voraus, dass keinerlei Restzweifel hinsichtlich der Fahreignung mehr verbleiben, weil aus den hierzu vorgelegten Unterlagen eindeutig auch für den (medizinisch und psychologisch nicht geschulten) Laien nachvollziehbar hervorgeht, dass die ursprünglichen Bedenken unbegründet sind (Dauer, in: Hentschel/König/Dauer, § 11 FeV Rn. 24; BayVGH, Beschl. v. 20.03.2020 – 11 ZB 20.145, zfs 2020, 295). 102

Bei Unterbringung des Fahrerlaubnisinhabers nach dem Unterbringungsgesetz ist vor Anforderung eines fachärztlichen Gutachtens zuerst ein Arztbericht der Einrichtung, in der die Unterbringung erfolgte, anzufordern (BayVGH, Beschl. v. 28.01.2019 – 11 C 18.2530, juris). 103

Der Untersuchungsumfang richtet sich nach dem Anlass und wird durch ihn beschränkt (*Dauer*, in: Hentschel/König/Dauer, § 11 FeV Rn 39). Liegen bspw. Tatsachen vor, die nur Bedenken gegen die Kraftfahreignung des Betroffenen begründen, darf sich die Begutachtung auch nur auf diesen Bereich beziehen (BayVGH, Beschl. v 15.05.2008 – 11 CS 08.616, BayVBl. 2008, 724). Ist dagegen nur die Eignung zum Führen fahrerlaubnisfreier Fahrzeuge zweifelhaft, ist allein diese Frage Gegenstand der Begutachtung (*Dauer*, in: Hentschel/König/Dauer, § 11 FeV Rn 39). Will dagegen die Behörde sowohl die Fahrerlaubnis entziehen als auch das Führen fahrerlaubnisfreier Fahrzeuge untersagen, muss sich die Fragestellung auf beides beziehen (OVG Niedersachsen, Beschl. v. 26.10.2011 – 12 ME 181/11, NZV 2012, 149). Der Gutachter hat sich an die von der Fahrerlaubnisbehörde mitgeteilte Fragestellung zu halten, sonst ist das Gutachten nicht verwertbar (*Dauer*, in: Hentschel/König/Dauer, § 11 FeV Rn 39; *Geiger*, NZV 2002, 20; BayVGH, Beschl. v. 22.09.2015 – 11 CS 15.1447, NZV 2016, 296). Hat die Fahrerlaubnisbehörde unter Vorgabe einer konkreten Fragestellung die Beibringung eines ärztlichen Gutachtens zur Kraftfahreignung angeordnet, hat der mit der Gutachtenerstellung beauftragte (Amts-)Arzt das ihm durch die Fra- 104 gestellung vorgegebene Prüfprogramm medizinisch abzuarbeiten. Er ist nicht befugt, aus den Äußerungen im Rahmen der Anamnese den Schluss zu ziehen, dass sich die medizinische Abklärung, die die Behörde als notwendig ansieht, erübrigt (OVG Saarland, Beschl. v. 15.02.2016 – 1 B 242/15, zfs 2016, 234).

105 Führt das von der Fahrerlaubnisbehörde angeordnete Gutachten zu einem negativen Ergebnis, hat der Betroffene keinen Anspruch auf Übersendung der Fahrerlaubnisakte an eine zweite Begutachtungsstelle zwecks Erstellung eines weiteren Gutachtens (BayVGH, Beschl. v. 31.07.1991 – 11 CE 91.2004, DAR 1992, 34: Obergutachter; OVG Nordrhein-Westfalen, Beschl. v. 18.05.2012 – 16 B 180/12, NZV 2013, 360), anders wenn der Betroffene zusätzlich ein Parteigutachten einholen will (OVG Rheinland-Pfalz, Beschl. v. 11.12.1996 – 7 B 13243/96, NJW 1997, 2342; *Dauer*, in: Hentschel/König/Dauer, § 11 FeV Rn. 24b).

106 Medizinisch-psychologische Gutachten haben nach Ablauf eines Jahres in der Regel keine hinreichende Aussagekraft mehr für die aktuelle Beurteilung der Fahreignung (OVG Nordrhein-Westfalen, Beschl. v. 29.06.2009 – 16 E 1165/08, juris; OVG Nordrhein-Westfalen, Beschl. v. 29.12.2004 – 19 A 1287/02).

2. Die Anordnung – Rechtscharakter und Rechtsschutzmöglichkeiten (Abs. 2 Satz 1)

107 Die Fahrerlaubnisbehörde kann die Beibringung eines Gutachtens »anordnen« (§ 11 Abs. 2 Satz 1 FeV). Die Beibringungsanordnung ist unter sicherheitsrechtlichen Aspekten als Gefahrerforschungsmaßnahme anzusehen, also als Maßnahme bei deren Vornahme noch nicht feststeht, ob tatsächlich eine Gefahr vorliegt, mit deren Hilfe diese Frage vielmehr erst geklärt werden soll, um dann – bei Vorliegen einer Gefahr – die nötigen Maßnahmen (hier die Führerscheinentziehung) treffen zu können (VG Hamburg, Urt. v. 08.04.2002 – 5 VG 4699/2001, 5 VG 4699/01; auch BayVGH, Beschl. v. 14.08.2012 – 11 C 12.1746, juris). Die Erhebung einer Untätigkeitsklage hindert die Behörde nicht daran, eine Anordnung zu erlassen (VGH Baden-Württemberg, Beschl. v. 10.04.1980 – 10 S 430/80, VRS 58, 365).

108 Bei der Anordnung, ein Gutachten beizubringen, handelt es sich um eine reine vorbereitende Maßnahme zukünftigen Verwaltungshandelns, nicht um einen Verwaltungsakt nach § 35 VwVfG (kritisch hierzu *Hillmann*, DAR 2006, 128). Auch die Tatsache, dass es sich um eine Maßnahme mit Eingriffscharakter handelt, führt nicht dazu, sie als Verwaltungsakt anzusehen, da die Anforderung des Gutachtens nichts »regelt« (nun zum neuen Recht OVG Nordrhein-Westfalen, VRS 100, 394; zum »alten« § 15b StVZO BVerwG, Urt. v. 28.11.1969 – VII C 18.69, BVerwGE 34, 248). Eine Gutachtenanordnung zur Klärung von Zweifeln an der Fahreignung ist nicht selbstständig gerichtlich anfechtbar (VGH Hessen, Beschl. v. 27.02.2023 – 2 B 2156/22, BeckRS 2023, 20995).

109 Die Anordnung, ein Gutachten beizubringen, kann gem. § 44a VwGO nur zusammen mit einer anschließenden ablehnenden Entscheidung (Entziehung oder Versagung der Fahrerlaubnis) angefochten werden (amtl. Begr. BR-Drucks. 443/98, S. 254). Der

Betroffene hat (nur) die Möglichkeit, die für rechtswidrig gehaltene Anordnung, ein Gutachten vorzulegen, im Rahmen des gegen die Entziehungsverfügung zu gewährenden Rechtsschutzes gerichtlich überprüfen zu lassen, da die auf die Verweigerung der Gutachtenbeibringung gestützte Entziehung der FE nur dann Bestand haben kann, wenn die Gutachtensanforderung rechtmäßig war (BayVGH, Urt. v. 07.05.2001 – 11 B 99.2527; VG Ansbach, Beschl. v. 14.03.2005 – AN 10 E 05.00679, VRS 108, 390). Die Anfechtungsklage ist unzulässig, weil die Anordnung kein Verwaltungsakt ist. Es handelt sich nur um eine unselbstständige Maßnahme der Beweiserhebung (VG Ansbach, Urt. v. 19.03.2013 – AN 10 K 12.02160, juris).

Der Zulässigkeit einer anderen Klageart steht § 44a VwGO entgegen (VGH Baden- 110 Württemberg, Beschl. v. 10.04.1980 – 10 S 430/80, VRS 1980, 365); § 44a Satz 2, der bei (selbstständig) vollstreckbaren behördlichen Verfahrenshandlungen eine ausnahmsweise Anfechtung ermöglicht, ist nicht anwendbar, da ein bloß »faktischer Zwang« keine Vollstreckbarkeit begründet (VG Neustadt/Weinstraße, Urt. v. 20.01.2016 – 1 K 936/15.NW, juris). Eine Versagung oder ein Entzug der FE nach § 11 Abs. 8 FeV setzt aber voraus, dass die Anordnung der Untersuchung rechtmäßig, insbesondere anlassbezogen und verhältnismäßig war. Entspricht das von der Behörde aufgegebene Mittel diesen Voraussetzungen nicht, so darf sich der betroffene Kraftfahrer weigern, der Untersuchungsaufforderung Folge zu leisten, ohne mit nachteiligen Folgen rechnen zu müssen. Ihm kann dann nicht vorgeworfen werden, nicht das Seinige dazu beigetragen zu haben, um die berechtigten Zweifel aufzuklären. Eine Verletzung der Mitwirkungspflicht liegt nämlich nicht vor, wenn die Behörde ein – ganz oder teilweise – ungeeignetes Mittel zur Aufklärung etwaiger Eignungszweifel gewählt hat (BVerwG, Urt. v. 13.11.1997 – 3 C 1.97, VD 1998, 121).

Da der Fahrerlaubnisinhaber aber damit das Risiko trägt, die Rechtmäßigkeit oder 111 Rechtswidrigkeit der Aufforderung zur Vorlage des Gutachtens richtig eingeschätzt zu haben, sind an die Rechtmäßigkeit der Aufforderung hohe Anforderungen zu stellen (VG Cottbus, Beschl. v. 07.08.2015 – 1 L 261/15, juris; st. Rspr: so etwa auch VG München, Beschl. v. 09.10.2023 – M 19 S 23.2625, juris: An die Rechtmäßigkeit der Gutachtensanordnung sind dabei grundsätzlich strenge Maßstäbe anzulegen, weil der Antragsteller sie mangels Verwaltungsaktqualität nicht unmittelbar anfechten kann. Er trägt das Risiko, dass ihm gegebenenfalls die Fahrerlaubnis bei einer Weigerung oder Nichtbeibringung entzogen wird. Der Gutachter ist an die Gutachtensanordnung und die dort formulierte Fragestellung gebunden [§ 11 Abs. 5 FeV i.V.m. Nr. 1 Buchst. a) Satz 2 der Anlage 4a zur FeV]. Es ist gem. § 11 Abs. 6 FeV Aufgabe der Fahrerlaubnisbehörde, die Beurteilungsgrundlage und den Beurteilungsrahmen selbst klar festzulegen. Die Aufforderung muss insoweit im Wesentlichen aus sich heraus verständlich sein. Der Betroffene muss ihr entnehmen können, was konkret ihr Anlass ist und ob das dort Mitgeteilte die behördlichen Zweifel an der Fahreignung rechtfertigt.)

Zu einem Ausnahmefall, in dem es um die Frage der Kostenerstattung ging siehe 112 VG Hamburg (Urt. v. 08.04.2002 – 5 VG 4699/2001, 5 VG 4699/01): Die Vorschrift des § 44a Satz 1 VwGO muss eine teleologische Reduktion dergestalt erfahren, dass in

Fällen, in denen die Sachentscheidung nicht mehr angreifbar ist (die Entziehung der Fahrerlaubnis wurde im Widerspruchsverfahren aufgehoben), diese Regelung der Klage nicht entgegensteht. Das Gericht stellt hier maßgeblich darauf ab, ob der Betroffene den »Anschein einer Gefahr« zurechenbar verursacht hat, d.h. ob die Voraussetzungen für die Gutachtensanforderung vorlagen. Das entspricht dem allgemeinen Grundsatz, dass bei sicherheitsrechtlichen Maßnahmen zwischen der Primär- und der Sekundärebene unterschieden werden muss: Werden Anscheins- und Verdachtsstörer auf der Primärebene um einer effizienten Gefahrenabwehr willen noch undifferenziert als Störer in Anspruch genommen, so ist deren Kostenpflichtigkeit auf der Sekundärebene unter dem Blickwinkel gerechter Lastenverteilung zu betrachten. Er darf mit Kosten dann nur belastet werden, wenn er den Anschein der Gefahr zurechenbar veranlasst hat (siehe hierzu *Becker/Heckmann/Kempen/Manssen*, Rn. 421).

113 Nach dem OVG Niedersachsen (Beschl. v. 04.12.2006 – 12 LA 426/05, NZV 2007, 270) kann hinsichtlich der mit der Gutachtenanforderung verbundenen Gebührenfestsetzung Gegenstand des Verfahrens nur sein, ob die gebührenrechtlichen Vorschriften eine Gebührenerhebung in der bestimmten Höhe vorsehen. Die Rechtswidrigkeit der Gutachtenanforderung und der Gebührenerhebung im Übrigen könne der Betroffene im Rahmen der Klage gegen die abschließende Sachentscheidung (Entziehung der Fahrerlaubnis) geltend machen.

114 Offen gelassen wurde die Frage, ob im Rahmen der Überprüfung der Gebührenerhebung auch die Rechtmäßigkeit der Gutachtensanordnung überprüft werden muss, vom VG Ansbach (Urt. v. 26.10.2021 – AN 10 K 20.1003, BeckRS 2021, 36918): »Zwar spricht nach der einschlägigen Rechtsgrundlage des § 6a Abs. 1 Nr. 1a StVG und dem – zumindest dem Rechtsgedanken nach – anzuwendenden Art. 16 Abs. 5 BayKG viel dafür, dass auch im Hinblick auf eine Gutachtensanforderung nur solche Kosten erhoben werden dürfen, die auch bei richtiger Sachbehandlung entstanden wären, mit anderen Wort nur dann, wenn die Amtshandlung rechtmäßig gewesen war. Allerdings kann von dem Erfordernis der Inzidentkontrolle der Rechtmäßigkeit der Amtshandlung dann abgesehen werden, wenn es zur Wahrung effektiven Rechtsschutzes nicht notwendig erscheint, beispielsweise, weil eine angreifbare Sachentscheidung vorliegt, bei der eine identische Rechtmäßigkeitsüberprüfung erfolgen müsste, also im vorliegenden Fall eine Fahrerlaubnisentziehung.«

115 Nach dem VG Augsburg (Urt. v. 22.06.2020 – Au 7 K 19.1964, juris) ist die Rechtmäßigkeit der Erhebung der Verwaltungsgebühr für die Anordnung der Beibringung eines medizinisch-psychologischen Gutachtens von der Rechtmäßigkeit der Amtshandlung abhängig. Ebenso

- VG Kassel, Urt. v. 24.04.2019 – 7 K 6587/17.KS, juris: Die Anordnung eines medizinisch-psychologischen Gutachtens ist grundsätzlich inzident zu prüfen, wenn für die Anordnung Gebühren erhoben werden.
- VGH Baden-Württemberg, Urt. v. 12.12.2016 – 10 S 2406/14, juris: »Bei der gerichtlichen Überprüfung eines auf die genannten Rechtsgrundlagen gestützten Verwaltungsgebührenbescheids hat über die gebührenrechtliche Kontrolle im engeren Sinn hinaus auch eine Inzidentkontrolle der Rechtmäßigkeit der jeweiligen

Amtshandlung zu erfolgen.« Ob dies auch dann der Fall ist, wenn eine Klage gegen die Sachentscheidung noch möglich ist, ließ das Gericht offen: »Dass eine Gutachtensanordnung nicht nur in einem Rechtsbehelfsverfahren gegen eine daran anknüpfende Fahrerlaubnisentziehung inzident auf ihre Rechtmäßigkeit überprüft werden kann, sondern auch bei Rechtsbehelfsverfahren gegen sonstige in Rechte des Betroffenen eingreifende Maßnahmen, hat der Senat wiederholt ausgesprochen ... Hierunter sind auch Gebührenbescheide subsumierbar ... Doch selbst dann, wenn man mit dem Verwaltungsgericht von einer nur ausnahmsweisen Inzidentkontrolle der Amtshandlung im Rahmen der Überprüfung eines Gebührenbescheids ausgehen wollte, und zwar dann, wenn dies zur Wahrung effektiven Rechtsschutzes nötig ist, weil es an einer angreifbaren Sachentscheidung (Fahrerlaubnisentziehung oder Versagung der beantragten Fahrerlaubniserteilung) fehlt, bei deren gerichtlicher Überprüfung sonst regelmäßig eine Inzidentkontrolle stattfinden könnte ..., ergäbe sich kein anderes Ergebnis. Denn es fehlt an einer angreifbaren Sachentscheidung, weil die begehrte Fahrerlaubnis letztendlich erteilt wurde.«

3. Maßgeblicher Zeitpunkt für die Beurteilung der Rechtmäßigkeit von Maßnahmen

Siehe hierzu VG Ansbach, Beschl. v. 28.08.2023 – AN 10 S 23.1022, juris: 116

»Maßgeblicher Zeitpunkt für die Beurteilung der Rechtmäßigkeit der streitgegenständlichen Entziehung der Fahrerlaubnis ist die Sach- und Rechtslage zum Zeitpunkt der letzten Verwaltungsentscheidung, hier der Erlass des Widerspruchsbescheids. Die Rechtmäßigkeit der Aufforderung zur Beibringung eines Fahreignungsgutachtens ist demgegenüber nach der Sach- und Rechtslage zum Zeitpunkt ihres Ergehens zu beurteilen. Dies gilt jedoch nur für die Aufforderung zur Beibringung des Gutachtens, nicht für die hierauf gestützte Entscheidung der Fahrerlaubnisbehörde (vgl. BVerwG, Urt. v. 04.12.2020 – 3 C 5/20, juris Rn. 14). Nach der Rechtsprechung des Bundesverwaltungsgerichts rechtfertigt der Umstand, dass die Zuwiderhandlung im Zeitpunkt der Aufforderung zur Beibringung eines Fahreignungsgutachtens noch verwertbar war, keine andere Beurteilung. Zwar darf die Fahrerlaubnisbehörde nach § 11 Abs. 8 FeV auf die Nichteignung des Betroffenen schließen, wenn er ein von ihr zu Recht gefordertes Fahreignungsgutachten nicht beigebracht hat; zugleich ist nach ständiger Rechtsprechung für die Beurteilung der Rechtmäßigkeit der Beibringungsaufforderung auf den Zeitpunkt ihres Ergehens abzustellen. Doch lässt sich weder § 11 Abs. 8 FeV noch anderen Regelungen im Straßenverkehrsgesetz oder in der Fahrerlaubnis-Verordnung entnehmen, dass damit auch ein im Straßenverkehrsgesetz angeordnetes Verwertungsverbot für im Fahreignungsregister zu tilgende und zu löschende oder aus anderen Gründen, etwa gemäß § 29 Abs. 8 Satz 2 StVG a.F. oder § 29 Abs. 7 Satz 2 StVG nicht berücksichtigungsfähige Eintragungen, durchbrochen wird.«

Führt das von der Fahrerlaubnisbehörde angeordnete Gutachten zu einem negativen Ergebnis, hat der Betroffene keinen Anspruch auf Übersendung der Fahrerlaubnisakte an eine zweite Begutachtungsstelle zwecks Erstellung eines weiteren Gutachtens (BayVGH, Beschl. v. 31.07.1991 – 11 CE 91.2004, DAR 1992, 34: Obergutachter; OVG Nordrhein-Westfalen, Beschl. v. 18.05.2012 – 16 B 180/12, NZV 2013, 360), anders wenn der Betroffene zusätzlich ein Parteigutachten einholen will (OVG Rhein- 117 land-Pfalz, Beschl. v. 11.12.1996 – 7 B 13243/96, NJW 1997, 2342; *Dauer*, in: Hentschel/König/Dauer, § 11 FeV Rn. 24b).

4. Anforderung eines Gutachtens und das Recht auf informationelle Selbstbestimmung

118 Ein Eingriff in das durch Art. 2 Abs. 1 i.V.m. Art. 1 Abs. 1 GG geschützte Recht auf informationelle Selbstbestimmung liegt durch die Anforderung eines Gutachtens insoweit nicht vor, als mit einer Gutachtensanforderung nach § 11 Abs. 2 FeV kein Zwang ausgeübt wird, das geforderte Gutachten vorzulegen oder zu seiner Erstellung notwendige Informationen preiszugeben (BayVGH, Beschl. v. 07.11.2005 – 11 CS 05.1859, juris). Dass nach § 11 Abs. 8 FeV von einer diesbezüglichen Weigerung auf die mangelnde Fahreignung des Betroffenen geschlossen werden darf, lässt dessen Recht, die verlangte Mitwirkung an der Klärung seiner Fahreignung zu versagen, unberührt und ist deshalb auch unter Berücksichtigung des Rechts auf informationelle Selbstbestimmung unbedenklich (VG Augsburg, Beschl. v. 15.07.2008 – Au 3 S 08.855, juris).

119 Die im sicherheitsrechtlichen Fahrerlaubnisentziehungsverfahren eventuell unter Verstoß gegen datenschutzrechtliche Bestimmungen gewonnenen fahreignungsrelevante Erkenntnisse unterliegen keinem pauschalen Verwertungsverbot. Auch strafverfahrensrechtliche Maßstäbe über die Rechtsfolgen von Mängeln der Beweiserhebung können nicht ohne weiteres auf das ordnungsrechtliche Fahrerlaubnisverfahren übertragen werden, da dieses andere Zielsetzungen verfolgt und anderen Verfahrensbestimmungen unterliegt. Soweit daher – wie im Fahrerlaubnisrecht – ein ausdrückliches Beweisverwertungsverbot nicht besteht, ist im Einzelfall unter Abwägung der Schwere des Eingriffs in die Rechte des Betroffenen einerseits sowie des Interesses an der Straßenverkehrssicherheit und am Schutz von Leben und Gesundheit unbeteiligter Dritter andererseits abzuwägen, ob ein Verwertungsverbot anzunehmen ist. Diese Abwägung fällt im Fahrerlaubnisrecht in aller Regel zulasten des jeweiligen Fahrerlaubnisinhabers aus, d.h., dass das Grundrecht des Betroffenen auf informationelle Selbstbestimmung (Art. 2 Abs. 1 GG) hinter dem Schutz von Leben und Gesundheit (Art. 2 Abs. 2 GG) dritter Verkehrsteilnehmer zurücktreten muss (VG Düsseldorf, Beschl. v. 25.05.2023 – VG 14 L 1081/23, BeckRS 2023, 13261).

120 Während nämlich Beweisverwertungsverbote im vorrangig repressiven Zwecken dienenden Strafprozess dem Spannungsverhältnis zwischen dem staatlichen Strafverfolgungsanspruch einerseits und dem Grundrechtsschutz des Betroffenen andererseits Rechnung tragen, sind im rein präventiven, auf keine Bestrafung gerichteten Fahrerlaubnisverfahren mit erheblichem Gewicht auch Rechtsgüter einer unbestimmten Zahl Dritter, namentlich Leben und Gesundheit anderer Verkehrsteilnehmer zu beachten. Mit dem Schutz der Allgemeinheit vor ungeeigneten Fahrerlaubnisinhaber wäre es nicht zu vereinbaren, wenn die Fahrerlaubnisbehörden an der Berücksichtigung (eventuell) strafprozessual fehlerhaft gewonnener Erkenntnisse allgemein gehindert wären bzw. wegen eines außerhalb ihres Verantwortungsbereichs begangenen Verfahrensfehlers sehenden Auges die gravierenden Gefahren hinzunehmen hätten, die

mit der Verkehrsteilnahme eines derzeit kraftfahrungeeigneten Fahrerlaubnisinhabers verbunden sind (OVG Nordrhein-Westfalen, Urt. v. 25.10.2016 – 16 A 1237/14, NJW 2017, 903).

Gemäß § 2 Abs. 12 Satz 1 StVG ist die Polizei verpflichtet, den Fahrerlaubnisbe- 121
hörden ihr bekannt gewordene Informationen über Tatsachen, etwa Anzeichen für den Drogenkonsum, zu übermitteln, die auf nicht nur vorübergehende Mängel hinsichtlich der Eignung oder auf Mängel hinsichtlich der Befähigung einer Person zum Führen von Kraftfahrzeugen schließen lassen. Dies Diese Mitteilung verletzt nicht das Recht auf informationelle Selbstbestimmung (BayVGH, Beschl. v. 11.11.2020 – 11 CS 20.1133, BeckRS 2020, 32700).

5. Die Anordnung als Ermessensentscheidung (Abs. 2 Satz 1)

Während die Fahrerlaubnisbehörde bspw. in Fällen der Alkoholproblematik (§ 13 122
FeV) »anordnet«, dass ein Gutachten vorzulegen ist, es sich deshalb dort um eine gebundene Entscheidung handelt, eröffnet die Bestimmung des § 11 Abs. 2 Satz 1 FeV einen Ermessensspielraum, weil nach dieser Vorschrift die Behörde die Beibringung eines Gutachtens anordnen »kann«. Nach der Rechtsprechung ist die Anordnung der Beibringung eines Gutachtens kein selbständig anfechtbarer Verwaltungsakt. Die ausdrücklich auf Verwaltungsakte zugeschnittenen Regeln des § 40 VwVfG über die Ermessensausübung sind deshalb bestenfalls entsprechend heranzuziehen (VG Ansbach, Beschl. v. 30.09.2011 – AN 10 S 11.01436 – juris).

Bestehen Bedenken gegen die körperliche oder geistige Eignung eines Fahrerlaubnis- 123
bewerbers, so sind diese durch die Anordnung eines ärztlichen Gutachtens abzuklären. Es steht im Regelfall nicht im Ermessen der Fahrerlaubnisbehörde, stattdessen eine Fahrprobe als ausreichend zu erachten. Dies ergibt sich aus der amtlichen Begründung zu § 11 FeV und dem Zusammenspiel der unter § 11 Abs. 2 Satz 1, Abs. 3 Satz 1 Nr. 1 und Abs. 4 Nr. 1 FeV getroffenen Regelungen sowie den Vormerkungen zur Anlage 4 zur Fahrerlaubnisverordnung (OVG Saarland, Urt. v. 01.10.2014 – 1 A 289/14, VD 2015, 139).

(Zumindest) im »Schnittbereich zwischen Befähigung und Eignung« dürfte aber die 124
Wahl zwischen den Erkenntnisquellen im Ermessen der Fahrerlaubnisbehörde liegen (siehe hierzu BayVGH, Beschl. v. 24.01.2022 – 11 CS 21.1897, SVR 2022, 198: »Denn praktische Fahrfertigkeiten stellen einerseits einen wichtigen Teilbereich der Eignung dar …, erscheinen andererseits aber auch als Teil der Fähigkeit, die zum sicheren Führen von Kraftfahrzeugen erforderlichen Kenntnisse praktisch anzuwenden, und damit der in § 2 Abs. 5 StVG umschriebenen Befähigung … Zugleich liegt auf der Hand, dass mangelnde Befähigung ihre Ursache in einer Erkrankung haben kann, die (auch) zur körperlichen oder geistigen Ungeeignetheit zum Führen von Kraftfahrzeugen führt. Daher stand der Anordnung eines Gutachtens über die Befähigung zum Führen von Kraftfahrzeugen nach § 46 Abs. 4 FeV nicht entgegen, dass die der Fahrerlaubnisbehörde vorliegenden Tatsachen es möglicherweise zugleich erlaubt hätten, auf der Grundlage des § 11 Abs. 2 FeV die Beibringung eines ärztlichen

Gutachtens über die Eignung anzuordnen, woran sich ggf. ebenfalls die Anordnung eines Gutachtens eines amtlich anerkannten Sachverständigen oder Prüfers für den Kraftfahrzeugverkehr, allerdings nach § 11 Abs. 4 Nr. 1 FeV, hätte anschließen können ... Weder dem Straßenverkehrsgesetz noch der Fahrerlaubnis-Verordnung kann insoweit eine Rangfolge entnommen werden.«).

125 Steht die Anordnung eines medizinisch-psychologischen Gutachtens im Ermessen der Behörde, fließen die Ermessenserwägungen regelmäßig in die Prüfung ein, ob konkrete und hinreichend gewichtige Eignungszweifel vorliegen. Ergibt die Würdigung der Behörde, dass die festgestellten Tatsachen nach Art und Gewicht aussagekräftige Anzeichen für aufklärungsbedürftige Eignungszweifel sind, besteht ohne das Vorliegen besonderer Umstände kein Anlass zu weitergehenden gesonderten Ermessenserwägungen, weil die Fahrerlaubnisbehörde dann im Regelfall zu weiteren Aufklärungsmaßnahmen verpflichtet ist. Je gewichtiger die Eignungsbedenken sind, desto geringer wird das Entschließungsermessen der Fahrerlaubnisbehörde (VGH Baden-Württemberg, Beschl. v. 08.03.2013 – 10 S 54/13, NJW 2013, 1896).

126 Siehe zusammenfassend zur Ermessensausübung VG Neustadt/Weinstraße, Beschl. v. 14.09.2015 – 3 L 783/15.NW, juris:

> »Gemäß § 11 Abs. 2 Satz 1 FeV kann die Fahrerlaubnisbehörde die Beibringung eines ärztlichen Gutachtens anordnen, wenn Tatsachen bekannt werden, die Bedenken gegen die körperliche oder geistige Eignung des Fahrerlaubnisinhabers begründen. Der Fahrerlaubnisbehörde ist folglich ein Ermessensspielraum eingeräumt.
>
> Die Ermessenserwägungen fließen regelmäßig in die Prüfung ein, ob konkrete und hinreichend gewichtige Eignungszweifel vorliegen. Ergibt die Würdigung der Behörde, dass die festgestellten Tatsachen nach Art und Gewicht aussagekräftige Anzeichen für aufklärungsbedürftige Eignungszweifel sind, besteht ohne das Vorliegen besonderer Umstände kein Anlass dafür, dass die Behörde ihre diesbezüglichen Überlegungen nochmals im Rahmen einer ausdrücklich als solche bezeichneten Ermessensausübung wiederholt (VGH Baden-Württemberg, Urteil vom 11. August 2015 – WS 444/14 –, juris). Denn wenn durch konkrete Tatsachen begründete Zweifel an der körperlichen, charakterlichen oder psychischen Eignung eines ...Fahrerlaubnisinhabers bestehen, hat die Behörde im Interesse der Verkehrssicherheit im Regelfall weitere Ermittlungen anzustellen. Je gewichtiger die Eignungsbedenken sind, desto geringer wird das Entschließungsermessen der Behörde; bei Vorliegen von erheblichen Eignungszweifeln dürfte es regelmäßig auf Null reduziert sein. Liegen keine besonderen Umstände vor, die dafür sprechen, trotz der festgestellten Eignungsbedenken von weiteren Aufklärungsmaßnahmen abzusehen, besteht deshalb im Rahmen der typisierenden Regelung des § 11 FeV kein Anlass zu weitergehenden gesonderten Ermessenserwägungen (vgl. VGH Baden-Württemberg, Beschluss vom 8. März 2013 – 10 S 54/13 –, NJW 2013, 1896).«

127 Bei einer Erkrankung, die wie Diabetes mellitus in einer Mehrzahl oder Vielzahl der Fälle eine Fahrungeeignetheit nicht begründet, gebietet der Grundsatz der Verhältnismäßigkeit, vor der Anordnung eines ärztlichen Gutachtens die Art und Schwere der Erkrankung zu klären und zunächst den Betroffenen weniger belastende Erkenntnismöglichkeiten auszuschöpfen (BayVGH, Beschl. v. 05.10.2020 – 11 CS 20.1203, BeckRS 2020, 26736).

Nach Nr. 2 der Vorbemerkung der Anlage 4 zur FeV ist Grundlage der Beurteilung, ob im Einzelfall Eignung oder bedingte Eignung vorliegt, in der Regel ein ärztliches Gutachten (§ 11 Abs. 2 Satz 3 FeV), in besonderen Fällen ein medizinisch-psychologisches Gutachten (§ 11 Abs. 3 FeV) oder ein Gutachten eines amtlich anerkannten Sachverständigen oder Prüfers für den Kraftfahrzeugverkehr (§ 11 Abs. 4 FeV). Die Einholung eines solchen Gutachtens kann aber unterbleiben, wenn weder die Feststellung des Bestehens einer Krankheit oder eines Mangels nach der Anlage 4 zur FeV sachverständige Hilfe voraussetzt noch ein Anhalt dafür besteht, dass die daran anknüpfende Regelfallbeurteilung der Fahreignung im zu entscheidenden Fall keine Geltung beanspruchen kann (BayVGH, Beschl. v. 14.10.2003 – 11 CS 03.2433, Blutalkohol 41 [2004], 561). 128

Bei der Prüfung, ob die Fahrerlaubnisbehörde die Beibringung eines in ihrem Ermessen stehenden Gutachtens fehlerfrei angeordnet hat, sind nur die in der Gutachtensanordnung oder bis zum Ablauf der Beibringungsfrist verlautbarten Erwägungen berücksichtigungsfähig (VGH Baden-Württemberg, Urt. v. 03.09.2015 – 10 S 778/14, juris). 129

6. Bestimmung der Gutachtergruppe (Abs. 2 Satz 3)

§ 2 Abs. 8 StVG nennt, insoweit noch ohne Bestimmung einer bestimmten Rang- oder Reihenfolge, die Anordnung der Vorlage eines Gutachtens oder eines Zeugnisses eines Facharztes oder Amtsarztes, des Gutachtens einer amtlich anerkannten Begutachtungsstelle für die Fahreignung (BfF) oder eines amtlich anerkannten Sachverständigen oder Prüfers für den Kraftfahrzeugverkehr (aaSoP). Eine fallbezogene Präzisierung der Regelungen findet sich insbesondere in den Vorschriften der §§ 11 bis 14 FeV (*Mahlberg*, in: Himmelreich/Halm, Kap. 35 Rn. 182). 130

Nach § 11 Abs. 2 Satz 3 FeV bestimmt die Behörde in der Anordnung auch, ob das Gutachten von einem Facharzt mit verkehrsmedizinischer Qualifikation, einem Arzt des Gesundheitsamtes oder einem anderen Arzt der öffentlichen Verwaltung, einem Arbeits- oder Betriebsmediziner, einem Rechtsmediziner oder einem Arzt in einer anerkannten Begutachtungsstelle für Fahreignung erstellt werden soll. Abs. 3 der Vorschrift regelt, wann ein medizinisch-psychologisches Gutachten erforderlich ist. In bestimmten Fällen kann auch (noch) ein Gutachten eines amtlich anerkannten Sachverständigen oder Prüfers für den Kraftfahrzeugverkehr notwendig werden (Abs. 4). Die Aufzählung der in den Absätzen 2 bis 4 genannten Möglichkeiten ist abschließend. 131

Die Fahrerlaubnisbehörde kann nach pflichtgemäßem Ermessen bestimmen, von welcher Gutachtergruppe das Gutachten zu erstellen ist (BayVGH, Beschl. v. 17.10.2014 – 11 CS 14.1646, juris; BayVGH, VD 2008, 126; VG Bayreuth, Beschl. v. 16.05.2023 – B 1 23.277, BeckRS 2023, 30262). 132

Gemäß § 11 Abs. 2 Satz 3 FeV legt die Behörde fest, von welchem der in den Nummern 1 bis 5 genannten Gutachtern das Gutachten erstellt werden soll. Sie kann dabei die grundsätzlich freie Wahl der Untersuchungs-/Begutachtungsstelle durch den Betroffenen einschränken, wenn nur bestimmte Untersuchungsstellen oder Ärzte die 133 erforderlichen Voraussetzungen erfüllen. Wird dagegen die Auswahl ohne ersichtlichen Grund eingeschränkt und erklärt sich der Betroffene nicht bereit, sich bei einer durch die Fahrerlaubnisbehörde bestimmten Untersuchungsstelle untersuchen zu lassen, kann nicht automatisch auf die Nichteignung gem. § 11 Abs. 8 FeV geschlossen werden. Bei ordnungsgemäßer Ausübung des Ermessens darf die Behörde aber jeden der in § 11 Abs. 2 Satz 3 FeV genannten Gutachter bestimmten (VG München, Urt. v. 30.11.2020 – M 6 K 20.683, BeckRS 2020, 53296; auch BayVGH, Urt. v. 15.02.2019 – 11 BV 18.2403, juris).

134 Bei Bedenken gegen die körperliche oder geistige Eignung kommt zunächst nur ein fachärztliches Gutachten (keine medizinisch-psychologische Untersuchung) in Frage (amtl. Begr. VkBl. 1998, 1067; siehe auch VGH Baden-Württemberg, Urt. v. 11.08.2015 – 10 S 444/14, juris, wonach zur Klärung der Frage, ob bei jemandem, der betäubungsmittelhaltige Arzneimittel einnimmt, Leistungseinschränkungen vorliegen, zunächst ein ärztliches Gutachten zu fordern ist).

135 Der BayVGH beschränkt(e) dagegen den Kreis der Ärzte, die ein Verfahrensbeteiligter mit der verkehrsmedizinischen Begutachtung betrauen darf, auf Ärzte des öffentlichen Gesundheitsdienstes, auf Ärzte mit der Gebietsbezeichnung »Facharzt für Rechtsmedizin« und auf Ärzte in Begutachtungsstellen für Fahreignung gem. § 11 Abs. 2 Satz 3 Nrn. 2, 4 und 5 FeV. Erfahrungsgemäß seien bei der Begutachtung durch Ärzte mit verkehrsmedizinischer Qualifikation im Sinne des § 11 Abs. 2 Satz 3 Nr. 1 FeV Ungenauigkeiten bei der Begutachtung festzustellen. Andere Gutachtergruppen arbeiteten genauer und sorgfältiger (BayVGH, Beschl. v. 10.06.2013 – 11 ZB 13.734, juris; siehe auch VG Bayreuth, Urt. v. 25.09.2018 – B 1K 16.515). Der BayVGH scheint diese Rechtsprechung aber nicht mehr fortzuführen: »Auch der auf die frühere Rechtsprechung des Senats (z.B. BayVGH, B.v. 07.12.2006 – 11 CS 06.1350 – juris Rn. 36; B.v. 7.3.2008 – 11 CS 08.346 – juris Rn. 8; B.v. 29.11.2012 – 11 CS 12.2276 – juris Rn. 11) gestützte Einwand, eine Begutachtung durch Fachärzte gemäß § 11 Abs. 2 Satz 3 Nr. 1 FeV sei erfahrungsgemäß öfter mängelbehaftet, stellt keinen tragfähigen Grund dar, die vom Verordnungsgeber gemäß § 11 Abs. 2 Satz 3 Nr. 1 FeV vorgesehene Begutachtung durch Fachärzte mit verkehrsmedizinischer Qualifikation auszuschließen. Entspricht ein Gutachten nicht den in Anlage 4a zur FeV festgelegten Grundsätzen, ist es insbesondere nicht nachvollziehbar, nicht nachprüfbar oder lückenhaft, kann die Fahrerlaubnisbehörde eine Klarstellung oder Ergänzung verlangen oder es als unverwertbar zurückweisen. Ein den Anforderungen der Anlage 4a genügendes Gutachten beizubringen, liegt letztlich in der Risikosphäre des betroffenen Fahrerlaubnisinhabers oder -bewerbers, der den Gutachter nach § 11 Abs. 6 Satz 2, 3 und 5 FeV aus den in Betracht kommenden Stellen auswählt und beauftragt. Eine Festlegung auf eine der fünf in § 11 Abs. 2 Satz 3 FeV aufgeführten Gruppen von Ärzten ist nur dort gefordert, wo die für die Beantwortung der Fragen nötige Fachkompetenz nur bei einer Gruppe von Ärzten liegen kann« (BayVGH, Urt. v. 19.12.2022 – 11 B 22.632, KommP BY 2023, 153).

136 Die angeordnete Überprüfung muss ein geeignetes und verhältnismäßiges Mittel sein, um die konkret aufgetauchte Eignungszweifel zu klären (VG des Saarlandes,

Beschl. v. 16.11.2009 – 10 L 905/09, juris). Bei Bedenken gegen die körperliche oder geistige Eignung kommt zunächst nur ein fachärztliches Gutachten in Betracht (amtl. Begr. BR-Drucks. 443/98, S. 254). Nachrangig im Sinne des Verhältnismäßigkeitsgrundsatzes sind deshalb das medizinisch-psychologische Gutachten und das Gutachten des aaSoP, sofern es nicht der Klärung dient, ob Prothesen zum Ausgleich von Behinderungen geeignet sind. Das ergibt sich schon aus dem gesetzlichen Wortlaut: diese Gutachten müssen nach Würdigung der der Gutachten gem. Abs. 2 zusätzlich erforderlich sein (§ 11 Abs. 3 Satz 1 Nr. 1, Abs. 4 Nr. 1 FeV).

Aber auch im Rahmen des Absatzes 2 des § 11 FeV soll es nach der Rechtsprechung eine Rangfolge geben: So soll bspw. eine Untersuchung durch einen Arzt in einer Begutachtungsstelle für Fahreignung (vgl. § 11 Abs. 2 Satz 3 Nr. 5 FeV) dem Verhältnismäßigkeitsgrundsatz nicht gerecht werden. Zwar stelle diese Untersuchung ein geeignetes Mittel zur Aufklärung von Bedenken an der Kraftfahreignung dar; sie gehe indes weit über eine orientierende Vorklärung hinaus, denn sie sei umfassend und beinhalte auch Tests, bei denen das allgemeine Reaktionsvermögen und die Aufmerksamkeit der Probanden objektiv überprüft werde. Als milderes Mittel stehe hier die gem. § 11 Abs. 2 Satz 3 Nr. 2 FeV vorgesehene Untersuchung durch den Amtsarzt als demjenigen, der fächerübergreifend tätig ist und, falls seine medizinischen Kenntnisse und Erfahrungen zur abschließenden Beurteilung der Frage der Kraftfahreignung des oder der Betroffenen nicht ausreichen, darüber entscheiden kann, welche zusätzlichen Schritte zur Aufklärung in Betracht kommen, zur Verfügung. Einem derartigen stufenweisen Vorgehen bei der Aufklärung entspreche die Regelung des § 11 Abs. 2 Satz 4 FeV, wonach die Behörde auch mehrere Anordnungen zur Aufklärung von Eignungszweifeln treffen kann (VG des Saarlandes, Beschl. v. 16.11.2009 – 10 L 905/09, juris). 137

Sind etwa nur die Voraussetzungen für die Anordnung der Beibringung eines ärztlichen Gutachtens erfüllt (§ 11 Abs. 2 FeV), so braucht der Betroffene der Aufforderung, ein medizinisch-psychologisches Gutachten beizubringen (§ 11 Abs. 3 FeV) nicht nachzukommen. Seine Weigerung führt dann nicht zur Annahme fehlender Kraftfahreignung nach § 11 Abs. 8 FeV (BVerwG, Urt. v. 13.11.1997 – 3 C 1.97, NZV 1998, 300; *Dauer*, in: Hentschel/König/Dauer, § 11 FeV Rn. 55). 138

Im Falle eines komplexen medizinischen Aufklärungsbedarfs (z.B. nach Bewusstlosigkeit des Fahrerlaubnisinhabers, für die verschiedenartige Krankheitsursachen in Betracht kommen) gebietet der Grundsatz der Verhältnismäßigkeit eine nach Wahrscheinlichkeit krankheitsbedingter Beeinträchtigungen der Fahreignung gestaffeltes Untersuchungsprogramm in der Gutachtensanordnung mit angemessener strukturierter Fristsetzung (VGH Baden-Württemberg, Beschl. v. 02.12.2013 – 10 S 1491/13, DAR 2014, 220). 139

Soweit die Fahrerlaubnisbehörde die Beibringung eines ärztlichen Gutachtens gem. § 11 Abs. 2 Satz 3 FeV anordnet, erfordert die hinreichende Bestimmtheit grundsätzlich jedenfalls die genaue Angabe der Fachrichtung bzw. des Tätigkeitsbereiches des Arztes, der das Gutachten erstellen soll. Nur in diesem Fall kann der Betroffene angesichts der Vielzahl denkbarer ärztlicher Untersuchungen erkennen, welche Untersuchung 140 durch was für einen Arzt von ihm gefordert wird, um die aus Sicht der Fahrerlaubnisbehörde bestehenden Zweifel an seiner Eignung zum Führen von Kraftfahrzeugen auszuräumen (VGH Baden-Württemberg, Urt. v. 11.08.2015 – 10 S 444/14, juris). Als nicht zulässig angesehen wurde z.B. die Anforderung des Gutachtens »von einem amtlich anerkannten Facharzt für Psychiatrie«, wenn die verkehrsmedizinische Qualifikation nicht ausdrücklich verlangt wurde (VG Stade, Urt. v. 28.08.2014 – 1 A 3372/13, juris; siehe auch VG Bayreuth, Beschl. v. 10.12.2018 – B 1 S 19.1118, juris: »Nach § 11 Abs. 2 Satz 3 FeV ist zu bestimmen, ob das Gutachten von einem für die Fragestellung zuständigen Facharzt mit verkehrsmedizinischer Qualifikation, einem Arzt des Gesundheitsamts, einem Arzt mit der Gebietsbezeichnung »Arbeitsmedizin« oder »Facharzt für Rechtsmedizin« oder Arzt in einer Begutachtungsstelle für Fahreignung, der die Anforderungen nach Anlage 14 erfüllt, erstellt werden soll. Das Landratsamt ordnete die Beibringung eines von Frau Dr. med. B. »erwähnten fachärztlichen Attests« an, ohne zu konkretisieren, durch welchen Arzt im Sinne des § 11 Abs. 2 Satz 3 FeV das Gutachten erstellt werden soll. Einzig die Fachrichtung Lungenfacharzt ist bei genauem Lesen der Anordnung erkennbar. Vorgelegt werden soll ein »fachärztliches Attest« und kein »ärztliches Gutachten« im Sinne des § 11 Abs. 2 Satz 1 FeV.«).

141 Eine Fahrerlaubnisbehörde übt ihr Auswahlermessen nicht ordnungsgemäß aus, wenn sie bei Vorliegen einer Psychose die in Betracht kommenden Gutachter auf (Fach-) Ärzte einer amtlich anerkannten Begutachtungsstelle beschränkt hat, denn nach den Begutachtungsleitlinien zur Kraftfahreignung können die Begutachtungen bei affektiven Psychosen nur durch einen Facharzt für Psychiatrie erfolgen und sind die erforderlichen Nachuntersuchungen bei schizophrenen Psychosen mit mehreren Episoden durch einen Facharzt für Psychiatrie und Psychotherapie in festzulegenden Abständen zu wiederholen (BayVGH, Urt. v. 19.12.2022 – 11 B 22.632, BeckRS 2022, 41990: »Gemäß § 11 Abs. 2 Satz 3 FeV bestimmt die Fahrerlaubnisbehörde bei der Anordnung der Vorlage eines ärztlichen Gutachtens nach § 11 Abs. 2 Satz 1 FeV, von welcher der in § 11 Abs. 2 Satz 3 Nr. 1 bis 5 FeV genannten Gutachtergruppen das Gutachten erstellt werden soll. Diese Auswahlentscheidung hat die Fahrerlaubnisbehörde nach pflichtgemäßem Ermessen zu treffen … Dabei war zu berücksichtigen, dass nach Nr. 2.2 der Begutachtungsleitlinien zur Kraftfahreignung (»Auswahl des Gutachters«) Buchst. b) (»zur Qualifikation des Gutachters«) bei speziellen medizinischen Fragestellungen die fachärztliche Begutachtung sicherzustellen ist (S. 8), nach Nr. 3.12.4 der Begutachtungsleitlinien die Begutachtungen bei affektiven Psychosen Begutachtungen nur durch einen Facharzt für Psychiatrie erfolgen können und nach Nr. 3.12.5 der Begutachtungsleitlinien die erforderlichen Nachuntersuchungen bei schizophrenen Psychosen mit mehreren Episoden die Untersuchungen durch einen Facharzt für Psychiatrie und Psychotherapie in festzulegenden Abständen zu wiederholen sind. Da sich bei den späteren Untersuchungen keine wesentlich anderen medizinischen Fragen stellen als bei einer Erstbegutachtung eines Fahrerlaubnisinhabers mit schizophrener Psychose, ist nach Nr. 2.2 der Begutachtungsleitlinien auch bei dieser Erkrankung davon auszugehen, dass die Begutachtung durch einen Facharzt zu erfolgen hat.«).

7. Ärztliche Gutachten

§ 11 Abs. 2 sieht eine Begutachtung durch folgende Ärzte vor: 142

- **Facharzt mit verkehrsmedizinischer Qualifikation (Abs. 2 Satz 3 Nr. 1)**

Diese Qualifikation kann durch den Besuch eines Kurses, die die Landesärztekammern nach dem Curriculum der Bundesärztekammer anbieten, erworben werden. 143

Siehe BayVGH, Urt. v. 19.12.2022 – 11 B 22.632, KommP BY 2023, 153: »Fachärzte im Sinne von § 11 Abs. 2 Satz 3 Nr. 1 FeV sind mit dem Erwerb der verkehrsmedizinischen Qualifikation grundsätzlich als für diese Aufgabe qualifiziert anzusehen. Gemäß § 65 Satz 1 FeV müssen sie der Fahrerlaubnisbehörde diese Qualifikation auf Verlangen nachweisen. Zu deren Erwerb ist ein spezielles Curriculum bestehend aus vier Modulen zu absolvieren, das von der Bundesärztekammer in Zusammenarbeit mit Vertretern der Bundesanstalt für Straßenwesen, der Deutschen Gesellschaft für Verkehrsmedizin, des Instituts für Rechtsmedizin der LMU München, der Ärztekammer Berlin, Abteilung Fortbildung/Qualitätssicherung, und der Berliner Verkehrsbetriebe erarbeitet worden ist. Auch die Bayerische Landesärztekammer verwendet dieses Curriculum für ihre verkehrsmedizinische Ausbildung (vgl. https://www.blaek.de/fortbildung/seminare-veranstaltungen-der-blaek/verkehrsmedizinische-begutachtung). Auf die verkehrsmedizinische Begutachtung (Modul III), das den Facharzt formal auf die gutachterliche Tätigkeit im Rahmen der Fahreignungsprüfung vorbereiten soll, entfallen sechs Unterrichtseinheiten, auf spezielle Erkrankungen und Funktionsstörungen sowie Kompensationsmöglichkeiten (Modul IV), das den Facharzt inhaltlich auf die gutachterliche Tätigkeit vorbereiten soll, zwölf Unterrichtseinheiten. Die erfolgreiche Teilnahme wird von der zuständigen Ärztekammer gemäß § 65 Satz 2 FeV bescheinigt. Fakultativ werden vier weitere Unterrichtseinheiten (Modul V) zum Thema »CTU-Kriterien, Chemisch-toxikologische Analytik, Probenentnahme« angeboten. Zudem müssen auch die Ausbilder bestimmte Anforderungen erfüllen. Die Fortbildungsmaßnahme wird von der Bundesärztekammer geprüft und mit einer Äquivalenzbestätigung versehen.« 144

Fehlen die entsprechenden Fachkenntnisse, genügt es auch nicht, dass sich der begutachtende Arzt wegen einzelner Fragen an einen externen Facharzt wenden könnte, da nicht sichergestellt erscheint, dass er den relevanten Aufklärungsbedarf im Einzelfall erkennt (BayVGH, Urt. v. 19.12.2022 – 11 B 22.632, KommP BY 2023, 153). 145

- **Arzt eines Gesundheitsamtes (Abs. 2 Satz 3 Nr. 2) oder anderer Arzt der öffentlichen Verwaltung**

Es kann manchmal zweckdienlicher sein, sich anstelle des Gutachtens eines Facharztes ein amtsärztliches Gutachten vorlegen zu lassen. Wenn die Umstände des Falles keinen Rückschluss auf einen bestimmten geistigen oder körperlichen Mangel zulassen, der sich einem speziellen medizinischen Fachgebiet zuordnen lassen kann, ist es sachgerecht, die Untersuchung durch einen Amtsarzt anzuordnen, der fächerübergreifend tätig ist und – soweit seine medizinischen Kenntnisse und Erfahrungen zur abschließenden Beurteilung der Frage der Kraftfahrereignung nicht ausreichen könnten – 146 erforderlichenfalls aufzeigen kann, welche zusätzlichen Aufklärungsmaßnahmen in Betracht zu ziehen sind (VG Braunschweig, Urt. v. 01.09.2005 – 6 A 381/04, juris).

- **Arzt mit der Gebietsbezeichnung »Arbeitsmedizin« oder der Zusatzbezeichnung »Betriebsmedizin«** (Abs. 2 Satz 3 Nr. 3)
- **Arzt mit der Gebietsbezeichnung »Facharzt für Rechtsmedizin«** (Abs. 2 Satz 3 Nr. 4)

147 Für ein ärztliches Gutachten nach § 11 Abs. 2 Satz 3 FeV ist grundsätzlich notwendig, aber auch hinreichend, eine – im Gegensatz zu Gutachten nach § 11 Abs. 3, 4 FeV – »schlichte« ärztliche Feststellung des Drogenkonsums, vergleichbar der medizinischen Diagnose einer eignungsbeeinflussenden Gesundheitsstörung bzw. Krankheit, wie sie ebenfalls in Anlage 4 FeV aufgelistet sind. Die rechtsmedizinische Feststellung einer Konzentration von Amphetamin im Blut eines Kraftfahrzeugführers ist ein solches ärztliches Gutachten im Sinne der Vorbemerkung Nr. 2 zur Anlage 4 FeV. Die Fahrerlaubnisbehörde kann sich ein solches, bereits von der Polizei in Auftrag gegebenes Gutachten zu Eigen machen (OVG Mecklenburg-Vorpommern, Beschl. v. 02.09.2009 – 1 M 114/09, juris).

- **Arzt in einer Begutachtungsstelle für Fahreignung** (Abs. 2 Satz 3 Nr. 5)

148 Für eine Klärung, ob Leistungseinbußen vorliegen und ob/wie diese eventuell kompensiert werden können, ist ein Gutachten eines Arztes in einer Begutachtungsstelle für Fahreignung nicht geeignet. **Zweifel am psychophysischen Leistungsvermögen** eines Betroffenen können durch eine rein ärztliche Begutachtung nicht ausgeräumt werden. Vielmehr erfolgt eine Überprüfung der psychischen und physischen Leistungsfähigkeit durch Leistungstests nach Nr. 2.5 der Begutachtungs-Leitlinien für Kraftfahreignung regelmäßig im Rahmen einer medizinisch-psychologischen Begutachtung. Mit den dabei verwendeten Testverfahren können die Belastbarkeit, die Orientierungs-, Konzentrations- und Aufmerksamkeitsleistung sowie die Reaktionsfähigkeit untersucht werden. Auch die Begutachtung durch einen **in einer Begutachtungsstelle für Fahreignung tätigen Arzt** beschränkt sich aber auf eine ärztliche Abklärung bestehender Leistungsmängel und ist deshalb von einer medizinisch-psychologischen Untersuchung und den dabei zur Anwendung gelangenden psychologischen Leistungstests zu unterscheiden. Grundsätzlich kann bei Eignungszweifeln, die aufgrund einer ärztlichen Therapie mit Opiaten entstanden sind, (auch) eine ärztliche Begutachtung sinnvoll sein. In deren Rahmen kann geklärt werden, ob eine verkehrsrelevante Grunderkrankung vorliegt, die unbehandelt die Fahreignung ausschließt, ob die Behandlung mit diesen Medikamenten die Voraussetzungen zum sicheren Führen von Kraftfahrzeugen schafft, und ob die erforderliche Compliance des Betroffenen vorliegt. Zur Klärung dieser vorgelagerten Frage bietet sich aber regelmäßig nicht die Beauftragung eines in einer Begutachtungsstelle tätigen Arztes, sondern des für die Grunderkrankung zuständigen Facharztes mit verkehrsmedizinischer Qualifikation (§ 11 Abs. 2 Satz 3 Nr. 1 FeV) an (VGH Baden-Württemberg, Urt. v. 11.08.2015 – 10 S 444/14, juris; BayVGH, Beschl. v. 11.03.2015 – 11 CS 15.82, juris).

§ 11 Abs. 2 Satz 3 FeV billigt der Fahrerlaubnisbehörde lediglich eine abstrakte, auf die Qualifikation des Gutachters bezogene Eingrenzung zu, nicht aber eine Festlegung der Gutachtenerbringung durch einen bestimmten Arzt oder eine konkret bezeichnete medizinische Einrichtung. Aus der allgemein bestimmten Gruppe kann der Betroffene dann einen Arzt frei wählen. Ohne besondere Rechtfertigung ist es unter Berücksichtigung des allgemeinen Persönlichkeitsrechts unverhältnismäßig, den Fahrerlaubnisinhaber zur Beibringung eines Gutachtens eines bestimmten Arztes aufzufordern, wenn mehrere gleichqualifizierte Leistungserbringer zur Verfügung stehen. Dies gilt umso mehr, wenn diese unterschiedliche Gebühren verlangen (VG Gelsenkirchen, Beschl. v. 20.09.2013 – 9 L 807/13, juris; siehe auch VG Augsburg, Urt. v. 20.04.2001 – Au 5 K 00.1455, juris und OVG Hamburg, Beschl. v. 30.03.2000 – 3 Bs 62/00, VRS 99, 235). 149

Ein Begutachtungsverbot gemäß Anlage 4a FeV besteht bei einer nicht hinreichenden Trennung von Beratungs- und Begutachtungstätigkeit. Bei summarischer Prüfung im Eilverfahren spricht regelmäßig die behördliche Anerkennung einer Begutachtungsstelle nach Anlage 14 FeV für eine hinreichende Trennung zwischen Beratung und Begutachtung (VG Neustadt/Weinstraße, Beschl. v. 05.06.2014 – 1 L 423/14.NW, BeckRS 2014, 52979). 150

8. Mehrere Anordnungen (Abs. 2 Satz 4)

Die Behörde kann auch mehrere Anordnungen zur Aufklärung von Eignungszweifeln treffen (Abs. 2 Satz 4). 151

Da die Untersuchungen in das Persönlichkeitsrecht des Betroffenen eingreifen und dieser darüber hinaus auch die Kosten tragen muss, ist hier die Verhältnismäßigkeit besonders zu beachten. Eine zweite oder eine weitere Anordnung wird nur in Ausnahmefällen zulässig sein, etwa wenn sich unmittelbar nach Erstellung des ersten Gutachtens (und vor Abschluss des jeweiligen Verwaltungsverfahrens) Anhaltspunkte für eine maßgebliche Veränderung des Krankheitsbildes ergeben, oder im Falle eines komplexen medizinischen Aufklärungsbedarfs, der ein gestaffeltes Untersuchungsprogramm (siehe hierzu VGH Baden-Württemberg, Beschl. v. 02.12.2013 – 10 S 1491/13, DAR 2014, 220) erfordert. In letzterem Falle wird die Behörde aber von Anfang an drauf hinweisen müssen, dass vermutlich (ein) weitere(s) Gutachten nötig sein wird, da der Betroffene dann abwägen muss, ob es ihm das »wert« ist. 152

Weil § 11 Abs. 2 Satz 4 FeV (juris: FEV 2010) der Behörde erlaubt, mehrere Gutachtenanordnungen zu treffen, vermag jede einzelne Gutachtenanordnung die Folge des § 11 Abs. 8 Satz 1 FeV (juris: FEV 2010) selbstständig zu begründen und zu tragen. Dies gilt für den Fall, dass die Behörde zeitgleich nach § 11 Abs. 2 Satz 4 FeV (juris: FEV 2010) mehrere Gutachtenanordnungen voneinander unabhängig zur Aufklärung unterschiedlicher fachlicher Fragenkomplexe erlässt (VG Gelsenkirchen, Beschl. v. 04.05.2020 – 9 L 347/20, juris). 153

Zu Obergutachten siehe *Jagow*, Rechtsgutachten über Obergutachten, Obergutachter, Obergutachterstelle, 2005 (www.obergutachter-fahreignung.de): »Die Obergut- 154 achterstelle wird in den derzeitigen Vorschriften oder Richtlinien nicht behandelt; es besteht Gesetzeslücke durch Nicht-Handeln des Bundesgesetzgebers. Es gibt kein Gebot, aber auch kein Verbot zur Errichtung von Obergutachterstellen (jedoch ohne eigene gesetzliche Befugnisse).«

9. Interessenkollision (Abs. 2 Satz 5)

155 § 11 Abs. 2 Satz 5 FeV sieht den behandelnden Arzt des Betroffenen wegen des bei ihm in aller Regel bestehenden Interessenkonflikts grundsätzlich als ungeeignet an, um über einen seiner Patienten Fahreignungsgutachten zu erstellen (BayVGH, Beschl. v. 09.07.2012 – 11 ZB 12.1052, juris).

156 Ausweislich des Wortlauts dieser Regelung bezieht sie sich zunächst einmal nur auf § 11 Abs. 2 Satz 3 Nr. 1 FeV. Dieser Fall greift dann, wenn die Fahrerlaubnisbehörde ein Gutachten eines für die Fragestellung zuständigen Facharztes mit verkehrsmedizinischer Qualifikation anfordert. Denn in so einem Fall ist es ohne weiteres möglich, dass ein Facharzt, bei dem ein Betroffener ohnehin in Behandlung ist, auch eine verkehrsmedizinische Qualifikation erworben hat und der Betroffene von diesem an sich das Gutachten erstellen lassen möchte. Solches soll jedoch nur in ganz besonderen Ausnahmefällen möglich sein, quasi wenn der behandelnde Facharzt im Grunde der einzig verfügbare Facharzt ist, der diese Fragestellung qualifiziert beantworten kann (VG München, Beschl. v. 15.11.2013 – M 6a S 13.4805, juris). Das entspricht allgemeinen verwaltungsrechtlichen Grundsätzen, wonach ein »soll« eigentlich ein »muss« darstellt und eine von der gesetzlichen Soll-Vorschrift abweichende Entscheidung einer Behörde nur in Ausnahmefällen möglich ist.

157 Eine entsprechende Regelung für medizinisch-psychologische Gutachten war wegen des notwendigen Anerkennungsverfahren nicht erforderlich (VGH Baden-Württemberg, Beschl. v. 24.09.2001 – 10 S 182/01, juris).

10. Medizinisch-psychologische Gutachten (Abs. 3)

a) Anwendungsbereich/Anlass für eine Begutachtung

158 **Ärztliche** Gutachten können von der Behörde angefordert werden, wenn Bedenken (allgemein) gegen die körperliche oder geistige Eignung bestehen. Speziell sind sie erforderlich, wenn Tatsachen die Annahme von Alkoholabhängigkeit (§ 13 Satz 1 Nr. 1 FeV) oder die Abhängigkeit oder die Einnahme von Betäubungsmitteln (§ 14 Abs. 3 Satz 1 FeV) begründen (siehe hierzu BayVGH, Beschl. v. 24.08.2010 – 11 CS 10.1139, SVR 2011, 275: »Diese Beurteilung trifft der Arzt. Um die Diagnose »Alkoholabhängigkeit« stellen zu können, bedarf es keiner prognostischen Überlegungen, sondern der Ermittlung und Bewertung anamnestischer und aktuell vorliegender (sozial-)medizinischer Gegebenheiten. Das gehört zum Kernbereich ärztlicher Tätigkeit.«).

Genügt ein ärztliches Gutachten nicht mehr zur »Klärung von Eignungszweifeln für die Zwecke nach [§ 11] Absatz 1 und 2«, kann die Beibringung eines Gutachtens einer amtlich anerkannten Begutachtungsstelle für Fahreignung (**medizinisch-psychologisches Gutachten**) angeordnet werden. Der Verweis in § 11 Abs. 3 Satz 1 FeV auf »die Zwecke nach Absatz 1 und 2« bedeutet, dass die Beibringung des Gutachtens zur Klärung der Kraftfahreignung oder als Nachweis für besonderes Verantwortungsbewusstsein im Hinblick auf die speziellen Anforderungen bei der Personenbeförderung von der Fahrerlaubnisbehörde zur Vorbereitung einer Entscheidung über die Erteilung einer Fahrerlaubnis oder über die Anordnung von Beschränkungen oder Auflagen angeordnet wird (*Dauer*, in: Hentschel/König/Dauer, § 11 FeV Rn. 30). 159

Die Anordnung zur Vorlage eines medizinisch-psychologischen Gutachtens kann im Einzelnen getroffen werden, wenn es erforderlich ist 160

- nach Würdigung eines ärztlichen Gutachtens (§ 11 Abs. 3 Satz 1 Nr. 1 FeV),
- zur Vorbereitung einer Entscheidung über die Befreiung von den Vorschriften über das Mindestalter (§ 11 Abs. 3 Satz 1 Nr. 2 FeV),
- bei erheblichen Auffälligkeiten, die im Rahmen einer Fahrerlaubnisprüfung nach § 18 Absatz 3 mitgeteilt worden sind (§ 11 Abs. 3 Satz 1 Nr. 3 FeV),
- bei einem erheblichen Verstoß oder wiederholten Verstößen gegen verkehrsrechtliche Vorschriften (§ 11 Abs. 3 Satz 1 Nr. 4 FeV),
- bei einer erheblichen Straftat, die im Zusammenhang mit dem Straßenverkehr steht, oder bei Straftaten, die im Zusammenhang mit dem Straßenverkehr stehen (§ 11 Abs. 3 Satz 1 Nr. 5 FeV),
- bei einer erheblichen Straftat, die im Zusammenhang mit der Kraftfahreignung steht, insbesondere wenn Anhaltspunkte für ein hohes Aggressionspotenzial bestehen oder die erhebliche Straftat unter Nutzung eines Fahrzeugs begangen wurde (§ 11 Abs. 3 Satz 1 Nr. 6 FeV),
- bei Straftaten, die im Zusammenhang mit der Kraftfahreignung stehen, insbesondere wenn Anhaltspunkte für ein hohes Aggressionspotenzial bestehen (§ 11 Abs. 3 Satz 1 Nr. 7 FeV),
- um die besondere Verantwortung bei der Beförderung von Fahrgästen nach Absatz 1 zu überprüfen (§ 11 Abs. 3 Satz 1 Nr. 8 FeV) oder
- bei der Neuerteilung der Fahrerlaubnis
  - weil die Fahrerlaubnis wiederholt entzogen war (§ 11 Abs. 3 Satz 1 Nr. 9 Buchst. a) FeV) oder
  - weil der Entzug der Fahrerlaubnis auf einem Grund nach den Nummern 4 bis 7 beruhte (§ 11 Abs. 3 Satz 1 Nr. 9 Buchst. b) FeV),
- weil der Inhaber einer Fahrerlaubnis innerhalb der Probezeit Zuwiderhandlungen begangen hat, die nach den Umständen des Einzelfalls bereits Anlass zu der Annahme geben, dass er zum Führen von Kraftfahrzeugen ungeeignet ist (§ 2a Abs. 4 StVG),
- weil nach einer Entziehung nach dem Fahreignungs-Bewertungssystem die Fahrerlaubnis neu erteilt werden soll (§ 4 Abs. 10 Satz 4 StVG)

- weil ein »Lkw-« oder »Busführerschein« für Personen, die sich in entsprechender Berufsausbildung befinden und das gesetzliche Mindestalter für die Erteilung der Fahrerlaubnis noch nicht erreicht haben, erteilt werden soll (§ 10 Abs. 2 FeV),
- (alkoholbedingt) weil
  - nach einem ärztlichen Gutachten zwar keine Alkoholabhängigkeit, jedoch Anzeichen für Alkoholmissbrauch vorliegen oder sonst Tatsachen die Annahme von Alkoholmissbrauch begründen (§ 13 Satz 1 Nr. 2 Buchst. a) FeV),
  - wiederholt Zuwiderhandlungen im Straßenverkehr unter Alkoholeinfluss begangen wurden (§ 13 Satz 1 Nr. 2 Buchst. b) FeV),
  - ein Fahrzeug im Straßenverkehr bei einer Blutalkoholkonzentration von 1,6 Promille oder mehr oder einer Atemalkoholkonzentration von 0,8 mg/l oder mehr geführt wurde,
  - die Fahrerlaubnis aus einem der unter den Buchstaben a) bis c) genannten Gründe entzogen war oder
  - sonst zu klären ist, ob Alkoholmissbrauch oder Alkoholabhängigkeit nicht mehr besteht,
- (cannabisbedingt) wenn
  - nach dem ärztlichen Gutachten zwar keine Cannabisabhängigkeit, jedoch Anzeichen für Cannabismissbrauch vorliegen oder sonst Tatsachen die Annahme von Cannabismissbrauch begründen (§ 13a Nr. 2 Buchst. a) FeV),
  - wiederholt Zuwiderhandlungen im Straßenverkehr unter Cannabiseinfluss begangen wurden (§ 13a Nr. 2 Buchst. b) FeV),
  - die Fahrerlaubnis aus einem der unter den Buchst. a) und b) genannten Gründen entzogen war (§ 13a Nr. 2 Buchst. c) FeV) oder
  - sonst zu klären ist, ob Cannabismissbrauch oder Cannabisabhängigkeit nicht mehr besteht (§ 13a Nr. 2 Buchst. c) FeV).

161 Die gesetzliche Aufzählung der Fälle, in denen eine medizinisch-psychologische Untersuchung (MPU) verlangt werden kann, ist abschließend; das ergibt sich daraus, dass Abs. 3 Satz 2 ausdrücklich auch die »unberührt« bleibenden Fälle anführt.

b) Statistisches

162 Ca. 90.000 Personen müssen jährlich zum »Idiotentest« (wie die MPU im Volksmund heißt). Knapp mehr als die Hälfte aller begutachteten Personen wird als »geeignet« beurteilt (57 %). Ein gutes Drittel fällt durch (38 %), der Rest wird als »nachschulungsfähig« eingestuft. Bei rund einem Drittel der Untersuchten ist eine Alkoholauffälligkeit die Ursache für die Anordnung der Begutachtung, ebenfalls rund ein Drittel nehmen inzwischen Betäubungsmittel-Fragestellungen ein (MPU: Anzahl der Begutachtungen leicht gestiegen, *BASt*, Pressemitteilung v. 08.09.2022 Nr. 07/2022).

c) Abgrenzung zum ärztlichen Gutachten; Grundsatz der Verhältnismäßigkeit; psychologische (Teil-) Begutachtung

163 Das MPU-Gutachten bietet der Straßenverkehrsbehörde die psychologische und medizinische Grundlage für die Entscheidung, ob eine Person die Fahrerlaubnis erhalten

oder zurückerhalten kann oder nicht (*BASt,* Begutachtung der Fahreignung 2020). Im Gegensatz zur ärztlichen Begutachtung umfasst die medizinisch-psychologische Begutachtung (»Doppelbegutachtung«) den gesamten Eignungsbereich, nicht nur die körperliche Eignung (*Dauer*, in: Hentschel/König/Dauer, § 11 FeV Rn. 29). Eine nur psychologische Teilbegutachtung sieht die FeV nicht vor (VG Neustadt/Weinstraße, Beschl. v. 28.01.2013 – 1 L 29/13. NW, Blutalkohol 50 [2013], 264; *Dauer*, in: Hentschel/König/Dauer, § 11 FeV Rn. 29; a.A. VGH Baden-Württemberg, Beschl. v. 30.06.2011 – 10 S 2785/10, DAR 2011, 652: bei grundsätzlich gegebener Ermächtigung zur Anordnung einer medizinisch-psychologischen Untersuchung kann aus Gründen der Verhältnismäßigkeit die Beschränkung auf eine – medizinische oder psychologische – Teiluntersuchung geboten sein). Die medizinisch-psychologische Begutachtung stellt nämlich eine ganzheitliche gutachterliche Befunderhebung dar, die teilweise nur im Wechselbezug erfassbare medizinische und psychologische Aspekte behandelt (*Dauer*, in: Hentschel/König/Dauer, § 11 FeV Rn. 29; siehe auch unten Rdn. 170).

Eine medizinisch-psychologische Begutachtung ist eingriffsintensiver als eine ärztliche **164**
Begutachtung (BayVGH, Beschl. v. 30.03.2021 – 11 ZB 20.1138, juris).

Ablauf und Inhalt der medizinisch-psychologischen Begutachtung werden vom BVerfG **165**
(Beschl. v. 24.06.1993 – 1 BvR 689/92, BVerfGE 89, 69) folgendermaßen beschrieben:

> »Gegenstand des medizinischen Teils einer zur Feststellung der Fahreignung angeordneten medizinisch-psychologischen Untersuchung sind der allgemeine Gesundheitszustand, der Bewegungsapparat, das Nervensystem, unter Umständen auch innere Organe, die Sinnesfunktionen, die psychische Verfassung, die Reaktionsfähigkeit und die Belastbarkeit. Bei Verdacht auf Drogenkonsum werden entsprechende Konsumgewohnheiten durch labormäßige Harnuntersuchungen (Drogenscreening) erkundet. Schwere zurückliegende und gegenwärtige Krankheiten in der Familie des Untersuchten werden erfragt. Dazu gehören auch Fragen nach Alkohol- oder Drogenkonsumgewohnheiten im Zusammenhang mit früheren und heutigen Lebensumständen. Die neurologische Untersuchung erstreckt sich auf Reflexe sowie Zittern von Händen, Kopf und Augenlidern.
>
> Der Psychologe erforscht zunächst den Lebenslauf: Elternhaus, Ausbildung, Beruf, Familienstand, Kinder, besondere Krankheiten, Operationen, Alkohol, Rauchen, finanzielle Verhältnisse, Freizeitgestaltung. Sodann werden Ablauf und Ursachen etwaiger Gesetzesverstöße und die vom Betroffenen daraus gezogenen Lehren erörtert. Leistungsfähigkeit, Verhalten unter Leistungsdruck, Schnelligkeit und Genauigkeit der optischen Wahrnehmung, Reaktionsvermögen bei schnell wechselnden optischen und akustischen Signalen und Konzentration werden getestet.«

Aufgrund dieser Struktur der MPU kommt das BVerfG zu dem Schluss, dass eine **166**
MPU nur in besonderen Fällen angeordnet werden darf:

> »Diese Befunde stehen dem unantastbaren Bereich privater Lebensgestaltung noch näher als die rein medizinischen Feststellungen, die bei der geforderten Untersuchung zu erheben sind. Sie sind deswegen stärker von Art. 2 Abs. 1 GG in Verbindung mit Art. 1 Abs. 1 GG geschützt. Die bei dem psychologischen Teil der Untersuchung ermittelten Befunde zum Charakter des Betroffenen berühren seine Selbstachtung ebenso wie sein gesellschaftliches Ansehen. Er muß die Einzelheiten in einer verhörähnlichen Situation offenlegen. Hinzu

kommt, daß die Beurteilung des Charakters im wesentlichen auf einer Auswertung von Explorationsgesprächen beruht, einer Methode, die nicht die Stringenz von Laboruntersuchungen aufweist und Unwägbarkeiten nicht ausschließt.«

167 Medizinisch-psychologische Gutachten sind daher ungeeignet (»überzogen«), wenn sich die Fragestellung allein auf die Fähigkeit zum sicheren Führen von Kraftfahrzeugen wegen des Verdachts auf gesundheitliche Mängel beschränkt, durch die Begutachtung aber nicht die Bedeutung der Lebensführung, der Motivation und der Fähigkeit von Verhaltensänderungen und die Fähigkeit zu Kompensationen erkundet werden soll (*Gehrmann*, NZV 2003, 10). Um die körperliche und geistige Eignung zu klären, braucht man i.d.R. nur ein medizinisches Gutachten (OVG Saarland, Beschl. v. 06.06.2007 – 1 B 145/07, VD 2007, 318). Nr. 2 der Vorbemerkung zu Anlage 4 zur FeV sieht deshalb das medizinisch-psychologische Gutachten nur »in besonderen Fällen« vor. Nach Nr. 3 der Anlage 4 können die in der Anlage genannten Krankheiten oder Mängel kompensiert werden, so dass ein Betroffener dennoch fahrtauglich ist. Ergeben sich hier Zweifel, kann im Einzelfall eine medizinisch-psychologische Begutachtung angezeigt sein. Eine medizinisch-psychologische Untersuchung bedeutet einen stärkeren Eingriff in das Persönlichkeitsrecht als eine bloße medizinische Untersuchung (BVerfG, Beschl. v. 24.06.1993 – 1 BvR 689/92, DAR 1993, 427; *Zwerger*, DAR 2005, 431). Ordnet die Fahrerlaubnisbehörde die Beibringung eines ärztlichen Gutachtens an, stellt sich die Anordnung als rechtswidrig dar, wenn diese darüber hinaus die Formulierung enthält: »Insbesondere ist mit standardisierten und am Verkehrsverhalten validierten Testverfahren zu prüfen, ob eine ausreichende kognitive Leistungsfähigkeit gegeben ist und ob gegebenenfalls eine Kompensation der festgestellten Einschränkungen bei der praktischen Verkehrsteilnahme möglich ist.« Die Beschränkung der Gutachtensanordnung auf eine ärztliche Begutachtung steht dieser Vorgehensweise entgegen, denn derartige Testverfahren sind Bestandteil der medizinisch-psychologischen Begutachtung (*Hühnermann*, in: Berz/Burmann, Rn. 98).

168 Fordert die Behörde zu Unrecht ein medizinisch-psychologisches Gutachten, so liegt darin ein Verstoß gegen den Grundsatz der Verhältnismäßigkeit. Der Betroffene braucht der Aufforderung nicht nachzukommen und seine Weigerung führt nicht zur Annahme, er sei zum Führen von Kraftfahrzeugen nicht geeignet (*Dauer*, in: Hentschel/König/Dauer, § 11 FeV Rn. 55). Eine auf das Unterlassen einer geforderten Mitwirkungshandlung gestützte Entziehung der Fahrerlaubnis setzt nämlich voraus, dass diese Handlung zu Recht gefordert wurde (OVG Rheinland-Pfalz, Urt. v. 05.06.2007 – 10 A 10062/07, zfs 2007, 656).

169 Gegenstand der Untersuchung ist gemäß Nr. 1b der Anlage 4a zu § 11 Abs. 5 FeV nicht die gesamte Persönlichkeit des Betroffenen, sondern nur solche Eigenschaften, Fähigkeiten und Verhaltensweisen, die für die Kraftfahreignung von Bedeutung sind – »Relevanz der Kraftfahreignung« (BayVGH, Beschl. v. 08.07.2013 – 11 CS 13.964, VRS 125, 181).

170 Das medizinisch-psychologische Gutachten kann auch nur als »Gesamtpaket« erstellt werden. Eine Kombination aus einem schon vorhandenen medizinischen Gutachten

mit einem später zusätzlich erstellten psychologischen Gutachten ist nicht möglich; die Fahrerlaubnisbehörde müsste beide Teile zusammenführen, obwohl ihr hierzu die fachliche Kompetenz fehlt (*Dauer*, in: Hentschel/König/Dauer, § 11 FeV Rn. 29; a.A.: *Geiger*, DAR 2011, 244; VG Augsburg, Beschl. v. 28.02.2008 – AU 3 S 08.114, zfs 2008, 296: »Die Forderung nach Beibringung eines medizinisch-psychologischen Gutachtens ist dann rechtswidrig, wenn sich aus einem ausführlichen fachärztlichen Gutachten nur noch ein Aufklärungsbedarf hinsichtlich einer psychologischen Untersuchung ergibt und sich die Behörde bei der Anforderung des medizinisch-psychologischen Gutachtens auf diese Einschätzung des Facharztes stützt. In einem solchen Fall ist nur die Beibringung des psychologischen Teils einer medizinisch-psychologischen Untersuchung gerechtfertigt.«; a.A. wohl auch BayVGH, Beschl. v. 05.03.2009 – 11 CS 09.228, juris; siehe auch oben Rdn. 163).

d) Die Begutachtungsstellen für Fahreignung

Die Träger der Begutachtungsstellen für Fahreignung bedürfen der amtlichen Anerkennung durch die nach Landesrecht zuständige Behörde. Die Voraussetzungen für die Anerkennung sind in Anlage 14 geregelt. Nr. 5 der Anlage 4a legt fest, in welchen Fällen ein Gutachter (aus Gründen der möglichen Interessenkollision) nicht tätig werden darf (siehe hierzu VG Neustadt/Weinstraße, Beschl. v. 05.06.2014 – 1 L 423/14.NW, VRS 126, 302: Ein Begutachtungsverbot gemäß Anlage 4a FeV besteht bei einer nicht hinreichenden Trennung von Beratungs- und Begutachtungstätigkeit. Bei summarischer Prüfung im Eilverfahren spricht regelmäßig die behördliche Anerkennung einer Begutachtungsstelle nach Anlage 14 FeV für eine hinreichende Trennung zwischen Beratung und Begutachtung). Ohne eine amtliche Anerkennung können Gutachten nicht als Gutachten einer amtlich anerkannten Begutachtungsstelle für Fahreignung gewertet werden (VG Hamburg, Beschl. v. 09.01.2003 – 15 VG 5124/2002, juris). 171

e) Ergänzung der ärztlichen Begutachtung durch MPU (Abs. 3 Satz 1 Nr. 1)

Nach Abs. 3 Satz 1 Nr. 1 kann ein medizinisch-psychologisches Gutachten verlangt werden, wenn es nach Würdigung des ärztlichen Gutachtens zusätzlich erforderlich ist. »Würdigen« bedeutet, dass das ärztliche Gutachten einer Überprüfung unterzogen wird und eine Auseinandersetzung mit dem Ergebnis und den Gründen erfolgt (BayVGH, Beschl. v. 11.03.2015 – 11 CS 15.82, juris). »Handwerkliche Mängel« eines ärztlichen Gutachtens rechtfertigen nicht die Anordnung einer MPU; in einem solchen Fall ist auf weitere Aufklärung und ggf. Nachbesserung durch den Gutachtensverfasser zu dringen (VG Augsburg, Entsch. v. 26.09.2001 – Au 3 S 01/1262, NZV 2002, 291; BayVGH, Beschl. v. 19.06.2006 – 11 C 06.103, juris; VG München, Beschl. v. 18.07.2008 – M 1 S 08.3023, juris). Zusätzlich zu dem ärztlichen Gutachten kann also ein medizinisch-psychologisches Gutachten angeordnet werden, wenn entweder der Arzt dies selbst für erforderlich hält oder wenn die Behörde nach Würdigung des ärztlichen Gutachtens zu diesem Schluss kommt (VG Mün- 172 chen, Beschl. v. 17.05.2004 – M 6b S 03.5415, juris unter Hinweis auf vgl. BR-Drucks. 443/98, S. 256).

173 Eine Würdigung i.S.d. § 11 Abs. 3 Satz 1 Nr. 1 FeV verlangt, dass sich die Fahrerlaubnisbehörde ein eigenes Urteil bildet. Empfiehlt das ärztliche Gutachten eine medizinisch-psychologische Begutachtung, hat sie dieses daher auf seine Nachvollziehbarkeit zu überprüfen. Gleichwohl wird eine solche ärztliche Empfehlung in der Regel Zweifel begründen, denen die Fahrerlaubnisbehörde durch Anordnung einer zusätzlichen medizinisch-psychologischen Begutachtung nachgehen darf (VG München, Beschl. v. 10.01.2022 – M 19 S 21.6221, juris; auch BayVGH, Beschl. v. 30.03.2021 – 11 ZB 20.1138, juris).

174 Das medizinisch-psychologische Gutachten darf nicht zugleich mit dem ärztlichen Gutachten angefordert werden. Das ist erst nach Würdigung des ärztlichen Gutachtens möglich (VG Augsburg, Beschl. v. 20.12.2022 – Au 7 S 22.2189, BeckRS 2022, 46367).

f) Vorbereitung einer Entscheidung bei Befreiung vom Mindestalter (Abs. 3 Satz 1 Nr. 2)

175 Ausnahmen vom Mindestalter (§ 10 FeV) können durch Ausnahmegenehmigung nach § 74 Abs. 1 Nr. 1, Abs. 2 FeV zugelassen werden. Die Genehmigung darf nur erteilt werden, wenn davon auszugehen ist, dass der Antragsteller zum Führen von Kraftfahrzeugen geeignet ist. Die Fahrerlaubnisbehörde hat dazu grundsätzlich die Beibringung eines medizinisch-psychologischen Gutachtens anzuordnen. Mit dem Gutachten ist nachzuweisen, dass die grundsätzlich einer Ausnahme vom Mindestalter entgegenstehenden entwicklungsabhängigen Risiken nach seinem individuellen Entwicklungsstand nicht entscheidend ins Gewicht fallen (VG Braunschweig, Beschl. v. 18.02.2008 – 6 B 411/07). Soll eine Fahrerlaubnis erstmalig im Rahmen einer Berufskraftfahrer-Ausbildung vor Erreichen des gesetzlichen Mindestalters erteilt werden, ist nach § 10 Abs. 2 FeV durch ein Gutachten die körperliche und geistige Eignung verpflichtend nachzuweisen (*Dauer*, in: Hentschel/König/Dauer, § 11 FeV Rn. 32). Für die Teilnahme ab Begleiteten Fahren ab 17 Jahre ist kein Gutachten erforderlich (§ 48a Abs. 1 Satz 1 FeV). Ein gesondertes ärztliches Gutachten muss hier nicht vorher eingeholt werden.

g) Erhebliche Auffälligkeiten im Rahmen einer Fahrerlaubnisprüfung (Abs. 3 Satz 1 Nr. 3)

176 Stellt der Sachverständige oder Prüfer Tatsachen fest, die bei ihm Zweifel über die körperliche oder geistige Eignung des Bewerbers begründen, hat er der Fahrerlaubnisbehörde Mitteilung zu machen und den Bewerber hierüber zu unterrichten (§ 18 Abs. 3 FeV). Sieht die Fahrerlaubnisbehörde die Auffälligkeiten als erheblich an, kann sie eine MPU anordnen. Ein gesondertes ärztliches Gutachten muss hier nicht vorher eingeholt werden.

Zu einem Fall, in welchem der Betroffene nach dem dritten Anlauf die theoretische Fahrprüfung bestanden hatte (»Die theoretische Fahrprüfung hat der Kläger dreimal abgelegt. Am 27. Juni 2011 erzielte er 65 Fehlerpunkte, am 5. März 2012 waren es 110 Fehlerpunkte und am 30. April 2012 bestand er die theoretische Prüfung mit 0 Fehlerpunkten.«) und die Fahrerlaubnisbehörde wegen Verdachts des Unterschleifs bei der theoretischen Prüfung nach Nichtbestehen der praktischen Prüfung (»Die praktische Fahrprüfung absolvierte er am 7. Juli 2012 mit negativem Ergebnis, weil er eine »Rot« anzeigende Fußgängerampel ohne das Eingreifen des Fahrlehrers überfahren hätte.«) die Wiederholung der theoretischen Prüfung gefordert hatte siehe VG Neustadt/Weinstraße, Beschl. v. 26.03.2013 – 3 K 1009/12.NW, BeckRS 2013, 49143. 177

Das Mitführen einer Minikamera in der theoretischen Fahrerlaubnisprüfung stellt eine schwerwiegende Täuschungshandlung mit Hilfe Dritter dar und rechtfertigt zumindest nach der Erlasslage in Nordrhein-Westfalen in der Regel die Anordnung einer Einzelprüfung (VG Düsseldorf, Urt. v. 26.04.2021 – 6 K 957/20, BeckRS 2021, 11533), jedoch nicht die Anordnung eines Gutachtens wegen eines Charaktermangels. Betrügen bei Prüfungen mag auf einen Charaktermangel hindeuten, ein unmittelbar verkehrsspezifischer Bezug lässt sich aber auch nicht bei »Mogeleien« im Rahmen einer Fahrerlaubnisprüfung erkennen. 178

§ 18 Abs. 3 FeV spricht auch nur von der »körperlichen und geistigen Eignung«. Demzufolge stellt sich die Frage, ob der Prüfer andere Sachverhalte mitteilen darf oder ob sich die mitzuteilenden Sachverhalte nicht auf die Sachverhalte beschränken müssen, die sich auf die körperliche und geistige Eignung im medizinischen Sinn beziehen (MüKoStVR/*Hahn*/*Kalus*, FeV, § 11 Rn. 41–43). 179

h) Zweifel an der charakterlichen Eignung bei Verkehrsverstößen und Straftaten (Abs. 3 Satz 1 Nrn. 4–7)

aa) Systematik der Vorschrift

Die Rechtsgrundlagen für die Anordnung zur Beibringung eines Gutachtens einer amtlich anerkannten Begutachtungsstelle für Fahreignung (medizinisch-psychologisches Gutachten) bei Zweifeln an der charakterlichen Eignung ergeben sich aus § 11 Abs. 3 Satz 1 Nrn. 4, 5, 6 und 7 FeV. 180

Die Nummern 5, 6 und 7 verlangen das Vorliegen von Straftaten, und zwar 181

- Nummer 5: eine erhebliche Straftat, die im Zusammenhang mit dem Straßenverkehr steht oder (mehrere nicht erhebliche) Straftaten, die im Zusammenhang mit dem Straßenverkehr stehen.
- Nummer 6: eine erhebliche Straftat, die im Zusammenhang mit der Kraftfahreignung steht, insbesondere wenn Anhaltspunkte für ein hohes Aggressionspotenzial bestehen oder die erhebliche Straftat unter Nutzung eines Fahrzeugs begangen wurde.
- Nummer 7: Straftaten, die im Zusammenhang mit der Kraftfahreignung stehen, insbesondere wenn Anhaltspunkte für ein hohes Aggressionspotenzial bestehen.

182 Verurteilungen durch ausländische Strafgerichte können hier nicht zum Anlass genommen werden: Das deutsche Straßenverkehrsrecht kennt keine Bindungswirkung an ausländische Strafurteile (VG Cottbus, Beschl. v. 07.08.2015 – 1 L 261/15, juris; eine gegenteilige Ansicht kann nicht auf VG Münster, Urt. v. 16.05.2014 – 10 K 841/14, Blutalkohol 51 [2014], 299 gestützt werde, da es hier in erster Linie um die Anerkennung eines ausländischen Alkoholtestes geht). – Siehe auch unten Exkurs »Im Ausland begangene Straftaten«.

183 Nummer 4 verlangt dagegen keine Straftat, sondern einen erheblichen Verstoß oder wiederholte Verstöße gegen verkehrsrechtliche Vorschriften. Die Bestimmung wurde durch Änderungsverordnung vom 09.08.2004 eingeführt. Bis dahin hatte in der FeV eine Regelung gefehlt, wonach die Fahrerlaubnisbehörde eine medizinisch-psychologische Untersuchung anordnen kann, wenn aufgrund von Verstößen gegen verkehrsrechtliche Vorschriften, die keine Straftaten darstellen, Eignungszweifel bestehen. Der Verordnungsgeber hat dies für unzureichend erachtet und durch die Neufassung des § 11 Abs. 3 Satz 1 Nr. 4 FeV die rechtliche Grundlage dafür geschaffen, dass ein medizinisch-psychologisches Gutachten auch bei erheblichen oder wiederholten Verstößen gegen verkehrsrechtliche Vorschriften angeordnet werden kann. Dabei hat er insbesondere an Fahrerlaubnisinhaber gedacht, die durch eine Vielzahl von Ordnungswidrigkeiten oder die Teilnahme an illegalen Straßenrennen Zweifel an ihrer charakterlichen Eignung haben entstehen lassen (amtl. Begr. zur ÄndVO v. 09.08.2004, BR-Drucks. 305/04).

184 Bei Verstößen gegen die 0,5-Promille-Grenze ist die Spezialität des § 13 FeV zu beachten: § 13 FeV konkretisiert die Fälle, in denen die Fahrerlaubnisbehörde im Zusammenhang mit einer Alkoholproblematik die Fahreignung durch ein ärztliches oder medizinisch-psychologisches Gutachten zu klären hat; § 11 Abs. 3 Satz 1 Nr. 4 FeV darf nicht so ausgelegt werden, dass hierdurch die Wertung des Verordnungsgebers, bei bestimmten alkoholbedingten Verstößen gegen Verkehrsvorschriften von der (zwingenden) Einholung eines medizinisch-psychologischen Sachverständigengutachtens abzusehen, umgangen wird (OVG Saarland, Beschl. v. 21.06.2023 – 1 B 18/23, SVR 2023, 315).

185 Liegt tatbestandlich ein erheblicher Verkehrsverstoß im Sinne des § 11 Abs. 3 Satz 1 Nr. 4 FeV vor, so setzt die Anordnung einer medizinisch-psychologischen Untersuchung zudem eine ordnungsgemäße Ermessensausübung seitens der Fahrerlaubnisbehörde voraus (OVG Saarland, Beschl. v. 21.06.2023 – 1 B 18/23, SVR 2023, 315).

186 Bei Zweifeln an der charakterlichen Geeignetheit ist immer der grundsätzliche Vorrang der Maßnahmen nach dem Fahreignungs-Bewertungssystem zu beachten (siehe oben; auch OVG Saarland, Beschl. v. 21.06.2023 – 1 B 18/23, SVR 2023, 315; siehe unten). Der Gesetzgeber geht, wie die Regelung des § 4 StVG zeigt, lediglich dann ohne Weiteres von der fehlenden (charakterlichen) Eignung eines Fahrerlaubnisinhabers zum Führen von Kraftfahrzeugen aus, wenn zu seinen Lasten 8 Punkte im Fahreignungsregister eingetragen sind. Ist ein derart hoher Punktestand nicht zu Lasten des Fahrerlaubnisinhabers eingetragen, so schließt dies zwar die Entziehung der Fahrerlaubnis nicht aus, weil die Fahrerlaubnisbehörde nach § 4 Abs. 1 Satz 2

StVG auch außerhalb des Fahreignungs-Bewertungs-Systems vorgehen kann; sie ist in diesem Fall aber gehalten, die Umstände des Einzelfalls sorgfältig zu würdigen. Die Gutachtensaufforderung muss dann erkennen lassen, dass es im jeweiligen Einzelfall gerechtfertigt ist, aus Gründen, die regelmäßig (nur) die Eintragung von Punkten im Fahreignungsregister zur Folge haben, vorzugehen und eine medizinisch-psychologische Untersuchung anzufordern (BayVGH, Urt. v. 06.08.2012 – 11 B 12.416, juris).

Die Regelung des § 11 Abs. 3 Satz 1 Nr. 4 FeV steht in einem Spannungsverhältnis 187 zu dem Punktesystem des § 4 Abs. 5 i.V.m. § 4 Abs. 1 StVG; von der Spezialität des Punktesystems darf nur abgewichen werden, wenn dies die Verkehrssicherheit und damit die Sicherheit der anderen Verkehrsteilnehmer gebieten. Die Fahrerlaubnisbehörde muss bei der Anordnung einer medizinisch-psychologischen Untersuchung außerhalb des Punktesystems im Einzelnen unter Auswertung aller konkreten Umstände sehr präzise begründen, warum sie es aus besonderen Gründen im Einzelfall, der sich erheblich vom Normalfall anderer Punktesünder abheben muss, aufgrund einer Würdigung der Gesamtpersönlichkeit des Kraftfahrers oder wegen der Art, der Häufigkeit oder des konkreten Hergangs der Verkehrsordnungswidrigkeiten etwa für unerlässlich hält, die Fahreignungsbedenken sofort durch eine medizinisch-psychologische Untersuchung zu klären, ohne dem Betroffenen die Chance zu belassen, zuvor die abgestuften Hilfsangebote des § 4 Abs. 5 StVG wahrzunehmen. Dass der Normgeber bei Geschwindigkeitsüberschreitungen über 40 km/h außerorts zwei Punkte vergibt und es dabei auch belässt, wenn die zulässige Höchstgeschwindigkeit noch um einen erheblich höheren Wert überschritten wird, beeinflusst auch die Gewichtung der Geschwindigkeitsüberschreitung im Fahrerlaubnisrecht in der Weise, dass allein an die Höhe der Geschwindigkeitsüberschreitung nicht bereits die Würdigung geknüpft werden kann, der Fahrerlaubnisinhaber sei deswegen in charakterlicher Hinsicht zum Führen von Kraftfahrzeugen ungeeignet oder habe zumindest an seiner Eignung gewichtige Zweifel begründet, wenn nicht weitere Umstände hinzutreten (OVG Saarland, Beschl. v. 21.06.2023 – 1 B 18/23, SVR 2023, 315).

Das bundesrechtliche Straßenverkehrsrecht regelt die Abwehr von Gefahren, die von 188 Fahrerlaubnisinhabern ausgehen, abschließend. Verstößt ein Fahrerlaubnisinhaber gegen die StVO, gibt das Fahreignungs-Bewertungssystem des § 4 StVG (»Mehrfachtäter-Punktesystem«) mit den Maßnahmen des § 4 Abs. 5 StVG im Grundsatz abschließend vor, wie gefahrenabwehrend darauf zu reagieren ist. Von diesem Maßnahmenkatalog kann nur im Ausnahmefall nach § 4 Abs. 1 Satz 3 StVG abgewichen werden. Künftig befürchtete Verkehrszuwiderhandlungen von Fahrerlaubnisinhabern können nicht unter Rückgriff auf die landesrechtliche Generalermächtigung des § 14 Abs. 1 OBG NRW untersagt und mit einem Zwangsgeld bedroht werden. Das gilt auch für sog. »Auto-Poser«, die gegen § 30 Abs. 1 StVO verstoßen (VG Düsseldorf, Urt. v. 01.09.2022 – 6 K 4721/21, LSK 2022, 24423).

Ein Kraftfahrer, der offensichtlich nicht willens ist, auch bloße Ordnungsvorschriften, 189 die im Interesse eines geordneten, leichten und ungefährdeten Verkehrs geschaffen sind, einzuhalten, und der solche Vorschriften hartnäckig missachtet, ist zum Führen von Kraftfahrzeugen nicht geeignet. Dies gilt auch, wenn die Verstöße lediglich mit einem Verwarngeld belegt wurden. Ein Kraftfahrer ist jedenfalls dann zum Führen von Kraftfahrzeugen ungeeignet, wenn er binnen eines Jahres mindestens 174 Verkehrsordnungswidrigkeiten, davon mindestens 159 Parkverstöße, begeht. Besonderes Gewicht gewinnen Parkverstöße, wenn sie vornehmlich im direkten Umfeld der Wohnung des Kraftfahrers stattgefunden haben. Der Kraftfahrer stellt mit diesem Verhalten seine Interessen über die Interessen anderer Verkehrsteilnehmender (VG Berlin, Urt. v. 28.10.2022 – VG 4 K 456/21, NZV 2023, 286).

bb) Keine Notwendigkeit der Verurteilung/kein Verstoß gegen das Verbot der Doppelbestrafung/Bindung an Feststellungen des Strafgerichts

190 Im Rahmen des § 11 Abs. 3 Satz 1 Nr. 4 oder der Nr. 5, 6 und 7 FeV können verkehrsrechtliche Verstöße auch dann berücksichtigt werden, wenn keine rechtskräftige Ahndung in einem Straf- oder Ordnungswidrigkeitenverfahren erfolgt ist (vgl. z.B. OVG Nordrhein-Westfalen, Beschl. v. 09.12.2005 – 16 B 1749/05, juris). Es kommt entscheidend nur darauf an, welches Maß an Überzeugung in Bezug auf eine rechtswidrige Tatbegehung besteht. Dies ergibt sich aus der Systematik der entsprechenden Normen des Fahrerlaubnisrechts. Dem Fahrerlaubnisinhaber muss nicht seine Nichteignung im Hinblick auf verkehrsordnungswidriges Verhalten nachgewiesen werden; vielmehr kann nach der speziellen Regelung der §§ 46 Abs. 3, 11 Abs. 2 FeV die Fahrerlaubnisbehörde dann, wenn Tatsachen bekannt werden, die Bedenken gegen die körperliche oder geistige Eignung des Fahrerlaubnisinhabers begründen, zur Vorbereitung von Entscheidungen die Beibringung eines Gutachtens anordnen. Es ist dann Sache des Fahrerlaubnisinhabers, an der Ausräumung dieser Zweifel mitzuwirken. Eine strafrechtliche Verurteilung oder bußgeldrechtliche Ahndung ist nach den Regelungen des § 11 Abs. 2 Satz 1, Abs. 3 Satz 1 Nr. 4 FeV nicht Voraussetzung für die Anforderung eines Fahreignungsgutachtens, vielmehr kommt es nur auf die Feststellung entsprechender Tatsachen an. Auf die zwar im Strafverfahren, nicht jedoch im gegenständlichen Verwaltungsverfahren, geltende Unschuldsvermutung kann sich der Kläger schon deshalb nicht berufen, weil im Zuge des Verwaltungsverfahrens keine irgendwie geartete »Bestrafung« im Raum steht (so zusammenfassend VG Bayreuth, Urt. v. 15.12.2009 – B 1 K 09.462, juris). Die Fahrerlaubnisverordnung dient im Gegensatz zum Strafrecht der präventiven Gefahrenabwehr (VG Neustadt/Weinstraße, Urt. v. 21.05.2014 – 1 K 31/14.NW, juris).

191 Es können auch Vorfälle berücksichtigt werden, in denen das strafrechtliche Verfahren im Stadium vor einer rechtskräftigen Verurteilung eingestellt worden ist oder gem. §§ 154, 154a StPO von der Erhebung einer Klage abgesehen bzw. die Strafverfolgung auf andere Gesetzesverletzungen beschränkt worden ist (*Dauer*, in: Hentschel/König/Dauer, § 11 FeV Rn. 35).

192 Bei Straftaten ist auch § 3 Abs. 4 StVG zu beachten. Die in § 3 Abs. 4 Satz 1 StVG angeordnete Bindungswirkung gilt nicht nur für die Maßnahme der Entziehung selbst, sondern nach ihrem Sinn für das gesamte Entziehungsverfahren unter Einschluss der vorbereitenden Maßnahmen der §§ 11 ff. FeV (VG Augsburg, Urt. v. 18.09.2015 – Au 7 K 15.637, juris). Enthält die strafgerichtliche Entscheidung keine positive oder

negative Bewertung der Eignung, Kraftfahrzeuge zu führen, so kann daraus nicht auf die positive Eignung geschlossen werden. Vielmehr ist die Verwaltungsbehörde befugt, den Sachverhalt in die ihr obliegende umfassende Prüfung der Kraftfahreignung einzubeziehen (BVerwG, Urt. v. 15.07.1988 – 7 C 46/97, BVerwGE 80, 43; VG Augsburg, Urt. v. 18.09.2015 – Au 7 K 15.637, juris). Ein Strafurteil hat gegenüber der Fahrerlaubnisbehörde hinsichtlich fahrerlaubnisrelevanter Entscheidungen nur dann Bindungswirkung, wenn im Strafurteil die Fahreignung eigenständig beurteilt wurde (BayVGH, Beschl. v. 17.07.2015 – 11 ZB 15.983, juris).

Nach dem BayVGH (Beschl. v. 13.02.2015 – 11 ZB 14.1452) können auch bei der 193 Neuerteilung einer Fahrerlaubnis nach vorangegangener Entziehung in einem Strafverfahren die Fahrerlaubnisbehörde und das Verwaltungsgericht grundsätzlich von den für die Fahreignung relevanten strafrichterlichen Feststellungen ausgehen, sofern nicht ausnahmsweise gewichtige Anhaltspunkte für deren Unrichtigkeit bestehen. Nach dem Grundgedanken von § 3 Abs. 4 Satz 1 StVG solle vermieden werden, dass fahreignungsrelevante Sachverhalte von der Fahrerlaubnisbehörde zum Nachteil des Betroffenen anders beurteilt werden als in einem vorausgegangenen Strafverfahren. Dieser für die Entziehung der Fahrerlaubnis geltende Rechtsgedanke sei auf das Verfahren zur Neuerteilung übertragbar (BayVGH, Beschl. v. 10.06.2014 – 11 C 14.218, SVR 2015, 109).

Nach dem VGH Baden-Württemberg (Urt. v. 27.07.2016 – 10 S 77/15, NJOZ 194 2017, 467; ebenso OVG Nordrhein-Westfalen, Urt. v. 02.08.2011 – 16 A 1472/10, BeckRS 2011, 53671) – der sich ausdrücklich gegen den BayVGH abgrenzt – entfaltet die in einem Strafurteil enthaltene Eignungsbeurteilung in einem späteren Neuerteilungsverfahren keine Bindungswirkung analog § 3 Abs. 4 Satz 1 StVG zu Gunsten des Fahrerlaubnisbewerbers. Habe ein Betroffener auch solche Straftaten begangen, die von § 69 Abs. 1 Satz 1 StGB nicht erfasst würden, die aber wegen des darin zutage tretenden hohen Aggressionspotenzials im Zusammenhang mit der Kraftfahreignung stehen und deshalb eine Gutachtensanordnung nach § 11 Abs. 3 Satz 1 Nr. 6 oder 7 FeV rechtfertigen würden, so lege die Behörde ihrer Eignungsbeurteilung nicht denselben, sondern einen umfassenderen Sachverhalt als das Strafgericht zu Grunde; in diesem Fall sei eine Bindung nach § 3 Abs. 4 Satz 1 StVG nicht gegeben. Die Bindungswirkung des § 3 Abs. 4 StVG für den in einem Strafverfahren festgestellten Sachverhalt zugunsten eines Fahrerlaubnisinhabers geht aber auch nach dem BayVGH nur von einem Urteil, von einem Strafbefehl oder von einer gerichtlichen Entscheidung aus, durch welche die Eröffnung des Hauptverfahrens oder der Antrag auf Erlass eines Strafbefehls abgelehnt wird. Die Einstellung eines Ermittlungsverfahrens durch die Staatsanwaltschaft gem. § 153a Abs. 1 StPO nach Erfüllung von Auflagen oder Weisungen durch den Beschuldigten steht dem nicht gleich (BayVGH, Beschl. v. 07.01.2020 – 11 CS 19.2237, DAR 2020, 229).

Die Einstellung des Strafverfahrens nach § 153a StPO verbietet es nicht, Feststellungen 195 über Tatsachen, die einen Straftatbestand erfüllen, in Verfahren mit anderer Zielsetzung in dem für die dortige Entscheidung erforderlichen Umfang als Grundlage für die daran anknüpfenden außerstrafrechtlichen Rechtsfolgen zu verwerten (BayVGH,

Beschl. v. 25.07.2023 – 11 CS 23.125, NZV 2023, 528 (mit Anm. *Pießkalla*; Bestätigung v. BayVGH, Beschl. v. 07.01.2020 – 11 CS 19.2237, DAR 2020, 229).

196 Die Fahrerlaubnisbehörde darf die Neuerteilung der Fahrerlaubnis nach deren Entziehung im Strafverfahren aufgrund einer einmaligen Trunkenheitsfahrt mit einer Blutalkoholkonzentration von weniger als 1,6 Promille nicht allein wegen dieser Fahrerlaubnisentziehung von der Beibringung eines positiven medizinisch-psychologischen Gutachtens abhängig machen. Anders liegt es jedoch dann, wenn zusätzliche Tatsachen die Annahme künftigen Alkoholmissbrauchs begründen. Als eine solche Zusatztatsache kommt etwa das Fehlen alkoholbedingter Ausfallerscheinungen trotz hoher Blutalkoholkonzentration von 1,1 Promille oder mehr in Betracht (BayVGH, Beschl. v. 07.03.2023 – 11 CE 22.2487, BeckRS 2023, 4245).

197 Die Tatsache, dass ein Strafgericht anstelle einer in Betracht kommenden Entziehung der Fahrerlaubnis (§ 69 StGB) ein Fahrverbot (§ 44 StGB) verhängt, ist regelmäßig nicht schon für sich genommen Ausdruck einer stillschweigenden Prüfung (und Bejahung) der Fahreignung, so dass nicht bereits deswegen eine Bindungswirkung entsteht. Etwas anderes kann dann gelten, wenn sich aus den Entscheidungsgründen des strafgerichtlichen Berufungsurteils zweifelsfrei ergibt, das Ziel des strafgerichtlichen Berufungsverfahrens – und Schwerpunkt der landgerichtlichen Prüfung – gerade die »Abwehr« der erstinstanzlich verhängten Maßregel der Besserung und Sicherung nach § 69 StGB war. Kommen weitere Umstände hinzu, führt der Hinweis im Urteil des strafgerichtlichen Berufungsurteils auf eine unauffällige Teilnahme des Fahrerlaubnisinhabers am Straßenverkehr seit der Tat nicht zwingend zu der Annahme, dass das Strafgericht gerade keine eigenständige Bewertung der Kraftfahreignung vorgenommen habe (OVG Saarland, Beschl. v. 09.08.2023 – 1 B 75/23, zfs 2023, 596). Aus der Begründung:

> »Nach diesem Maßstab entfaltet das landgerichtliche Berufungsurteil vom 17.11.2021 entgegen der erstinstanzlichen Einschätzung Bindungswirkung zugunsten der Kraftfahreignung des Antragstellers.
>
> Zwar ist die Tatsache, dass ein Strafgericht anstelle einer in Betracht kommenden Entziehung der Fahrerlaubnis (§ 69 StGB) ein Fahrverbot (§ 44 StGB) verhängt, regelmäßig nicht schon für sich genommen Ausdruck einer stillschweigenden Prüfung (und Bejahung) der Fahreignung, so dass nicht bereits deswegen eine Bindungswirkung entsteht.[13] Es fragt sich aber, ob hier etwas anderes zu gelten hat. Denn wie sich aus den Entscheidungsgründen des Berufungsurteils zweifelsfrei ergibt, war Ziel des Berufungsverfahrens – und Schwerpunkt der landgerichtlichen Prüfung – gerade die »Abwehr« der erstinstanzlich verhängten Maßregel der Besserung und Sicherung nach § 69 StGB. Vor diesem Hintergrund könnte einiges dafürsprechen, dass (ausnahmsweise) schon die Entscheidungsformel – Änderung der in erster Instanz ausgesprochenen Fahrerlaubnisentziehung in eine Entscheidung nach § 44 StGB – Ausdruck einer im Sinne des § 3 Abs. 4 StVG hinreichenden Prüfung der Kraftfahreignung des Antragstellers sein könnte, zumal Fahrverbot und Fahrerlaubnisentziehung sich gegenseitig grundsätzlich ausschließen,14 § 69 Abs. 1 Satz 1 StGB die Entziehung der Fahrerlaubnis seinem Wortlaut nach zwingend15 vorschreibt, sofern die tatbestandlichen Voraussetzungen – unter anderem die fehlende Kraftfahreignung – gegeben sind16, und eine allzu »kleinteilige« Betrachtung das Ziel des § 3 Abs. 4 StVG, Doppelprüfungen zu vermeiden, konterkarieren könnte.

Diese Frage kann aber auf sich beruhen. Denn aus der niedergelegten Begründung des Berufungsurteils vom 17.11.2021 wird hinreichend klar, dass das Landgericht die Kraftfahreignung des Antragstellers auf Grundlage der im Strafverfahren getroffenen Feststellungen eigenständig geprüft (und bejaht) hat.

Die Berufungskammer hält auf S. 3 des Urteils zunächst fest, sie habe »im Wesentlichen dieselben Feststellungen [wie das Amtsgericht] getroffen« und führt auf dieser Grundlage aus, es sei nicht festzustellen, dass der Antragsteller zum Führen von Kraftfahrzeugen ungeeignet sei. Die Tat, die kein Regelbeispiel des § 69 Abs. 2 StGB erfülle, sei bereits im Oktober 2019 geschehen, ohne dass es zu einer vorläufigen Entziehung der Fahrerlaubnis gekommen wäre. Seither habe der Antragsteller sich in psychologischer Beratung befunden und ohne Auffälligkeiten am Straßenverkehr teilgenommen. Unter Berücksichtigung der Persönlichkeit des Antragstellers sei, so das Landgericht weiter, anstelle einer Entziehung der Fahrerlaubnis ein Fahrverbot ausreichend.

Damit hat das Strafgericht die gefahrenabwehrrechtliche Dimension des § 69 StGB erkannt und – wenngleich knapp – die Kraftfahreignung des Antragstellers aufgrund der in den Urteilsgründen getroffenen Feststellungen beurteilt.«

Die Fahrerlaubnisbehörde darf den Betroffenen auch dann gem. § 13 Satz 1 Nr. 2 Buchst. b) FeV wegen wiederholter Zuwiderhandlungen im Straßenverkehr unter Alkoholeinfluss zur Beibringung eines medizinisch-psychologischen Gutachtens auffordern, wenn eine als Ordnungswidrigkeit einzustufende Zuwiderhandlung ordnungswidrigkeitsrechtlich nicht geahndet worden ist. Es muss aber hinreichend sicher feststehen, dass der Betroffene die Zuwiderhandlung begangen hat, und sie muss in zeitlicher Hinsicht noch verwertbar sein. Falls eine Bußgeldentscheidung ergangen ist, darf die Berücksichtigung der Zuwiderhandlung nicht entgegen § 3 Abs. 4 Satz 2 StVG von den dort getroffenen Feststellungen abweichen (BVerwG, Urt. v. 07.04.2022 – 3 C 9.21, BVerwGE 175, 206). 198

cc) Erheblicher Verstoß oder wiederholte Verstöße gegen verkehrsrechtliche Vorschriften (Abs. 3 Satz 1 Nr. 4)

Die Regelung des § 11 Abs. 3 Satz 1 Nr. 4 FeV steht in einem Spannungsverhältnis zu dem Punktesystem des § 4 Abs. 5 i.V.m. § 4 Abs. 1 StVG; von der Spezialität des Punktesystems darf nur abgewichen werden, wenn dies die Verkehrssicherheit und damit die Sicherheit der anderen Verkehrsteilnehmer gebieten. Die Fahrerlaubnisbehörde muss bei der Anordnung einer medizinisch-psychologischen Untersuchung außerhalb des Punktesystems im Einzelnen unter Auswertung aller konkreten Umstände sehr präzise begründen, warum sie es aus besonderen Gründen im Einzelfall, der sich erheblich vom Normalfall anderer Punktesünder abheben muss, aufgrund einer Würdigung der Gesamtpersönlichkeit des Kraftfahrers oder wegen der Art, der Häufigkeit oder des konkreten Hergangs der Verkehrsordnungswidrigkeiten etwa für unerlässlich hält, die Fahreignungsbedenken sofort durch eine medizinisch-psychologische Untersuchung zu klären, ohne dem Betroffenen die Chance zu belassen, zuvor die abgestuften Hilfsangebote des § 4 Abs. 5 StVG wahrzunehmen. Dass der Normgeber bei Geschwindigkeitsüberschreitungen über 40 km/h außerorts zwei Punkte vergibt und es dabei auch belässt, wenn die zulässige Höchstgeschwindigkeit noch 199 um einen erheblich höheren Wert überschritten wird, beeinflusst auch die Gewichtung der Geschwindigkeitsüberschreitung im Fahrerlaubnisrecht in der Weise, dass allein an die Höhe der Geschwindigkeitsüberschreitung nicht bereits die Würdigung geknüpft werden kann, der Fahrerlaubnisinhaber sei deswegen in charakterlicher Hinsicht zum Führen von Kraftfahrzeugen ungeeignet oder habe zumindest an seiner Eignung gewichtige Zweifel begründet, wenn nicht weitere Umstände hinzutreten (OVG Saarland, Beschl. v. 21.06.2023 – 1 B 18/23, SVR 2023, 315).

200 Die Anordnungsbefugnis nach § 11 Abs. 3 Satz 1 Nr. 4 FeV darf nur restriktiv und in besonders gelagerten Ausnahmefällen angewendet werden. Denn der Gesetzgeber hat für die Bewertung von Verkehrszuwiderhandlungen (Straftaten und Ordnungswidrigkeiten) ein eigenes Fahreignungs-Bewertungssystem mit einer nach Art und Schwere der Verstöße festgelegten Punktezahl und das Ergreifen abgestufter Maßnahmen der Fahrerlaubnisbehörde bei Erreichen oder Überschreiten bestimmter Punkteschwellen vorgesehen. Das abgestufte und transparente System rechtfertigt die Annahme, dass Personen, die acht oder mehr Punkte erreicht haben, als ungeeignet zum Führen von Kraftfahrzeugen anzusehen sind. Aus dem Fahreignungs-Bewertungssystem ergibt sich damit, dass der Gesetzgeber bewusst die weitere Straßenverkehrsteilnahme von Kraftfahrern mit einem nicht unerheblichen »Sündenregister«, weil mehrfach gegen Verkehrsvorschriften verstoßen wurde, in Kauf genommen hat (VG München, Beschl. v. 17.01.2022 – M 19 S 21.6107).

201 Die Beibringung eines medizinisch-psychologischen Gutachtens bereits aufgrund eines erheblichen Verstoßes oder wiederholter Verstöße gegen verkehrsrechtliche Vorschriften kann gefordert werden, wenn zu dem Verstoß als solchem besondere Umstände hinzutreten, die hinreichenden Anlass dazu geben, eine Eignungsüberprüfung außerhalb des Fahreignungs-Bewertungs-Systems vorzunehmen. Das VG Bayreuth (Urt. v. 15.12.2009 – B 1 K 09.462, juris) sah die Voraussetzungen im Falle eines provokativen Verhaltens bei mehrmaligem Vorbeifahren an einer Geschwindigkeitsmessstelle (zunächst betont langsam, später in Gegenrichtung zweimal mit überhöhter Geschwindigkeit und grinsend – wohl in der Meinung, dass in dieser Richtung nicht gemessen werden könne) als gegeben an.

202 Verkehrsverstöße, die im Verwarnungsverfahren gerügt werden, können grundsätzlich bei der Prüfung der Eignung eines Kraftfahrers unberücksichtigt bleiben. Eine Ausnahme von diesem Grundsatz liegt vor, wenn ein Kraftfahrer selbst nach Ahndung durch eintragungsfähige Bußgeldbescheide die Vorschriften des ruhenden Verkehrs hartnäckig missachtet (BVerwG, Urt. v. 17.12.1976 – VII C 57.75, VkBl. 1978, 19). Bedenken gegen die Kraftfahreignung können ausnahmsweise jedenfalls dann auch durch die langjährige und hartnäckige Begehung einer Vielzahl von Verkehrsordnungswidrigkeiten entstehen, die nicht mit Punkten bewertet sind (z.B. Parkverstöße), wenn sich darin in Verbindung mit einschlägigen Eintragungen im Fahreignungsregister eine verfestigte gleichgültige Grundeinstellung gegenüber Verkehrsvorschriften jedweder Art offenbart. Für die Einschätzung, ob häufige Verkehrsverstöße im Bagatellbereich die Anordnung der Beibringung eines medizinisch-psychologischen Gutachtens rechtfertigen, kommt es auf eine einzelfallbezogene Gesamtbewertung aller eignungs-

relevanten Umstände an (VGH Baden-Württemberg, Beschl. v. 20.11.2014 – 10 S 1883/14, DAR 2015, 105).

Die Notwendigkeit einer Einzelfallbewertung schließt es aus, der Häufigkeit von geringfügigen Verkehrsverstößen im Sinne einer Faustformel nur dann eine Aussagekraft zuzuerkennen, wenn im Jahresdurchschnitt nahezu wöchentlich ein geringfügiger Verkehrsverstoß zur Anzeige gelangt (VGH Baden-Württemberg, Beschl. v. 20.11.2014 – 10 S 1883/14, DAR 2015, 105 entgegen OVG Berlin-Brandenburg, Beschl. v. 10.12.2007 – 1 S 145.07, juris). 203

Bei der Prüfung der Fahreignung müssen geringfügige Verkehrsordnungswidrigkeiten, insbesondere Verstöße gegen Vorschriften des ruhenden Verkehrs, grundsätzlich wegen ihres geringen Gefährdungspotenzials außer Betracht bleiben. Nur ausnahmsweise schließen Zuwiderhandlungen dieser Art die Eignung zum Führen von Kraftfahrzeugen aus, wenn der Inhaber der Fahrerlaubnis die Rechtsordnung über den ruhenden Verkehr nicht anerkennt und offensichtlich nicht willens ist, auch bloße Ordnungsvorschriften, die im Interesse eines geordneten, leichten und ungefährdeten Verkehrs geschaffen worden sind, einzuhalten, und diese hartnäckig missachtet. Bei 109 Verstößen betreffend den ruhenden Verkehr innerhalb von drei Jahren ist dies der Fall (VG des Saarlandes, Urt. v. 16.12.2011 – 10 K 487/11, VD 2012, 157). 204

Zu den Anforderungen an eine Gutachtensanforderung bei wiederholten Verkehrsverstößen siehe zusammenfassend BayVGH, Beschl. v. 07.08.2014 – 11 CS 14.352, NJW 2014, 3802: 205

1. Die Fahrerlaubnisbehörde muss das in § 11 Abs. 3 Satz 1 Nr. 4 FeV eröffnete Ermessen in einer dem Zweck der Ermächtigung entsprechenden Weise ausüben, mithin das Vorgehen außerhalb des Punktsystems ausreichend und zutreffend begründen.
2. Bei einem Wiederholungstäter, der das Punktesystem zum zweiten Mal durchläuft, ist der Tatbestand des § 11 Abs. 3 Satz 1 Nr. 4 Alt. 2 FeV erfüllt, wenn er einen weiteren Verstoß gegen verkehrsrechtliche Vorschriften nach Neuerteilung der Fahrerlaubnis begeht und ein vor Neuerteilung der Fahrerlaubnis begangener Verstoß im Verkehrszentralregister noch nicht getilgt und daher verwertbar ist.
3. Für ein Vorgehen der Fahrerlaubnisbehörde außerhalb des Punktsystems bestehen hohe Anforderungen.
4. Wann ein Ausnahmefall gegeben ist, der die Entziehung der Fahrerlaubnis oder die Anordnung der Beibringung eines medizinisch-psychologischen Gutachtens zur Klärung von charakterlichen Fahreignungszweifel erfordert, obwohl der Betroffene die Schwelle von 18 Punkten noch nicht erreicht hat, ist eine Frage der Würdigung der Umstände des Einzelfalls und lässt sich nicht verallgemeinernd und entsprechend fallübergreifend beantworten.
5. Wird lediglich die Beibringung eines medizinisch-psychologischen Gutachtens gefordert, sind die Anforderungen an die Umstände, die ausnahmsweise ein Abrücken von dem Punktsystem ermöglichen, nicht zu überspannen, da die von der Fahrerlaubnisbehörde ergriffene Maßnahme zur Aufklärung der Eignungszweifel in ihrer Eingriffsintensität deutlich hinter der unmittelbaren Entziehung der Fahrerlaubnis zurückbleibt.
6. Allerdings sind die Anforderungen an ein Vorgehen außerhalb des Punktsystems auch bei Wiederholungstätern nach den vorstehenden Ausführungen entsprechend hoch, wenn – nach Wiedererteilung der Fahrerlaubnis – nur eine, erneute Zuwiderhandlung

gegen verkehrsrechtliche Vorschriften vorliegt, die nicht erheblich im Sinne von § 11 Abs. 3 Satz 1 Nr. 4 Alt. 1 FeV ist.

7. Bei der Beurteilung, ob ein Verstoß gegen verkehrsrechtliche Vorschriften erheblich ist im Sinne von § 11 Abs. 3 Satz 1 Nr. 4 Alt. 1 FeV ist, ist neben der amtlichen Begründung, die durch das genannte Beispiel der Teilnahme an illegalen Straßenrennen auf eine eher restriktive Auslegung hindeutet, die Systematik der Vorschrift in den Blick zu nehmen.
8. Eine Überschreitung der zulässigen Höchstgeschwindigkeit außer Orts um 21 km/h, die zu einer Eintragung von einem Punkt im Verkehrszentralregister führt, dürfte daher in der Regel nicht erheblich im Sinne von § 11 Abs. 3 Satz 1 Nr. 4 Alt. 1 FeV sein.

206 Die Ungeeignetheit zum Führen von Kraftfahrzeugen ist regelmäßig erwiesen, wenn ein medizinisch-psychologisches Gutachten, das den Anforderungen gem. § 2 Abs. 8 StVG, § 11 Abs. 5 FeV i.V.m. Anlage 4a zur FeV genügt, feststellt, dass sich der Betroffene mit signifikant höherer als durchschnittlicher Wahrscheinlichkeit künftig verkehrswidrig verhalten wird (VG Düsseldorf, Beschl. v. 07.03.2013 – 14 L 316/13, juris).

207 Die Fahrerlaubnisbehörde darf den Betroffenen auch dann gem. § 13 Satz 1 Nr. 2 Buchst. b) FeV wegen wiederholter Zuwiderhandlungen im Straßenverkehr unter Alkoholeinfluss zur Beibringung eines medizinisch-psychologischen Gutachtens auffordern, wenn eine als Ordnungswidrigkeit einzustufende Zuwiderhandlung ordnungswidrigkeitsrechtlich nicht geahndet worden ist. Es muss aber hinreichend sicher feststehen, dass der Betroffene die Zuwiderhandlung begangen hat, und sie muss in zeitlicher Hinsicht noch verwertbar sein. Falls eine Bußgeldentscheidung ergangen ist, darf die Berücksichtigung der Zuwiderhandlung nicht entgegen § 3 Abs. 4 Satz 2 StVG von den dort getroffenen Feststellungen abweichen (BVerwG, Urt. v. 07.04.2022 – 3 C 9.21, BVerwGE 175, 206).

dd) eine erhebliche Straftat oder Straftaten im Zusammenhang mit dem Straßenverkehr (Abs. 3 Satz 1 Nr. 5)

208 Im Gegensatz zur Nummer 6 muss es sich um eine straßenverkehrsbezogene Straftat handeln.

209 Straftaten stehen im Zusammenhang mit dem Straßenverkehr bzw. mit der Krafteignung, wenn sie anlässlich der Teilnahme am Straßenverkehr begangen wurden und durch Ereignisse im Straßenverkehr motiviert wurden (*Dauer*, in: Hentschel/König/Dauer, § 11 FeV Rn. 35).

210 Bei einer Nötigung im Straßenverkehr mit anschließender Beleidigung liegt ein Fall von § 11 Abs. 3 Satz 1 Nr. 5 VwGO vor, der die Fahrerlaubnisbehörde zur Aufforderung zur Beibringung einer MPU berechtigt (BayVGH, Beschl. v. 12.08.2022 – 11 ZB 22.1266, SVR 2022, 434).

211 Ebenso BayVGH, Beschl. v. 28.10.2021 – 11 CS 21.2148, NJW 2022, 413: Ein bei Teilnahme am Straßenverkehr begangener Nötigungsversuch, der durch Hartnäckigkeit und konkret gefährliches Handeln gekennzeichnet war, lässt tragfähige Rückschlüsse darauf zu, dass der Fahrer gerade für die Verkehrssicherheit gefährlich ist, und recht-

fertigt deshalb die Anordnung der Beibringung eines medizinisch-psychologischen Gutachtens. Folgender Sachverhalt lag vor: Der Verurteilung lag zugrunde, dass der Antragsteller am 19.12.2019 gegen 17:00 Uhr mit seinem Pkw für ca. 550 m unter mehrfacher Betätigung der Lichthupe und Hupe so dicht auf das Fahrzeug einer Zivilstreife aufgefahren war, dass die Polizeibeamten im Rückspiegel das Kennzeichen seines Fahrzeugs nicht mehr ablesen und den Kühlergrill nicht mehr erkennen konnten. Er wollte die Beamten dazu bewegen, die Fahrspur zu wechseln oder zumindest schneller zu fahren. Bei der anschließenden Verkehrskontrolle duzte der Antragsteller einen Polizeibeamten trotz mehrmaliger Aufforderung, dies zu unterlassen.

Mehrere Straftaten im Sinne dieser Vorschrift liegen auch dann vor, wenn zwei oder 212
mehr Straftaten in einem engen zeitlichen Zusammenhang begangen worden sind, die aber strafrechtlich zueinander im Verhältnis der Tatmehrheit stehen (VGH Hessen, Beschl. v. 15.09.2010 – 2 A 1197/10.Z, juris). Bei zwei kurz nacheinander im Zusammenhang mit dem Straßenverkehr begangenen und in Tatmehrheit stehenden Straftaten handelt es sich um mehr als eine Straftat, so dass diese die Anordnung eines medizinisch-psychologischen Gutachtens gem. § 11 Abs. 3 Satz 1 Nr. 5 Alt. 2 FeV rechtfertigen, auch wenn sie nicht »erheblich« im Sinne der Alt. 1 dieser Vorschrift sind (BayVGH, Beschl. v. 17.11.2020 – 11 CS 20.1814, juris). Der Begriff »erhebliche Straftat« im Sinne von § 11 Abs. 3 Satz 1 Nr. 5 und 6 FeV ist nicht gleichbedeutend mit einer schwerwiegenden Straftat, sondern ist in einem maßgeblichen Wertungszusammenhang mit der Kraftfahreignung zu sehen (VGH Hessen, Beschl. v. 15.09.2010 – 2 A 1197/10.Z, juris).

Die Anordnung einer medizinisch-psychologischen Untersuchung verpflichtet wegen 213
seiner weitreichenden Anordnungsmöglichkeit speziell bei einem nur einmaligen Fehlverhalten zu einer eingehenden Einzelfallprüfung. Nicht jeder sich aus einer einzelnen Straftat im Zusammenhang mit dem Straßenverkehr ergebende noch so geringe Eignungszweifel ist geeignet, das bei Durchführung der medizinisch-psychologischen Begutachtung tangierte allgemeine Persönlichkeitsrecht des Betroffenen zu überwinden. Vielmehr steht die Anordnung, sich einer medizinisch-psychologischen Begutachtung zu unterziehen, nur dann im Einklang mit dem allgemeinen Persönlichkeitsrecht, wenn sie Mängel betrifft, die auch bei lebensnaher Betrachtung die ernsthafte Besorgnis verkehrswidrigen oder nicht umsichtigen Verhaltens rechtfertigen. Dazu reichen Umstände, die nur auf die entfernte Möglichkeit fehlender Eignung hinweisen, nicht aus (VG des Saarlandes, Urt. v. 27.01.2010 – 10 K 1653/09, juris: bei länger zurückliegender Unfallflucht aufgrund der Umstände des Einzelfalles verneint).

- VG Freiburg im Breisgau, Urt. v. 16.02.2011 – 3 K 1089/10, juris: Fahrlässige Trunkenheit im Verkehr (§ 316 StGB), Gebrauch eines Kraftfahrzeugs ohne Versicherungsschutz (§ 6 Abs. 2 PflVG), Fahren ohne Fahrerlaubnis (§ 21 StVG).
- VGH Hessen, Beschl. v. 15.09.2010 – 2 A 1197/10.Z, juris: Da Schutzgut der Sicherheit des öffentlichen Straßenverkehrs auch die körperliche Unversehrtheit der Verkehrsteilnehmer ist, erfüllt eine vorsätzlich begangene Körperverletzung (§ 223 StGB) in jedem Falle das Merkmal »erhebliche« Straftat. Das Gleiche gilt für eine Beleidigung (§ 185 StGB).

214 Eine mögliche Fragestellung kann hier lauten (VG München, Urt. v. 18.11.2008 – M 1 K 08.4688, juris):

> »Ist trotz der aktenkundigen Straftaten im Zusammenhang mit dem Straßenverkehr zu erwarten, dass der Betroffene die körperlichen und geistigen Anforderungen an das sichere Führen eines Kraftfahrzeugs der Klasse ... im Verkehr erfüllt und nicht erheblich oder wiederholt gegen verkehrsrechtliche Bestimmungen verstoßen wird?«

215 Die Bindungswirkung des § 3 Abs. 4 StVG für den in einem Strafverfahren festgestellten Sachverhalt zugunsten eines Fahrerlaubnisinhabers geht nur von einem Urteil, von einem Strafbefehl oder von einer gerichtlichen Entscheidung aus, durch welche die Eröffnung des Hauptverfahrens oder der Antrag auf Erlass eines Strafbefehls abgelehnt wird. Die Einstellung eines Ermittlungsverfahrens durch die Staatsanwaltschaft gem. § 153a Abs. 1 StPO nach Erfüllung von Auflagen oder Weisungen durch den Beschuldigten steht dem nicht gleich (BayVGH, Beschl. v. 07.01.2020 – 11 CS 19.2237, DAR 2020, 229).

216 Die Einstellung des Strafverfahrens nach § 153a StPO verbietet es nicht, Feststellungen über Tatsachen, die einen Straftatbestand erfüllen, in Verfahren mit anderer Zielsetzung in dem für die dortige Entscheidung erforderlichen Umfang als Grundlage für die daran anknüpfenden außerstrafrechtlichen Rechtsfolgen zu verwerten (BayVGH, Beschl. v. 25.07.2023 – 11 CS 23.125, NZV 2023, 528 (mit Anm. *Pießkalla*; Bestätigung von BayVGH, Beschl. v. 07.01.2020 – 11 CS 19.2237, DAR 2020, 229).

▶ Exkurs: Im Ausland begangene Straftaten

217 Verurteilungen durch ausländische Strafgerichte können hier nicht zum Anlass genommen werden: Das deutsche Straßenverkehrsrecht kennt keine Bindungswirkung an ausländische Strafurteile (VG Cottbus, Beschl. v. 07.08.2015 – 1 L 261/15, juris; eine gegenteilige Ansicht kann nicht auf VG Münster, Urt. v. 16.05.2014 – 10 K 841/14, Blutalkohol 51 [2014], 299 gestützt werde, da es hier in erster Linie um die Anerkennung eines ausländischen Alkoholtestes geht).

Das rechtskräftige ausländische Strafurteil als solches enthält für die Fahrerlaubnisbehörde keine bindende Feststellung dahingehend, dass die darin genannte Atemalkoholkonzentration vorgelegen hat (OVG Nordrhein-Westfalen, Urt. v. 25.10.2016 – 16 A 1237/14, NJW 2017, 903).

Dagegen allerdings:

– OVG Mecklenburg-Vorpommern, Beschl. v. 27.03.2008 – 1 M 204/07, DAR 2008, 714: »Zuwiderhandlungen i.S.v. § 13 Nr. 2 Buchst. b) FeV können grundsätzlich auch Auslandstaten sein. Es ist kein Grund ersichtlich, warum nicht Trunkenheitsfahrten im Ausland in gleicher Weise den Schluss auf die Gefährlichkeit des Führerscheininhabers zulassen sollten wie Verstöße im Geltungsbereich des Straßenverkehrsgesetzes, wenn der Verkehrsverstoß im Ausland die Tatbestandsmerkmale einer entsprechenden Straftat oder Ordnungswidrigkeit nach deutschem Recht erfüllt. Voraussetzung für eine Verwertbarkeit einer im Ausland begangenen Zuwiderhandlung gegen

Verkehrsvorschriften unter Alkoholeinfluss ist, dass diese in gleichem Maße hinreichend nachgewiesen ist, wie dies bei einer entsprechenden Zuwiderhandlung im Inland gefordert werden müsste. Eine fahrerlaubnisrechtliche Verwertung von im Ausland gewonnenen Atemalkoholmessergebnissen dürfte auch dann in Betracht kommen, wenn die dortigen Messgeräte und das dortige Messverfahren nicht genau den für die deutschen Behörden geltenden Bestimmungen entsprechen sollten.«

- VG Ansbach, Beschl. v. 27.02.2012 – AN 10 S 12.00140 und BayVGH, Beschl. v. 09.06.2010 – 11 CS 10.786, Blutalkohol 47 [2010], 368; BayVGH, Beschl. v. 16.08.2012 – 11 CS 12.1624, Blutalkohol 49 [2012], 340.

Unter Hinweis auf das OVG Mecklenburg-Vorpommern (s.o.) stellt das BVerwG (Urt. v. 07.04.2022 – 3 C 9/21) fest: Zuwiderhandlungen i.S.v. § 13 Satz 1 Nr. 2 Buchst. b) FeV sind nach einhelliger Meinung aber auch im Ausland begangene Verkehrsverstöße, sofern sie hinreichend sicher nachgewiesen sind.

Die Fahrerlaubnisbehörde hat das in § 11 Abs. 3 Satz 1 Nr. 5 FeV eröffnete Ermessen entsprechend dem Zweck der Ermächtigung auszuüben und die gesetzlichen Grenzen des Ermessens einzuhalten, mithin ihr Vorgehen außerhalb des Punktsystems ausreichend und zutreffend zu begründen (BayVGH, Beschl. v. 28.10.2021 – 11 CS 21.2148, NJW 2022, 413). 218

ee) Eine erhebliche Straftat, die im Zusammenhang mit der Kraftfahreignung steht, insbesondere wenn Anhaltspunkte für ein hohes Aggressionspotenzial bestehen oder die erhebliche Straftat unter Nutzung eines Fahrzeugs begangen wurde (Abs. 3 Satz 1 Nr. 6)

Mit der Anordnung eines Fahreignungsgutachtens gem. § 11 Abs. 3 Satz 1 Nr. 6 FeV wird im Interesse der Straßenverkehrssicherheit präventiv geklärt, ob eine erhebliche Straftat – im Zusammenhang mit der Kraftfahreignung (nicht zwingend im Zusammenhang mit dem Führen eines Kraftfahrzeuges oder unter Verletzung der Pflichten eines Kraftfahrzeugführers) – die Fahreignung ausschließt, insbesondere wenn Anhaltspunkte für ein hohes Aggressionspotenzial bestehen oder die erhebliche Straftat unter Nutzung eines Fahrzeugs begangen wurde (BayVGH, Beschl. v. 25.03.2014 – 11 C 13.1837, juris). Anhaltspunkte für hohes Aggressionspotenzial sind in der Regel bei solchen Straftaten gegeben, die sich durch Aggression gegen Personen oder Sachen ausdrücken (VG Düsseldorf, Beschl. v. 16.07.2013 – 14 K 3145/13, juris). 219

Abgestellt wird hier nicht auf eine Verkehrsteilnahme, sondern nur auf die allgemein zum Ausdruck kommende Charaktereigenschaft. Der Bezug zur Kraftfahreignung setzt nicht voraus, dass für die Bejahung des Begriffs »erheblich« ein Pkw als Mittel zur Straftat benutzt worden ist (BayVGH, Beschl. v. 14.08.2012 – 11 C 12.1746, juris). Ein Zusammenhang der Aggressionstat mit dem Straßenverkehr ist nicht erforderlich (VG Augsburg, Beschl. v. 18.09.2014 – Au 7 K 14.1126, juris). Der ausreichende Bezug zur Kraftfahreignung liegt hier bereits darin, dass die Taten in unmittelbarem Zusammenhang mit dem Verhalten des Antragstellers als Kraftfahrzeugführer stehen 220

(VG München, Beschl. v. 10.10.2014 – M 6a S 14.3110, juris). § 11 Abs. 3 Satz 1 Nr. 6 FeV setzt nicht voraus, dass tatsächlich ein hohes Aggressionspotenzial besteht, sondern nur das Bestehen entsprechender Anhaltspunkte dafür; diese können sich auch aus einer lange zurückliegenden gefährlichen Körperverletzung ergeben (BayVGH, Beschl. v. 07.01.2013 – 11 C 12.2212, juris).

221 § 2 Abs. 4 StVG macht die Eignung zum Führen von Kraftfahrzeugen davon abhängig, dass nicht erheblich oder nicht wiederholt gegen verkehrsrechtliche Vorschriften oder gegen Strafgesetze verstoßen wurde. Dementsprechend kann nach § 11 Abs. 3 Satz 1 Nr. 6 FeV bei einer erheblichen Straftat, die im Zusammenhang mit der Kraftfahreignung steht, insbesondere wenn Anhaltspunkte für ein hohes Aggressionspotenzial bestehen oder die erhebliche Straftat unter Nutzung eines Fahrzeugs begangen wurde, die Beibringung eines Gutachtens einer amtlich anerkannten Begutachtungsstelle für Fahreignung zur Klärung von Eignungszweifeln angeordnet werden. Mehrere Straftaten müssen demgegenüber nach § 11 Abs. 3 Satz 1 Nr. 7 FeV nur dann vorliegen, wenn diese als nicht erheblich angesehen werden (BayVGH, Beschl. v. 27.11.2014 – 11 CS 14.2228, juris).

222 Der Begriff »erheblich« ist nach der Begründung der Änderungsverordnung zur Fahrerlaubnis-Verordnung vom 18.07.2008 (BGBl. I S. 1338, BR-Drucks. 302/08, S. 61) nicht ohne Weiteres mit »schwerwiegend« gleichzusetzen, sondern bezieht sich auf die Kraftfahreignung (BayVGH, Beschl. v. 27.11.2014 – 11 CS 14.2228, juris).

223 BayVGH, Beschl. v. 18.06.2012 – 11 ZB 11.2020, SVR 2012, 474:

> »... Jedenfalls müssen Anhaltspunkte dafür bestehen und in der Beibringungsaufforderung entsprechend aufgezeigt werden, dass die Anlasstat Rückschlüsse darauf zulässt, dass von dem Betroffenen zukünftig eine Gefährdung des Straßenverkehrs ausgehen kann. Hierfür reicht es nicht allein aus, dass ein PKW als Mittel zur Straftat benutzt wurde.
>
> Denn es liegt auf der Hand, dass nicht jeder, der ein Kraftfahrzeug zum Zweck der Begehung einer Straftat einsetzt, sich zwangsläufig verkehrsgefährdend verhalten wird. Dieser Umstand wird – auch nach der Änderungsverordnung vom 18. Juli 2008 (VkBl. 2008, 566), mit der die Möglichkeit der Einholung eines Fahreignungsgutachtens im Fall der Begehung einer Straftat unter Nutzung eines Fahrzeugs ausdrücklich in die Verordnung aufgenommen wurde – durch den Begriff der »Erheblichkeit« zum Ausdruck gebracht, für dessen Bejahung es nicht darauf ankommt, ob die Tat »schwerwiegend« im Sinne einer strafrechtlichen Bewertung ist, sondern ob sie einen Bezug zur Kraftfahreignung aufweist .... Vielmehr mag es sich in zahlreichen Fällen der Einsetzung eines Kraftfahrzeugs zum Zweck der Begehung einer Straftat so verhalten, dass der Betroffene sich als Teilnehmer am Kraftfahrzeugverkehr im Gegenteil besonders umsichtig verhält und die Verkehrsregeln besonders genau beachtet, um nicht auffällig zu werden. Beispielsweise ist es in der strafgerichtlichen Rechtsprechung anerkannt, dass es bei der bloßen Nutzung eines Kraftfahrzeugs zur Suche nach Tatobjekten oder Tatopfern nicht naheliegt, dass eine Gefährdung der Verkehrssicherheit eintritt (BGH Großer Senat für Strafsachen vom 27.4.2005 BGHSt 50, 93 – Rn. 29 in juris). Auch in den Kurierfällen, in denen der Täter im Fahrzeug Rauschgift transportiert, sind Belange der Verkehrssicherheit nicht ohne weiteres berührt. Ein allgemeiner Erfahrungssatz, dass Transporteure von Rauschgift im Fall von Verkehrskontrollen zu besonders riskanter Fahrweise entschlossen sind, besteht nicht (BGH NStZ

2003, 311). Das gilt jedenfalls dann, wenn besondere Vorkehrungen gegen eine Entdeckung des Rauschgifts, etwa durch Benutzung besonders präparierter Verstecke, getroffen worden sind (BGH Großer Senat für Strafsachen vom 27.4.2005 BGHSt 50, 93 – Rn. 29 in juris). Für den Transport von Diebes- oder Schmuggelgut gilt nichts anderes (BGH a.a.O.). Es drängt sich zumindest nicht auf, dass es sich im hier zu entscheidenden Fall des illegalen Waffentransports anders verhalten muss.

Vielmehr muss anhand konkreter Umstände, die sich aus der Tat unter Berücksichtigung der Täterpersönlichkeit ergeben, festgestellt werden, ob die Anlasstat tatsächlich Rückschlüsse auf die Kraftfahreignung zulässt. Dafür kann es genügen, dass der Täter im Zusammenhang mit der Tat naheliegend mit einer Situation gerechnet hat oder rechnen musste, in der es zu einer Gefährdung oder Beeinträchtigung des Verkehrs kommen konnte ....«

Verstöße gegen Strafvorschriften, die in Bezug auf die Eignung zum Führen von Kraft- 224
fahrzeugen unerheblich sind, rechtfertigen, auch wenn sie schwerwiegend sind, die Versagung der Fahrerlaubnis wegen Ungeeignetheit nicht. Nach der Rechtsprechung des Bundesverwaltungsgerichts kann sich der Mangel der Eignung zum Kraftfahrzeugführer nur dann aus anderen als verkehrsrechtlichen Straftaten ergeben, wenn zu befürchten ist, dass die Fahrerlaubnis zu Straftaten nicht verkehrsrechtlicher Art missbraucht wird oder wenn die Art und Weise der Straftaten charakterliche Anlagen erkennen lassen, die, wenn sie sich im Straßenverkehr auswirken, die Allgemeinheit gefährden (VG Frankfurt, Urt. v. 15.07.2004 – 6 E 2139/03, juris).

Allein der Umstand, dass der Täter ein Kraftfahrzeug bei der Begehung einer Straf- 225
tat benutzt hat, begründet aber nicht bereits eine Regelvermutung für seine charakterliche Unzuverlässigkeit zum Führen von Kraftfahrzeugen, bspw. dadurch, dass er sein Fahrzeug dazu benutzt hat, um in die Nähe des Tatorts zu fahren und diesen anschließend mit der Beute wieder zu verlassen (VG Frankfurt, Urt. v. 15.07.2004 – 6 E 2139/03, juris).

– VGH Hessen, Beschl. v. 15.09.2010 – 2 A 1197/10.Z, juris: Es ist vollkommen sozial inadäquat, wenn ein Verkehrsteilnehmer nur deshalb, weil ein anderer Verkehrsteilnehmer ihn auf die unberechtigte Nutzung einer Sonderspur hinweist, diesem gegenüber zu Mitteln der Gewalt greift. Das Handeln des Klägers zeigt, dass er unbeherrscht reagiert und schon bei einem relativ geringfügigen Anlass zu überzogenen Verhaltensweisen neigt, die in keiner vernünftigen Relation zum dem zugrundeliegenden Anlass stehen. Es begründet daher tiefgreifende Zweifel an seiner charakterlichen Eignung zum Führen von Kraftfahrzeugen.
– BVerwG, Urt. v. 17.02.1981 – 7 C 55.79, BVerwGE 61, 360: Bei der Entscheidung über die Entziehung der Fahrerlaubnis können auch Straftaten nicht verkehrsrechtlicher Art (z.B. Rauschgiftschmuggel) berücksichtigt werden.
– BayVGH, Beschl. v. 27.11.2014 – 11 CS 14.2228, juris: Vorsätzliche Körperverletzung durch Faustschlag nach »Schneiden« beim Überholen.
– BayVGH, Beschl. v. 14.08.2012 – 11 C 12.1746, juris: Vorsätzliche Körperverletzung wegen Kritik am Verhalten des Betroffenen im Straßenverkehr.
– OVG Nordrhein-Westfalen, Beschl. v. 10.09.2014 – 16 B 912/14, juris: Bei der Beurteilung einer Straftat als »erheblich« darf auch keine Gesamtwürdigung aller bekannten Vorfälle ergehen. Insbesondere erfolgt die Würdigung, ob die Beibrin-

gung eines Gutachtens zu Recht angeordnet ist, auf der Grundlage des in der Beibringungsanordnung dargelegten Sachverhalts. Dies schließt es im Grundsatz aus, den maßgeblichen Sachverhalt unter Berücksichtigung und Würdigung etwa der Verwaltungsvorgänge zu ergänzen. Dies würde nämlich ausschließen, dass der Betroffene erkennen kann, was der Anlass für die angeordnete Untersuchung ist. (Vorliegend abgelehnt für das Nichtanlegen eines Sicherheitsgurtes bzw. eines aggressiven Verhaltens).

- OVG Niedersachsen, VRS 127, 102: Hat ein Bewerber um eine Fahrerlaubnis neben Straftaten, die im Zusammenhang mit dem Straßenverkehr stehen (§ 11 Abs. 3 Satz 1 Nr. 5 FeV), auch eine erhebliche oder mehrere Straftaten, die im Zusammenhang mit der Kraftfahreignung stehen (§ 11 Abs. 3 Satz 1 Nr. 6 FeV), begangen, so kann die Beibringung eines medizinisch-psychologischen Gutachtens auch zur Klärung der Frage angeordnet werden, ob der Betreffende künftig Straftaten im Zusammenhang mit der Kraftfahreignung (ohne Zusammenhang mit dem Straßenverkehr) begehen wird.
- In der Regel erfüllt eine reine verbale Auseinandersetzung zwischen einem FE-Inhaber und einer anderen Person nicht die Voraussetzungen der Nr. 6. Dies gilt auch, wenn die Auseinandersetzung mit großer Lautstärke und Emotionalität geführt wird und wenn mit ihr ein Straftatbestand verwirklicht wird. Dies gilt insbesondere dann, wenn der FE-Inhaber die Schwelle zum körperlichen Angriff kraft eigener Willenskontrolle unterlässt. Denn damit belegt er, dass er imstande ist, seine Aggressionen zumindest so zu steuern, dass es nicht zu Verletzungen der körperlichen Integrität kommt (VG Freiburg, Beschl. v. 24.11.2015 – 4 K 2480/15).

226 Die Bindungswirkung des § 3 Abs. 4 StVG für den in einem Strafverfahren festgestellten Sachverhalt zugunsten eines Fahrerlaubnisinhabers geht nur von einem Urteil, von einem Strafbefehl oder von einer gerichtlichen Entscheidung aus, durch welche die Eröffnung des Hauptverfahrens oder der Antrag auf Erlass eines Strafbefehls abgelehnt wird. Die Einstellung eines Ermittlungsverfahrens durch die Staatsanwaltschaft gem. § 153a Abs. 1 StPO nach Erfüllung von Auflagen oder Weisungen durch den Beschuldigten steht dem nicht gleich (BayVGH, Beschl. v. 07.01.2020 – 11 CS 19.2237, DAR 2020, 229). Die Einstellung des Strafverfahrens nach § 153a StPO verbietet es nicht, Feststellungen über Tatsachen, die einen Straftatbestand erfüllen, in Verfahren mit anderer Zielsetzung in dem für die dortige Entscheidung erforderlichen Umfang als Grundlage für die daran anknüpfenden außerstrafrechtlichen Rechtsfolgen zu verwerten (BayVGH, Beschl. v. 25.07.2023 – 11 CS 23.125, NZV 2023, 528 (mit Anm. *Pießkalla*; Bestätigung von BayVGH, Beschl. v. 07.01.2020 – 11 CS 19.2237, DAR 2020, 229).

227 Es kommt für das Vorliegen einer hinreichenden Tatsachengrundlage nicht auf die Reichweite der Bindungswirkung eines strafgerichtlichen Urteils (hier: Freispruch vom Vorwurf des § 315c StGB; Hinweis auf die fehlende Nachweisbarkeit der Tat in der Urteilsbegründung) nach § 3 Abs. 4 StVG an, wenn der Fahrerlaubnisinhaber im Anschluss an das strafgerichtliche Verfahren selbst Auskunft zu einer ggf. die Fahreignung beeinträchtigenden Erkrankung gegeben hat (VG Bremen, Beschl. v. 28.04.2020 – 5 V 25/20, juris).

ff) Straftaten, die im Zusammenhang mit der Kraftfahreignung stehen, insbesondere wenn Anhaltspunkte für ein hohes Aggressionspotenzial bestehen (Abs. 3 Satz 1 Nr. 7)

Die Vorschrift setzt mindestens zwei Straftaten voraus (BayVGH, Beschl. v. 24.11.2014 – 11 Cs 14.2194, juris). Die Straftaten müssen nicht im Rahmen der Teilnahme am allgemeinen Straßenverkehr begangen worden sein (VG München, Beschl. v. 13.07.2009 – M 6a S 09.2399, juris). Erheblichkeit wird im Gegensatz zur Nummer 6 nicht gefordert (BayVGH, Beschl. v. 27.11.2014 – 11 CS 14.2228, juris). 228

Allerdings muss von der Fahrerlaubnisbehörde aufgezeigt werden, inwieweit sich aus der Straftat Anhaltspunkte dafür ergeben, dass sich der Betreffende auch im Straßenverkehr nicht ordnungsgemäß verhalten wird (VG Regensburg, Beschl. v. 13.06.2012 – RN 8 S 12.576, juris). Hohe Aggressionsbereitschaft lässt nur Rückschlüsse auf die Kraftfahreignung zu, wenn zu besorgen ist, dass der Betreffende bei konflikthaften Verkehrssituationen emotional impulsiv handelt und dadurch das Risiko einer gefährdenden Verkehrssituation erhöht, sowie eigenen Bedürfnisse aggressiv durchsetzt (*Dauer*, in: Hentschel/König/Dauer, § 11 FeV Rn. 35d). 229

Straftaten weisen insbesondere dann auf ein hohes Aggressionspotenzial hin und stehen im Zusammenhang mit der Kraftfahreignung, wenn die Tathandlungen auf einer Bereitschaft zu ausgeprägt impulsivem Verhalten beruhen und dabei Verhaltensmuster deutlich werden, die sich so negativ auf das Führen von Kraftfahrzeugen auswirken können, dass die Verkehrssicherheit gefährdet ist. Allerdings kann ein hohes Aggressionspotenzial auch auf einer Neigung zu planvoller, bedenkenloser Durchsetzung eigener Anliegen ohne Rücksicht auf berechtigte Interessen anderer beruhen. Ein Zusammenhang mit der Kraftfahreignung setzt weder voraus, dass die Anlasstaten einen Verstoß gegen verkehrsrechtliche Vorschriften darstellen, noch, dass sie im Zusammenhang mit dem Straßenverkehr stehen oder im Straßenverkehr begangen wurden oder der Betroffene bereits zuvor im Straßenverkehr aufgefallen ist. Als Regelbeispiel für einen solchen Zusammenhang sind in § 11 Abs. 3 Satz 1 Nr. 7 FeV Straftaten genannt, die Anhaltspunkte für ein hohes Aggressionspotenzial bieten. Dem liegt die Einschätzung des Gesetz- und Verordnungsgebers über den auch empirisch erwiesen Zusammenhang zwischen aggressivem Verhalten außerhalb und innerhalb des Straßenverkehrs zugrunde Bei der Anordnung zur Beibringung eines medizinisch-psychologischen Gutachtens hat die Fahrerlaubnisbehörde bei lang zurückliegenden Straftaten unter Einbeziehung aller relevanten Umstände zu prüfen, ob die gegebenen Verdachtsmomente noch einen relevanten Gefahrenverdacht begründen und ob sie ohne Gutachtensbeibringung ausgeräumt werden können, denn für die Frage von Eignungszweifeln und die anschließende Ermessensausübung macht es einen Unterschied, ob eine fahreignungsrelevante Zuwiderhandlung erst kurze Zeit oder aber bereits mehrere Jahre zurückliegt, selbst wenn sie nach den maßgeblichen Tilgungsvorschriften noch verwertbar ist (BayVGH, Urt. v. 17.10.2022 – 11 B 20.2996 zfs 2023, 53). 230

Das Gutachten muss die empirischen Zusammenhänge zwischen Straffälligkeit, Kraftfahreignung und der Wahrscheinlichkeit von aggressivem Verhalten im Straßenver- 231 kehr nachvollziehbar darlegen und anhand konkreter Umstände, die sich aus den verwertbaren Straftaten unter Berücksichtigung der Täterpersönlichkeit ergeben, erläutern, ob die Anlasstaten tatsächlich Rückschlüsse auf die Kraftfahreignung zulassen. Der Grundannahme, dass ein außerhalb des Straßenverkehrs aggressive Person sich auch im Straßenverkehr aggressiv verhält, liegt aber die Überlegung zu Grunde, dass eine solche Person typischerweise emotional impulsiv handelt (VG Düsseldorf, Urt. v. 20.02.2014 – 6 K 6737/12, juris).

232 Auch nicht rechtskräftig abgeurteilte Straftaten können Anlass für eine Eignungsbegutachtung nach § 11 Abs. 3 Satz 1 Nr. 6 und 7 FeV geben. Als Anhaltspunkte für ein hohes Aggressionspotenzial nach § 11 Abs. 3 Satz 1 Nr. 6 und 7 FeV kommen insbesondere Straftaten wie schwere und gefährliche Körperverletzung, Raub, Widerstand gegen Vollstreckungsbeamte, Beleidigung, Nötigung, Bedrohung oder Sachbeschädigung in Betracht (VGH Hessen, Beschl. v. 13.02.2013 – 2 B 189/13, NZV 2013, 615).

- VG München, Beschl. v. 13.07.2009 – M 6a S 09.2399, juris: Sachbeschädigungen, die die generelle Neigung zu Rohheit bzw. zu planvoller, bedenkenloser Durchsetzung eigener Interessen ohne Rücksicht auf berechtigte Interessen anderer erkennen lassen (Einschlagen von Fenstern, Aufhebeln von Türen bei Einbrüchen) und die damit Anlass zu Zweifeln an der Fähigkeit des Betroffenen geben, sein eigenes Verhalten im Straßenverkehr kontrollieren und an den berechtigten Interessen anderer Verkehrsteilnehmer ausrichten zu können. Diese Fähigkeit ist aber im Straßenverkehr zur Vermeidung von Verkehrsunfällen unabdingbar.
- BayVGH, Beschl. v. 13.02.2015 – 11 ZB 14.1452, juris: Verurteilung wegen Nötigung im Straßenverkehr (§ 240 StGB) und vorsätzlicher Gefährdung des Straßenverkehrs (§ 315c StGB) rechtfertigen Zweifel an der Fahreignung.
- VG Augsburg, Beschl. v. 17.09.2014 – Au 7 S 14.1150, juris: Ein Zusammenhang der Aggressionstat mit dem Straßenverkehr ist bereits nach dem klaren Wortlaut der Vorschrift nicht erforderlich. Auch außerhalb des Straßenverkehrs begangene vorsätzliche Körperverletzungen sind geeignet, Anhaltspunkte für hohes Aggressionspotenzial zu liefern.
- VG München, Urt. v. 23.11.2010 – M 1 K 10.2785, juris: Auch wenn diese Straftaten nicht im Straßenverkehr begangen wurden, konnten sie zur Grundlage der Gutachtensanordnung gemacht werden. Ausweislich des Wortlauts und der Verordnungsbegründung können Anlass für die Anordnung einer medizinisch-psychologischen Begutachtung auch solche Straftaten sein, die keinen spezifischen Zusammenhang mit der Verkehrssicherheit aufweisen. Die Fahrerlaubnisbehörde hat in der Anordnung den Zusammenhang zwischen den vom Kläger begangenen Straftaten und der Kraftfahreignung hergestellt. So hat sie zu Recht ausgeführt, dass Inhaber einer Fahrerlaubnis, die aufgrund des rücksichtslosen Durchsetzens eigener Interessen, aufgrund ihres großen Aggressionspotenzials oder ihrer nicht beherrschten Affekte und unkontrollierten Impulse in schwerwiegender Weise die Rechte anderer verletzen, möglicherweise nicht erwarten lassen, dass sie im motorisierten Straßenverkehr die Rechte anderer Verkehrsteilnehmer – zumindest in den sehr häufig auftretenden Konfliktsituationen – respektieren werden. Ob dies

tatsächlich der Fall ist, kann die Fahrerlaubnisbehörde deshalb durch die Anordnung eines Fahreignungsgutachtens klären lassen, und zwar auch dann, wenn es bislang nicht zu Auffälligkeiten im Straßenverkehr gekommen ist.

gg) Überprüfung der Verantwortungsbereitschaft im Falle der Personenbeförderung (Abs. 3 Satz 1 Nr. 8)

Die Fahrerlaubnisbehörde kann auch ein medizinisch-psychologisches Gutachten anfordern, wenn die besondere Verantwortung bei der Beförderung von Fahrgästen zu überprüfen ist (§ 11 Abs. 3 Satz 1 Nr. 8 FeV). Bei Inhabern einer Fahrererlaubnis der Klasse D oder D1 ist diese Regelung über § 46 Abs. 3 FeV anwendbar, bei Inhabern einer Fahrerlaubnis zur Fahrgastbeförderung über § 48 Abs. 9 Satz 1 FeV (*Dauer*, in: Hentschel/König/Dauer, § 11 FeV Rn. 36). Bestehen Anhaltspunkte dafür, dass der Fahrerlaubnisinhaber den körperlichen und geistigen Anforderungen für die Beförderung von Fahrgästen nicht mehr genügt, so bedarf es zur Klärung dieser Frage in aller Regel zunächst (lediglich) einer medizinischen Begutachtung. Eine medizinisch-psychologische Doppelbegutachtung ist nur dann veranlasst, wenn neben den körperlichen und geistigen Eignungszweifeln zusätzlich Zweifel an der charakterlichen Eignung begründeter Weise geltend gemacht werden (OVG Saarland, Beschl. v. 06.06.2007 – 1 B 145/07, DAR 2007, 475). 233

Geben die Anknüpfungstatsachen für eine Gutachtensanordnung nur Anlass zu Zweifeln an der charakterlichen Eignung zur Fahrgastbeförderung, ist eine Fragestellung unverhältnismäßig, die darüber hinaus auch die Erfüllung der körperlichen und geistigen Anforderungen für das Führen von Kraftfahrzeugen als Gegenstand der Begutachtung festlegt (VGH Baden-Württemberg, Beschl. v. 08.03.2013 – 10 S 54/13, NJW 2013, 1896). 234

Siehe auch oben Rdn. 37. 235

hh) Gutachten nach (wiederholter) Entziehung (Abs. 3 Satz 1 Nr. 9)

Ein Gutachten kann im Rahmen eines Verfahrens auf Neuerteilung einer Fahrerlaubnis auch angefordert werden, wenn 236
- die Fahrerlaubnis wiederholt entzogen war
  oder
- der Entzug auf einem Grund nach den Nummern 4 bis 7 beruhte.

Bei wiederholter Entziehung einer Fahrerlaubnis hat sich herausgestellt, dass sich eine (vor der ersten Neuerteilung nach Entziehung) ursprüngliche positive Prognose als falsch erwiesen hat. »Wiederholt« bedeutet dabei Entziehung in mindestens zwei Fällen. Eine einmalige Entziehung genügt in Fällen, in denen Grund für die Entziehung Verstöße gegen Straf- oder Verkehrsvorschriften war. 237

»Entziehung« meint sowohl die verwaltungsbehördliche als auch die strafgerichtliche Entziehung nach § 69 StGB (VG Düsseldorf, Beschl. v. 20.03.2013 – 14 K 9030/12, juris; *Dauer*, in: Hentschel/König/Dauer, § 11 FeV Rn. 37). Hat der Strafrichter 238 nur ein Fahrverbot ausgesprochen, ohne sich im Urteil im Anwendungsbereich des § 69 StGB mit der Frage der Eignung des Angeklagten zum Führen von Kraftfahrzeugen nachprüfbar tatsächlich auseinanderzusetzen, ist die Fahrerlaubnisbehörde berechtigt und verpflichtet, in eigener Zuständigkeit die Fahreignung zu überprüfen (VG des Saarlandes, Beschl. v. 14.06.2011 – 10 L 284/11, juris). Die in § 3 Abs. 4 Satz 1 StVG angeordnete grundsätzliche Bindung der Verwaltungsbehörde an die Beurteilung der Kraftfahreignung in einem Strafurteil tritt nur dann ein, wenn die Behörde von demselben und nicht von einem anderen, umfassenderen Sachverhalt als der Strafrichter auszugehen hat; der Umfang der strafgerichtlichen Eignungsprüfung muss des Weiteren ausdrücklich aus den in den schriftlichen Urteilsgründen getroffenen Feststellungen hervorgehen. Eine Bindung der Fahrerlaubnisbehörde tritt etwa dann nicht ein, wenn sich das Strafgericht in seinem Urteil nicht auf die negative Eignungsprognose in einem in der Vergangenheit erstellten medizinisch-psychologischen Gutachten gestützt hat (VGH Baden-Württemberg, Beschl. v. 08.10.2015 – 10 S 1491/15, DÖV 2016, 139).

239 Diese Regelung besteht zusätzlich zur Rechtsgrundlage des § 20 Abs. 3 FeV, d.h. in Neuerteilungsfällen kann (zusätzlich) auch ein Gutachten in **allen** Fällen des Abs. 3 Satz 1 angefordert werden.

240 BayVGH, Beschl. v. 23.02.2010 – 11 CE 09.2812, juris:

> »Der Annahme, § 11 Abs. 3 Satz 1 Nr. 9 FeV schließe in Neuerteilungsfällen den Rückgriff auf die Nummern 1 bis 8 des § 11 Abs. 3 Satz 1 FeV aus, steht zudem entgegen, dass die Befugnisse der Fahrerlaubnisbehörde zur Sachverhaltsaufklärung in Neuerteilungsfällen unter dieser Voraussetzung in einer Weise eingeschränkt würden, die keinesfalls dem Willen des Verordnungsgebers entsprochen haben kann. So wäre es auf der Grundlage der vom Antragsteller vertretenen Auffassung z.B. dann nicht möglich, einen Bewerber um eine zum Führen von Omnibussen berechtigende Fahrerlaubnis der Klassen D und D1 oder um eine Fahrerlaubnis zur Fahrgastbeförderung gemäß § 11 Abs. 3 Satz 1 Nr. 8 FeV auf seine charakterliche Eignung für diese verantwortungsvolle Tätigkeit hin zu überprüfen, wenn er auf eine frühere derartige Fahrerlaubnis verzichtet hat und Anhaltspunkte für fahreignungsrelevante Charaktermängel bestehen, da in einem solchen Fall keine der beiden Alternativen des § 11 Abs. 3 Satz 1 Nr. 9 FeV einschlägig ist.
>
> Die §§ 11, 20 und 46 FeV zeigen vielmehr, dass der Verordnungsgeber es für geboten hält, in Ersterteilungs-, Neuerteilungs- und Fahrerlaubnisentziehungsverfahren die gleichen Anforderungen an den Nachweis der Fahreignung zu stellen … Daraus folgt, dass die Forderung nach der Beibringung eines Fahreignungsgutachtens in Neuerteilungsverfahren nicht nur auf § 11 Abs. 3 Satz 1 Nr. 9 FeV, sondern auch auf alle anderen in § 11 Abs. 3 Satz 1 FeV enthaltenen Bestimmungen gestützt werden kann, soweit sie ihrem Wortlaut sowie ihrem Sinn und Zweck nach hierfür in Betracht kommen …«

241 Ein zwischenzeitlich erteiltes positives Fahreignungsgutachten löst keine Zäsurwirkung in dem Sinne aus, dass alle vor diesem Zeitpunkt liegenden Vorkommnisse verbraucht wären (BayVGH, Beschl. v. 06.05.2008 – 11 CS 08.551 unter Aufgabe der früheren Rechtsprechung; VG München, Urt. v. 18.11.2008 – M 1 K 08.4688, juris).

ii) Gutachten in Fällen der Fahrerlaubnis auf Probe, des Fahreignungs-Bewertungs-Systems oder der Alkohol- und Drogenproblematik (Abs. 3 Satz 2)

Die Anforderung eines Gutachtens ist auch möglich in Fällen des § 2a Abs. 4 und 242
5 und § 4 Abs. 10 Satz 4 StVG sowie § 10 Abs. 2 und den §§ 13, 14 FeV (bleibt »unberührt«; zu den einzelnen Vorschriften siehe oben »Anwendungsbereich«).

Bestimmt eine Norm, dass eine andere Vorschrift »**unberührt**« bleibt, so bedeutet das, 243
dass diese andere Bestimmung neben der Vorschrift, die die »Unberührt«-Regelung enthält, anwendbar sein soll (BayVGH, Beschl. v. 23.02.2010 – 11 CE 09.2812, juris).

11. Das Gutachten des amtlich anerkannten Sachverständigen oder Prüfers für den Kraftfahrverkehr (Abs. 4; § 46 Abs. 4 Satz 2 FeV: Fahrverhaltensbeobachtung)

Das Gutachten eines amtlich anerkannten Sachverständigen oder Prüfers für den 244
Kraftfahrverkehr (aaSoP) kann bei Bedarf zusätzlich zu einem ärztlichen oder medizinisch-psychologischen Gutachten angefordert werden oder bei Behinderungen des Bewegungsapparates, wenn geprüft werden soll, ob eine Kompensation durch technische Hilfsmittel möglich ist. Die Vorschrift bezieht sich nur auf Eignungszweifel, nicht auf die Frage, ob die Befähigung (noch) gegeben ist. Dient die Fahrverhaltensbeobachtung bzw. Fahrprobe der Klärung von Befähigungszweifeln, ist die richtige Rechtsgrundlage § 46 Abs. 4 Satz 2 FeV (VG Würzburg, Beschl. v. 13.02.2014 – W 6 S 14.62).

Die Durchführung einer Fahrverhaltensprobe dient dazu, festzustellen, ob sich ein 245
festgestellter Teilleistungsmangel im realen Verkehr auswirkt und ob er möglicherweise kompensiert werden kann. Eine Fahrverhaltensprobe ist daher nur veranlasst, wenn die Kompensation eines Teilleistungsmangels in Betracht kommt (VG Regensburg, Beschl. v. 30.01.2018 – RO 8 S 17.1542, BeckRS 2018, 30405; nachfolgend BayVGH, Beschl. v. 07.11.2018 – 11 CS 18.435, DAR 2019, 343, im Anschluss wiedergegeben. Der BayVGH hat die Beschwerde gegen den Beschluss des VG Regensburg verworfen, die Erfolgsaussichten einer Klage aber offengelassen.).

Nach der Systematik der §§ 11, 13 und 14 FeV (vgl. Anlage 4, Vorbemerkung 2) ist 246
Grundlage der Eignungsbeurteilung im Einzelfall regelmäßig ein ärztliches Gutachten (§ 11 Abs. 2 FeV), in besonderen Fällen ein medizinisch-psychologisches Gutachten (§ 11 Abs. 3 FeV) oder das Gutachten eines amtlich anerkannten Sachverständigen oder Prüfers für den Kraftverkehr, letzteres jedoch nur, wenn dies nach Würdigung der vorliegenden Gutachten erforderlich ist oder bei Behinderungen des Bewegungsapparates, um festzustellen, ob der Behinderte das Fahrzeug mit den erforderlichen besonderen technischen Hilfsmitteln sicher führen kann (§ 11 Abs. 4 Nr. 1 und 2 FeV). Die Anordnung eines Gutachtens gem. § 11 Abs. 4 FeV ist folglich nur bei Eignungszweifeln möglich, nicht aber bei ärztlich festgestelltem und nicht substantiiert in Zweifel gezogenem Fehlen der Fahreignung. Hiernach ist die Fahreignungsprobe weder eine Alternative zu einem ärztlichen oder medizinisch-psychologischen Gutachten noch ein Instrument zur Überprüfung von dessen Richtigkeit, wenn der

Gutachter die Fahreignung verneint hat. Dasselbe gilt für die Fahrverhaltensprobe bzw. -beobachtung im Rahmen einer medizinisch-psychologischen Untersuchung, die nach Nr. 2.5 der Begutachtungsleitlinien zur Kraftfahreignung nur in Zweifelsfällen in Betracht kommt, nämlich als Methode zur Einschätzung des Kompensationspotenzials bei Grenzwertunterschreitung in den psychologischen Testverfahren (BayVGH, Beschl. v. 07.11.2018 – 11 CS 18.435, DAR 2019, 343).

247 Die Notwendigkeit der Beibringung kann sich aus dem zuvor eingeholten ärztlichen Gutachten ergeben. Darüber zu entscheiden, obliegt aber allein der Fahrerlaubnisbehörde. Dabei stellt das zuvor einzuholende ärztliche Gutachten mit einer eventuell darin enthaltenen Empfehlung einer Fahrprobe eine bei der Entscheidung im Rahmen des § 11 Abs. 4 Nr. 1 FeV zu beachtende Tatsache dar (VG Würzburg, Beschl. v. 13.02.2014 – W 6 S 14.62).

248 Das Gutachten eines amtlich anerkannten Sachverständigen ist erforderlich für die Beurteilung der bei einem Betroffenen für die Kraftfahrzeugführung verbliebenen Leistungsfähigkeit. Das ärztliche Gutachten gem. § 11 Abs. 3 FeV beschreibt die Eignung aus medizinischer und/oder psychologischer Sicht. Das kraftfahrtechnische Gutachten gem. § 11 Abs. 4 FeV stellt – insbesondere nach einer Fahrprobe – in Form von Auflagen und Beschränkungen fest, welche Bedingungen erfüllt sein müssen, damit ein Fahrzeug sicher bedient werden kann. In Bezug auf die Beurteilung der Kraftfahreignung und Kraftfahrtauglichkeit sind beide Gutachten gleichwertig. Häufig ist die Fahrerlaubnisbehörde nur durch die Vorlage beider Gutachten in der Lage, eine Entscheidung zur Eignung zu treffen (VG Würzburg, Urt. v. 05.11.2014 – W 6 K 14.560, juris).

249 Eine praktische Fahreignungsprüfung, mit der die Auswirkungen einer behandelten Schlafstörung auf die Aufmerksamkeitsleistung im Straßenverkehr ermittelt werden sollen, kann nicht im Wege der Auflage zur Fahrerlaubnis (§ 46 Abs. 2 FeV) gefordert werden. Es handelt sich dabei vielmehr um eine Maßnahme zur Klärung von Eignungszweifeln, die auf § 11 Abs. 4 FeV zu stützen ist (VG Freiburg im Breisgau, Beschl. v. 07.09.2009 – 1 K 1209/09, juris).

250 Gutachten eines amtlich anerkannten Sachverständigen oder Prüfers für den Kraftfahrzeugverkehr werden nach einer Fahrprobe erstellt (siehe hierzu z.B. VG Stade, Beschl. v. 26.06.2015 – 1 B 863/15, juris). Mit der Fahrprobe können keine medizinischen Sachverhalte aufgeklärt werden; mit ihren können aber psychophysische Leistungsmängel statt im Rahmen einer medizinisch-psychologischen Untersuchung untersucht werden – verkehrspsychologische Verhaltensbeobachtung (BayVGH, Beschl. v. 15.06.2015 – 11 CS 15.696, juris).

251 In der Praxis wird unterschieden zwischen der eigentlichen Fahrprobe, die durchgeführt wird mit einem Fahrlehrer und einem aaSoP und die vor allem bei Bewegungsbehinderungen angeordnet wird, und der Fahrverhaltensbeobachtung unter Aufsicht eines Psychologen, die dazu dient, kognitive bzw. psychofunktionale Leistungsmängel im Rahmen der Eignungsbegutachtung zu überprüfen. Die praktische Fahrprobe ist gem. § 11 Abs. 4 FeV durch einen amtlich anerkannten Sachverständigen oder Prüfer

für den Kraftfahrzeugverkehr abzunehmen, nicht durch einen Fahrlehrer (VG München, Beschl. v. 10.02.2015 – M 6b 14.5844, juris). Bei der Begutachtung werden nicht nur Fahrfehler dokumentiert, sondern diese werden Bezug gesetzt zu einer eventuell verminderten Wahrnehmung bzw. einer verlangsamten Informationsverarbeitung (BayVGH, Beschl. v. 23.11.2011 – 11 CS 11.2067, juris).

Bestehen Bedenken gegen die körperliche oder geistige Eignung eines Fahrerlaubnis- 252 bewerbers, so sind diese durch die Anordnung eines ärztlichen Gutachtens abzuklären. Es steht im Regelfall nicht im Ermessen der Fahrerlaubnisbehörde, stattdessen eine Fahrprobe als ausreichend zu erachten. Das ergibt sich aus Folgendem: Die Anlässe für ein medizinisch-psychologisches Gutachten sind im Einzelnen in Abs. 3 aufgeführt. Sie beziehen sich auf den gesamten Eignungsbereich, nicht nur die körperliche und geistige Eignung. Für den Bereich »Alkoholproblematik« und »Betäubung- und Arzneimittel« enthalten §§ 13 und 14 spezielle Zuweisungsregelungen (siehe auch Abs. 3 Satz 2). Hieraus folgt, dass der Fahrerlaubnisbehörde bei Vorliegen einer Erkrankung oder eines Mangels nach Maßgabe der Anlage 4 zur Fahrerlaubnisverordnung – wie die dortigen Vorbemerkungen 2 und 3 ausdrücklich bekräftigen – zumindest für den Regelfall durch den Verordnungsgeber vorgegeben ist, dass in Fällen, in denen die Erkrankung oder der Mangel der Fahreignung nicht zwingend entgegensteht, zur Abklärung der Frage, ob das Ausmaß der Erkrankung bzw. des Mangels die Fahreignung ausschließt oder einschränkt, ein ärztliches Gutachten nach § 11 Abs. 2 FeV einzuholen ist. Erst wenn ein solches vorliegt, eröffnet § 11 Abs. 3 Satz 1 Nr. 1 FeV unter bestimmten Voraussetzungen die Möglichkeit der Anordnung eines medizinisch-psychologischen Gutachtens, wenn nämlich ein solches nach Würdigung des ärztlichen Gutachtens zusätzlich erforderlich ist. Die Fahrprobe ist in § 11 Abs. 4 FeV (Gutachten eines amtlich anerkannten Sachverständigen oder Prüfers für den Kraftfahrzeugverkehr) geregelt und setzt gemäß Nr. 1 der Vorschrift hinsichtlich aller Erkrankungen oder Mängel, die nicht der Nr. 2 der Vorschrift betreffend Behinderungen des Bewegungsapparates unterfallen, voraus, dass eine Fahrprobe nach Würdigung des ärztlichen oder medizinisch-psychologischen Gutachtens zusätzlich zu diesem erforderlich ist. Mithin ist nach der Konzeption des Verordnungsgebers für eine Eignungsüberprüfung im Wege einer Fahrprobe nur Raum, wenn dies nach dem Ergebnis eines ärztlichen und/oder medizinisch-psychologischen Gutachtens angezeigt erscheint (OVG Saarland, Urt. v. 01.10.2014 – 1 A 289/14, VD 2015, 139).

BayVGH, Beschl. v. 03.04.2007 – 11 C 07.331, juris: Fahrprobe statt medizinisch-psy- 253 chologischer Begutachtung

Eine Fahrprobe kann ein geeignetes Mittel sein, um über einen wichtigen Teilbereich der Fahreignung, nämlich die praktischen Fahrfertigkeiten, Aufschluss zu geben. Eine derartige Maßnahme kann gerade bei Kraftfahrern, deren Eignung durch altersbedingte Entwicklungen zweifelhaft geworden ist, zweckmäßig sein. Denn es ist allgemein anerkannt, dass ältere Fahrerlaubnisinhaber mit langer Fahrpraxis psychophysische Leistungsminderungen bis zu einem gewissen Grad durch Erfahrung und gewohnheitsmäßig geprägte Bedienungshandlungen ausgleichen können (vgl. BVerwG, Urt. v. 17.09.1987 – BVerwG 7 C 79.86, NJW 1988, 925/926; VGH Baden-Württemberg, Beschl. v. 27.07.1990 – 10 S 1428/90, NJW 1991, 315/316; BayVGH v. 12.07.1982, BayVBl. 1982, 694). Die praktische Fahrprobe ist in aller Regel durch einen amtlich anerkannten Sachverständigen oder Prüfer für den Kraftfahrzeugverkehr abzunehmen. Diese Personen besitzen aufgrund ihrer Ausbildung und Erfahrung die spezielle Sachkunde, um das Fahrverhalten und die praktischen Fahrfertigkeiten verlässlich zu beurteilen und den Ablauf der Fahrprobe so zu gestalten, dass die Erfüllung der an den Kraftfahrer zu stellenden Anforderungen auch nachgewiesen werden kann (vgl. BVerwG vom 17.09.1987 a.a.O). Praktische Fahrverhaltensbeobachtungen haben den Vorteil der augenscheinlichen Validität; sie beobachten das, worum es geht, nämlich das Führen eines Fahrzeugs im Straßenverkehr (vgl. Schubert/Schneider/Eisenmenger/Stephan, Begutachtungsleitlinien zur Kraftfahrereignung, S. 225). Die unsichere Fahrweise des Klägers im Straßenverkehr war vorliegend ausschlaggebend für die Einholung der Gutachten. Nachdem die dadurch entstandenen Zweifel an der Fahreignung des Klägers durch Einholung der Gutachten noch nicht vollständig ausgeräumt werden konnten, bietet sich, wie der Gutachter vorgeschlagen hat, die Durchführung einer Fahrprobe an. Auch im Rahmen einer medizinisch-psychologischen Untersuchung könnte, worauf zu Recht hingewiesen wurde, eine praktische Fahrprobe in Betracht kommen, um zu überprüfen, ob festgestellte Leistungsminderungen sich auf das gelernte Fahrverhalten entscheidend negativ auswirken. Dann aber stellt sich die Frage, ob die Fahrverhaltensprobe hier nicht gleich durchgeführt werden soll. Eine medizinische Überprüfung der psychischen Leistungsfähigkeit des Klägers liegt bereits vor. Zwar kann eine medizinisch-psychologische Untersuchung bei einer amtlich anerkannten Begutachtungsstelle für Fahreignung einerseits mit dem Bezug zu alltäglichen Verkehrssituationen und andererseits mit einer psychologischen Bewertung möglicherweise noch eine bessere Beurteilungsgrundlage geben im Hinblick auf mangelnde sensorische Leistungen oder Reaktionsleistungsschwächen und eigener Leistungseinschätzung des Klägers. Es ist aber jeweils im Einzelfall zu prüfen, ob eine medizinisch-psychologische Untersuchung im Hinblick auf das verfolgte Ziel notwendig ist, da die Erhebung insbesondere der psychologischen Befunde nicht unerheblich in den Schutzbereich des allgemeinen Persönlichkeitsrechts des Betroffenen eingreift (vgl. BVerfG, Beschl. v. 24.06.1993 – 1 BvR 689/92, NJW 1993, 2365 ff.).

254 Wenn die fehlende Eignung bereits aufgrund der Feststellungen bei der Fahrprobe anzunehmen ist, ist eine weitere neurologische Zusatzuntersuchung bzw. eine leistungspsychologische Überprüfung nicht mehr erforderlich (VG Gelsenkirchen, Urt. v. 08.07.2015 – 7 K 5383/14, juris). Das Nichtbestehen einer praktischen Fahrprobe ist insbesondere in Verbindung mit einem hohen Lebensalter ein hinreichendes Mittel zur Verneinung einer Kraftfahreignung mit der Folge des Einzugs der Fahrerlaubnis. Dabei kommt es nach Vorlage des Gutachtens über die praktische Fahrprobe zur Beurteilung der Fahreignung auch nicht mehr darauf an, ob die Untersuchung der Kraftfahreignung rechtmäßig angeordnet wurde (VG Düsseldorf, Beschl. v. 04.03.2015 – 14 L 484/15, Blutalkohol 52 [2015], 292).

12. Grundsätze für die Erstellung der Gutachten (Absatz 5)

255 Maßgeblich für die Verwertbarkeit eines Gutachtens sind gem. § 11 Abs. 5 FeV die Einhaltung der Grundsätze für die Durchführung der ärztlichen und der medizinisch-psychologischen Untersuchung sowie die Einhaltung der Grundsätze für die Erstellung der entsprechenden Gutachten aus Anlage 4a zur FeV (»Grundsätze für die Durchführung der Untersuchungen und die Erstellung der Gutachten«) (VG Würzburg, Urt. v. 11.05.2022 – W 6 K 21.1371, juris).

Die Durchführung der Untersuchungen und die Erstellung der Gutachten hat nach Anlage 4a zu erfolgen. Nach der Vorbemerkung zu Anlage 4a zu § 11 Abs. 5 FeV sind Grundlage für die Beurteilung der Eignung zum Führen von Kraftfahrzeugen die Begutachtungs-Leitlinien für Kraftfahreignung (Bundesanstalt für Straßenwesen – Begutachtungsleitlinien). 256

Die Begutachtungsleitlinien zur Kraftfahreignung stellen gem. § 11 Abs. 5 FeV i.V.m. Anlage 4a zur FeV die fachliche Grundlage für die Beurteilung der Eignung zum Führen von Kraftfahrzeugen dar und sind, soweit sie wissenschaftliche Grundsätze wiedergeben, als antizipierte Sachverständigengutachten von erheblicher Bedeutung (BayVGH, Urt. v. 19.12.2022 – 11 B 22.632, BeckRS 2022, 41990). 257

Atteste, die nicht den Anforderungen der Anlage 4a zur FeV (»Grundsätze für die Durchführung der Untersuchungen und die Erstellung der Gutachten«) genügen, sind keine Gutachten im Sinne des § 11 Abs. 2 FeV (VG Ansbach, Beschl. v. 20.04.2009 – AN 10 S 09.00438, juris). Ein negatives Attest – etwa des Hausarztes – kann zwar als (negative) Tatsache Anlass für Eignungszweifel bieten; andererseits hat ein späteres positives Attest des gleichen Arztes keinerlei rechtliche Wirkung mehr: die FeV misst nur negativen Tatsachen rechtliche Bedeutung bei. 258

Ein ärztliches Gutachten, das ohne die erforderliche Absprache mit der Behörde und insbesondere ohne Kenntnis der Fahrerlaubnisakte erstellt worden ist, genügt nicht den Anforderungen des § 11 Abs. 5 und FeV § 11 Abs. 6 FeV (OVG Niedersachsen, Beschl. v. 08.03.2006 – 12 ME 8/06, VkBl. 2006, 483). 259

Gemäß Nr. 2a der Anlage 4a müssen Fahreignungsgutachten nachprüfbar und nachvollziehbar sein. Die Nachvollziehbarkeit betrifft die logische Ordnung (Schlüssigkeit) des Gutachtens und erfordert die Wiedergabe aller wesentlichen Befunde und die Darstellung der zur Beurteilung führenden Schlussfolgerungen. Die Nachprüfbarkeit betrifft die Wissenschaftlichkeit der Begutachtung. Sie erfordert, dass die Untersuchungsverfahren, die zu den Befunden geführt haben, angegeben werden. Das Gutachten braucht jedoch nicht im Einzelnen die wissenschaftlichen Grundlagen für die Erhebung und Interpretation der Befunde wiederzugeben. Auch kann nach Nr. 2b der Anlage 4a bei eindeutiger Befundlage das Gutachten knapper gehalten werden (BayVGH, VRS 125, 181). Das Gutachten muss die Annahme der fehlenden Eignung tragen. (VG Gelsenkirchen, Urt. v. 08.07.2015 – 7 K 5383/14, juris). 260

Nach dem BayVGH(Beschl. v. 10.03.2015 – 11 CS 15.290, juris; BayVGH, Beschl. v. 22.08.2011 – 11 ZB 10.2620, juris) ist ein **Privatgutachten** nur zur Erschütterung oder Widerlegung eines von zuständiger Seite erstellten Fahreignungsgutachtens, nicht aber zum positiven Nachweis der Fahreignung geeignet. 261

Bei Anordnung eines amtsärztlichen Gutachtens besteht kein aus der Fürsorgepflicht abzuleitender Anlass für die Straßenverkehrsbehörde, einen Fahrerlaubnisinhaber nochmals gesondert darauf hinzuweisen, dass ein von ihm in Auftrag gegebenes Drogenscreening die Beibringung dieses amtsärztlichen Gutachtens nicht zu ersetzen vermag (OVG Sachsen, Beschl. v. 18.02.2015 – 3 A 405/14, juris). 262

13. Anforderungen an Form und Inhalt der Anordnung

a) Form der Anordnung/Bestimmtheit/Angabe der Rechtsgrundlage (Abs. 6 Satz 1, Satz 2)

263 Eine Schriftform ist nicht vorgeschrieben, aber ratsam (*Dauer*, in: Hentschel/König/Dauer, § 11 FeV Rn. 24c). Der Zweck des § 11 Abs. 6 Satz 2 FeV, dem Adressaten einer solchen Aufforderung die Nachprüfung zu ermöglichen, ob das behördliche Verlangen rechtmäßig – insbesondere anlassbezogen und verhältnismäßig – ist, wird (ausnahmsweise) auch dann erreicht, wenn ihm die hinter einer solchen Anordnung stehenden tatsächlichen und rechtlichen Gründe auf anderem als auf schriftlichem Wege hinreichend deutlich bekannt geworden sind (BayVGH, Beschl. v. 06.02.2008 – 11 CE 07.3089, juris).

264 Einem Fahrerlaubnisinhaber, der zur Beibringung eines Gutachtens einer Begutachtungsstelle für Fahreignung aufgefordert wird, muss der auffordernde bzw. anordnende Charakter dieses Beibringungsschreibens hinreichend deutlich vor Augen geführt werden. Dabei ist der Kontext des Schreibens in den Blick zu nehmen (VG Bremen, Beschl. v. 28.04.2020 – 5 V 25/20, juris).

265 Da eine Gutachtensanordnung nicht selbstständig anfechtbar ist, sondern nur im Rahmen eines Rechtsbehelfsverfahrens gegen eine daran anknüpfende Fahrerlaubnisentziehung oder sonstige in Rechte des Betroffenen eingreifende Maßnahme der Fahrerlaubnisbehörde inzident auf ihre Rechtmäßigkeit überprüft werden kann, ist es ein Gebot effektiven Rechtsschutzes, strenge Anforderungen zu stellen. Die Begutachtungsanordnung muss im Wesentlichen aus sich heraus verständlich sein. Für den Betroffenen muss ausgehend von der für die jeweilige Fallgestaltung in Betracht kommenden Befugnisnorm in der Fahrerlaubnis-Verordnung erkennbar sein, was der Anlass für die angeordnete Untersuchung ist und ob die in ihr verlautbarten Gründe die behördlichen Bedenken an der Kraftfahreignung zu rechtfertigen vermögen. Denn nur auf der Grundlage dieser Information kann er sachgerecht einschätzen, ob er sich trotz der mit einer Untersuchung verbundenen Beeinträchtigung seines Persönlichkeitsrechts und der Kostenbelastung der Begutachtung stellen oder die mit der Verweigerung der Begutachtung verbundenen Risiken eingehen möchte (OVG Nordrhein-Westfalen, Beschl. v. 29.10.2014 – 16 B 955/14, juris). Hierbei handelt es sich um eine materielle, keine formelle Anforderung (OVG Niedersachsen, Urt. v. 15.04.2014 – 12 LB 64/13, DAR 2014, 475).

266 § 11 Abs. 6 Satz 1 FeV verleiht der Fahrerlaubnisbehörde die Befugnis, im Rahmen der normativen Vorgaben und des Verhältnismäßigkeitsgrundsatzes im Einzelnen festzulegen, welche Erkenntnisse sie benötigt, um die Frage der Fahreignung in rechtskonformer, verantwortbarer Weise treffen zu können. Sie – und nicht der Fahrerlaubnisinhaber – bestimmt nach § 11 Abs. 6 Satz 1 FeV deshalb darüber, welche für das Führen von Kraftfahrzeugen relevanten Fragen durch das beizubringende Gutachten geklärt werden müssen. Deshalb und da § 11 Abs. 6 Satz 1 FeV ausdrücklich vorschreibt, bei der konkreten Ausgestaltung der Gutachtensanforderung den »Besonderheiten des Einzelfalls« Rechnung zu tragen, kann der Betroffene der Fahrerlaubnis-Verordnung

nicht abschließend entnehmen, welche genauen Aspekte die Behörde in seinem Fall als klärungsbedürftig ansieht. Das geltende Recht verlangt von ihm deshalb nicht, von sich aus – d.h. ohne vorgängige Gutachtensanforderung – Nachweise vorzulegen, aus denen sich seine nach seinem Vorbringen wiedererlangte Fahreignung bzw. eine darauf hinführende Entwicklung ergeben, und zu diesem Zweck Aufwendungen zu tätigen und Unterlagen vorzulegen, die sich im Ergebnis unter Umständen als unzureichend erweisen, weil die Behörde zu Recht andere Gesichtspunkte als entscheidungserheblich und andere Beweismittel als zielführend ansieht (OVG Mecklenburg-Vorpommern, Beschl. v. 28.01.2013 – 1 M 97/12, Blutalkohol 50, 141).

Welche Anforderungen § 11 Abs. 6 FeV an die Bestimmtheit der behördlichen Fragestellung stellt, kann dabei nicht abschließend abstrakt bestimmt werden. Auszugehen ist jedenfalls von der bzw. den für die jeweilige Fragestellung in Betracht kommenden, eine Gutachtensanordnung gebietenden oder in das Ermessen der Fahrerlaubnisbehörde stellenden Befugnisnorm bzw. -normen in der Fahrerlaubnis-Verordnung. Bereits deren tatbestandliche Voraussetzungen geben gewisse eingrenzende Zielrichtungen für die zu formulierende konkrete Fragestellung vor. In jedem Fall hat die Fahrerlaubnisbehörde die konkretisierende Fragestellung unter Berücksichtigung der Besonderheiten des Einzelfalles festzulegen und dem Betroffenen unter Darlegung der Gründe für die Eignungszweifel mitzuteilen. Etwa eine bloße sinngemäße Wiedergabe der Tatbestandsvoraussetzungen der Befugnisnorm genügt grundsätzlich nicht. Sodann ist auf der Rechtsfolgenseite ein hinreichender innerer Zusammenhang zwischen dem für die Eignungszweifel Anlass gebenden Ausgangssachverhalt und dem in der Gutachtensanordnung festgelegten Prüfprogramm zu fordern. Dies folgt bereits aus dem Grundsatz der Verhältnismäßigkeit, der überschießenden – vom Untersuchungsanlass her gesehen nicht erforderlichen – Untersuchungsvorgaben bzw. -inhalten mit Blick auf die damit einhergehenden Eingriffe in die Rechte des Betroffenen entgegensteht (VGH Baden-Württemberg, Urt. v. 03.09.2015 – 10 S 778/14, juris). Fordert also die Fahrerlaubnisbehörde gem. § 11 Abs. 2 Satz 3 Nr. 1 FeV die Vorlage eines fachärztlichen Fahreignungsgutachtens, hat sie dem Betroffenen in der Beibringungsanordnung außer den Tatsachen, die die Eignungsbedenken begründen, und der Fachrichtung des Arztes, der die Begutachtung durchführen soll, auch die zu untersuchende Fragestellung so mitzuteilen, dass der Betroffene unter Einbeziehung der weiteren Darlegungen in der Beibringungsanordnung zweifelsfrei erkennen kann, welche Problematik in welcher Weise geklärt werden soll, und er in der Lage ist zu beurteilen, ob die Aufforderung rechtmäßig, insbesondere anlassbezogen und verhältnismäßig ist. Hinsichtlich des genauen Grades der Konkretisierung, die die von der Fahrerlaubnisbehörde festzulegende und mitzuteilende Fragestellung aufweisen muss, kommt es ausgehend von diesen abstrakten Anforderungen aber auf die besonderen Umstände jedes Einzelfalls an. Das verbietet zugleich eine generalisierende Aussage darüber, ob die Fahrerlaubnisbehörde stets bereits im Rahmen der Beibringungsanordnung genau die entsprechende(n) Nummer(n) der Anlage 4 zur FeV angeben muss (BVerwG, Beschl. v. 05.02.2105 – 3 B 16/14, DAR 2015, 216). 267

Sollte für die Formulierung der Fragestellung medizinisches Fachwissen erforderlich sein, muss die Fahrerlaubnisbehörde sich des Sachverstandes des öffentlichen Gesund- 268 heitsamtes (Amtsarzt) bedienen (VGH Baden-Württemberg, Beschl. v. 02.12.2013 – 10 S 1491/13, VRS 126, 42; VGH Baden-Württemberg, Beschl. v. 02.12.2013 – 10 S 1491/13, DAR 2014, 220; *Scheidler*, DAR 2014, 685). Genügt eine Aufforderung zur Gutachtensbeibringung nicht diesen formellen Anforderungen, so kann dieser Mangel nicht dadurch geheilt werden, dass die Behörde nachträglich darlegt, objektiv hätten zu ihrem Zeitpunkt Umstände vorgelegen, die Anlass zu Zweifeln an der Fahreignung hätten geben können. Bisher nicht geltend gemachte Umstände können allenfalls Gegenstand einer neuen Gutachtensanordnung sein. Auch den Gerichten ist es verwehrt, eine Gutachtensanordnung im Hinblick auf dort nicht aufgeführte tatsächliche Umstände, die einen Eignungsmangel als nahe liegend erscheinen lassen, als rechtmäßig anzusehen (*Scheidler*, DAR 2014, 685). Im Falle eines komplexen medizinischen Aufklärungsbedarfs (bspw. nach Bewusstlosigkeit des Fahrerlaubnisinhabers, für die verschiedenartige Krankheitsursachen in Betracht kommen) gebietet der Grundsatz der Verhältnismäßigkeit eine nach Wahrscheinlichkeit krankheitsbedingter Beeinträchtigungen der Fahreignung gestaffeltes Untersuchungsprogramm in der Gutachtensanordnung mit angemessener strukturierter Fristsetzung (VGH Baden-Württemberg, Beschl. v. 02.12.2013 – 10 S 1491/13, DAR 2014, 220; *Scheidler*, DAR 2014, 685).

269 Eine mangelhafte Aufforderung zur Gutachtenbeibringung kann nicht dadurch »geheilt« werden, dass die Behörde nachträglich – etwa im gerichtlichen Verfahren – darlegt, objektiv hätten seinerzeit Umstände vorgelegen, die Anlass zu Zweifeln an der Fahreignung hätten geben können (vgl. BVerwG, Urt. v. 17.11.2016 – 3 C 20.15, juris; VG Lüneburg, Beschl. v. 28.06.2019 – 1 B 20/19, juris).

b) Formulierung der Fragestellung

270 Nicht ausreichend dürfte die Frage sein, »ob eine Erkrankung oder ein Mangel nach Anlage 4 vorliegt« (VGH Baden-Württemberg, Beschl. v. 02.12.2013 – 10 S 1491/13, VRS 126, 42; VG Neustadt/Weinstraße, Beschl. v. 09.02.2011 – 1 L 87/11.NW, juris). Allerdings können die gesetzlichen Anforderungen u.U. dann gewahrt sein, wenn sich aus der Begründung der Untersuchungsanordnung ergibt, worauf die Behörde ihre Eignungsbedenken stützt (BVerwG, Beschl. v. 05.02.2105 – 3 B 16/14, DAR 2015, 216). Nicht anzugeben ist jedenfalls die genaue Nummer der Anlage 4 (BVerwG, Beschl. v. 05.02.2105 – 3 B 16/14, DAR 2015, 216). Das VG Ansbach (Urt. v. 19.04.2013 – AN 10 K 13.00372, juris) hielt eine Anordnung noch für rechtmäßig, mit der geklärt werden sollte, »ob bei dem Betroffenen eine psychische Störung und/oder ein Mangel des Leistungsvermögens vorliegt, die nach Anlage 4 und Anlage 5 der FeV die Fahreignung in Frage stellt«, da die Eignungszweifel so unspezifisch gewesen seien, dass eine nähere Konkretisierung nicht möglich gewesen sei.

271 Über die bloße Benennung des mit der Begutachtung verfolgten Ziels, die Fahreignung des Betroffenen zu klären, ist die Konkretisierung des Untersuchungsthemas zu fordern. Denn der Gutachter hat sich an die durch die Fahrerlaubnisbehörde vorgegebene Fragestellung zu halten (§ 11 Abs. 5 FeV i.V.m. Nr. 1 Buchst. a) Satz 2 Anlage 15 zur FeV), er darf den Untersuchungsgegenstand nicht von sich aus ändern.

Darüber hinaus muss die Fragestellung geeignet sein, um die Fahreignung im konkreten Einzelfall klären zu können (VG München, Beschl. v. 03.11.2009 – M 1 S 09.4435, juris). Die Fragestellung muss so konkret sein, dass (auch) der Betroffene daraus entnehmen kann, was die Behörde im Hinblick auf seine Fahreignung für klärungsbedürftig hält. Hieran sind strenge Anforderungen zu stellen. Es genügt nicht, wenn sich nur aus der Begründung der Anordnung erschließen lässt, was die Behörde meint. Das verbietet es, dass undifferenziert nach dem Vorliegen von Krankheiten oder Mängeln nach den Anlagen 4 oder 5 zur FeV gefragt wird. Vielmehr sind die Krankheit oder der Mangel genau zu bezeichnen, wobei regelmäßig auf die Bezeichnung in der entsprechenden Anlage abzustellen ist. Handelt es sich um einen in der Anlage 4 zur FeV nicht behandelten Sachverhalt, ist dieser in vergleichbarer Weise zu beschreiben (*Geiger*, SVR 2008, 405). Unschädlich sind solche Abweichungen zwischen den nach § 11 Abs. 6 Satz 1 FeV und nach § 11 Abs. 6 Satz 4 FeV ergangenen Verlautbarungen der Behörde, die sich im rein sprachlichen Bereich bewegen (BayVGH, Beschl. v. 15.05.2008 – 11 CS 08.616, BayVBl. 2008, 724). Die dem Fahrerlaubnisinhaber mitgeteilten Gutachtenfragen dürfen gegenüber dem Gutachter nicht sinnverändert formuliert werden. Unschädlich sind dabei nur solche Abweichungen, die sich im rein sprachlichen Bereich bewegen und ggf. solche, die den Betroffenen schlechthin nicht beeinträchtigen können (VG Osnabrück, Beschl. v. 28.05.2013 – 6 B 20/23, SVR 2014, 153; BayVGH, Beschl. v. 21.07.2010 – 11 ZB 09.870, juris).

Mögliche Fragestellungen in Bezug auf körperliche, krankheitsbedingte Eignungszweifel sind etwa: 272

- Kann Herr/Frau ... trotz des Vorliegens einer Erkrankung (Krankheit nach Anlage 4 FeV), die nach Anlage 4 FeV die Fahreignung in Frage stellt, ein Kfz der Gruppe 1 (Klassen A, A1, B, BE, M, L, S, T) bzw. 2 (Klassen C, C1, CE, C1E, D, D1, DE, D1E und FE zur Fahrgastbeförderung) sicher führen? (*Mahlberg*, in: Himmelreich/Halm, Kap. 35 Rn. 165)

ggf. ergänzt durch den Zusatz (*Mahlberg*, in: Himmelreich/Halm, Kap. 35 Rn. 165):

- Insbesondere ist zu prüfen, ob eine Kompensation der festgestellten Einschränkungen durch besondere persönliche Voraussetzungen (vgl. Anlage 4 FeV) möglich ist.

Als zu weitgehend hat der BayVGH (Beschl. v. 17.08.2007 – 11 CS 07.25, juris) folgende Fragestellung bei einem Schwerhörigen empfunden, bei dem sonst keine konkreten Anhaltspunkte für weitere gesundheitliche Störungen vorlagen: »Liegt bei Herrn ... eine Erkrankung vor, die nach Anlage 4 FeV die Fahreignung in Frage stellt? Ist Herr ... in der Lage, den Anforderungen zum Führen von Kraftfahrzeugen der Klasse 3 gerecht zu werden? Reicht das Leistungsvermögen noch zum sicheren Führen eines Kraftfahrzeugs der Klasse 3?« 273

Nach dem OVG Saarland (Beschl. v. 18.05.2001 – 9 W 2/01, zfs 2002, 309) dagegen kann es ausnahmsweise unnötig sein, ausdrücklich unter Bezugnahme auf Anlage 4 festzulegen, welche Fragen im Hinblick auf die Eignung zum Führen von Kfz zu beantworten sind, wenn die Behörde noch nicht sicher ist, ob die ihr mitgeteilte Krankheit tatsächlich vorliegt (»Aus einem mir vorliegenden Bericht ... geht hervor, dass Sie unter ... leiden sollen.«). Aus dem Zusammenhang muss dann aber eindeutig 274 hervorgehen, dass zunächst das Vorliegen der Krankheit und – falls dies zu bejahen ist – deren Auswirkungen auf die Kraftfahreignung überprüft werden soll.

275 Die Fragestellung einer Gutachtenanordnung zur Überprüfung der Fahreignung muss jedenfalls grundsätzlich bereits aus sich heraus hinreichend bestimmt sein, lediglich ergänzend kann die Begründung herangezogen werden. Die Krankheit oder die Beeinträchtigung, auf die sich die Fahreignungszweifel gründen, ist in der Fragestellung einer Gutachtenanordnung zu benennen – wenigstens in der Angabe eines Oberbegriffs (VG Gießen, Urt. v. 24.08.2023 – 6 K 2554/22.GI, BeckRS 2023, 29949). Die in § 11 Abs. 6 Satz 1 FeV normierten formellen Anforderungen schließen es jedenfalls aus, die Fragestellung so auszugestalten, dass die mit der Begutachtung betraute Stelle dadurch ermächtigt wird, die Gesamtheit der in der Anlage 4 zur Fahrerlaubnis-Verordnung erwähnten Krankheitsbilder zum Gegenstand der Untersuchung zu machen. Die Fahrerlaubnisbehörde ist regelmäßig gehalten, sich des Sachverstandes des öffentlichen Gesundheitsdienstes zu bedienen, sofern zu einer sachgerechten Präzisierung der Fragestellung und Zuordnung der aufzuklärenden Symptomatik zu den einzelnen eignungsausschließenden Erkrankungen gemäß der Anlage 4 zur Fahrerlaubnis-Verordnung medizinisches Fachwissen erforderlich sein sollte (VGH Baden-Württemberg, Urt. v. 10.12.2013 – 10 S 2397/12, VRS 126, 428).

276 Nach § 11 Abs. 6 Satz 2 FeV müssen in der Gutachtensanordnung die dem Betroffenen zur Last gelegten Umstände, die die Zweifel an der Fahreignung rechtfertigen, eindeutig und nachvollziehbar dargelegt werden, das heißt die Aufforderung muss im Wesentlichen aus sich heraus verständlich sein und der Betroffene muss ihr entnehmen können, was konkret ihr Anlass ist und ob das in ihr Verlautbarte die behördlichen Zweifel an der Fahreignung zu rechtfertigen vermag. Bei der Prüfung, ob die Fahrerlaubnisbehörde die Beibringung eines in ihrem Ermessen stehenden Gutachtens fehlerfrei angeordnet hat, sind nur die in der Gutachtensanordnung verlautbarten Erwägungen berücksichtigungsfähig (VGH Baden-Württemberg, Urt. v. 27.07.2016 – 10 S 77/15, NJOZ 2017, 467).

277 Diesen Anforderungen genügen etwa die Fragen »Liegt bei dem Betroffenen eine Krankheit oder ein Mangel vor, der die Fahreignung nach Anlage 4 FeV in Frage stellt? Wenn ja: Kann der/die Betroffene trotz einer Erkrankung oder einem Mangel, der nach Anlage 4 FeV die Fahreignung in Frage stellt, ein Kraftfahrzeug der Klassen B, BE, C1, C1E, L und AM (ehemalige Klassen 3, 4 und 5) sicher führen? Sind Nachuntersuchungen erforderlich, ggf. in welchen Abständen?« nicht. Die Fragestellung »Liegt bei dem Betroffenen eine Krankheit oder ein Mangel vor, der die Fahreignung nach Anlage 4 FeV in Frage stellt?« bezieht sich auf sämtliche in der Anlage 4 zur FeV aufgeführten Krankheiten und Mängel, die von mangelndem Sehvermögen über Bewegungsbehinderungen bis hin zu Nierenerkrankungen reichen. Diese Fragestellung genügt bereits deshalb nicht auch nur ansatzweise den Anforderungen des § 11 Abs. 6 FeV. Die Begründung kann **ergänzend** hinzugezogen werden. Eine zu weit reichende Fragestellung ist ausnahmsweise dann unschädlich, wenn sich die notwendige Eingrenzung der vom Gutachter zu klärenden Frage mit hinreichender

Deutlichkeit aus den dargelegten Gründen für die Eignungsbedenken entnehmen lässt (VG Gießen, Urt. v. 24.08.2023 – 6 K 2554/22.GI, BeckRS 2023, 29949).

Für den Schluss von aktenkundigen Tatsachen auf eine – auch im Hinblick auf die Fragestellung – notwendige Eingrenzung auf die Tatbestände der Anlage 4 fehlt den Fahrerlaubnisbehörden i.d.R. die fachliche Kompetenz (BayVGH, Beschl. v. 03.09.2015 – 11 CS 15.1505, juris). Oft liegt es deshalb nahe, zunächst einen Amtsarzt im Wege der Amtshilfe unter Schilderung der Vorkommnisse und ggf. anonymisierter Übermittlung der vorliegenden Unterlagen um eine Einschätzung zu bitten, ob und ggf. welche Erkrankung genau vorliegen könnte, um dann dem Betroffenen die konkreten Zweifel an der Fahreignung mitzuteilen und die im Gutachten zu klärenden Fragen festzulegen (BayVGH, Beschl. v. 03.09.2015 – 11 CS 15.1505, juris; siehe auch VGH Baden-Württemberg, Beschl. v. 02.12.2013 – 10 S 1491/13, DAR 2014, 220). 278

Ist die Fragestellung nur zum Teil gerechtfertigt, gehen Unklarheiten zu Lasten der Fahrerlaubnisbehörde (VG Gießen, Urt. v. 24.08.2023 – 6 K 2554/22.GI, juris). Aus Abs. 6 Satz 1 folgt nicht, dass die Behörde in der Anordnung eine Rechtsgrundlage angeben muss (*Dauer*, in: Hentschel/König/Dauer, § 11 FeV Rn. 44; offen gelassen von Schleswig-Holsteinisches Verwaltungsgericht, Gerichtsbescheid v. 14.10.2014 – 3 A 254/13). 279

Offen gelassen auch von BVerwG, Urt. v. 07.04.2022 – 3 C 9.21, NJW 2022, 772: 280

> »Waren – wie gezeigt – die Voraussetzungen des in der Gutachtensanforderung als Rechtsgrundlage angeführten § 13 S. 1 Nr. 2 Buchst. b) FeV erfüllt, kann offen bleiben, ob zu den Anforderungen, die nach § 11 VI 2 FeV an die Begründung einer Gutachtensanforderung zu stellen sind, auch die Angabe der dafür in Anspruch genommenen Rechtsgrundlage gehört (offengelassen ua vom VGH München SVR 2011, 275 (279) und VG Schleswig 14.10.2014 – 3 A 254/13, BeckRS 2014, 57669 Rn. 22) und ob jedenfalls dann, wenn die Fahrerlaubnisbehörde eine Rechtsgrundlage angibt, diese Angabe auch zutreffen muss (so die überwiegende Rspr. der Instanzgerichte, vgl. etwa VGH München SVR 2011, 275 (279) und Blutalkohol 49 (2012), 340 (341); OVG Lüneburg NZV 2020, 214 = Blutalkohol 56 (2019), 414 (415 f.); offengelassen vom VGH Mannheim NJOZ 2012, 2023 = VBlBW 2013, 19 (20) und NJW 2014, 1833 (1834); anders noch NZV 2002, 580 = VRS 103, 224 (227 f.); ebenso die Mehrheitsmeinung in der Literatur, vgl. etwa Hentschel/König/Dauer/Dauer FeV § 11 FeV Rn. 44; Scheidler DAR 2014, 685 (689 f.)).«

Wenn die Fahrerlaubnisbehörde zur Begründung der Anforderung eines Fahreignungsgutachtens eine Rechtsgrundlage angibt, muss diese aber auch zutreffen (VG Augsburg, Beschl. v. 04.062014 – Au 7 S 14.748 – juris; offen gelassen von BVerwG, Urt. v. 07.04.2022 – 3 C 9/21, NJW 2022, 772 [siehe oben]). 281

Ist eine falsche Rechtsgrundlage angegeben – bei Alkoholproblematik also bspw. § 11 FeV statt § 13 FeV –, kann die streitgegenständliche Gutachtensaufforderung im Laufe des Verfahrens nicht von der Behörde oder dem Gericht auf eine andere, eigentlich zutreffende Rechtsgrundlage gestützt werden. Dem Betroffenen ist es nicht zuzumuten, die Gutachtensstelle auf die zutreffende Rechtsgrundlage hinzuweisen. Auch der Gutachter ist an die Gutachtensaufforderung und die dort genannte Rechtsgrundlage gebunden; es ist nicht seine Aufgabe, die zutreffende Rechtsgrundlage 282 und damit seine eigene Beurteilungsgrundlage selbst festzulegen (Schleswig-Holsteinisches Verwaltungsgericht, Gerichtsbescheid v. 14.10.2014 – 3 A 254/13, juris; OVG Nordrhein-Westfalen, Beschl. v. 07.02.2013 – 16 E 1257/12, SVR 2013, 314; VG Augsburg, Beschl. v. 25.03.2014 – Au 7 S 14.306, juris). Im Falle der Nichtbeibringung des geforderten Gutachtens kann dann nicht auf die Fahrungeeignetheit des Betroffenen geschlossen werden. Eine Ausnahme käme nur dann Betracht, wenn eine Norm schlicht falsch bezeichnet wird, die Voraussetzungen der beiden Vorschriften aber identisch sind und die Nennung der falschen Norm den Betreffenden nicht in seiner Rechtsposition oder Rechtsverteidigung beinträchtigen kann (VG Augsburg, Beschl. v. 25.03.2014 – Au 7 S 14.306, juris). In diesem Sinne wohl auch VG Minden, Beschl. v. 29.12.2022 – 9 L 858/22, juris: »Die Fahrerlaubnisbehörde hat zudem anzuordnen, ein medizinisch-psychologisches Gutachten beizubringen, wenn Tatsachen die Annahme von Alkoholmissbrauch begründen (§ 13 Satz 1 Nr. 2 lit. a) 2. Fall FeV). Zwar hat der Antragsgegner im Schreiben vom 17. Februar 2022 ausdrücklich nur § 13 Satz 1 Nr. 2 c) FeV als Rechtsgrundlage für die Anordnung der Beibringung eines medizinisch-psychologischen Gutachtens benannt. Aus der Begründung der Anordnung (»Wer wie Sie mit einer BAK von 1,6 ‰ ..., ohne das bedeutsame alkoholbedingte Ausfallerscheinungen festgestellt worden sind«) wird aber deutlich, dass der Antragsgegner nicht nur die Fahrt mit einer Alkoholisierung von mehr als 1,6 ‰, sondern auch das Fehlen von Ausfallerscheinungen bei dieser Alkoholisierung als Verdacht für einen Alkoholmissbrauch und als Anlass für die Beibringungsanordnung angesehen hat. Ungeachtet dessen handelt es sich bei der Anordnung, ein medizinisch-psychologisches Gutachten beizubringen, nach beiden Rechtsgrundlagen um eine gebundene Entscheidung, so dass ein Austauschen der Rechtgrundlage hier die Anordnung nicht in ihrem Wesen verändern und den Antragsteller nicht in seiner Rechtsverteidigung beeinträchtigen würde.«

283 Unzulässig ist insbesondere die für eine Reduzierung des Inhalts der Aufforderung maßgebliche Überlegung, der Betroffene »werde schon wissen, worum es geht« (VG Sigmaringen, Urt. v. 10.07.2007 – 4 K 1374/06, juris). Aus der Nichtbefolgung einer Gutachtenanordnung der Fahrerlaubnisbehörde, in der ausschließlich nicht einschlägige Ermächtigungsgrundlagen angeführt werden, kann in aller Regel nicht auf die mangelnde Fahreignung des betroffenen Fahrerlaubnisinhabers geschlossen werden; die einschlägige Rechtsgrundlage muss zumindest mit genannt werden (OVG Niedersachsen, Beschl. v. 26.09.2019 – 12 ME 141/19, NZV 2020, 214).

284 Besteht eine Gutachtensanordnung **aus mehreren Teilen**, so infiziert die Unrechtmäßigkeit eines Teils regelmäßig auch den anderen Teil. Die scharfe Sanktion des § 11 Abs. 8 Satz 1 FeV setzt grundsätzlich eine vollständig rechtmäßige Gutachtensanordnung voraus (VG Augsburg, Beschl. v. 04.062014 – Au 7 S 14.748, juris; VG Ansbach, Urt. v. 11.07.2023 – AN 10 K 21.1601, BeckRS 2023, 24972; VG Würzburg, Beschl. v. 13.02.2104 – W 6 S 14.62, juris). Etwas anderes gilt jedoch dann, wenn der Betroffene sich klar unterscheidbaren getrennten Fragestellungen gegenübersieht. In einer solchen Konstellation kann von diesem eine differenzierte Entschließung erwartet werden, ob und ggf. welchen Untersuchungen bzw. Fragestellungen er sich stellen oder im Verweigerungsfall die Sanktion des § 11 Abs. 8 S. 1 FeV riskieren will

(BayVGH, Beschl. v. 25.07.2023 – 11 CS 23.125, BeckRS 2023, 18939; OVG Sachsen-Anhalt, Beschl. v. 14.09.2022 – 3 M 83/22, BeckRS 2022, 29604).

c) Mitteilung der Fragestellung (Abs. 6 Satz 1, Satz 2)

Dass die konkrete Fragestellung auch dem Betroffenen mitzuteilen ist, ergibt sich zwar nicht aus dem Wortlaut des § 11 Abs. 6 Satz 2 FeV (vgl. VGH Baden-Württemberg, Beschl. v. 05.11.2001 – 10 S 1337/01, DAR 2002, 183). Aus Sinn und Zweck der Bestimmung folgt dies aber (VG München, Beschl. v. 03.11.2009 – M 1 S 09.4435, juris). 285

Nur die Mitteilung der konkreten Fragestellung versetzt den betroffenen Fahrerlaubnisinhaber in die Lage, sich innerhalb der nach § 11 Abs. 6 Satz 2 FeV gesetzten Frist ein Urteil darüber zu bilden, ob die Aufforderung anlassbezogen und verhältnismäßig ist, oder ob er sich ihr verweigern darf, ohne befürchten zu müssen, dass ihm die Fahrerlaubnisbehörde die Fahrerlaubnis unter Berufung auf § 11 Abs. 8 Satz 1 FeV wegen Nichteignung entzieht. Nur bei genauer Kenntnis der Fragestellung kann sich der Betroffene auch darüber schlüssig werden, ob er sich der Untersuchung aussetzen will (OVG Sachsen-Anhalt, Beschl. v. 16.04.2012 – 3 M 527/11, NZV 2013, 53). 286

d) Benennung von Untersuchungsstellen (Abs. 6 Satz 2 Halbs. 1)

Nach § 11 Absatz 6 Satz 2 Halbs. 1 FeV ist in der Anordnung anzugeben, welche Stelle(n) für die Untersuchung in Betracht kommt(en). Die Regelung verlangt, dass die Angaben der in Betracht kommenden Stelle oder Stellen in der der Anordnung erfolgt und räumt der Behörde nicht die Möglichkeit ein, auf die Benennung vollständig zu verzichten. Es genügt daher nicht, wenn die Anordnung statt konkreter Angaben lediglich den Hinweis enthält, die für die Untersuchung in Betracht kommenden Stellen könnten telefonisch bei der Behörde erfragt werden (VG Braunschweig, Beschl. v. 25.09.2002 – 6 B 539/02, juris). Bedeutung hat diese Regelung aber vor allem bei der Anforderung medizinisch-psychologischer Gutachten, da sich ein Betroffener, von dem ein ärztliches Gutachten im Sinne von § 11 Abs. 2 Satz 3 Nr. 1, 3 oder 4 FeV verlangt wird, leicht anhand von allgemein zugänglichen Verzeichnissen (z.B. Branchenfernsprechbüchern) darüber unterrichten kann, welche Ärzte der von der Behörde angegebenen Fachrichtung in dem von ihm erreichbaren Umfeld ansässig sind (BayVGH, Beschl. v. 15.11.2010 – 11 C 10.2329, juris). 287

Der Wortlaut von § 11 Abs. 6 Satz 2 FeV ist insoweit eindeutig (VG Oldenburg, Gerichtsbescheid v. 10.08.2010 – 7 A 1458/10, juris): Die Behörde muss unter Angabe der (= aller) für die Untersuchung in Betracht kommenden Stelle oder Stellen zur Gutachtensbeibringung auffordern. § 11 Abs. 6 Satz 2 FeV ist auch nicht lediglich eine Ordnungsvorschrift, deren Missachtung Rechte des Betroffenen nicht verletzen kann. § 11 Abs. 6 Satz 2 FeV korrespondiert mit dem Wahlrecht des Betroffenen, welche Stelle er gem. § 11 Abs. 6 Satz 3 FeV mit dem medizinisch-psychologischen Gutachten beauftragen will. Dieses Recht des Betroffenen steht wiederum in untrennbarem Zusammenhang damit, dass eine medizinisch-psychologische Untersuchung 288 stets einen erheblichen Eingriff in die Grundrechte des Betroffenen darstellt. Ihm werden sowohl Eingriffe in seine körperliche Unversehrtheit (ärztliche Untersuchung) als auch das Darlegen möglicherweise intimer Lebensumstände zugemutet, damit die jeweilige Untersuchungsstelle zu einem fundierten Gutachten über seine Fahreignung kommen kann. Korrespondierend mit diesem hohen Rang des Wahlrechts des Betroffenen aus § 11 Abs. 6 Satz 3 FeV ist Satz 2 dieser Vorschrift nach dem VG Oldenburg (Gerichtsbescheid v. 10.08.2010 – 7 A 1458/10, juris) so auszulegen, dass die Fahrerlaubnisbehörde dem Betroffenen jedenfalls die Untersuchungsstellen im näheren Einzugsgebiet seines Wohnsitzes nennen muss. Gerade Betroffenen aus ländlichen Gebieten, für welche die medizinisch-psychologische Untersuchung immer mit einer längeren Anreise verbunden ist, muss die Fahrerlaubnisbehörde die Untersuchungsstellen benennen, die in bis zu zwei Stunden Autofahrt zu erreichen sind.

289 Anders dagegen VG Würzburg, Urt. v. 01.10.2021 – W 6 K 21.25, juris: »Zu den Anforderungen an die Beibringungsaufforderung gehört unter anderem, dass die Behörde dem Betroffenen nach § 11 Abs. 6 Satz 2 FeV die für die Untersuchung in Betracht kommende Stelle oder Stellen angibt. Aus dieser Formulierung folgt nicht, dass die Behörde sämtliche in näherer Umgebung des Betroffenen liegenden und in Betracht kommenden Stellen angeben muss, ebenso wenig lässt sich dem Wortlaut entnehmen, wie viele einzelne Stellen ausreichend sein sollen oder nicht. Das Gericht teilt ausdrücklich nicht die Auffassung des VG Oldenburg (Beschl. v. 10.8.2010 – 7 A 1458/10, juris), dass alle für den Betroffenen in einer zweistündigen Autofahrt erreichbaren Begutachtungsstellen ausdrücklich in der Begutachtungsanordnung genannt werden müssten (so auch BayVGH, Beschl. v. 08.08.2018 – 11 CS 18.1494). In der heutigen Zeit, in der so gut wie ein jeder Bürger über das Internet Zugang zu einer unbegrenzten Anzahl an Informationen hat, erscheint es nicht erforderlich, eine Vielzahl der in Betracht kommenden, ggf. um den Hauptwohnort des Betroffenen liegende Stellen aufzählen zu müssen. So ist es nicht selten, dass der Betroffene aus in seiner Privat- oder beruflichen Sphäre liegenden Gründen eine Begutachtungsstelle fernab seines gemeldeten Hauptwohnsitzes bevorzugt. Darüber hinaus können im Internet, z.B. unter www.bast.de, die aktuellen Listen abgerufen werden, aus denen sich der Betroffene eine Begutachtungsstelle heraussuchen kann. Die Google-Suche mit dem Begriff »amtlich anerkannte Begutachtungsstelle für Fahreignung« ergibt knapp 20.000 Treffer und gleich auf der ersten Seite der Suchergebnisse taucht die Webseite der Bundesanstalt für Straßenwesen auf, auf der die Begutachtungsstellen nach PLZ sortiert eingesehen werden können. Sollte ein Kraftfahrer tatsächlich über keinen Internetzugang verfügen, kann er sich an die Behörde wenden, die ihm dann eine aktuelle Liste oder einen Auszug daraus ausdrucken kann. Durch die Nennung zumindest einer konkreten Begutachtungsstelle als Beispiel wird für den Betroffenen erkennbar, welche Art von Stelle verlangt wird.«

290 Ohne besondere Rechtfertigung ist es unter Berücksichtigung des allgemeinen Persönlichkeitsrechts unverhältnismäßig, den Fahrerlaubnisinhaber zur Beibringung eines Gutachtens eines bestimmten Arztes aufzufordern, wenn mehrere gleichqualifizierte Leistungserbringer zur Verfügung stehen. Dies gilt umso mehr, wenn diese unter-

schiedliche Gebühren verlangen (VG Gelsenkirchen, Beschl. v. 20.09.2013 – 9 L 807/13, juris).

e) Frist (Abs. 6 Satz 2 Halbs. 1), Wahl der Untersuchungsmethode

Nach § 11 Abs. 6 Satz 2 Halbs. 1 FeV legt die Behörde eine Frist fest, innerhalb der das Gutachten beizubringen ist. Diese Fristsetzung hat erhebliche rechtliche Konsequenzen, da ein nicht fristgerecht vorgelegtes Gutachten die Folge des § 11 Abs. 8 FeV auslöst, also den Schluss auf die Nichteignung zulässt. 291

Eine feste Regelung, wie die Frist zu bemessen ist, existiert nicht. Sie ist vielmehr nach den Umständen des Einzelfalles festzulegen (*Scheidler*, DAR 2014, 685) und muss nur so bemessen sein, dass das geforderte Gutachten vom Gutachter auch erstellt werden kann (VG Neustadt/Weinstraße, VD 2014, 278). Die Fristsetzung soll dagegen nicht dazu dienen, dem Betroffenen die Wiederherstellung der Kraftfahreignung zu ermöglichen (OVG Rheinland-Pfalz, Beschl. v. 21.07.2010 – 10 B 10508/09.OVG, juris; VGH Baden-Württemberg, Beschl. v. 24.01.2012 – 10 S 3175/11, NJW 2012, 3321). Die Frist muss genau bestimmt und hinsichtlich des Zeitraums eindeutig sein (OVG Saarland, Urt. v. 02.12.2009 – 1 A 472/08, DAR 2010, 416; *Scheidler*, DAR 2014, 685), so dass die Aufforderung, ein Gutachten »unverzüglich« vorzulegen, mangels Bestimmtheit nicht genügt (*Scheidler*, DAR 2014, 685). 292

Zu berücksichtigen ist hierbei, dass die zur Begutachtung erforderliche Untersuchungsmethode grundsätzlich der untersuchenden Stelle aufgrund deren Fachkompetenz zu überlassen ist; der Untersuchungsart muss die Fristsetzung Rechnung tragen. Das Risiko, das Gutachten zur Ausräumung der Eignungszweifel wegen der von der Begutachtungsstelle gewählten Untersuchungsart nicht fristgerecht beibringen zu können, darf dabei nicht dem Betroffenen auferlegt werden. Eine Frist von zwei Monaten zur Beibringung eines medizinisch-psychologischen Gutachtens ist jedenfalls angemessen (VG Neustadt/Weinstraße, VD 2014, 278). Eine neunwöchige Frist für die Vorlage des medizinisch-psychologischen Gutachtens ist im Einzelfall nicht zu kurz bemessen, zumal die Dauer der Frist nicht danach zu richten ist, wie lange der Betroffene zur Sicherstellung einer positiven Begutachtung benötigt (OVG Nordrhein-Westfalen, Beschl. v. 28.06.2021 – 9 B 855/21, juris). 293

Die nach § 11 Abs. 6 Satz 2 FeV festzusetzende Frist zur Beibringung eines Gutachtens darf in Fällen, in denen eine Entziehung der Fahrerlaubnis in Betracht kommt, nicht die Zeitspanne überschreiten, die von einer amtlich anerkannten Begutachtungsstelle für Fahreignung zur Erstellung des Gutachtens voraussichtlich benötigt wird, wobei für die Beibringung eines medizinisch-psychologischen Gutachtens im Zusammenhang mit einem Drogenkonsum eine Zeitspanne von etwa zwei Monaten regelmäßig ausreichend ist. Ist die von der Fahrerlaubnisbehörde festgesetzte Beibringungsfrist nicht von vornherein als zu kurz bemessen anzusehen und teilt die Begutachtungsstelle mit, dass es ihr voraussichtlich nicht möglich sei, den Gutachtenauftrag fristgerecht zu bearbeiten, obliegt es dem Betroffenen als Auftraggeber des Gutachtens, bei der Begutachtungsstelle auf eine fristgerechte Erstellung des Gutachtens hinzu- 294 wirken und gegebenenfalls bei der Fahrerlaubnisbehörde die Verlängerung der Beibringungsfrist zu beantragen (VGH Baden-Württemberg, Beschl. v. 21.06.2023 – 13 S 473/23, DAR 2023, 642).

295 Die Verlängerung behördlicher Fristen steht im Ermessen, bei dessen Ausübung insbesondere zu berücksichtigen ist, ob es unbillig wäre, die durch den Fristablauf eingetretene Rechtsfolge bestehen zu lassen (BayVGH, Beschl. v. 11.08.2023 – 11 CS 23.1103 – juris: »Insbesondere ist es nicht zu beanstanden, dass das Landratsamt die in Aussicht gestellte Fristverlängerung von der Vorlage einer Bestätigung eines Begutachtungstermins abhängig gemacht hat, die hier nicht erfolgte.«)

296 Die Verlängerung einer zur Vorlage eines Gutachtens gesetzten Frist ist (wie die ursprünglich angesetzte Frist) eine Ermessensentscheidung nach § 31 Abs. 3 VwVfG. Die Voraussetzungen, unter denen eine Fristverlängerung erfolgt, dürfen nicht strenger sein als bei der Wiedereinsetzung nach § 32 VwVfG. Die Behauptungen eines Betroffenen, ein ursprünglich erstelltes und von ihm wegen »Unbrauchbarkeit« nicht vorgelegtes Gutachten rechtfertigt keine Fristverlängerung, da die Prüfung, ob ein Gutachten verwertbar ist, der Fahrerlaubnis-Behörde obliegt (BayVGH, Beschl. v. 21.10.2015 – 11 C 15.2036, juris).

f) Der Betroffene als Auftraggeber (Abs. 6 Satz 5)/Kostentragung (Abs. 6 Satz 2 Halbs. 1)/Gutachterhaftung

297 Der Betroffene schließt mit dem von ihm gegenüber der Fahrerlaubnisbehörde benannten Arzt oder der amtlich anerkannten Begutachtungsstelle einen Vertrag, und zwar einen Werkvertrag im Sinne des § 631 BGB, ab. Er hat gegenüber seinem Vertragspartner einen zivilrechtlichen Anspruch auf Erstellung eines vollständigen und mängelfreien Gutachtens. Das Gutachten ist ihm, wenn er mit der Gutachterstelle nichts Anderes vereinbart und sie nicht von ihrer Schweigepflicht entbunden hat, zuzuleiten. Er hat als Auftraggeber die Mängelfreiheit des Gutachtens zu prüfen und kann, wenn er Mängel, z.B. einen Verstoß gegen die geltenden gesetzlichen Vorgaben, feststellt, die ihm zivilrechtlich zustehenden Rechte gegen den Vertragspartner geltend machen. Hierzu kann unter Umständen der Anspruch auf Nachbesserung des Gutachtens gehören. Diese vertraglichen Ansprüche stehen grundsätzlich nur den Vertragsparteien zu. Die Fahrerlaubnisbehörde ist in diesem Verhältnis nicht Vertragspartei. Ihre Beziehungen zu der von dem Betroffenen benannten Gutachterstelle beschränken sich nach § 11 Abs. 6 Satz 4 FeV ausschließlich auf die Formulierung der von dieser zu beantwortenden Fragen sowie die Übersendung der vollständigen Unterlagen. Hält die Fahrerlaubnisbehörde das von dem Betroffenen vorgelegte Gutachten für ergänzungs- oder erläuterungsbedürftig, so hat sie dies dem Betroffenen mitzuteilen, damit er für die weitere Aufklärung sorgen kann. Eine andere Möglichkeit für die Behörde wäre, sich die Einwilligung des Betroffenen geben zu lassen, um sich direkt an die Gutachterstelle wenden zu dürfen. Die Fahrerlaubnisbehörde ist nicht berechtigt, ohne Einwilligung des betroffenen Fahrerlaubnisinhabers bei der amtlich anerkannten Begutachtungsstelle für Fahreignung eine ergänzende Stellungnahme zu einem ihr vorgelegten Fahreignungsgutachten einzuholen. Die Einholung einer ergänzenden

Stellungnahme bei der Begutachtungsstelle durch die Fahrerlaubnisbehörde unter Umgehung des Fahrerlaubnisinhabers als Auftraggeber des Gutachtens ist ein Eingriff in dessen vertragliche Beziehungen und verstößt auch gegen das Gebot einer fairen Verfahrensführung (VG Neustadt/Weinstraße, Beschl. v. 27.07.2005 – 3 L 1181/05. NW, SVR 2006, 273). Das Gutachten darf nur dem Betroffenen als Auftraggeber ausgehändigt werden (*Dauer*, in: Hentschel/König/Dauer, § 11 FeV Rn. 49a).

Eine Herausgabe des Gutachtens durch die Begutachtungsstelle an die Fahrerlaubnisbehörde kommt im Hinblick auf das – gem. § 203 StGB auch strafrechtlich geschützte – Vertrauensverhältnis, das zwischen dem Betroffenen und der Begutachtungsstelle besteht, ohne Einverständnis des Betroffenen nicht in Betracht. Damit erfüllt die Begutachtungsstelle im Rahmen der Begutachtung nicht einen Teil der an sich staatlichen Stellen obliegenden Aufgaben, sondern unterstützt lediglich den Betroffenen bei Erfüllung einer ihm im konkreten Verwaltungsverfahren treffenden Obliegenheit (BGH, Beschl. v. 14.01.2009 – 1 StR 470/08, DAR 2009, 707). 298

Der Kraftfahrer, der von einer berechtigten Beweisanordnung der Behörde nach betroffen worden ist, hat das geforderte Gutachten auf seine Kosten beizubringen. Er – nicht die anordnende Behörde – ist Auftraggeber bzw. Veranlasser des Gutachtens und damit Kostenschuldner. Das ist die Folge der Beibringungslast, die das Gesetz dem Betroffenen auferlegt. Das Gesetz mutet ihm diese Kosten ebenso zu wie es ihm zumutet, die Kosten zu zahlen, die zum verkehrssicheren Führen des Kraftfahrzeugs notwendig sind (BVerwG, Urt. v. 12.03.1985 – 7 C 26.83, BVerwGE 71, 93). 299

Mangelnde finanzielle Leistungsfähigkeit berechtigt grundsätzlich nicht zu einer Verweigerung der Untersuchung, weil es sich bei der geforderten Untersuchung um eine notwendige Maßnahme der Gefahrenabwehr handelt (VG Düsseldorf, Beschl. v. 26.04.2012 – 6 L 488/12, juris; OVG Nordrhein-Westfalen, Beschl. v. 19.01.2010 – 16 A 2133/10, juris: allerdings mit der Möglichkeit einer anderen Entscheidung in außergewöhnlichen Fällen). 300

Wurde ein Kraftfahrer zu Recht aufgefordert, ein Fahreignungsgutachten beizubringen, so verlangt das Gesetz von ihm, dass er die Kosten dieser Maßnahme trägt, so wie es ihm auch zumutet, die Aufwendungen zu bestreiten, die zum verkehrssicheren Führen eines Kraftfahrzeugs notwendig sind. Bei einer rechtmäßigen Gutachtensanforderung kommt es auf die wirtschaftlichen Verhältnisse des Betroffenen deshalb grundsätzlich ebenso wenig an wie bei anderen Maßnahmen der Straßenverkehrsbehörde, die im Interesse der Verkehrssicherheit erforderlich sind. Vielmehr kann demjenigen, der ein Kraftfahrzeug im öffentlichen Verkehr führt und sich dadurch von vornherein den Pflichten und den Kosten dieser Verkehrsart unterwirft, nur unter ganz besonderen Umständen zugebilligt werden, sich darauf zu berufen, es sei ihm unzumutbar, die Kosten des Gutachtens aus eigenen Mitteln oder mit fremder Hilfe aufzubringen. Die Beibringungslast, die das Gesetz dem Betroffenen auferlegt, wenn berechtigte Zweifel an seiner Eignung zum Führen von Kraftfahrzeugen bestehen, bezieht sich nicht nur auf das geforderte Gutachten; sie umfasst auch die Tatsachen, die in seinem besonderen Fall die Zahlung der Kosten des Gutachtens als nicht zumutbar erscheinen lassen. Kommt der Betroffene dieser Pflicht nicht nach, so kann von einer 301 grundlosen Weigerung, sich begutachten zu lassen, ausgegangen und die Nichteignung zum Führen von Kraftfahrzeugen als erwiesen angesehen werden (BayVGH, Beschl. v. 15.11.2010 – 11 C 10.2329).

302 Es besteht weder ein rechtlicher Anspruch auf Übernahme der Begutachtungskosten oder auf deren Vorfinanzierung durch eine Fahrerlaubnisbehörde, noch ist die Fahrerlaubnisbehörde verpflichtet, die Begutachtung selbst in Auftrag zu geben. Allenfalls dann, wenn der Betreffende entsprechende, noch nicht abgeschlossene Bemühungen wie z.B. die Abklärung einer etwaigen Ratenzahlung mit dem Gutachter oder einer anderweitigen Finanzierungsmöglichkeit geltend und glaubhaft macht, kann die Fahrerlaubnisbehörde gehalten sein, ihre abschließende Entscheidung vorübergehend zurückzustellen, soweit die dadurch eintretende Verzögerung auch unter dem Gesichtspunkt der Verkehrssicherheit vertretbar erscheint (BayVGH, Beschl. v. 16.04.2019 – 11 C 18.2221, juris; siehe aber auch BayVGH, Beschl. v. 28.01.2019 – 11 C 18.2530, juris: »Sollte ein Betroffener zwingend auf eine Fahrerlaubnis angewiesen sein und die Kosten für das Fahreignungsgutachten nicht aufbringen können, so kann er ggf. unter strengen Voraussetzungen eine darlehensweise Vorfinanzierung durch das Landratsamt beantragen, ohne allerdings darauf einen Anspruch zu haben.«).

303 Auch VG Ansbach, Beschl. v. 28.08.2023 – AN 10 S 23.1022, BeckRS 2023, 24973: »Fehlende finanzielle Mittel stellen keinen Grund dar, von notwendigen Aufklärungsmaßnahmen abzusehen. Von einem zur Vorlage eines Eignungsgutachtens verpflichteten Verkehrsteilnehmer ist zu fordern, dass er alle ernsthaft in Betracht kommenden Möglichkeiten ausschöpft, um die einer Begutachtung entgegenstehenden finanziellen Hemmnisse auszuräumen. Allenfalls dann, wenn der Betroffene entsprechende noch nicht abgeschlossene Bemühungen, wie z.B. die Abklärung einer etwaigen Ratenzahlung mit dem Gutachter oder einer etwaigen Finanzierungsmöglichkeit geltend und glaubhaft macht, kann die Fahrerlaubnisbehörde gehalten sein, ihre abschließende Entscheidung vorübergehend zurückzustellen, soweit die dadurch eintretende Verzögerung auch unter dem Gesichtspunkt der Verkehrssicherheit vertretbar erscheint.« Besteht eine in Betracht kommende Alternative zum medizinisch-psychologischen Gutachten (z.B. Fahrprobe), hat die Fahrerlaubnisbehörde nach dem BayVGH (Beschl. v. 03.04.2007 – 11 C 07.331, juris) auch die kostenmäßigen Auswirkungen der Maßnahmen abzuwägen, wenn sich der Betroffene auf seine schwierigen finanziellen Verhältnisse beruft und diese auch belegt.

304 Das Einverständnis zu einer amtsärztlichen Untersuchung umfasst auch ein Drogenscreening, wenn der Untersuchte nach den Umständen, die zur amtsärztlichen Untersuchung führten, damit rechnen musste. Er muss dann für die Kosten aufkommen (VG Stade, Urt. v. 23.07.2003 – 1 A 1866/02, juris).

305 Zum Kostenerstattungsanspruch bei fälschlicherweise angeordnetem Gutachten siehe Ausführungen oben (2. Die Anordnung – Rechtscharakter und Rechtsschutzmöglichkeiten (Abs. 2 Satz 1)).

306 Wird ein beauftragter MPU-Gutachter von der Straßenverkehrsbehörde dahin befragt, »... ob zu erwarten ist, dass der Betroffene auch zukünftig ein Kraftfahrzeug unter

Alkoholeinfluss führen wird …«, hat der Gutachter die individuelle Wahrscheinlichkeit zu ermitteln, dass der Betroffene in Zukunft trotz Alkoholkonsums im Straßenverkehr in Kraftfahrzeug führen wird.

Wenn der Gutachter dann nur ausführt, dass ein Rückfall zu erwarten ist, nicht 307
aber mit welcher Wahrscheinlichkeit, ist das Gutachten schon aus diesem Grunde mangelhaft. Der Betroffene hat dann aus §§ 634 Nr. 4, 636, 280 Abs. 1 und Abs. 3, 281, 284 BGB einen Anspruch auf Rückzahlung der Gebühr für die MPU sowie der hierfür durchgeführten ärztlichen Untersuchung und der Fahrtkosten (als Folgeschaden), wenn der Gutachter eine Nachbesserung endgültig abgelehnt hat (AG Köln, Urt. v. 15.10.2008 – 143 C 512/07, DAR 2010, 102).

g) Hinweis auf Möglichkeit zur Einsicht in die dem Gutachter bereitgestellten Unterlagen

In der Anordnung teilt die Fahrerlaubnisbehörde dem Betroffenen auch mit, dass er 308
die Unterlagen einsehen kann, die dem Gutachter übersandt werden (§ 11 Abs. 6 Satz 2 Halbs. 2 FeV).

Umstritten war, ob es sich hierbei um eine bloße Ordnungsvorschrift handelt, deren 309
Verletzung nach § 46 VwVfG (zur Anwendung dieser Vorschrift im Rahmen eines nach §§ 46 Abs. 3, 11 Abs. 8 FeV ergangenen Verwaltungsakts: VG Braunschweig, Beschl. v. 25.09.2002 – 6 B 539/02, juris) nicht zur Aufhebung einer im Anschluss daran ergangenen Entziehung der Fahrerlaubnis führt, oder ob die Nichtbeachtung die Rechtswidrigkeit der Gutachtensanforderung nach sich zieht, mit der Folge, dass der Betroffene im Falle einer Weigerung oder Verspätung der Gutachtensbeibringung nicht die Konsequenzen des § 11 Abs. 8 FeV zu befürchten hätte (*Scheidler*, DAR 2014, 685).

Das VG Osnabrück (Beschl. v. 07.03.2011 – 6 B 19/11, NZV 2012, 152) vertritt die 310
Auffassung, die fehlende Mitteilung mache die Anordnung formal rechtswidrig und sei im Hinblick darauf, dass wegen der fehlenden isolierten Anfechtungsmöglichkeit der Anordnung sehr strenge formale Anforderungen zu stellen seien, nicht verzichtbar. Der VGH Hessen (Urt. v. 26.05.2011 – 2 B 550/11, VRS 121, 357) und im Ergebnis ebenso *Scheidler* (DAR 2014, 685, unter Hinweis auf die amtl. Begr. BR-Drucks. 497/02, S. 63) kamen dagegen zum Schluss, dass es sich bei der Mitteilung nach § 11 Abs. 6 Satz 2 Halbs. 2 FeV um eine Ordnungsvorschrift handelt, deren Verletzung nicht zur Aufhebung einer im Übrigen rechtmäßigen Fahrerlaubnis führt. Durch den vorgeschriebenen Hinweis solle lediglich verdeutlicht werden, dass auch die Auswahl der der Begutachtungsstelle zu übersendenden Unterlagen dem Gebot der Transparenz des Verwaltungshandelns unterliege. Nach § 46 VwVfG könne die Aufhebung eines Verwaltungsaktes nicht allein deshalb beansprucht werden, weil er unter Verletzung von Verfahrensvorschriften zustande gekommen sei, wenn im Ergebnis keine andere Entscheidung zu erwarten sei. Das Fehlen eines Hinweises auf das allgemein im Verwaltungsverfahren bestehende Recht auf Akteneinsicht beeinflusse den Inhalt der Entscheidung offensichtlich nicht. Nach dem VG Ansbach (Gerichts-

bescheid v. 31.05.2012 – AN 10 K 12.00021, juris) gilt dies jedenfalls dann, wenn sich der Betroffene zunächst zur Begutachtung bereit erklärt hat und damit zu verstehen gegeben hat, dass er sich bereits eine Meinung über die Berechtigung zur Anforderung des Gutachtens bilden konnte und dies umso mehr, wenn ein Betroffener bereits im Verwaltungsverfahren rechtskundig vertreten ist und dieser fehlende Hinweis auch in keinem Stadium des Verfahrens gerügt wurde.

311 In einem Urt. v. 03.09.2015 vertritt der VGH Baden-Württemberg eine **vermittelnde** Ansicht:

> Bei der der Fahrerlaubnisbehörde gemäß § 11 Abs. 6 Satz 2 2. Halbsatz FeV auferlegten Verpflichtung, den Betroffenen auf sein Recht zur Einsicht in die dem Gutachter zu übersendenden Unterlagen hinzuweisen, handelt es sich weder um eine bloße Ordnungsvorschrift, deren Verletzung entsprechend dem Rechtsgedanken des § 46 LVwVfG in jedem Fall ohne Auswirkung auf die abschließende fahrerlaubnisbehördliche Entscheidung ist, noch begründet ein Verstoß hiergegen einen absoluten Verfahrensfehler. Entscheidend ist vielmehr, ob sich der Verstoß gegen die Mitteilungspflicht nach § 11 Abs. 6 Satz 2 2. Halbsatz FeV auf die Willensentschließungsfreiheit des Betroffenen im konkreten Einzelfall ausgewirkt haben kann.

(VGH Baden-Württemberg, Urt. v. 03.09.2015 – 10 S 778/14, juris).

312 Nach dem BVerwG (Urt. v. 17.11.2016 – 3 C 20/15, NJW 2017, 1765) handelt es sich bei der Mitteilungspflicht der Fahrerlaubnisbehörde nach § 11 Abs. 6 Satz 2 Halbs. 2 FeV nicht um eine bloße Ordnungsvorschrift, deren Verletzung ohne Rechtsfolgen bleibt: »Die Annahme, bei der Regelung handele es sich um eine bloße Ordnungsvorschrift, deren Verletzung folgenlos bleibt, findet im Gesetz keine Grundlage. Nach Wortlaut und systematischer Stellung ist ihr verpflichtender Charakter nicht zweifelhaft. Sie wurde durch Art. 1 Nr. 6 Buchst. b) der Verordnung zur Änderung der Fahrerlaubnis-Verordnung und anderer straßenverkehrsrechtlicher Vorschriften vom 7.8.2002 (BGBl. I 2002, 3267) den bereits bestehenden Mitteilungs- und Darlegungspflichten des § 11 Abs. 6 Satz 2 FeV angefügt, deren Verletzung anerkanntermaßen zur Nichtanwendbarkeit von § 11 Abs. 8 Satz 1 FeV führt ... Dem entsprechen Sinn und Zweck der Regelung. Mit ihr soll einem weniger rechtskundigen Bürger deutlich gemacht werden, dass die Fahrerlaubnisbehörde zwar bestimmt, welche Unterlagen dem Gutachter übersandt werden, er aber Gelegenheit erhält, sich über diese zu informieren, bevor er seine Entscheidung über die Begutachtung trifft (vgl. BR-Drs. 497/02, 63). Mit diesem spezifischen Zweck, der auch für die informationelle Selbstbestimmung des Betroffenen bedeutsam ist..., greift die Mitteilungspflicht in ihrer Tragweite und Bedeutung über einen Hinweis auf das allgemeine Akteneinsichtsrecht (§ 29 BWVwVfG) hinaus; er würde verfehlt, bliebe ein Verstoß von vornherein folgenlos.«

313 Nach *Dauer* (in: Hentschel/König/Dauer, § 11 FeV Rn. 47a) begründet ein Verstoß gegen die Mitteilungspflicht auch nicht einen absoluten Verfahrensfehler, der stets zur Rechtswidrigkeit der anschließenden Entziehung der Fahrerlaubnis führt. § 46 VwVfG finde vielmehr auch in diesem Zusammenhang Anwendung, wobei aber mit Blick auf die Bedeutung des Hinweises gem. Abs. 6 Satz 2 Halbs. 2

ein strenger Maßstab für die Anwendung dieser Norm geboten sei. Sei offensichtlich, dass der versäumte Hinweis auf die Möglichkeit, die dem Gutachter zu übersendenden Unterlagen einzusehen, die Weigerung des Betroffenen, sich einer Begutachtung zu unterziehen, nicht beeinflusst habe, so sei er auch ohne Einfluss auf die Berechtigung, aus der unterlassenen Begutachtung auf die Nichteignung zu schließen, und damit auf die darauf gestützte Behördenentscheidung. Eine offensichtlich fehlende Kausalität könne z.B. angenommen werden, wenn der Betr. ungeachtet eines fehlenden Hinweises selbst oder durch seinen Prozessbevollmächtigten in die zu übersendenden Unterlagen Einsicht genommen habe.

h) Unterrichtung der FE-Behörde durch den Betroffenen (Abs. 6 Satz 3)

Der Betroffene hat die Fahrerlaubnisbehörde nach Abs. 6 Satz 3 darüber zu unterrichten, welche Stelle er mit der Untersuchung beauftragt hat. Dazu bedarf es einer förmlichen Erklärung gegenüber der Fahrerlaubnisbehörde, die durch eine Übersendung von Unterlagen, die die Durchführung eines Drogenscreenings belegen sollen, an das Verwaltungsgericht nicht ersetzt werden kann (OVG Sachsen, Beschl. v. 18.02.2015 – 3 A 405/14, juris). 314

Ein zu untersuchender Fahrerlaubnisinhaber kommt seiner Mitwirkungspflicht nach § 11 Abs. 6 Satz 3 FeV nicht nach, wenn er der Behörde lediglich mitteilt, er werde eine bestimmte Stelle mit seiner Begutachtung beauftragen. Vielmehr hat aus der Mitteilung hervorzugehen, dass eine solche Beauftragung stattgefunden hat und diese Mitteilung muss den Tatsachen entsprechen (VG Koblenz, Beschl. v. 23.06.2020 – 4 L 494/20.KO, BeckRS 2020, 15757). 315

Nach dem VGH Baden-Württemberg (Beschl. v. 05.11.2001 – 10 S 1337/01, DAR 2002, 183) gibt ein Betroffener mit seiner Mitteilung an die FE-Behörde gleichzeitig die Erklärung ab, dass er jedenfalls hinsichtlich der zur Auswahl gestellten Gutachter keinen Anlass sieht, die Rechtmäßigkeit einer Anordnung zu bezweifeln. 316

i) Übersendung der Akten (Abs. 6 Satz 4)

Bleiben versehentlich nicht verwertbare Unterlagen bei der der Untersuchungsstelle übermittelten Akte, ist dies rechtswidrig bzw. steht in Widerspruch zu § 11 Abs. 6 Satz 4 FeV. Derartige Fehler gehen grundsätzlich ohne Weiteres zu Lasten der Behörde, mittelbar dadurch, dass sie die Nichtverwertbarkeit des auf der Grundlage solchermaßen fehlerhafter Unterlagen erstellten Gutachtens nach sich ziehen können. Das gesetzliche Verwertungsverbot nach Maßgabe von § 29 Abs. 8 Satz 1 StVG greift auf jeder Stufe des Verfahrens betreffend die Beurteilung der Eignung des Antragstellers: Auch der Gutachter darf die betroffene Tat und Entscheidung dem Betroffenen nicht mehr vorhalten bzw. zu seinem Nachteil verwerten. Hat die fehlerhafte Übersendung nicht verwertbarer Unterlagen an die Untersuchungsstelle kausal zur Folge, dass die Frage der Eignung des Antragstellers zum Führen von Kraftfahrzeugen aktuell noch nicht beurteilt werden kann, kann dem Antragsteller gestützt auf den allgemeinen öffentlich-rechtlichen Folgenbeseitigungsanspruch im einstweiligen Anordnungsverfah- 317 ren ein Anordnungsanspruch dergestalt zustehen, dass der Antragsgegner ihn vorläufig so stellen muss, als wenn bislang auf die Gutachtenanordnung hin noch keine Begutachtung durch eine amtlich anerkannte Begutachtungsstelle für Fahreignung erfolgt wäre (OVG Mecklenburg-Vorpommern, Beschl. v. 22.05.2013 – 1 M 123/12, juris).

318 Führt das von der Fahrerlaubnisbehörde angeordnete Gutachten zu einem negativen Ergebnis, hat der Betroffene keinen Anspruch auf Übersendung der Fahrerlaubnisakte an eine zweite Begutachtungsstelle zwecks Erstellung eines weiteren Gutachtens (BayVGH, Beschl. v. 31.07.1991 – 11 CE 91.2004, DAR 1992, 34: Obergutachter; OVG Nordrhein-Westfalen, Beschl. v. 18.05.2012 – 16 B 180/12, NZV 2013, 360), anders wenn der Betroffene zusätzlich ein Parteigutachten einholen will (OVG Rheinland-Pfalz, Beschl. v. 11.12.1996 – 7 B 13243/96, NJW 1997, 2342; *Dauer*, in: Hentschel/König/Dauer, § 11 FeV Rn. 24b).

j) Keine Anordnung, wenn Nichteignung feststeht (Abs. 7)

319 Eine Begutachtung kommt nur dann in Frage, wenn Zweifel in Bezug auf die Eignung bestehen; ist die Fahrerlaubnisbehörde dagegen von der Nichteignung überzeugt, hat die Anordnung eines Gutachtens zu unterbleiben (*Dauer*, in: Hentschel/König/Dauer, § 11 FeV Rn. 50).

320 Der BayVGH wendet im Rahmen des § 11 Abs. 7 FeV für die Alkohol- oder Betäubungsmittelproblematik die sog. verfahrensrechtliche Einjahresfrist an. Verwaltungsverfahrensrechtlich folgt aus der grundsätzlichen Maßgeblichkeit der Einjahresfrist, dass bis zu ihrem Ablauf auch bei behaupteter Verhaltensänderung des Betroffenen die Fahrerlaubnis gem. § 11 Abs. 7 FeV unter Hinweis auf einen früheren, straßenverkehrsrechtlich unzulässigen Betäubungsmittelkonsum entzogen und ein hiergegen gerichteter Widerspruch zurückgewiesen werden darf, sofern die Tatsachen, aus denen die mangelnde Fahreignung hergeleitet wird, feststehen und ihre rechtliche Aussagekraft eindeutig ist (BayVGH, Beschl. v. 09.05.2005 – 11 CS 04.2526). Nach Ablauf der sog. verfahrensrechtlichen Einjahresfrist darf aber nicht mehr ohne Überprüfung davon ausgegangen werden, dass die sich aus Nr. 9.1 der Anlage 4 zur FeV ergebende Nichteignung des Betroffenen i.S.v. § 11 Abs. 7 FeV weiter feststeht. Diese Frist beginnt grundsätzlich mit dem Tag, den dieser als den Beginn der Betäubungsmittelabstinenz angegeben hat, oder von dem an, unabhängig von einem solchen Vorbringen, Anhaltspunkte für eine derartige Entwicklung vorliegen. Dafür genügt die bloße Behauptung der Drogenabstinenz jedoch regelmäßig nicht, sondern es müssen Umstände hinzutreten, die diese Behauptung glaubhaft und nachvollziehbar erscheinen lassen (BayVGH, Beschl. v. 17.12.2021 – 11 CS 21.2179; siehe auch Kap. 3 Rdn. 164).

321 Fordert die Behörde eine Fahreignungsbegutachtung, obwohl die Fahrungeeignetheit des Betroffenen unabhängig vom Ergebnis einer solchen Begutachtung schon feststeht, so ist das nicht nur deshalb rechtswidrig, weil der Adressat eines solchen Verlangens mit unnötigen Kosten belastet wird. Rechtswidrig ist eine solche Forderung auch deshalb, weil insbesondere eine medizinisch-psychologische Begutachtung einen

erheblichen Eingriff in das allgemeine Persönlichkeitsrecht, der in Fällen, in denen auch ohne Begutachtung außer Frage steht, dass der Betroffene die Fahreignung verloren hat und er sie bis zum maßgeblichen Entscheidungszeitpunkt noch nicht wiedererlangt haben kann, nicht durch ein legitimes Erfordernis des Gemeinwohls gerechtfertigt wird (BayVGH, SVR 2011, 389).

Ein Fall des § 11 Abs. 7 FeV ist vor allem dann zu bejahen, wenn ein Betroffener den Konsum von Betäubungsmitteln einräumt (siehe dazu BayVGH, Beschl. v. 17.06.2010 – 11 CS 10.991, juris; *Scheidler*, VD 2014, 241). Räumt ein Fahrerlaubnisinhaber den Konsum »harter« Drogen (hier: Methamphetamin) im Rahmen einer Beschuldigtenvernehmung ein, kann die Fahrerlaubnisbehörde auf fehlende Fahreignung schließen und die Fahrerlaubnis entziehen. Dies gilt auch, wenn keine Teilnahme am Straßenverkehr unter Drogeneinfluss stattgefunden hat. Die Fahrerlaubnisbehörde muss jedenfalls innerhalb der sog. einjährigen Verfahrensfrist nach dem letzten erwiesenen Konsum keine Begutachtung der Fahreignung anordnen (BayVGH, Beschl. v. 30.08.2021 – 11 CS 21.1933, NZV 2021, 647). 322

Möchte dieser dann sein Geständnis widerrufen, reicht dafür jedoch nicht eine bloße gegenteilige Äußerung, sondern es müssten Einzelheiten geschildert und dargetan werden, warum es entgegen seiner Äußerung in der polizeilichen Vernehmung nicht zu einem Konsum zum genannten Zeitpunkt gekommen ist (BayVGH, Beschl. v. 18.06.2013 – 11 CS13.882, VRS 125, 250). Im Gegensatz zum Strafverfahren ist der Betroffene im Fahrerlaubnisverfahren zur Mitwirkung verpflichtet, wie die Regelungen in Art. 26 Abs. 2 BayVwVfG und § 11 Abs. 8 FeV zeigen. Die Mitwirkungsverpflichtung schließt auch Angaben zum Konsum von Stoffen, die die Fahreignung infrage stellen können, ein. Kommt der Betroffene seiner Mitwirkungsobliegenheit nicht nach, obwohl ihm das ohne weiteres möglich und zumutbar ist und er sich der Erheblichkeit der in Rede stehenden Umstände bewusst sein muss, ist es zulässig, dieses Verhalten bei der Beweiswürdigung zu seinen Lasten zu berücksichtigen (BayVGH, Beschl. v. 06.05.2013 – 11 CS 13.425, juris). 323

Umstritten ist, ob ein Drogenschnelltest allein geeignet ist, die Einnahme von Betäubungsmitteln zu beweisen. Das VG Trier (Beschl. v. 17.12.2014 – 1 L 2162/14.TR, juris) meint hierzu: Reagiere ein solcher Test in Bezug auf ein Rauschgift positiv, so begründe dies den Verdacht, dass der Proband dieses Betäubungsmittel konsumiert haben könnte. Der eventuellen Ungenauigkeit und Fehlerhaftigkeit derartiger Testverfahren würde dadurch Rechnung getragen, dass das Resultat eines solchen Schnelltests – für sich alleine – nicht ohne weiteres ausreiche, um einen Betäubungsmittelkonsum im Sinne von § 11 Abs. 7 FeV als erwiesen anzusehen. In der Regel bedürfe es vielmehr zusätzlicher Umstände, um von einem feststehenden Sachverhalt ausgehen zu können. 324

Anderer Ansicht ist wohl das VG Ansbach (Beschl. v. 09.06.2021 – AN 10 S 21.00765, juris): »Der im Urin durchgeführte Drogenschnelltest ist auch unabhängig von der Befundmitteilung aussagefähig und ausreichend als Nachweis für den Konsum von Drogen, denn er zeigt mit hinreichender Sicherheit einen Drogenkonsum an. Eine Aussage über den Zeitpunkt der Drogeneinnahme ist damit zwar nicht möglich, dies 325 ist aber bei der Einnahme von Kokain für die Feststellung der Fahrungeeignetheit auch nicht erforderlich.«

326 Nach dem BayVGH (Beschl. v. 28.04.2021 – 11 CS 21.332, NZV 2021, 543) steht aufgrund einer Gesamtschau ein Kokainkonsum mit hinreichender Gewissheit fest, wenn die Ergebnisse von zwei Drogenschnelltests des Speichels und des Urin hinsichtlich eines Kokainkonsums positiv ausgefallen sind, der Fahrerlaubnis im Besitz einer geringen Menge dieses Betäubungsmittels, der für einen Kunden spricht, war und sowohl die kontrollierende Person als auch der mit der Blutentnahme beauftragten Arzt unabhängig voneinander Drogen typische Auffälligkeiten beschrieben haben.

327 Dagegen ist § 11 Abs. 7 nicht anwendbar, wenn ein Betroffener aufgrund eines erheblichen Verstoßes oder aufgrund von wiederholten Verstößen gegen verkehrsrechtliche Vorschriften auffällig geworden ist. Aus einem Verstoß gegen Verkehrsvorschriften oder Strafgesetze folgt nicht »gewissermaßen automatisch« die Fahrungeeignetheit. Es bedarf vielmehr zusätzlich der Feststellung, dass aufgrund solcher Vorfälle die Eignung ausgeschlossen ist (BayVGH, Beschl. v. 02.06.2003 – 11 CS 03.743, juris unter Aufhebung eines gegenteiligen Beschlusses des VG Würzburg; siehe auch oben V. 2. Abgrenzung zum Fahreignungs-Bewertungs-System bei charakterlich ungeeigneten Verkehrsteilnehmern).

328 Auch allgemeine ärztliche Gutachten, also ärztliche Aussagen, die nicht durch eine verkehrsmedizinische Fragestellung veranlasst waren, können nicht unmittelbar den Schluss auf die Nichteignung rechtfertigen, sondern begründen (allenfalls) Zweifel an der Eignung, die die Anforderung eines Gutachtens rechtfertigen. Es sind dann nämlich konkrete Tatsachen bekannt geworden, die den Verdacht rechtfertigen, bei dem Betroffenen könne Ungeeignetheit oder eingeschränkte Eignung vorliegen (*Scheidler*, VD 2014, 241 unter Hinweis auf BayVGH, Beschl. v. 31.01.2014 – 11 CS 13.2216, juris; siehe auch oben Kommentierung zu § 11 Abs. 5).

k) Anforderungen an ein Gutachten/Folgerungen aus dem Gutachten/Letztentscheidungsbefugnis der Fahrerlaubnisbehörde

329 Das Gutachten dient der Behörde als Hilfsmittel zur Beurteilung der Eignung eines Verkehrsteilnehmers, es entbindet sie nicht von der Pflicht zur selbstständigen Entscheidung (*Dauer*, in: Hentschel/König/Dauer, § 13 Rn. 17).

330 Das Gutachten darf von der Fahrerlaubnisbehörde nicht ungeprüft übernommen werden, sondern muss einer eigenen kritischen Würdigung unterzogen werden. Es muss schlüssig und nachvollziehbar sein (BayVGH, Beschl. v. 28.11.2014 – 11 CS 14.2267, juris). »Handwerkliche Mängel« eines ärztlichen Gutachtens rechtfertigen nicht die Anordnung einer MPU; in einem solchen Fall ist auf weitere Aufklärung und ggf. Nachbesserung durch den Gutachtensverfasser zu dringen (VG Augsburg, Entsch. v. 26.09.2001 – Au 3 S 01/1262, NZV 2002, 291; BayVGH, Beschl. v. 19.06.2006 – 11 C 06.103, juris; VG München, Beschl. v. 18.07.2008 – M 1 S 08.3023, juris). Eine Fahrerlaubnisbehörde, die ein Gutachten für nicht nachvollziehbar hält, kann nicht ihre regelmäßig nicht von Fachkunde getragene Auffassung an die Stelle des ärztli-

chen oder medizinisch-psychologischen Gutachtens setzen, sondern muss beim Gutachter nachfragen und gegebenenfalls eine Nachbesserung des Gutachtens verlangen (BayVGH, Beschl. v. 23.08.2023 – 11 CS 23.980, SVR 2023, 395).

Anlage 15 FeV enthält Qualitätsanforderungen nicht nur für die Erstellung des Gutachtens, sondern auch für die Durchführung der Untersuchungen. U.a. müssen die Gutachten in allgemein verständlicher Sprache abgefasst sowie nachvollziehbar und nachprüfbar sein. 331
- Die Nachvollziehbarkeit betrifft die logische Ordnung (Schlüssigkeit) des Gutachtens. Sie erfordert die Wiedergabe aller wesentlichen Befunde und die Darstellung der zur Beurteilung führenden Schlussfolgerungen.
- Die Nachprüfbarkeit betrifft die Wissenschaftlichkeit der Begutachtung. Sie erfordert, dass die Untersuchungsverfahren, die zu den Befunden geführt haben, angegeben und, soweit die Schlussfolgerungen auf Forschungsergebnisse gestützt sind, die Quellen genannt werden.

(*Jagow*, S. 8).

Die Letztentscheidungsbefugnis der Fahrerlaubnisbehörde besteht »nur auf dem Papier«: Verneint das Gutachten die Fahreignung, so wird die Fahrerlaubnisbehörde dem Fahrerlaubnisinhaber regelmäßig die Fahrerlaubnis entziehen müssen Die Widerspruchsbehörde kann mangels hinreichender Sachkunde ein Gutachten nicht von sich aus als nicht aussagekräftig ansehen (VG Augsburg, Beschl. v. 13.08.2013 – Au 7 S 13.1130, juris). Selbst wenn die Behörde oder das Gericht das Gutachten auf logische Stringenz, Plausibilität, Überzeugungskraft und wissenschaftlicher Fundierung überprüft, bleibt im Prinzip der Gutachter die maßgebliche Instanz (*Berghaus*, in: Madea/Mußhoff/Berghaus, B 1.6.2.2.3, S. 208). 332

Fällt das Gutachten für den Betroffenen negativ aus, hat er keinen Anspruch darauf, dass die Fahrerlaubnisbehörde die Akten zur weiteren Begutachtung an eine zweite Gutachterstelle sendet (BayVGH, Beschl. v. 31.07.1991 – 11 CE 91.2004, DAR 1992, 34; OVG Nordrhein-Westfalen, Beschl. v. 18.05.2012 – 16 B 180/12, NZV 2013, 360; *Dauer*, in: Hentschel/König/Dauer, § 11 FeV Rn 24). Sind die tragenden Annahmen eines positiven medizinisch-psychologischen Gutachtens widerlegt, kann es die Eignung eines Fahrerlaubnisinhabers nicht belegen (VG Gelsenkirchen, Beschl. v. 23.04.2015 – 7 L 396/15, juris). 333

Hält sich ein Gutachten nicht entsprechend § 11 Abs. 5 FeV i.V.m. Nr. 1 Buchst. a) Satz 2 der Anlage 4a zur FeV exakt an die von der Fahrerlaubnisbehörde vorgegebene Fragestellung, ist es nicht verwertbar (BayVGH, Beschl. v. 22.09.2015 – 11 CS 15.1447, juris). 334

l) Verwertbarkeit eines zu Unrecht angeforderten (negativen) Gutachtens

Die der Fahrerlaubnisbehörde mit der Ermächtigung zur Gutachtenanordnung eingeräumte Konkretisierungskompetenz wird zugleich in mehrfacher Hinsicht inhaltlich begrenzt. So bedarf es zunächst hinreichend konkreter tatsächlicher Anhaltspunkte, 335 die berechtigte Zweifel an der Fahreignung begründen, d.h. die Eignungszweifel müssen sich aus einem durch erwiesene Tatsachen begründeten Anfangsverdacht ergeben. Die Anordnung darf nicht auf einen bloßen Verdacht hin, quasi »ins Blaue hinein« ergehen. Nicht jeder auf die entfernt liegende Möglichkeit eines Eignungsmangels hindeutende Umstand kann hinreichender Grund für die Anforderung eines ärztlichen Gutachtens sein (VG Osnabrück, Beschl. v. 28.05.2013 – 6 B 20/13, SVR 2014, 153). Die Verwertbarkeit eines der Fahrerlaubnisbehörde tatsächlich bekanntgewordenen negativen Fahreignungsgutachtens hängt aber nicht von der Rechtmäßigkeit der Beibringungsanordnung ab (BVerwG, Urt. v. 18.03.1982 – 7 C 69/81, BVerwGE 65, 157; BayVGH, Beschl. v. 28.10.2013 – 11 CS 13.746, juris; BayVGH, Beschl. v. 28.11.2014 – 11 CS 14.2267, juris).

336 Hat sich ein Fahrerlaubnisinhaber einer angeordneten medizinisch-psychologischen Begutachtung gestellt und liegt das Gutachten der Behörde vor, so ist dies eine neue Tatsache, die selbständige Bedeutung hat (BVerwG, Beschl. v. 19.03.1996 – 11 B 14.96, DAR 1996, 329).

337 Die Entziehung einer Fahrerlaubnis nach § 46 Abs. 1 Satz 2 FeV darf aber nicht auf ein medizinisch-psychologisches Gutachten gestützt werden, das die Fahrerlaubnisbehörde ohne Zustimmung des Betroffenen zur Kenntnis bekommen hat (BVerwG, Beschl. v. 11.06.2008 – 3 B 99.97, DAR 2008, 712). Die Rechtsprechung, wonach ein Gutachten verwertbar ist, wenn sich der Fahrerlaubnisinhaber einer angeordneten medizinisch-psychologischen Begutachtung gestellt hat und das Gutachten der Behörde vorliegt, ist hierauf nicht übertragbar. Denn dieser Rechtsprechung liegen Fälle zugrunde, in denen der Betroffene das Ergebnis der Begutachtung der Fahrerlaubnisbehörde (freiwillig) vorgelegt hatte.

338 Hat der Kraftfahrer das von ihm geforderte Gutachten über seine Fahreignung vorgelegt, kann er nicht einwenden, die Behörde habe ihre Erkenntnisse rechtswidrig erlangt. Das Ergebnis des Gutachtens schafft eine neue Tatsache, die selbstständige Bedeutung hat. Einem Verwertungsverbot steht auch das Interesse der Allgemeinheit entgegen, vor Kraftfahrern geschützt zu werden, die sich aufgrund festgestellter Tatsachen als ungeeignet erwiesen haben. Hat sich der Kraftfahrer im Rahmen der Begutachtung durch eine Medizinerin auf die Prüfung der erforderlichen psychischen Leistungsfähigkeit durch eine konsiliarisch beigezogene Psychologin eingelassen, obwohl (zunächst) nur die Beibringung eines ärztlichen Gutachtens angeordnet worden war, kann er gegen die Verwertung der Ergebnisse nicht einwenden, er sei (maßgebend) durch eine Medizinerin begutachtet worden, wenn es nach dem Ergebnis der psychologischen Tests auf medizinische Fragen gar nicht mehr ankam (BayVGH, Urt. v. 08.08.2016 – 11 B 16.595, BeckRS 2016, 50155).

m) Konsequenzen aus der Nichtvorlage eines Gutachtens (Abs. 8)

339 Die Anordnung der Fahrerlaubnisbehörde, dass der Betroffene ein medizinisch-psychologisches Gutachten beizubringen hat, stellt keinen Verwaltungsakt dar. Sie konkretisiert vielmehr lediglich die aus § 2 Abs. 6 StVG folgende Mitwirkungspflicht des

Betroffenen im Antragsverfahren nach § 2 StVG bzw. im Fahrerlaubnisentziehungsverfahren nach § 3 StVG. Die Anordnung gehört daher nicht zu den behördlichen Ermittlungsmaßnahmen der Fahrerlaubnisbehörden nach § 2 Abs. 7 StVG, sondern knüpft an das Bekanntwerden von Tatsachen an, die Bedenken gegen die Eignung oder Befähigung eines Bewerbers für eine Fahrerlaubnis oder eines Inhabers einer Fahrerlaubnis begründen (§ 2 Abs. 8, § 3 Abs. 1 Satz 3 StVG). Wenngleich die Anordnung der Beibringung eines medizinisch-psychologischen Gutachtens Eingriffscharakter hat, kann die Mitwirkungspflicht nicht zwangsweise durchgesetzt werden. Legt der Betroffene das angeordnete Gutachten nicht vor, darf die Fahrerlaubnisbehörde lediglich auf die Nichteignung des Betroffenen schließen (BGH, Beschl. v. 14.01.2009 – 1 StR 470/08, DAR 2009, 707).

Nach der Fahrerlaubnisverordnung ist bei einer durch Eignungszweifel veranlassten Einholung eines verkehrsmedizinischen oder medizinisch-psychologischen Gutachtens der Fahrerlaubnisinhaber oder -bewerber selbst der Auftraggeber für dieses Gutachten – § 11 Abs. 6 Satz 5 FeV (BVerwG, Beschl. v. 11.06.2008 – 3 B 99.07, DAR 2008, 712). Er ist deshalb grundsätzlich auch berechtigt, über die weitere Verwendung dieses Gutachtens zu entscheiden. Er kann es bspw. auch unterlassen, sich untersuchen zu lassen oder das gefertigte Gutachten vorzulegen. Die einzige (aber zugleich auch wirksame) Konsequenz dieser »Verweigerungshaltung« normiert § 11 Abs. 8: weigert sich der Betroffene, sich untersuchen zu lassen, oder bringt er der Fahrerlaubnisbehörde das von ihr geforderte Gutachten nicht fristgerecht bei, darf sie bei ihrer Entscheidung auf die Nichteignung des Betroffenen schließen. Darauf ist der Betroffen hinzuweisen (Abs. 8 Satz 2). Ist der Hinweis unterblieben, darf aus der Nichtvorlage keine Konsequenz gezogen werden (BVerwG, Beschl. v. 11.06.2008 – 3 B 99.07, DAR 2008, 712). 340

Eine zunächst fehlerhafte Belehrung über die weiteren Folgen einer nicht fristgerechten Beibringung eines angeordneten medizinisch-psychologischen Gutachtens kann aber geheilt werden (OVG Mecklenburg-Vorpommern, Beschl. v. 10.09.2013 – 1 M 174/13, juris). 341

§ 11 Abs. 8 FeV eröffnet der Behörde kein Ermessen hinsichtlich der zu treffenden Entscheidung (Nichteignung). Vielmehr enthält § 11 Abs. 8 Satz 1 FeV einen **Grundsatz der Beweiswürdigung** (VGH Baden-Württemberg, Urt. v. 24.01.2012 – 10 S 3175/11, DAR 2012, 164; BayVGH, Beschl. v. 14.06.2023 – 11CS 22.2675, NZV 2023, 527; BayVGH, Beschl. v. 28.10.2021 – 11 CS 21.2148, NJW 2022, 413). Das auf der Rechtsfolgenseite dieser Bestimmung enthaltene Wort »darf« bringt lediglich zum Ausdruck, dass die Weigerung, sich einer zu Recht angeordneten Begutachtung zu unterziehen oder ihr Ergebnis der Behörde vorzulegen, nur dann den Schluss rechtfertigt, der Betroffene wolle einen Eignungsmangel verbergen, wenn für die Nichtbeibringung des angeforderten Gutachtens kein ausreichender Grund besteht (BVerwG, Urt. v. 12.03.1985 – 7 C 26/83, BVerwGE 71, 93; OVG Nordrhein-Westfalen, Beschl. v. 22.01.2001 – 19 B 1757/00, 19 E 886/00, VRS 100, 394; OVG Nordrhein-Westfalen, Beschl. v. 22.11.2001 – 19 B 814/01, VRS 102, 136; VG Freiburg im Breisgau, Beschl. v. 09.03.2000 – 4 K 419/00, NZV 2000, 388; 342

siehe auch VG Neustadt/Weinstraße, Beschl. v. 14.09.2015 – 3 L 783/15.NW, juris: Bei der genannten Bestimmung handelt es sich nicht um eine Ermessensvorschrift, sondern um eine Befugnisnorm, so dass insoweit eine gebundene Entscheidung der Behörde vorliegt.).

343 OVG Sachsen, Beschl. v. 26.02.2021 – 6 B 431/20, BeckRS 2021, 5610:

> »Weigert sich der Betroffene, sich untersuchen zu lassen, oder bringt er der Fahrerlaubnisbehörde das von ihr geforderte Gutachten ohne ausreichenden Grund nicht fristgerecht bei, darf sie bei ihrer Entscheidung nach § 11 Abs. 8 Satz 1 FeV auf die Nichteignung des Betroffenen schließen. § 11 Abs. 8 Satz 1 FeV räumt der Fahrerlaubnisbehörde allerdings kein Ermessen ein, sondern enthält einen Grundsatz der Beweiswürdigung, der auf der Überlegung beruht, dass bei grundloser Gutachtensverweigerung die Vermutung berechtigt ist, der Fahrerlaubnisinhaber wolle durch die Weigerung einen ihm bekannten Eignungsmangel verbergen, so dass ein Eignungsmangel durch die Weigerung zur Vorlage des angeforderten Gutachtens als nachgewiesen gilt. Steht die fehlende Eignung kraft dieser gesetzlichen Vermutung fest, bedarf es gemäß § 11 Abs. 7 FeV keines Gutachtens mehr, um diese nachzuweisen ..., sofern die Aufforderung zur Beibringung des Fahreignungsgutachtens rechtmäßig war. Da die Beibringensaufforderung selbst kein Verwaltungsakt ist, ist ihre Rechtmäßigkeit inzident gerichtlich zu überprüfen, wenn der Betroffene ihr nicht Folge leistet und die Fahrerlaubnisbehörde deshalb gestützt auf § 11 Abs. 8 Satz 1 FeV von dessen mangelnder Fahreignung ausgeht und die Erteilung der beantragten Fahrerlaubnis ablehnt oder – falls eine Fahrerlaubnis bereits erteilt war – die Fahrerlaubnis entzieht.«

344 Der Mangel gilt ab dem Zeitpunkt der der Gutachtensverweigerung oder des Ablaufs der Vorlagefrist als nachgewiesen (OVG Sachsen, Beschl. v. 18.03.2021 – 6 B 3/21, BeckRS 2021, 18861).

345 Für die Entziehung der Fahrerlaubnis nach § 11 Abs. 8 FeV ist nicht erforderlich, dass der Betroffene die Beibringung des Gutachtens ausdrücklich verweigert. Es genügt bereits eine nicht fristgerechte Vorlage des Gutachtens (VG Braunschweig, Beschl. v. 11.05.2004 – 6 B 159/04, juris). Erklärt der Betroffene auf die rechtmäßige Forderung der Fahrerlaubnisbehörde, ein Gutachten über die Fahreignung beizubringen, lediglich sein Einverständnis, ohne die weiteren ihm aufgrund seiner Mitwirkungspflicht obliegenden Maßnahmen zu treffen, so darf die Behörde ihm die Fahrerlaubnis gem. § 11 Abs. 8 FeV entziehen (VG Braunschweig, Beschl. v. 23.02.2007 – 6 B 413/06, juris).

346 Ist das Gutachten aber zu Unrecht angefordert worden – etwa weil die Voraussetzungen des § 11 Abs. 3, des § 13 Satz 1 Nr. 2, des § 14 Abs. 1 Satz 3 oder des § 14 Abs. 2 FeV nicht vorgelegen haben oder die Ermessensausübung im Rahmen des § 11 Abs. 3 FeV fehlerhaft war – greift die Rechtsfolge des § 11 Abs. 8 FeV nicht. Das Gleiche gilt, wenn in § 11 Abs. 6 FeV formulierte formelle Anforderungen, die über den Rang einer Ordnungsvorschrift hinausgehen, nicht erfüllt worden sind (VGH Baden-Württemberg, Beschl. v. 02.12.2013 – 10 S 1491/13, VRS 126, 42). Der Schluss auf die Nichteignung ist nur dann zulässig, wenn die Anordnung des Gutachtens formell und materiell rechtmäßig, insbesondere anlassbezogen und verhältnismäßig ist (BVerwG, Urt. v. 05.07.2001 – 3 C 13.01, NJW 2002, 78; BayVGH, Beschl. v. 27.11.2014 – 11 CS 14.2228, juris). Geht die Anforderung eines Gutachtens mit ihrer Fragestellung

über ihren Anlass hinaus, muss ein Betroffener ihr nicht nachkommen (VG Neustadt/Weinstraße, Beschl. v. 27.11.2012 – 1 L 961/12.NW, Blutalkohol 50 [2013], 52).

Hat sich der Betroffene in einer Vereinbarung mit der Fahrerlaubnisbehörde zur Beibringung eines medizinisch-psychologischen Gutachtens verpflichtet und erfüllt er die eingegangene Verpflichtung nicht, darf die Fahrerlaubnisbehörde bei ihrer Entscheidung über die Entziehung der Fahrerlaubnis auch nur dann gem. § 11 Abs. 8 Satz 1 FeV auf seine Nichteignung schließen, wenn der Betroffene hierauf bei der Vereinbarung auch hingewiesen wurde – § 11 Abs. 8 Satz 2 FeV (BVerwG, Beschl. v. 11.06.2008 – 3 B 99/07, DAR 2008, 712). 347

Denn allein unter diesen Voraussetzungen kann das Verhalten des Pflichtigen dahingehend gewertet werden, dass er vorwerfbar die Benutzung eines Beweismittels vereitelt hat und deswegen die zu beweisende Tatsache – hier seine Nichteignung – nach dem Rechtsgedanken der §§ 427, 444 und 446 ZPO als erwiesen angesehen werden kann (OVG Nordrhein-Westfalen, Beschl. v. 10.07.2002 – 19 E 808/01, VRS 105, 76). Liegen solche Hinderungsgründe aber nicht vor, hat die Fahrerlaubnisbehörde demgegenüber der sich aus § 3 Abs. 1 Satz 1 StVG und § 46 Abs. 1 FeV ergebenden Wertung Rechnung zu tragen; sie hat davon auszugehen, dass der Betroffene fahrungeeignet ist, und hieraus die vorgeschriebenen Folgerungen zu ziehen (BayVGH, Beschl. v. 06.02.2012 – 11 CE 11.2964, SVR 2012, 354). 348

Enthält der Ausgangsbescheid, mit dem die Behörde die Fahrerlaubnis gem. §§ 46 Abs. 1 Satz 1, Abs. 3 i.V.m. 11 Abs. 8 FeV entzieht, alle für die Anwendung des § 11 Abs. 8 FeV wesentlichen Informationen, darf der auf die fehlende Bekanntgabe der Anordnung zur Beibringung eines Gutachtens über die Fahreignung gestützte Widerspruch ohne eine (erneute) Mitteilung nach § 11 Abs. 6 Satz 2 FeV zurückgewiesen werden, wenn der Widersprechende erklärt, zur Beibringung des geforderten Gutachtens nicht bereit zu sein (OVG Hamburg, Beschl. v. 15.12.2005 – 3 Bs 214/05, VRS 110, 388). 349

Mängel des vorgelegten Gutachtens rechtfertigen aber nicht die Annahme der Nichtvorlage (VG München, Beschl. v. 10.02.2015 – M 6b S 14.5844, juris). 350

n) Mitwirkungspflichten

Den Beweis für die Ungeeignetheit eines Betroffenen hat die Verwaltungsbehörde zu führen. »Ihr werden jedoch zumeist nur Tatsachen vorliegen, die »Anlass zur Annahme der Nichteignung geben« und »Bedenken gegen die Eignung begründen«, ohne dass daraus sicher auf fehlende Eignung geschlossen werden könnte. Mangels eigener Sachkunde ist die Verwaltungsbehörde daher weitgehend auf die Anhörung von Sachverständigen und die Einholung von Gutachten angewiesen. Soweit hierzu die Mitwirkung eines Fahrerlaubnisbewerbers oder -inhabers notwendig ist, ist es seine Pflicht, bei der Aufklärung mitzuwirken.« (BayVGH, Beschl. v. 15.12.1967 – 179 VIII 67, NJW 1968, 469). 351

352 Die Anordnung, ein Gutachten über die – wegen einer Erkrankung nach der Anlage 4 zur Fahrerlaubnis-Verordnung Zweifeln unterliegende – Fahreignung beizubringen, schließt die Forderung ein, an der Klärung der Fahreignung, soweit notwendig und möglich, mitzuwirken, insbesondere zweckdienliche Angaben zu der in Rede stehenden Erkrankung zu machen, sich erforderlichen Untersuchungen zu unterziehen und sonstige für die Fragestellung aussagekräftige Unterlagen – gegebenenfalls durch Entbindung anderer Ärzte von der gesetzlichen Schweigepflicht – beizubringen (BayVGH, Beschl. v. 07.11.2005 – 11 CS 05.1859, juris). Dem Antragsteller ist es zumutbar, dem begutachtenden Facharzt anderweitige, für die Beantwortung der gestellten Frage relevanten Krankenunterlagen zugänglich zu machen, um für die Beantwortung der Frage der Fahreignung eine ausreichende Beurteilungsgrundlage zu schaffen (VG Augsburg, Beschl. v. 15.07.2008 – Au 3 S 08.855, juris).

o) Nachträgliche Vorlage eines Gutachtens/Folgen für ein laufendes Widerspruchsverfahren

353 Die nachträglich erklärte Bereitschaft des Betroffenen, sich nunmehr der angeordneten Begutachtung unterziehen zu wollen, steht dem Fahrerlaubnisentzug nach § 11 Abs. 8 FeV nicht entgegen (VG Braunschweig, Beschl. v. 23.02.2007 – 6 B 413/06, juris).

354 Hat sich jemand grundlos geweigert, ein Gutachten vorzulegen und ist ihm deshalb die Fahrerlaubnis entzogen worden, wird die Annahme fehlender Eignung nicht schon durch die Bereitschaft beseitigt, ein Gutachten vorzulegen, sondern nur durch die tatsächliche Vorlage eines positiven Gutachtens (*Dauer*, in: Hentschel/König/Dauer, § 11 FeV Rn. 54) und auch dies nur dann, wenn die zu einem vom Betroffenen bestimmten Zeitpunkt durchgeführte Untersuchung in gleicher Weise geeignet ist, die konkreten Eignungszweifel zu beseitigen wie die Untersuchung zum ursprünglich bestimmten Zeitpunkt (*Dauer*, in: Hentschel/König/Dauer, § 11 FeV Rn. 54; OVG Nordrhein-Westfalen, Beschl. v. 15.03.2002 – 19 B 405/02, DAR 2003, 283).

355 Nach einer Fahrerlaubnisentziehung wegen Nichtvorlage eines rechtmäßig geforderten ärztlichen Gutachtens ist ein vom Betroffenen im Widerspruchsverfahren vorgelegtes Gutachten bei der Entscheidung über den Widerspruch zu berücksichtigen. Die Fahrerlaubnisbehörde darf ihre vorgeschriebene Mitwirkung bei der ärztlichen Begutachtung auch im Widerspruchsverfahren grundsätzlich nicht verweigern oder von sachlich nicht gerechtfertigten zusätzlichen Anforderungen abhängig machen. Verlangt die Fahrerlaubnisbehörde im Widerspruchsverfahren nach einer Fahrerlaubnisentziehung vor ihrer Mitwirkung bei der ärztlichen Begutachtung vom Betroffenen, auf die Erstattung der Kosten des Vorverfahrens einschließlich der Anwaltskosten zu verzichten, so ist dies ermessensgerecht und sachlich gerechtfertigt, wenn es der Betroffene zuvor ohne ausreichenden Grund an der gebotenen Mitwirkung bei der Aufklärung von Eignungsbedenken hat fehlen lassen (OVG Nordrhein-Westfalen, Beschl. v. 10.07.2002 – 19 E 808/01, VRS 105, 76; siehe auch VG München, Beschl. v. 10.11.2015 – M 6b S 15–2813, juris).

Gibt die Fahrerlaubnisbehörde dem Betroffenen im Widerspruchsverfahren auf dessen Wunsch hin die Möglichkeit, seine Eignung von einem weiteren Gutachter und im Lichte der Entwicklungen seit der ersten (negativen) Begutachtung erneut prüfen zu lassen, bedeutet dies nicht, dass das erste Gutachten automatisch hinfällig ist (BayVGH, Beschl. v. 10.10.2023 – 11 CS 23.1476, BeckRS 2023, 27908). 356

14. Eignungsnachweis für Bewerber der Fahrerlaubnisklassen C und D (Absatz 9)

Unbeschadet der Absätze 1 bis 8 haben die Bewerber um die Erteilung oder Verlängerung einer Fahrerlaubnis der Klassen C, C1, CE, C1E, D, D1, DE oder D1E zur Feststellung ihrer Eignung der Fahrerlaubnisbehörde einen Nachweis nach Maßgabe der Anlage 5 vorzulegen (§ 11 Abs. 9 FeV). 357

Hierbei handelt es sich um nicht anlassbezogene Untersuchungen, d.h. der Nachweis ist auch vorzulegen, wenn keine konkreten Eignungsbedenken bestehen (*Dauer*, in: Hentschel/König/Dauer, § 11 FeV Rn. 57), es besteht nach Meinung des Verordnungsgebers also bei Personen, die Fahrgäste befördern erst einmal abstrakt die Notwendigkeit, die der besonderen Verantwortung entsprechende Eignung positiv festzustellen. 358

15. Entbehrlichkeit eines erneuten Gutachtens bei Teilnahme an einem Kurs zur Wiederherstellung der Fahreignung (Abs. 10, Abs. 11)

Wird im Rahmen einer medizinisch-psychologischen Begutachtung festgestellt, dass der Betroffene zwar noch nicht geeignet ist, können die Eignungsmängel nach Meinung des Gutachters aber durch die Teilnahme an einem Kurs zur Wiederherstellung beseitigt werden, hat die Fahrerlaubnisbehörde der Teilnahme an einem solchen Kurs zugestimmt und legt der Betroffene eine Bescheinigung über die Teilnahme an einem nach § 70 FeV anerkannten Kurs vor, bedarf es i.d.R. zum Nachweis der (wieder gewonnenen) Fahreignung keiner erneuten Begutachtung mehr (*Dauer*, in: Hentschel/König/Dauer, § 11 FeV Rn. 58). 359

Seit 01.01.2011 sind die Kurse auf Alkohol- und Drogenproblematik (§§ 13, 14 FeV) beschränkt, da sie sich nach Meinung des Verordnungsgebers bei Entzugsfällen aufgrund des Punktsystems (Fahreignungs-Bewertungs-Systems) nicht bewährt hatten (amtl. Begr. VkBl. 2011, 82). 360

»Wiederherstellung der Eignung« kommt nach dieser Vorschrift aber nur bei festgestellten »Eignungsmängeln« in Betracht. Ein solcher Kurs dient dagegen nicht der Klärung von bloßen Eignungsbedenken. Die Wiederherstellung der Fahreignung durch Teilnahme an einem Kurs nach § 11 Abs. 10 FeV nach Abschluss des Verwaltungsverfahrens kann einer Entziehungsverfügung im gerichtlichen Verfahren nicht mehr entgegengehalten werden (OVG Niedersachsen, Beschl. v. 04.11.2013 – 12 ME 175/13, juris). 361

Liegt ein medizinisch-psychologisches Gutachten nach Nr. 2 des § 11 Abs. 10 FeV vor, das die Teilnahme an einem nach § 70 FeV anerkannten Kurs zur Behebung von 362 festgestellten Eignungsmängeln empfiehlt, so hat nach Meinung des VG Neustadt/Weinstraße (NJW 2005, 2471) in der Regel die Fahrerlaubnisbehörde ihre Zustimmung zu erteilen. Lehnt sie trotz entsprechender gutachtlicher Empfehlung die Zustimmung zur Kursteilnahme ab, so muss sie dies mit Rücksicht auf die Bedeutung und grundrechtliche Relevanz (Art. 2 GG) der Entscheidung für den Betroffenen in qualifizierter Weise begründen (a.A. *Dauer*, in: Hentschel/König/Dauer, § 11 FeV Rn. 61).

363 Die Fahrerlaubnisbehörde hat eine auf Grund eines medizinisch psychologischen Gutachtens einer Begutachtungsstelle für Fahreignung ausgesprochene Kursempfehlung nach § 11 Abs. 10 Satz 1 Nr. 2 FeV ebenso wie das zugrundeliegende Gutachten anhand der Kriterien der Anlage 4a zu § 11 Abs. 5 FeV auf Nachvollziehbarkeit zu prüfen. Die Fahrerlaubnisbehörde hat bei ihrer Entscheidung nach § 11 Abs. 10 Satz 1 Nr. 3 FeV dann zu berücksichtigen, dass die Verweigerung der Zustimmung grundsätzlich eine erneute medizinisch psychologische Begutachtung des Betroffenen zur Folge haben wird. In ihre Entscheidung hat die Fahrerlaubnisbehörde daher einzustellen, dass eine medizinisch psychologische Untersuchung einen Eingriff in das Persönlichkeitsrecht des Betroffenen darstellt (VG Neustadt/Weinstraße, Urt. v. 25.01.2016 – 3 K 542/15. NW, juris).

364 Die Zustimmung der Behörde zur Kursteilnahme muss vor Kursbeginn vorliegen, was sich aus dem Wortlaut der Regelung (»zugestimmt hat«) ergibt (VG Neustadt/Weinstraße, NJW 2005, 2471; *Dauer*, in: Hentschel/König/Dauer,§ 11 FeV Rn. 61). Dies ist seit Einfügung der Wörter »vor Kursbeginn« durch ÄndVO vom 14.08.2017 (BGBl. I S. 3232) auch ausdrücklich geregelt, um insbesondere für die Betroffenen klarzustellen, dass die Fahrerlaubnisbehörde Herrin des Verfahrens ist und somit eine Zustimmung nur vor Beginn einer Maßnahme erfolgen kann (Begr. BR-Drucks. 417/17 – Beschluss; *Dauer*, in: Hentschel/König/Dauer, § 11 FeV Rn. 61). Die Verweigerung der Zustimmung ist – wie die Anordnung zur Beibringung eines Gutachtens – nicht isoliert anfechtbar, da es sich um eine behördliche Verfahrenshandlung handelt (*Dauer*, in: Hentschel/König/Dauer, § 11 FeV Rn. 61). Stimmt die Fahrerlaubnisbehörde der Kursteilnahme nicht zu, wird das Gutachten als negativ gewertet (*Dauer*, in: Hentschel/König/Dauer, § 11 FeV Rn. 61).

365 Die Ausstellung der Teilnahmebescheinigung ist zu verweigern (mit der Folge, dass der Kurs als nicht bestanden gilt), wenn der Teilnehmer nicht zu allen Sitzungen erschienen ist oder die Anfertigung von Kursaufgaben verweigert hat (*Dauer*, in: Hentschel/König/Dauer, § 11 FeV Rn. 63). Das gilt auch, wenn (wie derzeit üblich) der Kurs als Gruppen-Seminar konzipiert ist und ein Betroffener einzelne Kursstunden in Einzelsitzungen nachholt; es fehlen dann die gruppendynamischen Prozesse (*Dauer*, in: Hentschel/König/Dauer, § 11 FeV Rn. 62: diesen Kursen fehlt die Anerkennung nach § 70 FeV).

X. Der Umgang mit unrichtigen oder manipulierten (»erschlichenen«) Gutachten

1. Allgemeine Anforderungen an ein Gutachten/Verwertbarkeit eines Gutachtens

Generell muss ein Gutachten folgende Kriterien erfüllen (*Berghaus*, in: Madea/Mußhoff/Berghaus, Kap. B 1.6.1.1.1, S. 209): 366

Es muss 367

- kurz und prägnant,
- wissenschaftlich, objektiv, unparteiisch,
- verständlich für den Auftraggeber und den Betroffenen (im Hinblick auf die verwendeten Begriffe und Formulierungen, hinsichtlich der Logik des Aufbaus),
- in sich schlüssig, nachvollziehbar, nachprüfbar sein,
- die Beurteilungslogik deutlich machen und
- die gestellten Fragen konkret beantworten.

Nach einem Bericht im Rheinischen Ärzteblatt (*Bülent Erdogan-Griese* und *Alfred Janssen*, 368 Klare Standards für medizinische Gutachten, Rheinisches Ärzteblatt-November 2012 – http://www.aekno.de/page.asp?pageId=6353&noredir=True – unter Berufung auf einen Vortrag von Dr. Frank Schröter, Facharzt für Orthopädie aus Kassel) müssen die Untersuchungsmethoden des Gutachters den Kriterien Reliabilität (Zuverlässigkeit der Reproduktion), Validität (Sicherheit der Aussage) und Objektivität (Unabhängigkeit von persönlichen Einflüssen) genügen. In der Befunddokumentation gelte es, miteinander unvereinbare Befunde oder Beobachtungen verständlich und sachlich aufzuzeigen, um eine verfälschende Befunddokumentation zu vermeiden. Syndrom-Diagnosen könnten dann zum Einsatz kommen, wenn sie eindeutig definiert sind. Unbedingt vermieden werden sollten dagegen vieldeutige Diagnosen oder Begriffe wie »Verdacht auf« oder »Zustand nach«. Stattdessen sollte sich der Gutachter am ICD-10-Code orientieren, denn beweisrechtlich unterlägen alle Tatsachen, also auch alle Befunde, dem Vollbeweis. Auch muss die Zuverlässigkeit des Befundes anhand vorliegender Kriterien gewährleistet sein. Als häufige Fehler bei der Beurteilung seien zudem moralisierende Werturteile, mitschwingende Emotionalität, eine voreingenommene Wortwahl oder die übermäßige Verwendung lateinischer Fachbegriffe zu nennen. Deren Übersetzung mit Hilfe des »Pschyrembels« (*Pschyrembel* – Klinisches Wörterbuch) könne »zu grotesken Entstellungen führen«. Die verständliche Sprache des Gutachtens sei ein ganz wesentliches Qualitätskriterium.

Die Heranziehung externer Befunde ist dabei bei Begutachtungen durchaus üblich 369 und fachlich nicht zu beanstanden. Die maßgeblichen Feststellungen brauchen auch nicht bei der Untersuchung durch den Gutachter selbst getroffen zu werden, vielmehr können Gutachter und Fahrerlaubnisbehörde die ihrer Beurteilung der Fahreignung zugrunde liegenden Erkenntnisse auf jedem rechtskonformen Weg gewinnen (VG Bayreuth, Beschl. v. 21.10.2013 – B 1 S 13.579, juris).

370 Ein Begutachtungsverbot gemäß Anlage 4a besteht bei einer nicht hinreichenden Trennung von Beratungs- und Begutachtungstätigkeit (VG Neustadt/Weinstraße, Beschl. v. 05.06.2014 – 1 L 423/14.NW, VRS 126, 302). Der Gutachter, der der Behörde als deren »Gehilfe« das ihr fehlende Fachwissen zur Beurteilung von Tatsachen vermittelt, muss unparteiisch sein, d.h. es dürfen in seiner Person weder Ausschlussgründe (§ 20 VwVfG) noch Befangenheitsgründe (§ 21 VwVfG) vorliegen (VG des Saarlandes, Urt. v. 16.04.2008 – 10 K 50/07, juris).

2. Fehlerhafte und »erschlichene« Gutachten

371 Bei der Beurteilung der Frage nach einer etwaigen Mangelfreiheit eines MPU-Gutachtens ist zu berücksichtigen, dass dem Sachverständigen ein nicht zu eng zu bemessender Beurteilungsspielraum einzuräumen ist. Dass ein anderer Gutachter zu Wertungen gelangt, die von denen des beanstandeten MPU-Gutachtens abweichen, rechtfertigt für sich genommen nicht den Schluss auf die Fehlerhaftigkeit des beanstandeten Gutachtens (LG Bautzen, Urt. v. 03.03.1999 – 4 O 864/98, juris).

372 Macht ein Betroffener aber gegenüber dem Gutachter in wesentlicher Hinsicht falsche Angaben (etwa im Hinblick auf weitere eignungsrelevante Vorfälle oder Verurteilungen), liefert dies dem Gutachter eine falsche Tatsachenbasis und führt zur Unverwertbarkeit eines (positiven) Fahreignungsgutachtens (VG Köln, Beschl. v. 14.01.2010 – 11 L 1181/10, juris; OVG Nordrhein-Westfalen, Beschl. v. 04.07.2007 – 16 B 666/07, DAR 2007, 720). Solch ein Gutachten hat keinerlei Aussagekraft (VG Sigmaringen, Urt. v. 10.07.2007 – 4 K 1374/06, juris). Die positive Fahreignungsprognose ist infrage gestellt (VG Gelsenkirchen, Beschl. v. 03.09.2010 – 7 L 782/10, juris).

373 Will ein Betroffener keine wahrheitsgemäßen Angaben machen, kann er die Antwort auf eine Frage verweigern. Dies kann der Gutachter bei der Erstellung des Gutachtens in Abhängigkeit von der Relevanz, die der Beantwortung der Frage für die Beurteilung der Kraftfahreignung beizumessen ist, berücksichtigen (OVG Nordrhein-Westfalen, Beschl. v. 04.07.2007 – 16 B 666/07, juris). Lügen darf der Begutachtete jedoch nicht.

3. Folge der Manipulation des Gutachtens

374 Nach dem VG Sigmaringen (Urt. v. 20.07.2007 – 4 K 1374/06, juris) macht die Manipulation eines Gutachtens die auf dessen Grundlage erteilt Fahrerlaubnis rechtswidrig, da zum Zeitpunkt der Erteilung die nach § 2 Abs. 3 Nr. 3, Abs. 4 StVG notwendige Feststellung, dass der Fahrerlaubnisinhaber geeignet ist, nicht vorlag. Das OVG Nordrhein-Westfalen (Beschl. v. 04.07.2007 – 16 B 666/07, DAR 2007, 720) differenziert zwischen Neuerteilung und Entziehung. Bei der Neuerteilung der Fahrerlaubnis bestehe keine Eignungsvermutung. Es sei vielmehr Sache des Fahrerlaubnisbewerbers, seine Kraftfahreignung darzulegen, wobei er den Nachteil einer Unerweislichkeit zu tragen habe. In diesem Falle müsse die Fahrerlaubnis dann versagt werden. Präziser ist es wohl, auf § 11 Abs. 8 FeV abzustellen. Ist diese Vorschrift auch nicht unmittelbar anwendbar, so ist jedenfalls der dem § 11 Abs. 8 FeV zu Grunde liegende Rechtsgedanke über den unmittelbaren Wortlaut hinaus auch auf sachlich

vergleichbare Fallgestaltungen zu erstrecken (BayVGH, Beschl. v. 25.05.2020 – 11 CS 10.291, zfs 2010, 594). In diesem Sinne sind Sachverhalte dann vergleichbar, wenn ein Beteiligter die Aufklärung des Sachverhaltes schuldhaft vereitelt (VG Ansbach, Urt. v. 25.05.2010 – 11 CS 10.291, juris zur Nichtvorlage eines ärztlichen Berichts über eine Nachuntersuchung). Ein »erschlichenes« Gutachten ist einem nicht vorgelegten gleichzusetzen und rechtfertigt die Vermutung der Nichteignung.

4. Rücknahme oder Entziehung der Fahrerlaubnis?

Fraglich ist aber, ob die auf falscher Grundlage erteilt Fahrerlaubnis nach den Grundsätzen der Verwaltungsverfahrensgesetze (§ 48 VwVfG) zurückzunehmen oder nach den Vorschriften der Fahrerlaubnis-Verordnung zu entziehen ist. Nach überwiegender Auffassung in der Rechtsprechung (VGH Hessen, Urt. v. 04.06.1985 – 2 QE 65/83, VRS 70, 228; VG Braunschweig, Beschl. v. 17.09.2002 – 6 B 530/02, juris; VG Augsburg, Beschl. v. 26.08.2003 – Au 3 S 03.1035, juris; VG Bremen, Beschl. v. 06.05.2009 – 5 K 412/09 – PKH, juris; a.A.: VGH Baden-Württemberg, Urt. v. 12.04.1994 – 10 S 1215/93, VRS 88, 159 – Erteilung einer deutschen Fahrerlaubnis auf Grundlage eines gefälschten ausländischen Führerscheins; VG Bremen, Beschl. v. 26.08.2014 – 5 V 771/14, juris – Rücknahme nach einer rechtswidrigen Umschreibung) ist eine rechtswidrig erteilte Fahrerlaubnis nach den Vorschriften der FeV zu entziehen. Eine »Rücknahme« der Fahrerlaubnis findet ihre Rechtsgrundlage nicht in den allgemeinen verwaltungsrechtlichen Vorschriften über die Rücknahme eines rechtswidrigen Verwaltungsaktes, sondern allein in den spezielleren Vorschriften über die Entziehung der Fahrerlaubnis, selbst wenn die Umstände, derentwegen die Nichteignung zum Führen von Kraftfahrzeugen anzunehmen ist, vor der Erteilung der Fahrerlaubnis eingetreten sind. Es ist nicht so, dass die Vorschriften des StVG nur bei einer rechtmäßig erteilten Fahrerlaubnis anzuwenden sind. Der Wortlaut des Gesetzes gibt dafür nichts her eine Differenzierung wäre auch nicht sinnvoll. Im Gegenteil würde es dem Sinn des Gesetzes widersprechen, in den Fällen, in denen die erteilte Fahrerlaubnis von Anfang an rechtswidrig gewesen ist, auf die Rücknahmevorschriften auszuweichen, die (lediglich) eine Ermessensentscheidung fordern und zudem auch Vertrauensschutzgesichtspunkte berücksichtigen. Dafür kann auch in diesen Fällen mit Rücksicht auf Leib und Leben der anderen Verkehrsteilnehmer kein Raum sein, da die Straßenverkehrsbehörden nach den speziell im Interesse der Verkehrssicherheit erlassenen Vorschriften (nach wie vor) von Gesetzes wegen verpflichtet sind, einem Verkehrsteilnehmer bei Ungeeignetheit die Fahrerlaubnis zu entziehen, gleich aus welchen Gründen er in den Besitz der Fahrerlaubnis gelangt ist (VG Braunschweig, Beschl. v. 17.09.2002 – 6 B 530/02, juris). Vom Regelungsgehalt her stellt sich die Entziehung aber als Rücknahme dar (VGH Baden-Württemberg, Beschl. v. 17.12.1991 – 10 S 2855/91, VRS 82, 383). Nach dem VG Oldenburg (Urt. v. 01.02.2024 – 7 A 2441/20) werden die landesrechtlichen Vorschriften über die Rücknahme rechtswidriger Verwaltungsakte (§ 48 Abs. 1 VwVfG) nicht durch die bundesrechtlichen Vorschriften über die Entziehung der Fahrerlaubnis gemäß§ 3 Abs. 1 StVG, § 46 FeV verdrängt. Die Vorschriften seien nebeneinander anwendbar. Es bestehe ein Alternativ- und kein Exklusivitätsverhältnis. Diese Meinung vertritt auch 375 das VG Hannover (Beschl. v. 08.05.2024 – 5 B 371/24). Das OVG Niedersachsen, das über eine Beschwerde gegen den Beschluss des VG Hannover zu entscheiden hatte (Beschl. v. 18.07.2024 – 12 ME 58/24) ist jedoch der Auffassung, § 3 Abs. 1 Satz 1 StVG regele die Aufhebung einer Fahrerlaubnis bei Eignungsmängeln abschließend und stehe insoweit einem Rückgriff auf § 48 VwVfG (i.V.m. § 1 NVwVfG) auch dann entgegen, wenn allenfalls die Rücknahme-, nicht aber die Entziehungsvoraussetzungen vorliegen würden.

XI. Exkurs: Die Anlage 4 zur FeV (Eignung und bedingte Eignung zum Führen von Kraftfahrzeugen) – Ergänzendes

376 Die Anforderungen, die an den Führer eines Kraftfahrzeuges zu stellen sind, werden insbesondere dann nicht erfüllt, wenn eine Erkrankung oder ein Mangel nach Anlage 4 vorliegt (§ 11 Abs. 1 Satz 2 FeV).

377 Die Anlage 4 zur FeV enthält auch für die Verwaltung und die Rechtsprechung bindende Rechtssätze und stellt nicht lediglich ein antizipiertes Sachverständigengutachten dar, da sie integraler Bestandteil der Fahrerlaubnisverordnung und damit ein Gesetz im materiellen Sinne ist (BayVGH, Urt. v. 15.01.2013 – 11 B 11.1726, juris; BayVGH, Beschl. v. 24.11.2008 – 11 CS 08.2665, juris).

378 Die Anlage 4 enthält eine Aufstellung häufiger vorkommender Erkrankungen und Mängel, die die Eignung zum Führen von Kraftfahrzeugen längere Zeit beeinträchtigen oder aufheben können. Nicht aufgenommen sind Erkrankungen, die seltener vorkommen oder nur kurzzeitig andauern (z.B. grippale Infekte, akute infektiöse Magen-/Darmstörungen, Migräne, Heuschnupfen, Asthma) – so die Nr. 1 der Vorbemerkungen zur Anlage 4.

379 Die Anlage 4 ist damit nicht abschließend. Fahreignungszweifel können sich auch aus anderen, selteneren, in den Regelbeispielen der Anlage 4 nicht genannten Störungen ergeben (BayVGH, Beschl. v. 11.02.2008 – 11 C 08.1030, juris)

380 Die Anlage listet in einer Spalte der Aufstellung die Krankheiten und Mängel auf, legt dann fest, ob die Eignung fehlt oder nur bedingte Eignung vorliegt und führt in einer nächsten Spalte Beschränkungen und Auflagen auf, die bei bedingter Eignung zu beachten sind.

381 Die Anlage 4 behandelt:
1. Mangelndes Sehvermögen
2. Hochgradige Schwerhörigkeit
3. Bewegungsbehinderungen
4. Herz- und Gefäßkrankheiten
5. Diabetes mellitus (Zuckerkrankheit)
6. Krankheiten des Nervensystems
7. Psychische (geistige) Störungen
8. Alkohol
9. Betäubungsmittel, andere psychoaktiv wirkende Stoffe und Arzneimittel

10. Nierenerkrankungen
11. Verschiedenes

Klärung von Begrifflichkeiten bei Eignungsuntersuchungen nach Anlage 4 Fahrerlaubnis-Verordnung (VkBl. 2014, 578) 382

In vielen Fällen sieht die Anlage 4 vor, dass eine ärztliche Kontrolle erfolgen muss. Dabei bedeuten die Begriffe:

(Regelmäßige) ärztliche Kontrollen:
Ärztliche Untersuchungen (ggf. regelmäßig, also in festen Zeitabständen), die fortlaufend durchgeführt werden. Der Arzt muss hinsichtlich der Intervalle für den Einzelfall entscheiden, da die Zeitabstände in Abhängigkeit vom Krankheitsbild (z.B. der Progression) gewählt werden sollten.

Nachuntersuchung(en):
Eine einmalige oder mehrmalige (der Kontrolle dienende) ärztliche Untersuchung, z.B. nach einer Operation oder nach der Entscheidung über die Fahreignung bei chronischer Erkrankung. Im Gegensatz zum Begriff der ärztlichen Kontrollen müssen die Untersuchungen aber nicht fortlaufend weitergeführt werden.

Fachärztliche Eingangsuntersuchung:
Eine einmalige fachärztliche Eingangsuntersuchung auf Grundlage der geltenden Fahrerlaubnis-Verordnung.

Begutachtung/Gutachten:
Ein ärztliches Gutachten gemäß den Vorgaben der Fahrerlaubnis-Verordnung und der Begutachtungsleitlinien zur Kraftfahreignung (Berichte der Bundesanstalt für Straßenwesen – Heft M 115). Ein fachärztliches Gutachten ist von einem Facharzt der entsprechenden Fachrichtung anzufertigen.

Nachbegutachtung:
Ein ärztliches, ggf. fachärztliches Gutachten gemäß den Vorgaben der Fahrerlaubnis-Verordnung und der Begutachtungsleitlinien zur Kraftfahreignung (Berichte der Bundesanstalt für Straßenwesen – Heft M 115), einmalig zu einem individuell festzulegenden Zeitpunkt.

Die Gutachten werden nach Anlage 4a zur FeV erstellt. Die Anlage 4a ersetzte die alte Anlage 15 (amtl. Begr. VkBl. 2014, 433). 383

XII. Exkurs: Die Rolle von Bezirkskrankenhäusern und Rehabilitationskliniken

Eine besondere Rolle erkennt die Rechtsprechung den Bezirkskrankenhäusern zu. 384
Bei den (bayerischen) Bezirkskliniken handelt es sich um Einrichtungen, die nach Art. 48 Abs. 3 Nr. 1 der Bezirksordnung für den Freistaat Bayern unter anderem der Betreuung von Suchtkranken dienen.

Attestiert dann eine Bezirksklinik einer Person, die sich dort längere Zeit (z.B. 385
mehr als eine Woche) stationär aufgehalten hat, eine Abhängigkeitssymptomatik, kommt einer solchen Diagnose ein hoher Grad an Verlässlichkeit zu (VG Bayreuth, Beschl. v. 26.07.2018 – B 1 S 18.628, BeckRS 2018, 21848). Denn eine so lange Befassung mit einem Patienten verschafft den behandelnden Ärzten ein mehr als nur

oberflächliches Bild von seinen Lebensgewohnheiten und Lebenseinstellungen, seiner psychischen Verfassung und seinen nutritiven Gewohnheiten und damit von Faktoren, die für die Diagnose einer Alkoholabhängigkeit von Bedeutung sind. Deshalb ist nach den für die Begutachtungsstellen entwickelten Beurteilungskriterien (Urteilsbildung in der Fahreignungsbegutachtung) die Tatsache, dass eine Alkoholabhängigkeit bereits extern diagnostiziert wurde, ein Kriterium für das Vorliegen einer Alkoholabhängigkeit, insbesondere wenn die Diagnose von einer suchttherapeutischen Einrichtung gestellt oder eine Entgiftung durchgeführt wurde. Damit kann der Entlassungsbericht eines Bezirksklinikums eine ausreichende Grundlage für eine Entziehung der Fahrerlaubnis darstellen (BayVGH, Beschl. v. 16.11.2016 – 11 CS 16.1957, BeckRS 2016, 110056). Auch ein (weiterer) Gutachter kann auf den ärztlichen Feststellungen eines Bezirksklinikums aufbauen (BayVGH, Beschl. v. 11.09.2018 – 11 CS 18.708, zfs 2018, 655).

386 Dieselbe Expertise wird auch privaten Rehabilitationskliniken zuerkannt: Attestiert eine private Rehabilitationsklinik zur Behandlung von Alkohol- und Medikamentenabhängigen einer Person, die sich dort zwei Monate stationär aufgehalten hat, eine Abhängigkeit von Alkohol, ist nicht ersichtlich, warum dieser Diagnose nicht ein ähnlich hoher Grad an Verlässlichkeit zukommen sollte wie einer solchen eines ebenfalls auf Suchterkrankungen spezialisierten bayerischen Bezirksklinikums (VG München, Urt. v. 07.12.2018 – M 6 K 17.5245, juris). Um die Diagnose der Rehabilitationsklinik zu erschüttern bedarf es Ausführungen dazu, aus welchen Gründen sich der Fahrerlaubnisinhaber stationär in ihr aufgehalten hat sowie welche Diagnose in dem zur Aufnahme in der Klinik notwendigen ausführlichen Arztbericht getroffen wurde und der Kostenzusage des Leistungsträgers zugrunde lag (BayVGH, Beschl. v. 19.07.2019 – 11 ZB 19.977, BeckRS 2019, 15172).

387 Die obergerichtliche Rechtsprechung, dass den Diagnosen der Bezirkskliniken im Hinblick auf ihre fachliche Spezialisierung ein hoher Grad an Verlässlichkeit zukommt, bedeutet aber nicht, dass sie ungeprüft und unter Verzicht auf jedes Maß an Nachvollziehbarkeit übernommen werden können. Vielmehr setzt die Übernahme einer fremden diagnostischen Einordnung durch einen Gutachter voraus, dass diese nachvollziehbar nach den gültigen Diagnosekriterien und durch einen qualifizierten Facharzt erfolgt sind. Davon kann regelmäßig ausgegangen werden, wenn eine stationäre oder ambulante Suchttherapie durch den Kostenträger übernommen wurde und dies durch entsprechende Entlastungsberichte oder qualifizierte Bescheinigungen bestätigt werden. Die Diagnose muss aber immer nachvollziehbar attestiert worden sein (BayVGH, Beschl. v. 31.08.2021 – 11 CS 163/21).

XIII. Fragen der Verwirkung

388 Auch eine lange Verfahrensdauer hindert eine Fahrerlaubnisbehörde nicht daran, Maßnahmen zu ergreifen. Ob es auf dem Gebiet des Fahrerlaubnisrechts überhaupt zu einer Verwirkung behördlicher »Ansprüche« kommen kann, hat der BayVGH im Beschluss vom 30.03.2020 (11 CS 10.123) offengelassen. Voraussetzung für eine Verwirkung wäre jedenfalls, dass neben dem Verstreichen eines längeren Zeitraums weitere

Umstände hinzukommen, die ein schutzwürdiges Vertrauen darauf begründen, die Behörde werde von ihrer Befugnis auch künftig keinen Gebrauch mehr machen. Das ist aber zweifelhaft: Die Möglichkeit (Pflicht), eine Fahrerlaubnis bei Nichteignung zu entziehen, ist kein verzichtbares subjektives Recht, sondern ein im öffentlichen Interesse bestehendes Recht (zum Baurecht siehe BayVGH, Beschl. v. 21.11.1995 – 2 CS 95.3597, BayVBl. 1996, 634: »Es entspricht gefestigter Erkenntnis, daß die Befugnis der Bauaufsichtsbehörde, auf die Einhaltung der öffentlich rechtlichen Vorschriften zu achten (vgl. Art. 85 Abs. 1 Satz 1 BayBO), nicht verwirkt werden kann.«).

B. § 12 FeV

§ 12 389
Sehvermögen

(1) Zum Führen von Kraftfahrzeugen sind die in der Anlage 6 genannten Anforderungen an das Sehvermögen zu erfüllen.

(2) [1]Bewerber um eine Fahrerlaubnis der Klassen AM, A1, A2, A, B, BE, L oder T haben sich einem Sehtest zu unterziehen. [2]Der Sehtest wird von einer amtlich anerkannten Sehteststelle unter Einhaltung der DIN 58220 Teil 6, Ausgabe September 2013, durchgeführt. [3]Die Sehteststelle hat sich vor der Durchführung des Sehtests von der Identität des Antragstellers durch Einsicht in den Personalausweis oder Reisepass oder in ein sonstiges Ausweisdokument zu überzeugen. [4]Der Sehtest ist bestanden, wenn die zentrale Tagessehschärfe mit oder ohne Sehhilfe mindestens den in Anlage 6 Nummer 1.1 genannten Wert erreicht. [5]Ergibt der Sehtest eine geringere Sehleistung, darf der Antragsteller den Sehtest mit Sehhilfen oder mit verbesserten Sehhilfen wiederholen.

(3) [1]Die Sehteststelle stellt dem Antragsteller eine Sehtestbescheinigung nach Anlage 6 Nummer 1.1 aus. [2]In ihr ist anzugeben, ob der Sehtest bestanden und ob er mit Sehhilfen durchgeführt worden ist. [3]Sind bei der Durchführung des Sehtests sonst Zweifel an ausreichendem Sehvermögen für das Führen von Kraftfahrzeugen aufgetreten, hat die Sehteststelle sie auf der Sehtestbescheinigung zu vermerken.

(4) Ein Sehtest ist nicht erforderlich, wenn ein Zeugnis oder ein Gutachten eines Augenarztes vorgelegt wird und sich daraus ergibt, dass der Antragsteller die Anforderungen nach Anlage 6 Nummer 1.1 erfüllt.

(5) Besteht der Bewerber den Sehtest nicht, hat er sich einer augenärztlichen Untersuchung des Sehvermögens nach Anlage 6 Nummer 1.2 zu unterziehen und hierüber der Fahrerlaubnisbehörde ein Zeugnis des Augenarztes einzureichen.

(6) Bewerber um die Erteilung oder Verlängerung einer Fahrerlaubnis der Klassen C, C1, CE, C1E, D, D1, DE oder D1E haben sich einer Untersuchung des Sehvermögens nach Anlage 6 Nummer 2 zu unterziehen und hierüber der Fahrerlaubnisbehörde eine Bescheinigung des Arztes nach Anlage 6 Nummer 2.1 oder ein Zeugnis des Augenarztes nach Anlage 6 Nummer 2.2 einzureichen.

(7) Sehtestbescheinigung, Zeugnis oder Gutachten dürfen bei Antragstellung nicht älter als zwei Jahre sein.

(8) [1]Werden Tatsachen bekannt, die Bedenken begründen, dass der Fahrerlaubnisbewerber die Anforderungen an das Sehvermögen nach Anlage 6 nicht erfüllt oder dass andere Beeinträchtigungen des Sehvermögens bestehen, die die Eignung zum Führen von Kraftfahrzeugen beeinträchtigen, kann die Fahrerlaubnisbehörde zur Vorbereitung der Entscheidung über die Erteilung oder Verlängerung der Fahrerlaubnis oder über die Anordnung von Beschränkungen oder Auflagen die Beibringung eines augenärztlichen Gutachtens anordnen. [2]§ 11 Absatz 5 bis 8 gilt entsprechend, § 11 Absatz 6 Satz 4 jedoch mit der Maßgabe, dass nur solche Unterlagen übersandt werden dürfen, die für die Beurteilung, ob Beeinträchtigungen des Sehvermögens bestehen, die die Eignung zum Führen von Kraftfahrzeugen beeinträchtigen, erforderlich sind.

390 *Amtliche Begründung:*

Begr. zur Verordnung über die Zulassung von Personen zum Straßenverkehr (Fahrerlaubnis-Verordnung) und zur Änderung straßenverkehrsrechtlicher Vorschriften v. 26.08.1998 (VkBl. 1998, 962/1069)

Diese neue Vorschrift über das Sehvermögen übernimmt die Regelung in § 9a StVZO mit den folgenden Ergänzungen:

*In **Absatz 1** wird positiv geregelt, dass die in Anlage 6 genannten Anforderungen zu erfüllen sind. Die inhaltlichen Anforderungen an das Sehvermögen ergeben sich aus Anlage 6, die an Stelle der bisherigen Anlage XVII tritt.*

***Anlage 6** übernimmt die Grenzwerte für die Tagessehschärfe sowie die sonstigen Anforderungen aus Anhang III, Nummer 1 der EG -Führerscheinrichtlinie. In der nationalen Regelung wird bei den Klassen A, B, M, L und T wie bisher unterschieden zwischen den Werten für den Sehtest und den Mindestwerten für die augenärztliche Untersuchung. Anhang III der EG -Führerscheinrichtlinie sieht keinen Sehtest vor, was aber unschädlich ist, da die Sehtestwerte über den Werten des Anhang III liegen; diese stellen als Mindestanforderungen den Maßstab für die augenärztliche Untersuchung dar. Für die Lkw- und Busklasse gibt es keinen Sehtest mehr, da nach Anhang III auch weitere Anforderungen an das Sehvermögen zu prüfen sind. Die Feststellung der Tagessehschärfe kann daher im Rahmen der ohnehin erforderlichen augenärztlichen Untersuchung erfolgen. Absätze 2 bis 7 betreffen den Bewerber.*

***Absatz 2** legt den Sehtest fest wie bisher in § 9a StVZO für die Klassen A, A1, B, M, L, T und BE. Die Sehtestwerte sind gleich geblieben.*

***Absatz 3** entspricht dem bisherigen § 9a Abs. 2.*

***Absatz 4** entspricht dem bisherigen § 9a Abs. 3 StVZO, allerdings wird nur noch das Zeugnis eines Augenarztes, als dem für diese Fachrichtung zuständigen Facharzt, anerkannt.*

***Absatz 5** entspricht der Regelung in § 9a Abs. 6 StVZO. Hierfür gelten die Mindestanforderungen für die augenärztliche Untersuchung. Für die Klassen A, A1, B, BE, M, L und T werden in Anlage 6 für beidäugiges Sehen die Werte 0,5/0,2 gefordert, was dem bisherigen Wert entspricht. Anhang III formuliert hier nur den Wert für die beidäugige Gesamtsehschärfe von 0,5, der mit der Regelung in Anlage 6 jedoch erfüllt ist. Bei Einäugigkeit wird 0,6 gefordert, was unter dem bisherigen Wert von 0,7 liegt. Für die Klassen C, C1, CE, C1E, D, D1, DE, DE1 und die Fahrerlaubnis zur Fahrgastbeförderung wird eine zentrale Tagessehschärfe von 0,8/0,5 gefordert. Für die Busse und Fahrerlaubnis zur Fahrgastbeförderung liegt die Forderung damit unter dem bisherigen Wert von 1,0/0,7; hinsichtlich der C-Klasse hat sich eine geringfügige Verschärfung ergeben gegenüber bisher 0,7/0,5. Eine Verschärfung ergibt sich außerdem*

Infolge der Verschiebung der Klasseneinteilung für den Bereich von Kraftfahrzeugen von 3,5 bis 7,5 t zulässige Gesamtmasse.

*In **Absatz 6** wird für die Klassen C und D sowie die Fahrerlaubnis zur Fahrgastbeförderung eine augenärztliche Untersuchung gefordert, da neben der Tagessehschärfe auch andere Sehfunktionen untersucht werden müssen, die nicht im Rahmen eines Sehtests festgestellt werden können.*

***Absatz** 7 regelt wie bisher (in Absatz 4) die zeitliche Geltung.*

***Absatz 8** betrifft die Fahrerlaubnisbewerber und enthält eine Ermächtigung für die Fahrerlaubnisbehörde zur anlassbezogenen Untersuchung, wenn Bedenken am hinreichenden Sehvermögen eines Bewerbers bestehen.*

Begr. zur ÄndVO v. 07.08.2002 (VkBl. 2002, 891):

§ 12 Abs. 8 Satz 1 regelt ausschließlich die anlassbezogene Anordnung von augenärztlichen Gutachten aufgrund von den Fahrerlaubnisbehörden bekannt gewordenen Tatsachen, die Zweifel an einem zum Führen von Kraftfahrzeugen ausreichenden Sehvermögen begründen. Dabei geht es zum einen und vor allem um die Feststellung, ob die für die jeweiligen Fahrerlaubnisklassen erforderlichen Anforderungen nach Anlage 6 erfüllt werden. In einzelnen Fällen können aber zum anderen auch Tatsachen bekannt geworden sein, die auf andere, nicht in Anlage 6 geregelte Beeinträchtigungen des Sehvermögens, namentlich auf ein gemindertes Dämmerungssehen oder eine erhöhte Blendempfindlichkeit, hinweisen. Der Fahrerlaubnisbehörde muss es auch in diesen Einzelfallen möglich sein, ein augenärztliches Gutachten anzuordnen, um klären zu können, ob diese Beeinträchtigungen gegeben und zudem so geartet sind, dass sie die Eignung zum Führen von Kraftfahrzeugen tatsächlich ausschließen bzw. die Anordnung von Beschränkungen oder Auflagen zur Fahrerlaubnis rechtfertigen. Bei der Untersuchung selbst wird in aller Regel auch auf fortschreitende Augenkrankheiten zu achten sein. Die Änderung von § 12 Abs. 8 Satz 2 trägt dem datenschutzrechtlichen Erfordernis Rechnung, dass an den Augenarzt nur die Unterlagen übersandt werden dürfen, die für die Beurteilung des Sehvermögens notwendig sind.

Begr. zur ÄndVO v. 06.06.2007 (VkBl. 2008, 253):

Durch die Änderung der Anlage 6 müssen sich Lkw-, Bus- und Taxifahrer vor Erwerb oder Verlängerung einer Fahrerlaubnis künftig nicht mehr einer (erneuten) augenärztlichen Untersuchung unterziehen, wenn der Anomalquotient bereits zu einem früheren Zeitpunkt im Rahmen einer augenärztlichen Untersuchung bestimmt worden ist und dabei bei den Betroffenen – so es sich hierbei um Bus- oder Taxifahrer handelt – keine Rotblindheit oder Rotschwäche mit einem Anomalquotienten unter 0,5 vorlag oder die Betroffenen – so es sich hierbei um Lkw-Fahrer handelt – im Rahmen der früheren augenärztlichen Untersuchung bei einer Rotblindheit oder Rotschwäche mit einem Anomalquotienten unter 0,5 über die mögliche Gefährdung aufgeklärt worden sind. Hierdurch wird dem Umstand Rechnung getragen, dass eine Rotblindheit oder Rotschwäche nahezu immer angeboren ist und sich im Leben nicht ändert. Wiederholte Untersuchungen leisten damit in diesen Fällen keinen zusätzlichen Beitrag zur Verkehrssicherheit und sind entbehrlich.

Begr. zur ÄndVO vom 18.07.2008 (VkBl. 2008, 572) zu Anlage 6 Nr. 2.2.3:

Mit Inkrafttreten der Verordnung zur Änderung der Fahrerlaubnis-Verordnung und anderer straßenverkehrsrechtlicher Vorschriften vom 07.08.2002 zum 01.09.2002 wurde die Anlage 6 neu gefasst; die Werte der Anlage XVII zur StVZO, die bis dahin für Inhaber einer bis zum

31.12.1998 erteilten Fahrerlaubnis fortgalten (§ 76 Nr. 9 letzter Satz), werden in der Anlage 6 wiedergegeben. Mit der Neufassung werden für Fahrerlaubnisbehörden wie Bewerber zeitaufwendige Doppelprüfungen (Vergleich der Sehwerte der Anlage 6 Nr. 2.2.3 und der eigentlich außer Kraft getretenen Anlage XVII zur StVZO) vermieden und eine wieder in die FeV integrierte Regelung realisiert.

Begr. zur ÄndVO v. 17.12.2010 (VkBl. 2011, 85):

Zu a) Änderung Nummer 1.2)

In Anhang II Nummer 6 Absatz 1 der o.g. EG-Richtlinie werden genaue Vorgaben gemacht, welche Sehfunktionen in Zweifelsfällen bei einer augenärztlichen Untersuchung zur Beurteilung der Kraftfahreignung überprüft werden müssen. Diese Ausführungen werden übernommen.

Zu b) (Änderung Nummer 1.2.1)

Die bisherige Formulierung »beidäugige Gesamtsehschärfe« führte in der Praxis zu Missverständnissen (z.B. Addition der Sehschärfe des rechten und des linken Auges).Die neue Formulierung dient der Klarheit. Darüber hinaus wird die bisherige Anforderung an die Sehschärfe des schlechteren Auges gestrichen. Dieses entspricht den Vorgaben der o.g. EG-Richtlinie. Aus wissenschaftlicher Sicht gibt es keine Basis für erhöhte Anforderungen bei Einäugigkeit. Daher wird ebenso wie auf EG-Ebene auch im nationalen Recht dem Vorschlag der Experten der EU-AG »Sehvermögen« gefolgt.

Begr. zur ÄndVO v. 26.06.2012 (BR-Drucks. 245/12 [Beschluss], 31; VkBl. 2012, 604):

[Änderungen an der Anlage 6]

Zu Buchstabe a):

Diese Ziffer muss geändert werden, da die mit der Fünften Verordnung zur Änderung der Fahrerlaubnis-Verordnung und anderer straßenverkehrsrechtlicher Vorschriften neu eingeführte Anforderung an das Kontrast- und Dämmerungssehen nicht in die Systematik passt. Hinsichtlich des Stereosehens soll auf den Begriff »normales« Stereosehen verzichtet werden, da zum Stereosehen keine Grenzwerte angegeben werden können und somit nicht auf den Begriff der Norm verwiesen werden sollte.

Zu Buchstabe b):

Hierbei handelt es sich um eine Korrektur von Fehlern, die bei der Fünften Verordnung zur Änderung der Fahrerlaubnis-Verordnung entstanden sind.

Zu Buchstabe c):

Bei Bewerbern der Gruppe 2 sollen auch im Rahmen der augenärztlichen Untersuchung Kontrast- oder Dämmerungssehen und zusätzlich die Blendempfindlichkeit geprüft werden.

Zu Buchstabe d):

Die mit der Fünften Verordnung zur Änderung der Fahrerlaubnis-Verordnung und anderer straßenverkehrsrechtlicher Vorschriften neu eingeführte Anforderung an das Kontrast- und Dämmerungssehen sowie die mit dieser Verordnung erfolgten Änderungen werden in die Muster übernommen. Ferner wird ein bei der Verordnung zur Änderung der Fahrerlaubnis-Verordnung und anderer straßenverkehrsrechtlicher Vorschriften erfolgter Übertragungsfehler bei der Drucklegung im Bundesgesetzblatt berichtigt, in dem jeweils im Abschnitt Teil 2 (dem Bewerber auszuhändigen) hinter den Angaben »zentrale Tagessehschärfe, Farbensehen, Gesichtsfeld, Stereo-

sehen, Kontrast- oder Dämmerungssehen« vorhandenen Pünktchen gelöscht werden. Darüber hinaus wird zur Identitätsprüfung künftig die Angabe der Nummer des Personalausweises erforderlich.

Begr. zur ÄndVO v. 16.04.2014 (BR-Drucks. 78/14, 67 = VkBl. 2014, 433):

[Änderungen an der Anlage 6]

...

Zu b) bis e) (Nummern 2.2.2., 2.2.3 und 3)

Die mit der 5. Verordnung zur Änderung der Fahrerlaubnis-Verordnung und anderer straßenverkehrsrechtlicher Regelungen vom 17.12.2010 (BGBl. I S. 2279) zum 01.07.2011 erfolgte Änderung dieser Nummern der Anlage 6 erfolgte aus redaktionellen Gründen (Einfügung neuer Nrn. 2.3 und 2.4) und sollte keine materielle Änderung beinhalten. Sie hat jedoch dazu geführt, dass Untersuchungen von Altinhabern, die bis zum 30.06.2011 grundsätzlich von einem Augenarzt durchzuführen waren, nun auch von einem Arzt mit der Gebietsbezeichnung »Arbeitsmedizin«, einem Arzt mit der Zusatzbezeichnung »Betriebsmedizin«, einem Arzt bei einer Begutachtungsstelle für Fahreignung, einem Arzt des Gesundheitsamtes oder einem anderen Arzt der öffentlichen Verwaltung geleistet werden können. Altinhaber, die die Anforderung nach Ziffer 2.1. nicht erfüllen, müssen sich auch dann einer augenärztlichen Untersuchung unterziehen, wenn nach den bis zum 31.12.1998 geltenden Regelungen eine augenärztliche Untersuchung nicht gefordert war, da bis zu diesem Zeitpunkt die Anforderungen teilweise geringer war. Diese Regelung betrifft nur Fahrerlaubnisinhaber, die ihre Fahrerlaubnis verlängern. In Ziffer 2.2.2 ist nunmehr zur Klarstellung der Begriff des »Stereosehens« explizit aufgeführt worden.

...

Zu f) (Rückseiten der Muster)

Zu aa) Vorderseite

Die Angabe der Nummer des Personalausweises ist aus datenschutzrechtlichen Gründen nicht zulässig.

...

Begr. zur ÄndVO v. 14.08.2017 (BR-Drucks. 417/17):

Zu Nummer 3 (§ 12)

Die DIN 58220–6 »Sehschärfebestimmung – Teil 6: Straßenverkehrsbezogener Sehtest« wurde vom Normenausschuss Feinmechanik und Optik (NAFuO) im DIN, Arbeitsausschuss NA 027–01-08 AA »Augenoptik« novelliert. Eine Anpassung des Verweises ist erforderlich. Infolge der Anpassung wird eine Sehtestung nur noch durch Landoltringe und nicht mehr wie bisher durch Landoltringe oder Buchstaben möglich sei.

Begr. zur ÄndVO v. 11.03.2019 (BR-Drucks. 600/18 – Beschluss):

Begründung:

Es wird ein einheitliches Muster für die Sehtestbescheinigung nach § 12 Absatz 3 FeV eingeführt. Damit sollen Diskussionen um die Ausgestaltung der Sehtestbescheinigung vermieden werden. Das Muster entspricht weitgehend dem Muster, das das Bundesministerium für Verkehr und digitale Infrastruktur am 04.06.2013 im Verkehrsblatt bekanntgemacht hat (VkBl. 2013, S. 712). Das für die Gebühr vorgesehene Feld wurde im Hinblick auf § 65 Absatz 5 Satz 2 StVG entfernt. Danach ist die Gebühren-Nummer 403 der Anlage zu § 1 GebOSt nicht mehr anzuwenden. Die Änderung tritt erst verzögert in Kraft, um einen reibungslosen Übergang zu gewährleisten und den Sehteststellen zu ermöglichen, vorhandene Sehtestbescheinigungen, die von dem Muster abweichen, aufzubrauchen.

Die Ergänzung von § 12 Absatz 2 Satz 3 FeV erfolgt in Anlehnung an §§ 16 Absatz 3 Satz 3, 17 Absatz 5 Satz 2 FeV. Da im Verfahren um die Fahrerlaubniserteilung die Identität des Bewerbers auch mit sonstigen Ausweisdokumenten nachgewiesen wird, darf die Identitätsprüfung beim Sehtest nicht auf die Einsichtnahme in Personalausweis und Reisepass beschränkt sein.

I. Zweck und Anwendungsbereich der Vorschrift

391 § 12 FeV mit der dazugehörigen Anlage 6 stellt eine Spezialregelung für den Bereich »Sehen« und die damit zusammenhängenden Anforderungen zum Führen von Kraftfahrzeugen dar. Die Voraussetzungen für die Beibringung von augenärztlichen Gutachten und die Durchführungen von augenärztlichen Untersuchungen sind in diesen Normen eigens und ausführlich genannt. Das Spezialitätsverhältnis zwischen §§ 11 und 12 FeV würde unterlaufen werden, wenn auch in Fällen, in denen die Voraussetzungen des § 12 FeV i.V.m. Anlage 6 nicht vorliegen, augenärztliche Gutachten und Kontrollen gefordert werden könnten. § 11 FeV i.V.m. Anlage 4 ist ersichtlich nicht als generelle Auffangnorm zu verstehen (VG Stade, Urt. v. 22.01.2015 – 1 A 2634/13, juris).

392 § 12 wird direkt in Fällen angewandt, in denen es um die Erteilung oder Verlängerung einer FE geht. Die Norm findet entsprechend Anwendung zur Klärung des Sehvermögens eines Fahrerlaubnisinhabers (§ 46 Abs. 3 FeV) und wenn die Eignung zum Führen fahrerlaubnisfreier Fahrzeuge oder Tiere im Straßenverkehr nach § 3 Abs. 2 FeV zu klären ist (*Dauer*, in: Hentschel/König/Dauer, § 12 FeV Rn. 12).

393 Zur entsprechenden Anwendung auf das Untersagen des Führens von Mofas siehe VG Würzburg, Beschl. v. 26.09.2001 – W 6 S 01.900, juris.

II. Unterschiedliche Anforderungen an die jeweiligen Gruppen von Fahrerlaubnissen

394 Die Vorschrift unterscheidet zwei Gruppen von Fahrerlaubnissen:
- Gruppe 1: Klassen A, A1, A2, B, BE, AM, L, T
- Gruppe 2: Klassen C, C1, CE, C1E, D, D1, DDE, D1E

395 Der Einteilung der Fahrerlaubnisgruppen lag die Erwägung zugrunde, dass die unterschiedlichen Anforderungen an das Sehvermögen aufgrund der verschiedenen Merkmale der Fahrzeuge, zu deren Führung die Fahrerlaubnisklassen der Gruppe 1 und 2 jeweils berechtigen (Größe, Gewicht, Manövrierfähigkeit der Fahrzeuge, Anzahl der beförderten Personen) sowie der unterschiedlichen Verantwortung, die sich damit aus dem Führen der Fahrzeuge ergibt, geboten sind (VG Koblenz, Urt. v. 30.04.2020 – 4 K 1332/19.KO, juris).

Bewerber um eine Fahrerlaubnis der Klassen AM, A1, A2, A, B, BE, L oder T müssen nur einen Sehtest bestehen (Absatz 2 Satz 1). Der Sehtest ist von einer nach § 67 FeV zugelassenen Sehteststelle durchzuführen. Hat der Bewerber den Sehtest nicht bestanden, führt dies nicht ohne weiteres zur Versagung der Fahrerlaubnis. Die Erteilung hängt dann jedoch vom Ergebnis einer augenärztlichen Untersuchung nach Nr. 1.2 Anlage 6 ab, über die der Bewerber der FEB ein Zeugnis des Augenarztes vorzulegen hat (Absatz 5). Bei dieser Untersuchung genügen niedrigere Werte für die Sehschärfe. Die Untersuchung umfasst daneben aber auch Gesichtsfeld, Dämmerungs- oder Kontrastsehen, Blendempfindlichkeit, Diplopie sowie andere Störungen der Sehfunktion, die ein sicheres Fahren in Frage stellen können (Nr. 1.2 Anlage 6). Die FE wird nur erteilt, wenn sich aus dem augenärztlichen Zeugnis ergibt, dass der Bewerber die Mindestanforderungen der Nr. 1.2 Anlage 6 erfüllt (*Dauer*, in: Hentschel/König/Dauer, § 12 FeV Rn. 15). 396

Bewerber um Erteilung und Verlängerung einer Fahrerlaubnis der Klassen C, C1, CE, C1E, D, D1, DE, D1E müssen sich in jedem Fall ärztlich untersuchen lassen, die Anforderungen gem. Nr. 2 Anlage 6 erfüllen und dies durch eine ärztliche Bescheinigung nachweisen (Absatz 6; *Dauer*, in: Hentschel/König/Dauer, § 12 FeV Rn. 17). 397

III. Die Regelung des Absatzes 8

Absatz 8 enthält eine Ermächtigung zur Anordnung einer **anlassbezogenen augenärztlichen Untersuchung** durch die Fahrerlaubnisbehörde, die gegenüber § 11 Abs. 2 FeV speziell ist (*Dauer*, in: Hentschel/König/Dauer, § 12 FeV Rn. 20). 398

Voraussetzung für Maßnahmen nach § 12 Abs. 8 FeV i.V.m. Anlage 6 ist, dass Tatsachen bekannt geworden sind, die Bedenken begründen, dass der Fahrerlaubnisbewerber bzw. -inhaber die Anforderungen an das Sehvermögen nicht erfüllt oder dass andere Beeinträchtigungen des Sehvermögens bestehen, die die Eignung zum Führen von Kraftfahrzeugen beeinträchtigen. Regelmäßige augenärztliche Untersuchungen dürfen nach Ziffer 1.5 und Ziffer 2.4 der Anlage 6 zu § 12 FeV nur angeordnet werden, wenn eine fortschreitende Augenkrankheit besteht (VG Stade, Urt. v. 22.01.2015 – 1 A 2634/13, juris). 399

Eine Sehtestbescheinigung hat in materieller Hinsicht nur einen beschränkten Aussagegehalt, denn es wird hierbei lediglich geprüft, ob die zentrale Tagessehschärfe mit oder ohne Sehhilfe mindestens den in Anlage 6 Nr. 1.1 genannten Wert erreicht. Spielt jedoch nicht nur die zentrale Tagessehschärfe eine Rolle, sondern auch andere Aspekte, welche in der Anlage 6 zur FeV ausgeführt sind, insbesondere auch das Dämmerungs- oder Kontrastsehen, ist nach § 12 Abs. 8 FeV ein augenärztliches Gutachten nötig (VG Ansbach, Urt. v. 31.07.2015 – AN 10 K 14.00237, juris). 400

IV. Die Anlage 6 FeV

Durch die Anlage 6 hat der Verordnungsgeber Mindestanforderungen für das Sehvermögen festgelegt, die den Begriff der Eignung zum Führen von Kraftfahrzeugen im 401

Sinne der §§ 2 Abs. 4 und 3 Abs. 1 StVG verbindlich konkretisieren. Einschränkungen nach Art der Vorbemerkungen zu der eine Vielzahl von Erkrankungen und Mängeln betreffenden Anlage 4, die gegebenenfalls Raum für eine individuelle Begutachtung lassen, hat der Verordnungsgeber für die speziell auf das Sehvermögen im Sinne des § 12 FeV bezogene Anlage 6 nicht vorgesehen. Hiernach verbietet sich eine Übertragung des Regelungsgehaltes der Vorbemerkungen zur Anlage 4 auf die Anlage 6 (OVG Niedersachsen, Beschl. v. 30.05.2007 – 12 LA 238/06, juris).

V. Entziehung/Versagung der Fahrerlaubnis aufgrund mangelnder Sehschärfe

402 – Nach einer Entziehung der Fahrerlaubnis der Klasse 3 alten Rechts hat der Betreffende, dessen Sehschärfe auf dem schlechteren Auge unter 0,1 liegt, auch dann keinen Anspruch auf Erteilung der Fahrerlaubnis der Klassen C1 und C1E, wenn er auf beiden Augen über ein normales Gesichtsfeld verfügt und das fehlende räumliche Sehvermögen kompensieren kann (BayVGH, Urt. v. 14.01.2015 – 11 BV 14.1345, juris).
– Auch wenn ein Gutachten nicht »pauschal« auf alle möglichen Krankheitsbilder hin angeordnet werden darf, ist bei einer Untersuchung des Sehvermögens keine Beschränkung, etwa auf das Kontrast- und Dämmerungssehen, veranlasst. Zum einen ist eine umfängliche Prüfung des Sehvermögens nicht maßgeblich belastender für einen Betroffenen als die Prüfung eines Teilbereichs des Sehvermögens. Auch ist es im augenärztlichen Fachbereich regelmäßig nicht möglich, mit dem allgemeinen medizinischen Wissen, welches in Form der Gesundheitsabteilungen (ehemals Gesundheitsämter) bei den Kreisverwaltungsbehörden vorhanden ist, eine Vorabprüfung augenärztlicher Sachverhalte vorzunehmen, da bereits dies schon augenärztliches Fachwissen voraussetzt. Letztlich geht auch der Verordnungsgeber in Anlage 6 zur FeV etwa in deren Ziffern 1.2 und 1.3 davon aus, dass bei Zweifeln in einem Teilbereich des Sehvermögens auch die anderen Teilbereiche mitzuprüfen sind (VG Ansbach, Urt. v. 31.07.2015 – AN 10 K 14.00237, juris).

C. § 13 FeV

403 **§ 13**
Klärung von Eignungszweifeln bei Alkoholproblematik

[1]Zur Vorbereitung von Entscheidungen über die Erteilung oder Verlängerung der Fahrerlaubnis oder über die Anordnung von Beschränkungen oder Auflagen ordnet die Fahrerlaubnisbehörde an, dass

1. **ein ärztliches Gutachten (§ 11 Absatz 2 Satz 3) beizubringen ist, wenn Tatsachen die Annahme von Alkoholabhängigkeit begründen, oder**
2. **ein medizinisch-psychologisches Gutachten beizubringen ist, wenn**
   a) **nach dem ärztlichen Gutachten zwar keine Alkoholabhängigkeit, jedoch Anzeichen für Alkoholmissbrauch vorliegen oder sonst Tatsachen die Annahme von Alkoholmissbrauch begründen,**
   b) **wiederholt Zuwiderhandlungen im Straßenverkehr unter Alkoholeinfluss begangen wurden,**

c) ein Fahrzeug im Straßenverkehr bei einer Blutalkoholkonzentration von 1,6 Promille oder mehr oder einer Atemalkoholkonzentration von 0,8 mg/l oder mehr geführt wurde,
d) die Fahrerlaubnis aus einem der unter den Buchstaben a) bis c) genannten Gründe entzogen war oder
e) sonst zu klären ist, ob Alkoholmissbrauch oder Alkoholabhängigkeit nicht mehr besteht.

[2]Im Falle des Satzes 1 Nummer 2 Buchstabe b) sind Zuwiderhandlungen, die ausschließlich gegen § 24c des Straßenverkehrsgesetzes begangen worden sind, nicht zu berücksichtigen.

Amtliche Begründung 404

Begr. zur Verordnung über die Zulassung von Personen zum Straßenverkehr (Fahrerlaubnis-Verordnung) und zur Änderung straßenverkehrsrechtlicher Vorschriften v. 26.08.1998 (VkBl. 1998, 962/1070):

§ 13 ist eine Spezialvorschrift gegenüber § 11 und regelt die Maßnahmen, die zu ergreifen sind bei Verdacht auf Alkoholabhängigkeit oder -missbrauch. Bei der Frage, welche Untersuchungsart in Frage kommt, wird unterschieden zwischen Alkoholabhängigkeit (Absatz 1 Nr. 1) und Alkoholmissbrauch (Absatz 1 Nr. 2). Ein ärztliches Gutachten ist erforderlich und ausreichend bei Verdacht auf Alkoholabhängigkeit, wenn die Fahrerlaubnis wegen Alkoholabhängigkeit entzogen worden ist oder wenn sonst zu klären ist, ob Alkoholabhängigkeit nicht mehr besteht. Für die Beurteilung der Alkoholabhängigkeit genügt ein fachärztliches Gutachten, da es sich um eine ärztliche Frage handelt und psychologische Fragestellungen nicht zu beurteilen sind.

Absatz 1 Nr. 1 soll vornehmlich Fälle außerhalb des Straßenverkehrs erfassen, wenn der Fahrerlaubnisbehörde Informationen vorliegen, die den Verdacht auf Alkoholabhängigkeit rechtfertigen, unabhängig von einem eventuell festgestellten Blutalkoholkonzentrationswert; außerdem können auch Fälle im Zusammenhang mit der Teilnahme am Straßenverkehr darunter fallen, wenn besondere Umstände (z.B. Alkoholisierung früh morgens) den Verdacht auf Abhängigkeit begründen.

Absatz 1 Nr. 2 regelt die Fälle, in denen ein medizinisch-psychologisches Gutachten beigebracht werden muss. Dies ist insbesondere der Fall bei Fragestellungen im Zusammenhang mit Alkoholmißbrauch (Nummer 2 Buchstabe a)), da es hierbei im Wesentlichen um die Beurteilung des Alkoholtrinkverhaltens des Betroffenen und den Umgang mit dem Alkohol geht (Frage des kontrollierten Alkoholkonsums, Trennen von Trinken und Fahren) und eine Verhaltensprognose erforderlich ist. Alkoholmissbrauch liegt vor, wenn ein die Fahrsicherheit beeinträchtigender Alkoholkonsum und das Fahren nicht hinreichend sicher getrennt werden kann; diese Definition ist in Anlage 4 Nr. 8.1 enthalten.

Nummer 2 Buchstaben b) bis d) übernehmen die bisherigen Zuweisungsbestimmungen aus dem Mängelkatalog der Eignungsrichtlinien des Bundes. Dabei stellt Buchstabe b) gegenüber dem Punktsystem in § 4 StVG eine Spezialvorschrift dar, wonach die Maßnahme der Eignungsüberprüfung bereits bei einem wiederholten Alkoholverstoß zu ergreifen ist, unabhängig von der Punktzahl. Unter Nummer 2 Buchstaben e) und sind außerdem alle anderen Fälle erfaßt, bei denen es um die Frage der Eignung im Zusammenhang mit Alkoholauffälligkeit im Straßenverkehr geht.

Änderung durch den Bundesrat – BR-Drucks. 443/1/98 v. 08.06.1998 (= VkBl. 1998, 1070):

Nach einhelliger Auffassung in Wissenschaft und Literatur entspricht die bisher in der Fußnote 7 der Anlage l der Eignungsrichtlinien zu § 12 StVZO enthaltene Differenzierung, eine MPU bei einer BAK von 2,0 Promille oder mehr bzw. bei einer BAK von 1,6 bis 1,99 Promille und zusätzlichen Anhaltspunkten anzuordnen, nicht mehr dem aktuellen Forschungsstand. Vielmehr ist davon auszugeben, dass alkoholauffällige Kraftfahrer bereits mit einer BAK ab 1,6 Promille über deutlich normabweichende Trinkgewohnheiten und eine ungewöhnliche Giftfestigkeit verfügen. Da diese Personen doppelt so häufig rückfällig werden wie Personen mit geringeren Blutalkoholkonzentrationen, ist das Erfordernis zusätzlicher Verdachtsmomente nicht mehr vertretbar. So hat das Schleswig-Holsteinische Oberverwaltungsgericht entschieden, dass es die dem Urt. v. 07.04.1992 – 4 L 238/91 – zugrundeliegenden grundsätzlichen Ausführungen eines Gutachtens in diesem Sinne künftig in anhängigen Verfahren berücksichtigen werde. Insbesondere die obligatorische Anordnung zur Beibringung eines Gutachtens ab einer BAK von 1,6 Promille ohne weitere Auffälligkeiten auch bei Ersttätern wird seitdem in der ständigen Rechtsprechung des OVG bestätigt. Dieses wird auch zunehmend in anderen Ländern praktiziert und ist bisher nicht gerichtlich beanstandet worden.

Begr. zum Gesetz v. 19.07.2007 (VkBl. 2008, 258):

Durch die Änderung des § 13 wird ausgeschlossen, dass ein Verstoß gegen das Alkoholverbot für Fahranfänger und Fahranfängerinnen in der Probezeit mit einer Blutalkoholkonzentration von weniger als 0,5 Promille oder einer Atemalkoholkonzentration von weniger als 0,25 mg/l die Anordnung einer medizinisch-psychologischen Untersuchung der Fahreignung rechtfertigt.

Begr. zur ÄndVO v. 18.07.2008 (BR-Drucks. 302/08 v. 30.04.2008, S. 62 = VkBl. 2008, 567):

Nach der derzeitigen Rechtslage wird die Beurteilung von früherer Alkoholabhängigkeit und früherer Drogenabhängigkeit unterschiedlich gehandhabt. Bei früherer Alkoholabhängigkeit wird im Rahmen der fachärztlichen Untersuchung alleine aufgrund des einjährigen Abstinenznachweises die Eignung als gegeben angesehen. Dies wird damit begründet, dass die Tatsache, dass der oder die Betroffene in der Lage war ein Jahr Abstinenz einzuhalten, die notwendige Stabilität gewährleistet. Bei früherer Drogenabhängigkeit wird im Rahmen einer medizinisch-psychologischen Begutachtung demgegenüber in der Eignungsüberprüfung – auch flächendeckend in der Rechtsprechung – immer wieder differenziert auf die Prognose und die Stabilität der Verhaltensänderung abgehoben. Der Abstinenznachweis entsprechend den Begutachtungskriterien wird dabei lediglich als eine von mehreren Voraussetzungen für eine positive Begutachtung gewertet. Es ist im Hinblick auf die Verkehrssicherheit nicht ersichtlich, aus welchem Grund diese unterschiedliche Beurteilung gerechtfertigt sein sollte. Deshalb ist eine MPU als Eignungsuntersuchung in beiden Fällen angezeigt, um eine hinreichend klare Entscheidungsgrundlage für die Fahrerlaubnisbehörde zu erhalten.

Vierte Verordnung zur Änderung der Fahrerlaubnis-Verordnung und anderer straßenverkehrsrechtlicher Vorschriften v. 18.07.2008 (VkBl. 2008, 527/571) – zu Anlage 4 Nr. 8.1:

Die Änderung [Ersetzung von »Kraftfahrzeugen« durch »Fahrzeuge«] *dient der sprachlichen Klarstellung und der Rechtsklarheit, da sich im Vollzug aus dem Zusammenwirken der Ziffer 8.1 (Definition des Missbrauchs) und § 13 Nr. 2 Buchstabe c) Unebenheiten ergeben haben. Ziffer 8.1 der Anlage 4 definiert Alkoholmissbrauch als das individuelle Unvermögen, einen die Fahrsicherheit beeinträchtigenden Alkoholkonsum und das Führen eines Kraftfahrzeugs i.S.v. § 1 Abs. 2 StVG zu trennen. Das Unvermögen des Führens eines Fahrzeugs und einen die Verkehrssicherheit beeinträchtigenden Alkoholkonsum zu trennen, begründet demnach keine Fahreignungszweifel. Demgegenüber sieht § 13 Nr. 2 Buchstabe c) die Notwendigkeit der Anord-*

nung einer MPU bei Führen eines Fahrzeugs unter Alkoholeinfluss. Diese Widersprüchlichkeit ist auch beim Vollzug des § 3 (Einschränkung und Entziehung der Zulassung) hinderlich.

I. Anwendungsbereich und Abgrenzung zu § 11 FeV

Rechtsgrundlage zur Klärung von Eignungszweifeln bei einer Alkoholproblema- 405
tik ist nicht der allgemeine § 11 FeV, sondern der spezielle § 13 FeV (BayVGH, Beschl. v. 09.02.2009 – 11 CE 08.3028, SVR 2009, 113). § 13 FeV ist eine Spezialvorschrift zu § 11 FeV (Amtl. Begr. VkBl. 1998, 1070). § 13 FeV konkretisiert die Fälle, in denen die Fahrerlaubnisbehörde im Zusammenhang mit einer Alkoholproblematik die Fahreignung durch ein ärztliches oder medizinisch-psychologisches Gutachten zu klären hat; § 11 Abs. 3 Satz 1 Nr. 4 FeV darf nicht so ausgelegt werden, dass hierdurch die Wertung des Verordnungsgebers, bei bestimmten alkoholbedingten Verstößen gegen Verkehrsvorschriften von der (zwingenden) Einholung eines medizinisch-psychologischen Sachverständigengutachtens abzusehen, umgangen wird (OVG Saarland, Beschl. v. 21.06.2023 – 1 B 18/23, SVR 2023, 315).

Geht es um ein Alkoholproblem und somit um Anhaltspunkte für einen Mangel 406
im Sinne einer der Untergliederungen von Nr. 8 der Anlage 4 zur FeV, ist § 13 FeV die im System der §§ 11 bis 14 FeV spezielle Vorschrift zur Klärung von Fahreignungszweifeln wegen des Alkoholkonsumverhaltens des Fahrerlaubnisinhabers. § 13 FeV stellt dabei für die Klärung von Eignungszweifeln bei Alkoholproblematik eine abschließende Spezialvorschrift dar. Außerhalb des Anwendungsbereichs des § 13 FeV ist der Fahrerlaubnisbehörde der Rückgriff auf die allgemeine Vorschrift des § 11 FeV, der zu einer Umgehung des ausdifferenzierten Systems des § 13 FeV führen kann, versagt (VG Köln, Beschl. v. 18.10.2023 – 6 L 1501/23, juris). Sind die Voraussetzungen des § 13 FeV nicht gegeben, kommt eine Anordnung eines medizinisch-psychologischen Gutachtens auch nicht nach der Vorschrift des § 11 Abs. 3 Satz 1 Nr. 9 FeV in Betracht, weil § 13 FeV für die Klärung von Eignungszweifeln bei Alkoholproblematik die (abschließende) Spezialvorschrift ist (OVG Nordrhein-Westfalen, Urt. v. 19.01.2022 – 16 A 2670/19, SVR 2022, 236). § 13 FeV enthält im Hinblick auf die Alkoholproblematik ein ausdifferenziertes System bezüglich der Gutachtensanforderung (VG Augsburg, Beschl. v. 01.10.2009 – Au 7 E 09.1387, BeckRS 2009, 47967).

Die Norm ist aber nur speziell, soweit die Voraussetzungen für die Anordnung eines 407
ärztlichen oder eines medizinisch-psychologischen Gutachtens geregelt werden. Für die Durchführung der Untersuchung, die Anforderungen an das Gutachten, die Rechtsbeziehungen zwischen dem Betroffenen, der Fahrerlaubnisbehörde und dem Gutachten und die Folgen der Nichtbeibringung des Gutachtens gelten die gleichen Grundsätze wie im Rahmen des § 11 FeV (*Dauer*, in: Hentschel/König/Dauer, § 13 FeV Rn. 15).

Wird die Gutachtensanordnung aber fälschlicherweise mit § 11 Abs. 2 FeV anstatt 408
mit dem zutreffenden § 13 FeV begründet, kann der Wegfall der Fahreignung und die Entziehung der Fahrerlaubnis nicht auf die Nichtvorlage des Gutachtens gestützt

werden. Eine Ausnahme käme nur dann Betracht, wenn eine Vorschrift schlicht falsch bezeichnet wird, die Voraussetzungen der beiden Vorschriften aber identisch sind und die Nennung der falschen Norm den Betreffenden nicht in seiner Rechtsposition oder Rechtsverteidigung beinträchtigen kann. Auch der Gutachter ist an die Gutachtenaufforderung und die dort genannte Rechtsgrundlage gebunden; es ist nicht seine Aufgabe, die zutreffende Rechtsgrundlage und damit seine eigene Beurteilungsgrundlage selbst festzulegen (VG Würzburg, Beschl. v. 07.01.2014 – W 6 S 13.1240, juris; VG Augsburg, Beschl. v. 25.03.2014 – Au 7 S 14.306, juris; siehe auch OVG Schleswig-Holstein, Gerichtsbescheid v. 14.10.2014 – 3 A 254/13, juris: Es kann offen bleiben, ob aus § 11 Abs. 6 Satz 2 FeV, der die Behörde zur Darlegung der Gründe verpflichtet, aus denen sie Zweifel an der Fahreignung einer Person herleitet, folgt, dass auch die Rechtsgrundlage genannt werden muss, auf welche die Behörde die Forderung stützt, ein Fahreignungsgutachten beizubringen. Nennt die Behörde jedoch die Rechtsgrundlage, so muss diese Angabe grundsätzlich zutreffen.).

409 Zum Verhältnis zwischen § 11 und § 13 FeV siehe ausführlich das Urteil des VGH Baden-Württemberg vom 11.10.2017 (10 S 746/17, juris):

> »Zwar wird allgemein angenommen, dass § 13 FeV eine Spezialvorschrift gegenüber § 11 FeV darstellt …, weswegen sich die von der Fahrerlaubnisbehörde zu treffenden Maßnahmen zur Klärung von Eignungszweifeln wegen einer Alkoholproblematik in erster Linie nach der Bestimmung des § 13 FeV richten … Dies heißt jedoch nicht, dass im Fall der Begehung von Straftaten mit Alkoholbezug der Zugriff auf die Ermächtigungsgrundlage des § 11 Abs. 3 FeV vornherein gesperrt wäre. Hiergegen spricht schon der grundsätzlich unterschiedliche – sich in einer entsprechenden Fragestellung niederschlagende – Untersuchungsgegenstand einer auf § 11 Abs. 3 FeV gestützten Gutachtensanordnung im Vergleich zu einer auf Grundlage von § 13 Satz 1 Nr. 2 FeV ergangenen Anordnung. So kann (und muss unter Umständen) die Behörde in Fällen, in denen sowohl (nicht im Zusammenhang mit einer Alkoholtat stehende) Zweifel an der charakterlichen Fahreignung vorliegen als auch der Verdacht einer Alkoholproblematik aufzuklären ist, eine Gutachtensanordnung sowohl auf § 11 Abs. 3 FeV als auch auf § 13 Satz 1 Nr. 2 FeV stützen … Allerdings darf bei der Auslegung gerade der Vorschriften des § 11 Abs. 3 Satz 1 Nr. 4 und 5 FeV nicht übersehen werden, dass zwischen den grundsätzlich verschiedenen Untersuchungsgegenständen des § 11 Abs. 3 FeV und des § 13 Satz 1 Nr. 2 FeV trotzdem – je nach Fallkonstellation nicht immer gleiche – Schnittmengen existieren. So lässt sich das (im Rahmen eines auf Grundlage von § 13 Satz 1 Nr. 2 FeV eingeholten medizinisch-psychologischen Gutachtens zu klärende) Trennungsvermögen auch als Frage der charakterlichen Eignung im Sinne der Einhaltung des Verbots, ein Kraftfahrzeug in einem Zustand der alkoholbedingten Fahruntüchtigkeit zu führen, begreifen. Umgekehrt wird ein Gutachter bei einer auf § 11 Abs. 3 Satz 1 Nr. 4 FeV gestützten Untersuchung bei der Prognostizierung zukünftiger Verstöße gegen die Vorschriften des § 315c Abs. 1 Nr. 1a StGB oder des § 316 Abs. 1 StGB zumindest die Frage des Trennungsvermögens ebenfalls in den Blick nehmen dürfen. Dementsprechend wird man gerade die Vorschriften des § 11 Abs. 3 Satz 1 Nr. 4 und 5 FeV nicht so auslegen dürfen, dass hierdurch die Wertung des Verordnungsgebers, bei bestimmten alkoholbedingten Verstößen gegen Verkehrsvorschriften von der (zwingenden) Einholung eines medizinisch-psychologischen Sachverständigengutachtens abzusehen, umgangen wird. Zu berücksichtigen sind diese Gesichtspunkte allerdings nicht bereits bei der Prüfung des Tatbestands des § 11 Abs. 3 Satz 1 Nr. 4 und 5 FeV,

sondern im Rahmen des von der Behörde nach § 11 Abs. 3 Satz 1 FeV auszuübenden Ermessens.«

Siehe auch VG Bayreuth, Beschl. v. 25.09.2018 – B 1E 18.945, BeckRS 2018, 24006: 410
Im Fall der Begehung von Straftaten mit Alkoholbezug ist trotz Vorrangs von § 13 FeV gleichwohl ein Anwendungsbereich für § 11 Abs. 3 FeV eröffnet.

Die Regelung des § 13 FeV dient – nicht anders als § 14 FeV in Bezug auf Betäubungsmittel – der Gefahrenabwehr und nicht der Sanktionierung eines vom Betroffenen in der Vergangenheit gezeigten Fehlverhaltens im Straßenverkehr (BVerwG, Urt. v. 14.12.2023 – 3 C 10.22). 411

II. Systematik der Vorschrift

Speziell zur Klärung von Eignungszweifeln bei Alkoholproblematik ist auf § 13 FeV, 412
der einerseits den Fall der Alkoholabhängigkeit und andererseits den Fall des Alkoholmissbrauchs regelt, abzustellen. Speziell zur Klärung von Eignungszweifeln im Falle des Vorliegens von Anhaltspunkten für einen Alkoholmissbrauch sieht § 13 Satz 1 Nr. 2 FeV eine abschließende Aufzählung vor, die teilweise aufeinander aufbauende, fallspezifische Kriterien vorgibt, bei deren Erfüllung die Vorlage eines medizinisch-psychologischen Gutachtens zwingend anzuordnen ist (OVG Saarland, Beschl. v. 18.09.2000 – 9 W 5/00, zfs 2001, 92).

Bei Verdacht auf Alkoholabhängigkeit ist (nur) ein ärztliches Gutachten anzufordern, 413
bei Alkoholmissbrauch ist eine medizinisch-psychologische Untersuchung notwendig.

Die unterschiedlichen Voraussetzungen und Rechtsfolgen sind in der Laiensphäre sehr 414
häufig gar nicht geläufig (VG Bayreuth, Urt. v. 04.07.2014 – B 1 K 14.168, juris).

III. Gebundene Entscheidung

Liegen die Voraussetzungen des § 13 FeV vor, muss die Fahrerlaubnisbehörde ein 415
Gutachten anfordern. Ein Ermessen, wie § 11 FeV, lässt § 13 FeV nicht zu (BayVGH, Beschl. v. 30.09.2015 – 11 ZB 15.1591, juris; VG München, Beschl. v. 28.06.2012 – M 6a S 12.2210, juris; VG Hamburg, Beschl. v. 05.07.2007 – 15 E 2027/07, juris).

Nach § 13 Satz 1 Nr. 2 Buchst. b) FeV ist die Beibringung eines medizinisch-psycho- 416
logischen Gutachtens zwingend anzuordnen, wenn wiederholt Zuwiderhandlungen im Straßenverkehr unter Alkoholeinfluss begangen wurden. Auch der Schluss auf die Nichteignung wird nicht im Wege einer Ermessensentscheidung getroffen, sondern § 11 Abs. 8 Satz 1 FeV enthält einen Grundsatz der Beweiswürdigung (BayVGH, Beschl. v. 12.08.2015 – 11 CS 15.1499, BeckRS 2015, 51946).

Zwingt § 13 FeV zur Anordnung einer Begutachtung des Fahrerlaubnisbewerbers, so 417
darf die Behörde die Fahrerlaubnis nur wieder erteilen, wenn ein positives Gutachten zur Ausräumung der Eignungszweifel vorgelegt wurde. Ein Anspruch auf Erteilung der Fahrerlaubnis besteht nicht, solange Eignungszweifel vorliegen, welche die Anordnung

zur Beibringung eines Gutachtens rechtfertigen (OVG Mecklenburg-Vorpommern, Beschl. v. 22.05.2013 – 1 M 123/12, VRS 127, 269).

IV. Ärztliches Gutachten bei Annahme von Alkoholabhängigkeit

418 Begründen Tatsachen die Annahme von Alkoholabhängigkeit, hat die Fahrerlaubnisbehörde die Beibringung eines ärztlichen Gutachtens zu fordern. Die FeV sieht Personen, die alkoholabhängig sind, grundsätzlich – d.h. ohne dass weitere, ihnen nachteilige Tatsachen hinzukommen müssen – als fahrungeeignet an (BayVGH, Beschl. v. 24.08.2010 – 11 CS 10.1139, juris).

419 Bei der Anforderung eines ärztlichen Gutachtens nach § 13 Satz 1 Nr. 1 FeV braucht (und darf) die Alkoholabhängigkeit gerade nicht festzustehen; ob eine solche besteht, soll gerade durch das Gutachten geklärt werden (BayVGH, Beschl. v. 07.01.2013 – 11 ZB 12.2306, juris).

420 Alkoholabhängigkeit führt nach Nr. 8.3 der Anlage 4 zur FeV zum Ausschluss der Eignung oder bedingten Eignung zum Führen von Kraftfahrzeugen. Wer alkoholabhängig ist, hat grundsätzlich nicht die erforderliche Fähigkeit, den Konsum von Alkohol und das Führen eines Kraftfahrzeugs im Straßenverkehr zu trennen. Hierfür kommt es entgegen der Auffassung des Antragstellers nicht darauf an, ob der Betreffende bereits mit Alkohol im Straßenverkehr auffällig geworden ist (BayVGH, Beschl. v. 31.07.2023 – 11 CS 23.1229, juris).

421 Bei einer feststehenden und nicht überwundenen Alkoholabhängigkeit ist der Betreffende ungeeignet zum Führen von Kraftfahrzeugen, und zwar unabhängig davon, ob er bereits mit Alkohol im Straßenverkehr auffällig geworden ist. Damit ist die Fahrerlaubnis zwangsläufig zu entziehen, ohne dass es hierfür weiterer Abklärung bedarf. Die Wiedererlangung der Fahreignung setzt voraus, dass die Abhängigkeit nicht mehr besteht (Entwöhnungsbehandlung) und in der Regel ein Jahr Abstinenz nachgewiesen ist (BayVGH, Beschl. v. 28.04.2022 – 11 CS 22.467, BeckRS 2022, 9289).

422 Die Anordnung eines medizinisch-psychologischen Gutachtens auf der Grundlage von § 13 Satz 1 Nr. 2 Buchst. e) 2. Alt. FeV kommt lediglich dann in Betracht, wenn durch die Begutachtung festgestellt werden soll, ob eine in der Vergangenheit alkoholabhängige Person die Fahreignung deshalb wiedererlangt hat, weil sie (jedenfalls) jetzt nicht mehr alkoholabhängig ist. Dient eine Fahreignungsbegutachtung demgegenüber dazu, abzuklären, ob eine Person überhaupt alkoholabhängig ist, kommt lediglich die Anordnung eines ärztlichen Gutachtens auf der Grundlage von § 13 Satz 1 Nr. 1 FeV in Betracht (VGH Baden-Württemberg, Beschl. v. 08.09.2015 – 10 S 1667/15 im Anschluss an BayVGH, Beschl. v. 24.08.2010 – 11 CS 10.1139, SVR 2011, 275).

423 Dient eine Fahreignungsbegutachtung dazu, in Erfahrung zu bringen, ob eine Person überhaupt alkoholabhängig ist, so darf zu diesem Zweck gem. § 13 Satz 1 Nr. 1 FeV lediglich die Beibringung eines ärztlichen Gutachtens verlangt werden, nicht eines medizinisch-psychologischen Gutachtens (OVG Sachsen, Beschl. v. 08.02.2021 – 6 B 404/20). Dies gilt nach dem OVG Sachsen grundsätzlich auch dann, wenn es sich

um einen ehemals alkoholabhängigen Fahrerlaubnisinhaber handelt. Habe dieser einmal die Hürde des § 13 Satz 1 Nr. 2 Buchst. e) FeV genommen, sei er wieder als fahrgeeignet anzusehen und verliere die Fahreignung wie jeder andere Fahrerlaubnisinhaber erst wieder, wenn eine Alkoholabhängigkeit nach Nummer 8.3 Anlage 4 FeV festgestellt werde.

Zwar ist zur Wiedererlangung der Fahreignung nach Alkoholabhängigkeit nicht nur 424 eine Entwöhnungsbehandlung und der Nachweis einer Abstinenz von in der Regel einem Jahr nach Nr. 8.4 der Anlage 4 zur FeV erforderlich, sondern auch eine positive psychologische Beurteilung, wonach es zu einem tiefgreifenden Einstellungswandel gekommen sein muss, der die Erwartung begründet, der Betroffene werde auch künftig alkoholabstinent leben; gleichwohl kann, trifft die Prognose nicht zu, die medizinisch-psychologische Begutachtung nach der Rechtsgrundlage des § 13 Satz 1 Nr. 2 Buchst. e) FeV nicht erneut angeordnet werden (BayVGH, Beschl. v. 09.12.2014 – 11 CS 14.868, juris).

Voraussetzung für eine Gutachtensanforderung sind Tatsachen, die die Annahme 425 von Alkoholabhängigkeit begründen. Es müssen danach zum einen Fakten vorliegen, Vermutungen sind nicht ausreichend. Auf der anderen Seite ist es nicht erforderlich, dass schon aufgrund der bekannten Tatsachen die Diagnose einer Alkoholabhängigkeit gestellt werden kann. Es genügen konkrete Eignungszweifel. Als objektive Anknüpfungstatsache kann insbesondere ein hoher ermittelter Blutalkoholwert des Betroffenen in Zusammenhang mit seinem körperlichen und geistigen Befinden und Verhalten herangezogen werden. Dabei sind umso weniger Zusatzinformationen für eine Gutachtensanforderung notwendig, je näher der festgestellte BAK-Wert einem Wert von 3,0 Promille kommt. Im Gegensatz zu einem Eignungsausschluss wegen Alkoholmissbrauch, der voraussetzt, dass das Führen von Kraftfahrzeugen und ein die Fahrsicherheit beeinträchtigender Alkoholkonsum nicht hinreichend sicher getrennt werden kann (vgl. Nr. 8.1 der Anlage 4 zur FeV), so dass ein zumindest mittelbarer Zusammenhang zwischen dem Alkoholkonsum und einer Teilnahme am Straßenverkehr zu fordern ist, setzt eine Nichteignung wegen Alkoholabhängigkeit (vgl. Nr. 8.3 der Anlage 4 zur FeV) keinen Bezug zum Straßenverkehr voraus. Besteht eine Alkoholabhängigkeit, so ist die Fähigkeit zum sicheren Führen von Kraftfahrzeugen generell aufgehoben (BayVGH, Beschl. v. 02.07.2013 – 11 CS 13.1064, VRS 125, 184).

BayVGH, Beschl. v. 02.07.2013 – 11 CS 13.1064, VRS 125, 184: 426

»Kriterien für eine Alkoholabhängigkeit sind nach 3.11.2 der Begutachtungsleitlinien zur Kraftfahrereignung die Diagnosekriterien nach der ICD 10. Maßgebend sind danach ein süchtiges Verlangen des Betroffenen nach Alkohol, eine eingeschränkte Fähigkeit, den Alkoholkonsum zu steuern, ein körperliches Entzugssyndrom bei Reduktion des Alkoholkonsums, eine Toleranzbildung, eine Interessenseinengung und anhaltender Konsum trotz Folgeschäden. Die sichere Diagnose ›Abhängigkeit‹ sollte nur gestellt werden, wenn während des letzten Jahres mindestens drei Kriterien gleichzeitig vorhanden waren. Die Schwierigkeit in der gutachterlichen Praxis besteht darin, dass es nur wenige Kriterien gibt, die sich ohne aktive Mithilfe des Betroffenen objektivieren lassen. Objektive Anknüpfungstatsachen sind häufig nur die anlassbezogenen Vorfälle und die festgestellten Atem- bzw. Blutalkoholkonzentrationen. Dabei können aus der Höhe der anlässlich von Auffälligkeiten bestimmten Blut- oder Atemalkoholkonzentrationen Rückschlüsse auf das Kriterium Toleranzbildung gezogen werden. Der Nachweis einer Toleranz bedeutet, dass zunehmend höhere Alkoholdosen erforderlich sind, um die ursprünglich durch niedrigere Dosen erreichten Wirkungen hervorzurufen. Es gibt dabei keine feste Grenze, ab wann von einer Toleranzbildung ausgegangen werden muss. In der Literatur wird häufig als Grenze 2,0 ‰ vorgeschlagen, sofern adäquate Trunkenheitssymptome fehlen. BAK-Werte ab 3,0 ‰ sprechen nach medizinischen Erkenntnissen mit einer großen Sicherheit für eine Alkoholabhängigkeit.«

427 Die Diagnose »Alkoholabhängigkeit« i.S.d. Nr. 8.3 der Anlage 4 zur FeV darf nur gestellt werden, wenn irgendwann während des letzten Jahres drei oder mehr der in der Internationalen statistischen Klassifikation der Krankheiten und verwandter Gesundheitsprobleme (ICD-10) beschriebenen Kriterien gleichzeitig vorhanden waren (ICD-10 F10.2). Ferner wird vorausgesetzt, dass diese (mindestens) drei Kriterien einen Monat lang bzw. – falls sie nur über einen kürzeren Zeitraum aufgetreten sind – innerhalb eines Jahres wiederholt bestanden. Dass den Diagnosen der Bezirkskliniken im Hinblick auf ihre fachliche Spezialisierung ein hoher Grad an Verlässlichkeit zukommt, bedeutet nicht, dass sie ungeprüft und unter Verzicht auf jedes Maß an Nachvollziehbarkeit übernommen werden können (BayVGH, Beschl. v. 31.08.2021 – 11 CS 21.1631, BeckRS 2021, 24889; siehe hierzu auch die Ausführungen bei der Kommentierung von § 11 FeV).

428 Die Fahreignung kann nur dann wieder als gegeben angesehen werden, wenn durch Tatsachen der Nachweis geführt wird, dass dauerhafte Abstinenz besteht. Als Tatsache zu werten ist in der Regel eine erfolgreiche Entwöhnungsbehandlung, die stationär oder im Rahmen anderer Einrichtungen für Suchtkranke erfolgen kann. In der Regel muss nach der Entgiftungs- und Entwöhnungszeit eine einjährige Abstinenz mittels regelmäßiger ärztlicher Untersuchungen und Labordiagnostik nachgewiesen werden (VG München, Beschl. v. 29.01.2015 – M 6b S 14.5478, juris). Die Entgiftungsphase dauert i.d.R. zwei bis drei Wochen, die Entwöhnungsphase drei bis sechs Monate.

429 Alkoholabstinenz ist, sofern keine Alkoholabhängigkeit vorliegt, nur zu fordern, wenn aufgrund der Lerngeschichte anzunehmen ist, dass sich ein konsequenter kontrollierter Umgang mit alkoholischen Getränken nicht erreichen lässt (BayVGH, Beschl. v 23.08.2023 – 11 CS 23.980, SVR 2023, 395).

430 Nach einer zumindest in der Vergangenheit vorliegenden Alkoholabhängigkeit ist im Falle sogenannter Ausrutscher (einmaliger oder seltener Alkoholkonsum) während der Abstinenz im Rahmen eines medizinisch-psychologischen Gutachtens zu prüfen, ob sich diese Vorfälle mit der Erwartung einer langfristigen, ausreichend stabilen alkoholabstinenten Lebensweise vereinbaren lassen (BayVGH, Beschl. v. 28.04.2022 – 11 CS 22.467, BeckRS 2022, 9289; BayVGH, Beschl. v. 04.04.2019 – 11 CS 19.619, BeckRS 2019, 7172). Verlangt ein Gutachten allerdings dauerhafte Abstinenz, kann auch eine Alkoholisierung außerhalb des Straßenverkehrs Anlass für die Entziehung der Fahrerlaubnis sein (BayVGH, Beschl. v. 11.07.2022 – 11 CS 22.939, DAR 2022, 648).

Zur Aussagefähigkeit verschiedener Laborparameter (GGT, GOT, GPT, ETG) im Hinblick auf Alkoholkonsum und Fahreignung siehe OVG Mecklenburg-Vorpommern, Beschl. v. 04.03.2014 – 1 M 3/14, juris. 431

V. Medizinisch-psychologisches Gutachten bei Verdacht auf Alkoholmissbrauch

1. Definition des Alkoholmissbrauchs

Alkoholmissbrauch liegt vor, wenn das Führen von Fahrzeugen und ein die Fahrsicherheit beeinträchtigender Alkoholkonsum nicht hinreichend sicher getrennt werden kann (Nr. 8.1 der Anlage 4 zur FeV). 432

Abzugrenzen ist der Begriff von der medizinischen Definition des Alkoholmissbrauchs (hierunter ist nach der Nummer F10.1 der ICD-10 ein zu Gesundheitsschäden führender Gebrauch dieses Rauschmittels zu verstehen). Denn fahrungeeignet ist auch eine Person, deren Alkoholkonsum kein gesundheitsschädliches Ausmaß erreicht hat, sondern die lediglich nicht willens oder in der Lage ist, dann vom Führen von Fahrzeugen im Straßenverkehr Abstand zu nehmen, wenn ihre Fahrtüchtigkeit aufgrund vorangegangener Alkoholaufnahme beeinträchtigt ist (BayVGH, Beschl. v. 15.05.2012 – 11 C 12.945, juris). 433

Solange der Missbrauch andauert, liegt Ungeeignetheit vor. Von einer Wiedererlangung der Fahreignung ist nach Nr. 8.2 der Anlage 4 zu §§ 11, 13 und 14 FeV dann auszugehen, wenn der Missbrauch beendet und die Änderung des Trinkverhaltens gefestigt ist. Der diesbezüglich notwendige stabile Einstellungswandel ist durch ein medizinisch-psychologisches Gutachten nachzuweisen. Um dies im Rahmen einer medizinisch-psychologischen Begutachtung nachzuweisen, bedarf es grundsätzlich nicht des Zurücklegens von Abstinenzzeiten (BayVGH, Beschl. v. 22.08.2011 – 11 ZB 10.2620, juris). Vielmehr hat der Betroffene darzulegen, dass und warum er zukünftig in der Lage sein wird, einen die Fahrsicherheit beeinträchtigenden Alkoholkonsum und das Führen von Kraftfahrzeugen zuverlässig zu trennen (VG München, Beschl. v. 23.03.2015 – M 6a S 15.608, juris). 434

Sind Trinkmenge und Trinkhäufigkeit nach den Angaben des ehemals Alkoholmissbrauch Betreibenden sehr gering, deutet dies darauf hin, dass er zu einem kontrollierten Umgang mit Alkohol in der Lage ist. Auch Trinkanlässe (z.B. Hochzeit der Tochter sowie ein Geburtstag) müssen keinen Anlass für die Annahme einer Rückfallgefährdung (OVG Sachsen, Beschl. v. 02.04.2015 – 3 B 287/14, juris). 435

Neben der überdurchschnittlichen Alkoholgewöhnung müssen weitere Tatsachen für die Annahme von Alkoholmissbrauch vorliegen (VG München, Beschl. v. 02.07.2009 – M 1 S 09.2394, juris). 436

Bei Alkoholmissbrauch ist ein medizinisch-psychologisches Gutachten, kein ärztliches Gutachten, anzuordnen (VG Köln, Beschl. v. 18.10.2023 – 6 L 1501/23, juris). 437

438 Dem Umstand, dass ein Fahrerlaubnisinhaber zuvor im Straßenverkehr nicht unter Alkoholeinfluss mit einem Kraftfahrzeug auffällig geworden ist, ist wegen der Lückenhaftigkeit der Verkehrsüberwachung grundsätzlich keine ausschlaggebende bzw. entlastende Bedeutung zuzubilligen (OVG Mecklenburg-Vorpommern, Beschl. v. 14.10.2022 – 1 M 148/22 OVG, BeckRS 2022, 32708).

2. Ärztliches Gutachten, das auf Alkoholmissbrauch hindeutet (Satz 1 Nr. 2 Buchst. a) Alt. 1)

439 Die Vorschrift setzt voraus, dass bei einer ärztlichen Untersuchung Anzeichen für Alkoholmissbrauch gefunden wurden. Dazu muss ein Betroffener auf Alkoholabhängigkeit hin untersucht worden sein (Satz 1 Nr. 1). Gefordert werden muss in diesem Fall aber ein medizinisch-psychologisches Gutachten, nicht aber ein fachärztliches Gutachten (VG München, Beschl. v. 28.07.2008 – M 1 S 08.3307, juris).

440 Anzeichen für Alkoholmissbrauch, die nach § 13 Satz 1 Nr. 2 Buchst. a) Alt. 1 FeV die Anordnung eines medizinisch-psychologisches Gutachten gebieten, liegen vor, wenn sich aus dem – zur Klärung einer Alkoholabhängigkeit gem. § 13 Satz 1 Nr. 1 FeV eingeholten – ärztlichen Gutachten Informationen ergeben, die die Annahme zukünftigen Alkoholmissbrauchs im fahrerlaubnisrechtlichen Sinn (fehlendes Trennungsvermögen) rechtfertigen. Bejaht der ärztliche Gutachter selbst Anzeichen für Alkoholmissbrauch, hat die Behörde dies auf Nachvollziehbarkeit zu überprüfen, darf allerdings dem persönlichen Eindruck des Arztes zu tatsächlichen Gegebenheiten sowie einer daraus abgeleiteten Prognose durchaus Bedeutung beimessen. Bei der Beantwortung der Frage, ob hinreichend gewichtige Anzeichen für Alkoholmissbrauch vorliegen, sind zwar auch die Wertungen des § 13 Satz 1 Nr. 2 Buchst. b) und Buchst. c) FeV zu beachten. Sie entfalten jedoch für eine auf § 13 Satz 1 Nr. 2 Buchst. a) FeV gestützte Beibringungsanordnung keine »Sperrwirkung«. Rückschlüsse auf die Wahrscheinlichkeit einer Fahrt unter Alkoholeinfluss können sich auch aus Tatsachen ergeben, die nicht unmittelbar in Zusammenhang mit der Teilnahme am Straßenverkehr stehen. Für Zweifel an der Fahreignung reichen zwar übermäßiger Alkoholkonsum oder übermäßige Alkoholgewöhnung allein nicht aus, solange keine Alkoholabhängigkeit gegeben ist. Eine medizinisch-psychologische Begutachtung ist aber dann gerechtfertigt, wenn deutliche Indizien für eine weit überdurchschnittliche Alkoholgewöhnung des Betroffenen vorliegen und außerdem weitere tatsächliche Umstände festzustellen sind, die in einer Gesamtschau mit der vermuteten Alkoholproblematik die Annahme von Alkoholmissbrauch begründen. Dies wird insbesondere bei Personen angenommen, die in besonderer Weise auf das regelmäßige Führen eines Kraftfahrzeugs angewiesen sind und bei denen ein häufiger und intensiver unkontrollierter Alkoholkonsum vorliegt. Als weiterer Umstand kann eine offensichtliche Fahrbereitschaft bei signifikanter Alkoholkonzentration angesehen werden (BayVGH, Beschl. v. 23.11.2022 – 11 CS 22.1529, BeckRS 2022, 34009).

3. Sonstige Tatsachen für Alkoholmissbrauch (Satz 1 Nr. 2 Buchst. a) Alt. 2)

§ 13 Satz 1 Nr. 2 Buchst. a) Alt. 2 setzt voraus, dass Zusatztatsachen für die Annahme von Alkoholmissbrauch vorliegen (VG Leipzig, Urt. v. 31.03.2021 – 1 K 352/20, DAR 2022, 286). 441

Die Vorschrift ist ein Auffangtatbestand. Liegen speziellere Gründe für eine Anordnung vor, etwa wiederholte Zuwiderhandlungen im Straßenverkehr unter Alkoholeinfluss (Regelung des § 13 Satz 1 Nr. 2 Buchst. b) FeV) kann die Vorschrift nicht als Rechtsgrundlage für eine Anordnung herangezogen werden (BayVGH, Beschl. v. 18.07.2023 – 11 CS 23.907, BeckRS 2023, 18953). 442

In der Rechtsprechung der Obergerichte ist nicht bis in die Einzelheiten abschließend geklärt, ob bzw. unter welchen Umständen § 13 Satz 1 Nr. 2 Buchst. a) Alt. 2 FeV auch die Berücksichtigung nicht (unmittelbar) straßenverkehrsbezogener Alkoholauffälligkeiten gestattet. Dass diese Vorschrift auch eine Einbeziehung derartiger Auffälligkeiten gestattet, ist angesichts der dieser Vorschrift zukommenden Auffangfunktion mit der ganz überwiegenden Auffassung grundsätzlich zu bejahen. Denn auch rauschbedingte Verhaltensweisen außerhalb des Straßenverkehrs können im Einzelfall Rückschlüsse auf charakterliche Defizite ermöglichen, die sich mit gleicher Wahrscheinlichkeit auch in Kraftfahrten unter Alkoholeinfluss niederschlagen könnten. Hinzu kommen Konstellationen, in denen sowohl die übermäßige Alkoholaufnahme als auch die Kraftfahrzeugbenutzung so stark in das Alltagsleben des Betroffenen integriert sind, dass das strikte Trennen des einen vom anderen nicht mehr gewährleistet erscheint. Demgegenüber reicht aber allein die Feststellung, dass bei einem Fahrerlaubnisinhaber oder -bewerber in der Vergangenheit einmal oder wiederholt eine Alkoholkonzentration festgestellt wurde, die auf ein deutlich normabweichendes Trinkverhalten und eine weit überdurchschnittliche Alkoholgewöhnung schließen lässt, in der Regel nicht aus, um den Verdacht zu begründen, dass der Betroffene zukünftig ein Fahrzeug führen könnte, obwohl er hierzu aufgrund alkoholbedingter Beeinträchtigungen nicht mehr uneingeschränkt in der Lage ist (OVG Nordrhein-Westfalen, Beschl. v. 29.07.2015 – 16 B 584/15, Blutalkohol 52 [2015], 350). 443

Entsprechende Tatsachen, die die Annahme eines fahrerlaubnisrechtlich relevanten Alkoholmissbrauchs rechtfertigen, liegen nämlich nicht bereits dann vor, wenn der Verkehrsteilnehmer als Kraftfahrer unter Einfluss von Alkohol am Straßenverkehr teilgenommen hat. Erst recht gilt dies, wenn der Betroffene ohne Teilnahme am Straßenverkehr alkoholauffällig geworden ist. Vielmehr müssen die Gesamtumstände Zweifel begründen, ob der Betroffene zwischen dem Alkoholkonsum und dem Fahren eines fahrerlaubnisfreien Fahrzeugs sicher trennen kann. Es müssen begründete Anhaltspunkte dafür vorliegen, dass der Betroffene voraussichtlich schon in überschaubarer Zukunft nach dem Konsum von Alkohol ein fahrerlaubnisfreies Fahrzeug führen und so zu einer konkreten Gefahr für andere Verkehrsteilnehmer wird (VG Koblenz, Beschl. v. 31.08.2022 – 4 L 810/22.KO, zfs 2023, 58). 444

Gemäß § 13 Satz 1 Nr. 2 FeV ordnet die Fahrerlaubnisbehörde zur Vorbereitung von Entscheidungen über die Erteilung oder Verlängerung der Fahrerlaubnis an, 445 dass ein medizinisch-psychologisches Gutachten beizubringen ist, wenn nach dem ärztlichen Gutachten zwar keine Alkoholabhängigkeit, jedoch Anzeichen für Alkoholmissbrauch vorliegen oder sonst Tatsachen die Annahme von Alkoholmissbrauch begründen (Buchst. a)), wiederholt Zuwiderhandlungen im Straßenverkehr unter Alkoholeinfluss begangen wurden (Buchst. b)), ein Fahrzeug im Straßenverkehr bei einer Blutalkoholkonzentration von 1,6 Promille oder einer Atemalkoholkonzentration von 0,8 mg/l oder mehr geführt wurde (Buchst. c)), die Fahrerlaubnis aus einem der unter den Buchstaben a) bis c) genannten Gründen entzogen war (Buchst. d)) oder sonst zu klären ist, ob Alkoholmissbrauch oder Alkoholabhängigkeit nicht mehr besteht (Buchst. e)). § 13 Satz 1 Nr. 2 Buchst. a) Alt. 2 FeV ist danach eine Auffangvorschrift, bei deren Vollzug die Wertungen der § 13 Satz 1 Nr. 2 Buchst. b) und c) FeV zu berücksichtigen sind. Nach höchstrichterlicher Rechtsprechung darf die Fahrerlaubnisbehörde deshalb die Neuerteilung der Fahrerlaubnis nach deren Entziehung im Strafverfahren aufgrund einer einmaligen Trunkenheitsfahrt mit einer BAK von weniger als 1,6 Promille (anders als im Wiederholungsfall, vgl. § 13 Satz 1 Nr. 2 Buchst. b) FeV) nicht allein wegen dieser Fahrerlaubnisentziehung von der Beibringung eines positiven medizinisch-psychologischen Gutachtens abhängig machen. Anders liegt es jedoch dann, wenn zusätzliche Tatsachen die Annahme künftigen Alkoholmissbrauchs begründen. Als eine solche Zusatztatsache kommt etwa das Fehlen alkoholbedingter Ausfallerscheinungen trotz hoher BAK von 1,1 Promille oder mehr in Betracht (BayVGH, Beschl. v. 03.06.2022 – 11 CE 22.375). Siehe auch BayVGH, Beschl. v. 07.08.2023 – 11 CE 23.1060, BeckRS 2023, 20749: »Es genügt insoweit, dass der Antragsteller trotz einer hohen Blutalkoholkonzentration von 1,34 ‰ (fast zwei Stunden nach der Alkoholfahrt) nahezu keine alkoholbedingten Ausfallerscheinungen gezeigt hatte und damit eine aussagekräftige Zusatztatsache vorlag, die auf Alkoholmissbrauch hinwies.«

446 Allein die Tatsache, dass ein Fahrerlaubnisinhaber, der bisher noch nie als alkoholisierter Fahrzeugführer in Erscheinung getreten ist, stark an Alkohol gewöhnt ist, ohne jedoch alkoholabhängig zu sein, rechtfertigt es regelmäßig nicht, die Beibringung eines medizinisch-psychologischen Gutachtens zur Frage drohenden Alkoholmissbrauchs zu verlangen. Etwas Anderes kommt in Betracht, wenn es über die bloße Tatsache der Alkoholgewöhnung hinaus besondere verkehrsbezogene Umstände nahelegen, dass der Fahrerlaubnisinhaber in überschaubarer Zukunft nach dem Genuss von Alkohol auch ein Kraftfahrzeug führen wird. Das kann vor allem dann der Fall sein, wenn der Fahrerlaubnisinhaber in besonderer Weise – »zwingend« – auf das regelmäßige Führen eines Kraftfahrzeuges im Straßenverkehr angewiesen ist (z.B. Berufskraftfahrer) und es von daher mit Rücksicht auf die Häufigkeit und Intensität seines Alkoholkonsums letztlich nur eine Frage der Zeit sein kann, dass er sich mit der Situation konfrontiert sieht, am Straßenverkehr teilnehmen zu »müssen«, obwohl er alkoholbedingt fahruntüchtig ist (OVG Rheinland-Pfalz, Urt. v. 05.06.2007 – 10 A 10062/07, zfs 2007, 656).

447 Im Ausnahmefall liegen eine Gutachtensanordnung rechtfertigende Umstände auch dann vor, wenn der Betroffene mehrere schwere Alkoholisierungen aufweist und unter dieser Alkoholisierung ein Ausmaß an unbeherrschter Aggressivität und Rück-

sichtslosigkeit gegen die Interessen anderer offenbart hat, das auf einen allgemeinen Verlust der Steuerungsfähigkeit unter Alkoholeinfluss hinweist. In diesen Fällen ist es angezeigt, durch ein medizinisch-psychologisches Gutachten klären zu lassen, ob der Fahrerlaubnisinhaber hinreichend sicher zwischen dem Führen von Fahrzeugen und einem die Fahrsicherheit beeinträchtigenden Alkoholkonsum trennen kann (OVG Bremen, Beschl. v. 21.09.2011 – OVG 2 B 148/11, DAR 2011, 713: Aggressivität gegenüber Busfahrer, der den Betroffenen aufgefordert hatte, Betriebshof zu verlassen und ca. 50 m weiter zur nächsten Haltestelle zu gehen).

Eine Gutachtensanordnung nach der Auffangvorschrift des § 13 Satz 1 Nr. 2 Buchst. a) 448
Alt. 2 FeV kommt auch dann in Betracht, wenn der Schwellenwert nach Buchst. c) von 1,6 Promille bei der Trunkenheitsfahrt knapp unterschritten wurde, jedoch deutliche Indizien für eine weit überdurchschnittliche Alkoholgewöhnung des Betroffenen wie etwa das Fehlen jeglicher Ausfallerscheinungen vorliegen und deshalb bei der Gesamtschau auf eine gravierende Alkoholproblematik geschlossen werden kann, die Zweifel am Trennungsvermögen begründet (VGH Baden-Württemberg, Urt. v. 07.07.2015 – 10 S 116/15. VD 2015, 243).

Bei einer Blutalkoholkonzentration von 1,34 Promille anlässlich der Fahrt mit einem 449
E-Roller sind Eignungszweifel gegeben, die die Anordnung zur Beibringung eines medizinisch-psychologischen Gutachtens gem. § 13 Satz 1 Nr. 2 Buchst. a) Alt. 2 FeV rechtfertigen (VG Ansbach, Beschl. v. 30.05.2023 – AN 10 E 23.186, juris).

Hat der Betroffene bei einer einmaligen Trunkenheitsfahrt eine BAK von unter 1,6 450
Promille, aber mindestens 1,1 Promille (hier: 1,17 Promille), ist von einer außergewöhnlichen Alkoholgewöhnung und einer damit verbundenen Gefahr für eine erneute Trunkenheitsfahrt auszugehen, wenn der Betroffene nahezu keine alkoholtypischen Ausfallerscheinungen gezeigt hat. Fehlende Ausfallerscheinungen sind dann als »zusätzliche Tatsache« im Sinne von § 13 Satz 1 Nr. 2 Buchst. a) Alt. 2 FeV zu deuten, die auf Alkoholmissbrauch hindeuten, sodass eine MPU anzufordern ist (BayVGH, Beschl. v. 16.10.2023 – 11 CE 23.1306, BeckRS 2023, 29882).

Zu den Tatsachen, die die Annahme eines die Kraftfahreignung in Zweifel ziehenden 451
Alkoholmissbrauchs begründen, gehören auch Alkoholauffälligkeiten ohne unmittelbaren Bezug zum Straßenverkehr, sofern weitere Umstände Zweifel daran begründen, dass der Betroffene den Alkoholkonsum und das Führen eines Kraftfahrzeugs nicht sicher zu trennen vermag (BayVGH, Beschl. v. 12.06.2018 – 11 CS 17.1919, juris: Alkoholbedingte Eignungszweifel sind – jedenfalls bei vorangegangenen Auffälligkeiten im Straßenverkehr – regelmäßig bei Feststellung einer Blutalkoholkonzentration von mehr als 1,6 Promille gegeben, da Personen, die mit einer derartigen Blutalkoholkonzentration aufgefallen sind, in besonderer Weise rückfallgefährdet sind).

Ein alkoholbedingtes, gegenüber Dritten – insbesondere in der Öffentlichkeit – gezeig- 452
tes aggressives Verhalten kann eine »sonstige Tatsache« im Sinne des § 13 Satz 1 Nr. 2 Buchst. a) Alt. 2 FeV darstellen, welche den Verdacht von Alkoholmissbrauch begründet und Anlass zu weiterer Sachaufklärung durch die Fahrerlaubnisbehörde bietet

(BayVGH, Beschl. v. 20.01.2012 – 11 CS 11.3011, SVR 2012, 317; OVG Nordrhein-Westfalen, Beschl. v. 12.07.2011 – 16 A 89/11, DAR 2011, 602).

453 Aber auch häusliche Gewalt in Verbindung mit früheren Trunkenheitsfahrten und unter Berücksichtigung, dass Voraussetzung für eine positive Prognose in einem Gutachten eine vollständige Abstinenz war, reicht aus, um Tatsachen im Sinne von § 13 Satz 1 Nr. 2 Buchst. a) Alt. 2 FeV anzunehmen, die die Annahme von Alkoholmissbrauch im fahrerlaubnisrechtlichen Sinn begründen (BayVGH, Beschl. v. 06.12.2012 – 11 CS 12.2173, juris).

4. Vorliegen wiederholter Zuwiderhandlungen im Straßenverkehr unter Alkoholeinfluss (Satz 1 Nr. 2 Buchst. b) Satz 2)

454 Die Anordnung, ein medizinisch-psychologisches Gutachten vorzulegen, hat zu erfolgen, wenn wiederholt Zuwiderhandlungen im Straßenverkehr unter Alkoholeinfluss begangen worden sind. Verstöße gegen § 24c StVG (Alkoholverbot für Fahranfänger und Fahranfängerinnen) bleiben hier unberücksichtigt (Satz 2).

455 Die Anwendbarkeit der Vorschrift des § 13 Satz 1 Nr. 2 Buchst. b) FeV setzt mindestens zwei verwertbare Zuwiderhandlungen voraus, wobei Zuwiderhandlungen im Sinne dieser Norm nicht nur Straftaten, sondern auch Ordnungswidrigkeiten sind (VG Ansbach, Beschl. v. 28.08.2023 – AN 10 S 23.1022, juris; siehe auch VG Würzburg, Beschl. v. 27.02.2015 – W 6 S 15.119, Blutalkohol 52 [2015], 293: »Zuwiderhandlungen« im Sine der Vorschrift sind sowohl Straftaten als auch Ordnungswidrigkeiten, so dass die Gutachtensbeibringung bereits nach wiederholter Ordnungswidrigkeit gem. § 24a StVG zwingend vorgeschrieben ist). Voraussetzung für die Anforderung eines medizinisch-psychologischen Gutachtens wegen wiederholter Zuwiderhandlungen im Straßenverkehr unter Alkoholeinfluss sind mindestens zwei Verstöße gegen Vorschriften des Straf- oder Ordnungswidrigkeitenrechts (OVG Mecklenburg-Vorpommern, Beschl. v. 27.03.2008 – 1 M 204/07, NJW 2008, 3016).

456 Nach der Systematik der einschlägigen Vorschriften begründet eine zweifache, d.h. wiederholte Zuwiderhandlung im Straßenverkehr unter Alkoholeinfluss den Verdacht eines Alkoholmissbrauchs im Sinne von Nr. 8.1 der Anlage 4 zur FeV bzw. ist sie ein Indiz für Alkoholmissbrauch. Diesem Verdacht hat die Fahrerlaubnisbehörde gem. § 13 Satz 1 Nr. 2 Buchst. b) FeV durch Anordnung einer medizinisch-psychologischen Untersuchung nachzugehen. Stünde mit Erfüllung der tatbestandlichen Voraussetzungen des § 13 Satz 1 Nr. 2 Buchst. b) FeV der zur Entziehung der Fahrerlaubnis berechtigende Alkoholmissbrauch bereits fest, hätte eine Beibringungsanordnung nach § 11 Abs. 7 FeV zu unterbleiben. Für § 13 Satz 1 Nr. 2 Buchst. b) FeV gäbe es dann keinen Anwendungsbereich, was einer dahingehenden Auslegung der Vorschrift entgegensteht (BayVGH, Beschl. v. 23.08.2023 – 11 CS 23.980, SVR 2023, 395).

457 BayVGH, Urt. v. 06.08.2013 – 11 B 12.416, juris:

> »... Das Verhalten des Betroffenen in der Vergangenheit, das eine solche Beibringungsaufforderung rechtfertigt, ist im Fall von § 13 Satz 1 Nr. 2 Buchst. b) FeV eine **wiederholte, also mindestens zweimalige Zuwiderhandlung** im Straßenverkehr unter Alkoholeinfluss.

Gemeint ist damit ein **Alkoholmissbrauch im fahrerlaubnisrechtlichen Sinn**, also der Konsum von Alkohol und das anschließend an den Tag gelegte fehlende Trennungsvermögen, das sich in einer Teilnahme am Straßenverkehr in alkoholisiertem Zustand mit einer straf- oder ordnungswidrigkeitenrechtlich relevanten Blut- oder Atemalkoholkonzentration – allerdings von weniger als 1,6 Promille bzw. 0,8 mg/l – ausdrückt. Welcher konkrete **straf- oder ordnungswidrigkeitenrechtliche Tatbestand** hierdurch verwirklicht wird, ist demgegenüber **nicht entscheidend**. In Betracht kommen beispielsweise **Straftaten** nach §§ 315c oder 316 StGB oder **Ordnungswidrigkeiten** nach § 24a StVG. Voraussetzung ist damit eine **mindestens zweimalige Gefährdung der Sicherheit des Straßenverkehrs im präventiv-polizeirechtlichen Sinn** durch eine alkoholisierte Straßenverkehrsteilnahme und damit der öffentlichen Sicherheit und Ordnung durch den Betroffenen. Zu der Frage, was eine einmalige Zuwiderhandlung im Unterschied zu einer wiederholten Zuwiderhandlung darstellt, wann also die erste Gefährdung der öffentlichen Sicherheit und Ordnung abgeschlossen ist und wann die nächste Gefährdung beginnt, geben weder der Gesetzeswortlaut noch die Materialien hierzu Auskunft.

Der Verwaltungsgerichtshof sieht den maßgeblichen Grund dafür, dass nach § 13 Satz 1 Nr. 2 Buchst. b) FeV nur eine wiederholte, jedoch nicht eine einmalige Zuwiderhandlung im Straßenverkehr unter Alkoholeinfluss Zweifel an der Fahreignung nach sich zieht, darin, dass diese Vorschrift ausschließlich der Verhinderung künftiger Gefahren für die Sicherheit des Straßenverkehrs, nicht aber der Ahndung eines in der Vergangenheit liegenden Fehlverhaltens im Zusammenhang mit Alkoholmissbrauch dient. Bei einem Betroffenen, der einmalig Alkoholmissbrauch praktiziert hat, geht der Verordnungsgeber nur dann von hinreichenden Eignungszweifeln aus, wenn dieser mit einer Blut- oder Atemalkoholkonzentration von mindestens 1,6 Promille bzw. 0,8 mg/l am Straßenverkehr teilgenommen hat (vgl. § 13 Satz 1 Nr. 2 Buchst. c) FeV). Die Abgrenzung, **ob eine einmalige oder eine wiederholte Zuwiderhandlung** im Straßenverkehr unter Alkoholeinfluss vorliegt, kann – wie im Fall der Abgrenzung, ob ein einmaliger oder gelegentlicher (also mindestens zweimaliger) Konsum von Cannabis (vgl. hierzu BayVGH vom 27.3.2006 Az. 11 CS 05.1559 – juris Rn. 34) vorliegt – nicht anhand des Handlungsbegriffs des materiellen Straf- bzw. Ordnungswidrigkeitenrechts vorgenommen werden. Vielmehr ist entscheidend, ob der einmaligen Gefährdung der öffentlichen Sicherheit und Ordnung durch die Zuwiderhandlung im Straßenverkehr unter Alkoholeinfluss ein einheitlicher Lebensvorgang zu Grunde liegt, der es nicht rechtfertigt, im präventiv-polizeirechtlichen Sinn von einer wiederholten Zuwiderhandlung auszugehen. …«

Zur Auslegung der Vorschrift (fortgesetzte Trunkenheitsfahrt) siehe auch OVG Nordrhein-Westfalen, Urt. v. 19.01.2022 – 16 A 2670/19, SVR 2022, 236: **458**

»Nach der Rechtsprechung des erkennenden Senats liegen nicht in allen Fällen einer – wie hier – unterbrochenen Alkoholfahrt, aufgrund derer eine strafrechtliche Verurteilung wegen einer in Tatmehrheit i.S.d. § 53 StGB begangenen Trunkenheit im Verkehr erfolgt ist, wiederholte Zuwiderhandlungen im Straßenverkehr unter Alkoholeinfluss i.S.d. § 13 Satz 1 Nr. 2 Buchstabe b) FeV vor. Denn überzeugender als die Anknüpfung an rechtliche Wertungen des (materiellen) Strafrechts erscheint eine natürliche Betrachtungsweise.

Die Auslegung des § 13 Satz 1 Nr. 2 Buchstabe b) FeV ergibt, dass diese Vorschrift voraussetzt, dass der Betroffene in mindestens zwei vom äußeren Geschehensablauf her eigenständigen Lebenssachverhalten je eine (oder mehrere) Zuwiderhandlung(en) im Straßenverkehr unter Alkoholeinfluss begangen hat. Es müssen hierfür bei natürlicher Betrachtungsweise zwei deutlich abgrenzbare Trunkenheitsfahrten vorliegen.

Der in § 13 Satz 1 Nr. 2 Buchstabe b) FeV enthaltene Wortlaut »wiederholt Zuwiderhandlungen ... begangen wurden« setzt die Begehung von mindestens zwei verwertbaren Zuwiderhandlungen voraus, definiert aber nicht näher, wann von diesen auszugehen ist, insbesondere wann eine oder mehrere im Rahmen einer Trunkenheitsfahrt begangene Zuwiderhandlung(en) abgeschlossen ist bzw. sind. Insoweit ist der Wortlaut nicht aussagekräftig.

Er schließt es einerseits nicht aus, Unterbrechungen der Fahrt, insbesondere einen vom Betroffenen alkoholbedingt verursachten Verkehrsunfall bzw. das nachfolgende Verhalten des Unfallverursachers, als eine Zäsur einzustufen, die den Lebenssachverhalt der zunächst begangenen Zuwiderhandlung(en) – z.B. eines Verstoßes gegen § 24a Abs. 1 StVG oder gegen § 316 Abs. 2 StGB – beendet, so dass bei einer anschließenden (Weiter-)Fahrt unter Alkoholeinfluss wiederholt eine (oder mehrere) Zuwiderhandlung(en) begangen wird bzw. werden. Andererseits lässt es der Wortlaut zu, eine (etwa) durch einen Unfall unterbrochene und anschließend fortgesetzte Alkoholfahrt als eine (einheitliche) Zuwiderhandlung anzusehen.

Auch die systematische Auslegung gibt keine klare Antwort auf die Frage, wann wiederholte Zuwiderhandlungen i.S.d. § 13 Satz 1 Nr. 2 Buchstabe b) FeV vorliegen. Der Verordnungsgeber erfasst mit den Tatbeständen des § 13 Satz 1 Nr. 2 FeV verschiedene Lebenssachverhalte, welche die Fahrerlaubnisbehörde zwar je selbständig zur Anordnung der Beibringung eines medizinisch-psychologischen Gutachtens verpflichten. Diese Tatbestände stehen jedoch nicht beziehungslos nebeneinander. Vielmehr hat der Verordnungsgeber mit ihnen einen Rahmen geschaffen, bei dessen Ausfüllung auch die jeweils anderen Tatbestände und die ihnen zugrundeliegenden Wertungen zu berücksichtigen sind. Das gilt namentlich für § 13 Satz 1 Nr. 2 Buchstaben b) und c) FeV.

Dementsprechend ist in den Blick zu nehmen, dass gemäß § 13 Satz 1 Nr. 2 Buchstabe c) FeV bei einem Betroffenen, der einmalig ein Fahrzeug im Straßenverkehr unter Alkoholeinfluss geführt hat, erst ab einer Blutalkoholkonzentration von 1,6 Promille oder mehr (oder einer Atemalkoholkonzentration von mindestens 0,8 mg/l) die Beibringung eines medizinisch-psychologischen Gutachtens anzuordnen ist. Dass der Verordnungsgeber dabei auf das Führen eines Kraftfahrzeugs unter einem solch erheblichen Alkoholeinfluss abstellt, könnte zumindest einen Anhaltspunkt dafür geben, dass bei Buchstabe b), hinsichtlich dessen bereits eine Blutalkoholkonzentration von weniger als einem Drittel (nämlich von 0,5 Promille) ausreicht, erhöhte Anforderungen an die Bejahung einer wiederholten Zuwiderhandlung zu stellen sind. Denn nur so lässt sich ein etwaiger Wertungswiderspruch im Vergleich zu der Regelung unter Buchstabe c) vermeiden, der gegeben sein könnte, wenn für eine wiederholte Zuwiderhandlung i.S.v. § 13 Satz 1 Nr. 2 Buchstabe b) FeV bereits mehrere Verkehrsverstöße im Rahmen nur einer einzigen Alkoholfahrt ausreichen würden.

In die gleiche Richtung wie die Systematik geht die Entstehungsgeschichte der Norm. In der Entwurfsbegründung zu § 13 Satz 1 Nr. 2 Buchstabe b) FeV heißt es, dass »die Maßnahme der Eignungsprüfung bereits bei einem wiederholten Alkoholverstoß zu ergreifen ist«.

Trotz der zuvor aufgezeigten Gesichtspunkte weisen Wortlaut, Systematik und Entstehungsgeschichte des § 13 Satz 1 Nr. 2 Buchstabe b) FeV im Ergebnis nur eine geringe Aussagekraft auf für die Prüfung, ob wiederholt Zuwiderhandlungen begangen wurden. Vor diesem Hintergrund misst der Senat insbesondere dem Sinn und Zweck der Vorschrift erhebliche Bedeutung zu bei der Bestimmung, ob bzw. inwiefern Zuwiderhandlungen wiederholt begangen wurden. § 13 Satz 1 FeV und damit auch dessen Nr. 2 Buchstabe b) ist nach seinem Sinn und Zweck darauf ausgerichtet, für die Zukunft alkoholbedingte Risiken für die Verkehrssicherheit so weit wie möglich auszuschalten. Dabei ist die Frage, ob ein die Fahreignung ausschließender Alkoholmissbrauch zu befürchten ist, mittels einer Prognose zu beantworten. Deren Gegenstand ist, ob Zweifel bestehen, dass der Betroffene künftig das Führen eines Kraftfahrzeugs und einen die Fahrsicherheit beeinträchtigenden Alkoholkonsum trennen wird.

Bei der Prüfung, ob bei einer nach einer Unterbrechung fortgesetzten Trunkenheitsfahrt wiederholt Zuwiderhandlungen begangen wurden, ist daher von maßgeblicher Bedeutung, ob die Umstände des Einzelfalls berechtigte Zweifel an einem künftigen Trennen von Alkoholkonsum und Führen eines Kraftfahrzeugs begründen.

Ob dies der Fall ist, hängt im Rahmen der erforderlichen Gesamtbetrachtung der Einzelfallumstände insbesondere vom zeitlichen und räumlichen Ablauf bzw. von der Dauer und Qualität der Unterbrechung der Fahrt ab.«

(Bestätigt durch BVerwG, Urt. v. 14.12.2023 – 3 C 10/22: »Wiederholte Zuwiderhandlungen im Straßenverkehr unter Alkoholeinfluss im Sinne von § 13 Satz 1 Nr. 2 Buchst. b) der Fahrerlaubnis-Verordnung (FeV), die die Aufforderung zur Beibringung eines medizinisch-psychologischen Gutachtens rechtfertigen, liegen nur dann vor, wenn der Betroffene in mindestens zwei vom äußeren Geschehensablauf her eigenständigen Lebenssachverhalten je eine oder mehrere solche Zuwiderhandlungen begangen hat Auch wenn eine Trunkenheitsfahrt nach einem alkoholbedingten Unfall in Kenntnis der eigenen Fahruntüchtigkeit fortgesetzt wird, kann ein einheitlicher Geschehensablauf vorliegen.«)

Auf die Höhe der Alkoholkonzentration kommt es nicht an, sofern diese nur jeweils den straf- bzw. ordnungswidrigkeitenrechtlich relevanten Grad erreicht (OVG Nordrhein-Westfalen, Beschl. v. 01.12.2014 – 16 B 1241/14, juris). Weder der Wortlaut der Norm noch die sich aus Nr. 8.1 der Anlage 4 zur FeV ergebende Regelfallbeurteilung einer Teilnahme am öffentlichen Straßenverkehr unter Alkoholeinfluss durch den Verordnungsgeber rechtfertigen es, bei der Anwendung der Vorschrift nach dem Grad der Alkoholisierung zu differenzieren (VG Bayreuth, Beschl. v. 28.02.2014 – B 1 S 14.81, juris).Taten sind dabei verwertbar, solange sie im Fahreignungsregister gespeichert sind (BayVGH, Beschl. v. 12.08.2015 – 11 CS 15.1449, juris). Für die Beurteilung der Rechtmäßigkeit der Anordnung eines Gutachtens ist auf den Zeitpunkt der Gutachtensanforderung abzustellen. Unterliegt die im Fahreignungsregister gespeicherte Eintragung der Anlasstat wegen Ablaufs der gesetzlichen Frist einem Verwertungsverbot, darf die Annahme fehlender Eignung aber nicht gem. § 11 Abs. 8 Satz 1 FeV darauf gestützt werden, dass der Betroffene ein vor Ablauf der Frist rechtmäßig gefordertes Fahreignungsgutachten nicht beigebracht hat, denn § 11 Abs. 8 FeV durchbricht nicht ein im StVG angeordnetes Verwertungsverbot (*Dauer*, in: Hentschel/König/Dauer, § 13 FeV Rn. 22a). 459

Die Anordnung einer medizinisch-psychologischen Untersuchung ist bei Vorliegen zweier nicht tilgungsreifer Verkehrsverstöße unter Alkoholeinfluss geboten, auch wenn zwischen ihnen ein vergleichsweise langer unauffälliger Zwischenraum liegt, z.B. über neun Jahre (VGH Baden-Württemberg, Beschl. v. 10.12.2010 – 10 S 2173/10, DAR 2011, 164; siehe auch OVG Sachsen, Beschl. v. 25.07.2014 – 3 B 483/13, juris). Wie lange einem Betroffenen ein in der Vergangenheit liegendes Fehlverhalten entgegen- 460 gehalten werden darf, richtet sich nach h.M. allein nach den Tilgungs- und Verwertungsbestimmungen, insbesondere § 29 StVG (*Dauer*, in: Hentschel/König/Dauer, § 13 FeV Rn. 22a; BVerwG, Urt. v. 07.04.2022 – 3 C 9.21, NJW 2022, 2772: Vorfälle 2009 und 2017). Die Neuerteilung einer Fahrerlaubnis setzt keine Zäsur mit der Folge, dass die zeitlich davorliegende Tat nicht mehr berücksichtigt werden dürfte (BayVGH, Beschl. v. 24.01.2022 – 11 CS 21.2810, BeckRS 2022, 957).

461 Eine Ahndung der Tat ist aber nicht Voraussetzung für das Eingreifen der Vorschrift: Die Fahrerlaubnisbehörde darf den Betroffenen auch dann gem. § 13 Satz 1 Nr. 2 Buchst. b) FeV wegen wiederholter Zuwiderhandlungen im Straßenverkehr unter Alkoholeinfluss zur Beibringung eines medizinisch-psychologischen Gutachtens auffordern, wenn eine als Ordnungswidrigkeit einzustufende Zuwiderhandlung ordnungswidrigkeitsrechtlich nicht geahndet worden ist. Es muss aber hinreichend sicher feststehen, dass der Betroffene die Zuwiderhandlung begangen hat, und sie muss in zeitlicher Hinsicht noch verwertbar sein. Falls eine Bußgeldentscheidung ergangen ist, darf die Berücksichtigung der Zuwiderhandlung nicht entgegen § 3 Abs. 4 Satz 2 StVG von den dort getroffenen Feststellungen abweichen (BVerwG, Urt. v. 07.04.2022 – 3 C 9.21, NJW 2022, 2772: »Nach allgemeinem Sprachgebrauch meint der Begriff »Zuwiderhandlung« eine »gegen ein Verbot, eine Anordnung gerichtete Handlung«.... Aus dem Wortlaut der Bestimmung kann daher nicht hergeleitet werden, dass der betreffende Verstoß auch bereits geahndet und ebenso wenig, dass eine solche Ahndung bereits in Rechtskraft oder Bestandskraft erwachsen sein muss. Hätte der Verordnungsgeber das in dieser Weise regeln wollen, hätte er diese Einschränkung durch einen entsprechenden Zusatz in § 13 Satz 1 Nr. 2 Buchst. b) FeV ohne Weiteres deutlich machen können. Solche Einschränkungen hat der Gesetzgeber in § 4 Abs. 2 Satz 3 StVG hinsichtlich des Fahreignungs-Bewertungssystems und in § 28 Abs. 3 StVG in Bezug auf Eintragungen in das Fahreignungsregister vorgenommen. Die Regelung in § 13 Satz 1 Nr. 2 Buchst. b) FeV hat dem Wortlaut nach daher einen Handlungs-, nicht aber einen Sanktionsbezug.«).

462 Der BayVGH hat hier auch **diese Fragestellung** akzeptiert: »Ist zu erwarten, dass der Betroffene auch künftig ein Kraftfahrzeug unter Alkoholeinfluss führen wird.« Es sei davon auszugehen, dass die Begutachtungsstellen für Fahreignung die Frage in diesem Sinne verstehen würden (BayVGH, Beschl. v. 03.08.2015 – 11 CS 15.1204, juris; OVG Sachsen, Beschl. v. 25.07.2014 – 3 B 483/13, juris). Nach dem VGH Baden-Württemberg (Beschl. v. 10.12.2010, DAR 2011, 164) hat die Fragestellung für den psychologischen Teil der Untersuchung darauf abzustellen, ob der Proband das Führen von Fahrzeugen und einen die Fahrsicherheit beeinträchtigenden Alkoholkonsum hinreichend sicher trennen kann. Die Fragestellung für den medizinischen Teil der Untersuchung könne sich jedenfalls dann auf etwaige alkoholkonsumbedingte fahreignungsrelevante Leistungsbeeinträchtigungen erstrecken, wenn Anzeichen für einen unkontrollierten Alkoholkonsum vorliegen würden.

463 Eine im Ausland begangenen Trunkenheitsfahrt kann fahrerlaubnisrechtlich nur verwertet werden, wenn diese in gleichem Maße hinreichend nachgewiesen ist, wie dies bei einer entsprechenden Zuwiderhandlung im Inland gefordert werden müsste

(OVG Mecklenburg-Vorpommern, Beschl. v. 27.03.2008 – 1 M 204/07, NJW 2008, 3016; siehe auch VG Münster, Urt. v 16.05.2014 – 10 K 841/14, juris; BVerwG, Urt. v. 07.04.2022 – 3 C 9.21, NJW 2022, 2772: »Auch die Dauer der Verwertbarkeit von im Ausland begangenen Zuwiderhandlungen, die ebenfalls nicht in das Fahreignungsregister eingetragen werden, ist im Gesetz nicht ausdrücklich geregelt. Zuwiderhandlungen i.S.v. § 13 Satz 1 Nr. 2 Buchst. b) FeV sind nach einhelliger Meinung aber auch im Ausland begangene Verkehrsverstöße, sofern sie hinreichend sicher nachgewiesen sind.«).

Die FeV schreibt in § 13 Satz 1 Nr. 2 Buchst. b) zwingend die Beibringung eines **464** medizinisch-psychologischen Gutachtens vor, wenn wiederholt Zuwiderhandlungen im Straßenverkehr unter Alkoholeinfluss begangen wurden. Ein Ermessen steht der Fahrerlaubnisbehörde hier nicht zu (VG Gelsenkirchen, Beschl. v. 03.08.2015 – 7 L 1529/15, juris). Wegen dieser normativ zwingend ausgestalteten Rechtsfolge ist kein Raum für mildere Maßnahmen wie Anordnung einer Nachschulung, einer verkehrspsychologischen Beratung, einer theoretischen oder praktischen Fahrprüfung (VGH Baden-Württemberg, Beschl. v. 10.12.2020 – 10 S 2173/1, VRS 120, 98).

5. Führen eines Fahrzeugs bei einer BAK von 1,6 Promille oder einer AAK von 0,8 mg/l (Satz 1 Nr. 2 Buchst. c))

Zur Vorbereitung von Entscheidungen über die Erteilung oder Verlängerung der **465** Fahrerlaubnis oder über die Anordnung von Beschränkungen oder Auflagen ordnet die Fahrerlaubnisbehörde an, dass ein medizinisch-psychologisches Gutachten beizubringen ist, wenn ein Fahrzeug im Straßenverkehr bei einer Blutalkoholkonzentration von 1,6 Promille oder mehr oder einer Atemalkoholkonzentration von 0,8 mg/l oder mehr geführt wurde (§ 13 Satz 1 Nr. 2 Buchst. c) FeV). Wenn die Fahreignungszweifel im Zusammenhang mit dem Verdacht auf Alkoholmissbrauch aus einer Trunkenheitsfahrt mit einer Blutalkoholkonzentration von mindestens 1,6 Promille resultieren, ist § 13 Satz 1 Nr. 2 Buchst. c) FeV insoweit abschließend (BayVGH, Beschl. v. 16.08.2012 – 11 CS 12.1624, Blutalkohol 49 [2012], 340).

Ein Fahrzeug i.S.d. § 13 Satz 1 Nr. 2 Buchst. c) FeV »führt«, wer es selbst unter **466** eigener Allein- oder Mitverantwortung in Bewegung setzt oder unter Handhabung seiner technischen Vorrichtungen während der Fahrtbewegung durch den öffentlichen Verkehrsraum ganz oder wenigstens zum Teil lenkt. Die Länge der gefahrenen Strecke ist insoweit unerheblich. Der zu einem Einkaufscenter gehörende Parkplatz ist unabhängig von einer etwaigen wegerechtlichen Widmung generell dem öffentlichen Verkehrsraum i.S.v. § 13 Satz 1 Nr. 2 Buchst. c) FeV zuzuordnen, und zwar auch dann, wenn die Nutzung außerhalb der Öffnungszeiten der angrenzenden Geschäfte erfolgt, sofern kein Anhaltspunkt dafür ersichtlich ist, dass der Verfügungsberechtigte außerhalb der Öffnungszeiten keinen Verkehr mit unübersehbaren Nutzern duldet und dies nach außen erkennbar bekundet hat (BayVGH, Beschl. v. 15.03.2021 – 11 CS 20.2867, DAR 2021, 647).

467 Der Begriff des »Führens« eines Fahrzeugs i.S.v. § 13 Satz 1 Nr. 2 Buchst. c) FeV deckt sich mit dem des § 316 StGB und § 24a StVG. Wer auf einem rollenden Fahrrad sitzt, führt es. Die Länge der gefahrenen Strecke ist unerheblich. Das Schieben eines Fahrrads erfüllt hingegen nicht den Begriff des »Führens« (BayVGH, Beschl. v. 07.09.2023 – 11 CS 23.1298, BeckRS 2023, 24460).

468 Nach wissenschaftlich belegter Einschätzung ist es der durchschnittlich alkoholgewöhnten Bevölkerung nicht möglich, durch eigenes Handeln Blutalkoholkonzentrationen von 1,6 Promille und mehr zu erreichen. Blutalkoholkonzentrationen ab 1,6 Promille sprechen nach dem derzeitigen Stand der Alkoholforschung für eine besonders ausgeprägte Alkoholgewöhnung des Betroffenen (VGH Baden-Württemberg, Beschl. v. 08.10.2015 – 10 S 1491/15, juris).

469 Nach der Rechtsprechung des BayVGH (Beschl. v. 07.10.2014 – 11 C 14.1809) kann auch eine Zuwiderhandlung im Ausland Anlass für die Anordnung zur Beibringung eines medizinisch-psychologischen Gutachtens gem. § 13 Satz 1 Nr. 2 Buchst. c) und d) FeV sein, wenn diese nach inländischen Maßstäben hinreichend sicher nachgewiesen ist.

470 Die Vorschrift differenziert nicht nach Fahrzeugarten, so dass sie nicht das Führen eines Kraftfahrzeuges voraussetzt. Demgemäß gilt die Bestimmung aufgrund der Verweisung in § 3 Abs. 2 FeV auch für Fahrradfahrer, ohne dass sie eine Fahrerlaubnis beantragt haben oder Inhaber einer solchen Erlaubnis sein müssen. Da eine festgestellte Blutalkoholkonzentration von 1,6 Promille oder mehr den Verdacht eines die Fahreignung ausschließenden Alkoholmissbrauchs begründet, muss daher schon aus Gründen der Gefahrenabwehr den Eignungszweifeln nachgegangen werden, gleichgültig welches Fahrzeug geführt worden ist und unabhängig davon, ob der Fahrzeugführer Inhaber einer Erlaubnis zum Führen von Kraftfahrzeugen ist oder eine solche Erlaubnis anstrebt (BVerwG, Beschl. v. 20.06.2013 – 3 B 102.12, DAR 2013, 594).

471 Eine Gutachtensanordnung nach § 13 Satz 1 Nr. 2 Buchst. a) FeV kommt auch dann in Betracht, wenn der Schwellenwert nach Buchstabe c) von 1,6 Promille bei der Trunkenheitsfahrt selbst noch knapp unterschritten, jedoch infolge desselben Alkoholkonsums kurz danach erreicht wird (VGH Baden-Württemberg, SVR 2013, 108). § 13 Nr. 2 Buchst. c) FeV stellt auf die rechtssichere Feststellung der dort aufgeführten Alkoholkonzentrationen ab, wobei die Atemalkoholkonzentration zwingend in mg/l festgestellt sein muss, und ein nach Messung der Atemalkoholkonzentration offensichtlich in Promillewerte umgerechneter Wert somit nicht ohne weiteres zugrunde gelegt werden darf, weil der eindeutige Wortlaut der Vorschrift eine dahingehende Beliebigkeit ausschließt (OVG Saarland, Beschl. v. 18.09.2000 – 9 W 5/00, zfs 2001, 92).

472 Der Begriff des Führens eines Fahrzeuges im Sinne von § 13 Nr. 2 Buchst. c) FeV setzt die sichere Feststellung eines abgeschlossenen Vorganges des Führens eines Fahrzeuges voraus, wie dies der zusammengesetzten Verbform »geführt wurde« und der Verwendung des Hilfsverbs im Imperfekt in der Vorschrift zu entnehmen ist. Die Vorschrift stellt mithin nicht auf die aus der Erklärung des Betroffenen oder Indizien zu entnehmende Absicht des Betroffenen ab, sondern verlangt, dass das Fahrzeug tat-

sächlich bereits geführt worden ist. Da der Begriff des Führens eines Fahrzeugs sich nicht zwingend alleine im Fahren eines Fahrzeuges erschöpfen muss, kommen auch im Vorfeld des Fahrens liegende Handlungen, die das Fahren vorbereiten, für eine Einbeziehung in den ordnungsrechtlichen Begriff des Führens eines Fahrzeuges in § 13 Nr. 2 Buchst. c) FeV in Frage. Das im Vorfeld zur Inbetriebsetzung eines Kraftfahrzeugs erforderliche Aufschließen der Fahrertür und Platznehmen im Fahrersitz scheidet indes eindeutig als Indiz für einen bereits abgeschlossenen Handlungsablauf des Führens eines Fahrzeuges in diesem Sinne aus. Das Aufschließen oder beabsichtigte Aufschließen der Fahrertür stellt noch keine Handlung dar, die zwingend den Schluss zulässt, das Fahrzeug sei in der Absicht geöffnet worden oder solle in der Absicht geöffnet werden, es in Betrieb zu nehmen und im Verkehr zu führen (OVG Saarland, Beschl. v. 18.09.2000 – 9 W 5/00, zfs 2001, 92).

Es muss mit hinreichender Gewissheit feststehen, dass der Betroffene das Fahrzeug 473 geführt hat (vgl. BVerwG, Urt. v. 07.04.2022 – 3 C 9.21, BVerwGE 175, 206 Rn. 38 für wiederholte Zuwiderhandlungen im Straßenverkehr unter Alkoholeinfluss als Voraussetzung für eine Beibringungsanordnung nach § 13 Satz 1 Nr. 2 Buchst. b) FeV). Allerdings ist hierfür eine Ahndung als Straftat nach § 316 StGB nicht zwingend. Vielmehr ist die Fahrerlaubnisbehörde – soweit sie keinen Beschränkungen nach dem Abweichungsverbot des § 3 Abs. 4 StVG unterliegt – befugt, die Voraussetzungen des § 13 Satz 1 Nr. 2 Buchst. c) FeV eigenständig und unabhängig davon zu beurteilen, ob die Tat geahndet wurde oder nicht. Wesentlich für die Auslegung der in § 13 Satz 1 Nr. 2 FeV aufgeführten tatbestandlichen Voraussetzungen ist nach der Rechtsprechung des Bundesverwaltungsgerichts, dass es bei § 13 FeV noch nicht unmittelbar um die Entziehung der Fahrerlaubnis geht, sondern um die dieser Entscheidung vorgelagerte Klärung von Eignungszweifeln bei Alkoholproblematik. Die Anforderung eines medizinisch-psychologischen Gutachtens dient der Vorbereitung der Entscheidung der Fahrerlaubnisbehörde über die Erteilung oder Verlängerung der Fahrerlaubnis oder über die Anordnung von Beschränkungen oder Auflagen. Gleiches gilt gem. § 46 Abs. 3 FeV im Vorfeld der Entscheidung über eine Entziehung oder Beschränkung der Fahrerlaubnis. Damit steht § 13 FeV in einem anderen systematischen Kontext als die Vorschriften in § 4 StVG zum Fahreignungs-Bewertungssystem, die gem. § 4 Abs. 2 Satz 3 StVG für Maßnahmen eine rechtskräftige Ahndung der Straftat oder Ordnungswidrigkeit voraussetzen. Eine solche Anknüpfung an die rechtskräftige Ahndung enthält § 13 FeV aber gerade nicht. Das bedeutet allerdings mit Blick auf das Rechtsstaatsprinzip und die mit einer medizinisch-psychologischen Begutachtung für den Betroffenen verbundenen Belastungen nicht, dass bereits ein vager Verdacht die Anforderung eines medizinisch-psychologischen Gutachtens rechtfertigt. Vielmehr müssen die von der Fahrerlaubnisbehörde herangezogenen Umstände in den Verfahrensakten hinreichend dokumentiert sein (BayVGH, Beschl. v. 07.09.2023 – 11 CS 23.1298, BeckRS 2023, 24460).

Auch wenn es wegen der Verwendung eines Atemalkoholmessgeräts, das mangels 474 Konformitätsbewertung bzw. Bauartzulassung sowie Eichung im Ordnungswidrigkeits- und Strafverfahren nicht als »beweissicher« angesehen wird, an einer »beweissicheren« Atemalkoholanalyse fehlen sollte, folgt daraus nicht zwingend, dass die

Messung keine Beibringungsanordnung nach § 13 Satz 1 Nr. 2 Buchst. c) FeV zu rechtfertigen vermag. Für den präventiven Bereich des Straßenverkehrsrechts kommt es allein darauf an, ob sich aus dem gemessenen Wert mit hinreichender Wahrscheinlichkeit auf eine Atemalkoholkonzentration von wenigstens 0,8 mg/l schließen lässt. Dabei erscheinen gewisse Einschränkungen in der Zuverlässigkeit der ermittelten Werte auch mit Blick darauf hinnehmbar, dass es im Rahmen von § 13 FeV noch nicht um die Entscheidung über die Erteilung oder Verlängerung einer Fahrerlaubnis, sondern um eine vorbereitende Aufklärungsmaßnahme geht, für die sachlich fundierte Zweifel an der Fahreignung genügen (BayVGH, Beschl. v. 07.03.2023 – 11 CE 22.2487, BeckRS 2023, 4245).

6. MPU bei Neuerteilung nach Entziehung aus einem der unter den Buchstaben a) bis c) genannten Gründen (Satz 1 Buchst. d))

475 Nach dem BVerwG (Beschl. v. 24.06.2013 – 3 B 71/12, DAR 2014, 412) ist die Entziehung der Fahrerlaubnis im Sinne von § 13 Satz 1 Nr. 2 Buchst. d) FeV – wie in § 14 Abs. 2 Nr. 1 FeV – auch die strafgerichtliche Entziehung nach § 69 StGB. Der VGH Baden-Württemberg (Urt. v. 07.07.2015 – 10 S 116/15, VD 2015, 243) schloss draus, dass die strafgerichtliche Entziehung der Fahrerlaubnis wegen einer Fahrt unter Alkoholeinfluss gem. § 69 StGB im Sinne einer Tatbestandswirkung ohne Weiteres die Notwendigkeit der Anordnung einer medizinisch-psychologischen Untersuchung auslöst.

476 Dieser Auffassung ist das BVerwG jedoch nicht gefolgt. Ist nach einer einmaligen Trunkenheitsfahrt mit einer Blutalkoholkonzentration von weniger als 1,6 Promille die Fahrerlaubnis durch das Strafgericht entzogen worden, darf die Fahrerlaubnisbehörde die Neuerteilung vielmehr nicht allein wegen dieser Fahrerlaubnisentziehung von der Beibringung eines positiven medizinisch-psychologischen Gutachtens abhängig machen. Anders liegt es, wenn zusätzliche Tatsachen die Annahme künftigen Alkoholmissbrauchs begründen (BVerwG, Urt. v. 06.04.2017 – 3 C 24.15, DAR 2017, 282). Es genügt damit für die Anwendung der Norm zwar, dass das Strafgericht dem Betroffenen die Fahrerlaubnis entzogen hat, wobei jedoch nicht schon die strafgerichtliche Feststellung der Fahrungeeignetheit als Zusatztatsache im Sinne der hier einschlägigen zweiten Alternative des § 13 Satz 1 Nr. 2 Buchst. a) FeV zu werten ist (BayVGH, Beschl. v. 16.10.2023 – 11 CE 23.1306, juris).

477 In Fällen, in denen nach einer einmaligen Trunkenheitsfahrt mit einer Blutalkoholkonzentration von weniger als 1,6 Promille (hier: 0,9 Promille mit Ausfallerscheinungen) die Fahrerlaubnis durch das Strafgericht entzogen worden ist, darf die Fahrerlaubnisbehörde die Neuerteilung der Fahrerlaubnis nicht allein wegen dieser Fahrerlaubnisentziehung von der Beibringung eines positiven medizinisch-psychologischen Gutachtens abhängig machen; anders liegt es, wenn zusätzliche Tatsachen die Annahme künftigen Alkoholmissbrauchs begründen (OVG Saarland, Beschl. v. 21.06.2023 – 1 B 18/23, SVR 2023, 315).

Die Fahrerlaubnisbehörde darf die Neuerteilung der Fahrerlaubnis nach deren Entziehung im Strafverfahren aufgrund einer einmaligen Trunkenheitsfahrt mit einer Blutalkoholkonzentration von weniger als 1,6 Promille nicht allein wegen dieser Fahrerlaubnisentziehung von der Beibringung eines positiven medizinisch-psychologischen Gutachtens abhängig machen. Anders liegt es jedoch dann, wenn zusätzliche Tatsachen die Annahme künftigen Alkoholmissbrauchs begründen. Als eine solche Zusatztatsache kommt etwa das Fehlen alkoholbedingter Ausfallerscheinungen trotz hoher Blutalkoholkonzentration von 1,1 Promille oder mehr in Betracht (BayVGH, Beschl. v. 07.03.2023 – 11 CE 22.2487, BeckRS 2023, 4245). Von einer aus dem im Buchstaben b) genannten Grund entzogenen Fahrerlaubnis kann vielmehr nur dann ausgegangen werden, wenn aus der vom Präventionsgedanken geprägten fahrerlaubnisrechtlichen Perspektive von wiederholten Zuwiderhandlungen im Straßenverkehr unter Alkoholeinfluss im Sinne von § 13 Satz 1 Nr. 2 Buchst. b) FeV auszugehen ist (BVerwG, Urt. v. 14.12.2023 – 3 C 10.22). 478

Zum früheren Meinungsstand siehe unten Rdn. 532 ff. 479

7. Sonstige Klärung, ob Alkoholmissbrauch oder Alkoholabhängigkeit nicht mehr besteht (Satz 1 Nr. 2 Buchst. e))

a) Alkoholmissbrauch (Alt. 1)

Voraussetzung für die Anforderung eines Gutachtens nach § 13 Satz 1 Nr. 2 Buchst. e) FeV ist der Nachweis eines früheren Alkoholmissbrauchs und die tatsachengestützte Annahme seiner Fortdauer. Diese Tatsachen müssen nicht in direktem Zusammenhang mit einer Teilnahme am Straßenverkehr stehen. Konkrete Anhaltspunkte für ein mangelndes Trennungsvermögen müssen vorliegen (VG Bremen, Beschl. v. 04.08.2010 – 5 V 912/10, Blutalkohol 47 [2010], 442; so etwa auch VG München, Beschl. v 17.05.2016 – M 26 S 16.1173, juris: »Für eine auf diese Vorschrift gestützte Gutachtensanforderung muss ein früherer Alkoholmissbrauch nachgewiesen sein, und Tatsachen müssen die Annahme seiner Fortdauer begründen.«; ebenso BayVGH, Beschl. v. 31.07.2008 – 11 CS 08.1103, juris). 480

Eine einzelne Trunkenheitsfahrt mit 0,9 Promille kann nur bei Hinzutreten erheblicher weiterer Umstände Grund sein, eine medizinisch-psychologische Untersuchung nach § 13 Satz 1 Nr. 2 Buchst. a) oder e) FeV anzuordnen. Sie kann aber je nach ihren konkreten Umständen Anlass sein, nach Ermessensausübung ein medizinisch-psychologisches Gutachten nach § 11 Abs. 3 Satz 1 Nr. 4 FeV anzuordnen (VG Oldenburg, Beschl. v. 07.07.2008 – 7 B 1835/08, juris). 481

Der Anwendbarkeit von § 13 Satz 1 Nr. 2 Buchst. e) steht nicht entgegen, dass nach den Regelungen des § 13 Satz 1 Nr. 2 Buchst. b) und c) FeV ein medizinisch-psychologisches Gutachten erst dann beizubringen ist, wenn ein Fahrerlaubnisbewerber entweder einmalig bei einer BAK von 1,6 Promille oder mehr am Straßenverkehr teilgenommen hat oder wiederholt alkoholbedingte Zuwiderhandlungen mit einer BAK von mindestens 0,5 Promille begangen hat. Denn hiernach ist der Rückgriff 482 auf § 13 Satz 1 Nr. 2 Buchst. e) FeV nur insoweit ausgeschlossen, als er auf eine Umgehung der spezielleren Regelungen des § 13 Satz 1 Nr. 2 Buchst. b) und c) FeV hinausliefe, nicht aber bei Vorliegen weiterer konkreter Hinweise für einen Alkoholmissbrauch. Für eine Gutachtensanforderung nach § 13 Nr. 2 Buchst. e) FeV muss daher ein früherer Alkoholmissbrauch nachgewiesen sein und Tatsachen müssen die Annahme seiner Fortdauer begründen. Ein die Fahreignung ausschließender Alkoholmissbrauch liegt gemäß Ziffer 8.1 der Anlage 4 zur FeV vor, wenn das Führen von Kraftfahrzeugen und ein die Fahrsicherheit beeinträchtigender Alkoholkonsum nicht sicher getrennt werden können. Einem Fahrerlaubnisinhaber kann die Beibringung eines medizinisch-psychologischen Gutachtens zur Klärung der von ihm durch Alkoholmissbrauch ausgehenden Gefahren für andere Verkehrsteilnehmer nur aufgegeben werden, wenn aufgrund bestimmter Umstände der begründete Verdacht besteht, dass er künftig ein Fahrzeug führen könnte, obwohl er hierzu wegen alkoholbedingter Beeinträchtigungen nicht mehr uneingeschränkt in der Lage ist. Hierbei ist zu berücksichtigen, dass allein die Feststellung, dass bei einem Fahrerlaubnisinhaber oder -bewerber in der Vergangenheit einmal oder wiederholt eine Alkoholkonzentration festgestellt wurde, die auf ein deutlich normabweichendes Trinkverhalten und eine weit überdurchschnittliche Alkoholgewöhnung schließen lässt, in der Regel nicht ausreicht, um den Verdacht zu begründen, dass der Betroffene zukünftig ein Fahrzeug führen könnte, obwohl er hierzu aufgrund alkoholbedingter Beeinträchtigungen nicht mehr uneingeschränkt in der Lage ist. Denn hohe Alkoholgewöhnung sagt für sich genommen noch nichts Hinreichendes über die Gefahr zukünftiger Trunkenheitsfahrten aus. Vielmehr müssen weitere tatsächliche Umstände hinzukommen, die in der Gesamtschau mit der vermuteten Alkoholproblematik bei realistischer Betrachtung die Annahme rechtfertigen, dass das Führen von Fahrzeugen und ein die Fahrsicherheit beeinträchtigender Alkoholkonsum nicht hinreichend sicher getrennt werden können. Das ist z.B. der Fall, wenn jemand im Zusammenhang mit einer Trunkenheitsfahrt allgemein ein Verhalten gezeigt hat, das auf eine Missbrauchsproblematik hindeutet. Das kann – in Kombination sein: einmalige Fahrt unter hohem Alkoholeinfluss (über 1,3 Promille) am (frühen) Nachmittag, dabei aber nur geringe Ausfallerscheinungen, verbunden mit der Aussage des Betroffenen, schließlich fahre er die kurze Strecke nicht zum ersten Mal, nachdem er etwas getrunken habe (VG Düsseldorf, Urt. v 18.11.2015 – 14 K 4226/15, juris).

b) Alkoholabhängigkeit (Alt. 2)

483 Die zweite Alternative des § 13 Satz 1 Nr. 2 Buchst. e) FeV ist, wie bereits ihr Wortlaut nahe legt (»wenn sonst zu klären ist, ob … Alkoholabhängigkeit nicht mehr besteht«), nur dann einschlägig, wenn durch eine Begutachtung festgestellt werden soll, ob eine Person, die entweder die Fahreignung nachweislich wegen Alkoholabhängigkeit verloren hatte oder die sich einem dahingehenden Verdacht ausgesetzt sieht, die Fahreignung deshalb wiedererlangt hat, weil sie (jedenfalls) jetzt nicht mehr alkoholabhängig ist. Anzuwenden ist diese Vorschrift deshalb immer dann, wenn die Tatbestandsvoraussetzungen der Nummer 8.4 der Anlage 4 zur Fahrerlaubnis-Verordnung zu prüfen sind. Eine solche Prüfung ist zum einen in Verfahren erforderlich, in

denen darüber zu befinden ist, ob einer Person, die derzeit über keine Fahrerlaubnis verfügt und bei der feststeht, dass sie jedenfalls früher alkoholabhängig war, eine solche Berechtigung (neu oder erstmals) erteilt werden darf. Zu prüfen sein können die Voraussetzungen der Nummer 8.4 der Anlage 4 zur Fahrerlaubnis-Verordnung aber nicht nur in (Neu-)Erteilungs-, sondern auch in Verwaltungsverfahren, die die Entziehung der Fahrerlaubnis wegen Alkoholabhängigkeit zum Gegenstand haben. Eine dahingehende Notwendigkeit besteht dann, wenn in einem solchen Entziehungsverfahren mit der Möglichkeit gerechnet werden muss, der Betroffene könnte die wegen Alkoholabhängigkeit möglicherweise oder tatsächlich verloren gegangene Fahreignung inzwischen deshalb wiedererlangt haben, weil er die Alkoholabhängigkeit überwunden hat (vgl. zur entsprechenden Rechtslage bei der Entziehung der Fahrerlaubnis wegen einer Betäubungsmittelproblematik (BayVGH, Beschl. v. 24.08.2010 – 11 CS 10.1139, SVR 2011, 275).

Nach § 13 Satz 1 Nr. 2 Buchst. e) FeV ist die Fahrerlaubnisbehörde auch im Neu- 484
erteilungsverfahren verpflichtet, die Beibringung eines medizinisch-psychologischen Gutachtens anzuordnen, wenn sonst zu klären ist, ob Alkoholabhängigkeit nicht mehr besteht (BayVGH, Beschl. v. 16.07.2015 – 11 CS 15.1142, juris).

Gemäß Nr. 8.3 der Anlage 4 zu §§ 11, 13 und 14 FeV besteht bei Alkoholabhän- 485
gigkeit keine Eignung zum Führen von Kraftfahrzeugen. Nach Nr. 8.4 der Anlage 4 zur FeV ist die Eignung erst wieder hergestellt, wenn die Abhängigkeit nach einer Entwöhnungsbehandlung nicht mehr besteht und in der Regel ein Jahr Abstinenz nachgewiesen ist; dann ist gem. § 13 Satz 1 Nr. 2 Buchst. e) FeV ist ein medizinisch-psychologisches Gutachten beizubringen, um zu klären ist, ob Alkoholabhängigkeit nicht mehr besteht (BayVGH, Beschl. v. 16.07.2015 – 11 CS 15.1142, juris).

Die Anordnung eines medizinisch-psychologischen Gutachtens auf der Grundlage 486
von § 13 Satz 1 Nr. 2 Buchst. e) 2. Alt. FeV kommt lediglich dann in Betracht, wenn durch die Begutachtung festgestellt werden soll, ob eine in der Vergangenheit alkoholabhängige Person die Fahreignung deshalb wiedererlangt hat, weil sie (jedenfalls) jetzt nicht mehr alkoholabhängig ist. Dient eine Fahreignungsbegutachtung demgegenüber dazu, abzuklären, ob eine Person überhaupt alkoholabhängig ist, kommt lediglich die Anordnung eines ärztlichen Gutachtens auf der Grundlage von § 13 Satz 1 Nr. 1 FeV in Betracht (VGH Baden-Württemberg, Beschl. v. 08.09.2015 – 10 S 1667/15, juris; BayVGH, SVR 2011, 275). Hat ein Fahrerlaubnisinhaber dann aber einmal die Hürde des § 13 Satz 1 Nr. 2 Buchst. e) FeV genommen, ist er wieder als fahrgeeignet anzusehen und verliert die Fahreignung wie jeder andere Fahrerlaubnisinhaber erst wieder, wenn (wieder) eine Alkoholabhängigkeit nach Nr. 8.3 Anlage 4 FeV festgestellt wird. Dazu ist aber ein ärztliches Gutachten erforderlich (OVG Sachsen, Beschl. v. 08.02.2021 – 6 B 404/20, NJW 2021, 2305).

Die Beibringung eines Gutachtens darf nach allgemeinen Grundsätzen nur aufgrund 487
konkreter Tatsachen, nicht auf einen bloßen Verdacht »ins Blaue hinein« bzw. auf Mutmaßungen, Werturteile, Behauptungen oder dergleichen hin verlangt werden, es genügt andererseits aber im Sinne eines »Anfangsverdachts«, wenn ausreichende tatsächliche Anhaltspunkte in diese Richtung bestehen. Mitteilungen der Polizei nach

§ 2 Abs. 12 StVG und sonstige polizeiliche Schilderungen sind grundsätzlich berücksichtigungsfähig, wenn sie Anhaltspunkte für Fahreignungszweifel des Betroffenen enthalten und nicht durch substantiierte Einwände erschüttert werden oder sonst der weiteren Klärung bedürfen (BayVGH, Beschl. v. 11.07.2022 – 11 CS 22.939, juris).

8. Wiedererlangung der Fahreignung bei Alkoholmissbrauch

488 Von einer Wiedererlangung der Fahreignung ist nach Nr. 8.2 der Anlage 4 zu §§ 11, 13 und 14 FeV dann auszugehen, wenn der Missbrauch beendet und die Änderung des Trinkverhaltens gefestigt ist. Der diesbezüglich notwendige stabile Einstellungswandel ist durch ein medizinisch-psychologisches Gutachten nachzuweisen (BayVGH, Beschl. v. 03.08.2015 – 11 CS 15.1204, juris).

489 Auch wenn jemand nicht alkoholabhängig ist, kann es u.U. zur Wiedergewinnung der Fahreignung nötig sein, dass sich jemand auf einen völligen Alkoholverzicht einlässt. Besitz nämlich eine Person nicht die Willenskraft oder Einsichtsfähigkeit, die Aufnahme von Alkohol an dem Punkt zu beenden, jenseits dessen der Alkohol Auswirkungen auf die Fahrtauglichkeit hat, »hilft« nur völlige Alkoholabstinenz (VGH Baden-Württemberg, Beschl. v. 08.10.2015 – 10 S 1491/15, DÖV 2016, 139 unter Anschluss an BayVGH, Beschl. v. 31.07.2008 – 11 CS 08.1103, juris; siehe auch Kommentierung zu § 11 Abs. 7 FeV – »verfahrensrechtliche Einjahresfrist«).

VI. Exkurs

1. Grundsätzliches zu Promillegrenzen

a) Wirkungen von Alkohol

490 Alkohol ist ein Genussmittel, es regt an, macht locker und entspannt. Kaum eine Feier ist ohne Bier, Sekt oder Wein denkbar. Doch bereits der erste Schluck kann erhebliche Auswirkungen auf die Fahrtüchtigkeit haben. Wer unter der Wirkung von Alkohol steht, reagiert langsamer, die Wahrnehmungsleistung und die Auffassungsgabe sind reduziert. Die Koordination leidet, die Bewegungen werden unsicher.

491 Bereits ab 0,4 Promille verschlechtert sich die Möglichkeit, Entfernungen richtig abzuschätzen. Ab 0,8 Promille werden die Lenkbewegungen gestört, der Verkehr kann nicht mehr richtig erfasst werden. Die Wahrscheinlichkeit, an einem Unfall beteiligt zu sein, steigt bei 0,5 Promille auf das Achtfache und bei 0,8 Promille auf das 34-fache. Jeder elfte Verkehrstote geht auf Alkohol zurück.

b) Gesetzesänderungen seit 1998

492 Der Gesetzgeber hat das Verbot von Alkohol im Straßenverkehr bereits seit 1998 schrittweise verschärft. Bis Ende April 1998 galt noch die »0,8-Promille-Grenze«. § 24a Abs. 1 des Straßenverkehrsgesetzes (StVG) bestimmte, dass »ordnungswidrig handelt, wer im Straßenverkehr ein Kraftfahrzeug führt, obwohl er 0,8 Promille im

Blut oder eine Alkoholmenge im Körper hat, die zu einer solchen Blutalkoholkonzentration führt«. Diese Vorschrift verschärfte der Gesetzgeber und führte eine gestufte Regelung ein: Bei 0,40 mg/l Alkohol in der Atemluft (AAK) bzw. 0,8 Promille im Blut (BAK) wurde ein Bußgeld von bis zu 3.000 DM fällig, bei 0,25 mg/l AAK bzw. 0,5 Promille BAK immerhin noch 1.000 DM. Mittlerweile kennt § 24a StVG nur die strengere Grenze.

Grund für die strengere Regelung war die allgemein gesicherte medizinische Erkenntnis, dass eine verminderte Fahrtüchtigkeit bei einer forensisch nachweisbaren Blutalkoholkonzentration von 0,3 bis 0,4 Promille beginnt. Unter Berücksichtigung eines Sicherheitszuschlags von 0,1 Promille ergibt sich dann ein Grenzwert von 0,5 Promille, ab dem der Straßenverkehr gefährdet ist. 493

c) Absolute und relative Fahruntüchtigkeit

Nicht nur das Verkehrsrecht orientiert sich an Promille-Werten. Wer im Verkehr ein Fahrzeug führt, obwohl er infolge des Genusses alkoholischer Getränke dazu nicht sicher in der Lage ist, macht sich nach § 316 Strafgesetzbuch (StGB) wegen Trunkenheit im Verkehr strafbar. Kommt die Gefährdung anderer Menschen oder von bedeutenden Sachwerten hinzu, ist der Tatbestand des § 315c StGB (Gefährdung des Straßenverkehrs) erfüllt, der die Maximalstrafe von einem Jahr Freiheitsstrafe auf fünf Jahre erhöht. 494

Bei beiden Vorschriften unterscheidet die Rechtsprechung zwischen der absoluten und der relativen Fahruntüchtigkeit. Die absolute Fahruntüchtigkeit beginnt für Kraftfahrer ab 1,1 und für Radfahrer ab 1,6 Promille. Die Gerichte nehmen dann ohne weitere Umstände an, dass ein Fahrzeug nicht mehr beherrscht werden kann. Die relative Fahruntüchtigkeit beginnt dagegen schon bei 0,3 Promille. Für eine Strafbarkeit müssen aber Fahrfehler hinzukommen, die in nüchternem Zustand nicht aufgetreten wären. 495

Auch zivilrechtlich sind diese Alkoholwerte von Bedeutung: Bereits ab einer BAK von 0,3 Promille kann es im Schadensfall zu einer Leistungskürzung der Kfz-Versicherung von 50 % kommen; der Kürzungsbetrag steigt dann mit dem Grad der Alkoholisierung. Den vollen Schaden trägt, wer 1,1 Promille oder mehr an Alkoholisierung aufweist. 496

Definitiv die Fahreignung hat verloren, wer eine Alkoholisierung erreicht, die 3,0 Promille übersteigt. Hier geht man von einer Alkoholabhängigkeit im Sinne von Nr. 8.2 der Anlage 4 zur Fahrerlaubnis-Verordnung (FeV) und damit ohne weiteres von der Ungeeignetheit zum Führen eines Fahrzeugs aus. 497

Eine solche Ungeeignetheit besteht auch bei Alkoholmissbrauch. Ein solcher liegt vor, wenn »das Führen von Fahrzeugen und ein die Fahrsicherheit beeinträchtigender Alkoholkonsum nicht hinreichend sicher getrennt werden kann«. Auch ein missbräuchlicher Alkoholkonsum außerhalb des Straßenverkehrs kann der Fahrerlaubnisbehörde Anlass zu Eignungszweifeln und damit einen Grund für die Anforderung eines medizinisch-psychologischen Gutachtens geben. Bereits ein schwerer Rausch – 498 deutlich über 2 Promille – kann hier, wenn weitere Umstände (z.B. Berufskraftfahrer) hinzukommen, auf einen Alkoholmissbrauch hindeuten.

499 Ein medizinisch-psychologisches Gutachten wird von jemandem verlangt, der ein Fahrzeug im Straßenverkehr bei einer BAK von mehr als 1,6 Promille geführt hat (§ 13 Satz 1 Nr. 2 Buchst. c) FeV). Ein Unterschied zwischen »Nur-Radlern« und Personen, die im Rausch das Auto stehen lassen und sich stattdessen auf ihr Fahrrad schwingen, macht die Rechtsprechung nicht (BVerwG, Beschl. v. 20.06.2013 – 3 B 102/12). Wer solch hohe Werte aufweise, habe Alkoholprobleme. Ein Geselligkeitstrinker könne höchstens Spitzenwerte zwischen 0,8 Promille und 1,1 Promille, in besonderen Fällen auch 1,3 Promille, erreichen. Wer 1,6 Promille schafft, habe also erheblich von der Norm abweichende Trinkgewohnheiten (VG Aachen, Urt. v. 09.05.2012 – 3 K 1042/12). Die normalen körperlichen Symptome, die bei einem Rausch auftreten, wirken bei solchen Personen nicht mehr als Bremse, damit sie trotz Alkoholkonsums nicht mehr ins Auto steigen (VG Würzburg, Beschl. v. 02.12.2013 – W 6 S 13.1151).

d) Null-Promille-Grenze für Fahranfänger

500 Das Verkehrsrecht kennt aber auch schon eine faktische Null-Promille-Grenze: § 24c StVG sieht ein Alkoholverbot für Fahranfänger vor. Danach handelt ordnungswidrig, wer im Straßenverkehr alkoholische Getränke zu sich nimmt oder die Fahrt antritt, obwohl er alkoholisiert ist.

501 Erfüllt ist der Tatbestand bereits, wenn auch nur ein einziger Schluck Alkohol getrunken wird. Der Genuss alkoholhaltiger Süßwaren (z.B. Weinbrandbohnen) oder die Einnahme von Arzneimitteln wie Hustensaft fällt dagegen nicht unter das Verbot. Eine exakte Promille-Grenze kennt die Vorschrift deshalb nicht: Der Gesetzgeber hat sich zwar für ein striktes Alkoholverbot für Fahranfänger entschlossen, er wollte aber aus Beweisgründen nicht zugleich eine absolute Null-Promille-Grenze für diese Gruppe einführen. Denn schon die erste Schnapspraline könnte bei der Ausgereiftheit moderner Messmethoden die Grenze reißen.

502 Die oft erhobene Forderung nach einer Null-Promille-Grenze macht daher nicht nur den Verkehr nicht wesentlich sicherer, sie ist in der Praxis auch schlicht nicht durchführbar. Autofahrer dürften dann nicht einmal mehr Apfelsaft (0,5 Volumenprozent), »alkoholfreies« Bier (bis zu 0,5 Volumenprozent) oder Kefir (0,6 Volumenprozent) trinken. Rechtsexperten sprechen sich dafür aus, als »alkoholhaltig« nur anzusehen, was mehr als 1 Volumenprozent aufweist. Sollte eine strikte Promille-Grenze kommen, wird man sich nicht nur von diesen Getränken verabschieden müssen, sondern darüber hinaus auch von manchen Torten, einem Malaga-Eis oder vom Sauerkraut.

e) 1,6 Promille oder 1,1 Promille: Die unterschiedlichen Promillegrenzen und deren Ursprung

503 Doch wie kommt man denn nun auf einen Wert von 1,1 Promille? Fehlende Fahreignung unter Rückgriff »nur« auf den erreichten Alkoholwert nimmt das Fahrerlaubnisrecht ausdrücklich erst ab 1,6 Promille an (§ 13 Satz 1 Nr. 2 Buchst. c) FeV). Das

Strafrecht dagegen geht für die Annahme der absoluten Fahruntüchtigkeit von 1,1 Promille aus. Wie kommt es zu diesem Unterschied?

Zunächst einmal brauchen (auch) Promillegrenzen – als Eingriff des Gesetzgebers oder der Justiz in Grundrechte – eine verfassungsrechtliche Rechtfertigung (BVerfG, Beschl. v. 21.12.2004 – 1 BvR 2652/03, DAR 2005, 70). Promillegrenzen unterliegen dem Gebot der Verhältnismäßigkeit. Sie sollen die Einhaltung der Fahrtauglichkeit sicherstellen (*Spann*, DAR 2005, 70). 504

Als der Gesetzgeber die Strafvorschrift des § 316 StGB (Trunkenheit im Verkehr) eingeführt hat, hat er von der Normierung einer bestimmten Promillegrenze abgesehen und die nähere Bestimmung des Tatbestandsmerkmals »Fahruntüchtigkeit« der Rechtsprechung überlassen (*Ernemann*, in: Satzger/Schluckebier/Widmaier, § 316 StGB Rn. 9). Bei der Entscheidung einer Rechtsfrage, für deren Beantwortung einschlägige wissenschaftliche Forschungsergebnisse vorhanden sind, ist der Richter bei seiner Überzeugungsbildung aber nicht völlig frei, sondern an diese Ergebnisse gebunden, wenn sie in den maßgebenden Fachkreisen allgemein und zweifelsfrei als richtig und zuverlässig anerkannt sind (BGH, Beschl. v. 21.10.1981 – 4 StR 262/81, BGHSt 30, 251; auch: BGH, Entsch. v. 09.12.1966 – 4 StR 119/66, BGHSt 21, 157). 505

Ursprünglich ging der BGH für Kraftfahrer für die Annahme von Fahruntüchtigkeit von einem Wert von 1,5 Promille aus (BGH, Urt. v. 05.11.1953 – 3 StR 504/53, BGHSt 5, 168). Dieser Wert setzte sich zusammen aus einem Grundwert von 1,0 Promille zuzüglich eines Sicherheitszuschlages von 0,5 Promille für Messungenauigkeiten (*Ernemann*, in: Satzger/Schluckebier/Widmaier, § 316 StGB Rn. 9). Dabei bezeichnet der Grundwert die Blutalkoholkonzentration, bei der mit an Sicherheit grenzender Wahrscheinlichkeit bei jedem Kraftfahrer Fahrtüchtigkeit im Sinne einer Beherrschung des die Lenkung eines Fahrzeugs im Verkehr bildenden Gesamtvorgangs nicht mehr festgestellt werden kann. Der Sicherheitszuschlag dient allein dem Ausgleich der technisch und naturwissenschaftlich nicht ausschließbaren Messungenauigkeiten bei der Blutalkoholanalyse (BGH, Beschl. v. 28.06.1990 – 4 StR 297/90, BGHSt 37, 89). 506

In der weiteren Abfolge hat der BGH insbesondere mit Blick auf die verbesserten Messmethoden den Grenzwert für Kraftfahrer im Jahr 1966 (BGH, Entsch. v. 09.12.1966 – 4 StR 119/66, BGHSt 21, 157) auf 1,3 Promille (Grundwert von 1,1 Promille zuzüglich eines Sicherheitszuschlags von 0,2 Promille) und schließlich in einem Beschluss vom 28.06.1990 für alle Fahrer von Kraftfahrzeugen auf 1,1 Promille herabgesetzt (BGH, Beschl. v. 28.06.1990 – 4 StR 297/90, BGHSt 37, 89). Der Festlegung des Grenzwertes für Kraftfahrer im Beschluss vom 28.06.1990 lag ein Gutachten des Bundesgesundheitsamtes zugrunde (siehe hierzu *Schoknecht*, Gutachten des Bundesgesundheitsamtes zum Sicherheitszuschlag auf die Blutalkoholbestimmung, NZV 1990, 104). Der Wert von 1,1 Promille setzt sich aus einem Grundwert von 1,0 Promille und einem Sicherheitszuschlag von 0,1 Promille zusammen (*Fischer*, StGB, Vor § 316 Rn. 3). 507

508 Für Radfahrer hat der BGH wegen der nicht in gleichem Maße wie für Kraftfahrer angestiegenen Leistungsanforderungen (*Fischer*, StGB, Vor § 316 Rn. 3) im Jahr 1986 (BGH, Beschl. v. 17.07.1986 – 4 StR 543/85, BGHSt 34, 133) den Grenzwert auf 1,7 Promille (Grundwert 1,5 Promille; Sicherheitszuschlag 0,2 Promille) festgesetzt (*Ernemann*, in: Satzger/Schluckebier/Widmaier, § 316 StGB Rn. 9).

509 Der Wert von 1,5 Promille ergab sich aus den im Jahr 1980 veröffentlichten Ergebnissen aus Versuchen, die *Schewe et al.* in Gießen mit 71 Fahrrad- und Mofafahrern durchgeführt hatten (Blutalkohol 1980, 298; siehe auch *Schewe/Kröss/Ludwig/Schäufele/Schuster*, Experimentelle Untersuchungen zur Frage des Grenzwertes der alkoholbedingten Fahruntüchtigkeit bei Fahrradfahrern, Blutalkohol 1984, 97). Diese Versuche hatten gezeigt, dass Blutalkoholwerte um 1,3 Promille bei Mofafahrern ausnahmslos zu meist erheblichen Beeinträchtigungen der Fahrleistung führen. Bei Radfahrern dagegen hatten weiter Versuche gezeigt, dass ohne Ausnahmen Leistungsabfälle (erst) bei 1,5 Promille feststellbar sind.

510 Bei der Herabsetzung des Grenzwertes für Kraftfahrzeugführer im Beschluss vom 28.06.1990 hat sich der BGH nicht dazu geäußert, ob auch der Grenzwert für Radfahrer abzusenken ist. Die neuere Rechtsprechung geht aber inzwischen unter Zugrundelegung eines wegen verbesserter Messmethoden geringer anzusetzenden Sicherheitszuschlages (0,1 Promille) inzwischen von 1,6 Promille aus (*Ernemann*, in: Satzger/Schluckebier/Widmaier, StGB, 2. Aufl. 2014, § 316 StGB Rn. 9; *Fischer*, StGB, 63. Aufl. 2015, § 316 Rn. 27). Neben diesem Grenzwert für absolute Fahruntüchtigkeit besteht die 0,3-Promille-Grenze für relative Fahruntüchtigkeit. Der Grenzwert der absoluten Fahruntüchtigkeit, bei dem allein aufgrund der Blutalkoholkonzentration ohne weitere Prüfung des Fahrverhaltens für jeden Kraftfahrer Fahruntüchtigkeit gegeben ist, stellt nach medizinischen Erkenntnissen die Grenze dar, ab der erfahrungsgemäß stets verkehrsgefährdende Leistungsminderungen und Persönlichkeitsveränderungen bestehen. Dagegen ist relative Fahruntüchtigkeit gegeben, wenn die Blutalkoholkonzentration einer betroffenen Person zur Tatzeit zwar unterhalb des Grenzwertes von 1,1 Promille liegt, aber aufgrund zusätzlicher Tatsachen der Nachweis alkoholbedingter Fahruntüchtigkeit geführt werden kann. Die »relative« Fahruntüchtigkeit unterscheidet sich dabei von der »absoluten« nicht in dem Grad der Trunkenheit oder der Qualität der alkoholbedingten Leistungsminderung, sondern allein hinsichtlich der Art und Weise, wie der Nachweis der Fahruntüchtigkeit als psychophysischer Zustand herabgesetzter Gesamtleistungsfähigkeit zu führen ist. Dabei stellt die Blutalkoholkonzentration das wichtigste der Beweisanzeichen dar. Da sie den Grenzwert von 1,3 Promille, von dem an absolute Fahruntüchtigkeit unwiderleglich vorliegt, nicht erreicht, müssen weitere Tatsachen festgestellt werden, die als Beweisanzeichen geeignet sind, dem Tatrichter die Überzeugung von der Fahruntüchtigkeit eines Betroffenen zu vermitteln (BGH, Urt. v. 2.04.1982 – 4 StR 43/82, NJW 1982, 2612).

2. Das Verhältnis von strafrechtlicher und verwaltungsbehördlicher Eignungsprüfung von Fahrerlaubnisinhabern (§ 13 Satz 1 Nr. 2 Buchst. d) FeV)

(*Rebler*, Schwieriges Verhältnis zwischen Straf- und Verwaltungsrecht, VD 5/2015, 115) 511

a) Problematik

Die Entziehung einer Fahrerlaubnis kann nicht nur durch die Fahrerlaubnisbehörde 512 im verwaltungsrechtlichen Wege erfolgen, sondern nach Begehung einer »verkehrsspezifischen Straftat« auch als Maßregel durch das Strafgericht. In beiden Fällen liegt der Entscheidung kein »Sanktionscharakter« zugrunde, sondern die prognostische Feststellung, dass der Fahrerlaubnisinhaber ungeeignet zum Führen von Kraftfahrzeugen ist. Die Verwaltungsbehörde hat grundsätzlich eine vorhergehende Entscheidung des Strafgerichtes zu beachten. Eine exakte Abgrenzung ist dennoch oftmals schwierig; neue Aktualität gewann die Problematik bei Alkoholstraftaten hinsichtlich der Frage, ob die Anordnung zur Beibringung eines Fahreignungsgutachtens bei einem Antrag auf Neuerteilung in jedem Falle einer strafgerichtlichen Entziehung erfolgen muss.

b) Grundsätzliches zum gerichtlichen Fahrverbot und zur gerichtlichen und verwaltungsbehördlichen Entziehung der Fahrerlaubnis

aa) Möglichkeit der Anordnung eines Fahrverbotes und der Entziehung der Fahrerlaubnis im Strafverfahren

Das Strafrecht kennt zwei Wege, Straftäter, die im Zusammenhang mit dem Führen 513 von Kraftfahrzeugen strafrechtlich in Erscheinung getreten sind, (buchstäblich) »aus dem Verkehr zu ziehen«:

aaa) Das Fahrverbot nach § 44 Abs. 1 StGB

Nach § 44 Abs. 1 StGB (Fahrverbot) kann das Gericht jemandem, der wegen einer 514 Straftat, die er bei oder im Zusammenhang mit dem Führen eines Kraftfahrzeugs oder unter Verletzung der Pflichten eines Kraftfahrzeugführers begangen hat, zu einer Freiheitsstrafe oder einer Geldstrafe verurteilt wird, für die Dauer von einem Monat bis zu drei Monaten verbieten, im Straßenverkehr Kraftfahrzeuge jeder oder einer bestimmten Art zu führen. Seit 24.08.2017 gilt auch folgender Satz 2 des Absatzes 1: Auch wenn die Straftat nicht bei oder im Zusammenhang mit dem Führen eines Kraftfahrzeugs oder unter Verletzung der Pflichten eines Kraftfahrzeugführers begangen wurde, kommt die Anordnung eines Fahrverbots namentlich in Betracht, wenn sie zur Einwirkung auf den Täter oder zur Verteidigung der Rechtsordnung erforderlich erscheint oder hierdurch die Verhängung einer Freiheitsstrafe oder deren Vollstreckung vermieden wird.

Ein solches Fahrverbot ist in der Regel anzuordnen, wenn in den Fällen einer Ver- 515 urteilung nach § 315c Abs. 1 Nr. 1 Buchstabe a), Abs. 3 oder § 316 die Entziehung der Fahrerlaubnis nach § 69 unterbleibt. Das Fahrverbot ist nach der Gesetzesüberschrift eine Nebenstrafe. Es erfüllte bis 2017 primär eine Erziehungsfunktion i.S. eines »Denkzettels« (BayObLG, Urt. v. 10.08.1979 – RReg 2 St 74/79, VRS 58, 38; *Krumm*, SVR 2009, 136). Das Fahrverbot kann auch wegen des Charakters als Nebenstrafe im Einzelfall generalpräventive Ziele verfolgen (*Krumm*, SVR 2009, 136).

516 Mit der Gesetzesnovellierung 2017 wurde der Anwendungsbereich des Fahrverbots nach § 44 StGB wesentlich erweitert (BT-Drucks. 18/11272, S. 14 ff.). Seine bis dahin allgemein anerkannte, auf die Rechtsprechung des Bundesverfassungsgerichts zum Fahrverbot nach § 25 StVG zurückgehende Bedeutung als Denkzettel- und Besinnungsmaßnahme für Straftaten im Zusammenhang mit dem Straßenverkehr hat an Gewicht verloren. Stattdessen wurde den Tatgerichten mit der Erweiterung des Anwendungsbereichs ein »zielgenaueres« (vgl. BT-Drucks. 18/11272, S. 17) Mittel bereitgestellt, welches einerseits auch außerhalb von Verkehrsdelikten Anwendung finden kann und andererseits eine besser dosierte Gesamtsanktion aus Kombination und in Wechselwirkung mit der Hauptstrafe ermöglicht (BT-Drucks. 18/11272). Im Lichte des Zwecks dieser Novellierung ist die Gesetzesformulierung »zur Einwirkung auf den Täter erforderlich« (§ 44 Abs. 1 Satz 2 StGB) daher nicht im Sinne der Denkzettelfunktion auszulegen (»noch« erforderlich), sondern – korrespondierend mit der gesetzgeberischen Betonung der Pönalisierungsfunktion – als eine auf die Angemessenheit des Gesamtübels bezogenen Strafzumessungsrichtlinie. Die Rechtsfolge, bestehend aus Haupt- und/oder Nebenstrafe, soll im Verhältnis zum begangenen Unrecht gerechter Schuldausgleich sein. Die Nebenstrafe ist deshalb – losgelöst von einem präventiven Aspekt – »zur Einwirkung auf den Täter erforderlich«, wenn die Hauptstrafe allein nicht als gerechter Schuldausgleich ausreicht (OLG Dresden, Beschl. v. 07.07.2022 – 2 OLG 22 Ss 299/22, DAR 2022, 577).

517 Das Fahrverbot stellt eine repressive Besinnungsstrafe dar, die keine Maßnahme zur präventiven Gefahrenabwehr ist, und steht damit im Rahmen des Gesamtübels in untrennbarer Wechselwirkung mit der Hauptstrafe. Beide Sanktionen verfolgen gemeinsam einen überwiegend identischen Strafzweck, der mit unterschiedlichen Mitteln erreicht werden soll (OLG Dresden, Beschl. v. 16.04.2021 – 2 OLG 22 Ss 195/21, juris).

518 Das Fahrverbot und die Fahrerlaubnisentziehung bzw. die Festsetzung einer isolierten Sperrfrist schließen einander regelmäßig aus. Denn das Fahrverbot nach § 44 StGB setzt voraus, dass sich der Täter gerade nicht als ungeeignet zum Führen von Kraftfahrzeugen gem. § 69 StGB erwiesen hat. Deshalb kommt ein Fahrverbot neben einer Entziehung der Fahrerlaubnis bzw. der Festsetzung einer isolierten Sperrfrist nur in Betracht, wenn das Gericht nach § 69a Abs. 2 StGB bestimmte Arten von Kraftfahrzeugen von der Sperre ausnehmen oder dem Täter das Fahren mit gem. § 4 Abs. 1 Satz 2 FeV fahrerlaubnisfreien Fahrzeugen verbieten will (Brandenburgisches OLG, Urt. v. 11.10.2023 – 1 ORs 11/23, juris).

bbb) Die Entziehung der Fahrerlaubnis nach § 69 StGB

Nach § 69 Abs. 1 StGB (Entziehung der Fahrerlaubnis) entzieht das Strafgericht jemandem, der wegen einer rechtswidrigen Tat, die er bei oder im Zusammenhang mit dem Führen eines Kraftfahrzeuges oder unter Verletzung der Pflichten eines Kraftfahrzeugführers begangen hat, verurteilt oder nur deshalb nicht verurteilt wurde, weil seine Schuldunfähigkeit erwiesen oder nicht auszuschließen ist, die Fahrerlaubnis, wenn sich aus der Tat ergibt, dass er zum Führen von Kraftfahrzeugen **ungeeignet** ist. 519

Absatz 2 der Vorschrift listet Regelfälle auf, in denen der Täter ohne weiteres als ungeeignet anzusehen und die Fahrerlaubnis ohne weitere Prüfung (der Eignung) zu entziehen ist: 520

- Gefährdung des Straßenverkehrs (§ 315c StGB),
- Teilnahme an einem verbotenen Kraftfahrzeugrennen (§ 315d StGB),
- Trunkenheit im Verkehr (§ 316 StGB),
- unerlaubtes Entfernen vom Unfallort (§ 142 StGB), obwohl der Täter weiß oder wissen kann, dass bei dem Unfall ein Mensch getötet oder nicht unerheblich verletzt worden oder an fremden Sachen bedeutender Schaden entstanden ist
- Vollrausch (§ 323a StGB), der sich auf eine dieser Taten bezieht.

Grundlage dieser Regelbeurteilung ist die Erkenntnis, dass sich »Ungeeignetheit« zum Führen eines Kfz nicht nur aufgrund von körperlichen oder geistigen Eignungsmängeln, sondern auch wegen charakterlicher Ungeeignetheit ergeben kann (*Jehle/Harrendorf*, in: Satzger/Schluckebier/Widmaier, § 69 Rn. 24). 521

Die Regelvermutung des § 69 Abs. 2 StGB führt dazu, dass eine die – noch zum Zeitpunkt des Urteils vorliegende – Ungeeignetheit positiv begründende Gesamtwürdigung nur dann erforderlich ist, wenn ernsthafte Anhaltspunkte dafür vorliegen, dass sich ein Ausnahmefall ergeben könnte. Gründe, die die Indizwirkung des Regelbeispiels widerlegen und im Rahmen einer Gesamtwürdigung Anlass zum Absehen der Maßregelanordnung geben können, können u.a. im Zeitraum zwischen Tatbegehung und Entscheidung entstehen. Umstritten ist die Bedeutung der Teilnahme an einem Nachschulungskurs oder an einer psychotherapeutischen Behandlung, die zwar nicht schematisch die Regel des Abs. 2 widerlegen kann, bei der Entscheidung aber nach Lage des Einzelfalls zu berücksichtigen ist. Eine erfolgreiche Teilnahme kann den gesetzlich vermuteten Eignungsmangel aber nur ausnahmsweise ausräumen. Gerade gewerblich angebotene Kurse sind kritisch zu prüfen. Allerdings kann die Teilnahme an einer verkehrstherapeutischen Maßnahme, die Durchführung einer psychotherapeutischen Behandlung oder die Wahrnehmung verkehrspsychologischer Beratungen und Aufbauseminare Anlass zu weiterer Sachaufklärung, z.B. in Form der Anforderung eines medizinisch-psychologischen Gutachtens geben (OLG Karlsruhe, Beschl. v. 06.10.2016 – 3 (5) Ss 473/16, 3 (5) Ss 473/16 – AK 199/16, juris). 522

Unter Rekurs auf § 13 Abs. 1 Satz 1 Nr. 2b und 2c FeV nimmt das OLG Hamm (Urt. v. 10.11.2015 – 5 RVs 125/15, juris) an, diese Vorschriften des Fahrerlaubnisrechts böten dem Strafrichter eine Leitlinie, in welchen Fällen er bei beabsichtigter 523

Abweichung von der Regelvermutung des § 69 Abs. 2 StGB gehalten ist, ein entsprechendes Gutachten einzuholen oder sich vom Angeklagten beibringen zu lassen.

524 Die Entziehung der Fahrerlaubnis im Strafverfahren ist eine Maßregel der Besserung und Sicherung (§ 61 Nr. 5 StGB). Maßregeln setzen die Begehung einer mindestens rechtswidrigen Tat voraus, die in einem rechtsstaatlichen Strafverfahren festgestellt werden muss (*Kaspar*, in: Satzger/Schluckebier/Widmaier, Vor §§ 61 ff. Rn. 13). Ihr Zweck ist es, gefährliche Täter zu bessern oder die Allgemeinheit zu schützen (*Fischer*, Vor § 61 Rn. 1). Im Mittelpunkt des Maßregelrechts steht die Frage der weiteren Gefährlichkeit des Täters, und zwar im Hinblick auf die Begehung weiterer Straftaten (*Kaspar*, in: Satzger/Schluckebier/Widmaier, Vor §§ 61 ff. Rn. 14). Ob die Anordnung einer Maßregel erforderlich ist, hängt regelmäßig von einer Gefährlichkeitsprognose ab (*Fischer*, Vor § 61 Rn. 3). Es geht hier aber um eine **Kriminalprognose** (zum Begriff siehe *Kaspar*, in: Satzger/Schluckebier/Widmaier, Vor §§ 61 ff. Rn. 41), nicht im eigentlichen Sinne um eine sicherheitsrechtliche Eignungsbeurteilung. Im Bereich von Verkehrsstraftaten decken sich aber Bereiche in Form der charakterlichen Eignung.

525 Für die Maßregel der Entziehung der Fahrerlaubnis bedarf es verkehrssicherheitsrelevanter Eignungsmängel (BGH, Urt. v. 04.11.2014 – 1 StR 233/14, Blutalkohol 52 [2015], 30). § 69 StGB bezweckt den Schutz des Straßenverkehrs (BGH, Beschl. v. 27.04.2005 – GSSt 2/04, DAR 2005, 452). Ungeeignetheit im Sinne des § 69 StGB liegt deshalb vor, wenn eine Würdigung der körperlichen, geistigen oder charakterlichen Voraussetzungen und der sie wesentlich bestimmenden objektiven und subjektiven Umstände ergibt, dass die Teilnahme des Tatbeteiligten am Kraftfahrzeugverkehr zu einer nicht hinnehmbaren Gefährdung der Verkehrssicherheit führen würde. Dabei muss sich die Ungeeignetheit gerade aus der verfahrensgegenständlichen Tat bzw. den Taten ergeben. Kommt ausschließlich eine charakterliche Ungeeignetheit in Betracht, muss die Anlasstat selbst tragfähige Rückschlüsse auf die Bereitschaft des Täters zulassen, die Sicherheit des Straßenverkehrs seinen eigenen kriminellen Zielen unterzuordnen (BGH, Beschl. v. 27.04.2005 – GSSt 2/04, DAR 2005, 452; BGH, Urt. v. 04.11.2014 – 1 StR 233/14, Blutalkohol 52 [2015], 30). Die generalpräventive Erwägung, dass der Täter allgemeiner Straftaten potentiell dazu neigen könnte, auch Verkehrssicherheitsinteressen zu verletzen, rechtfertigt die allein spezialpräventiv orientierte Feststellung der Maßregelvoraussetzungen nicht. Die Ungeeignetheit des Täters zum Führen von Kraftfahrzeugen, also eine von ihm ausgehende, zum Zeitpunkt der Entscheidung bestehende Gefahr für die Sicherheit des Verkehrs, muss sich »aus der Tat« ergeben. Eine solche Feststellung kann weder schon darauf gestützt werden, dass der Täter die (verkehrsunspezifische) Anlasstat überhaupt begangen hat, noch darauf, dass er hierzu (ohne Gefährdung der Verkehrssicherheit) ein Kraftfahrzeug missbraucht hat (BGH, Urt. v. 26.09.2003 – 2 StR 161/03, NStZ 2004, 144). Der Charaktermangel muss sich also auf die verkehrsspezifische Gefährlichkeit des Täters beziehen (*Jehle*/*Harrendorf*, in: Satzger/Schluckebier/Widmaier, § 69 Rn. 26). Die strafgerichtliche Entziehung der Fahrerlaubnis wegen charakterlicher Ungeeignetheit bei Taten im Zusammenhang mit dem Führen eines Kraftfahrzeugs (§ 69 Abs. 1 Satz 1 Variante 2 StGB) setzt daher voraus, dass die Anlasstat tragfähige Rückschlüsse darauf zulässt, dass der Täter bereit ist, die

Sicherheit des Straßenverkehrs seinen eigenen kriminellen Interessen unterzuordnen (BGH, BGHSt 50, 93). Diese sich aus der Tat ergebende Ungeeignetheit muss zum Zeitpunkt der letzten tatrichterlichen Entscheidung noch bestehen; ist dies der Fall, ergibt sich bereits daraus auch die für die Entziehung notwendige künftige Gefährlichkeit des Täters (BGH, Urt. v. 14.12.1954 – 3 StR 330/54, BGHSt 7, 165; BGH, Beschl. v. 27.04.2005 – GSSt 2/04, DAR 2005, 452; *Jehle/Harrendorf*, in: Satzger/Schluckebier/Widmaier, § 69 Rn. 29).

ccc) Abgrenzung der Entziehung der Fahrerlaubnis zum Fahrverbot

Die Anordnung eines Fahrverbots nach § 44 StGB und die Entziehung der Fahrerlaubnis nach § 69 StGB schließen einander grundsätzlich aus, denn § 44 StGB setzt gerade voraus, dass sich der Täter noch nicht als ungeeignet zum Führen von Kraftfahrzeugen erwiesen hat. Entscheidendes Abgrenzungsmerkmal ist die Ungeeignetheit zum Führen von Kraftfahrzeugen, wobei das Gesetz für bestimmte Straßenverkehrsdelikte in § 69 Abs. 2 StGB eine Regelvermutung aufstellt (*Jehle/Harrendorf*, in: Satzger/Schluckebier/Widmaier, § 69 Rn. 40). Die Entziehung der Fahrerlaubnis durch den Strafrichter als Maßregel der Besserung und Sicherung ist also keine Nebenstrafe, sondern eine in die Zukunft gerichtete, aufgrund der Sachlage zum Zeitpunkt der Hauptverhandlung zu treffende Entscheidung über die Gefährlichkeit des Kraftfahrers für den öffentlichen Straßenverkehr (OVG Nordrhein-Westfalen, Beschl. v. 27.11.2013 – 16 B 1031/13, juris). Diese prognostische Wirkung verkennt der BayVGH im Beschluss vom 25.03.2014 (11 C 13.1837, juris) teilweise, wenn er ausführt: »Die Vorschriften des § 69 StGB und des § 11 Abs. 3 Satz 1 Nr. 6 FeV knüpfen an verschiedene Tatbestände an und haben unterschiedliche Regelungszwecke. Mit der Fahrerlaubnisentziehung nach § 69 StGB wird eine konkrete, mit der Straßenverkehrsteilnahme in Zusammenhang stehende Straftat repressiv sanktioniert. Mit der Anordnung eines Fahreignungsgutachtens gemäß § 11 Abs. 3 Satz 1 Nr. 6 FeV dagegen wird im Interesse der Straßenverkehrssicherheit präventiv geklärt, ob eine erhebliche Straftat – im Zusammenhang mit der Kraftfahreignung (nicht zwingend im Zusammenhang mit dem Führen eines Kraftfahrzeuges oder unter Verletzung der Pflichten eines Kraftfahrzeugführers) – die Fahreignung ausschließt, insbesondere wenn Anhaltspunkte für ein hohes Aggressionspotenzial bestehen oder die erhebliche Straftat unter Nutzung eines Fahrzeugs begangen wurde …«. 526

bb) Abgrenzung von Fahrerlaubnisrecht und Strafrecht

aaa) § 3 Absätze 3 und 4 StVG

Nach § 3 Abs. 1 Satz 1 StVG darf die Fahrerlaubnisbehörde einen Sachverhalt, der Gegenstand eines Strafverfahrens ist, in dem eine Entziehung einer Fahrerlaubnis nach § 69 StGB möglich ist, nicht gegen den Inhaber der Fahrerlaubnis berücksichtigen. Will die Fahrerlaubnisbehörde in einem Entziehungsverfahren einen Sachverhalt berücksichtigen, der Gegenstand der Urteilsfindung in einem Strafverfahren gegen den Inhaber der Fahrerlaubnis gewesen ist, so kann sie zu dessen Nachteil vom Inhalt 527 des Urteils insoweit nicht abweichen, als es sich auf die Feststellung des Sachverhalts oder die Beurteilung der Schuldfrage oder der Eignung zum Führen von Kraftfahrzeugen bezieht (§ 3 Abs. 4 StVG).

528 Eine plastische Darstellung des Verhältnisses zwischen Strafgericht und Verwaltungsbehörde bietet das VG Würzburg in einem Beschluss vom 11.10.2011 (VG Würzburg, Beschl. v. 11.10.2011 – W 6 S 11.775, juris).

529 Siehe auch OVG Nordrhein-Westfalen, Beschluss vom 27.11.2013 (16 B 1031/13, juris):

»Gemäß § 3 Abs. 4 Satz 1 StVG ist die Fahrerlaubnisbehörde im Entziehungsverfahren, in dem sie einen Sachverhalt berücksichtigen will, der Gegenstand der Urteilsfindung in einem Strafverfahren gegen den Inhaber der Fahrerlaubnis gewesen ist, an diese Feststellung insoweit gebunden, als sie zu dessen Nachteil vom Inhalt des Urteils nicht abweichen darf, als es sich auf die Feststellung des Sachverhalts oder die Beurteilung der Schuldfrage oder der Eignung zum Führen von Kraftfahrzeugen bezieht. Soweit die Bindung reicht, darf die Fahrerlaubnisbehörde nicht abweichend die Fahrerlaubnis entziehen, wenn das Strafgericht die Entziehung für denselben Sachverhalt abgelehnt hat. Die Bindungswirkung ergreift den Sachverhalt, der Gegenstand des Strafverfahrens war. Dabei wird der gesamte Vorgang (Lebenssachverhalt) von der Bindung erfasst, auf den sich die strafrechtliche Untersuchung erstreckt. Sinn dieser Regelung ist es, bei Vorrangigkeit des Strafverfahrens widersprüchliche Entscheidungen von Fahrerlaubnisbehörden und Strafgerichten zu vermeiden. Mit der Regelung in § 3 Abs. 4 StVG soll die sowohl dem Strafrichter – durch § 69 StGB – als auch der Fahrerlaubnisbehörde – durch § 3 Abs. 1 StVG – eingeräumte Befugnis, bei fehlender Kraftfahreignung die Fahrerlaubnis zu entziehen, so aufeinander abgestimmt werden, dass erstens überflüssige und aufwendige Doppelprüfungen unterbleiben und dass zweitens die Gefahr widersprechender Entscheidungen ausgeschaltet wird. Der grundsätzliche Vorrang der strafrechtlichen vor der verwaltungsbehördlichen Entscheidung findet seine innere Rechtfertigung darin, dass auch die Entziehung der Fahrerlaubnis durch den Strafrichter als Maßregel der Besserung und Sicherung keine Nebenstrafe, sondern eine in die Zukunft gerichtete, aufgrund der Sachlage zum Zeitpunkt der Hauptverhandlung zu treffende Entscheidung über die Gefährlichkeit des Kraftfahrers für den öffentlichen Straßenverkehr ist. Während der Strafrichter jedoch nur eine Würdigung der Persönlichkeit vornehmen kann, soweit sie in der jeweiligen Straftat zum Ausdruck gekommen ist, hat die Fahrerlaubnisbehörde die Kraftfahreignung aufgrund einer umfassenden Würdigung die Gesamtpersönlichkeit des Kraftfahrers – auch unter Berücksichtigung seines bisherigen bzw. späteren straßenverkehrlichen Verhaltens – zu beurteilen. Deshalb ist die Fahrerlaubnisbehörde an die strafrichterliche Eignungsbeurteilung nur dann gebunden, wenn diese auf ausdrücklich in den schriftlichen Urteilsgründen getroffenen Feststellungen beruht und wenn die Behörde von denselben und nicht von einem anderen, umfassenderen Sachverhalt als der Strafrichter auszugehen hat. Um den Eintritt einer Bindung überprüfen zu können, verpflichtet die Vorschrift des § 267 Abs. 6 StPO den Strafrichter zu einer besonderen Begründung, wenn er entweder entgegen einem in der Verhandlung gestellten Antrag oder aber in solchen Fällen von einer Entziehung der Fahrerlaubnis absieht, in denen diese Maßregel nach der Art der Straftat in Betracht gekommen wäre. § 3 Abs. 4 StVG dient danach der Vermeidung widersprechender Entscheidungen von Gerichten und Verwaltungsbehörden. **Dabei ist den gerichtlichen Entscheidungen der Vorrang eingeräumt.** Das Strafverfahren erstreckt sich auf den gesamten geschichtlichen Vorgang i.S. des § 264 StPO. Bindungswirkung besteht darin, dass die

> Fahrerlaubnisbehörde den Sachverhalt des betreffenden Strafverfahrens in einem Entziehungsverfahren nicht berücksichtigen darf. Es ist ihr jedoch nicht verwehrt, andere im Strafverfahren nicht geprüfte Tatsachen heranzuziehen. Wird demnach rechtskräftig festgestellt, dass sich der Angeklagte des Strafverfahrens nicht als ungeeignet zum Führen von Kraftfahrzeugen erwiesen hat bzw. dass er nicht mehr als ungeeignet zu betrachten ist, scheidet eine Entziehung durch die Fahrerlaubnisbehörde aus. Die Bindungswirkung gilt nicht nur für die Entziehung der Fahrerlaubnis, sondern nach ihrem Sinn und Zweck für das gesamte Entziehungsverfahren, einschließlich der vorbereitenden Maßnahmen, so dass auch schon die Beibringung des Gutachtens nicht angeordnet werden darf.«

bbb) Übereinstimmung der beiden Rechtsmaterien hinsichtlich des Entzugs bei nachgewiesener Nichteignung

Sowohl der Strafrichter nach § 69 Abs. 1 Satz 1 StGB als auch die Verwaltungsbehörde 530
nach § 4 Abs. 1 StVG müssen die Fahrerlaubnis entziehen, wenn der Betreffende »ungeeignet zum Führen von Kraftfahrzeugen« ist. Während die Behörde allerdings die Kraftfahreignung aufgrund einer umfassenden Würdigung der Gesamtpersönlichkeit des Kraftfahrers zu beurteilen hat, darf der Strafrichter nur eine Würdigung der Persönlichkeit vornehmen, soweit sie in der jeweiligen Straftat zum Ausdruck gekommen ist (BVerwG, Urt. v. 15.07.1988 – 7 C 46/87, VRS 75, 379).

OVG Saarland, Beschl. v. 09.08.2023 – 1 B 75/23, zfs 2023, 596: 531

> Die Tatsache, dass ein Strafgericht anstelle einer in Betracht kommenden Entziehung der Fahrerlaubnis (§ 69 StGB) ein Fahrverbot (§ 44 StGB) verhängt, ist regelmäßig nicht schon für sich genommen Ausdruck einer stillschweigenden Prüfung (und Bejahung) der Fahreignung, so dass nicht bereits deswegen eine Bindungswirkung entsteht.
>
> Etwas anderes kann dann gelten, wenn sich aus den Entscheidungsgründen des strafgerichtlichen Berufungsurteils zweifelsfrei ergibt, das Ziel des strafgerichtlichen Berufungsverfahrens – und Schwerpunkt der landgerichtlichen Prüfung – gerade die »Abwehr« der erstinstanzlich verhängten Maßregel der Besserung und Sicherung nach § 69 StGB war.
>
> Kommen weitere Umstände hinzu, führt der Hinweis im Urteil des strafgerichtlichen Berufungsurteils auf eine unauffällige Teilnahme des Fahrerlaubnisinhabers am Straßenverkehr seit der Tat nicht zwingend zu der Annahme, dass das Strafgericht gerade keine eigenständige Bewertung der Kraftfahreignung vorgenommen habe.

c) Die gerichtliche Entziehung der Fahrerlaubnis als Voraussetzung für die Anordnung einer »alkoholbedingten« MPU nach § 13 Satz 1 Nr. 2 Buchst. d) FeV

aa) Die Problematik: Anordnung einer MPU nach gerichtlicher Entziehung schon ab 1,1 Promille?

Im Fokus der Betrachtung des Verhältnisses zwischen strafgerichtlicher und verwal- 532
tungsrechtlicher Eignungsbeurteilung steht i.d.R. die Frage, ob die Fahrerlaubnisbehörde zu Ungunsten von den strafrechtlichen Feststellungen abweichen darf. Eine ganz andere Frage ist allerdings, ob die Fahrerlaubnisbehörde zu einer günstigeren Prognose ermächtigt ist. Inwieweit hat hier die strafrechtliche Beurteilung Relevanz?

533 Eine besondere »Brisanz« hatte diese Frage nach der Bedeutung einer strafgerichtlichen Entziehung der Fahrerlaubnis durch eine Entscheidung des VGH Baden-Württemberg vom 18.06.2012 (VGH Baden-Württemberg, Urt. v. 18.06.2012 – 10 S 452/10, juris) erhalten. Eigentlich klang die Entscheidung zunächst »ganz harmlos«. Festgestellt wurde nämlich vorerst nur, dass die »Entziehung der Fahrerlaubnis« im Sinne des § 13 Satz 1 Nr. 2 Buchst. d) FeV auch die strafgerichtliche Entziehung aufgrund von § 69 StGB sei. Bestätigt wurde die Entscheidung des VGH Baden-Württemberg vom BVerwG. Mit Beschluss vom 24.06.2013 (BVerwG, Beschl. v. 24.06.2013 – 3 B 71.12, DAR 2014, 412) stellte das BVerwG fest, dass »Entziehung der Fahrerlaubnis im Sinne von § 13 Satz 1 Nr. 2 Buchst. d) FeV … auch die strafgerichtliche Entziehung nach § 69 StGB« sei. Sinn und Zweck der Vorschrift sprächen dafür, dass die verwaltungsbehördliche und die strafgerichtliche Fahrerlaubnisentziehung gleichermaßen gemeint seien. Grund für die Fahrerlaubnisentziehung sei jeweils, dass deren Inhaber als ungeeignet zum Führen von Kraftfahrzeugen angesehen werde. Das führe in dem durch § 13 Satz 1 Buchst. a) bis c) FeV gezogenen Rahmen zu fortbestehenden Eignungszweifeln und daher nach Buchst. d) zur Anforderung eines Fahreignungsgutachtens.

534 Welche Konsequenzen mit dieser Aussage in der Praxis verbunden sein sollten, offenbarte sich im Ganzen erst, als der VGH Baden-Württemberg – in Fortführung der bisherigen Rechtsprechung – mit Beschluss vom 15.01.2014 (10 S 1748/13, juris) feststellte: »Die strafgerichtliche Entziehung der Fahrerlaubnis wegen einer Fahrt unter Alkoholeinfluss löst für ein Wiedererteilungsverfahren **ohne weiteres** die Notwendigkeit der Anordnung einer medizinisch-psychologischen Untersuchung aus.« Und damit war man – aufgrund der im Strafverfahren geltenden Alkoholgrenzwerte – bei 1,1 Promille oder sogar – im Falle relativer Fahruntüchtigkeit – bei 0,3 Promille angelangt.

535 Diese Entscheidung spaltete in der Folge die Rechtsprechung in Deutschland: Das VG München hielt sich anfangs strikt an die Mannheimer Vorgaben. Mit Beschluss vom 19.08.2014 (M 6 b E 14.2930, DAR 2014, 712) hatte es sogar die Anordnung einer MPU in einem Falle für Rechtens erklärt, in dem einer Fahrerlaubnisinhaberin der Führerschein im Falle relativer Fahruntüchtigkeit (also unter 1,1 Promille) entzogen worden war. Einen Schwenk vollzog das Gericht im Urt. v. 09.12.2014 (VG München, Urt. v. 09.12.2024 – M 1 K 14.2841, DAR 2015, 154): Nach gerichtlicher Entziehung wegen einer einmaligen Fahrt unter Alkoholeinfluss dürfe eine Anordnung zur Beibringung eines medizinisch-psychologischen Gutachtens nur ergehen, wenn ein BAK-Wert von mindestens 1,6 Promille festgestellt worden sei. Die Entscheidung des BVerwG sage nichts anderes: zur Frage der erforderlichen Blutalkoholkonzentration habe sich das Gericht überhaupt nicht geäußert. Das VG folge der bisherigen Rechtsprechung des BayVGH (BayVGH, Beschl. v. 20.03.2009 – 11 CE 08.3308, juris), wonach der Verordnungsgeber davon ausgehe, dass ein einmaliges Fahren unter Alkoholeinfluss erst dann die Anordnung eines medizinisch-psychologischen Gurtachtens rechtfertige, wenn dabei eine BAK von 1,6 Promille oder mehr nachgewiesen wurde.

536 (Auch) das VG Würzburg (Beschl. 21.07.2014 – W 6 E 14.606, DAR 2014, 541) und anschließend das VG Regensburg (Urt. v. 12.11.2014 – RO 8 K 14.1624) folgten der

Baden-Württemberger Linie nicht: Vom BVerwG sei zwar entschieden worden, dass im Rahmen des § 13 Satz 1 Nr. 2 Buchst. d) FeV die verwaltungsbehördliche und die strafgerichtliche Fahrerlaubnisentziehung gleichermaßen gemeint seien. Grund für die Fahrerlaubnisentziehung sei nach Ansicht des BVerwG nämlich jeweils, dass deren Inhaber als ungeeignet zum Führen von Kraftfahrzeugen angesehen worden sei. Das führe in dem durch § 13 Satz 1 Nr. 2 Buchst. a) bis c) gezogenen Rahmen zu fortbestehenden Eignungszweifeln und daher nach § 13 Satz 1 Nr. 2 Buchst. d) FeV zur Anforderung eines Fahreignungsgutachtens. Das VG stimmt aber nicht mit der Meinung des VGH Baden-Württemberg überein, dass damit auch klargestellt sei, dass jede gerichtliche Entziehung auch ohne weiteres die Anforderung eines Fahreignungsgutachtens vor einer Neuerteilung rechtfertige. Es könne nämlich nicht in jedem Falle einer Entziehung der Fahrerlaubnis im Sinne einer Tatbestandswirkung davon ausgegangen werden, dass in der Vergangenheit auch Alkoholmissbrauch vorgelegen habe. Das BVerwG sage nur, dass aus § 13 Satz 1 Nr. 2 Buchst. d) FeV folge, dass eine Gutachtensanordnung in dem durch § 13 Satz 1 Buchst. a) bis c) FeV »gezogenen Rahmen« erfolgen müsse. § 13 Satz 1 Nr. 2 Buchst. a) bis c) FeV seien aber auch weiterhin tatbestandlich zu prüfen. Ansonsten entstünde nämlich ein Wertungswiderspruch zu den § 13 Satz 1 Nr. 2 Buchst. b) und c) FeV, wonach entweder wiederholte Zuwiderhandlungen im Straßenverkehr unter Alkoholeinfluss oder das Führen eines Fahrzeugs mit einer BAK von über 1,6 Promille Voraussetzung für die Anordnung einer medizinisch-psychologischen Untersuchung seien. In 13 Satz 1 Nr. 2 Buchst. b) FeV sei die Rede von wiederholten, also mindestens zwei, Zuwiderhandlungen im Straßenverkehr unter Alkoholeinfluss. Zuwiderhandlungen in diesem Sinne könnten sowohl Straftaten als auch Ordnungswidrigkeiten sein. Da aber bereits eine einzige Straftat im Straßenverkehr unter Alkoholeinfluss gem. § 69 Abs. 2 StGB ohnehin in der Regel den Entzug der Fahrerlaubnis zur Folge habe und nach Auffassung des VGH Mannheim im Rahmen einer Neuerteilung in jedem Fall die Beibringung eines Gutachtens nach § 13 Satz 1 Nr. 2 Buchst. d) i.V.m. § 13 Satz 1 Nr. 2a FeV voraussetzen würde, hätte § 13 Satz 1 Nr. 2 Buchst. d) i.V.m. § 13 Satz 1 Nr. 2 Buchst. b) FeV nur noch bei Ordnungswidrigkeiten einen eigenen Anwendungsbereich. Zudem bestünde die Möglichkeit, dass – im Falle einer Entziehung aufgrund relativer Fahruntüchtigkeit – sogar ein nichtalkoholgewöhnter Fahrer, der unter einem Alkoholeinfluss von 0,3 Promille einen Fahrfehler begangen habe, vor einer Neuerteilung seiner Fahrerlaubnis zur MPU müsse.

Bedeckt hielt sich dagegen zuerst noch der BayVGH. Er habe »noch nicht entschie- 537
den, wie er sich [zu der Frage] unter Berücksichtigung der Entscheidung des Bundesverwaltungsgerichts in Zukunft verhält.« (BayVGH, DAR 2015, 35; kritisch auch *Scheidler*, VD 2014, 283). Doch auch der BayVGH hatte dann einen »Schwenk« vollzogen. In einem Urt. v. 16.11.2015 (11 BV 14.2738) hat er die Berufung einer ehemaligen Fahrererlaubnisinhaberin zurückgewiesen, der die Fahrerlaubnis wegen einer Trunkenheitsfahrt unter einem Alkoholeinfluss von mehr als 1,1 Promille, aber weniger als 1,6 Promille entzogen worden war.

bb) Die Entscheidung des BVerwG (Urt. v. 17.03.2021 – 3 C 3.20, BVerwGE 172, 18)

538 Für Klarheit in der Rechtsprechung sorgte dann *BVerwG* mit dem Urt. v. 17.03.2021 (3 C 3.20, BVerwGE 172, 18):

539 Ist nach einer einmaligen Trunkenheitsfahrt mit einer Blutalkoholkonzentration von weniger als 1,6 Promille die Fahrerlaubnis durch das Strafgericht entzogen worden, darf die Fahrerlaubnisbehörde die Neuerteilung nicht allein wegen dieser Fahrerlaubnisentziehung von der Beibringung eines positiven medizinisch-psychologischen Gutachtens abhängig machen. Anders liegt es, wenn zusätzliche Tatsachen die Annahme künftigen Alkoholmissbrauchs begründen (BVerwG, Urt. v. 06.04.2017 – 3 C 24.15, DAR 2017, 533).

540 Gem. BVerwG, Urt. v. 17.03.2021 (3 C 3.20, BVerwGE 172, 18) erfasst der Verordnungsgeber mit den Tatbeständen des § 13 Satz 1 Nr. 2 FeV verschiedene Lebenssachverhalte, die die Fahrerlaubnisbehörde je selbstständig zur Anordnung der Beibringung eines medizinisch-psychologischen Gutachtens verpflichten. Diese Tatbestände stehen jedoch nicht beziehungslos nebeneinander. Vielmehr hat der Verordnungsgeber mit ihnen einen Rahmen geschaffen, bei dessen Ausfüllung auch die jeweils anderen Tatbestände und die ihnen zugrundeliegenden Wertungen zu berücksichtigen sind. Das gilt namentlich für die Tatbestände des § 13 Satz 1 Nr. 2 Buchst. b) und c) FeV. Lag die Blutalkoholkonzentration, mit der ein Fahrzeug geführt wurde, unter 1,6 Promille und wurde keine wiederholte Zuwiderhandlung im Straßenverkehr unter Alkoholeinfluss begangen, ist nach diesen Bestimmungen die Anforderung eines medizinisch-psychologischen Gutachtens nicht ohne Weiteres gerechtfertigt. Diese Grundentscheidung des Verordnungsgebers ist nicht anders als im Rahmen eines Regelbeispielkatalogs bei der Auslegung des Tatbestands von § 13 Satz 1 Nr. 2 Buchst. a) Alt. 2 FeV zu beachten. Eine einmalig gebliebene Trunkenheitsfahrt mit einer Blutalkoholkonzentration unter 1,6 Promille genügt ohne zusätzliche aussagekräftige Umstände nicht, um als sonstige Tatsache im Sinne dieses Tatbestands die Annahme von Alkoholmissbrauch zu begründen.

541 Zur Klärung von Zweifeln an der Fahreignung ist aber ein medizinisch-psychologisches Gutachten beizubringen, wenn der Betroffene bei einer einmaligen Trunkenheitsfahrt mit einem Kraftfahrzeug zwar eine Blutalkoholkonzentration (BAK) von weniger als 1,6 Promille aufwies, bei ihm aber trotz einer BAK von 1,1 Promille oder mehr keine alkoholbedingten Ausfallerscheinungen festgestellt wurden. Bei solchen Anhaltspunkten für eine überdurchschnittliche Alkoholgewöhnung und eine damit einhergehende erhöhte Wiederholungsgefahr begründen sonst Tatsachen die Annahme von Alkoholmissbrauch (§ 13 Satz 1 Nr. 2 Buchst. a) Alt. 2 FeV; BVerwG, Urt. v. 17.03.2021 – 3 C 3.20, BVerwGE 172, 18).

D. § 13a FeV

§ 13a 542
Klärung von Eignungszweifeln bei Cannabisproblematik

Zur Vorbereitung von Entscheidungen über die Erteilung oder Verlängerung der Fahrerlaubnis oder über die Anordnung von Beschränkungen oder Auflagen ordnet die Fahrerlaubnisbehörde an, dass

1. ein ärztliches Gutachten (§ 11 Absatz 2 Satz 3) beizubringen ist, wenn Tatsachen die Annahme von Cannabisabhängigkeit begründen, oder
2. ein medizinisch-psychologisches Gutachten beizubringen ist, wenn
   a) nach dem ärztlichen Gutachten zwar keine Cannabisabhängigkeit, jedoch Anzeichen für Cannabismissbrauch vorliegen oder sonst Tatsachen die Annahme von Cannabismissbrauch begründen,
   b) wiederholt Zuwiderhandlungen im Straßenverkehr unter Cannabiseinfluss begangen wurden,
   c) die Fahrerlaubnis aus einem der unter den Buchstaben a) und b) genannten Gründen entzogen war oder
   d) sonst zu klären ist, ob Cannabismissbrauch oder Cannabisabhängigkeit nicht mehr besteht.

Amtliche Begründung 543

Begr. zur Einfügung eines § 13a in die Fahrerlaubnis-Verordnung, BT-Drucks. 20/10426, S. 150

Zu Art. 14 (Änderung der Fahrerlaubnis-Verordnung – FeV)

Zu Nummer 1 (§ 13a FeV)

Aufgrund der begrenzten Zulassung des Besitzes und des Konsums von Cannabis mit diesem Gesetz sind die fahreignungsrechtlichen Regelungen bei einer Cannabisproblematik an die fahreignungsrechtlichen Regelungen bei einer Alkoholproblematik weitestgehend anzugleichen. Hierdurch wird sichergestellt, dass die begrenzte Zulassung des Besitzes und des Konsums von Cannabis nicht dazu führt, dass nun zum Beispiel jedes Mitglied einer Anbauvereinigung Gefahr läuft, einem Fahreignungsgutachten unterzogen zu werden und so jedenfalls für Führerscheininhaber und -bewerber kein Anreiz für die Mitgliedschaft in einer Anbauvereinigung besteht, sich ihre Situation also de facto im Ergebnis nicht verbessert. Eine solche strenge Regelung ist auch im Sinne der Straßenverkehrssicherheit bei Cannabis nicht erforderlich. Es genügt vielmehr, sicherzustellen, dass diejenigen Cannabiskonsumenten keine Fahrerlaubnis haben (dürfen), die von Cannabis abhängig sind oder Cannabis missbrauchen, also zwischen dem Führen von Kraftfahrzeugen und dem Cannabiskonsum nicht ausreichend trennen können. Bei Bewerbern oder Inhabern einer Fahrerlaubnis ist nach Anlage 4 der Fahrerlaubnis-Verordnung die Eignung zum Führen eines Kraftfahrzeugs künftig dann zu verneinen und damit eine Fahrerlaubnis nach § 11 Abs. 1 Satz 1 FeV zu versagen bzw. i.V.m. § 46 Abs. 1 FeV zu entziehen, wenn die Bewerber bzw. Inhaber abhängig von Cannabis sind oder Cannabis missbräuchlich einnehmen. Letzteres, also Missbrauch von Cannabis, ist dabei wie bei Alkohol dann anzunehmen, wenn die Betroffenen nicht zwischen dem Führen eines Kraftfahrzeugs und einem die Fahrsicherheit beeinträchtigenden Konsum hinreichend sicher trennen können. Im Falle der Beendigung der Abhängigkeit von Cannabis (Entwöhnungsbehandlung) ist die Eignung zum Führen eines Kraftfahrzeugs anzunehmen, wenn die Abhängigkeit nicht mehr besteht und in der Regel ein Jahr Abstinenz nachgewiesen ist. Nach Beendigung des Missbrauchs ist die Eig-

nung zum Führen eines Kraftfahrzeugs zu bejahen, wenn die Änderung des Cannabiskonsumverhaltens gefestigt ist. Entsprechend sind auch die Regelungen über die Anordnung der Beibringung von Fahreignungsgutachten (ärztliches Gutachten bzw. medizinisch-psychologisches Gutachten) bei Verdacht einer Cannabisproblematik an die bei einer Alkoholproblematik anzupassen.

Zur besseren Lesbarkeit und aus systematischen Gründen finden sich die neuen Regelungen über die Klärung von Eignungszweifeln bei einer Cannabisproblematik nun in einem eigenen § 13a FeV. Danach ist die Beibringung eines ärztlichen Gutachtens künftig nur noch dann anzuordnen, wenn Tatsachen die Annahme von Cannabisabhängigkeit begründen. Die Beibringung eines medizinisch-psychologisches Gutachten ist künftig dann anzuordnen, wenn Tatsachen die Annahme von Cannabismissbrauch (ggf. auch nach dem ärztlichen Gutachten nach § 13a Satz 1 Nr. 2 FeV) begründen, wiederholt Zuwiderhandlungen im Straßenverkehr unter Cannabiseinfluss begangen wurden, die Fahrerlaubnis wegen einer Missbrauchsthematik entzogen worden war oder sonst zu klären ist, ob Cannabismissbrauch oder Cannabisabhängigkeit nicht mehr bestehen.

I. Anwendungsbereich von § 13a FeV und Abgrenzung zu § 14 FeV

544 Die neue Vorschrift ist lex specialis zur generellen Vorschrift des § 14 FeV, die zukünftig nur noch für medizinisches Cannabis anwendbar sein soll (Begr.).

Mit dem OVG Saarland hat bereits ein erstes Obergericht zu der Neuregelung Stellung bezogen, wonach es nach Inkrafttreten der neuen fahrerlaubnisrechtlichen Regelungen zum Cannabiskonsum nicht (mehr) vertretbar erscheint, bei regelmäßigem Konsum allein gestützt auf diesen und auf die bisherige Fassung der Begutachtungsleitlinien für die Kraftfahreignung, also ohne vorherige Begutachtung, auf eine durch Cannabismissbrauch bedingte Fahrungeeignetheit zu schließen (OVG Saarland, Beschl. v. 07.08.2024 – 1 B 80/24, juris).

545 Für die Konsumenten von Cannabis besteht für die Fahrerlaubnisbehörden seit dem 01.04.2024 eine besondere Anordnungsmöglichkeit zur Anordnung von ärztlichen Begutachtungen und medizinisch-psychologischen Begutachtungen (BGBl. 2024 I Nr. 109 S. 48 f.).

546 Auf der Grundlage der neuen Vorschrift des § 13a FeV ist es daher zukünftig unerlässlich, einschlägige Kriterien für eine Abhängigkeit von Cannabis oder für einen Missbrauch von Cannabis zu entwickeln, die sowohl für die Fahrerlaubnisbehörden, als auch für die Verwaltungsgerichte tragbare Indizien bilden, um die behördlichen Anordnungen ärztlicher Gutachten und medizinisch-psychologischer Gutachten zu rechtfertigen. Die nach alter Rechtslage für die sofortige Entziehung der Fahrerlaubnis ausreichende regelmäßige Einnahme von Cannabis soll zwar aktuell nicht einmal mehr ein Indiz für eine Abhängigkeit sein, weil der Besitz und Konsum von Cannabis legalisiert wurde, aber dennoch dürfte der regelmäßige Konsum von Cannabis auch weiterhin eine Voraussetzung für eine Abhängigkeit sein. Somit dürfte die Konsumhäufigkeit auch im Rahmen der Auslegung des § 13a FeV zukünftig eine Rolle spielen.

547 Demnach kann ein ärztliches Gutachten nur für den Fall angeordnet werden, wenn Tatsachen den Verdacht einer **Abhängigkeit** von Cannabis begründen. Die Beurtei-

lung einer Abhängigkeit von der Substanz Cannabis richtet sich nach der medizinisch üblichen Einordnung dieser Krankheit auf der Grundlage der bekannten ICD-10-Kategorisierung der WHO.

Danach liegt eine **Abhängigkeit** vor, wenn mindestens drei der nachfolgenden Kriterien gegeben sind (vgl. dazu die informative Präventionsseite: https://www.drugcom.de/drogenlexikon/buchstabe-a/abhaengigkeit/): 548

- Es besteht ein starker **Wunsch** oder ein innerer **Zwang**, psychotrope Substanzen zu konsumieren (= regelmäßiger erwünschter Konsum),
- es besteht ein anhaltender Substanzkonsum trotz des Nachweises eindeutig schädlicher Folgen des Konsums (= regelmäßiger tatsächlicher Konsum),
- bei der betreffenden Person ist die **Kontrollfähigkeit** in Bezug auf den Beginn, die Beendigung oder die Menge des Konsums objektiv und subjektiv messbar gemindert,
- die körperliche **Toleranzentwicklung** gegenüber der Substanz, im Sinne von wiederholten und/oder erhöhten Dosen, die erforderlich sind, um die ursprüngliche durch niedrigere Dosen erreichte Wirkung hervorzurufen, ist fortgeschritten,
- es entsteht ein körperliches Entzugssyndrom bei zwischenzeitlicher durch innere oder äußere Faktoren hervorgerufene Beendigung oder Reduktion des Konsums, die durch substanzspezifische Entzugssymptome oder durch die Aufnahme der gleichen oder nahe verwandter Substanzen nachgewiesen werden kann, um Entzugssymptome zu vermindern oder zu vermeiden,
- Beziehungen, andere Aktivitäten oder Interessen werden zugunsten des Substanzkonsums vernachlässigt und es wird ein erhöhter Zeitaufwand investiert, um die Substanz zu erhalten, zu konsumieren oder sich von deren Folgen zu erholen.

Sämtliche vorgenannten Kriterien können im Rahmen von Verfahren polizeilich oder behördlich ermittelt werden, um auf dieser nachvollziehbaren Grundlage ein ärztliches Gutachten anzuordnen. 549

Auch die bestehende verwaltungsgerichtliche Rechtsprechung zur Abhängigkeit von Alkohol oder anderen berauschenden Mitteln kann ergänzend hinzugezogen werden. 550

Nach Nr. 9.3 der Anlage 4 zur FeV schließt die Abhängigkeit von Betäubungsmitteln im Sinne des Betäubungsmittelgesetzes oder von anderen psychoaktiv wirkenden Stoffen die Eignung zum Führen von Kraftfahrzeugen aus. Die Wiedereignung zum Führen von Kraftfahrzeugen kann erst nach Entgiftung und Entwöhnung angenommen werden, wenn eine einjährige **Abstinenz** nachgewiesen ist (VG Würzburg, Beschl. v. 08.07.2013 – W 6 S 13.543, Rn. 27, juris). Nach einer zum Ausschluss der Fahreignung führenden Einnahme von Betäubungsmitteln im Sinne des Betäubungsmittelgesetzes setzt eine positive Beurteilung der Fahreignung in materieller Hinsicht aber nicht nur eine nachgewiesene Änderung des Konsumverhaltens, sondern auch einen stabilen Einstellungswandel voraus, d.h. eine Prognose, dass die Verhaltensänderung auf Dauer ist. Es muss hinreichend wahrscheinlich sein, dass der Betroffene auch in Zukunft die notwendige Abstinenz einhält (oder für den Sonderfall des Cannabis-Konsums zumindest zwischen dem nur gelegentlichen Konsum und der 551

Teilnahme am Straßenverkehr trennen kann) (VG München, Beschl. v. 13.10.2008 – M 6a S 08.3507, Rn. 35, juris).

552 Die Vorschriften zu Betäubungsmittelabhängigkeit und Betäubungsmitteleinnahme sind nach Nr. 3.14.1 der Begutachtungsleitlinien zur Kraftfahreignung bei Abhängigkeit von oder bestimmungsgemäßer Einnahme eines für einen konkreten Krankheitsfall verschriebenen Arzneimittels nicht anwendbar (BayVGH, Beschl. v. 09.10.2017 – 11 CS 17.1483, Rn. 18, juris, auch zum Folgenden). In § 14 Abs. 1 Satz 1 Nr. 1 FeV ist die Vorlage eines ärztlichen Gutachtens auch nur für die Abhängigkeit von Betäubungsmitteln oder anderen psychoaktiv wirkenden Stoffen, aber nicht von bestimmungsgemäß eingenommenen Arzneimitteln vorgesehen. Nach § 14 Abs. 1 Satz 1 Nr. 3 FeV ist ein ärztliches Gutachten anzuordnen, wenn Tatsachen die Annahme begründen, dass eine missbräuchliche Einnahme von psychoaktiv wirkenden Arzneimitteln vorliegt. Es wäre daher wohl zuerst zu klären gewesen, ob die festgestellte Opioidabhängigkeit durch eine bestimmungsgemäße Einnahme von **Tramadol** auf Grund der Verordnungen entstanden ist.

553 Zudem bestehen für die Fahrerlaubnisbehörde gem. § 13a Nr. 2 FeV vier verschiedene Möglichkeiten der Anordnung einer medizinisch-psychologischen Begutachtung. Diese sind:

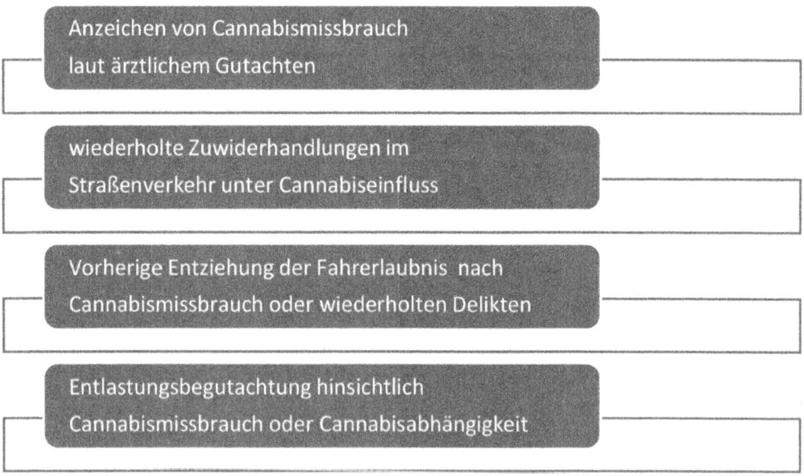

Abb. 1: Möglichkeiten der Anordnung einer medizinisch-psychologischen Begutachtung nach § 13a Nr. 2 FeV (Quelle: Prof. Dr. D. Müller)

554 Eine für die erste Anordnungsmöglichkeit erforderliche missbräuchliche Einnahme nach Nr. 9.4 der Anlage 4 FeV besteht bei einem regelmäßig übermäßigen Gebrauch (VG Bayreuth, Beschl. v. 17.02.2021 – B 1 S 21.97, Rn. 46, juris). Vor der Anordnung einer MPU muss zwingend eine ärztliche Begutachtung stattgefunden haben, die in ihrem medizinischen Ergebnis die Annahme von Cannabismissbrauch diagnostiziert. Der Nachweis der (wiedererlangten) Kraftfahreignung nach einem fortgeschrittenen

Drogenmissbrauch (Cannabis sowie Amphetamine) setzt neben einer Abstinenz von einem Jahr eine positive Prognose über die Stabilität des Einstellungs- und Verhaltenswandels voraus (VG des Saarlandes, Beschl. v. 15.07.2013 – 10 L 795/13, juris).

Wiederholte Zuwiderhandlungen im Straßenverkehr ergeben sich hinsichtlich der zweiten Anordnungsmöglichkeit aus der Verwirklichung der Delikte der § 24a Abs. 1a, 2, 2a StVG, § 315c Abs. 1 Nr. 1a StGB, § 316 StGB oder § 323a StGB. Es genügen bereits zwei als verwertbar im Fahreignungsregister gespeicherte Delikte, um als »wiederholte Zuwiderhandlung« zu gelten. 555

Die für die dritte Anordnungsmöglichkeit erforderliche Entziehung der Fahrerlaubnis bezieht sich auf die **Entziehung** im Strafverfahren gem. § 69 StGB oder im Verwaltungsverfahren gem. § 3 Abs. 1 StVG. 556

Die vierte Anordnungsmöglichkeit beruht auf einem zuvor festgestellten **Cannabismissbrauch** oder einer Cannabisabhängigkeit, wobei sich die zu begutachtende Person im Rahmen ihres Antrags auf Erteilung einer Fahrerlaubnis darauf beruft, weder eine Abhängigkeit oder ein Missbrauch bestehe fort. 557

E. § 14 FeV

§ 14 558
Klärung von Eignungszweifeln im Hinblick auf Betäubungsmittel und Arzneimittel

(1) Zur Vorbereitung von Entscheidungen über die Erteilung oder die Verlängerung der Fahrerlaubnis oder über die Anordnung von Beschränkungen oder Auflagen ordnet die Fahrerlaubnisbehörde an, dass ein ärztliches Gutachten (§ 11 Absatz 2 Satz 3) beizubringen ist, wenn Tatsachen die Annahme begründen, dass

1. Abhängigkeit von Betäubungsmitteln im Sinne des Betäubungsmittelgesetzes in der Fassung der Bekanntmachung vom 1. März 1994 (BGBl. I S. 358), das zuletzt durch Artikel 1 der Verordnung vom 11. Mai 2011 (BGBl. I S. 821) geändert worden ist, in der jeweils geltenden Fassung oder von anderen psychoaktiv wirkenden Stoffen,
2. Einnahme von Betäubungsmitteln im Sinne des Betäubungsmittelgesetzes oder
3. missbräuchliche Einnahme von psychoaktiv wirkenden Arzneimitteln oder anderen psychoaktiv wirkenden Stoffen

vorliegt. Die Beibringung eines ärztlichen Gutachtens kann angeordnet werden, wenn der Betroffene Betäubungsmittel im Sinne des Betäubungsmittelgesetzes widerrechtlich besitzt oder besessen hat.

(2) Die Beibringung eines medizinisch-psychologischen Gutachtens ist für die Zwecke nach Absatz 1 anzuordnen, wenn

1. die Fahrerlaubnis aus einem der in Absatz 1 genannten Gründe durch die Fahrerlaubnisbehörde oder ein Gericht entzogen war,
2. zu klären ist, ob der Betroffene noch abhängig ist oder – ohne abhängig zu sein – weiterhin die in Absatz 1 genannten Mittel oder Stoffe einnimmt, oder
3. wiederholt Zuwiderhandlungen im Straßenverkehr nach § 24a des Straßenverkehrsgesetzes begangen wurden. § 13 Nummer 2 Buchstabe b) bleibt unberührt.

559 *Amtliche Begründung*

Begr. zur Verordnung über die Zulassung von Personen zum Straßenverkehr (Fahrerlaubnis-Verordnung) und zur Änderung straßenverkehrsrechtlicher Vorschriften v. 26.08.1998 (VkBl. 1998 S. 962/1070)

§ 14 stellt eine weitere Spezialvorschrift zu § 11 dar und regelt die Zuweisung für die ärztliche Begutachtung bei Verdacht auf Abhängigkeit bzw. Einnahme von Betäubungsmitteln und Arzneimitteln oder sonstigen psychoaktiv wirkenden Stoffen. Es wird differenziert zwischen den Fragestellungen, bei denen ein fachärztliches Gutachten erforderlich ist (Absatz 1 Satz 1 und 2) und den Fällen, die eine medizinisch-psychologische Begutachtung erfordern (Absatz 1 Satz 3 und Absatz 2).

Unter Absatz 2 Satz 1 fallen
- *die Abhängigkeit von Betäubungsmitteln im Sinne des Betäubungsmittelgesetzes und von sonstigen psychoaktiv wirkenden Stoffen,*
- *die Einnahme von Betäubungsmitteln im Sinne des Betäubungsmittelgesetzes,*
- *die missbräuchliche Einnahme von psychoaktiv wirkenden Arzneimitteln oder anderen psychoaktiv wirkenden Stoffen.*

Absatz 1 Satz 2 enthält eine Ermächtigungsgrundlage für die Anordnung einer ärztlichen Untersuchung in Fällen außerhalb des Straßenverkehrs; es handelt sich um eine Ermessungsvorschrift (Kann-Bestimmung). Durch die Formulierung »widerrechtlich« soll der beruflich begründete Besitz von Betäubungsmitteln z.B. bei Apothekern, Chemikern ausgenommen werden.

Wird durch die ärztliche Untersuchung Abhängigkeit von Betäubungsmitteln oder sonstigen psychoaktiv wirkenden Stoffen festgestellt, ergibt sich hieraus in Verbindung mit Anlage 4 und den Begutachtungs-Leitlinien »Kraftfahreignung«, dass ein Eignungsmangel vorliegt. Wird durch die ärztliche Untersuchung zwar Konsum (»Einnahme«) festgestellt, aber keine Abhängigkeit ist bei der Beurteilung der Fahreignung nach Anlage 4 und den Begutachtungs-Leitlinien zu differenzieren:

Die Einnahme von Betäubungsmitteln im Sinne des Betäubungsmittelgesetzes mit Ausnahme Cannabis führt zur Nichteignung.

Bei Cannabis ist zu unterscheiden zwischen regelmäßiger und gelegentlicher Einnahme. Die Eignung ist in der Regel ausgeschlossen, wenn regelmäßige Einnahme vorliegt. Bei gelegentlicher Einnahme von Cannabis kann die Eignung gegeben sein. Eine zusätzliche medizinisch-psychologische Untersuchung ist erforderlich, wenn weitere Umstände Zweifel an der Eignung begründen. Dies Ist z.B. der Fall, wenn der Konsum im Zusammenhang mit dem Fahren erfolgt, wenn Kontrollverlust oder Störungen der Persönlichkeit vorliegen oder wenn zusätzlicher Gebrauch von Alkohol oder anderen psychoaktiv wirkenden Stoffen vorliegt. Aus diesem Grund enthält Satz 3 die Ermächtigung für die Anordnung einer medizinisch-psychologischen Untersuchung, wenn gelegentliche Einnahme festgestellt wurde.

Bei psychoaktiv wirkenden Arzneimitteln oder sonstigen psychoaktiv wirkenden Stoffen ist missbräuchliche Einnahme erforderlich. Was unter »missbräuchlich« zu verstehen ist, ergibt sich aus Anlage 4 Nr. 9.4.

Änderung durch den Bundesrat:

In Art. 1 ist in § 14 Abs. 1 nach Satz 2 folgender Satz einzufügen:

»Das ärztliche Gutachten nach Satz 1 Nr. 2 oder 3 kann auch von einem Arzt, der die Anforderungen an den Arzt nach Anlage 14 erfüllt, erstellt werden.«

Begründung:

Der Frage, ob Betäubungsmittel oder psychoaktiv wirkende Arzneimittel eingenommen wurden, wird in sogenannten Drogen-Screening-Verfahren nachgegangen. Hier handelt es sich um ein Kontrollverfahren nach einheitlichen Standards zum Nachweis bestimmter Stoffe z.B. im Blut oder Urin. Der Arzt arbeitet mit einem Labor zusammen, dessen Untersuchung qualitätsgesichert entsprechend den Richtlinien der Senatskommission für klinisch-toxikologische Analytik der deutschen Forschungsgemeinschaft erfolgt. Vor diesem Hintergrund erscheint es nicht notwendig, ausschließlich den Facharzt als Gutachter vorzusehen. Sondern auch den bei den Begutachtungsstellen für Fahreignung tätigen Arzt einzubeziehen, der über einschlägige Erfahrungen verfügt, wenn das Institut oder die Begutachtungsstelle selbst in die Qualitätsanforderungen eingebunden ist. Dieses Verfahren hat sich bewährt.

Ein medizinisch-psychologisches Gutachten ist nach Absatz 2 erforderlich im Rahmen der Neuerteilung der Fahrerlaubnis, wenn sie aus den Gründen von Absatz 1 entzogen worden war oder wenn sonst zu klären ist, ob Abhängigkeit oder Einnahme im Sinne von Absatz 1 nicht mehr vorliegt.

Der Grund für diese Differenzierung besteht darin, dass die Feststellung der Abhängigkeit bzw. der Einnahme eine ärztliche Fragestellung ist, während bei der Frage, ob Abhängigkeit nicht mehr besteht oder Einnahme nicht mehr erfolgt, außer den ärztlichen Fragen (z.B. erfolgreiche Entwöhnungsbehandlung) für eine positive Beurteilung auch entscheidend ist, ob ein stabiler Einstellungswandel eingetreten ist. Hierzu ist auch eine psychologische Bewertung erforderlich.

Änderung durch den Bundesrat:

In Art. 1 ist in§ 14 Abs. 2 Nr. 2 das Wort »sonst« zu streichen.

Begründung:

Nach Absatz 2 Nr. 2 ist ein medizinisch-psychologisches Gutachten immer dann anzufordern, wenn die in Absatz 1 genannte Abhängigkeit oder der Konsum nachgewiesen ist, und der Betroffene z.B. nunmehr behauptet, nicht mehr abhängig zu sein oder keine Betäubungsmittel, psychoaktiv wirkende Arzneimittel oder andere psychoaktiv wirkende Stoffe mehr einzunehmen. Die Tatsache der Abhängigkeit oder Einnahme der genannten Mittel braucht zuvor nicht durch ein ärztliches Gutachtenfestgestellt worden zu sein. Das Wort »sonst« ist daher zu streichen.

Begr. zu ÄndVO v. 18.07.2008 (VkBl. 2008 S. 567):

Zur Streichung von Abs. 1 Satz 3:

Mit der Ergänzung des § 11 Abs. 1 Satz 3 durch die Verordnung zur Änderung der Fahrerlaubnis-Verordnung vom 07.08.2002 zum 01.09.2002 wurden die Ärzte der Begutachtungsstellen ausdrücklich in die Aufzählung der für die Erstellung von Fahreignungsgutachten in Frage kommenden Fachkräfte aufgenommen. Insoweit ist zweifelsfrei, dass auch Arzte der Begutachtungsstellen im Bereich der Drogen- und Arzneimittelproblematiken Gutachten erstellen können. Dies bedarf in § 14 nicht einer weiteren ausdrücklichen Festlegung.

Zu Abs. 2 Nr. 1:

Teilweise wird die Auffassung vertreten, dass § 14 Abs. 2 Nr. 1 nur dann Anwendung findet, wenn die Ungeeignetheit des Betreffenden zum Führen von Kraftfahrzeugen zu einem früheren Zeitpunkt in einem verwaltungsgerichtlichen Verfahren festgestellt wurde. Dem kann nicht gefolgt werden. Vielmehr ist der Ansicht des Baden-Württembergischen Verwaltungsgerichtshofs in seiner Entscheidung vom 18.05.2004, Az: 10 S 2796/03 der Vorzug einzuräumen. Den

Regelungen des Straßenverkehrsgesetzes kann entnommen werden, dass sich der Gesetzgeber beim Erlass der Möglichkeiten der Entziehung der Fahrerlaubnis aufgrund von § 69 StGB und durch einen anfechtbaren Verwaltungsakt der Fahrerlaubnisbehörde bewusst war. Wenn in der aufgrund von § 6 Abs. 1 StVG erlassenen FeV der Begriff der Entziehung der Fahrerlaubnis verwendet wird, so ist davon auszugeben, dass damit beide Wege der Entziehung der Fahrerlaubnis gemeint sind. Die Beschränkung des Begriffs der Entziehung der Fahrerlaubnis auf die Feststellung der Fahrungeeignetheit in einem verwaltungsgerichtlichen Verfahren widerspräche der Vorrangstellung, die der Gesetzgeber (vgl. § 3 Abs. 3 StVG) der im Rahmen eines Strafverfahrens erfolgenden Entscheidung über die Entziehung der Fahrerlaubnis beimisst.

Zu Abs. 2 Nr. 3:

Die wiederholte Zuwiderhandlung im Straßenverkehr unter Alkoholeinfluss ist in § 13 Nr. 2 Buchstabe b) eindeutig geregelt. Die vorliegende Änderung ist erforderlich, um auch die Fälle einer wiederholten Verkehrszuwiderhandlung unter Einfluss berauschender Mittel zu regeln. Auch der Fallkonstellation, dass neben einer Ordnungswidrigkeit nach § 24a Abs. 1 StVG (Alkohol) eine weitere Verkehrszuwiderhandlung unter Einfluss berauschender Mittel (§ 24a Abs. 2 StVG) begangen wurde, wird hier Rechnung getragen. Eine gebundene Entscheidung ist deshalb gerechtfertigt, da in allen Fällen zwischen Konsum von Drogen und/oder Alkohol nicht getrennt werden konnte.

Begr. zur Einfügung eines § 13a in die Fahrerlaubnis-Verordnung, BT-Drucks. 20/10426, S. 150

Zu Art. 14 (Änderung der Fahrerlaubnis-Verordnung – FeV)

Zu Nummer 2 (§ 14 FeV)

Der bisherige Verweis in § 14 Absatz 1 Satz 3 FeV auf Cannabis wird ersatzlos gestrichen. Die Beibringung eines medizinisch-psychologischen Gutachtens kann damit nicht mehr darauf gestützt werden, dass gelegentliche Einnahme von Cannabis vorliegt und weiterer Tatsachen Zweifel an der Eignung begründen. § 14 FeV ist bezogen auf Cannabis nur noch anwendbar, wenn Cannabis als Arzneimittel verwendet wird. Im Übrigen ist § 13a FeV lex specialis und steht in einem unmittelbaren Sachzusammenhang mit der geänderten Risikobewertung zu Cannabis und den entsprechenden gesetzlichen Änderungen des KCanG.

I. Anwendungsbereich und Abgrenzung zu § 11 FeV

560 Die Eignung zum Führen von Kraftfahrzeugen ist gem. § 11 Abs. 1 Satz 2 FeV für Bewerber um eine Fahrerlaubnis ausgeschlossen, wenn eine in Anlage 4 FeV geregelte Problematik hinsichtlich des Konsums anderer berauschender Mittel vorliegt. Die Vorschrift des § 14 FeV regelt, auf welche Weise vorhandene Eignungszweifel hinsichtlich Betäubungsmitteln und Arzneimitteln geklärt und ggf. ausgeräumt werden können. § 14 FeV ist lex specialis zu § 11 FeV. Die Norm ist direkt anwendbar für Fahrerlaubnisbewerber und wird für Fahrerlaubnisinhaber entsprechend angewandt gem. §§ 3 Abs. 1 StVG, 46 Abs. 3 FeV.

561 Rechtsgrundlage für die Anordnung eines ärztlichen Gutachtens zur Klärung der Frage, ob bei dem Betroffenen aufgrund der bestimmungsgemäßen Einnahme betäubungsmittelhaltiger psychoaktiver Arzneimittel Leistungseinschränkungen oder sonstige Fahreignungsmängel vorliegen, ist § 11 Abs. 2 Satz 1 FeV. Die Vorschrift des § 14

Abs. 1 Satz 1 Nrn. 3 und 4 FeV, die zwingend die Anordnung eines ärztlichen Gutachtens vorschreibt, ist lediglich bei dem Verdacht der missbräuchlichen Einnahme von psychoaktiv wirkenden Arzneimitteln einschlägig (VGH Baden-Württemberg, Urt. v. 11.08.2015 – 10 S 444/14, juris).

An die Einhaltung der **formellen Kriterien** für die Anordnung zur Beibringung eines 562 Gutachtens sind strenge Anforderungen zu stellen, denn eine Gutachtensaufforderung ist nicht selbstständig anfechtbar und muss dem Betroffenen die Möglichkeit geben, sich frühzeitig Klarheit darüber zu verschaffen, ob die Anordnung rechtmäßig ist (BayVGH, Beschl. v. 24.07.2015 – 11 CS 15.1203, Rn. 19, juris). Es ist nicht erforderlich, dass vor der Entziehung der Fahrerlaubnis eine vorherige rechtskräftige Entscheidung im **Ordnungswidrigkeitenverfahren** gegen den Fahrerlaubnisinhaber ergangen ist (VG Gelsenkirchen, Beschl. v. 24.03.2014 – 7 L 404/14, juris).

Auch die Vorlagefrist ist ein formales Kriterium. Nach allgemeinen rechtsstaatlichen 563 Grundsätzen muss die **Frist** für die Vorlage des Gutachtens angemessen sein. Es muss dem Betreffenden unter Berücksichtigung aller Umstände möglich sein, der Aufforderung der Behörde nachzukommen. Eine feste Frist, wann ein Gutachten vorzulegen ist, gibt es deshalb nicht. Es entscheiden die Umstände des Einzelfalls (BayVGH, Beschl. v. 23.04.2013 – 11 CS 13.219, Rn. 20, juris). Ist die Fahreignung im Hinblick auf eine etwaige Entziehung der Fahrerlaubnis zu prüfen, so muss die Zeitspanne, innerhalb deren ein Gutachten vorzulegen ist, nicht so weiträumig bemessen sein, dass der Fahrerlaubnisinhaber bis zu ihrem Ablauf den nach Nr. 9.5 der Anlage 4 zur FeV erforderlichen Abstinenznachweis führen kann (OVG Thüringen, Beschl. v. 19.09.2011 – 2 EO 487/11, juris).

Eine **Gutachtensanordnung** muss aus sich heraus verständlich und bestimmt sein. 564 Lässt sich der Gutachtensanordnung nach einem weiteren Schriftwechsel im Widerspruchsverfahren nicht mehr zweifelsfrei entnehmen, welche Eignungszweifel auf welche Weise geklärt werden sollen, ist die Anordnung keine rechtmäßige Grundlage für den Schluss auf die Nichteignung des Betroffenen nach § 11 Abs. 8 Satz 1 FeV (VGH Baden-Württemberg, Beschl. v. 20.04.2010 – 10 S 319/10, juris).

Immer wieder wird von Beteiligten in Verfahren vorgebracht, ihnen seien Drogen 565 verabreicht worden, ohne dass sie davon gewusst hätten. In zahlreichen Fällen wird es sich um Schutzbehauptungen handeln, dennoch müssen diese Fragen juristisch aufgeklärt werden, um den betroffenen Personen im Einzelfall gerecht zu werden. Zu dieser Problematik äußerten sich in der Vergangenheit mehrere Gerichte.

Fest steht: Eine eignungsausschließende Einnahme von Betäubungsmitteln kann nur 566 bei einem willentlichen Konsum angenommen werden.

Grundsätzlich ist die Behauptung einer **unbewussten Drogenaufnahme** jedoch nur 567 beachtlich, wenn der Betroffene nachvollziehbar und plausibel darlegt, wie es dazu gekommen sein soll (VG Gelsenkirchen, Beschl. v. 25.04.2014 – 7 L 547/14, juris). Einem positiven Drogennachweis geht nach richtiger Deutung des VG Düsseldorf typischerweise ein entsprechender **Willensakt** voraus. Der behauptete Fall einer unbewussten Rauschmitteleinnahme stellt sich als ein Ausnahmetatbestand dar, zu dem nur der Betroffene als der am Geschehen Beteiligte Klärendes beisteuern kann und der von diesem glaubhaft und widerspruchsfrei dargetan werden muss. Ein Antragsteller, der nichts geäußert, was geeignet wäre, plausibel zu erklären, warum ihm ein fremder Dritter Drogen hätte heimlich verabreichen sollen, trägt das Risiko dafür, dass das Gericht das Vorbringen des Antragstellers als unglaubhaft ansieht und als bloße Schutzbehauptung wertet (VG Düsseldorf, Beschl. v. 14.07.2015 – 14 L 2060/15, Rn. 28, juris, auch zum Folgenden). Die sich aus dem Vortrag eines Antragstellers ergebenden Ungereimtheiten (z.B. keine Angabe zu Freunden, mit denen der Antragsteller in der Disco war oder der Umstand, dass der Antragsteller sich trotz der von der Polizei dokumentierten Auffälligkeiten fahrtüchtig fühlte) gehen im Rahmen der summarischen Prüfung im Eilverfahren zu seinen Lasten.

568 Angesichts der erheblichen Gefahren, die von einem harte Drogen konsumierenden Fahrerlaubnisinhaber für andere Verkehrsteilnehmer ausgehen, sind an die **Plausibilität** der Einlassung des Betroffenen, das Betäubungsmittel sei ihm ohne sein Wissen von Dritten verabreicht worden, erhöhte Anforderungen zu stellen. Der Fahrerlaubnisinhaber muss zumindest eine nachvollziehbare Schilderung abgeben, wie es zu einem unbewussten, zufälligen oder durch Dritte manipulierten Genuss des Betäubungsmittels gekommen sein soll (OVG Sachsen, Beschl. v. 16.12.2014 – 3 B 127/14, juris). Die Behauptung, die im Blut festgestellte Wirkstoffkonzentration sei mittels **Arzneimittel** unwissentlich eingenommen worden, ist im vorgenannten Sinne unzureichend, wenn einer ärztlichen Auskunft zu entnehmen ist, dass alle vom Fahrerlaubnisinhaber eingenommenen bzw. benannten Medikamente im menschlichen Körper kein Methamphetamin bilden könnten (OVG Sachsen, Beschl. v. 12.12.2014 – 3 B 193/14, juris).

569 Auch die bloße **Mutmaßung**, ihm – dem Fahrerlaubnisinhaber – habe jemand am Vorabend der Polizeikontrolle in einer Diskothek unbewusst Amphetamin in ein Getränk verabreicht, stellt keine nachvollziehbare und plausible Darlegung der Umstände dar, wie es zur Drogenaufnahme gekommen sein soll (VG Gelsenkirchen, Beschl. v. 25.03.2014 – 7 L 346/14, juris).

570 Ferner ist es nicht glaubhaft, dass ein Dritter, der eine Droge für seinen Eigenkonsum erworben und im Getränk aufgelöst hat, dieses Getränk offen abstellt und damit der **Verwechslung** aussetzt (VG Gelsenkirchen, Beschl. v. 28.09.2011 – 7 L 921/11, juris).

571 Wenn ein Antragsteller ausführt, dass er – neben dem ihm bekannten **Passivkonsum** wegen der damals anwesenden anderen aktiv Konsumierenden – allein eine Beimengung von Cannabis-Produkten in die damals zur allgemeinen Verfügung gestellten **Kekse** für wahrscheinlich hält, kommt es für eine Einnahme im Sinne des § 14 Abs. 1 Satz 1 Nr. 2 FeV nicht auf eine bewusste und gewollte Einnahme von Betäubungsmitteln an (VG München, Beschl. v. 22.11.2012 – M 6a S 12.3998, Rn. 41, juris). Im Gegensatz zur strafrechtlichen Bewertung eines Vorfalles, bei der neben der Erfüllung eines strafrechtlichen Tatbestandes und der Rechtswidrigkeit der Tat auch die Frage der Schuld zu prüfen ist (Vorsatz oder Fahrlässigkeit), kommt es im hier relevanten Bereich des Sicherheitsrechts nach dem eindeutigen Wortlaut des Gesetzes lediglich auf die objektiv geschehene Einnahme an bzw. darauf, dass Tatsachen die Annahme hierfür begründen.

II. Systematik der Vorschrift

Die Vorschrift dient der Vorbereitung von Entscheidungen über die Erteilung oder die Verlängerung der Fahrerlaubnis oder über die Anordnung von Beschränkungen oder Auflagen oder der Entziehung einer Fahrerlaubnis. 572

Die Norm beinhaltet zu den genannten Zwecken vier Alternativen für die Anordnung der Beibringung ärztlicher Gutachten und ebenfalls vier Fälle für die Anordnung der Beibringung medizinisch-psychologischer Gutachten. Aufgrund der Vorschrift sind gebundene Entscheidungen ebenso anzuordnen wie Ermessensentscheidungen zu treffen. 573

Zur Umsetzung der Normziele ist ein umfangreiches interdisziplinäres Wissen und Denken aus den Professionen Medizin, Psychologie und Rechtswissenschaften erforderlich. Es werden i.d.R. Menschen begutachtet, die hinsichtlich des Besitzes und Konsums von Betäubungsmitteln und Arzneimitteln auffällig geworden sind und potenzielle Risikofaktoren für die Sicherheit des Straßenverkehrs darstellen. Die Norm des § 14 FeV ist ein Ausdruck der staatlichen Schutzpflicht aus Art. 2 Abs. 2 GG, mittels geeigneter Normen für die Grundrechte auf Leben und körperliche Unversehrtheit aller Menschen Sorge zu tragen, die sich im öffentlichen Verkehrsraum aufhalten. 574

Das Deutsche Institut für Medizinische Dokumentation und Information (DIMDI) hat zur Klassifizierung psychischer und Verhaltensstörungen durch psychotrope Substanzen einen auf den ICD-10-Kriterien der WHO gegründeten Katalog erarbeitet, der für das Verständnis der medizinischen Zusammenhänge wichtig ist und daher im Wortlaut wiedergegeben werden soll (http://www.icd-code.de/icd/code/F10.2.html): 575

»Dieser Abschnitt enthält eine Vielzahl von Störungen unterschiedlichen Schweregrades und mit verschiedenen klinischen Erscheinungsbildern; die Gemeinsamkeit besteht im Gebrauch einer oder mehrerer psychotroper Substanzen (mit oder ohne ärztliche Verordnung). Die verursachenden Substanzen werden durch die dritte Stelle, die klinischen Erscheinungsbilder durch die vierte Stelle kodiert; diese können je nach Bedarf allen psychotropen Substanzen zugeordnet werden. Es muss aber berücksichtigt werden, dass nicht alle Kodierungen der vierten Stelle für alle Substanzen sinnvoll anzuwenden sind.

Die Identifikation der psychotropen Stoffe soll auf der Grundlage möglichst vieler Informationsquellen erfolgen, wie die eigenen Angaben des Patienten, die Analyse von Blutproben oder von anderen Körperflüssigkeiten, charakteristische körperliche oder psychische Symptome, klinische Merkmale und Verhalten sowie andere Befunde, wie die im Besitz des Patienten befindlichen Substanzen oder fremdanamnestische Angaben. Viele Betroffene nehmen mehrere Substanzarten zu sich. Die Hauptdiagnose soll möglichst nach der Substanz oder Substanzklasse verschlüsselt werden, die das gegenwärtige klinische Syndrom verursacht oder im Wesentlichen dazu beigetragen hat. Zusatzdiagnosen sollen kodiert werden, wenn andere Substanzen oder Substanzklassen aufgenommen wurden und Intoxikationen (vierte Stelle .0), schädlichen Gebrauch (vierte Stelle .1), Abhängigkeit (vierte Stelle .2) und andere Störungen (vierte Stelle .3 – .9) verursacht haben.

Nur wenn die Substanzaufnahme chaotisch und wahllos verläuft, oder wenn Bestandteile verschiedener Substanzen untrennbar vermischt sind, soll mit »Störung durch multiplen Substanzgebrauch (F19.-)« kodiert werden.

- F 10.- Psychische und Verhaltensstörungen durch Alkohol
- F 11.- Psychische und Verhaltensstörungen durch Opioide
- F 12.- Psychische und Verhaltensstörungen durch Cannabinoide
- F 13.- Psychische und Verhaltensstörungen durch Sedativa oder Hypnotika
- F 14.- Psychische und Verhaltensstörungen durch Kokain
- F 15.- Psychische und Verhaltensstörungen durch andere Stimulanzien, einschließlich Koffein
- F 16.- Psychische und Verhaltensstörungen durch Halluzinogene
- F 17.- Psychische und Verhaltensstörungen durch Tabak
- F 18.- Psychische und Verhaltensstörungen durch flüchtige Lösungsmittel
- F 19.- Psychische und Verhaltensstörungen durch multiplen Substanzgebrauch und Konsum anderer psychotroper Substanzen«

576 Die Rechtsprechung nimmt nur sehr vereinzelt zu den interdisziplinären Aspekten Stellung. Dabei wäre es sehr sinnvoll, wenn gerade die Richterschaft an den Verwaltungsgerichten die interdisziplinären Zusammenhänge zwischen Körper, Seele und Geist aus eigenem Verständnis in die juristische Bewertung der Fahreignung einfließen lassen würde. Eine Recherche im Fortbildungsprogramm 2016 der Deutschen Richterakademie für die Richter aus der Verwaltungsgerichtsbarkeit ergab allerdings keine einzige Veranstaltung über das Fahrerlaubnisrecht und das Fahreignungsrecht – und das vor dem Hintergrund, dass diese beiden für die Praxis so wichtigen Bereiche weder im Studium der Rechtswissenschaften noch im Referendariat systematisch erarbeitet werden. Es ist daher verständlich, wenn sich die Verwaltungsgerichte in den zu bewältigenden Verfahren vollkommen auf die Beweismittel stützen, die ihnen vorliegen und sich einer systematischen Bewertung der Zusammenhänge enthalten.

577 Es gibt allerdings Fallkonstellationen, in denen kein Gutachten mehr angefordert werden muss, weil die mangelhafte Fahreignung zur vollen Überzeugung der Fahrerlaubnisbehörde erwiesen ist. Ein **Kokainkonsum**, der durch eine Blutprobe nicht belegt werden konnte, der aber auf in Protokollen festgehaltene Aussagen gegenüber Polizeibeamten beruht, rechtfertigt die Entziehung der Fahrerlaubnis (VG Gelsenkirchen, Beschl. v. 04.09.2015 – 7 L 1833/15, juris, auch zum Folgenden). An dieser Angabe müsse sich ein Drogenkonsument festhalten lassen. In einem solchen Fall ist die Anordnung der Beibringung eines ärztlichen Gutachtens oder eines medizinisch-psychologischen Gutachtens nicht mehr notwendig und wäre sogar unverhältnismäßig. In einem solchen Fall eines Geständnisses bleibt es der betreffenden Person unbenommen, den Nachweis der Drogenfreiheit sowie den Wandel seiner Einstellung in einem späteren Wiedererteilungsverfahren durch eine medizinisch-psychologische Untersuchung zu führen, die zwingend vorgeschrieben ist (VG Gelsenkirchen, Beschl. v. 04.09.2015 – 7 L 1833/15, Rn. 11, juris). Auch ein die Entziehung der Fahrerlaubnis legitimierender **Amphetaminkonsum**, der durch die Blutprobe nicht belegt werden kann, kann sich aus in Protokollen festgehaltenen Aussagen des Fahrerlaubnisinhabers gegenüber der Polizei am Tag des Vorfalls ergeben (VG Gelsenkirchen, Beschl. v. 07.08.2015 – 7 L 1559/15, juris).

III. Gebundene Entscheidung

Liegen die Voraussetzungen der drei Fallalternativen des § 14 Abs. 1 Nr. 1–3 FeV vor, muss die Fahrerlaubnisbehörde ein ärztliches Gutachten anfordern. Liegen die Voraussetzungen der drei Fallalternativen des § 14 Abs. 2 Nr. 1–3 FeV vor, muss die Fahrerlaubnisbehörde ebenfalls ein Gutachten anfordern, in diesen Fällen jedoch ein medizinisch-psychologisches Gutachten. Ein **Ermessen** lässt § 14 in diesen sechs Fällen **nicht** zu. 578

Die Verkehrsbehörde muss bei jeder Einschränkung der Fortbewegung mit **fahrerlaubnisfreien Fahrzeugen** zur Wahrung der **Verhältnismäßigkeit** in besonderem Maße das Spannungsverhältnis berücksichtigen, das zwischen dem Interesse an der Sicherheit des Straßenverkehrs einerseits und dem Interesse des betroffenen Fahrzeugführers andererseits besteht, mit einem nicht motorisierten Fortbewegungsmittel am Straßenverkehr teilzunehmen (VG Neustadt/Weinstraße, Urt. v. 03.09.2012 – 3 K 331/12.NW, juris, auch zum Folgenden). Dies gilt bereits für Aufklärungsmaßnahmen wie die Anordnung der Beibringung eines medizinisch-psychologischen Gutachtens, welches erheblich in das Persönlichkeitsrecht des Betroffenen eingreift. 579

Im Verfahren über die Entziehung der Fahrerlaubnis gelten die allgemeinen Regeln über die Verteilung der **Beweislast** (VG Düsseldorf, Urt. v. 24.03.2011 – 6 K 1156/11, juris, auch zum Folgenden). Eine Tatsachenvermutung (§ 292 ZPO) zugunsten der Behörde besteht nicht. Der Beweis des ersten Anscheins ist ausgeschlossen, weil der Cannabiskonsum ausschließlich willensgesteuert abläuft. Eine Beweislastumkehr ist fahrerlaubnisrechtlich nicht vorgesehen und aus den allgemeinen Regeln nicht abzuleiten. Vor dem Ergreifen der Aufklärungsmaßnahmen, die § 14 Abs. 1 Satz 1 Nr. 2 FeV vorsieht (Drogenscreening), fehlt es an einer Beweisnot der Behörde. Diese Grundsätze gelten für das Klageverfahren und nicht für das Verfahren des vorläufigen Rechtsschutzes, das nur eine Wahrscheinlichkeitsentscheidung verlangt. 580

Der **Verwertbarkeit** einer Angabe steht nicht entgegen, dass der Betroffene vor seiner Vernehmung möglicherweise nicht rechtzeitig bzw. ordnungsgemäß nach § 136 StPO belehrt wurde, da im Fahrerlaubnisrecht das besonders gewichtige öffentliche Interesse an der Sicherheit des Straßenverkehrs in aller Regel dazu führt, dass Mängel der Beweiserhebung eine Verwertung nicht ausschließen (VG Gelsenkirchen, Beschl. v. 13.03.2014 – 7 L 306/14, juris). 581

Die Grundsätze, nach denen die Ergebnisse einer Blutuntersuchung nach den §§ 46 Abs. 1 OWiG, 81a Abs. 2 StPO einem **Verwertungsverbot** unterliegen können, können nicht ohne weiteres auf das Fahrerlaubnisrecht übertragen werden (OVG Sachsen-Anhalt, Beschl. v. 01.11.2012 – 3 O 141/12, juris). 582

Resultieren Zweifel an der Fahreignung einer Person aus Vorfällen, die Eintragungen in das Fahreignungsregister nach sich ziehen, so dürfen diese Vorkommnisse nach der Spruchpraxis des BayVGH (vgl. grundlegend BayVGH, Beschl. v. 06.05.2008 – 11 CS 08.551, juris), die ihrerseits auf dem Urteil des BVerwG vom 09.06.2005 (Buchholz 442.10 § 2 StVG Nr. 11) aufbaut, so lange zum Anknüpfungspunkt für fahrerlaubnisrechtliche Maßnahmen gemacht werden, als die einschlägige Eintragung im 583

Fahreignungsregister noch nicht getilgt (oder trotz erfolgter **Tilgung** noch verwertbar) ist (BayVGH, Beschl. v. 22.08.2011 – 11 ZB 10.2620, Rn. 29, juris). Da ein Vorfall nicht mehr zum Anknüpfungspunkt für fahrerlaubnisrechtliche Maßnahmen gemacht werden darf, wenn die einschlägige Eintragung im Fahreignungsregister bereits getilgt ist, vermag auch der fruchtlose Ablauf der von der Fahrerlaubnisbehörde in einer Gutachtensaufforderung bestimmten Frist nicht mehr die Fiktion der Ungeeignetheit des Fahrerlaubnisinhabers auszulösen, wenn zuvor die Eintragung **tilgungsreif** geworden ist (VG Potsdam, Beschl. v. 12.01.2012 – 10 L 887/11, juris).

584 Eine auf mehrere Eignungszweifel gestützte und mehrere gutachtliche Fragestellungen festlegende Anordnung einer medizinisch-psychologischen Begutachtung muss insgesamt anlassbezogen und verhältnismäßig sein. Genügt die Anordnung der Beibringung eines Gutachtens diesen Anforderungen teilweise nicht, führt dies zu deren Gesamtrechtswidrigkeit, so dass sie von dem betroffenen Fahrerlaubnisinhaber nicht befolgt werden muss; eine »**Teilbarkeit**« besteht insoweit nicht (VG Osnabrück, Beschl. v. 16.01.2013 – 6 B 73/12, juris).

585 Bei einer Vorbelastung mit vier Alkoholdelikten und Kokainkonsum kann eine wiedergewonnene Kraftfahreignung nur durch eine positive MPU nachgewiesen werden. Stellt sich das Gutachten als **Fälschung** heraus, ist eine wiedererteilte Fahrerlaubnis erneut zu entziehen (VG Gelsenkirchen, Urt. v. 22.08.2012 – 7 K 2593/12, juris). Auch ein positives Gutachten über die Kraftfahreignung verliert an Gültigkeit, wenn dieses auf der Grundlage einer gefälschten Haaranalyse erfolgte (VG Gelsenkirchen, Beschl. v. 11.05.2012 – 7 L 445/12, juris).

586 Wird nach einer Entziehung einer Fahrerlaubnis infolge der **Nichtvorlage** eines wegen des Verdachts des Konsums harter Drogen rechtmäßig angeordneten ärztlichen Gutachtens ein solches nach Ablauf der gesetzten Frist vorgelegt, sind außer guten Gründen für die verspätete Gutachtenserstellung auch einwandfreie Testergebnisse erforderlich (VG des Saarlandes, Beschl. v. 28.11.2012 – 10 L 1133/12, juris).

587 Der Einwand der Wiedererlangung der Fahreignung ist mit Blick auf den maßgeblichen Zeitpunkt für die Beurteilung der Sach- und Rechtslage bis zum Ergehen der Widerspruchsentscheidung beachtlich bzw. zu berücksichtigen; Umstände, die vor dieser Zäsur liegen und geltend gemacht werden oder für die Behörde offensichtlich sind, können sich folglich auf die Rechtmäßigkeit der Entziehungsverfügung auswirken (OVG Mecklenburg-Vorpommern, Beschl. v. 28.01.2013 – 1 M 97/12, juris, auch zum Folgenden). Entscheidet die Widerspruchsbehörde über einen Widerspruch nicht, hält sie damit gewissermaßen die Tür für den Einwand der zwischenzeitlichen Wiedererlangung der Fahreignung offen. Steht im Zeitpunkt der Entscheidung der Widerspruchsbehörde bereits fest, dass der Fahrerlaubnisinhaber, der die Fahrerlaubnis wegen Betäubungsmittelkonsums – allerdings eben noch nicht bestandskräftig – verloren hat, wieder geeignet geworden ist, so scheiden eine Entziehung der Fahrerlaubnis bzw. die Bestätigung eines solchen Verwaltungsakts durch die Widerspruchsbehörde nach dem Vorgesagten ohne Weiteres aus.

Die **aufschiebende Wirkung** einer Klage gegen die Entziehung einer Fahrerlaubnis ist grundsätzlich nicht anzuordnen, wenn der Fahrerlaubnisinhaber täglich mindestens 1 g Betäubungsmittel zum Eigenbedarf benötigt (VG Münster, Beschl. v. 28.02.2014 – 10 L 139/14, juris). 588

Berufliche oder persönliche Schwierigkeiten des Fahrerlaubnisinhabers, die sich aus dem Verlust der Fahrerlaubnis ergeben, können bei der Fahrerlaubnisentziehungsentscheidung nicht zu Gunsten desselben berücksichtigt werden (VG Gelsenkirchen, Beschl. v. 24.04.2014 – 7 L 585/14, juris). Die Folgen der Fahrerlaubnisentziehung, die bis zur Vernichtung der wirtschaftlichen **Existenzgrundlage** reichen können, muss der Kraftfahrungeeignete hinnehmen (VG Düsseldorf, Beschl. v. 24.07.2014 – 14 L 1475/14, juris). 589

Es reicht aus, wenn sich die Behörde zur Rechtfertigung des **Sofortvollzugs** auf die allgemein bekannten Auswirkungen des Drogenkonsums auf die Fahrtauglichkeit bezieht, ohne dabei ausdrücklich eine Verbindung speziell zum Fall des Betroffenen herzustellen (OVG Nordrhein-Westfalen, Beschl. v. 07.04.2014 – 16 B 89/14, juris). Gegen die Begründung der Anordnung des Sofortvollzuges bei einer Entziehung der Fahrerlaubnis wegen fehlender Beibringung einer MPU bestehen erhebliche Bedenken, wenn über die formelhafte Wiedergabe des überwiegenden öffentlichen Interesses hinaus keine mit den Besonderheiten des Einzelfalls sich auseinandersetzende Interessenabwägung zu erkennen ist, obwohl der Anordnung ein Gutachten eines Facharztes mit verkehrsmedizinischer Qualifikation vorausgegangen ist, der die Fahreignung des Betroffenen bestätigt hat (VG Neustadt/Weinstraße, Beschl. v. 27.11.2012 – 1 L 961/12.NW, juris). 590

Die Anlage 4a zu § 11 Abs. 5 FeV regelt die Grundsätze der Untersuchung sowie des Erstellens der Gutachten nach den in den Begutachtungsleitlinien für Kraftfahreignung vom 27.01.2014 (VkBl. S. 110) festgelegten Kriterien. 591

IV. Anordnung ärztlicher Gutachten

Die juristische Grundlage für die Beurteilung der Eignung zum Führen von Kraftfahrzeugen bilden die **Begutachtungsleitlinien** für Kraftfahreignung vom 27.01.2014 (VkBl. S. 110). Die Begutachtungsleitlinien wurden unter Federführung der Bundesanstalt für Straßenwesen (BASt) überarbeitet und sind in ihrer aktuellen Fassung seit dem 01.05.2014 allgemein gültig. Ihre Aufgabe besteht darin, Beurteilungsgrundsätze für die auf der Grundlage von § 14 FeV angeordneten ärztlichen und medizinisch-psychologischen aufzuzeigen und dadurch den Gutachtern als Entscheidungshilfe für den Einzelfall zu dienen (Begutachtungsleitlinien, S. 7). Es ist jedoch keine Aufgabe der Leitlinien, alle tatsächlich vorkommenden Leistungseinschränkungen des jeweils zu begutachtenden Menschen zu berücksichtigen und vor diesem umfassenden Hintergrund zu prüfen, ob die medizinisch und psychologisch festgestellten Beeinträchtigungen insgesamt ein stabiles oder ein nur bedingt stabiles Leistungsniveau der begutachteten Person gewährleisten oder bei der Person u.U. sogar zu einem plötzlichen Leistungszusammenbruch führen könnten (Begutachtungsleitlinien, S. 9, auch 592 zum Folgenden). Vielmehr werden in die Begutachtungsleitlinien nur solche körperlichen und geistigen Mängel einbezogen, deren praktische Auswirkungen die Leistungsfähigkeit eines Kraftfahrers häufig längere Zeit beeinträchtigen oder aufheben.

593 Die Auswahl des ärztlichen Gutachters des von der Fahrerlaubnisbehörde angewiesenen ärztlichen Gutachtens obliegt allein dem Adressaten. Ohne besondere Rechtfertigung ist es unter Berücksichtigung des allgemeinen Persönlichkeitsrechts unverhältnismäßig, den Fahrerlaubnisinhaber zur Beibringung eines Gutachtens eines bestimmten **Arztes** aufzufordern, wenn mehrere gleichqualifizierte **Leistungserbringer** zur Verfügung stehen. Dies gilt umso mehr, wenn diese unterschiedliche Gebühren verlangen (VG Gelsenkirchen, Beschl. v. 20.09.2013 – 9 L 807/13, juris).

594 In der täglichen Praxis ist es äußerst problematisch, dass die Vorlage eines Facharztgutachtens davon abhängig ist, dass ein zur Begutachtung geeigneter Facharzt sein Gutachten in einer angemessenen Zeit erstatten kann. Dies ist besonders vor dem Hintergrund für die Verkehrssicherheit relevant, dass es im verwaltungsrechtlichen Bereich keine vorläufige Entziehung der Fahrerlaubnis gibt, die der Vorschrift des § 111a StPO vergleichbar wäre und die andere Verkehrsteilnehmer in der Zwischenzeit eines laufenden Eignungsbegutachtungsverfahrens schützen könnte. Je länger also ein Facharztgutachten zeitlich hinausgezögert wird, desto höher sind die potenziellen Gefahren für die Verkehrssicherheit.

595 Ein ärztliches Gutachten im Sinne der Fahrerlaubnis-Verordnung kann selbstverständlich auch ein auf eine Blut- oder/und Urinuntersuchung beschränktes **Drogenscreening** sein (VG Gelsenkirchen, Urt. v. 14.05.2012 – 7 K 4954/11, juris).

596 Zulässiger Bestandteil dieser ärztlichen Begutachtung ist ein Drogentest, der zu einem für den Betroffenen unvorhersehbar und kurzfristig anzuberaumenden Zeitpunkt stattfinden muss (VG Neustadt/Weinstraße, Beschl. v. 03.05.2012 – 3 L 351/12.NW, juris). Nach der von den Beteiligten unwidersprochenen Aussage der TÜV SÜD Life Service GmbH sind **verdünnte Urinproben** nicht als Abstinenzbeleg verwertbar, da eventuell vorhandene Drogensubstanzen nicht hinreichend sicher nachvollziehbar sind (VG Ansbach, Urt. v. 26.03.2012 – AN 10 K 11.00968, Rn. 35, juris).

597 Die ärztliche Untersuchung soll nach dem Grundsatz der Anlassbezogenheit und Nachvollziehbarkeit eine **Anamnese** mit dem Schwerpunkt **Suchtanamnese** mit Konsumdiagnostik (das heißt unter anderem Angaben zu Erstkonsum, Erstintoxikation, Beginn eines regelmäßigen Konsums, Dauer und Häufigkeit des Konsums, subjektiv erlebte Drogenwirkung), eine medizinische Untersuchung (Gesamtkörperstatus), eine Laboruntersuchung (polytoxikologisches Drogenscreening nach forensischen Kriterien) und eine anlassbezogene Wertung vorliegender Stellungnahmen (zum Beispiel Entlassungs- und Therapieberichte) umfassen (OVG Bremen, Beschl. v. 15.02.2012 – 2 B 334/11, juris).

1. Anordnung gem. § 14 Abs. 1 Satz 1 Nr. 1 FeV

Die Vorschrift des § 14 FeV erlaubt der Fahrerlaubnisbehörde die Anordnung von ärztlichen Gutachten und medizinisch-psychologischen Gutachten. Ein ärztliches Gutachten kann in den folgenden drei Varianten angeordnet werden: 598

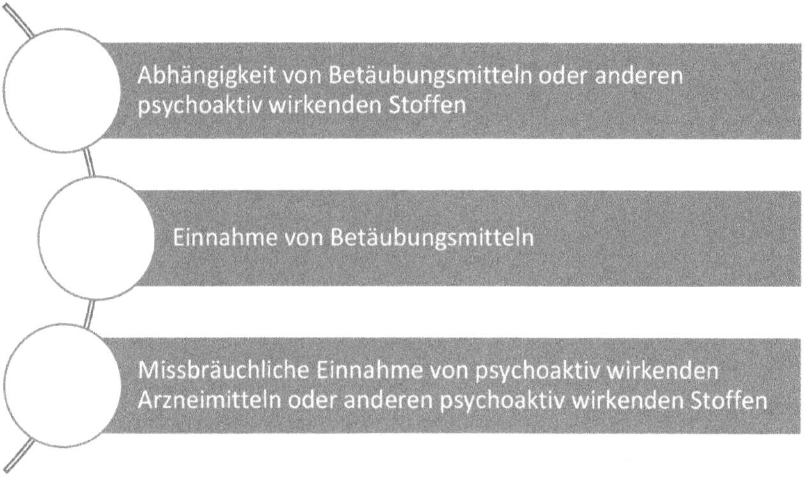

Abb. 2: Anordnungsmöglichkeiten für ein ärztliches Gutachten gem. § 14 Abs. 1 FeV (Quelle: Prof. Dr. D. Müller)

Ein Gutachten ist nur anzuordnen, wenn Zweifel bestehen, ob einer der nach § 14 Abs. 1 Satz 1 Nr. 1–3 FeV genannten Fälle gegeben ist. Ist dagegen das Vorliegen einer dieser Sachverhalte erwiesen, ist für eine Anwendung von § 14 Abs. 1 Satz 1 FeV kein Raum; die Nichteignung steht dann (außer bei gelegentlichem Cannabiskonsum) ohne Gutachtenanforderung fest (§ 11 Abs. 7 FeV; VG Bayreuth, Beschl. v. 17.07.2019 – B 1 S 19.565, Rn. 35, juris, auch zum Folgenden). 599

Bei auf Tatsachen gestützter Annahme der **Abhängigkeit** von Betäubungsmitteln im Sinne des Betäubungsmittelgesetzes ordnet die Fahrerlaubnisbehörde an, dass ein ärztliches Gutachten (§ 11 Absatz 2 Satz 3) beizubringen ist. 600

Das deutsche Institut für medizinische Dokumentation und Information (DIMDI) definiert das Abhängigkeitssyndrom nach dem gültigen Standard ICD-10 der WHO wie folgt (https://www.dimdi.de/static/de/klassifikationen/icd/icd-10-gm/kode-suche/htmlgm2018/block-f10-f19.htm): 601

»2. Abhängigkeitssyndrom

Eine Gruppe von Verhaltens-, kognitiven und körperlichen Phänomenen, die sich nach wiederholtem Substanzgebrauch entwickeln. Typischerweise besteht ein starker Wunsch, die Substanz einzunehmen, Schwierigkeiten, den Konsum zu kontrollieren, und anhaltender Substanzgebrauch trotz schädlicher Folgen. Dem Substanzgebrauch wird Vorrang vor anderen Aktivitäten und Verpflichtungen gegeben. Es entwickelt sich eine Toleranzerhöhung und manchmal ein körperliches Entzugssyndrom.

Das Abhängigkeitssyndrom kann sich auf einen einzelnen Stoff beziehen (z.B. Tabak, Alkohol oder Diazepam), auf eine Substanzgruppe (z.B. opiatähnliche Substanzen), oder auch auf ein weites Spektrum pharmakologisch unterschiedlicher Substanzen.«

602 Auch die Begutachtungsleitlinien folgen dieser Systematik (Begutachtungsleitlinien, S. 76). Darüber hinaus legen die Begutachtungsleitlinien zur Begutachtung von Sucht (Abhängigkeit) und Intoxikationszuständen folgende Leitsätze nebst Begründung fest, die allerdings aufgrund der erfolgten Novellierung der FeV hinsichtlich der Begutachtungen infolge des Genusses von Cannabis umgehend angepasst werden müssen (Begutachtungsleitlinien, S. 78 f.):

»Leitsätze

- Wer Betäubungsmittel im Sinne des Betäubungsmittelgesetzes (BtMG) nimmt oder von ihnen abhängig ist, ist nicht in der Lage, den gestellten Anforderungen zum Führen von Kraftfahrzeugen beider Gruppen gerecht zu werden. Dies gilt nicht, wenn die Substanz aus der bestimmungsgemäßen Einnahme eines für einen konkreten Krankheitsfallverschriebenen Arzneimittels herrührt.
- Wer regelmäßig (täglich oder gewohnheitsmäßig) Cannabis konsumiert, ist in der Regel nicht in der Lage, den gestellten Anforderungen zum Führen von Kraftfahrzeugen beider Gruppen gerecht zu werden. Ausnahmen sind nur in seltenen Fällen möglich, wenn eine hohe Wahrscheinlichkeit gegeben ist, dass Konsum und Fahren getrennt werden und wenn keine Leistungsmängel vorliegen.
- Wer gelegentlich Cannabis konsumiert, ist in der Lage, den gestellten Anforderungen zum Führen von Kraftfahrzeugen beider Gruppen gerecht zu werden, wenn er Konsum und Fahren trennen kann, wenn kein zusätzlicher Gebrauch von Alkohol oder anderen psychoaktiv wirkenden Stoffen und wenn keine Störung der Persönlichkeit und kein Kontrollverlust vorliegen.
- Wer von anderen psychoaktiv wirkenden Stoffen, z.B. Tranquilizer, bestimmte Psychostimulanzien, verwandte Verbindungen bzw. deren Kombinationen (Polytoxikomanie) abhängig ist, wird den gestellten Anforderungen beim Führen von Kraftfahrzeugen nicht gerecht (zur Abhängigkeit wird auf die Definition in Kapitel 3.13.2 »Abhängigkeit« hingewiesen).
- Wer, ohne abhängig zu sein, missbräuchlich oderregelmäßig Stoffe der oben genannten Art zu sich nimmt, die die körperlich-geistige (psychische) Leistungsfähigkeit eines Kraftfahrers ständig unter das erforderliche Maß herabsetzen oder die durch den besonderen Wirkungsablauf jederzeit unvorhersehbar und plötzlich seine Leistungsfähigkeit oder seine Fähigkeit zu verantwortlichen Entscheidungen (wie den Verzicht auf die motorisierte Verkehrsteilnahme) vorübergehend beeinträchtigen können, ist nicht in der Lage, den gestellten Anforderungen zum Führen von Kraftfahrzeugen beider Gruppen gerecht zu werden.
- Sind die Voraussetzungen zum Führen von Kraftfahrzeugen ausgeschlossen, so können sie nur dann wieder als gegeben angesehen werden, wenn der Nachweis geführt wird, dass kein Konsum mehr besteht. Bei Abhängigkeit ist in der Regel eine erfolgreiche Entwöhnungsbehandlung zu fordern, die stationär oder im Rahmen anderer Einrichtungen für Suchtkranke erfolgen kann.
- Nach der Entgiftungs- und Entwöhnungszeit ist in der Regel eine einjährige Abstinenz durch ärztliche Untersuchungen nachzuweisen (auf der Basis von mindestens vier

unvorhersehbar anberaumten Laboruntersuchungen innerhalb dieser Jahresfrist in unregelmäßigen Abständen). Zur Überprüfung der Angaben über angebliche »Suchtstofffreiheit« können insbesondere bei einer Reihe von Pharmaka und Betäubungsmitteln auch Haare in die Analytik einbezogen werden (unter Umständen abschnittsweise).

- Bei i.v.-Drogenabhängigen kann unter bestimmten Umständen eine Substitutionsbehandlung mit Methadon indiziert sein. Wer als Heroinabhängiger mit Methadon substituiert wird, ist im Hinblick auf eine hinreichend beständige Anpassungs- und Leistungsfähigkeit in der Regel nicht geeignet, ein Kraftfahrzeug zuführen. Nur in seltenen Ausnahmefällen ist eine positive Beurteilung möglich, wenn besondere Umstände dies im Einzelfall rechtfertigen. Hierzu gehören u.a. eine mehr als einjährige Methadonsubstitution, eine psychosoziale stabile Integration, die Freiheit von Beigebrauch anderer psychoaktiver Substanzen, incl. Alkohol, seit mindestens einem Jahr, nachgewiesen durch geeignete, regelmäßige, zufällige Kontrollen (z.B. Urin, Haar) während der Therapie, der Nachweis für Eigenverantwortung und Therapie-Compliance sowie das Fehlen einer Störung der Gesamtpersönlichkeit. Persönlichkeitsveränderungen können nicht nur als reversible oder irreversible Folgen von Missbrauch und Abhängigkeit zu werten sein, sondern ggf. auch als vorbestehende oder parallel bestehende Störung, insbesondere auch im affektiven Bereich. In die Begutachtung des Einzelfalles ist das Urteil der behandelnden Ärzte einzubeziehen. Insoweit kommt in diesen Fällen neben den körperlichen Befunden den Persönlichkeits-, Leistungs-, verhaltenspsychologischen und den sozialpsychologischen Befunden erhebliche Bedeutung für die Begründung von positiven Regelausnahmen zu.

Begründung:

Menschen, die von einem oder mehreren der obengenannten Stoffe abhängig sind, können für die Zeit der Wirkung eines Giftstoffes oder sogar dauernd schwere körperlich-geistige (psychische) und die Kraftfahrleistung beeinträchtigende Schäden erleiden. So können als Folge des Missbrauchs oder der Abhängigkeit krankhafte Persönlichkeitsveränderungen auftreten, insbesondere Selbstüberschätzung, Gleichgültigkeit, Nachlässigkeit, Erregbarkeit und Reizbarkeit. Es kommt schließlich zur Entdifferenzierung und Depravation der gesamten Persönlichkeit.

Bei einigen Drogen kann es sehr schnell zu schweren Entzugssymptomen kommen, die innerhalb weniger Stunden nach der Einnahme auftreten und die die Fahrtauglichkeit erheblich beeinträchtigen. Dies gilt insbesondere für Heroin wegen der bekannten kurzen Halbwertzeit.

Außerdem kann die langdauernde Zufuhr größerer Mengen dieser toxischen Stoffe zu Schädigungen des zentralen Nervensystems führen.

Die besondere Rückfallgefahr bei der Abhängigkeit rechtfertigt die Forderung nach Erfüllung bestimmter Voraussetzungen. Im Allgemeinen wird man hierfür den Nachweis einer erfolgreichen Entwöhnungsbehandlung verlangen müssen. Der Erfolg ist nicht schon bei Abschluss der Entwöhnungsbehandlung zu erkennen, sondern erst nach Ablauf des folgenden, besonders rezidivgefährdeten Jahres.

Es ist im Übrigen für die angemessene Begründung einer positiven Verkehrsprognose wesentlich, dass zur positiven Veränderung der körperlichen Befunde einschließlich der Laborbefunde ein tiefgreifender und stabiler Einstellungswandel hinzutreten muss, der es wahrscheinlich macht, dass der Betroffene auch in Zukunft die notwendige Abstinenz einhält.«

603 Eine Gutachtensanordnung genügt den Anforderungen des § 14 Abs. 1 Satz 1 Nr. 1 FeV nicht, wenn die dort genannten Tatsachen den Verdacht einer Abhängigkeit von Cannabis und damit die Anordnung eines ärztlichen Gutachtens gestützt auf § 14 Abs. 1 Satz 1 Nr. 1 FeV i.V.m. Nr. 9.3 der Anlage 4 zur FeV nicht tragen (BayVGH, Beschl. v. 24.07.2015 – 11 CS 15.1203, Rn. 20, juris, auch zum Folgenden). Es sei zweifelhaft, ob eine körperliche Abhängigkeit von Cannabis überhaupt eintreten könne. Es könne dahinstehen, ob Nr. 9.3 der Anlage 4 zur FeV auf einen Fall des Cannabiskonsums überhaupt anwendbar sei oder selbst bei einem sehr intensiven Gebrauch nur eine regelmäßige Einnahme von Cannabis nach Nr. 9.2.1 der Anlage 4 zur FeV angenommen werden könne. Auch eine psychische Abhängigkeit gehe in jedem Fall mit einer langdauernden Zufuhr größerer Mengen der toxischen Stoffe einher, die trotz schädlicher Folgen fortgesetzt werde. Eine Abhängigkeit von Cannabis sei daher nur bei einem täglichen oder nahezu täglichen Konsum von Cannabis anzunehmen, wofür der Gutachtensanordnung keine hinreichenden Anhaltspunkte entnommen werden könnten. Der Besitz von 0,5 g Marihuana stelle im Rahmen der Betäubungsmittelkriminalität ein Bagatelldelikt dar, weil er sich im untersten Bereich der geringen Menge bewege. Die Menge sei, abhängig vom Wirkstoffgehalt, ungefähr ausreichend für einen Joint.

604 Von der Rechtmäßigkeit einer Gutachtensanordnung gem. § 14 Abs. 1 Satz 1 Nr. 1 FeV ist auszugehen, wenn in der Behördenakte eine Abhängigkeit von Marihuana umfangreich dokumentiert ist, die sich in zahlreichen Verurteilungen wegen Handels mit oder unerlaubten Besitzes von Betäubungsmitteln sowie Drogenentzugstherapien und anschließenden Rückfällen darstellt. Zusätzlich wird diese Annahme begründet mit einem festgestellten Besitz von 0,5 g Marihuana und dem auffälligen Verhalten des Antragstellers bei einer polizeilichen Kontrolle, worauf die Annahme einer auch aktuell wieder zutage getretenen Abhängigkeit von Betäubungsmitteln gegründet ist (VG München, Beschl. v. 12.05.2015 – M 1 S 15.1440, Rn. 33, juris, auch zum Folgenden). Vorstehendes gelte auch für den Fall, dass der Betroffene nach Erteilung der **ausländischen Fahrerlaubnis** den Tatbestand des § 14 Abs. 1 Satz 1 Nr. 1 FeV erfüllt, weil das Europarecht insoweit keine günstigere Regelung enthalte. Vielmehr bestimme Nr. 15 des Anhangs III zur Richtlinie 91/439/EWG und zur Richtlinie 2006/126/EG, dass Bewerbern oder Fahrzeugführern, die von psychotropen Stoffen abhängig sind oder, auch ohne abhängig zu sein, von solchen Stoffen regelmäßig übermäßig Gebrauch machen, eine Fahrerlaubnis unabhängig von der beantragten Führerscheinklasse weder erteilt noch erneuert werden darf. Deshalb dürfe die deutsche Fahrerlaubnisbehörde, wenn der Betroffene vor und nochmals nach Erteilung der ausländischen Fahrerlaubnis eine weitere, nach deutschem Recht verwertbare Tat begangen habe, von ihm die Beibringung eines Gutachtens verlangen und hieraus bzw. aus der Nichtbeibringung die fahrerlaubnisrechtlich gebotenen Schlüsse ziehen.

2. Anordnung gem. § 14 Abs. 1 Satz 1 Nr. 2 FeV

Bei auf Tatsachen gestützter Annahme der **Einnahme** von Betäubungsmitteln im Sinne des Betäubungsmittelgesetzes ordnet die Fahrerlaubnisbehörde an, dass ein ärztliches Gutachten (§ 11 Abs. 2 Satz 3) beizubringen ist. 605

▶ Eine zulässige Fragestellung kann z.B. lauten:

»Ist das Konsumverhalten des/der Betroffenen als experimentelle, gelegentliche oder regel- und gewohnheitsmäßige Einnahme von Cannabis im Sinne des Betäubungsmittelgesetzes zu bezeichnen? Ist aufgrund der Befunde fortgesetzter und/oder aktueller gelegentlicher oder regel- bzw. gewohnheitsmäßiger Cannabiskonsum gegeben?« (BayVGH, Beschl. v. 25.10.2012 – 11 ZB 12.1975, Rn. 8, juris) 606

Auch die Frage, ob ggf. ausreichende Abstinenznachweise vorliegen, ist weder unzulässig noch unbestimmt oder unsubstantiiert. Sie zielt zutreffend auf die Klärung der Frage ab, ob der Kläger, der in der Vergangenheit regelmäßig Cannabis konsumiert hat, seine Fahreignung, sofern er nicht gegenwärtig regelmäßig konsumiert, inzwischen wieder erlangt hat (BayVGH, Beschl. v. 10.03.2016 – 11 ZB 15.2779, Rn. 15, juris, auch zum Folgenden). Wenn sich in einem Haarspitzengutachten eines Landeskriminalamtes Spuren von Methamphetamin finden, ist es angesichts der Drogenvergangenheit einer Person ein ausreichender Anlass, im Rahmen einer ohnehin anzuordnenden ärztlichen Begutachtung, die auch mit einer Blutprobenuntersuchung verbunden ist, auch die Einnahme anderer Betäubungsmittel zu klären. 607

Weist nicht nur der der Blutentnahme vorangegangene sogenannte **Drugwipe**-Test die Einnahme von **Cocain** nach, sondern auch die immunochemisch im Blutserum vorgenommene Voruntersuchung der TU Dresden, reicht eine solche **Tatsachenlage** jedenfalls für die gem. § 14 Abs. 1 Satz 1 Nr. 2 FeV erforderliche Annahme aus, dass vom Antragsteller Betäubungsmittel i.S.d. Betäubungsmittelgesetzes eingenommen worden sind (OVG Sachsen, Beschl. v. 06.12.2013 – 3 B 442/13, Rn. 5, juris). Für die Frage der Kraftfahreignung ist die Höhe der **Benzoylecgonin**-Konzentration unerheblich, da die Ungeeignetheit bereits bei einem einmaligen Kokain-Konsum anzunehmen ist, ohne dass der Betroffene unter Drogeneinfluss am Straßenverkehr teilgenommen haben muss (VG Gelsenkirchen, Beschl. v. 04.04.2013 – 7 L 338/13, juris). 608

Es liegen keine wissenschaftlichen Erkenntnisse vor, wonach der in **Aspirin Complex** enthaltene Wirkstoff **Pseudoephedrin** während der toxikologischen Untersuchung von Blut- und Urinproben künstlich in Amphetamin umgewandelt werden kann und deshalb die Feststellung von Amphetamin auf die Einnahme von Aspirin Complex zurückzuführen ist (VG Neustadt/Weinstraße, Urt. v. 10.08.2010 – 6 K 1332/09.NW, juris). 609

Sowohl die aufgefundenen **Psilocybinpilze** als auch Cannabis sind gemäß Anlage I zu § 1 Abs. 1 des Gesetzes über den Verkehr mit Betäubungsmitteln (BtMG) nicht verkehrsfähige Betäubungsmittel im Sinne des Betäubungsmittelgesetzes und unterfallen damit § 14 Abs. 1 Satz 1 Nr. 2 FeV (VG Augsburg, Beschl. v. 23.07.2012 – Au 7 S 12.847, Rn. 16, juris). 610

611 Die Kräutermischung After Dark enthält dem Betäubungsmittelgesetz unterfallende psychoaktiv wirkende Stoffe (JWH 018, EAM 2201, 5F APINACA, ADB FUBINACA, AB PINACA). Die entsprechende Anwendung des § 11 Abs. 1 Satz 2 FeV 2010 im Fall des Führens fahrerlaubnisfreier Fahrzeuge ist sachgerecht. Das Gefährdungspotenzial rechtfertigt es, auch an die Fahreignung für fahrerlaubnisfreie (Kraft-) Fahrzeuge diesen Maßstab anzulegen. Von synthetischen Drogen geht für den Straßenverkehr ein signifikant höheres Risiko aus, was regelmäßig nach Nr. 9.1 der Anlage 4 zur FeV den Verlust der Fahreignung zur Folge hat, ohne dass es darauf ankäme, ob der Fahrerlaubnisinhaber unter dem Einfluss eines Betäubungsmittels am Straßenverkehr teilgenommen hat (VG Neustadt/Weinstraße, Beschl. v. 21.01.2016 – 3 L 1112/15.NW, juris).

612 Die Aufforderung zur Vorlage einer MPU nach dem Führen eines Kfz mit einer THC-Konzentration von 1,8 ng/ml im Blut darf nur dann auf gutachterlich zu klärende Fragen nach allen Drogen im Sinn des Betäubungsmittelgesetzes erstreckt werden, wenn dies besonders begründet ist und Anhaltspunkte für derartige Zweifel bestehen (VG Neustadt/Weinstraße, Beschl. v. 28.12.2011 – 1 L 1125/11.NW, juris).

613 Einem Fahrerlaubnisinhaber, der im Verdacht des Drogenkonsums steht, seine Drogenfreiheit aber wegen zu kurzem Haupthaar nicht mittels **Haaranalyse** hinreichend nachweisen kann, wird die Fahrerlaubnis nicht entzogen, weil er zu kurzes Haupthaar hat, sondern weil er illegale Drogen konsumiert hat und zuverlässige Drogenfreiheit nicht nachweisen kann (VGH Hessen, Beschl. v. 09.10.2013 – 2 B 1917/13, juris).

614 Falls ein Drogenscreening zu einem positiven Ergebnis führt, wird von der betreffenden Person oft behauptet, es sei zu einer **Verwechslung** der Proben gekommen. Dazu entschied das OVG Nordrhein-Westfalen: »Trotz Bestreitens, dass die Haarprobe, in der Kokain, Benzoylecgonin, Amphetamin, THC, Cannabinol und Cannabidiol nachgewiesen wurden, nicht vom Fahrerlaubnisinhaber stamme, fällt im vorläufigen Rechtsschutzverfahren die Interessenabwägung zulasten des Fahrerlaubnisinhabers aus. Im Rahmen einer Interessenabwägung kann auch berücksichtigt werden, dass ein nachgewiesener Drogenkonsum an einem anderen Tag als den der Probennahme gegen eine Probenverwechslung spricht.« (OVG Nordrhein-Westfalen, Beschl. v. 27.04.2015 – 16 B 1450/14, juris).

615 Der Besitz einer größeren zum Weiterverkauf bestimmten Menge Betäubungsmittel (hier: 5 kg Amphetamin), die tatsächlich auch verkauft wird (hier: Festnahme des Verkäufers bei Übergabe der Drogen), rechtfertigt für sich allein nicht die Anordnung, ein ärztliches Gutachten gem. § 14 Abs. 1 Satz 1 Nr. 2 FeV beizubringen (VG Neustadt/Weinstraße, Beschl. v. 04.02.2016 – 3 L 25/16. NW). Diese Ansicht ist wirklichkeitsfern, da Dealer, die derart große Mengen von Betäubungsmitteln handeln, sich selbst von der Qualität ihres Produktes überzeugen müssen, um mit ihren Zwischenhändlern glaubhafte Verkaufsgespräche führen zu können. Daher ist ein Drogenscreening in diesen Fällen regelmäßig als rechtmäßig anzusehen.

616 Ein Ergebnis eines **Drogenschnelltests** wie bei dem DrugControl Urintest stellt eine ausreichende Tatsachengrundlage für eine Gutachtensaufforderung nach § 14 Abs. 1

Satz 1 Nr. 2 FeV dar (VG München, Beschl. v. 14.03.2014 – M 6b S 14.115, Rn. 52, juris, auch zum Folgenden). Ein negatives Ergebnis einer derartigen Testung kann zwar nicht den Beweis dafür erbringen, dass sich im Körper des Probanden keine Betäubungsmittel befinden. Zeitigt ein solches Verfahren demgegenüber aber ein positives Resultat und werden keine konkreten Tatsachen vorgetragen, derentwegen das durch eine solche Beprobung gewonnene Untersuchungsergebnis unrichtig sein soll, rechtfertigt ein solcher Schnelltest ohne weitere Umstände, die den Befund erhärten, zwar noch nicht den Schluss, dass der Betroffene die nachgewiesenen Substanzen konsumiert hat, aber jedenfalls die Aufforderung zur Beibringung eines ärztlichen Gutachtens zum Konsum nach § 14 Abs. 1 Satz 1 Nr. 2 FeV.

3. Anordnung gem. § 14 Abs. 1 Satz 1 Nr. 3 FeV

Bei auf Tatsachen gestützter Annahme der **missbräuchlichen Einnahme** von psycho- 617
aktiv wirkenden Arzneimitteln oder anderen psychoaktiv wirkenden Stoffen ordnet die Fahrerlaubnisbehörde an, dass ein ärztliches Gutachten (§ 11 Absatz 2 Satz 3) beizubringen ist.

Zwar genügt für die Anforderung eines Gutachtens nach § 14 Abs. 1 Satz 1 Nr. 2 618
bzw. Nr. 3 FeV nicht jedweder geringfügige Anhaltspunkt, der auf einen Drogenkonsum oder eine missbräuchliche Einnahme psychoaktiv wirkender Stoffe hindeuten könnte (VG München, Urt. v. 23.11.2010 – M 6a K 10.2308, Rn. 21, juris, auch zum Folgenden). Insbesondere reicht die bloße Vermutung des Drogenkonsums oder der missbräuchlichen Einnahme psychoaktiv wirkender Stoffe nicht als Rechtfertigung für eine Gutachtensanforderung. Andererseits setzt eine Gutachtensanforderung nach § 14 Abs. 1 Satz 1 Nr. 2 bzw. Nr. 3 FeV nicht voraus, dass ein entsprechender Konsum tatsächlich bereits nachgewiesen ist. Denn in diesem Fall stünde (außer bei Cannabis) die Nichteignung des Betreffenden bereits fest, sodass die Fahrerlaubnis ohne Anordnung der Beibringung eines Gutachtens gem. § 46 Abs. 3 und § 11 Abs. 7 FeV unmittelbar zu entziehen wäre. Durch § 11 Abs. 7 FeV hat der Verordnungsgeber zu erkennen gegeben, dass eine Begutachtung nur bei Eignungszweifeln in Betracht kommt, nicht jedoch, wenn die mangelnde Eignung bereits feststeht und ohne Hinzuziehung eines Gutachters über sie entschieden werden kann. Wie sich auch aus dem Wortlaut des § 14 Abs. 1 Satz 1 Nr. 2 bzw. Nr. 3 FeV ergibt (»wenn Tatsachen die Annahme begründen«), ist die Anforderung eines Gutachtens bereits bei Anhaltspunkten gerechtfertigt, die bei vernünftiger, lebensnaher Einschätzung die ernsthafte Besorgnis begründen, der Betreffende konsumiere Drogen bzw. psychoaktiv wirkende Stoffe.

Das deutsche Institut für medizinische Dokumentation und Information (DIMDI) 619
definiert den Missbrauch von Substanzen nach dem gültigen Standard ICD-10 der WHO wie folgt (https://www.dimdi.de/static/de/klassifikationen/icd/icd-10-gm/kode-suche/htmlgm2018/block-f10-f19.htm):

».1 Schädlicher Gebrauch

Konsum psychotroper Substanzen, der zu Gesundheitsschädigung führt. Diese kann als körperliche Störung auftreten, etwa in Form einer Hepatitis nach Selbstinjektion der Substanz oder als psychische Störung z.B. als depressive Episode durch massiven Alkoholkonsum. «

620 Darüber hinaus legen die Begutachtungsleitlinien zur Begutachtung bei Dauerbehandlung mit Arzneimitteln folgende Leitsätze nebst Begründung fest (Begutachtungsleitlinien, S. 80 f.):

»Leitsätze

Bei nachgewiesenen Intoxikationen und anderen Wirkungen von Arzneimitteln, die die Leistungsfähigkeit zum Führen eines Kraftfahrzeuges beeinträchtigen, ist bis zu deren völligem Abklingen die Voraussetzung zum Führen von Kraftfahrzeugen beider Gruppen nicht gegeben.

Werden Krankheiten und Krankheitssymptome mit höheren Dosen psychoaktiver Arzneimittel behandelt, so können unter Umständen Auswirkungen auf das sichere Führen von Kraftfahrzeugen erwartet werden, und zwar unabhängig davon, ob das Grundleiden sich noch auf die Anpassungs- und Leistungsfähigkeit eines Betroffenen auswirkt oder nicht.

Begründung

Die Beurteilung der Anpassungs- und Leistungsfähigkeit eines Kraftfahrers an die Erfordernisse beim Führen eines Kraftfahrzeuges im Zusammenhang mit einer Arzneimittelbehandlung muss in jedem Falle sehr differenziert gesehen werden. Vor allem ist zu beachten, dass eine ganze Reihe Erkrankungen, die von sich aus die Voraussetzungen zum Führen von Kraftfahrzeugen ausschließen können, durch Arzneimittelbehandlung so weit gebessert oder sogar geheilt werden, dass erst durch die Behandlung die Voraussetzungen zum Führen von Kraftfahrzeugen wieder erreicht werden können. Entscheidend für die Beurteilung ist aber, ob eine Arzneimitteltherapie, insbesondere auch die Dauertherapie, zu schweren und für das Führen von Kraftfahrzeugen wesentlichen Beeinträchtigungen der psycho-physischen Leistungssysteme führt. Medikamentöse Behandlungen, in deren Verlauf erhebliche unerwünschte Wirkungen wie Verlangsamung und Konzentrationsstörungen auftreten, schließen die Eignung in jedem Falle aus. Ob solche Intoxikationen vorliegen, wird vor allem dann zu prüfen sein, wenn ein chronisches Grundleiden zu behandeln ist, das mit Schmerzen oder starken »vegetativen« Beschwerden einhergeht (auch chronische Kopfschmerzen, Trigeminusneuralgien, Phantomschmerzen, Schlafstörungen usw.). Von Bedeutung sind in diesem Zusammenhang aber nicht nur Schmerzmittel, Schlaf- und Beruhigungsmittel (Tranquilizer), Antikonvulsiva, Neuroleptika und Antidepressiva oder Antiallergika, bei denen im Falle des Auftretens von Intoxikationserscheinungen qualitativ vergleichbare Gefahrensymptome zu berücksichtigen sind, sondern auch andere, zur Dauerbehandlung eingesetzte Stoffe mit anderen gefährlichen Nebenwirkungen bzw. Intoxikationssymptomen (siehe Kapitel 3.12.4 »Affektive Psychosen« und Kapitel 3.12.5 »Schizophrene Psychosen«).

Die meisten Herz-Kreislauf-Erkrankungen benötigen eine Langzeitbehandlung mit zum Teil sehr unterschiedlich wirkenden Arzneimitteln. So sind besondere Umstände der Behandlung bei der Eignungsbeurteilung eines Herz-Kreislauf-Kranken zu berücksichtigen. Hier sei lediglich noch auf die am häufigsten vorkommenden Gefahrenlagen hingewiesen:

Antikoagulantien führen zu einer Verzögerung der Blutgerinnung und bringen die Gefahr akuter Blutungen mit sich. Eine sorgfältige ärztliche Überwachung bei Behandlung mit Antikoagulantien ist demnach bei Fahrerlaubnisinhabern erforderlich. Sie sollte durch ein entsprechendes ärztliches Attest in angemessenen Abständen bestätigt werden.

Die Arzneimittel der Digitalisgruppe können gelegentlich zu bedrohlichen Rhythmusstörungen führen. Seltener kann es zu Sehstörungen und akuten psychischen Störungen bei älteren Menschen kommen. Auch in diesen Fällen sind also die regelmäßige ärztliche Überwachung und ihr Nachweis in angemessenen, im Einzelfall festzulegenden Zeitabständen erforderlich.

Antihypertonika verursachen als Nebenwirkung bei zu starker Senkung des Blutdrucks Schwindel- und Ohnmachtsneigung.

Allgemein ist bei der Behandlung mit Arzneimitteln in der Initialphase eine besonders sorgfältige ärztliche Überwachung notwendig. Aber auch später muss die ärztliche Führung der Therapie sichergestellt und je nach Fall in angemessenen Zeitabständen nachgewiesen werden.«

Nicht jeder beliebig weit in der Vergangenheit liegende Drogenkonsum kann Zweifel an der Kraftfahreignung begründen und als Grundlage für die Anforderung eines fachärztlichen Gutachtens herangezogen werden, denn der **Betäubungsmittelmissbrauch** muss nach Art und Ausmaß, Häufigkeit und Dauer sowie nach der Art der konsumierten Droge und ihrer Eignung, die Abhängigkeit zu erzeugen, unter zeitlichen Gesichtspunkten noch geeignet sein, die Kraftfahreignung in Zweifel zu ziehen (VG Düsseldorf, Beschl. v. 16.05.2014 – 6 L 939/14, juris). 621

Eine unter Anwendung von § 11 Abs. 8 FeV verfügte Entziehung der Fahrerlaubnis ist rechtswidrig, wenn sich aus den – hierfür im Regelfall allein maßgeblichen – Anführungen im Aufforderungsschreiben ergeben keine Tatsachen ergeben, welche die dort geäußerten Eignungszweifel (missbräuchliche Einnahme von psychoaktiv wirkenden Arzneimitteln) begründen können (VG Ansbach, Beschl. v. 17.10.2012 – AN 10 S 12.01638, Rn. 25, juris, auch zum Folgenden). Eine Aufforderung durch die Darlegung, das Gutachten diene dazu, »um Ihren derzeitigen aktuellen medizinischen Status feststellen zu lassen«, ist zu unbestimmt. 622

4. Anordnung gem. § 14 Abs. 1 Satz 2 FeV

Nach § 14 Abs. 1 Satz 2 FeV kann die Fahrerlaubnisbehörde die Beibringung eines ärztlichen Gutachtens anordnen, wenn der Betroffene Betäubungsmittel im Sinne des Betäubungsmittelgesetzes widerrechtlich besitzt oder besessen hat. Durch das fachärztliche Gutachten soll die Frage geklärt werden, ob der Betroffene die in seinem **Besitz** befindlichen Betäubungsmittel auch tatsächlich einnimmt, weil Drogenbesitz ebenso ein Indiz für Eigenverbrauch wie auch für Delikte gegen das BtMG sein kann. 623

Die Abgrenzung der Rechtsgrundlagen für die Anordnung der Beibringung eines ärztlichen Gutachtens kann zuweilen streitig sein, wird aber nach der nachfolgend dargestellten Richtlinie des BayVGH vereinfacht: 624

»Liegen Anzeichen dafür vor, dass ein aktueller Konsum von Betäubungsmitteln stattgefunden »hat«, ist die Behörde nach § 14 Abs. 1 Satz 1 Nr. 2 FeV verpflichtet, die Vorlage eines ärztlichen Fahreignungsgutachtens anzuordnen. Fehlt es demgegenüber an Anhaltspunkten für eine Einnahme, hat eine Person aber Betäubungsmittel rechtswidrig besessen, kann die Beibringung eines Fahreignungsgutachtens nach § 14 Abs. 1 625

Satz 2 FeV im Ermessenswege verlangt werden.« (BayVGH, Beschl. v. 21.07.2011 – 11 CS 11.1061, Rn. 29, juris).

626 Steht die Einnahme so genannter »harter Drogen« im Raum, so hat die Fahrerlaubnisbehörde hinsichtlich der Anordnung von **Aufklärungsmaßnahme** nach § 14 Abs. 1 Satz 2 FeV grundsätzlich kein Ermessen (VG München, Beschl. v. 10.07.2012 – M 6b S 12.2476, Rn. 42, juris). Das Mitsichführen einer lediglich geringen Menge von Amphetaminen spricht für einen ausschließlichen **Eigengebrauch** dieser Droge und rechtfertigt daher die Anforderung eines ärztlichen Gutachtens auf der Grundlage von § 14 Abs. 1 Satz 1 Nr. 2 FeV (VG des Saarlandes, Beschl. v. 20.01.2012 – 10 L 1872/11, juris).

627 Der bloße Besitz von Betäubungsmitteln rechtfertigt noch nicht die nach § 14 Abs. 1 Satz 1 Nr. 2 FeV erforderliche Annahme der Einnahme von Betäubungsmitteln (VG Bremen, Beschl. v. 21.03.2013 – 5 V 1326/12, juris). Anders als im Falle des Besitzes von Cannabis, der den Verdacht der Ungeeignetheit zum Führen eines Kraftfahrzeuges ohne zusätzliche Anhaltspunkte für ein fehlendes Trennungsvermögen von Cannabiskonsum und Teilnahme am Straßenverkehr nicht begründet, rechtfertigt allein der Besitz von Amphetamin wegen der besonderen Gefährlichkeit dieser Droge die Anforderung eines ärztlichen Gutachtens zur Klärung eines etwaigen Drogenkonsums (VG des Saarlandes, Beschl. v. 09.02.2011 – 10 L 33/11, juris).

628 Wird die Anordnung zur Vorlage eines Fahreignungsgutachtens bzw. eines ärztlichen Gutachtens auf § 14 Abs. 1 Satz 2 FeV gestützt, muss der widerrechtliche Besitz von Betäubungsmitteln als Tatbestandsmerkmal nachgewiesen sein; hinreichend konkrete Verdachtsmomente für einen Besitz von Betäubungsmitteln reichen für eine Anwendung der Vorschrift nicht aus (VGH Hessen, Beschl. v. 22.01.2019 – 2 B 1641/18, juris). Werden bei einer Hausdurchsuchung Utensilien zum Drogenkonsum aufgefunden, die beim Drogenvortest positiv auf Amphetamin reagieren, ist die Behörde berechtigt, vom Wohnungsinhaber die Beibringung eines ärztlichen Gutachtens zu verlangen (VG des Saarlandes, Beschl. v. 15.03.2016 – 5 L 119/16, juris).

629 Eine Untersuchungsanordnung ist gem. § 14 Abs. 1 Satz 2 FeV rechtmäßig erfolgt, wenn eine Person im Besitz von 171,7 g (Trockengewicht) **Amphetamin** war, dieses Betäubungsmittel von einem Bekannten zuvor entgegengenommen und beim Vater eines anderen Bekannten untergebracht hatte (VG München, Beschl. v. 13.03.2015 – M 1 S 15.618, Rn. 19, juris, auch zum Folgenden). Auf die Umstände des Drogenbesitzes oder die Gründe hierfür kommt es nach der Formulierung in § 14 Abs. 1 Satz 2 FeV nicht an.

630 Der Erwerb von Amphetamin in einer **Diskothek** ist ein hinreichend konkreter Anhaltspunkt für die Annahme, dass dieses Betäubungsmittel auch eingenommen wurde (BayVGH, Beschl. v. 17.10.2014 – 11 CS 14.1646, Rn. 10, juris).

631 Die Rechtmäßigkeit der Anforderung eines sogenannten »**Drogenscreenings**« ist nicht davon abhängig, dass die zuständigen Behörden bereits in diesem Zeitpunkt gewohnheitsmäßigen Cannabiskonsum bzw. sogar eine Cannabisabhängigkeit nachweisen können (BVerwG, Beschl. v. 30.12.1999 – 3 B 150.99, juris, auch zum Folgenden).

Vielmehr könne auch das erstmalige Betroffenwerden eines Fahrerlaubnisinhabers im Besitz einer geringen Menge eines Cannabisproduktes den Verdacht rechtfertigen, dass er sie zum Eigenverbrauch erworben habe. Ausgehend hiervon könne belegbar sein, dass der Betreffende regel- oder gar gewohnheitsmäßiger Cannabiskonsument sei, der zudem seinen Konsum nicht vom Führen von Kraftfahrzeugen zu trennen vermag, was erst die Zweifel an der Fahreignung zur Gewissheit erstarken lassen könne. Deuten die weiteren Anhaltspunkte nicht auf eine beabsichtigte Weitergabe der aufgefundenen Cannabisprodukte, so könne mithin eine angeordnete Begutachtung angemessen sein, zumal entsprechenden Erklärungen der Betroffenen zumindest nicht durchgängig zu trauen sei.

Eine **Frist** von 24 Stunden für das **Screening** ist nicht zu beanstanden (VG Köln, 632 Urt. v. 09.07.2010 – 11 K 8535/09, juris).

Wer während eines **Drogenkontrollprogramms** trotz ausdrücklichen Hinweises auf eine 633 mögliche Beeinflussung des Untersuchungsergebnisses mohnhaltige Nahrungsmittel verzehrt, behindert die Aufklärung einer behaupteten **Drogenabstinenz** in vorwerfbarer Weise (BayVGH, Beschl. v. 27.02.2015 – 11 CS 15.145, juris, auch zum Folgenden). Der Antragsteller war in dem Verfahren vorwerfbar nicht mehr in der Lage, das von ihm geforderte Fahreignungsgutachten fristgerecht beizubringen (§ 11 Abs. 8 Satz 1 Alt. 2 FeV). Die Antragsgegnerin hatte ihn in der Aufforderung zur Gutachtensbeibringung ausdrücklich darauf hingewiesen, dass sie von seiner Nichteignung zum Führen von Kraftfahrzeugen ausgehe und ihm die Fahrerlaubnis entziehe, sofern er die Zwischenergebnisse des Drogenkontrollprogramms nicht fristgerecht vorlege, er dieses Programm ablehne, abbreche, behindere, Termine nicht wahrnehme oder versuche, Urinproben zu manipulieren. Auch die vom Antragsteller unterzeichnete Einverständniserklärung enthielt einen entsprechenden Hinweis. Des Weiteren hatte die Begutachtungsstelle dem Antragsteller vor Beginn des **Screeningprogramms** ein **Merkblatt** zukommen lassen, in dem unter anderem ausdrücklich der Verzicht des Verzehrs von Mohnprodukten während des vereinbarten Kontrollzeitraums angeraten wurde, weil hierdurch ein »falsch positiver Drogennachweis entstehen« könne. Nach einem auffälligen Befund werde das Programm abgebrochen. Beim zweiten Urinscreening ergab sich für Opiate ein Wert von 54 ng/ml. Damit war der nach Angaben der Begutachtungsstelle bei 25 ng/ml liegende Grenzwert deutlich überschritten. Zwar war es durchaus möglich, dass diese Überschreitung, wie auch die Begutachtungsstelle bestätigt hatte, auf den Verzehr mohnhaltiger Nahrungsmittel und nicht auf den Konsum von Betäubungsmitteln zurückzuführen war. Allerdings konnte dies im Rahmen der veranlassten Untersuchung durch die Begutachtungsstelle nicht aufgeklärt werden. Aufgrund des vorherigen ausdrücklichen Hinweises auf die Folgen eines solchen Befundes ging die Unaufklärbarkeit zu Lasten des Antragstellers. Unabhängig davon, ob, wann und in welcher Menge er vor der Untersuchung mohnhaltige Nahrungsmittel verzehrt und wie er sich hierzu gegenüber der untersuchenden Ärztin eingelassen hatte, hatte der Befund dazu geführt, dass die Begutachtungsstelle das Drogenkontrollprogramm vereinbarungsgemäß abgebrochen hatte und der Antragsteller somit nicht mehr in der Lage war, das Gutachten fristgemäß beizubringen. Hierbei konnte er sich nicht darauf berufen, den Inhalt des Merkblatts entweder nicht genau genug gelesen oder zum Untersuchungszeitpunkt bereits wieder vergessen zu haben. Aufgrund der bestehenden Zweifel an seiner Fahreignung oblag es ihm, an der Aufklärung mitzuwirken, das Gutachten beizubringen und alles zu unterlassen, was die Aufklärung behindert hätte. Hierzu zählte entsprechend den ausdrücklichen schriftlichen Hinweisen der Begutachtungsstelle auch der Konsum mohnhaltiger Lebensmittel, der das Untersuchungsergebnis verfälschen konnte. Es war Sache des Antragstellers, diese Hinweise im eigenen Interesse sorgfältig zur Kenntnis zu nehmen und zu beachten. Die auf die Nichtbeibringung eines positiven Fahreignungsgutachtens gestützte Entziehung der Fahrerlaubnis ist daher laut richtiger Auffassung des BayVGH nicht zu beanstanden.

634 Hinsichtlich der psychoaktiven Substanzen »**Legal Highs**« hat sich der BayVGH aktuell und kompetent geäußert: »Soweit ein Antragsteller geltend macht, die Anordnung eines Gutachtens sei angesichts des Besitzes einer nur geringen Menge von 3,2 Gramm »**Spice**« und mehrere Monate nach dem Drogenfund unverhältnismäßig, trifft dies nicht zu.« (BayVGH, Beschl. v. 03.08.2015 – 11 CS 15.1292, Rn. 13, juris, auch zum Folgenden). Die Antragsgegnerin habe nach Kenntnis des Drogenfunds bei dem Antragsteller durch das Schreiben der Staatsanwaltschaft im Juni 2014 zuerst noch eigene Ermittlungen angestellt (Anforderung der Strafakten und von Auszügen aus dem Fahreignungsregister und Bundeszentralregister). Nach Auswertung der Ergebnisse sei dann im Oktober 2014 eine entsprechende Anordnung zur Beibringung eines ärztlichen Gutachtens erlassen worden. Es lagen daraufhin auch hinreichende Anhaltspunkte dafür vor, dass der Antragsteller die bei ihm gefundenen Betäubungsmittel selbst konsumiert habe. An der Aussage des Antragstellers, er konsumiere keine Betäubungsmittel, sondern habe die mitgeführten Betäubungsmittel für eine andere Person in die Türkei mitnehmen wollen, bestünden erhebliche Zweifel. Zutreffend habe das Verwaltungsgericht festgestellt, dass es sich bei der Kräutermischung »Spice« nicht um Cannabis gemäß Nr. 9.2 der Anlage 4 zu §§ 11, 13 und 14 FeV handelt, sondern um ein Betäubungsmittel nach Nr. 9.1 der Anlage 4 zur FeV handelt, dessen Wirkstoffe JWH-018 und CP 47, 497 in Anlage II zu § 1 Abs. 1 BtMG eingetragen sind. Daher könne die Beibringung eines ärztlichen Gutachtens auch ohne Bezug zur Teilnahme des Betroffenen am Straßenverkehr im Ermessenswege angeordnet werden. Es erscheine auch angemessen, zur Beantwortung der Frage, ob der Antragsteller Drogen konsumiert oder konsumiert hat, eine Haaranalyse sowie zwei unvorhersehbare Urinscreenings zu fordern. Die Auffassung des Antragstellers, es sei nicht vorstellbar, dass Haar- und Urinuntersuchungen unterschiedliche Ergebnisse erbringen, treffe ersichtlich nicht zu. Ein schon einige Zeit zurückliegender Konsum von Betäubungsmitteln sei mit einem Urinscreening nicht mehr nachweisbar. Demgegenüber sei ein einmaliger Konsum von Betäubungsmitteln mit einer Haaruntersuchung in der Regel nur schwer nachweisbar (vgl. Deutsche Gesellschaft für Verkehrspsychologie/Deutsche Gesellschaft für Verkehrsmedizin, Beurteilungskriterien, Nr. 8.1.3, S. 253 und 257). Des Weiteren würden die fremdsubstanzhaltigen Haarabschnitte in der Regel erst nach 9 bis 14 Tagen die Oberfläche der Kopfhaut erreichen (vgl. Beurteilungskriterien a.a.O. S. 252). Eine Kombination von Haar- und Urinuntersuchungen sei daher nicht zu beanstanden.

Kann im Wohnzimmerschrank der gemeinsamen ehelichen Wohnung aufgefundenes Amphetamin nicht einem der Eheleute zugeordnet werden, ist die Fahrerlaubnisbehörde berechtigt, gem. § 14 Abs. 1 Satz 2 FeV von beiden **Eheleuten** die Beibringung eines ärztlichen Gutachtens zu verlangen (VG des Saarlandes, Beschl. v. 09.08.2011 – 10 L 540/11, juris). 635

5. Anknüpfungstatsachen als Voraussetzungen einer Anordnung

Voraussetzung für eine Gutachtensanforderung können auch Tatsachen sein, die die Annahme einer **Abhängigkeitserkrankung** begründen. Dafür müssen Fakten vorliegen, bloße Vermutungen sind für eine solche schwerwiegende Annahme nicht ausreichend. Nicht erforderlich ist es jedoch, dass bereits aufgrund der bekannten Tatsachen die Diagnose einer Abhängigkeit gestellt werden kann. Es genügen konkrete Eignungszweifel. Als objektive Anknüpfungstatsache kann insbesondere ein ermittelter BtM-Wert im Blut des Betroffenen in Zusammenhang mit seinem körperlichen und geistigen Befinden und Verhalten herangezogen werden. 636

Wenn die betreffende Person das angeforderte Gutachten nicht fristgerecht beibringt, kann die Fahrerlaubnisbehörde nach § 11 Abs. 8 FeV auf Ungeeignetheit schließen, allerdings nur dann, wenn die Anordnung des Gutachtens formell und materiell rechtmäßig, insbesondere anlassbezogen und verhältnismäßig ist. Eine unberechtigte Aufforderung zur Gutachtenbeibringung kann nicht dadurch »geheilt« werden, dass die Behörde nachträglich – etwa im Gerichtsverfahren – darlegt, objektiv hätten seinerzeit Umstände vorgelegen, die Anlass zu Zweifeln an der Fahreignung hätten geben können (BVerwG, Urt. v. 05.07.2001 – 3 C 13.01, juris). 637

Wenn eine Person das Ergebnis des Drogenvortests, aus dem sich bereits ein hinreichender Verdacht auf Einnahme von Amphetaminen und Metamphetaminen ergibt, durch ihre Angaben gegenüber den Polizeibeamten bestätigt, indem sie einen regelmäßigen Drogenkonsum nicht nur unverzüglich eingeräumt, sondern auch nach der Konfrontation mit einem positiven Drogenvortest nicht in Abrede gestellt hat, erscheint es gerechtfertigt, dass sie die ihm auferlegten Drogenscreenings auf eigene Kosten durchführt (OVG Nordrhein-Westfalen, Beschl. v. 05.01.2015 – 16 B 1026/14, Rn. 19, juris). 638

Ein Drogenkonsum, der durch eine Blutprobe nicht belegt werden konnte, kann sich gleichwohl aus vom Fahrzeugführer in der Verkehrsordnungswidrigkeitenanzeige sowie im **Protokoll** und Antrag zur Feststellung von Drogen im Blut festgehaltenen Aussagen gegenüber den Polizeibeamten am Tag des Vorfalls ergeben (VG Gelsenkirchen, Beschl. v. 13.08.2014 – 7 L 1072/14, juris). 639

V. Anordnung medizinisch-psychologischer Gutachten

Die **Wiedererlangung der Kraftfahreignung** setzt den Nachweis voraus, dass der Betroffene in der Lage ist, auf jeglichen Konsum sog. harter Drogen dauerhaft zu verzichten (VG Düsseldorf, Beschl. v. 13.08.2013 – 14 L 1372/13, juris, auch zum 640

Folgenden) bzw. bei fortgesetzter gelegentlicher Einnahme von Cannabis ein nach den Wertungen der FeV hinnehmbares Konsummuster, also: Verzicht auf den zusätzlichen Gebrauch von Alkohol oder anderen psychoaktiv wirkenden Stoffen, Trennung zwischen dem gelegentlichen Konsum und dem Fahren, keine Störung der Persönlichkeit und kein Kontrollverlust (VG Düsseldorf, Beschl. v. 24.11.2015 – 14 L 3652/15, juris). Dabei ist zunächst der durch eine Mehrzahl von aussagefähigen Drogenscreenings zu führende Nachweis eines hinreichend langen Abstinenzzeitraums erforderlich, der im Regelfall mit mindestens einem Jahr zu veranschlagen ist (vgl. Ziffer 9.5 der Anlage 4 zu den §§ 11, 13 und 14 FeV). Anschließend bedarf es des Nachweises, dass bezogen auf die Einnahme illegaler Drogen auf der Grundlage einer tragfähigen Motivation eine hinreichend stabile Verhaltensänderung eingetreten ist und daher für die Folgezeit eine günstige Prognose getroffen werden kann. Diesen Nachweis kann der Antragsteller nur im Neuerteilungsverfahren durch die Vorlage eines positiven medizinisch-psychologischen Gutachtens gem. § 14 Abs. 2 FeV führen.

641 Der Nachweis der (wiedererlangten) Kraftfahreignung nach einem fortgeschrittenen Drogenmissbrauch (Cannabis sowie Amphetamine) setzt neben einer Abstinenz von einem Jahr eine positive **Prognose** über die Stabilität des Einstellungs- und Verhaltenswandels voraus (VG des Saarlandes, Beschl. v. 15.07.2013 – 10 L 795/13, juris).

642 Ein aufforderungsgemäß beigebrachtes ärztliches Gutachten, das die Behauptung einer fast neunmonatigen Abstinenz eines zuvor gelegentlichen Cannabiskonsumenten für einzelne Zeitabschnitte bestätigt, ist Anlass für die Einholung eines medizinisch-psychologischen Gutachtens in Bezug auf den behaupteten **Einstellungswandel** (VG Berlin, Urt. v. 05.03.2013 – 4 K 54.13, juris).

643 Eine von der Straßenverkehrsbehörde formulierte Frage (ob die »geistigen und körperlichen Anforderungen« an das Führen eines Kfz im Straßenverkehr erfüllt sind) ist insoweit auch nicht **anlassbezogen**, als sie zur Klärung des Verdachts charakterlicher Mängel eine umfassende Klärung auch der körperlichen Anforderungen an das sichere Führen eines Kraftfahrzeugs für erforderlich erachtet (VG Cottbus, Urt. v. 09.02.2012 – 1 K 1008/09, juris).

644 Es obliegt dem Fahrerlaubnisinhaber, im **Wiedererteilungsverfahren** nachzuweisen, dass er nunmehr zwischen Cannabiskonsum und dem Führen von Kraftfahrzeugen trennen kann und eine etwaige Drogenproblematik überwunden hat (VG Gelsenkirchen, Beschl. v. 26.06.2013 – 7 L 665/13, juris).

1. Anordnung gem. § 14 Abs. 2 Nr. 1 FeV

645 Auch der § 14 Abs. 2 FeV sieht drei Anordnungsmöglichkeiten für medizinisch-psychologische Begutachtungen vor. Diese sind:

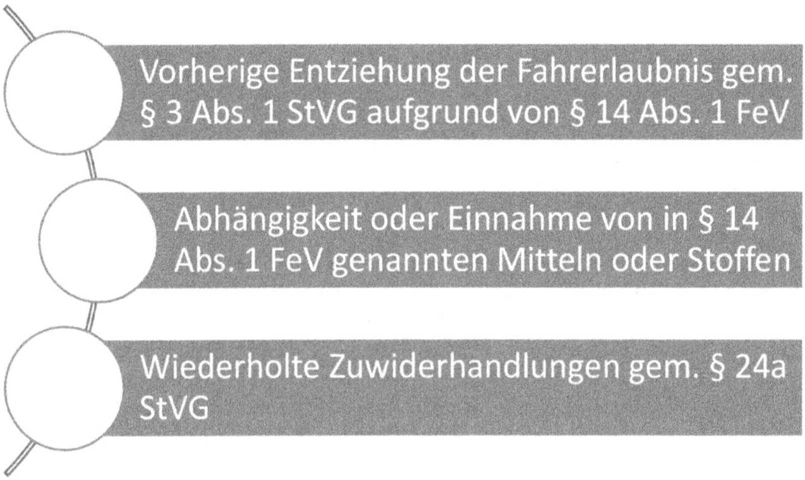

Abb. 3: Anordnungsmöglichkeiten für medizinisch-psychologische Begutachtungen gem. § 14 Abs. 2 FeV (Quelle: Prof. Dr. D. Müller)

Nach § 14 Abs. 2 Nr. 1 FeV ordnet die Fahrerlaubnisbehörde die Beibringung eines medizinisch-psychologischen Gutachtens an, wenn die Fahrerlaubnis aus einem der in Absatz 1 genannten Gründe durch die Fahrerlaubnisbehörde oder ein Gericht entzogen war. 646

Eine Entziehung der Fahrerlaubnis im Sinne von § 13 Satz 1 Nr. 2 Buchst. d) FeV ist – wie in § 14 Abs. 2 Nr. 1 FeV – auch die strafgerichtliche Entziehung nach § 69 StGB (BVerwG, Beschl. v. 24.06.2013 – 3 B 71/12, juris). 647

Ist die Fahrerlaubnis wegen eines Drogendelikts im Zusammenhang mit dem Straßenverkehr entzogen worden, so ist bei Neuerteilung der Fahrerlaubnis die Anordnung der Vorlage eines medizinisch-psychologischen Gutachtens nicht mehr zulässig, wenn die Tat wegen Zeitablaufs einem Verwertungsverbot unterliegt (BVerwG, Urt. v. 09.06.2005 – 3 C 21/04, juris). 648

2. Anordnung gem. § 14 Abs. 2 Nr. 2 FeV

Nach § 14 Abs. 2 Nr. 2 FeV ist zwingend die Beibringung eines medizinisch-psychologischen Gutachtens für die Zwecke nach § 14 Abs. 1 FeV anzuordnen, wenn zu klären ist, ob der Betroffene noch abhängig ist oder – ohne abhängig zu sein – weiterhin die in Absatz 1 genannten Mittel und Stoffe, hier Betäubungsmittel im Sinne des Betäubungsmittelgesetzes, einnimmt (BayVGH, Beschl. v. 17.12.2021 – 11 CS 21.2513, Rn. 28, juris, auch zum Folgenden). Die (nur) ärztlichen Feststellungen in dem zu einer Erkrankung nach Nr. 7 der Anlage 4 zur FeV eingeholten Fahreignungsgutachten genügen, wie das Verwaltungsgericht zutreffend ausgeführt hat (§ 122 Abs. 2 Satz 3 VwGO), folglich nicht. Auch kann die Anordnung, einen Vertrag über 649 die Durchführung von Drogenscreenings sowie die Ergebnisse vorzulegen, auf die Rechtsgrundlage des § 14 Abs. 2 Nr. 2 FeV gestützt werden, da sie als vorbereitende Maßnahmen einer MPU-Begutachtung, mit welcher die aktuelle Fahreignung überprüft werden soll, zu bewerten sind (VG Regensburg, Beschl. v. 21.07.2021 – RN 8 S 21.834, Rn. 65, juris).

650 Nur für den Fall einer Abhängigkeit wird der Nachweis einer einjährigen Abstinenz zur Wiedererlangung der Fahreignung verlangt (OVG Sachsen, Beschl. v. 14.02.2012 – 3 B 357/11, juris).

651 Die Anordnung, zur Klärung der Eignung eines Fahrerlaubnisinhabers zum Führen eines Kraftfahrzeuges gem. § 14 Abs 2 Nr. 2 FeV i.V.m. § 46 FeV wegen nachgewiesenen Drogenkonsums ein medizinisch-psychologisches Gutachten beizubringen, ist nicht an die Einhaltung einer festen **Frist** nach dem letzten erwiesenen Betäubungsmittelmissbrauch gebunden. Entscheidend ist, ob unter Berücksichtigung aller Umstände, insbesondere nach Art, Umfang und Dauer des Drogenkonsums, noch hinreichende Anhaltspunkte zur Begründung eines Gefahrenverdachts bestehen (BVerwG, Urt. v. 09.06.2005 – 3 C 25.04, juris, auch zum Folgenden). Dem Wortlaut nach reiche für die Anwendung des § 14 Abs. 2 Nr. 2 FeV, dass in der Vergangenheit ein Konsum harter Drogen entweder aufgrund einer Abhängigkeit oder ohne solche Abhängigkeit erfolgt sei. Das ergebe sich aus der Formulierung, es sei zu klären, ob weiterhin Betäubungsmittel eingenommen werden. Eine solche Fortsetzung der Einnahme setze begrifflich voraus, dass jedenfalls nachweislich in der Vergangenheit ein Drogenkonsum stattgefunden habe. Allerdings könne nicht jeder beliebig weit in der Vergangenheit liegende Drogenkonsum als Grundlage für die Anforderung eines medizinisch-psychologischen Gutachtens herangezogen werden. Das ergebe sich schon aus der Verweisungsnorm des § 46 Abs. 3 FeV, wonach Tatsachen bekannt geworden sein müssen, die Bedenken gegen die Kraftfahreignung des Betroffenen begründen. Der erfolgte Betäubungsmittelmissbrauch müsse also nach Gewicht und unter zeitlichen Gesichtspunkten noch geeignet sein, die Kraftfahreignung in Zweifel zu ziehen. Das ergebe sich auch aus dem im Rechtsstaatsprinzip verankerten Grundsatz der Verhältnismäßigkeit. Die Anordnung, ein medizinisch-psychologisches Gutachten beizubringen, greift in erheblicher Weise in das Persönlichkeitsrecht des Betroffenen ein. Ihm wird zugemutet, anderen Einblick in Kernbereiche seiner Persönlichkeit zu geben. Ein solcher Eingriff ist nur gerechtfertigt, wenn er zur Abwehr einer bei realistischer Einschätzung tatsächlich bestehenden Gefahr notwendig ist. Es muss also eine hinreichende Wahrscheinlichkeit bestehen, dass der Betroffene noch Drogen einnimmt oder jedenfalls rückfallgefährdet ist und sich dies auf sein Verhalten im Straßenverkehr auswirken kann.

652 Die Wiedererlangung der Kraftfahreignung setzt den Nachweis voraus, dass der Betroffene in der Lage ist, auf jeglichen Konsum sog. harter Drogen dauerhaft zu verzichten (OVG Nordrhein-Westfalen, Beschl. v. 02.04.2012 – 16 B 356/12, Rn. 8, juris, auch zum Folgenden). Ob der Antragsteller diese Voraussetzungen erfüllt, ist nicht schon mit dem (ersten) Verzicht auf Drogenkonsum nachgewiesen. Vielmehr ist zunächst der durch eine Mehrzahl von aussagefähigen Drogenscreenings zu führende Nach-

weis eines hinreichend langen **Abstinenzzeitraums** erforderlich, der im Regelfall mit mindestens einem Jahr zu veranschlagen ist. Anschließend bedarf es des Nachweises, dass bezogen auf die Einnahme illegaler Drogen auf der Grundlage einer tragfähigen Motivation eine hinreichend stabile Verhaltensänderung eingetreten ist und daher für die Folgezeit eine günstige Prognose getroffen werden kann. Dieser Nachweis kann grundsätzlich nur auf der Grundlage einer medizinisch-psychologischen Begutachtung erbracht werden.

Allein der **Zeitablauf** von etwa einem Jahr und drei Monaten seit dem Führen eines Kraftfahrzeugs unter dem Einfluss harter Drogen (hier: Kokain und Amphetamin) und die Behauptung, nunmehr drogenfrei zu leben, führen nicht dazu, dass der Fahrerlaubnisinhaber danach wieder als geeignet anzusehen wäre (VG Gelsenkirchen, Beschl. v. 14.01.2015 – 7 L 2124/14, juris). 653

Liegt der Konsum von Amphetamin ein Jahr und neun Monate zurück, kann gleichwohl auf die Anordnung eines medizinisch-psychologischen Gutachtens nach § 14 Abs. 2 Nr. 2 FeV verzichtet werden, wenn der in der Vergangenheit liegende Drogenkonsum nach Art und Ausmaß dergestalt war, dass von einem nicht nur einmaligen Konsum vor dem zugrundegelegten Amphetaminkonsum ausgegangen werden muss (VG Düsseldorf, Beschl. v. 20.10.2014 – 14 L 2202/14, juris). 654

Die bloße **Behauptung** der Drogenabstinenz oder einer seit dem letzten Drogenkonsum eingetretenen Zäsur in den Lebensumständen des Betroffenen steht der Anordnung einer MPU nach § 14 Abs. 2 Nr. 2 FeV ebenso wenig entgegen wie die positive **Sozialprognose** in einer strafgerichtlichen Entscheidung (VG Braunschweig, Urt. v. 21.01.2014 – 6 A 101/13, juris, auch zum Folgenden). Hat der Betroffene früher regelmäßig Cannabis konsumiert, ist die MPU-Anordnung grundsätzlich notwendig, um zu klären, ob es bei ihm zu dem für eine positive Verkehrsverhaltensprognose erforderlichen stabilen **Einstellungswandel** gekommen ist. Eine feste Frist für die Berücksichtigung länger zurückliegenden Konsums gibt es nicht. 655

Die Anordnung eines medizinisch-psychologischen Gutachtens nach § 14 Abs. 2 Nr. 2 FeV ist nicht erforderlich, wenn der in der Vergangenheit liegende Drogenkonsum nach Art und Ausmaß aufgrund der Einlassungen dergestalt war, dass von einer langjährigen Abhängigkeit ausgegangen werden muss wie bei einem nahezu ständigen Konsum von 1999 bis 2009 (VG Düsseldorf, Urt. v. 13.01.2015 – 14 K 5789/13, juris). 656

Richtige Rechtsgrundlage für die Überprüfung der Kraftfahreignung mittels einer medizinisch-psychologischen Untersuchung bei einer laufenden **Methadon**-Substitution ist Nr. 3 Satz 2 der Vorbemerkung zur Anlage 4 der FeV und nicht, wie im Anforderungsschreiben des Antragsgegners genannt, § 14 Abs. 2 Nr. 2 FeV (VG München, Beschl. v. 04.08.2015 – M 1 S 15.1965, Rn. 24, juris, auch zum Folgenden). Diese Bestimmung käme erst nach Beendigung des Methadon-Programms zum Tragen, wogegen in Fällen laufender Substitutionsprogramme Nr. 9.1 und Nr. 9.3 der Anlage 4 zur FeV einschlägig seien. Die Rechtsgrundlage, auf die die Fahrerlaubnisbehörde ihre Anforderung eines Fahreignungsgutachtens stützt, müsse zutreffen. Sei 657 eine falsche Rechtsgrundlage angegeben, könne die Gutachtensaufforderung im Laufe des Verfahrens nicht von der Behörde oder dem Gericht auf eine andere, eigentlich zutreffende Rechtsgrundlage gestützt werden. Im Falle der Nichtbeibringung des geforderten Gutachtens könne dann nicht auf die Fahrungeeignetheit des Betroffenen geschlossen werden. Diese Auslegung ist konsequent im Sinne rechtsstaatlicher Grundsätze. Betroffene Bürger müssen sich auf die rechtssichere Anwendung des Fahreignungsrechts durch die Mitarbeiter der Fahrerlaubnisbehörden verlassen können.

658 Erbringt eine Person, die sich in einer **Methadon**-Substitution befindet, nicht den forensisch gesicherten Nachweis einer **Beigebrauchsfreiheit** von psychoaktiven Stoffen für die Dauer von mindestens einem Jahr während der Therapie, scheidet eine ausnahmsweise positive Beurteilung der Fahreignung aus (VG des Saarlandes, Urt. v. 30.06.2010 – 10 K 825/09, juris).

3. Anordnung gem. § 14 Abs. 2 Nr. 3 FeV

659 Nach § 14 Abs. 2 Nr. 3 FeV ordnet die Fahrerlaubnisbehörde die Beibringung eines medizinisch-psychologischen Gutachtens an, wenn wiederholt Zuwiderhandlungen im Straßenverkehr nach § 24a des Straßenverkehrsgesetzes begangen wurden.

660 Die zweimalige Auffälligkeit im Straßenverkehr unter Cannabiseinfluss genügt für sich genommen nicht, um – ohne Einholung eines medizinisch-psychologischen Gutachtens – von der Ungeeignetheit eines Fahrerlaubnisinhabers zum Führen von Kraftfahrzeugen auszugehen (VGH Baden-Württemberg, Beschl. v. 03.12.2021 – 13 S 3408/21, Rn. 18, juris, auch zum Folgenden). Denn § 14 Abs. 2 Nr. 3 FeV sieht vor, dass die Beibringung eines medizinisch-psychologischen Gutachtens für die Zwecke nach § 14 Abs. 1 FeV anzuordnen ist, wenn wiederholt Zuwiderhandlungen im Straßenverkehr nach § 24a StVG begangen wurden. Darunter können zwar auch zeitlich nacheinander liegende Fahrten unter einem die Fahrsicherheit beeinträchtigenden Einfluss von Alkohol bei der ersten und von Cannabis bei der/den nächsten Fahrt(en) fallen (sog. »Mischfälle«); der Wortlaut der Regelung erfasst aber ebenso auch mehrere Fahrten unter einer die Fahrsicherheit möglicherweise beeinträchtigenden Wirkung von Cannabis.

661 Ein rechtmäßig angeordnetes Gutachten muss auch dann beigebracht werden, wenn die zur Begutachtung Anlass gebenden Verkehrsordnungswidrigkeiten nach der Anordnung im Verkehrszentralregister getilgt werden. Dies gilt auch dann, wenn die **Tilgungsfrist** vor Ablauf der Frist zur Beibringung des Gutachtens endet (OVG Berlin-Brandenburg, Beschl. v. 21.03.2012 – OVG 1 S 18.12, juris).

Kapitel 3 Maßnahmen der Fahrerlaubnisbehörden

Übersicht Rdn.

A. Drogen und ihre »Bedeutung« im Straßenverkehr

1 In Deutschland wurden im Jahr 2023 insgesamt 2,51 Millionen Unfälle von der Polizei aufgenommen, darunter waren 15.453 Unfälle, bei denen mindestens ein Beteiligter unter dem Einfluss berauschender Mittel stand. Dies waren 0,61 % aller polizeilich registrierten Unfälle (vgl. https://www.destatis.de/DE/Themen/Gesellschaft-Umwelt/Verkehrsunfaelle/Tabellen/unfaelle-verunglueckte-.html, aufgerufen am 03.07.2024).

2 Alkoholeinfluss war 2023 bei 4,45 % aller 339.834 Unfälle mit Personenschaden eine der Unfallursachen (vgl. https://www.destatis.de/DE/Themen/Gesellschaft-Umwelt/Verkehrsunfaelle/Tabellen/fehlverhalten-fahrzeugfuehrer.html, aufgerufen am 03.07.2024). Allerdings starben im Jahr 2021 6,4 % aller tödlich verletzten Verkehrsteilnehmer in Deutschland infolge eines Alkoholunfalls, das heißt, etwa jeder 16. Getötete. Diese unterschiedlichen Anteile belegen eine überdurchschnittlich hohe Schwere der Alkoholunfälle. Während bei allen Unfällen mit Personenschaden 10 Getötete und 213 Schwerverletzte auf 1.000 Unfälle kamen, waren es bei Alkoholunfällen 12 Getötete und 213 Schwerverletzte je 1.000 Unfälle.

Die Zahl der Unfälle mit Personenschaden unter dem Einfluss anderer berauschender Mittel, z.B. Drogen, Rauschgift stieg im Jahr 2021 gegenüber dem Vorjahr um + 0,7 % auf 2.409 Unfälle. Bei diesen Unfällen wurden 53 Personen getötet und 796 schwer verletzt, das sind 20,0 % bzw. 30,6 % mehr als im Vorjahr (*Statistisches Bundesamt*, Verkehrsunfälle – Unfälle unter dem Einfluss von Alkohol oder anderen berauschenden Mittel im Straßenverkehr 2021). Die unter der Wirkung neuer psychoaktiver Substanzen verursachten Verkehrsunfälle werden polizeilich nicht erfasst (vgl. *Vogel*, S. 448 f.). Die Ursache dafür liegt auch in einer mangelhaften Detektionsmöglichkeit der Beeinflussung mittels Drogenschnelltests. 3

Alkohol- und Drogenfahrten sind kein »**Kavaliersdelikt**«. Die Fähigkeit, nüchtern bleiben zu können und der Wille, auf die Einnahme berauschender Mittel zu verzichten, sind deshalb Teil der Eignung, die die Straßenverkehrsvorschriften als Voraussetzung für die Teilnahme am öffentlichen Straßenverkehr fordert. Überwachung und Durchsetzung dieser Pflicht ist Aufgabe der Fahrerlaubnisbehörden, die sich dazu eines abgestuften Instrumentariums bedienen können. 4

Knüpft der Gesetzgeber beim Verbot des Fahrens unter **Alkohol** an qualifizierte **Grenzwerte** (§ 24a Abs. 1 StVG) hingegen beim Verbot des Fahrens unter dem Einfluss bestimmter Drogen an eine Nullwertgrenze (§ 24a Abs. 2 StVG) an, so steht dies jedenfalls dann mit Art. 3 Abs. 1 GG in Einklang, wenn bei den einzelnen Drogen im Vergleich zum Alkohol noch nicht die Möglichkeit einer Quantifizierung der **Dosiswirkungsbeziehung** bestehe. Dieser Umstand ist so gewichtig, dass er die unterschiedliche Regelung sachlich zu rechtfertigen vermag (BVerfG, Stattgebender Kammerbeschl. v. 21.12.2004 – 1 BvR 2652/03, BVerfGK 4, 323–332). 5

B. Fahrerlaubnisrelevante Drogen

I. Begriff der Droge – Terminologie der Fahrerlaubnis-Verordnung (FeV)

Als Droge werden im deutschen Sprachgebrauch stark wirksame psychotrope bzw. psychoaktive (also die Psyche des Menschen beeinflussende) Substanzen und Zubereitungen aus solchen bezeichnet. Allgemein weisen Drogen eine bewusstseins- und wahrnehmungsverändernde Wirkung auf (Definition nach Wikipedia: Droge). Nach einer Definition der WHO aus dem Jahre 1981 (Nachweis bei *Barsch*, Drogen – Begriff und Wirkungsweise) ist eine Droge eine psychoaktive Substanz, d.h. ein Stoff, der auf das Zentralnervensystem wirkt. Drogen in diesem Sinne sind alle Stoffe, Mittel, Substanzen, die aufgrund ihrer chemischen Natur Strukturen oder Funktionen im lebenden Organismus verändern, wobei sich diese Veränderungen insbesondere in Sinnesempfindungen, in der Stimmungslage, im Bewusstsein oder in anderen psychischen Bereichen oder im Verhalten bemerkbar machen. 6

Traditionell als Genussmittel verwendete oder als Medikament eingestufte Drogen werden in der öffentlichen Wahrnehmung oft nicht als solche betrachtet, obwohl in geeigneter Dosierung und Einnahmeform ebenfalls Rausch- oder erheblich veränderte Bewusstseinszustände auftreten können (Definition nach Wikipedia: Droge). 7

Eine »legale« Droge in diesem Sinne ist bspw. das in Kaffee oder Tee enthaltene Koffein (Coffein).

8 Die FeV verwendet den Begriff der »Drogen« nicht. Anlage 4 zur FeV – Eignung und bedingte Eignung zum Führen von Kraftfahrzeugen nennt **Alkohol** (Nr. 8) und **Betäubungsmittel, andere psychoaktiv wirkende Stoffe und Arzneimittel** (Nr. 9).

9 **Betäubungsmittel** im Sinne des BtMG sind nach dessen § 1 Abs. 1 Satz 1 die in den Anlagen I bis III zum BtMG aufgeführten Stoffe und Zubereitungen. Seit der Rechtsänderung befindet sich Cannabis nicht mehr in der Liste der Betäubungsmittel (BGBl. 2024 I Nr. 109 vom 27.03.2024).

10 Ein **neuer psychoaktiver Stoff** im Sinne des NpSG ist nach dessen § 1 ein Stoff oder eine Zubereitung eines Stoffes aus einer der in der Anlage zum NpSG genannten Stoffgruppen (ausführlich dazu *Vogel*, S. 427 ff.).

11 **Arzneimittel** im Sinne des § 2 Abs. 1 AMG sind Arzneimittel, die zur Anwendung bei Menschen bestimmt sind. Dies sind nach § 2 Abs. 1 Nr. 1 AMG Stoffe oder Zubereitungen aus Stoffen, die zur Anwendung im oder am menschlichen Körper bestimmt sind und als Mittel mit Eigenschaften zur Heilung oder Linderung oder zur Verhütung menschlicher Krankheiten oder krankhafter Beschwerden bestimmt sind. Nach § 2 Abs. 1 Nr. 2 AMG sind dies auch Stoffe oder Zubereitungen aus Stoffen, die im oder am menschlichen Körper angewendet oder einem Menschen verabreicht werden können, um entweder die physiologischen Funktionen durch eine pharmakologische, immunologische oder metabolische Wirkung wiederherzustellen, zu korrigieren oder zu beeinflussen oder eine medizinische Diagnose zu erstellen.

II. Einzelne Drogen und deren Wirkung

1. Allgemein

12 Psychoaktive Substanzen erzielen ihre Wirkung im Gehirn. Sie beeinflussen das Wahrnehmen, Fühlen, Verhalten und Handeln des Konsumenten. Die biochemischen Wirkungen der Drogen sind unterschiedlich, aber sie wirken immer toxisch. Langfristig führen sie zu Abhängigkeit, darüber hinaus zu Passivität, Interesselosigkeit, Konzentrationsstörungen, Erschöpfungszuständen, Verlust der Leistungsfähigkeit, Angstzuständen und Halluzinationen, Appetitlosigkeit, Schweißausbrüchen, innerer Unruhe, Herzrasen, Kurzatmigkeit, Krämpfen, Durchfall und Impotenz (*ADAC*, Drogen im Straßenverkehr, 2012, 9 und 10).

2. Alkohol

13 Alkohol bezeichnet im allgemeinen Sprachgebrauch den zur Gruppe der Alkohole gehörenden Äthylalkohol, der durch Vergärung von Zucker aus unterschiedlichen Grundstoffen gewonnen wird und berauschende Wirkung hat. Alkohol zählt zu den Suchtmitteln, deren Erwerb, Besitz und Handel legal sind (*Blaues Kreuz München*, Alkohol).

Bis zum 30.04.1998 galt im Straßenverkehr noch die »0,8-Promille-Grenze«. § 24a Abs. 1 StVG bestimmte, dass »ordnungswidrig handelt, wer im Straßenverkehr ein Kraftfahrzeug führt, obwohl er 0,8 Promille im Blut oder eine Alkoholmenge im Körper hat, die zu einer solchen Blutalkoholkonzentration führt.« Ab 01.05.1998 sah die Vorschrift eine gestufte Grenze vor, die mit Bußgeldern in unterschiedlicher Höhe korrespondierte: bei 0,40 mg/l Alkohol in der Atemluft (AAK) bzw. 0,8 Promille im Blut (BAK) war ein Bußgeld von bis zu 3.000,- DM, bei 0,25 mg/l AAK bzw. 0,5 Promille BAK ein Bußgeld bis zu 1.000 DM möglich. § 24a StVG legt nun (nur) eine 0,25 mg/l AAK-/0,5 Promille-BAK-Grenze fest. 14

Grund für die Verschärfung des Grenzwertes war nach der Begründung des Gesetzgebers (Begründung zum Änderungsgesetz v. 27.04.1998 – BT-Drucks. 13/1439) die allgemein gesicherte medizinische Erkenntnis, dass eine verminderte Fahrtüchtigkeit bei einer forensisch nachweisbaren Blutalkoholkonzentration von 0,3 Promille bis 0,4 Promille beginnt. Unter Berücksichtigung eines Sicherheitszuschlags von 0,1 Promille ergibt sich dann ein Gefährdungs-Grenzwert von 0,5 Promille. Der Wert von 1,1 Promille bzw. – für Fahrradfahrer – von 1,6 Promille markiert die Grenze der absoluten Fahruntüchtigkeit (Brandenburgisches OLG, Beschl. v. 05.02.2013 – [2] 53 Ss 1/13 [4/13], Blutalkohol 50 [2013], 138; BGH, Beschl. v. 28.06.1990 – 4 StR 297/90, BGHSt 37, 89; BGH, Urt. v. 11.01.2012 – IV ZR 251/10, DAR 2012, 204; nach OLG Nürnberg, Beschl. v. 13.12.2020 – 2 St OLG Ss 230/10, DAR 2011, 152 gilt der Wert von 1,1 ‰ auch für die Fahrer von motorisierten Krankenfahrstühlen) und der Strafbarkeit – § 316 StGB (LG Gießen, Beschl. v. 12.09.2013 – 7 Qs 141/13, NStZ-RR 2014, 26). 15

Wer unter der Wirkung von Alkohol steht, reagiert langsamer, dessen Wahrnehmungsleistung und Auffassungsgabe ist reduziert. Die Koordination leidet, die Bewegungen werden unsicher. Bereits ab 0,4 Promille verschlechtert sich die Möglichkeit, Entfernungen richtig zu schätzen; ab 0,8 Promille werden die Lenkbewegungen gestört, wichtige Verkehrsinformationen können nicht mehr richtig verarbeitet werden (siehe hierzu *TÜV Süd*, Führerschein und Prüfung). 16

Ab 0,8 Promille steigt das Unfallrisiko steil an. Bei 1,1 Promille ist es zehnmal so hoch wie im nüchternen Zustand (DHS-Factsheet, Alkohol im Straßenverkehr). 17

Die Begutachtungsleitlinien zur Kraftfahreignung vom 27.01.2014 in der Fassung vom 17.02.2021, Stand: 01.06.2022, S. 77, führen für den Fall eines Alkoholmissbrauchs u.a. Folgendes aus: 18

> »Bereits Blutalkoholkonzentrationen mit Werten ab 0,3 ‰ können zu einer Herabsetzung der Reaktionsfähigkeit und zur Veränderung der Stimmungslage mit Kritikminderung führen, so dass ein erhöhtes Verkehrsrisiko von derart beeinflussten Kraftfahrern ausgeht. Bei 0,8 ‰ liegt das Risiko in der Regel um das Vierfache höher als bei nüchternen Verkehrsteilnehmern. Fahruntüchtigkeit liegt bei jedem Kraftfahrzeugfahrer mit Werten höher als 1 ‰ vor. Werden Werte um oder über 1,5 ‰ bei Kraftfahrern im Straßenverkehr angetroffen, so ist die Annahme eines chronischen Alkoholkonsums mit besonderer Gewöhnung und Verlust der kritischen Einschätzung des Verkehrsrisikos anzunehmen. Bei solchen Menschen pflegt in der Regel ein Alkoholproblem vorzuliegen, das die Gefahr weiterer Alkoholauffälligkeit im Straßenverkehr in sich birgt. Auch wiederholte Auffälligkeiten unter Alkohol im

Straßenverkehr innerhalb weniger Jahre begründen einen solchen Verdacht, selbst wenn die Werte wesentlich geringer sind. Ferner besteht, wegen der allgemeinen Verfügbarkeit des Alkohols, bei Alkoholabhängigkeit und -missbrauch generell eine hohe Rückfallgefahr, so dass im Einzelfall strenge Maßstäbe anzulegen sind, bevor eine positive Prognose zum Führen von Kraftfahrzeugen gestellt werden kann. Diese erfordert tragfähige Strategien für die Entwicklung der Kontrolle über den Alkoholkonsum als Voraussetzung zur Trennung von Alkoholkonsum und Teilnahme am motorisierten Straßenverkehr, wie sie z.B. in geeigneten Kursen oder Therapien vermittelt werden. In der Regel hat in solchen Fällen eine sorgfältige Auseinandersetzung mit den Ursachen und der Entwicklung des früheren Alkoholmissbrauchs zu erfolgen. Häufiger Alkoholmissbrauch führt zur Gewöhnung an die Giftwirkung und damit zur Unfähigkeit einer realistischen Einschätzung der eigenen Alkoholisierung und des hierdurch ausgelösten Verkehrsrisikos. Im Spätstadium des chronischen Missbrauchs kann es insbesondere zu Störungen fast aller Organsysteme, und zwar vorwiegend zu hepatischen, gastrointestinalen und kardialen Manifestationen kommen. In der Regel erweisen sich jedoch bei der Begutachtung die psychischen und psychosozialen Ursachen und Folgen des chronischen Alkoholmissbrauchs als weit bedeutsamer. Es kann zu krankhaften Persönlichkeitsveränderungen mit abnormer Entwicklung der affektiven und emotionalen Einstellung gegenüber der Umwelt kommen, wobei Selbstüberschätzung, Gleichgültigkeit, Nachlässigkeit, Erregbarkeit, Reizbarkeit etc. zu beobachten sind.«

19 Am 01.05.1998 wurde auch der Grenzwert von 0,25 mg pro Liter AAK eingeführt, der einer BAK von 0,5 Promille entspricht. Bis dahin wurde die Bestimmung des Alkoholgehalts über die Atemluft lediglich als Vortest angewendet, der jedoch die Blutalkoholbestimmung als forensisch anerkanntes Verfahren nicht ersetzen konnte. Es war deshalb notwendig, die Voraussetzungen für eine beweissichere Methode zur Bestimmung der Atemalkoholkonzentration zu entwickeln. Durch die Atemalkoholbestimmung als einfach zu handhabende Messmethode sollten die Blutentnahme und der damit verbundene erhebliche organisatorische Aufwand entfallen. Für den Betroffenen bedeutet diese Messmethode die Wahrung seiner körperlichen Unversehrtheit. Daneben blieb der Wert der BAK in § 24a StVG erhalten, weil bei fehlender Mitwirkung des Betroffenen oder bei seiner Weigerung eine Blutentnahme erforderlich ist (Begründung zum Änderungsgesetz v. 27.04.1998 – BT-Drucks. 13/1439).

3. Cannabis

20 Cannabis ist ein nicht verkehrsfähiges Betäubungsmittel nach Anlage I zu § 1 Abs. 1 BtMG. Diese Droge wird aus Teilen der blühenden weiblichen Hanfpflanze gewonnen und zumeist zu Marihuana (Tabak aus den getrockneten Blüten und Blättern) und Haschisch (Harz aus den Drüsen der oberen Laubblätter) verarbeitet. Beides wird rauchend in den unterschiedlichsten Formen konsumiert, als Zigarette, in einer Wasserpfeife etc. Teilweise wird es aber auch unter Nahrungsmittel wie z.B. Kekse oder Joghurt gemischt (*Deutsche Verkehrswacht*, Illegale Drogen im Straßenverkehr). Haschisch gibt es als Öl und in fester Form (*Winterberg*, S. 17). Hauptwirkstoff der Cannabisprodukte ist das Tetrahydrocannabiol (THC). Cannabiskonsumenten sind nach der Einnahme leicht ablenkbar, innerlich unruhig und verwirrt. Die Bewegungskoordination kann gestört werden (*Deutsche Verkehrswacht*, Illegale Drogen im Straßenverkehr).

THC hat eine vielfältige Wirkung, die subjektiv erlebt wird und nicht gänzlich vorhersehbar ist. Sie wird u.a. wegen eines »Hochgefühls« konsumiert: 21

- Zu den **positiv erlebten Wirkungen** zählen Euphorie, Gelassenheit, Entspanntheitsgefühl, Gefühl von Leichtigkeit, obwohl sich gleichzeitig der Herzschlag erhöht. Sinneserfahrungen und Wahrnehmungen können zumindest (subjektiv) intensiv wahrgenommen werden. Das Beisammensein mit Gleichgesinnten wird als vergnüglich erlebt. Die Bewegung ist oft verlangsamt, das Kurzzeitgedächtnis beeinträchtigt (schnelles Vergessen), neue Gedankenverläufe treten auf u.v.m. Häufig ist auch eine Appetitsteigerung zu bemerken, die meist weder positiv noch negativ erlebt wird.
- Ein Konsum wird nicht immer nur als angenehm empfunden. Bei den **negativ erlebten Wirkungen** handelt es sich hauptsächlich um psychische »Reaktionen«. Angst und Panik können in entsprechend angstbesetzten Situationen auftreten. Wirre Gedanken, Erinnerungslücken, eingeschränktes Wahrnehmen der Umwelt und das Gefühl, sich nicht mehr mitteilen zu können, sind möglich. Auch Übelkeit, Herzrasen und Schwindel treten auf – bis hin zum Kreislaufkollaps. Vor allem Personen, die mit Cannabis noch wenig oder gar keine Erfahrung haben, können mit Übelkeit und Erbrechen reagieren. Weniger häufig und oft bei großen Mengen bzw. hohen Konzentrationen kann es zu psychotischen Symptomen (z.B. Verfolgungswahn und/oder Halluzinationen) kommen. Auch Verwirrtheit und Gedächtnislücken (Amnesie) sind möglich.

(Gesundheit.GV.AT [Öffentliches Gesundheitsportal Österreichs], Cannabis: Substanz & Wirkung)

Nach der amtlichen Begründung zu § 24a Abs. 2 und 5 StVG (BT-Drucks. 13/3764 v. 08.02.1996) führen die beim typischen Rauschverlauf auftretenden Wirkungen wie z.B. Euphorie, Antriebsminderung, Konzentrationsstörungen, Wahrnehmungsstörungen, Denkstörungen, Änderung des Zeiterlebens, leichtere Ablenkbarkeit, zu Leistungseinbußen in den für den Kraftfahrzeugführer wichtigen psychomotorischen Funktionen. 22

THC wird im Blut relativ schnell abgebaut; bereits nach 6 Stunden werden abhängig von der eingenommenen Menge nur noch THC-Werte zwischen 1 und 2 ng/ml und darunter erreicht (BayVGH, Beschl. v. 13.05.2013 – 11 ZB 13.523, NJW 2014, 407 unter Berufung auf aktuelle Studien). 23

4. Kokain (Cocain)

Kokain wird aus den Blättern des in Südamerika und Indonesien beheimateten Kokastrauches gewonnen. Kokain wirkt körperlich und psychisch stimulierend. Daher ist Kokain allgemein als »Leistungsdroge« bekannt, da es – zeitlich begrenzt – eine Leistungssteigerung und erhöhte körperliche Belastbarkeit bewirkt. Es dämpft das Hungergefühl, vermindert das Schlafbedürfnis und löst euphorische Gefühle aus (*AG Drogen* – Kokain). Der Kokainrausch ist gekennzeichnet durch Euphorie, eingeschränkte Kritikfähigkeit, erhöhte Risikobereitschaft, Enthemmung, Halluzinationen und Wahnvorstellungen (BT-Drucks. 13/3764). 24

25 Ein dauerhafter und intensiver Kokainkonsum kann zu psychischen Veränderungen führen und insbesondere Ruhelosigkeit, Reizbarkeit, Gewalttätigkeit und Aggressivität sowie unbegründete Ängste und Verwirrtheit hervorrufen. Wenn die Wirkung von Kokain nachlässt, kommt es zu einem gefühlsmäßigen Tief (»Crash«): Schlaflosigkeit, Verlust des Interesses an Nahrung und Sexualität sowie Depressionen und suizidale Tendenzen sind häufige Symptome. Bei chronischem Hochkonsum besteht die Gefahr von Kokainpsychosen, bei denen sich Halluzinationen und Wahnzustände entwickeln. Auch die körperlichen Folgeschäden des Kokainmissbrauchs können mittel- oder längerfristig lebensgefährlich sein. So wird der Körper mit der Zeit weniger belastbar und weniger widerstandsfähig gegen Infektionen. Es kann zu einem körperlichen Abbau, zu Gewichtsabnahme und Unterernährung kommen. Wenn durch den Kokainkonsum das Gehirn geschädigt wird, sind Intelligenzminderung, Konzentrationsprobleme oder Einschränkungen von Merk- und Lernfähigkeit möglich. Schädigungen der Augen, chronische Bronchitis und Leberschäden sind eben falls möglich. Es kann weiter zu Herz-Kreislauf-Schädigungen kommen; Schleimhäute können nach längerem Schnupfen von Kokain angegriffen, die Nasenzwischenwand durchlöchert werden. Wird Kokain geraucht, kommt es mit der Zeit zu einer Schädigung des Lungengewebes; wird es gegessen, kann das Darmgewebe in Mitleidenschaft gezogen werden (*Österreichische ARGE Suchtvorbeugung*, Kokain, https://www.praevention.at/fileadmin/user_upload/09_Infobox/Infomaterialien/ARGE_Flyer/suchtinfo_kokain_web.pdf, aufgerufen am 03.07.2024).

26 Ein Kokain-Konsum kann durch den Nachweis von Benzoylecgonin im Blut belegt werden (OVG Sachsen, Beschl. v. 06.12.2013 – 3 B 442/13, juris).

5. Heroin

27 Siehe hierzu Bund gegen Alkohol und Drogen im Straßenverkehr (BADS; Bund gegen Alkohol und Drogen im Straßenverkehr, Heroin: https://www.bads.de/wissen/illegale-drogen/heroin/, aufgerufen am 03.07.2024):

> »Bei Heroin handelt es sich um ein halbsynthetisches Opiat, das als weißes bis braunes, manchmal körniges Pulver mittels chemischer Verfahren aus dem getrockneten milchigen Saft der angeritzten Kapsel der Schlafmohnpflanze (Papaver somniferum) gewonnen wird. Heroin wurde nach seiner Entdeckung zunächst an Stelle von Morphium als vermeintlich nicht süchtig machendes Heilmittel (Schmerzmittel) aber bald auch schon als Rauschmittel verwendet. Der Wirkstoff des Heroins ist wie bei Morphium das Morphin.
>
> Nach der Einnahme von Heroin tritt beim Konsumenten kurzfristig ein sehr starker »Kick«, vergleichbar einem vielfach verstärkten Orgasmus, mit Euphorie, manchmal auch Dysphorie, Hochgefühl, Losgelöstheit, gesteigertem Selbstwertgefühl, allgemeinem Wohlbefinden und Gleichgültigkeit gegenüber Außenreizen auf. Das unwiderstehliche Verlangen nach Wiederholung dieses Zustandes einerseits und die Angst vor erheblichem körperlichem Unbehagen im Zusammenhang mit den immer rascher auftretenden Entzugserscheinungen andererseits ist Hauptursache der sich schnell entwickelnden Sucht. Nach dem »Kick« wirkt die Droge auch beruhigend, einschläfernd und schmerzlindernd. Es kommt zu einer Verlängerung der Reaktionszeit und Konzentrationsschwäche. Wegen

der Gewöhnung des Körpers an das Rauschgift wird Heroin in immer höheren Dosen benötigt.

(...)

Heroinkonsum hat in den folgenden psychophysischen Bereichen eklatante Auswirkungen auf die Verkehrssicherheit:

- Es kommt zu Pupillenerweiterung und Tränenfluss, gelegentlicher Wahrnehmung von Doppelbildern und Sehstörungen.
- Eine »laufende Nase« kann zur Entzugssymptomatik gehören; Niesattacken in Abständen von Minuten bis Stunden sind die Folge.
- Der Entzug kann einen gesteigerten Würgereflex während der ersten Tage auslösen.
- Ein Zwang zum häufigen Gähnen geht mit vermehrtem Speichelfluss einher.
- Die Atemfrequenz und die bronchiale Schleimproduktion sind gesteigert; es stellt sich ein quälender Husten ein.
- Die Herzfrequenz kann gesteigert oder vermindert sein. Herzrhythmusstörungen, Blutdruckerhöhung und Kollapsgefahr stellen sich ein.
- Es besteht eine Tendenz zu Gänsehaut, vermehrtem Schwitzen mit kalter, feuchter Haut, Schüttelfrost und Hitzewallungen.
- Unkontrolliertes Muskelzittern und Muskelzuckungen, Gelenk-, Knochen- und Muskelschmerzen gehören zum Entzugssyndrom.
- Opiathunger erzeugt u.a. Ängstlichkeit, ausgeprägte Ruhelosigkeit, Nervosität, Reizbarkeit, Aggressivität, Schlaflosigkeit und Schlafstörungen, Verstimmungszustände, Depressionen, Dysphorie und Krampfanfälle.
- Eine verminderte Harnausscheidung, häufigeres Wasserlassen, Spontanejakulation und -orgasmus gehören ebenfalls zu den Folgen des Opiathungers.
- Schließlich lässt sich eine leicht erhöhte Körpertemperatur beobachten.

Im Straßenverkehr fallen Morphin-/Heroinabhängige immer wieder durch Schlangenlinienfahren, übermäßige Ermüdung, Erschöpfung bis zur Apathie, fahriges bis unruhiges und unstetes Verhalten und allgemeine psychomotorische Verlangsamung auf.«

Heroin macht psychisch und körperlich stark abhängig (*Winterberg*, S. 31). 28

6. Amphetamin und Metamphetamin

Amphetamin und Methamphetamin sind synthetische Suchtmittel, die vor allem in Tablettenform konsumiert werden (*Stadt Zürich*, Amphetamin – Metamphetamin). 29

Amphetamin (alpha-Methylphenethylamin, auch Phenylisopropylamin, umgangssprachlich auch Speed oder Pep) ist eine synthetisch hergestellte Substanz aus der Stoffgruppe der Phenylethylamine. Amphetamin wirkt auf das Zentralnervensystem ein (WAZ – Amphetamin: synthetische Droge [06.11.2011]). Es wirkt erheblich leistungssteigernd und verringert das Schlafbedürfnis. Dabei steigert es das Selbstbewusstsein bis zur Euphorie und senkt die Aggressionsschwelle (Wikipedia: Amphetamin). Speed unterdrückt auch das Hungergefühl. Es fördert den Rededrang und es wird sehr schwierig, ruhig zu bleiben. Die Gedanken rasen durch den Kopf und man kommt sich vor wie bei hoher Geschwindigkeit auf einer Autobahn – daher wohl auch der Name »Speed« (*drogen-info-berlin*). Eine objektivierbare Verbesserung der geistigen Leistungsfähigkeit und Kreativität tritt jedoch nicht ein, wenn auch subjektiv dieser Eindruck 30 infolge der Unterdrückung von Müdigkeit bei gleichzeitiger Enthemmung, abnehmender Kritikfähigkeit und verbesserter physischer Leistungsfähigkeit und Ausdauer entstehen mag (Website »Amphetamine und Metamphetamine«). Dadurch kommt es zu Fehleinschätzungen des eigenen Könnens, was eine enorme Einschränkung der Fahrtüchtigkeit zur Folge hat (*Deutsche Verkehrswacht*, Illegale Drogen im Straßenverkehr). Amphetamine können sehr schnell zu einer starken psychischen Abhängigkeit führen (*DHS*, Medikamente). In der Medizin wurde Amphetamin auch als Asthmamittel verwendet. Amphetamine sind im Blut nur maximal bis zu 48 Stunden nach der Einnahme nachweisbar (BayVGH, Beschl. v. 19.10.2010 – 11 CS 10.2330, juris; BayVGH, Beschl. v. 28.02.2024 – 11 CS 23.1387, BeckRS 2024, 4455).

31 Methamphetamin (Crystal Speed, Meth, Crystal Meth) wirkt ähnlich wie Amphetamin, nur wesentlich länger und stärker (zur Struktur und Wirkung von Crystal Meth siehe auch *Aberl*, PVT 2014, 2). Die Wirkung einer üblichen Einmaldosis Amphetamin hält ungefähr sechs bis acht Stunden an. Bei Methamphetamin reicht eine geschnupfte Konsumeinheit (»Line«) dagegen aus, um bis zu 16 Stunden »drauf zu sein« *(drugcom.de – Drogenlexikon: Metamphetamin).*

7. Ecstasy

32 Ecstasy, auch XTC, ist ein Sammelbegriff für vollsynthetisch hergestellte Substanzen mit ähnlichem Wirkungsspektrum wie Amphetamine und Metamphetamine. Zu den Hauptkomponenten gehören MDMA (Methylendioxymethamphetamin) sowie die Verbindungen MDEA (Methylendioxyethylamphetamin) und MDA (Methylendioxyamphetamin), die strukturell zu den Amphetaminen gehören (*Poethko-Müller*, Ecstasy, S. 187). Ecstasy wird meist als Pille in den Verkehr gebracht, wobei die Tablette i.d.R. eingeprägte Symbole (Smileys, Herzen etc.) aufweist (*Winterberg*, S. 22).

33 Die gewünschten Wirkungen von Ecstasy bestehen darin, dass die Sinneseindrücke intensiviert werden, man fühlt sich gut gelaunt und kontaktfreudig, euphorisch und entspannt. Ecstasy putscht auf, vermittelt neue Energie und senkt das Schlafbedürfnis (*Universitätsklinikum Bonn – Informationszentrale gegen Vergiftungen*, Ecstasy – Wirkungen und Gefahren). Die Schattenseiten sind Halluzinationen, Kopfschmerzen und Psychosen (*Universitätsklinikum Bonn – Informationszentrale gegen Vergiftungen*, Ecstasy – Wirkungen und Gefahren). Bei regelmäßigen Konsumenten sinkt das Reaktions- und Konzentrationsvermögen (*ADAC*, S. 16).

8. Khat (Kathstrauch)

34 Khat ist in einigen arabischen und afrikanischen Ländern eine Alltagsdroge. Zum Konsum werden Blätter des Kathstrauches gekaut. Beim Kauen wird hauptsächlich der Wirkstoff Cathin, ein Amphetamin, über die Mundschleimhaut, aufgenommen. Die Wirkung von Kath ähnelt der anderer Amphetamine, ist jedoch als deutlich schwächer einzustufen; sie wird mit der von Coffein verglichen. In größeren Mengen eingenommen führt die Substanz zu Müdigkeit und Benommenheit oder gar einer Vergiftung, die Magenkrämpfe, Erbrechen und sogar einen Kollaps auslösen kann.

9. Methadon

Methadon wird als Substitutionsmittel in der Drogentherapie eingesetzt. Substitution bedeutet, dass ein Suchtstoff durch ein anderes Mittel ersetzt wird (*Winterberg*, S. 43). Dadurch werden die Entzugserscheinungen gemildert (*Caritas Deutschland*, Substitution). Methadon ist ein lang wirkendes, synthetisches Opioid. Es wirkt wie Heroin oder Morphin und andere Substanzen an gewissen Stellen des Hirns, Rückenmarks und Darms. Methadon unterdrückt in genügender Dosierung den »Heroinhunger« für einen Tag. Methadon erzeugt aber keine Euphorie. Die euphorische Wirkung, das Glücksgefühl ist aber der Hauptgrund für die psychische Abhängigkeit von Drogen. Methadon ist ein sehr starkes Schmerzmittel. Es kann wie alle Opioide den Schlaf-Wach-Rhythmus stören (*Seidenberg*, Methadon). Auswirkungen auf das Reaktionsvermögen und die Konzentrationsfähigkeit sind aber gering. Methadon beeinträchtigt das Reaktionsvermögen. Während der Behandlung mit dem Wirkstoff sollte deshalb auf die aktive Teilnahme am Straßenverkehr und das Bedienen von schweren Maschinen verzichtet werden. Dies gilt insbesondere in Kombination mit Alkohol (*Hein*, Methadon). 35

10. Sonstige Drogen

Es gibt noch eine Vielzahl weiterer fahrerlaubnisrelevanter Drogen, z.B. LSD, Piperazinderivate, Gamma-Hydroxy-Buttersäure, Crack, aus Rauschpilzen gewonnene Substanzen oder Mescalin (siehe hierzu im Einzelnen *Winterberg*, Betäubungsmittel im Straßenverkehr, Kap. 13 ff.). Insbesondere sind auch die neuen psychoaktiven Stoffe (NPS) zu nennen, die der Gesetzgeber in § 2 Neue-psychoaktive-Stoffe-Gesetz (NpSG) so zusammengefasst hat: 36

> § 2
> **Begriffsbestimmungen**
>
> Im Sinne dieses Gesetzes ist
> 1. neuer psychoaktiver Stoff ein Stoff oder eine Zubereitung eines Stoffes aus einer der in der Anlage genannten Stoffgruppen;
> 2. Zubereitung ohne Rücksicht auf den Aggregatzustand ein Stoffgemisch oder die Lösung eines Stoffes oder mehrerer Stoffe außer den natürlich vorkommenden Gemischen und Lösungen;
> 3. Herstellen das Gewinnen, das Anfertigen, das Zubereiten, das Be- oder Verarbeiten, das Reinigen, das Umwandeln, das Abpacken und das Umfüllen einschließlich Abfüllen;
> 4. Inverkehrbringen das Vorrätighalten zum Verkauf oder zu sonstiger Abgabe sowie das Feilhalten, das Feilbieten, die Abgabe und das Überlassen zum unmittelbaren Verbrauch an andere.

Die Wirkung von NPS, die vielfach – und auch verharmlosend – als »Designerdrogen«, »Legal Highs« und »Research Chemicals« bezeichnet werden, auf den menschlichen Organismus sind nicht vorherzubestimmen, weil die Wirkstoffe und deren Konzentrationen der Willkür der Chemiker ausgesetzt sind, die diese Stoffe produzieren (näher *DBDD*, Drogen, S. 33 ff.). Regelmäßig gibt es Todesfälle nach dem Konsum dieser Drogen aufgrund von persönlichen Unverträglichkeiten und Überdosierungen. 37

III. Nachweisbarkeit verschiedener Substanzen

38 (Nach »*Der Drogentest* – Nachweisbarkeit von Drogen«; *Pohl & Marx Rechtsanwälte*, Nachweiszeiten von Drogen im Urin und im Blut; *drugcom.de*, Wie lange können Drogen im Körper nachgewiesen werden? und *drug-scouts*, Nachweiszeiten; eine detaillierte Übersicht findet sich bei *Winterberg*, S. 45 ff. mit dem Hinweis, dass in der Literatur »durchaus unterschiedliche Zeitfenster angegeben werden.«)

39 Das VG Köln sieht den einschlägigen Begriff der **Pharmakodynamik** als einen Unterbegriff der Pharmakologie als die Wissenschaft von den biochemischen und physiologischen Arzneimittelwirkungen am tierischen oder menschlichen Körper (VG Köln, Urt. v. 22.03.2022 – 7 K 954/20, Rn. 48, juris). Das OVG Nordrhein-Westfalen vertritt die Ansicht, dass unter Pharmakodynamik die durch das Arzneimittel verursachten Veränderungen der Funktionen des menschlichen Organismus zu verstehen sind, die insbesondere die Dosis-Wirkung-Beziehung und etwaige Nebenwirkungen einschließen (OVG Nordrhein-Westfalen, Urt. v. 07.11.2018 – 13 A 3140/17, Rn. 53, juris).

40

Substanz	Nachweisbarkeit Urin	Nachweisbarkeit Blut	Nachweisbarkeit Haar
Alkohol	Der menschliche Körper baut etwa 0,1 bis 0,15 Promille pro Stunde ab. Der genaue Wert hängt aber stark von Körpergewicht, Alter und Geschlecht ab.		
Cannabis	– 12–36 Stunden (THC-aktiver Wert) – 2–3 Tage nach einmaligem Konsum – 5 Tage bei moderatem, nicht täglichem Konsum – 10 Tage bei täglichem Konsum – 20 Tage bei exzessivem, täglichem Konsum über Wochen – Abbauprodukte sind noch 4–12 Wochen nach dem letzten Konsum nachweisbar	– aktives THC: 12 Stunden – gelegentlicher Konsum: 3 Tage – regelmäßiger Konsum: bis zu 30 Tage – Abbauprodukte 3–30 Tage – BayVGH, Beschl. v. 13.05.2013 – 11 ZB 13.523, NJW 2014, 407: 6 Stunden – Nach VG Gelsenkirchen (Beschl. v. 25.01.2016 – 7 L 2560/15 – unter Bezugnahme auf eine Stellungnahme der Grenzwertkommission, Blutalkohol 2015, 322) ist nach einem Einzelkonsum der Wirkstoff THC im Blutserum nur 4 bis 6 Stunden nachweisbar.	– bis zu 3 Monate nach dem letzten Konsum

		Nur bei wiederholtem oder gar regelmäßigem Konsum kann sich diese Zeitspanne auf gelegentlich 24 Stunden verlängern. Liegt der Konsum länger zurück, ist bei einer Konzentration von 3,0 ng/ml und mehr im Blutserum von einer Anreicherung von THC infolge regelmäßigen oder häufigeren Konsums auszugehen.	
Amphetamine	– 2–3 Tage	– 8–24 Stunden – (andere Angabe: 2–4 Tage)	– bis zu mehreren Monaten – (abhängig von der jeweiligen Haarlänge)
Ecstasy	– 1–3 Tage	– ca. 1 Tag	– bis zu mehreren Monaten – (abhängig von der jeweiligen Haarlänge)
Kokain	– 2–4 Tage nach einmaligem Konsum	– ca. 1 Tag – (andere Angabe: 1–2 Stunden)	– bis zu mehreren Monaten – (abhängig von der jeweiligen Haarlänge)
Heroin	– 3–4 Tage – 5–7 Tage (regelmäßiger Konsum, hohe Dosen)	– 8 bis 12 Stunden – Abbauprodukte bis 24 Stunden	

C. Drogen im Straßenverkehr – Bedeutung für die »Eignung«

I. Allgemein

Nach § 2 Abs. 4 StVG ist geeignet zum Führen von Kraftfahrzeugen, wer die notwendigen körperlichen und geistigen Anforderungen erfüllt. Maßstab für diese Eignung ist der durchschnittliche Fahrzeugführer. 41

Die Fahreignung muss jederzeit gegeben sein und nach der aus § 2 Abs. 1 FeV resultierenden Überprüfungspflicht eines jeden Verkehrsteilnehmers auch von Fahrzeugführern zu jedem Zeitpunkt seiner Verkehrsteilnahme selbstkritisch überprüft werden, also vor Antritt jeder Fahrt und während des Führens von Fahrzeugen. 42

43 Die Hürde für die Wiedererlangung der Fahreignung ist hoch, wenn die fehlende Fahreignung erst einmal amtlich durch eine Fahrerlaubnisbehörde festgestellt worden ist. Dazu führt der BayVGH aus:

> »Eine Wiederherstellung bzw. Anordnung der aufschiebenden Wirkung von Anfechtungsrechtsbehelfen gegen den für sofort vollziehbar erklärten Entzug einer Fahrerlaubnis kommt deshalb in der Regel nur dann in Betracht, wenn hinreichend gewichtige Gründe dafür sprechen, dass der Betroffene nicht mehr fahrungeeignet ist oder sich abschätzen lässt, dass das von ihm ausgehende Gefahrenpotenzial nicht nennenswert über dem des Durchschnitts aller motorisierten Verkehrsteilnehmer liegt…« (BayVGH, Beschl. v. 10.09.2007 – 11 CS 07.46, juris; siehe auch VG München, Beschl. v. 28.01.2009 – M 6a S 08.6243, juris: »…; dieses Risiko muss deutlich über demjenigen liegen, das allgemein mit der Zulassung von Personen zum Führen von Kraftfahrzeugen im öffentlichen Straßenverkehr verbunden ist …«).

44 Die psychische Leistungsfähigkeit kann mit objektivierbaren Tests festgestellt werden. Ausschlaggebend ist, ob die Mindestanforderungen erfüllt werden (Nr. 2.5 der Begutachtungs-Leitlinien). Kann jemand nicht einmal mehr diese Mindestanforderungen erfüllen, ist er als ungeeignet anzusehen mit der Folge, dass u.U. eine beantragte Fahrererlaubnis (FE) versagt oder eine erteilte Fahrerlaubnis entzogen werden muss.

45 Wer sich im Straßenverkehr sicher bewegen will, muss nämlich innerhalb von kürzester Zeit verschiedene Informationen aufnehmen und verarbeiten (können), um situationsangepasst reagieren zu können. Das ist (oft) schon in nüchternem Zustand schwierig. Drogen haben aber bereits in geringer Dosis erhebliche negative Wirkungen auf die Konzentrationsfähigkeit, die Reaktionsfähigkeit und das Wahrnehmungs- und Urteilsvermögen, meist ohne dass dies dem Konsumenten überhaupt bewusst wird. Im Gegenteil: in der Regel fühlt sich der Betroffene euphorisch, die eigenen Fähigkeiten werden überschätzt, die Risikobereitschaft steigt. Zudem hat jede Droge noch ihre eigenen, spezifischen Auswirkungen auf das körperliche und geistige Leistungsvermögen (*ADAC*, Drogen im Straßenverkehr, S. 8). Amphetamin putscht auf, in der Abklingphase führt es aber zu starker Blendempfindlichkeit und zu Erschöpfungszuständen, die in Sekundenschlaf münden können. Bei Heroin kann es im schlimmsten Fall zur Atemlähmung kommen, Cannabis beeinflusst das Blickfeld und das Stereosehen.

II. Die Bedeutung des § 24a StVG

46 Die herausragende Bedeutung des Delikts § 24a StVG resultiert aus der Tatsache, dass dessen rechtskräftiges Vorliegen bei den Betroffenen zu medizinisch-psychologischen Begutachtungen führt.

47 Folgende Begutachtungsfälle sind nach der FeV gegeben:
- Zwingende Anordnung eines medizinisch-psychologischen Gutachtens gem. § 13 Nr. 2 Buchst. b) FeV für den Fall, dass wiederholt Zuwiderhandlungen im Straßenverkehr unter Alkoholeinfluss begangen wurden. Dieser Fall kann u.a. dann eintreten, wenn zwei Delikte gem. § 24a Abs. 1 StVG begangen wurden.

- Zwingende Anordnung eines medizinisch-psychologischen Gutachtens gem. § 13a Nr. 2 Buchst. b) FeV für den Fall, dass wiederholt Zuwiderhandlungen im Straßenverkehr unter Cannabiseinfluss begangen wurden. Dieser Fall kann u.a. dann eintreten, wenn zwei Delikte gem. § 24a Abs. 2 StVG begangen wurden.
- Zwingende Anordnung eines medizinisch-psychologischen Gutachtens gem. § 14 Abs. 2 Nr. 3 FeV für den Fall, dass wiederholt Zuwiderhandlungen im Straßenverkehr nach § 24a StVG begangen wurden.

Da in den vorgenannten Fallkonstellationen eine psychologische Exploration der genannten Delikte unabdingbar ist, müssen sich Verkehrspsychologen auch mit dem Deliktsaufbau und der Auslegung des § 24a StVG fachlich auskennen. 48

Der durch den Bundesgesetzgeber neu formulierte Tatbestand des § 24a Abs. 1a StVG (Fassung laut BT-Drucks. 20/11370, S. 3, in Kraft getreten am 22.08.2024, BGBl. 2024 I Nr. 266 v. 21.08.2024, S. 1) lautet: 49

> (1a) Ordnungswidrig handelt, wer vorsätzlich oder fahrlässig im Straßenverkehr ein Kraftfahrzeug führt, obwohl er 3,5 ng/ml oder mehr Tetrahydrocannabinol im Blutserum hat.

Der durch den Bundesgesetzgeber neu formulierte Tatbestand des § 24a Abs. 2 StVG (Fassung laut BT-Drucks. 20/11370, S. 3, in Kraft getreten am 22.08.2024, BGBl. 2024 I Nr. 266 v. 21.08.2024, S. 1) lautet: 50

> (2) Ordnungswidrig handelt, wer vorsätzlich oder fahrlässig unter der Wirkung eines in der Anlage zu dieser Vorschrift genannten berauschenden Mittels im Straßenverkehr ein Kraftfahrzeug führt. Eine solche Wirkung liegt vor, wenn eine in dieser Anlage genannte Substanz im Blutserum nachgewiesen wird.

Der durch den Bundesgesetzgeber neu formulierte Tatbestand des § 24a Abs. 2a StVG, der den Mischkonsum von Cannabis und Alkohol zum Gegenstand hat, lautet (Fassung laut BT-Drucks. 20/11370, S. 3, in Kraft getreten am 22.08.2024, BGBl. 2024 I Nr. 266 v. 21.08.2024, S. 1): 51

> (2a) Ordnungswidrig handelt, wer vorsätzlich oder fahrlässig eine in Absatz 1a genannte Handlung begeht und
> 1. ein alkoholisches Getränk zu sich nimmt oder
> 2. die Fahrt antritt, obwohl er unter der Wirkung eines alkoholischen Getränks steht.

In einer Stichprobenuntersuchung der sächsischen Polizei wurde bereits 2018 festgestellt, dass bei der Betrachtung von 29 Fällen des § 24a Abs. 2 StVG in 10 Fällen ein Mischkonsum von Cannabis mit anderen Drogen inkl. Alkohol nachgewiesen werden konnte (*Prügner*, S. 407). 52

Das Führen von Kraftfahrzeugen unter der Wirkung anderer berauschender Mittel ist nur dann als eine Ordnungswidrigkeit gem. § 24a Abs. 1a StVG zu bewerten, wenn 3,5 ng/ml oder mehr Tetrahydrocannabinol im Blutserum festgestellt wurden. Dieselbe Prämisse gilt für den Tatbestand des Mischkonsums von Alkohol und Cannabis gem. § 24a Abs. 2a StVG. Zudem gilt der Tatbestand des Mischkonsums erst ab einem Wert von 0,2 Promille Alkohol im Blut oder 0,1 mg/l Alkohol in der Atemluft (Begründung laut BT-Drucks. 20/11370, S. 11). 53

54 Bei allen anderen in der Anlage zum § 24a StVG genannten Substanzen gilt weiterhin die Regelung, dass der Tatbestand des § 24a Abs. 2 StVG vorliegt, wenn im Blut des Kraftfahrzeugführers eine Substanz nachgewiesen wird, die in der Anlage zum § 24a StVG aufgeführt ist und keine Rechtfertigung der Einnahme durch eine medizinische Indikation und Verschreibung vorliegt (Medikamentenprivileg).

55 In allen Tatvarianten des § 24a StVG handelt es sich um einen abstrakten Gefährdungstatbestand, wobei die Gefahr für den Straßenverkehr und alle Personen, die sich darin befinden, darin zu sehen ist, dass der Täter unter der Einwirkung bestimmter Rauschmittel fährt, die im konkreten Fall bei ihm zwar keine Fahrunsicherheit im Sinne einer Straftat des § 316 StGB bewirkt haben, aber gleichwohl geeignet sind, seine Verkehrs- und Fahrsicherheit erheblich zu beeinträchtigen. Als ein abstraktes Gefährdungsdelikt dient die Vorschrift der Erhöhung der Sicherheit im Straßenverkehr und damit dem Schutz wichtiger Rechtsgüter wie insbesondere dem Leben, der Gesundheit und dem Eigentum der Verkehrsteilnehmer (BVerfG, Stattgebender Kammerbeschl. v. 21.12.2004 – 1 BvR 2652/03, BVerfGK 4, 323–332).

56 § 24a StVG normiert die »0,5 Promille-Grenze«. Nach § 24a Abs. 1 StVG handelt ordnungswidrig, wer im Straßenverkehr ein Kraftfahrzeug führt, obwohl er 0,25 mg/l oder mehr Alkohol in der Atemluft oder 0,5 Promille oder mehr Alkohol im Blut oder eine Alkoholmenge im Körper hat, die zu einer solchen Atem- oder Blutalkoholkonzentration führt.

57 Nach § 24a Abs. 2 Satz 1 StVG handelt (auch) ordnungswidrig, wer unter Wirkung eines in der Anlage zu dieser Vorschrift genannten berauschenden Mittels ein Kfz führt. Eine solche Wirkung liegt nach Satz 2 schon vor, wenn eine der in der Anlage genannten Substanzen im Blut nachgewiesen wird, sofern die Substanz nicht Bestandteil eines verordneten Medikamentes ist.

58 Die Anlage zu § 24a Abs. 2 StVG nennt seit dem 22.08.2024 folgende berauschende Mittel und Substanzen:

Berauschende Mittel	**Substanzen**
Heroin	Morphin
Morphin	Morphin
Cocain	Cocain
Cocain	Benzoylecgonin
Amfetamin	Amfetamin
Designer-Amfetamin	Methylendioxyamfetamin (MDA)
Designer-Amfetamin	Methylendioxyethylamfetamin (MDE)
Designer-Amfetamin	Methylendioxymethamfetamin (MDMA)
Metamfetamin	Metamfetamin

Eine Ordnungswidrigkeit begeht nur, wer unter der Wirkung einer dieser konkret 59 benannten Mittel steht. Eine analoge Ausdehnung auf andere Substanzen ist nicht möglich (*Ferner & Kollegen*, S. 12; die Anwendung des Analogieverbots auch im Ordnungswidrigkeitenrecht thematisiert und erlaubt auch das BVerfG, siehe BVerfG, Kammerbeschl. v. 27.07.1992 – 2 BvR 595/92, Rn. 13, juris). Ein gesetzlicher Grenzwert ist bei nahezu allen Mitteln nicht angegeben. Der Gesetzgeber war bei Abfassen der Norm der grundsätzlichen Auffassung, dass die Festlegung von Grenzwerten nicht möglich sei, da – im Gegensatz zum Alkohol-Dosis-Wirkungsbeziehungen (derzeit) nicht festgestellt werden könnten. Dies rechtfertige einen Gefährdungstatbestand, der ein allgemeines Verbot ausspreche (BT-Drucks. 13/3764). Das BVerfG hat diese Vorgehensweise gebilligt und festgestellt, dass eine unterschiedliche Behandlung von Alkohol und (anderen) Drogen sachlich gerechtfertigt ist (BVerfG, Beschl. v. 21.12.2004 – 1 BvR 2652/03, DAR 2005, 70). Das BVerfG hat allerdings auch angemerkt, dass angesichts der Fortschritte in der Messtechnik eine Korrektur der Vorschrift erforderlich ist. Da Wirkungs- und Nachweisdauer nicht mehr übereinstimmen, dürfe nicht mehr die »Nullwertgrenze« gelten. Festgestellt werden müsse eine Konzentration, die es entsprechend dem Charakter der Vorschrift als eines abstrakten Gefährdungsdelikts als möglich erscheinen lässt, dass der untersuchte Kraftfahrzeugführer am Straßenverkehr teilgenommen hat, obwohl seine Fahrtüchtigkeit eingeschränkt war (BVerfG, Beschl. v. 21.12.2004 – 1 BVR 2652/03, ZVS 51 [2005], 104 f. mit Anm. *Müller*). Das würde in der Wissenschaft zum Teil erst bei Konzentrationen von über 1 ng/ml angenommen. Die Fachgerichte haben das umgesetzt, indem sie nicht mehr jeden Nachweis von Drogen im Blut gelten lassen, sondern auf die Überschreitung der Grenzwerte der Grenzwertkommission abstellen (siehe z.B. OLG Karlsruhe, Beschl. v. 22.09.2010 – 3 [7] SsBs 541/10 – AK 189/10, NZV 2011, 413; OLG Hamm, Beschl. c. 20.05.2008 – 5 Ss OWi 282/08, Blutalkohol 45 [2008], 391).

Auf der Grundlage der bundeseinheitlich geltenden und jeweils per Ländererlass in 60 Kraft gesetzten Verwaltungsvorschrift des Bundeseinheitlichen Tatbestandskatalogs sollen von der Polizei und den Bußgeldbehörden seit dem 01.03.2008 Delikte nach § 24a Abs. 2 StVG allerdings nur noch dann als Ordnungswidrigkeiten geahndet werden, wenn die in der folgenden Tabelle aufgeführten analytischen Grenzwerte im Blut erreicht oder überschritten worden sind (Kraftfahrt-Bundesamt, BT-KAT-OWi, 15. Aufl. 2023, S. 358/1; die aktuelle Einführung der Tabelle in das Bußgeldrecht geht auf einen Beschluss des Verkehrsgerichtstages aus dem Jahr 2006 zurück, vgl. dazu Deutsche Akademie für Verkehrswissenschaft, 44. VGT, S. 10).

Nach den Empfehlungen der Grenzwertkommission bestehen folgende Grenzwerte 61 (https://drogen.dvr.de/stvg_p24a_a2_grenzwerte.htm, aufgerufen am 03.07.2024):

Mittel	**Substanz**	**Grenzwert im Blut [ng/ml]**
Cannabis	Tetrahydrocannabinol (THC)	1
Heroin	Morphin	10
Morphin	Morphin	10

Mittel	**Substanz**	**Grenzwert im Blut [ng/ml]**
Kokain	Benzoylecgonin	75
Amfetamine	Amfetamin	25
Designer Amfetamine	Methylendioxyamfetamin (MDA)	25
	Methylendioxyethylamfetamin (MDE)	25
	Methylendioxymetamfetamin (MDAE)	25
Metamfetamin	Metamfetamin	25

62 Es dürfte zwar kaum zu erwarten sein, dass eine Bußgeldbehörde entgegen den Vorgaben des BT-KAT-OWi einen Bußgeldbescheid erlassen wird, wenn z.B. 15 ng/ml Amfetamin im Serum nachgewiesen wurden. Aber auch bei Nichterreichen des sog. Nachweisgrenzwertes bleibt eine Ahndung wegen einer tatbestandsmäßigen Drogenfahrt nach § 24a Abs. 2 StVG möglich, sofern neben der den analytischen Nachweisgrenzwert nicht erreichenden konkreten Konzentration des berauschenden Mittels im Blut des Betroffenen weitere Umstände, insbesondere drogenbedingte Verhaltensauffälligkeiten oder rauschmitteltypische Ausfallerscheinungen festgestellt werden, die es als möglich erscheinen lassen, dass der Betroffene am Straßenverkehr teilgenommen hat, obwohl seine Fahrtüchtigkeit durch die Wirkung des berauschenden Mittels eingeschränkt war (OLG Bamberg, Beschl. v. 11.12.2018 – 3 Ss OWi 1526/18, juris).

63 Am 07.06.2024 hat der Deutsche Bundestag den ersten gesetzlich bestimmten Grenzwert beschlossen. Die Vorschrift des § 24a Abs. 1a StVG lautet nun:

> »Ordnungswidrig handelt, wer vorsätzlich oder fahrlässig im Straßenverkehr ein Kraftfahrzeug führt, obwohl er 3,5 ng/ml oder mehr Tetrahydrocannabinol im Blutserum hat.«

64 Mit diesem einzigen gesetzlichen Grenzwert hat der Gesetzgeber die von ihm gewählte Gesetzessystematik bewusst verlassen, obwohl in der Wissenschaft keineswegs unstrittig ist, dass die geforderte Dosis-Wirkungsbeziehung nunmehr festgestellt werden kann.

65 Kein polizeilich eingesetzter Drogenschnelltest ist aktuell dazu in der Lage, diese Werte genau anzuzeigen. Das kann auch weiterhin nur durch eine Blutanalyse beweissicher festgestellt werden.

66 Trotz der zum 01.04.2024 erfolgten Teillegalisierung der Droge Cannabis bestand nach Auffassung des BayObLG aufgrund der bis zum 21.08.2024 gültigen Rechtslage keine Veranlassung, von dem nach ständiger obergerichtlicher Rechtsprechung maßgeblichen sog. analytischen Nachweisgrenzwert für THC bzw. Cannabisprodukte von 1 ng/ml THC im Blutserum zugunsten einer ggf. de lege ferenda mit Blick auf § 44 KCanG gesetzlichen Implementierung eines höheren gesetzlichen Wirkungsgrenzwertes von 3,5 ng/ml im Rahmen des als abstraktes Gefährdungsdelikts ausgestalteten Tatbestandes des § 24a StVG abzuweichen (BayObLG, Beschl. v. 02.05.2024 – 202 ObOWi 374/24, juris).

Bezüglich des Fahrlässigkeitsvorwurfs im Sinne von § 24a Abs. 2 und 3 StVG gilt, dass ein Kraftfahrer nach vorangegangenem Genuss von Rauschmitteln verpflichtet ist, vor Antritt der Fahrt durch gehörige Selbstprüfung und notfalls Einholung fachkundigen Rats oder eben durch Abstandnahme von der Fahrt sicherzustellen, dass er nicht mit einem im Bereich des Grenzwerts von 10 ng/ml Kokain oder darüberhinausgehenden Wert an Betäubungsmitteln im Blut ein Kraftfahrzeug im Straßenverkehr führt. Eine Sorgfaltspflichtverletzung und somit ein subjektiver Sorgfaltspflichtverstoß bezüglich des Fahrens unter der Einwirkung berauschender Mittel ist anzunehmen, wenn (wie hier) der Grenzwert nahezu erreicht ist und durch die vorzunehmende Rückrechnung auch nicht unerheblich überschritten ist. Die Annahme vorsätzlichen Handelns bedarf, jedenfalls wenn es nicht wie z.B. beim Verstoß gegen § 23 Abs. 1a StVO in der Tat angelegt ist und sich gewissermaßen von selbst versteht, ausdrücklicher Feststellung (KG Berlin, Beschl. v. 23.04.2021 – 3 Ws [B] 87/21, juris). 67

Der Art des geführten Kraftfahrzeugs kommt für die abstrakte Gefahr, die von einer Trunkenheitsfahrt für die Sicherheit des Straßenverkehrs ausgeht, keine derart bestimmende Bedeutung zu, dass dieser Umstand allein schon die Indizwirkung des Regelbeispiels für ein Fahrverbot nach §§ 25 Abs. 1 Satz 2, 24a StVG entfallen lässt (OLG Zweibrücken, Beschl. v. 29.06.2021 – 1 OWi 2 SsBs 40/21, juris, das OLG entschied über einen Fahrzeugführer eines E-Scooters). Es gelten daher die allgemeinen Definitionen für Kraftfahrzeuge aus § 1 Abs. 2, 3 StVG. 68

Auch im Ordnungswidrigkeitenverfahren kann nach § 25 StVG ein (bis zu drei Monate währendes) Fahrverbot verhängt werden. Der Bundesgesetzgeber bezeichnete das Fahrverbot in dessen Konzeption als eine gerade auch bei Ordnungswidrigkeiten unentbehrliche »Denkzettel- und Besinnungsmaßnahme« (BT-Drucks. V/1319, S. 90). Fahrverbote wirken in die Zukunft, während Bußgelder lediglich als Sanktionen für vergangenes Fehlverhalten und damit nur als eine lästige Quittung für eine von den Täterinnen und Tätern eher als eine »lässliche Sünde« interpretiert werden. 69

Im Rahmen der Exploration ist also die Fragestellung statthaft und auch dezidiert angebracht, welche Strategien der Betroffene angewandt hatte, um aus seinen beiden Fahrverboten für die Zukunft zu lernen. 70

▶ Bindung an die strafgerichtliche Entscheidung:

Im (laufenden) **Strafverfahren** steht § 3 Abs. 3 StVG auch vorbereitenden Maßnahmen wie der Anforderung eines medizinisch-psychologischen Gutachtens entgegen. Eine auf § 11 Abs. 8 FeV gestützte Entziehung der Fahrerlaubnis ist rechtswidrig, wenn die Gutachtensanforderung zu einem Zeitpunkt erfolgte, zu dem noch ein Berücksichtigungsverbot nach § 3 Abs. 3 StVG bestand (VGH Baden-Württemberg, Beschl. v. 19.08.2013 – 10 S 1266/13, NJW 2014, 484). Die in § 3 Abs. 4 Satz 1 StVG angeordnete Bindung der Verwaltungsbehörde an die Beurteilung der Kraftfahreignung in einem Strafurteil steht nicht nur der Entziehung der Fahrerlaubnis, sondern auch vorbereitenden Aufklärungsmaßnahmen wie der Anforderung eines Gutachtens auf der Grundlage von § 13 Satz 1 Nr. 2b FeV entgegen. Die Bindungswirkung tritt nicht ein, wenn die Fahrerlaubnisbe- 71 hörde einen umfassenderen Sachverhalt als das Strafgericht zu beurteilen hat. Dies ist dann nicht der Fall, wenn die Fahrerlaubnisbehörde die Gutachtensanforderung nur auf strafgerichtliche Vorverurteilungen stützt, die das Strafgericht in seinem letzten Urteil bei der Strafzumessung zu Lasten des Führerscheininhabers berücksichtigt hat (VGH Baden-Württemberg, SVR 2010, 235). Eine Verfahrenseinstellung nach § 153a StPO steht der Anforderung eines Gutachtens durch die Fahrerlaubnisbehörde nicht entgegen, da sie die Erfüllung des Straftatbestandes nicht entfallen lässt (VG Regensburg, Beschl. v. 26.11.2013 – RN 8 S 13.1824, juris)

72 Das hindert jedoch nicht die Entziehung der Fahrerlaubnis aus »Anlass« derselben Drogenfahrt; insbesondere steht das Verbot der »Doppelbestrafung« (§ 84 Abs. 1 OWiG) dem nicht entgegen. Im Verfahren nach § 25 StVG wird keine Entscheidung über die Eignung eines Kraftfahrzeugfahrers zum Führen von Kraftfahrzeugen getroffen. Mit der Verhängung eines Fahrverbots neben einer Geldbuße wird lediglich eine erzieherische Nebenfolge verfügt, nicht jedoch über die Fahreignung des Betreffenden befunden. Das Fahrverbot ist als »Denkzettel- und Besinnungsmaßnahme« gedacht und ausgeformt und soll in erster Linie spezialpräventiv auf nachlässige oder leichtsinnige Kraftfahrer einwirken. Da im Bußgeldverfahren die Eignung zum Führen von Kraftfahrzeugen nicht geprüft wird, entfalten Bußgeldentscheidungen nach § 3 Abs. 4 Satz 2, 2. Halbs. StVG für das behördliche Entziehungsverfahren auch nur insoweit Bindungswirkung, als sie sich auf die Feststellung des Sachverhalts und die Beurteilung der Schuldfrage beziehen, nicht hingegen hinsichtlich der Eignungsfrage (VGH Baden-Württemberg, VRS 109, 450).

III. Die Fahrerlaubnis-Verordnung (FeV): Krankheiten und Mängel nach Anlage 4

73 Die Eignung ist ein zentraler Begriff im Straßenverkehrs- bzw. Fahrerlaubnisrecht. Bewerber um eine FE müssen die notwendigen körperlichen und geistigen Anforderungen erfüllen (§ 11 Abs. 1 Satz 1 FeV). Das gilt dauerhaft, da sonst die FE entzogen werden muss (§ 46 Abs. 1 Satz 1 FeV). Die in der praktischen und theoretischen Fahrerlaubnisprüfung nachzuweisenden Fähigkeiten und Kenntnisse betreffen nicht die Eignung, sondern die Befähigung. Die Eignung wird vom Gesetz positiv als Voraussetzung für die Erteilung der Fahrerlaubnis gefordert. Kann die Eignung nicht festgestellt werden, geht dies zu Lasten des Verkehrsteilnehmers (*Dauer*, in: Hentschel/König/Dauer, § 2 StVG Rn. 7).

74 Durch die Anordnung, ein medizinisch-psychologisches Gutachten einzuleiten und der Verkehrsbehörde vorzulegen, wird in den im Rahmen des **allgemeinen Persönlichkeitsrechts** durch Art. 2 Abs. 1 i.V.m. Art. 1 Abs. 1 GG gewährleisteten Schutz des einzelnen vor Erhebung und Weitergabe von Befunden über Gesundheitszustand, seelische Verfassung und Charakter eingegriffen. Da die Charakterforschung Selbstachtung und gesellschaftliche Stellung des Betroffenen berührt, stehen die psychologischen Befunde eines Gutachtens zur Feststellung der Fahreignung dem unantast-

baren Bereich privater Lebensgestaltung noch näher als die insoweit zu erhebenden rein medizinischen Feststellungen (BVerfG, Beschl. v. 24.06.1993 – 1 BvR 689/92, BVerfGE 89, 69–91, auch zum Folgenden). Demgegenüber stellt die präventive Kontrolle von Kraftfahrern zum Schutz der Bürger vor dem hohen Risiko des motorisierten Straßenverkehrs für Leben, Gesundheit und Eigentum eine im überwiegenden Interesse der Allgemeinheit liegende und damit grundsätzlich zulässige Einschränkung des allgemeinen Persönlichkeitsrechts dar. Demgemäß müssen an die Eignung zum Führen von Kraftfahrzeugen hohe Anforderungen gestellt werden.

Es begegnet angesichts der besonderen Gefahren, die durch die Teilnahme ungeeigneter Kraftfahrer am Straßenverkehr drohen, grundsätzlich keinen verfassungsrechtlichen Bedenken, wenn einem Fahrerlaubnisinhaber zur Gefahrenabwehr Nachteile in beruflicher oder in privater Hinsicht entstehen (BVerfG, Einstweilige Anordnung v. 05.03.2007 – 1 BvR 305/07, juris). 75

Ob jemand zum Führen von Kraftfahrzeugen geeignet ist, bestimmt sich i.d.R. nach der Anlage 4 (»Eignung und bedingte Eignung zum Führen von Kraftfahrzeugen«) zu den §§ 11, 13 und 14 FeV (§ 11 Abs. 1 Satz 2, § 46 Abs. 1 Satz 2 FeV). Die Anlage 4 mit ihrer Auflistung von Krankheiten und Mängeln ist nicht ein bloßes antizipiertes Sachverständigengutachten, sondern materieller Teil der Fahrerlaubnis-Verordnung und damit normativ verbindlich (OVG Nordrhein-Westfalen, Beschl. v. 25.03.2003 – 19 B 186/03, juris; *Zwerger*, DAR 2005, 431). Nach Vorbemerkung Nr. 2 zur Anlage 4 enthält die Anlage häufiger vorkommende Erkrankungen und Mängel, die die Eignung zum Führen von Kraftfahrzeugen längere Zeit beeinträchtigen oder aufheben können. Nicht aufgenommen sind Erkrankungen, die seltener vorkommen oder nur kurzzeitig andauern (z.B. grippale Infekte, akute infektiöse Magen-/Darmstörungen, Migräne, Heuschnupfen, Asthma). Liegen die in der Anlage enthaltenen Tatbestände vor, ist davon auszugehen, dass ein Betroffener grundsätzlich nicht dazu in der Lage ist, ein Kfz zu führen. Die Anlage 4 ist aber nicht abschließend (Amtl. Begr. BR-Drucks. 443/98, S. 254). Soweit Krankheiten in den Anlagen 4 oder 5 FeV nicht genannt sind und berechtigte Zweifel an der Eignung zum Führen von Kraftfahrzeugen bestehen, hat die FE-Behörde eine Ermessensentscheidung nach § 11 Abs. 2 Satz 1 FeV zu treffen, ob ein Gutachten einzuholen ist oder nicht. 76

Grundlage der im Rahmen der §§ 11, 13 oder 14 FeV vorzunehmenden Beurteilung, ob im Einzelfall Eignung oder bedingte Eignung vorliegt, ist nach Nr. 3 der Vorbemerkung zu Anlage 4 FeV in der Regel ein ärztliches Gutachten (§ 11 Abs. 2 Satz 3 FeV), in besonderen Fällen ein medizinisch-psychologisches Gutachten oder ein Gutachten eines amtlich anerkannten Sachverständigen oder Prüfers für den Kraftfahrzeugverkehr (§ 11 Abs. 4 FeV). 77

Die Beurteilung der Eignung oder Nichteignung kann aber dann ohne weitere fachliche Begutachtung erfolgen, wenn die Feststellung des Bestehens einer Krankheit oder eines Mangels sich ohne weiteres aus den ermittelten Tatsachen ergibt sowie keine Anhaltpunkte dafür bestehen, dass die daraus folgende Regelfallbeurteilung der Fahreignung im zu entscheidenden Fall ausnahmsweise nicht anwendbar ist (*Zwerger*, DAR 2005, 431). 78

79 Verweigert der Betroffene die Mitwirkung an der Überprüfung, darf dies in dem Verfahren zur Entziehung der Fahrerlaubnis zu seinen Lasten gewürdigt werden (BVerfG, Nichtannahmebeschl. v. 08.07.2002 – 1 BvR 2428/95, juris).

80 Nr. 8 der Anlage 4 behandelt »Alkohol«, Nr. 9 »Betäubungsmittel, andere psychoaktiv wirkende Stoffe und Arzneimittel«.

1. Alkohol

a) Alkoholabhängigkeit

81 Nach Nr. 8.2 der Anlage 4 zur FeV fehlt die Eignung bei Alkoholabhängigkeit. Wer vom Alkohol abhängig ist, kann kein Kraftfahrzeug führen (Nr. 3.13.2 der Begutachtungs-Leitlinien). Dabei spielt es keine Rolle, ob der Betroffene (jemals) unter Alkoholeinfluss ein Fahrzeug geführt hat. Nach einem Beschluss des BayVGH vom 24.08.2010 (11 CS 10.1139, SVR 2011, 275) sieht die FeV Personen, die alkoholabhängig sind, grundsätzlich – d.h. ohne dass weitere, ihnen nachteilige Tatsachen hinzukommen müssen – als fahrungeeignet an. Der BayVGH hält es in diesem Beschluss aber unter Berufung auf Nr. 3 der Anlage 4 (»Die nachstehend vorgenommenen Bewertungen gelten für den Regelfall. Kompensationen durch besondere menschliche Veranlagung, durch Gewöhnung, durch besondere Einstellung oder durch besondere Verhaltenssteuerungen und -umstellungen sind möglich.«) für möglich, dass auch ein Alkoholabhängiger noch geeignet ist, wenn er nachweislich das Trennungsgebot beachtet, wenn er also Fahren und Trinken bewusst trennen kann. Mit Beschluss vom 27.03.2012 (11 CS 12.201) stellt der BayVGH unter Abgrenzung zum Beschluss von 24.08.2010 aber fest, dass ein Sonderfall nicht schon dann gegeben ist, wenn der Betroffene tatsächlich nicht am Straßenverkehr teilnimmt; die Entscheidung vom 24.08.2010 sei unter der Prämisse erfolgt, dass nach Aussage eines Gutachters die Alkoholkrankheit des Betroffenen »kompensiert« worden sei.

82 Wann genau Alkoholabhängigkeit vorliegt, ist weder dem StVG noch der FeV zu entnehmen. Das Fahrerlaubnisrecht definiert den Begriff der Alkoholabhängigkeit nicht selbst, sondern setzt ihn voraus (BayVGH, SVR 2011, 275; *Dauer*, in: Hentschel/König/Dauer, § 2 StVG Rn. 45). Abzustellen ist deshalb auf das Verständnis dieses medizinischen Phänomens durch die maßgeblichen Fachkreise, das sich insbesondere in der Internationalen statistischen Klassifikation der Krankheiten und verwandter Gesundheitsprobleme (ICD-10) sowie in den Begutachtungs-Leitlinien zur Kraftfahrereignung niedergeschlagen hat.

83 Abschnitt 3.13.2 der Begutachtungs-Leitlinien (die gem. Anlage 4a zur FeV verbindliche Grundlage für die Eignungsbeurteilung sind) nennt in Übereinstimmung mit Abschnitt F10.2 der ICD-10 sechs diagnostische Kriterien, von denen nach den Begutachtungs-Leitlinien mindestens drei während des letzten Jahres gleichzeitig vorgelegen haben müssen, um Alkoholabhängigkeit bejahen zu können:

1. Ein starker Wunsch oder eine Art Zwang, psychotrope Substanzen zu konsumieren.

2. Verminderte Kontrollfähigkeit bezüglich des Beginns, der Beendigung und der Menge des Konsums.
3. Ein körperliches Entzugssyndrom bei Beendigung oder Reduktion des Konsums, nachgewiesenen durch die substanzspezifischen Entzugssymptome oder durch die Aufnahme der gleichen oder einer nahe verwandten Substanz, um Entzugssymptome zu mildern oder zu vermeiden.
4. Nachweis einer Toleranz. Um die ursprünglich durch niedrigere Dosen erreichten Wirkungen der psychotropen Substanz hervorzurufen, sind zunehmend höhere Dosen erforderlich (Beispiel: Tagesdosen von Alkoholikern, die bei Konsumenten ohne Toleranzentwicklung zu einer schweren Beeinträchtigung oder sogar zum Tode führen würden).
5. Fortscheitende Vernachlässigung anderer Vergnügen oder Interessen zugunsten des Substanzkonsums, erhöhter Zeitaufwand, um die Substanz zu beschaffen, zu konsumieren oder sich von den Folgen zu erholen.
6. Anhaltender Substanzkonsum trotz Nachweises eindeutiger schädlicher Folgen, wie z.B. Leberschädigung durch exzessives Trinken, depressive Verstimmungen infolge starken Substanzkonsums oder drogenbedingte Verschlechterung kognitiver Funktionen. Es sollte dabei festgestellt werden, dass der Konsument sich tatsächlich über Art und Ausmaß der schädlichen Folgen im Klaren war oder dass zumindest davon auszugehen ist.

Die Beurteilung nach den Leitlinien trifft der Arzt. Um die Diagnose »Alkoholabhängigkeit« stellen zu können, bedarf es keiner prognostischen Überlegungen, sondern der Ermittlung und Bewertung anamnestischer und aktuell vorliegender (sozial-)medizinischer Gegebenheiten. Das gehört zum Kernbereich ärztlicher Tätigkeit (BayVGH, SVR 2011, 275). 84

Die Schwierigkeit in der gutachterlichen Praxis besteht darin, dass es nur wenige Kriterien gibt, die sich ohne aktive Mithilfe des Betroffenen objektivieren lassen. Objektive Anknüpfungstatsachen sind häufig nur die anlassbezogenen Vorfälle und die festgestellten Atem- bzw. Blutalkoholkonzentrationen. Dabei können aus der Höhe der anlässlich von Auffälligkeiten bestimmten Blut- oder Atemalkoholkonzentrationen Rückschlüsse auf das Kriterium Toleranzbildung gezogen werden. Der Nachweis einer Toleranz bedeutet, dass zunehmend höhere Alkoholdosen erforderlich sind, um die ursprünglich durch niedrigere Dosen erreichten Wirkungen hervorzurufen. Es gibt dabei keine feste Grenze, ab wann von einer Toleranzbildung ausgegangen werden muss. In der Literatur wird häufig als Grenze 2,0 Promille vorgeschlagen, sofern adäquate Trunkenheitssymptome fehlen. BAK-Werte ab 3,0 Promille sprechen nach medizinischen Erkenntnissen mit einer großen Sicherheit für eine Alkoholabhängigkeit (BayVGH, Beschl. v. 05.06.2009 – 11 CS 09.69, juris; VG München, Beschl. v. 24.04.2013 – M 1 S 13.1314, juris; BayVGH, Beschl. v. 27.03.2017 – 11 CS 17.420). Bei Blut- oder Atemalkoholkonzentrationen, die unterhalb von 3,0 Promille (bzw. den damit korrespondierenden AAK-Werten) liegen, ist Alkoholabhängigkeit nur dann zu bejahen, wenn weitere auf eine Abhängigkeit hindeutende Umstände hinzutreten (BayVGH, Beschl. v. 29.10.2009 – 11 CS 09.1968, juris). 85

86 Medizinisch gesehen ist die Alkoholabhängigkeit eine chronische, grundsätzlich lebenslang fortbestehende Erkrankung, die sich nicht allein durch den Zeitablauf und die Einhaltung von Abstinenz erledigt. Eine Alkoholabhängigkeitserkrankung besteht auch bei Symptomfreiheit (Alkoholabstinenz) nach überwiegender fachlicher Auffassung weiter. Die verkehrsrechtliche Sicht, wonach für die Wiederherstellung der Fahreignung gefordert wird, dass die Abhängigkeit nicht mehr besteht (Nr. 8.4 der Anlage 4 zur FeV), kann in dem Sinne interpretiert werden, dass eine dauerhaft stabile Alkoholabstinenz vorliegt (BayVGH, Beschl. v. 12.02.2024 – 11 ZB 23.742).

87 Das »Verdikt Ungeeignetheit« muss also nicht ein für alle Mal bestehen bleiben: Nach erfolgreichem Abschluss (BayVGH, Beschl. v. 27.03.2012 – 11 CS 12.201, juris; VG Ansbach, Beschl. v. 16.01.2013 – AN 10 S 12.02132, juris) einer Entwöhnungsbehandlung und einem sich daran anschließenden Abstinenzzeitraum (wobei der Abstinenznachweis grundsätzlich durch Urinkontrollen und/oder Haaranalysen auf den Abstinenzenmarker Ethylglucuronid zu führen ist – VG München, Beschl. v. 22.01.2013 – M 1 S 13.30, juris) von einem Jahr kann die Fahreignung wieder vorliegen (zur Notwendigkeit, nach Entziehung der Fahrerlaubnis und erfolgreicher Entwöhnung – einschließlich abgelaufenen Abstinenzzeitraums – ein medizinisch-psychologisches Gutachten vorzulegen siehe § 13 Satz 1 Nr. 2 Buchst. d) FeV).

b) Alkoholmissbrauch

88 Ungeeignetheit liegt auch vor bei Alkoholmissbrauch. Alkoholmissbrauch liegt nach der Legaldefinition (welche zu unterscheiden ist von der medizinischen, vgl. BayVGH, Beschl. v. 15.05.2012 – 11 C 12.945, juris) unter Nr. 8.1 der Anlage 4 zur FeV dann vor, wenn »das Führen von Fahrzeugen und ein die Fahrsicherheit beeinträchtigender Alkoholkonsum nicht hinreichend sicher getrennt werden«. Da die Entziehung (oder Versagung) der Fahrerlaubnis nicht – repressiv – der Ahndung vorangegangener Verkehrsverstöße dient, ist diese Definition dahingehend zu ergänzen, dass Alkoholmissbrauch (auch schon) vorliegt, **wenn zu erwarten ist**, dass das Führen von Fahrzeugen und ein die Fahrsicherheit beeinträchtigender Alkoholkonsum nicht hinreichend sicher getrennt werden können (BVerwG, DAR 2008, 537).

89 Von Missbrauch ist nach Nr. 3.13.1 der Begutachtungs-Leitlinien insbesondere in folgenden Fällen auszugehen:

1. in jedem Fall (ohne Berücksichtigung der Höhe der Blutalkoholkonzentration), wenn wiederholt ein Fahrzeug unter unzulässig hoher Alkoholwirkung geführt wurde,
2. nach einmaliger Fahrt unter hoher Alkoholkonzentration (ohne weitere Anzeichen einer Alkoholwirkung),

90 3. wenn aktenkundig belegt ist, dass es bei dem Betroffenen im Zusammenhang mit der Verkehrsteilnahme zu einem Verlust der Kontrolle des Alkoholkonsums gekommen ist.

91 Nach wohl überwiegender Rechtsprechung (OVG Nordrhein-Westfalen, Beschl. v. 08.09.2008 – 16 B 749/08, zitiert von VG Aachen, Urt. v. 09.05.2012 –

3 K 1042/12, juris; VGH Baden-Württemberg, DAR 2002, 233; OVG Niedersachsen, DAR 2007, 227; VG Würzburg, Beschl. v. 02.12.2013 – W 6 S 13.1151, juris; VG Aachen, Urt. v. 09.05.2012 – 3 K 1042/12, juris) kann auch ein missbräuchlicher Alkoholkonsum außerhalb des Straßenverkehrs Anlass zu Eignungszweifeln (und damit eine Rechtfertigung für die Anforderung eines Gutachtens) geben. Hierfür kann bereits die einmalige Feststellung einer schweren Alkoholisierung – im vorliegenden Fall deutlich über 2 Promille – die Annahme von Alkoholmissbrauch begründen, (vor allem) wenn weitere tatsächliche Umständen die Annahme begründen, dass der Betroffene Alkoholgenuss und Teilnahme am Straßenverkehr nicht trennen wird (VGH Baden-Württemberg, VRS 103, 224).

Begründet wird diese Auffassung damit, dass bei Personen, die Blutalkoholwerte 92
über 1,6 Promille erreichen können, nach verkehrsmedizinischen Untersuchungen in der Regel, auch wenn sie erstmals auffällig werden, eine dauerhafte und ausgeprägte Alkoholproblematik besteht, die durch erheblich von der Norm abweichende Trinkgewohnheiten geprägt ist. Grundsätzlich sei davon auszugehen, dass der gesellschaftlich übliche Alkoholkonsum in der Regel – auch bei besonderen Trinkanlässen – nur zu Spitzenwerten zwischen 0,8 Promille und 1,1 Promille, in besonderen Fällen auch bis 1,3 Promille führen kann. Bei Promillewerten darüber müsse »ein vom üblichen Konsumverhalten (stärker) abweichendes (»abnormes«) Trinkverhalten vorgelegen haben«. Werte von 1,6 Promille und mehr würden danach von der durchschnittlich alkoholgewöhnten Bevölkerung nicht mehr erreicht. Daher bestehe bei Personen, die Blutalkoholwerte über 1,6 Promille erreichen können, nach verkehrsmedizinischen Untersuchungen in der Regel, auch wenn sie erstmals auffällig werden, eine dauerhafte und ausgeprägte Alkoholproblematik, die durch erheblich von der Norm abweichende Trinkgewohnheiten geprägt ist (VG Aachen, Urt. v. 09.05.2012 – 3 K 1042/12, juris). Die normalen körperlichen Symptome, die bei einem Rausch auftreten, würden bei solchen Personen nicht mehr als »Bremse« für eine Verkehrsteilnahme wirken (VG Würzburg, Beschl. v. 02.12.2013 – W 6 S 13.1151, juris; im entschiedenen Falle sprachen allerdings noch weitere Vorkommnisse für einen Kontrollverlust – z.B. vorherige Entwöhnungsbehandlung).

Auch ein alkoholbedingtes, gegenüber Dritten – insbesondere in der Öffentlichkeit – 93
gezeigtes, aggressives Verhalten soll eine »sonstige Tatsache« im Sinne des § 13 Satz 1 Nr. 2a 2. Alternative FeV darstellen können, welches den Verdacht von Alkoholmissbrauch begründet und Anlass zu weiterer Sachaufklärung durch die Fahrerlaubnisbehörde bietet (VG Aachen, Urt. v. 09.05.2012 – 3 K 1042/12, juris).

Das OVG Saarland (OVG Saarland, Beschl. v. 18.09.2000 – 9 W 5/00, juris) und 94
der VGH Hessen (VGH Hessen, Beschl. v. 09.11.2000 – 2 TG 3571/00, juris) fordern dagegen einen Zusammenhang mit der Teilnahme am Straßenverkehr. Nach vermittelnder – und wohl richtiger – Ansicht kann eine Fahrungeeignetheit i.S.v. Nr. 8.1 der Anlage 4 zur FeV nicht angenommen werden, wenn der Betroffene noch nie beim Fahren unter Alkoholeinfluss angetroffen wurde und nach seinen derzeitigen Lebensumständen eine künftige alkoholisierte Teilnahme am Straßenverkehr nicht, wie etwa bei Berufskraftfahrern (hierzu siehe auch VGH Baden-Württemberg,

VRS 103, 224), die täglich am motorisierten Straßenverkehr teilnehmen müssen, zwingend erscheint (BayVGH, Beschl. v. 04.04.2006 – 11 CS 05.2439, juris; siehe auch OVG Nordrhein-Westfalen, zfs 2014, 119: »Nicht (unmittelbar) straßenverkehrsbezogene Alkoholauffälligkeiten begründen einen die Anordnung eines medizinisch-psychologischen Gutachtens erfordernden Verdacht auf Alkoholmissbrauch, wenn weitere tatsächliche Umstände hinzukommen, die in der Gesamtschau mit einer vermuteten Alkoholproblematik bei realistischer Betrachtung die Annahme rechtfertigen, dass das Führen von Fahrzeugen und ein die Fahrsicherheit beeinträchtigender Alkoholkonsum nicht hinreichend sicher getrennt werden können.« Nach dem OVG müssen die Anforderung des Gutachtens darüber hinaus auch auf diese Gründe gestützt werden.).

95 Einem Fahrerlaubnisinhaber kann seine Fahrerlaubnis auch dann entzogen werden, wenn er als Radfahrer mit einem Blutalkoholgehalt von 1,6 Promille oder mehr am Straßenverkehr teilgenommen hat und wenn zu erwarten ist, dass er künftig auch ein Kraftfahrzeug in fahruntüchtigem Zustand führen wird (BVerwG, DAR 2008, 537).

2. Cannabis

a) Rechtslage bis zum 01.04.2024

96 Nach der alten Fassung der Nummer 9.2 der Anlage 4 zur FeV war u.a. derjenige nicht in der Lage, den gestellten Anforderungen zum Führen von Kraftfahrzeugen gerecht zu werden, und damit ungeeignet zum Führen von Kraftfahrzeugen, der
- regelmäßig Cannabis einnimmt oder
- Cannabis gelegentlich konsumiert und den Konsum und das Fahren nicht trennen kann, zusätzlich Alkohol oder andere psychoaktiv wirkende Stoffe gebraucht oder bei einer Störung der Persönlichkeit oder bei einem Kontrollverlust.

97 Regelmäßiger Cannabiskonsum schloss die Fahreignung aus, ohne dass weitere fahreignungsrelevante Umstände, wie etwa fehlendes Trennungsvermögen, hinzutreten mussten. Regelmäßiger Konsum wurde angenommen, wenn Cannabis täglich oder nahezu täglich eingenommen wurde (BVerwG, Urt. v. 26.02.2009 – 3 C 1.08, DAR 2009, 342). Regelmäßiger Konsum konnte auch angenommen werden, wenn er nur über einen kurzen Zeitraum erfolgte (BayVGH, Beschl. v. 18.05.2010 – 11 CS 10.2849, SVR 2010, 310).

98 Gelegentlicher Konsum allein schloss die Fahreignung noch nicht aus (BVerwG, Urt. v. 14.11.2013 – 3 C 32.12, BVerwGE 148, 230); hinzukommen mussten weitere »problematische« Verhaltensweisen. Der einmalige Konsum von Cannabis erfüllte nicht das Tatbestandsmerkmal »gelegentlich«. Dagegen reichte es aus, wenn Cannabis mindestens zweimal in voneinander unabhängigen Konsumakten eingenommen wurde (BVerwG, Urt. v. 23.01.00.2014 – 3 C 3.13, DAR 2014, 711).

99 Aus den bei einer Blutuntersuchung ermittelten THC-Carbonsäure-Wert (THC-COOH) wurde auf die Häufigkeit der Einnahme von Cannabis geschlossen. Für die Frage, wann ein gelegentlicher oder ein regelmäßiger Cannabis-Konsum vorliegt, orien-

tierte sich die obergerichtliche Rechtsprechung an der sog. »Daldrup-Tabelle« (siehe z.B. »Das Verkehrslexikon – Tabelle der Cannabis-Konsumformen nach Daldrup«), wonach bei festgestellten THC-COOH (Carbonsäure-) Konzentrationen zwischen 5 und 75 ng/ml wenigstens gelegentlicher Cannabiskonsum vorliegt und bei einer THC-COOH-Konzentration von mehr als 75 ng/ml von regelmäßigem Cannabiskonsum ausgegangen werden kann (VG Ansbach, Beschl. v. 30.05.2005 – AN 10 S 05.01459, juris). Bei Blutproben, die nur wenige Stunden nach dem letzten Konsum entnommen werden, kann wegen der fehlenden Abbaumöglichkeit aber erst ab einer THC-COOH-Konzentration von 150 ng/ml ein regelmäßiger Konsum als abgesichert angenommen werden (OVG Nordrhein-Westfalen, Beschl. v. 01.03.2004 – 19 B 148/04, juris; VG Gelsenkirchen, Beschl. v. 24.01.2014 – 7 L 23/14, juris).

An der Fähigkeit, zwischen Konsum und Fahren zu trennen (und damit an der **100**
Geeignetheit), fehlt es immer dann, wenn der Kraftfahrer objektiv unter dem Einfluss einer Cannabiskonzentration am Straßenverkehr teilgenommen hat, bei der nach wissenschaftlichen Erkenntnissen davon ausgegangen werden muss, dass sich das Risiko von Beeinträchtigungen, die negative Auswirkungen auf die Verkehrssicherheit haben, signifikant erhöht hat (BayVGH, Beschl. v. 25.01.2006 – 11 CS 05/1711, DAR 2006, 407). In der Rechtsprechung geht man bisher davon aus, dass diese Schwelle ab einer THC-Konzentration ab 1,0 ng/ml Serum überschritten ist (BVerwG, Urt. v. 23.10.2014 – 3 C 3.13, NJW 2015, 2439).

b) Aktuelle Rechtslage: Änderung der Anlage 4 zur FeV

Die Anlage 4 zur FeV trifft seit 01.04.2024 für Cannabis nun folgende Regelungen: **101**

Krankheiten, Mängel		Eignung oder bedingte Eignung		Beschränkungen/ Auflagen bei bedingter Eignung	
		Klassen A, A1, A2, B, BE, AM, L, T	Klassen C, C1, CE, C1E, D, D1, DE, D1E, FzF	Klassen A, A1, A2, B, BE, AM, L, T	Klassen C, C1, CE, C1E, D, D1, DE, D1E, FzF
9.2	Einnahme von Cannabis				
9.2.1	Missbrauch (Das Führen von Fahrzeugen und ein die Fahrsicherheit beeinträchtigender Cannabiskonsum können nicht hinreichend sicher getrennt werden.)	nein	nein	-	-

Krankheiten, Mängel		Eignung oder bedingte Eignung		Beschränkungen/Auflagen bei bedingter Eignung	
		Klassen A, A1, A2, B, BE, AM, L, T	Klassen C, C1, CE, C1E, D, D1, DE, D1E, FzF	Klassen A, A1, A2, B, BE, AM, L, T	Klassen C, C1, CE, C1E, D, D1, DE, D1E, FzF
9.2.2	nach Beendigung des Missbrauchs	ja wenn die Änderung des Cannabiskonsumverhaltens gefestigt ist	ja wenn die Änderung des Cannabiskonsumverhaltens gefestigt ist	-	-
9.2.3	Abhängigkeit	nein	nein	-	-
9.2.4	nach Abhängigkeit (Entwöhnungsbehandlung)	ja wenn Abhängigkeit nicht mehr besteht und in der Regel ein Jahr Abstinenz nachgewiesen ist	ja wenn Abhängigkeit nicht mehr besteht und in der Regel ein Jahr Abstinenz nachgewiesen ist	-	-

c) § 13a FeV (Klärung von Eignungszweifeln bei Cannabisproblematik)

102 Entsprechend dazu wurde ein neuer § 13a FeV geschaffen, der die Anordnung der Beibringung eines

- ärztlichen Gutachtens bei Cannabisabhängigkeit
- medizinisch-psychologischen Gutachtens bei Cannabismissbrauch, wiederholten Verkehrszuwiderhandlungen unter Cannabiseinfluss, cannabisbedingter Entziehung der Fahrererlaubnis oder sonstiger Notwendigkeit einer Klärung, ob Cannabismissbrauch oder Cannabisabhängigkeit besteht

ermöglicht.

3. »Harte Drogen«

a) Betäubungsmittel im Sinne des Betäubungsmittelgesetzes (BtMG)

103 Die in Nr. 9.1 genannten übrigen Substanzen werden im Gegensatz zu Cannabis, das als »weiche« Droge zählt, zu den »harten Drogen« gerechnet (siehe z.B. OVG Rheinland-Pfalz, Blutalkohol 45 [2008], 418). Nach § 1 Abs. 1 BtMG sind Betäubungsmittel die in den Anlagen I bis III aufgeführten Stoffe und Zubereitungen. Anlage I führt die nicht verkehrsfähigen Betäubungsmittel auf; in Anlage II sind verkehrsfähige, aber nicht verschreibungsfähige Betäubungsmittel aufgelistet; Anlage III führt verkehrsfähige und verschreibungsfähige Betäubungsmittel auf.

Berauschende Mittel	Substanzen	Anlage BtMG	
Kokain	Cocain (Benzoylecgoninmethylester)	Anlage III	104
Heroin	Morphin	Anlage III	
Amfetamin	Amfetamin	Anlage III	
Metamfetamin	Metamfetamin	Anlage II	
Ecstasy	Methylendioxyamfetamin (MDMA)	Anlage I	

b) Nachweisgrenze-Bestimmungsgrenze

Weder das StVG noch die FeV enthalten – wie oben angeführt – (rechtlich verbindliche) Grenzwerte für die harten Drogen. Was es gibt, sind – aus naturwissenschaftlicher Sicht – analytische Grenzwerte. Hier ist zu unterscheiden zwischen der 105

- Bestimmungsgrenze: Konzentration, ab der eine exakte Quantifizierung (BayVGH, Beschl. v. 09.05.2012 – 11 ZB 12.614, juris), d.h. eine beweissichere Analyse möglich ist. Erst ab diesem Wert kann ein genauer Messwert angegeben werden (VG Bayreuth, Beschl. v. 06.06.2013 – B 1 S 13.283, juris).
- Nachweisgrenze: liegt unterhalb der Bestimmungsgrenze und gibt an, wann das Vorhandensein einer Substanz überhaupt noch registriert werden kann. Messungenauigkeiten sind möglich, der genaue Wert kann nicht angegeben werden.

Im Fahrerlaubnisrecht liegt bspw. die Nachweisgrenze für Amfetamin bei 5 ng/ml; die Bestimmungsgrenze liegt bei 10 ng/ml. Eine im Hinblick auf die Unterscheidung von Wirkungs- und Nachweisdauer notwendige Grenzwertbildung ist im Fahrerlaubnisrecht aber nicht notwendig. Denn hier ist es – im Gegensatz zu Ordnungswidrigkeitenrecht – unerheblich, wenn die Konzentration der Droge im Körper zur Zeit der Verkehrsteilnahme so niedrig war, dass sich hieraus keine nachhaltigen Wirkungen auf die Fahrtüchtigkeit ergeben konnten (BayVGH, Beschl. v. 04.10.2010 – 11 ZB 09.2973, juris). Der Fahrerlaubnisentzug dient nicht der Ahndung von Unrecht, sondern der Vorbeugung der von ungeeigneten Kraftfahrern ausgehenden Gefahren (VG Bayreuth, Beschl. v. 06.06.2013 – B 1 S 13.283, juris). 106

c) Ungeeignetheit bei Konsum harter Drogen unabhängig von ermittelter Konzentration

Auf die Höhe der nachgewiesenen Wirkstoffkonzentration an Methamphetamin oder anderer harter Drogen kommt es danach bei der Frage der Eignung zum Führen von Kraftfahrzeugen gemäß Nummer 9.1 der Anlage 4 zur FeV ebenso wenig an wie darauf, ob der Grenzwert von 25 ng/ml erreicht wird. Dieser Grenzwert dient lediglich straf- und bußgeldrechtlich dem sicheren Anzeigen einer fahrtauglichkeitsrelevanten Drogenwirkung. Es spielt weiter keine Rolle, ob die festgestellte Wirkstoffmenge Auswirkungen auf die Fahrtüchtigkeit hatte. Ausschlaggebend ist nur, dass tatsächlich Methamphetamin konsumiert wurde (VG Bayreuth, Beschl. v. 06.06.2013 – B 1 S 13.283, juris und nachgehend BayVGH, Beschl. v. 31.07.2013 – 11 CS 13.1395: Methamphetaminkonzentration von 1,9 ng/ml). Wurde Amphetamin im Blut bzw. 107

Blutserum nachgewiesen, ist aufgrund des Überschreitens der Nachweisgrenze die Fahrerlaubnis zu entziehen; denn erhält man bei einer Analyse Messwerte über der Nachweisgrenze, so kann mit einer Sicherheit von 99 % bzw. Unsicherheit von 1 % davon ausgegangen werden, dass der Analyt vorhanden ist (OVG Niedersachsen, zfs 2012, 113; anders wohl VG Würzburg, Urt. v. 25.05.2012 – W 6 K 11.1066, das noch die Feststellung von Ausfallerscheinungen fordert).

d) Einmalige Einnahme und Einnahme ohne spätere Teilnahme am Straßenverkehr

108 Beim Konsum sog. harter Drogen wie z.B. Amfetamin entfällt die Fahreignung also unabhängig von der Höhe der nachgewiesenen Betäubungsmittelkonzentration. Dementsprechend ist die Fahrerlaubnisentziehung bereits dann gerechtfertigt, wenn einmalig harte Drogen im Blut des Fahrerlaubnisinhabers und damit die Einnahme eines Betäubungsmittels nachgewiesen wurde (OVG Nordrhein-Westfalen, Beschl. v. 02.04.2012 – 16 B 356/12, juris; BayVGH, Beschl. v. 14.02.2012 – 11 CS 12.28, juris; OVG Sachsen-Anhalt, Blutalkohol 49 [2012], 327).

109 Dies folgt zum einen aus der Verwendung des Begriffs »Einnahme«, der auch ein erstes/einmaliges Konsumieren erfasst, aber ebenso aus der Systematik der Nummer 9 der Anlage 4 zur FeV. Der Verordnungsgeber differenziert in Nummer 9 zwischen der Abhängigkeit von Betäubungsmitteln im Sinne des Betäubungsmittelgesetzes oder anderen psychoaktiv wirkenden Stoffen (Nummer 9.3), der missbräuchlichen Einnahme (= regelmäßig übermäßiger Gebrauch) von psychoaktiv wirkenden Arzneimitteln oder anderen psychoaktiv wirkenden Stoffen (Nummer 9.4), der regelmäßigen Einnahme von Cannabis (Nummer 9.2.1) sowie einer gelegentlichen Einnahme (Nummer 9.2.2) und der Einnahme von Betäubungsmitteln im Sinne des Betäubungsmittelgesetzes (ohne Cannabis) in Nummer 9.1. Die letztgenannte, die Fahreignung ausschließende Verhaltensweise ist weder an eine Abhängigkeit von Betäubungsmitteln noch an ihre missbräuchliche, regelmäßige oder gelegentliche Einnahme geknüpft. Die hierin zum Ausdruck kommende Strenge des Verordnungsgebers ist in der Aufnahme des jeweiligen Betäubungsmittels in den Katalog des Betäubungsmittelgesetzes begründet, die wegen seiner besonderen Gefährlichkeit im Falle des Konsums erfolgte (OVG Sachsen-Anhalt, Beschl. v. 01.10.2010 – 3 M 407/10, juris m.w.N.; VG Oldenburg, Beschl. v. 23.01.2014 – 7 B 6904/13, juris: »Bei Konsum von Hartdrogen wie insbesondere Kokain, der z.B. durch labortechnischen Nachweis eines Metaboliten (Benzoylecgonin/Methylecgonin) im Blut des Konsumenten feststeht, hat die Behörde dem Konsumenten in aller Regel die Fahrerlaubnis zu entziehen. Auf eine bestimmte Häufigkeit des Konsums oder darauf, ob der Betroffene Drogenkonsum und Fahren trennen kann, kommt es nicht an.«).

110 So ist bspw. aufgrund der Illegalität der harten Drogen mit einer verstärkten Bindung des Konsumenten an die Drogenszene zu rechnen. Eine normativ angepasste Steuerung des Konsums wird somit unwahrscheinlich. Außerdem ist bei den Drogenkonsumenten die Wahrnehmung des Unfallrisikos und des Risikos, aufgrund einer Drogenfahrt den Führerschein zu verlieren, und deshalb auch die Kultur des

Trennens von Konsum und Verkehrsteilnahme, derzeit noch nicht ausreichend entwickelt. Schließlich besteht gerade bei den so genannten harten Drogen das Risiko der Entwicklung von unkontrollierten Konsummustern bis hin zur Abhängigkeit (BayVGH, Beschl. v. 14.02.2006 – 11 ZB 05.1406, juris).

Anerkannt ist ebenfalls, dass die Fahreignung bei einer Einnahme von Betäubungs- 111
mitteln im Sinne des Betäubungsmittelgesetzes (ausgenommen Cannabis) auch dann entfällt, wenn diese Einnahme nicht im Zusammenhang steht mit einer Teilnahme am Straßenverkehr (VG München, Beschl. v. 22.01.2014 – M 6b S 13.5724, juris). Das gilt auch dann, wenn die Fahrerlaubnisbehörde erst Monate später vom Drogenkonsum erfährt (OVG Niedersachsen, Blutalkohol 42 [2005], 432: 11 Monate). Neben dem Tatbestand der »Einnahme von Betäubungsmitteln« verlieren damit die anderen in der FeV aufgeführten Verhaltensweisen an Bedeutung.

Nach einer Entscheidung des VGH Hessen (Blutalkohol 40 [2003], 70) erweist sich 112
ein Kraftfahrer nicht schon allein dadurch als ungeeignet zum Führen von Kraftfahrzeugen, dass er einmalig Kokain oder ein Amphetamin konsumiert hat. Diese Entscheidung wird von der übrigen Rechtsprechung aber nicht geteilt (OVG Sachsen-Anhalt, Beschl. v. 01.10.2010 – 3 M 407/10, juris m.w.N.; VG Oldenburg, Beschl. v. 23.01.2014 – 7 B 6904/13, juris: »Bei Konsum von Hartdrogen wie insbesondere Kokain, der z.B. durch labortechnischen Nachweis eines Metaboliten (Benzoylecgonin/Methylecgonin) im Blut des Konsumenten feststeht, hat die Behörde dem Konsumenten in aller Regel die Fahrerlaubnis zu entziehen. Auf eine bestimmte Häufigkeit des Konsums oder darauf, ob der Betroffene Drogenkonsum und Fahren trennen kann, kommt es nicht an.«).

e) Die Regelvermutung

Das Vorliegen der Tatbestände unter Nr. 9.1 der Anlage 4 – also z.B. die bloße »Ein- 113
nahme« von Betäubungsmitteln – führt nach Nr. 3 der Vorbemerkungen aber nur »im Regelfall« zur Vermutung der Ungeeignetheit. Der VGH Baden-Württemberg (VRS 104, 67; ebenso VG Stuttgart, Beschl. v. 28.05.2003 – 3 K 1628/03, juris) erkennt Ausnahmen von der Regel dann an, wenn in der Person des Betäubungsmittelkonsumenten Besonderheiten bestehen, die darauf schließen lassen, dass seine Fähigkeit, ein Kraftfahrzeug im Straßenverkehr sicher, umsichtig und verkehrsgerecht zu führen, sowie sein Vermögen, zwischen dem Konsum von Betäubungsmitteln und der Teilnahme am Straßenverkehr zuverlässig zu trennen, nicht erheblich herabgesetzt sind. Nach dem BayVGH müssten sich die zur Begründung eines Ausnahmefalls vorgetragenen Gründe auf eine vom Regelfall abweichende Wirkung der Einnahme der Einnahme von Drogen direkt die Fahreignung beziehen (BayVGH, Beschl. v. 11.05.2011 – 11 ZB 11.462, juris), d.h. im Grunde müsste das Betäubungsmittel beim Betroffenen anders (»harmloser«) wirken als üblich.

Bei der Einnahme von Methadon ist in seltenen Ausnahmefällen eine positive Eig- 114
nungsbeurteilung möglich, wenn dies durch besondere Umstände des Einzelfalles gerechtfertigt ist. Dazu gehören u.a. eine mehr als einjährige Methadonsubstitution,

eine psychosoziale stabile Integration, die – durch geeignete, regelmäßige und zufällige Kontrollen während der Therapie nachgewiesene – Freiheit von Beigebrauch anderer psychoaktiv wirkender Substanzen einschließlich Alkohol seit mindestens einem Jahr, der Nachweis für Eigenverantwortung und Therapie-Compliance sowie das Fehlen einer Störung der Gesamtpersönlichkeit, wobei gerade den Persönlichkeits- und Leistungs- sowie den verhaltens- und sozialpsychologischen Befunden erhebliche Bedeutung für die Begründung einer positiven Regelausnahme zukommt (VG Osnabrück, Blutalkohol 47 [2010] 375; zu Dronabinol siehe OVG Niedersachsen, DAR 2013, 288).

f) Behauptung heimlich verabreichter Drogen

115 Eine im Regelfall eignungsausschließende »Einnahme« von Betäubungsmitteln kann nur bei einem willentlichen Konsum angenommen werden (VG Gelsenkirchen, Beschl. v. 15.02.2013 – 7 L 89/13, juris; sehr weit geht hier das OVG Rheinland-Pfalz, Beschl. v. 04.10.2005 – 7a 10667/05, juris, das es als fahrlässig ansieht, in einer Diskothek, in der der Besucher mit dem Auftauchen von Drogen rechnen muss, aus einem fremden Glas zu trinken und das deshalb eine Entziehung der Fahrerlaubnis nach dem Nachweis von Amphetamin in einem solchen Fall als rechtmäßig ansieht; diese Entscheidung ausdrücklich ablehnend: VG Cottbus, Beschl. v. 11.10.2007 – 2 L 267/07, juris).

116 Die Behauptung einer unbewussten Drogenaufnahme ist aber nach der Rechtsprechung grundsätzlich nur dann beachtlich, wenn der Betroffene nachvollziehbar und plausibel darlegt, wie es dazu gekommen sein soll. Dazu gehört im Fall einer missbräuchlich durch Dritte herbeigeführten Rauschmittelvergiftung regelmäßig nicht nur, dass der Kläger eine Situation schildert, in der solches stattgefunden haben kann, sondern auch Ausführungen zu einem potenziellen Täter und dessen Motiv macht (OVG Nordrhein-Westfalen, Beschl. v. 12.11.2013 – 16 A 1716/13, juris).

4. Medikamente

117 Bei der Einnahme derartiger Arzneimittel, die Stoffe enthalten, welche Betäubungsmittel im Sinne der Anlage III zu § 1 Abs. 1 BtMG sind, kann die fehlende Fahreignung nicht schon aus der ein- oder mehrmaligen Einnahme von Betäubungsmitteln nach Nr. 9.1 Anlage 4 FeV hergeleitet werden, da insoweit der in Nr. 9.4 Anlage 4 FeV definierte Eignungsmangel mit dem Merkmal der missbräuchlichen Einnahme von psychoaktiv wirkenden Arzneimitteln eine speziellere Anforderung normiert. Missbräuchliche Einnahme wird in Nr. 9.4 Anlage 4 FeV definiert als regelmäßig übermäßiger Gebrauch; d.h. der ein- oder mehrmalige Gebrauch genügt nicht. In diesem Sinne dürften auch die Begutachtungs-Leitlinien zur Kraftfahreignung (Ziffer 3.12.1) zu verstehen sein, die den Schluss aus der Einnahme von Betäubungsmitteln auf die fehlende Fahreignung dann ausschließen, wenn die Substanz aus der bestimmungsgemäßen Einnahme eines für einen konkreten Krankheitsfall verschriebenen Arzneimittels herrührt (OVG Sachsen, SVR 2009, 352).

5. Khat

Ob Khat als »harte« Droge anzusehen ist (oder vielmehr ähnlich wie Cannabis als »weiche« Droge), ist in der Rechtsprechung umstritten (BayVGH, Beschl. v. 21.11.2013 – 11 CS 13.2067, 11 C 13.2068, juris unter Hinweis auf die divergierenden Entscheidungen des VGH Hessen, SVR 2012, 434, und andererseits OVG Nordrhein-Westfalen, VerkMitt. 2009, Nr. 9). 118

Der VGH Hessen (SVR 2021, 243) führt dazu aus: 119

> »... Zutreffend ist das Verwaltungsgericht in seinem angefochtenen Beschluss auch davon ausgegangen, dass es sich bei Khat um ein Betäubungsmittel im Sinne des Betäubungsmittelgesetzes (BtMG) handelt. Die vom Bevollmächtigten des Antragstellers ... geäußerte Ansicht, in der Rechtsprechung sei streitig, ob »... das Betäubungsmittel Khat immer den Wirkstoff« Cathinon enthalte, ist der vom Antragstellerbevollmächtigten angeführten Rechtsprechung so nicht zu entnehmen. So hat der Bundesgerichtshof in seinem vom Bevollmächtigten des Antragstellers angeführten Urteil vom 28. Oktober 2004 (– 4 StR 59/04 –, NJW 2005, 163 = NStZ 2005, 229 = BA 42, 377 = BGHR BtMG § 29a Abs. 1 Nr. 2 Menge, 14) ausgeführt, zwar sei der Inhaltsstoff Cathinon der Khat-Pflanze chemisch instabil und werde durch enzymatische Reduktion beim Welken, Trocknen, Lagern oder durch unsachgemäßes Verarbeiten innerhalb weniger Tage fast vollständig zu dem achtmal schwächeren Cathin bzw. Ephedrin umgewandelt. Gleichzeitig hat der Bundesgerichtshof in diesem Urteil aber auch festgestellt, dass neben dem Wirkstoff Cathinon, der unter die Anlage I zum Betäubungsmittelgesetz fällt, auch der Wirkstoff Cathin in Anlage III Teil B des Betäubungsmittelgesetzes aufgeführt ist. Darüber hinaus unterstehen seit dem Inkrafttreten der Zehnten Verordnung zur Änderung betäubungsmittelrechtlicher Vorschriften (10. BtMÄndV) am 1. Februar 1998 auch die Pflanzen und die Blätter des Khat-Strauches den Bestimmungen des Betäubungsmittelgesetzes, wenn ein Missbrauch zu Rauschzwecken vorgesehen ist ...«.

Das OVG Nordrhein-Westfalen (VRS 117, 384) dagegen ist der Meinung, es sei bislang nicht geklärt, wie sich der Konsum von Khat auf die Kraftfahreignung auswirke. Bis zur Klärung scheide die Regelannahme nach Nr. 9.1 der Anlage 4 zur Fahrerlaubnisverordnung aus, dass sich ein Khatkonsument als zum Führen von Kraftfahrzeugen ungeeignet erwiesen hat. Es komme vielmehr auf die Umstände des Einzelfalls an, ob trotz fehlender Klärung der Auswirkungen eines Khatkonsums erhebliche Zweifel an der Kraftfahreignung des Khatkonsumenten bestünden. 120

6. Kombination verschiedener Drogen

Am 14.11.2013 hat das BVerwG entschieden (BVerwGE 148, 230), dass die Regelbewertung der Nr. 9.2.2 der Anlage 4 zur FeV, welche besagt, dass der gelegentliche Cannabiskonsum mit zusätzlichem Gebrauch von Alkohol zum Verlust der Fahreignung führt, nicht den Grundsatz der Verhältnismäßigkeit verletzt. Voraussetzung ist allerdings ein Mischkonsum, der eine kombinierte Rauschwirkung zur Folge haben kann. 121

D. Maßnahmen der Fahrerlaubnisbehörde

I. Vorab: Notwendigkeit von Tatsachen für die Annahme der Ungeeignetheit

122 Bereits eine (der Fahrerlaubnisentziehung vorangehende) vorbereitende Aufklärungsmaßnahme muss auf konkrete »Tatsachen« (so ausdrücklich § 11 Abs. 2 Satz 11 FeV) gestützt werden, die Bedenken gegen die Fahreignung begründen. Für die Alkohol- und Drogenproblematik werden diese »Tatsachen«, die zu »Bedenken« Anlass geben, durch § 13 und § 14 FeV konkretisiert. Die FE-Behörde hat nicht das Recht, »ins Blaue hinein« die Vorlage ärztlicher Atteste zu verlangen; Voraussetzung für intensive behördliche Ermittlungen ist vielmehr ein durch Tatsachen getragener Anfangsverdacht (*Mahlberg*, in: Himmelreich/Halm, Kap. 35 Rn. 173). Der Nachweis eines Mangels ist aber (noch) nicht notwendig (VG Ansbach, Urt. v. 22.09.2008 – AN 10 K 07.03295, AN 10 K 07.01051, AN 10 S 07.01052, juris), auch keine »massiven Anhaltspunkte« (OVG Nordrhein-Westfalen, Beschl. v. 30.06.2004 – 19 B 195/04, juris). Auch eine Zuwiderhandlung, die im Ausland begangen wurde, kann Anlass zu einer Begutachtung geben, wenn diese nach inländischen Maßstäben hinreichend sicher nachgewiesen ist (BayVGH, Beschl. v. 09.06.2010 – 11 CS 10.786, Blutalkohol 47 [2010], 368; BayVGH, Beschl. v. 16.08.2012 – 11 CS 12.1624, Blutalkohol 49 [2012], 340; BVerwG, Urt. v. 07.04.2022 – 3 C 9/21). Anonymen Hinweisen kommt dagegen allgemein noch kein eigener Erkenntniswert zu, der Ermittlungsmaßnahmen, wie sie etwa § 13 Nr. 2 Buchst a) FeV vorsieht, begründet, weil aus dem sie kennzeichnenden Charakter der Unverbindlichkeit für den Anzeigenden – die Behauptungen können auf bloßer Böswilligkeit beruhen und für den Anzeiger folgenlos aufgestellt werden – bereits kein genügender Anfangsverdacht erwächst (OVG Saarland, Beschl. v. 18.09.2000 – 9 W 5/00, juris).

123 Die Einlieferung in eine Klinik wegen starker Alkoholisierung, ein Aufenthalt in einer Rehabilitationsklinik für Abhängigkeitserkrankungen, ärztliche Aussagen in einem Entlassungsbericht und ein Aufenthalt in einer Adaptionseinrichtung gehen über bloße Mutmaßungen hinaus und ergeben in ihrer Gesamtschau tatsächliche Anhaltspunkte für einen Abhängigkeitsverdacht, so dass die Anordnung eines ärztlichen Gutachtens gerechtfertigt ist (BayVGH, Beschl. v. 30.03.2020 – 11 CS 20.123, BeckRS 2020, 6731).

124 Die obergerichtliche Rechtsprechung, dass den Diagnosen der Bezirkskliniken im Hinblick auf ihre fachliche Spezialisierung ein hoher Grad an Verlässlichkeit zukommt, bedeutet aber nicht, dass sie ungeprüft und unter Verzicht auf jedes Maß an Nachvollziehbarkeit übernommen werden können. Vielmehr setzt die Übernahme einer fremden diagnostischen Einordnung durch einen Gutachter voraus, dass diese nachvollziehbar nach den gültigen Diagnosekriterien und durch einen qualifizierten Facharzt erfolgt sind. Davon kann regelmäßig ausgegangen werden, wenn eine stationäre oder ambulante Suchttherapie durch den Kostenträger übernommen wurde und dies durch entsprechende Entlastungsberichte oder qualifizierte Bescheinigungen bestä-

tigt werden. Die Diagnose muss aber immer nachvollziehbar attestiert worden sein (BayVGH, Beschl. v. 31.08.2021 – 11 CS 163/21).

Mitteilungen der Polizei nach § 2 Abs. 12 StVG und sonstige polizeiliche Schilderungen sind grundsätzlich berücksichtigungsfähig, wenn sie Anhaltspunkte für Fahreignungszweifel des Betroffenen enthalten und nicht durch substantiierte Einwände erschüttert werden oder sonst der weiteren Klärung bedürfen (BayVGH, Beschl. v. 11.07.2022 – 11 CS 22.939, DAR 2022, 648). Ferner können sich Behörden und Verwaltungsgerichte im Fahrerlaubnis-Entziehungsverfahren auf dieselben Beweismittel stützen wie die Strafgerichte (BayVGH, Beschl. v. 15.03.2021 – 11 CS 20.2867, DAR 2021, 647). 125

Zu den Tatsachen, die die Annahme eines die Kraftfahreignung in Zweifel ziehenden Alkoholmissbrauchs begründen, gehören auch Alkoholauffälligkeiten ohne unmittelbaren Bezug zum Straßenverkehr, sofern weitere Umstände Zweifel daran begründen, dass der Betroffene den Alkoholkonsum und das Führen eines Kraftfahrzeugs nicht sicher zu trennen vermag (BayVGH, Beschl. v. 12.06.2018 – 11 CS 17.1919, juris: alkoholbedingte Eignungszweifel sind – jedenfalls bei vorangegangenen Auffälligkeiten im Straßenverkehr – regelmäßig bei Feststellung einer Blutalkoholkonzentration von mehr als 1,6 Promille gegeben, da Personen, die mit einer derartigen Blutalkoholkonzentration aufgefallen sind, in besonderer Weise rückfallgefährdet sind). 126

II. Aufklärungsmaßnahmen/Anforderung von Gutachten bei Eignungszweifeln

1. Alkohol

a) § 13 FeV als Spezialvorschrift

§ 13 FeV trägt die Überschrift »Klärung von Eignungszweifeln bei Alkoholproblematik«. § 13 FeV ist eine Spezialvorschrift zu § 11 FeV (Amtl. Begr. VkBl. 1998, 1070). Die Norm ist aber nur speziell, soweit die Voraussetzungen für die Anordnung eines ärztlichen oder eines medizinisch-psychologischen Gutachtens geregelt werden. Im Übrigen gelten die Vorschriften des § 11 FeV (*Dauer*, in: Hentschel/König/Dauer, § 13 FeV Rn. 15). 127

Im Fall der Begehung von Straftaten mit Alkoholbezug ist trotz Vorrang von § 13 FeV gleichwohl ein Anwendungsbereich für § 11 Abs. 3 FeV eröffnet (VG Bayreuth, Beschl. v. 25.09.2018 – B 1E 18.945, BeckRS 2018, 24006). 128

Liegen die Voraussetzungen des § 13 FeV vor, ist die Beibringung eines Gutachtens anzuordnen; die Fahrerlaubnisbehörde hat keinen Ermessensspielraum (VGH Baden-Württemberg, Beschl. v. 24.09.2001 – 10 S 182/01, DAR 2002, 141; VG Würzburg, Beschl. v. 07.01.2014 – W 6 S 13.1240, juris). Wird die Gutachtensanordnung fälschlicherweise mit § 11 Abs. 2 FeV anstatt mit dem zutreffenden § 13 FeV begründet, kann der Wegfall der Fahreignung und die Entziehung der Fahrerlaubnis nicht auf die Nichtvorlage des Gutachtens gestützt werden (VG Würzburg, Beschl. v. 07.01.2014 – W 6 S 13.1240, juris; BayVGH, Beschl. v. 24.10.2013 – 11 C 13.1471, juris; a.A. 129

wohl – zumindest für die verschiedenen Tatbestände des § 14 FeV – VGH Baden-Württemberg, Urt. v. 18.05.2004, SVR 2004, 476: für die Rechtmäßigkeit der Gutachtensanforderung als bloßer Vorbereitungsmaßnahme kommt es nur darauf an, dass diese auf eine Bestimmung der FeV gestützt werden kann). Im Falle der Nichtbeibringung des geforderten Gutachtens kann dann nicht auf die Fahrungeeignetheit des Betroffenen geschlossen werden (VG Würzburg, Beschl. v. 07.01.2014 – W 6 S 13.1240, juris; BayVGH, Beschl. v. 24.08.2010 – 11 CS 10.1139, SVR 2011, 275). § 13 FeV lässt nach Nummer 1 der Vorschrift die Einholung eines ärztlichen Gutachtens und nach Nummer 2 die Anforderung eines medizinisch-psychologischen Gutachtens zu.

b) Alkoholabhängigkeit: Das ärztliche Gutachten

130 Für die Anforderung eines ärztlichen Gutachtens ist Voraussetzung, dass Tatsachen die Annahme von Alkoholabhängigkeit begründen. Ist zu klären, ob eine Person überhaupt alkoholabhängig ist, darf nur die Beibringung eines medizinischen Gutachtens nach § 13 Abs. 1 Satz 1 Nr. 1 FeV verlangt werden. Ist über die Frage der Wiedererlangung der Fahreignung nach vorangegangener Alkoholabhängigkeit zu befinden, muss gem. § 13 Satz 1 Nr. 2 Buchst. e) FeV ein medizinisch-psychologisches Gutachten angefordert werden (*Dauer*, in: Hentschel/König/Dauer, § 13 FeV Rn. 16; BayVGH, Beschl. v. 24.08.2010 – 11 CS 10.1139, SVR 2011, 275). Die Frage, ob Abhängigkeit vorliegt, ist eine medizinische keine psychologische. Daher ist zur Klärung nur ein ärztliches Gutachten geeignet (*Dauer*, in: Hentschel/König/Dauer, § 13 FeV Rn. 16; OVG Saarland, Beschl. v. 18.09.2000 – 9 W 5/00, zfs 2001, 92).

131 Kommt das ärztliche Gutachten (dann) zu dem Ergebnis, dass zwar keine Alkoholabhängigkeit, wohl aber Anzeichen für Alkoholmissbrauch vorliegen, ist ein medizinisch-psychologisches Gutachten anzufordern (§ 13 Satz 1 Nr. 2 Buchst. a) 1. Alt. FeV). Ob sich die Fahrerlaubnisbehörde hier auf die Anforderung eines psychologischen Teilgutachtens beschränken darf, ist nach *Dauer* (in: Hentschel/König/Dauer, § 13 FeV Rn. 19) eine Frage der Verhältnismäßigkeit. Richtigerweise wird man aber wohl ein »Gesamtpaket« fordern müssen (*Dauer*, in: Hentschel/König/Dauer, § 11 FeV Rn. 29). Eine medizinische Untersuchung wird aber auf jedem Fall dann nochmals notwendig sein, wenn zwischen der ersten ärztlichen Begutachtung und der medizinisch-psychologischen Untersuchung ein so langer Zeitraum liegt, dass die Vermutung besteht, es könnten sich die Verhältnisse maßgeblich geändert haben (*Geiger*, DAR 2011, 244).

c) Alkoholmissbrauch, frühere Alkoholabhängigkeit und übrige Alkoholprobleme: das medizinisch-psychologische Gutachten

132 Grundsätzlich schreiben das StVG und die FeV eine medizinisch-psychologische Begutachtung immer dann vor, wenn eine Aussage über das künftige straßenverkehrsbezogene Verhalten einer Person zu treffen ist (BayVGH, Beschl. v. 24.08.2010 – 11 CS 10.1139, SVR 2011, 275).

aa) Sonstige Tatsachen für die Annahme von Alkoholmissbrauch

Ein medizinisch-psychologisches Gutachten ist außer im Falle des § 13 Satz 1 Nr. 2 Buchst. a) 1. Alt. FeV auch dann erforderlich, wenn sonst Tatsachen die Annahme von Alkoholmissbrauch begründen (§ 13 Satz 1 Nr. 2 Buchst. a) 2. Alt. FeV). Diese Tatsachen können der Fahrerlaubnisbehörde etwa durch eine Mitteilung der Polizei (§ 2 Abs. 12 StVG) bekannt werden (*Dauer*, in: Hentschel/König/Dauer, § 13 FeV Rn. 20). Die Vorschrift ist eine Auffangregelung für Fallgestaltungen im Zusammenhang mit Alkoholmissbrauch (BayVGH, Beschl. v. 16.08.2012 – 11 CS 12.1624, Blutalkohol 49 [2012], 340). 133

bb) Zuwiderhandlungen im Straßenverkehr unter Alkoholeinfluss

§ 13 Satz 1 Nr. 2 Buchst. b) FeV verlangt »wiederholte Zuwiderhandlungen im Straßenverkehr unter Alkoholeinfluss«. Die Vorschrift fordert jedenfalls zumindest zwei Zuwiderhandlungen (VG des Saarlandes, Beschl. v. 21.01.2014 – 6 L 2052/13, juris), wobei unter »Zuwiderhandlungen« nicht nur Straftaten (z.B. nach den §§ 315c oder 316 StGB), sondern auch Ordnungswidrigkeiten zu verstehen sind (VG München, Urt. v. 14.12.2010 – M 1 K 10.5014, juris; *Dauer*, in: Hentschel/König/Dauer, § 13 FeV Rn. 22); erfasst sind allerdings nicht Zuwiderhandlungen nach § 24c StVG (Alkoholverbot für Fahranfänger und Fahranfängerinnen) (§ 13 Satz 2 FeV). Die Verkehrszuwiderhandlungen sind zeitlich jedenfalls solange berücksichtigungsfähig, als sie im Verkehrszentralregister noch nicht getilgt sind (BayVGH, Beschl. v. 27.09.2013 – 11 CS 13.1399, juris). Dabei kommt es auf den Zeitpunkt der Gutachtensanforderung an (OVG Berlin-Brandenburg, Beschl. v. 18.01.2011 – OVG 1 S 233.10, NZV 2011, 469; VG Düsseldorf, Beschl. v. 26.04.2012 – 6 L 488/12, juris). Zwischen zwei Trunkenheitsfahrten können mehrere Jahre liegen, solange keine Tilgungsreife eingetreten ist (VGH Baden-Württemberg, Beschl. v. 10.12.2020 – 10 S 2173/10, DAR 2011, 164: über neun Jahre; *Dauer*, in: Hentschel/König/Dauer, § 13 FeV Rn. 22). 134

cc) Führen eines Fahrzeugs im Straßenverkehr bei BAK von 1,6 Promille oder AAK von 0,8 mg/l

Ein medizinisch-psychologisches Gutachten ist auch dann vorzulegen, wenn ein Fahrzeug im Straßenverkehr bei einer Blutalkoholkonzentration (BAK) von 1,6 Promille oder mehr oder einer Atemalkoholkonzentration (AAK) von 0,8 mg/l oder mehr geführt wurde (§ 13 Satz 1 Nr. 2 Buchst. c) FeV). Die Norm setzt nach ihrem klaren Wortlaut nicht das Führen eines Kraftfahrzeugs, sondern (nur) das Führen eines Fahrzeugs voraus (*Dauer*, in: Hentschel/König/Dauer, § 13 FeV Rn. 22). Wird ein Fahrerlaubnisinhaber mit einer derart hohen Alkoholkonzentration angetroffen, ist seine Eignung durch Einholung eines medizinisch-psychologischen Gutachtens zu prüfen. Dabei sind die Umstände der in der Vergangenheit bereits zu verzeichnenden Trunkenheitsfahrt, das Trinkverhalten des Betroffenen anhand seiner Vorgeschichte und Entwicklung sowie sein Persönlichkeitsbild unter dem Blickwinkel näher aufzuklären und zu bewerten, ob für die Zukunft auch die Gefahr einer Trunkenheitsfahrt mit einem Kraftfahrzeug besteht. Insoweit kommt es darauf an, ob die Trun- 135 kenheitsfahrt mit einem Fahrrad Ausdruck eines Kontrollverlustes war, der genauso gut zu einer Verkehrsteilnahme mit einem Kraftfahrzeug führen kann (BVerwG, Urt. v. 21.05.2008 – 3 C 32/07, DAR 2008, 537). Das Fahrradfahren im Straßenverkehr mit einer Blutalkoholkonzentration von 1,6 Promille oder mehr rechtfertigt auch die Anordnung, ein medizinisch-psychologisches Gutachten über die Eignung zum Führen fahrerlaubnisfreier Fahrzeuge beizubringen (BVerwG, Beschl. v. 15.08.2013 – 3 B 38/13, DAR 2013, 594).

136 Der Begriff des »Führens eines Fahrzeugs« setzt die sichere Feststellung eines abgeschlossenen Vorganges des Führens voraus, wie dies der zusammengesetzten Verbform »geführt wurde« und der Verwendung des Hilfsverbs im Imperfekt in der Vorschrift zu entnehmen ist (OVG Saarland, Beschl. v. 18.09.2000 – 9 W 5/00, zfs 2001, 92). Umstritten ist, ob vorbereitende Handlungen wie das Anlassen des Motors genügen (bejahend: OVG Saarland, Beschl. v. 18.09.2000 – 9 W 5/00, zfs 2001, 92; dagegen *Dauer*, in: Hentschel/König/Dauer, § 13 FeV Rn. 23); das Aufschließen der Fahrzeugtür und das Platznehmen auf dem Fahrersitz schließen aber nach jeder Meinung die Tatbestandsverwirklichung aus.

dd) Wiedererteilung nach vorangegangenem alkoholbedingten Entzug

137 Soll die Fahrerlaubnis nach alkoholbedingtem Entzug wieder erteilt werden, ist ebenfalls ein medizinisch-psychologisches Gutachten zu fordern (§ 13 Satz 1 Buchst. d) FeV). Ob die Fahrerlaubnis von der Fahrerlaubnisbehörde oder vom Strafgericht entzogen wurde, spielt keine Rolle (VGH Baden-Württemberg, Urt. v. 18.06.2012 – 10 S 452/10, juris).

ee) Sonstige Klärung, ob Alkoholmissbrauch oder Alkoholabhängigkeit nicht mehr besteht

138 § 13 Satz 1 Buchst. e) FeV verlangt eine medizinisch-psychologische Untersuchung, wenn »sonst zu klären ist, ob Alkoholmissbrauch oder Alkoholabhängigkeit nicht mehr besteht.«

139 Für eine auf diese Vorschrift (1. Alt.) gestützte Gutachtensanforderung muss ein früherer Alkoholmissbrauch nachgewiesen sein, und Tatsachen müssen die Annahme seiner Fortdauer begründen (BayVGH, Beschl. v. 31.07.2008 – 11 CS 08.1103, juris).

140 Die 2. Alt. des § 13 Satz 1 Nr. 2 Buchst. e) FeV ist, wie bereits ihr Wortlaut nahe legt (»wenn sonst zu klären ist, ob … Alkoholabhängigkeit nicht mehr besteht«), nur dann einschlägig, wenn durch eine Begutachtung festgestellt werden soll, ob eine Person, die entweder die Fahreignung nachweislich wegen Alkoholabhängigkeit verloren hatte oder die sich einem dahingehenden Verdacht ausgesetzt sieht, die Fahreignung deshalb wiedererlangt hat, weil sie (jedenfalls) jetzt nicht mehr alkoholabhängig ist. Anzuwenden ist diese Vorschrift deshalb immer dann, wenn die Tatbestandsvoraussetzungen der Nummer 8.4 der Anlage 4 zur FeV zu prüfen sind. Eine solche Prüfung ist zum einen in Verfahren erforderlich, in denen darüber zu befinden ist, ob einer Person, die derzeit über keine Fahrerlaubnis verfügt und bei der feststeht, dass sie

jedenfalls früher alkoholabhängig war, eine solche Berechtigung (neu oder erstmals) erteilt werden darf. Zu prüfen sein können die Voraussetzungen der Nummer 8.4 der Anlage 4 zur FeV aber nicht nur in (Neu-)Erteilungs-, sondern auch in Verwaltungsverfahren, die die Entziehung der Fahrerlaubnis wegen Alkoholabhängigkeit zum Gegenstand haben. Eine dahingehende Notwendigkeit besteht dann, wenn in einem solchen Entziehungsverfahren mit der Möglichkeit gerechnet werden muss, der Betroffene könnte die wegen Alkoholabhängigkeit möglicherweise oder tatsächlich verloren gegangene Fahreignung inzwischen deshalb wiedererlangt haben, weil er die Alkoholabhängigkeit überwunden hat (BayVGH, Beschl. v. 24.08.2010 – 11 CS 10.1139, SVR 2011, 275).

Ob Alkoholmissbrauch nicht mehr besteht, ist nur dann zu klären, wenn ein solcher früher einmal festgestellt worden ist (BayVGH, SVR 2011, 275). Dient eine Begutachtung demgegenüber dazu, erst einmal in Erfahrung zu bringen, ob jemand überhaupt alkoholabhängig ist, darf nur ein ärztliches Gutachten verlangt werden (BayVGH, Beschl. v. 24.08.2010 – 11 CS 10.1139, SVR 2011, 275). 141

2. Harte Drogen

a) Keine Notwendigkeit eines Gutachtens

In der Regel erfährt die Fahrerlaubnisbehörde durch eine Mitteilung der Polizei vom Drogenkonsum des Betroffenen. 142

▶ Drogenschnelltest

Der chemisch-toxikologischen Untersuchung geht meist ein **Drogenschnelltest** voraus. Die Wahrscheinlichkeit, dass das Ergebnis eines solchen Schnelltests den tatsächlichen Gegebenheiten entspricht, liegt bei weit über 90 % (BayVGH, Beschl. v. 07.12.2009 – 11 CS 09.1996, juris). Trotz der über 90 %-igen Sicherheit kann der positive Drogenschnelltest zwar allein nicht als ausreichender Nachweis eines Betäubungsmittelkonsums angesehen werden, wohl aber dann, wenn das auf dieser Weise erzielte Ergebnis durch weitere Umstände (z.B. Geständnis des Betroffenen oder Besitz der nachgewiesenen Betäubungsmittel) bestätigt wird (VG Würzburg, Urt. v. 20.11.2013 – W 6 K 13.399, juris; BayVGH, SVR 2006, 76). 143

Die Mitteilungspflicht der Polizei ergibt sich aus § 2 Abs. 12 StVG. Erhält die Fahrerlaubnisbehörde auf diesem Weg etwa ein chemisch-toxikologisches Gutachten, das eindeutig den Konsum harter Drogen belegt, ist ein weiteres Gutachten nicht mehr erforderlich. Insbesondere lässt sich eine solche Verpflichtung nicht etwa aus der Vorbemerkung Nr. 2 der Anlage 4 herleiten, wonach Grundlage der Beurteilung, ob im Einzelfall Eignung oder bedingte Eignung vorliegt, entweder in der Regel ein ärztliches Gutachten oder in besonderen Fällen ein medizinisch-psychologisches Gutachten oder ein Gutachten eines amtlich anerkannten Sachverständigen bzw. Prüfers für den Kraftfahrzeugverkehr ist. Diese Bestimmung bezieht sich generalisierend auf sämtliche in der Anlage 4 FeV aufgeführten Mängel einschließlich der dort aufgezählten Krankheiten 144 nebst psychischen Störungen und hat dabei gem. §§ 11 Abs. 2, 13 und 14 i.V.m. 46 Abs. 3 FeV diejenigen Fälle im Blick, in denen die beschriebenen Mängel nicht eindeutig feststehen, sondern erst durch ärztliche oder medizinisch-psychologische Gutachten festgestellt werden müssen, wenn also Tatsachen bekannt werden, die Bedenken gegen die Fahreignung begründen. Steht hingegen der in der Anlage 4 FeV beschriebene Mangel – also die Einnahme der harten Drogen – bereits fest, dann hat sich der Fahrerlaubnisinhaber nach der Vorbemerkung Nr. 3 Satz 1 Anlage 4 FeV dem Regelfall gemäß bereits als fahrungeeignet erwiesen und es ist ihm deshalb gem. §§ 11 Abs. 7, 46 Abs. 1 Satz 1 und 2 FeV die Fahrerlaubnis grundsätzlich ohne weitere Begutachtung zu entziehen (OVG Rheinland-Pfalz, Blutalkohol 45 [2008], 418).

b) Allgemeines zu § 14 FeV

145 § 14 FeV regelt die Klärung von Eignungszweifeln im Hinblick auf Betäubungsmittel und Arzneimittel. Die Vorschrift enthält ein ausführliches und abgestuftes Instrumentarium zur Aufklärung des Sachverhalts (VG Berlin, Beschl. v. 21.03.2000 – 27 A 33.00, NJW 2000, 2440). § 14 FeV ist eine Spezialvorschrift zu § 11 FeV (Amtl. Begr. VkBl. 1998, 1971; VGH Baden-Württemberg, SVR 2004, 476). Die Norm ist aber nur speziell, soweit die Voraussetzungen für die Anordnung eines ärztlichen oder eines medizinisch-psychologischen Gutachtens geregelt werden. Im Übrigen gelten die Vorschriften des § 11 FeV (*Dauer*, in: Hentschel/König/Dauer, § 14 FeV Rn. 10). § 14 FeV differenziert zwischen den Fragestellungen, bei denen ein fachärztliches Gutachten erforderlich ist (§ 14 Abs. 1 Satz 1 und 2 FeV) und den Fällen, die eine medizinisch-psychologische Begutachtung erfordern (Absatz 1 Satz 3 und Absatz 2). Der Grund für diese Differenzierung besteht darin, dass die Feststellung der Abhängigkeit bzw. der Einnahme eine ärztliche Fragestellung ist, während bei der Frage, ob Abhängigkeit nicht mehr besteht oder Einnahme nicht mehr erfolgt, außer den ärztlichen Fragen (z.B. erfolgreiche Entwöhnungsbehandlung) für eine positive Beurteilung auch entscheidend ist, ob ein stabiler Einstellungswandel eingetreten ist. Hierzu ist auch eine psychologische Bewertung erforderlich (Amtl. Begr. VkBl. 1998, 1971). Dass im ärztlichen Gutachten auch Themenbereiche angesprochen werden, die auch (Teil-)Gegenstand des (weitergehenden) medizinisch-psychologischen Gutachtens sein können, ist unschädlich (VGH Baden-Württemberg, DAR 2002, 183).

c) Abhängigkeit von Betäubungsmitteln, Einnahme von Betäubungsmitteln und missbräuchliche Einnahme von psychoaktiv wirkenden Arzneimitteln: ärztliches Gutachten

146 Liegen Tatsachen vor, die die Annahme begründen, dass

- Abhängigkeit von Betäubungsmitteln,
- Einnahme von Betäubungsmitteln oder
- missbräuchliche Einnahme von psychoaktiv wirkenden Arzneimitteln oder anderen psychoaktiv wirkenden Stoffen

vorliegt, ordnet zwingend die Fahrerlaubnisbehörde an, dass ein ärztliches Gutachten beizubringen ist. Ein Ermessen besteht hier nicht (VGH Baden-Württemberg,

Beschl. v. 05.11.2001 – 10 S 1337/01, DAR 2002, 183). Von welcher Art von Arzt das Gutachten stammen muss, bestimmt die Fahrerlaubnisbehörde (*Dauer*, in: Hentschel/König/Dauer, § 14 FeV Rn. 11).

Die Anknüpfungstatsachen müssen (noch) aktuell sein, da zu klären ist, ob »Einnahme« (oder »Abhängigkeit«) »vorliegt« – und nicht »vorgelegen hat« (*Dauer*, in: Hentschel/König/Dauer, § 14 FeV Rn. 13). Es muss hinreichend wahrscheinlich sein, dass der Betroffene noch Drogen einnimmt oder jedenfalls rückfallgefährdet ist und sich dies auf sein Verhalten im Straßenverkehr auswirken kann. Feste zeitliche Grenzen dafür gibt es nicht; entscheidend ist vielmehr, ob eine Einzelfallbetrachtung unter Einbeziehung aller relevanten Umstände, insbesondere unter Berücksichtigung von Art und Ausmaß des früheren Drogenkonsums, noch einen Gefahrenverdacht begründet (BVerwG, Urt. v. 09.06.2005 – 3 C 25/04, DAR 2005, 581; VG Braunschweig, Urt. v. 21.01.2014 – 6 A 101/13, juris). Ein positiver Drogenschnelltest kann einen solchen Verdacht begründen (VG Augsburg, Beschl. v. 04.12.2012 – Au 7 S 12.1446, juris). Grundlage für die Annahme eines nachweislichen Drogenkonsums, der für eine Gutachtenanordnung nach § 14 Abs. 2 Nr. 2 FeV erforderlich ist, können auch die Angaben des Betroffenen sein. Ausdrückliche Feststellungen zum Drogenkonsum in einem Sachverständigengutachten oder einer Gerichtsentscheidung sind dafür nicht notwendig (VG Braunschweig, Urt. v. 21.01.2014 – 6 A 101/13, juris). 147

Der Entfall der Fahreignung setzt allerdings einen willentlichen Konsum voraus. Die unbewusste Einnahme von Betäubungsmitteln stellt jedoch nach allgemeiner Lebenserfahrung eine seltene Ausnahme dar. Daher muss, wer sich darauf beruft, einen detaillierten, in sich schlüssigen und glaubhaften Sachverhalt vortragen, der einen solchen Geschehensablauf als ernsthaft möglich erscheinen lässt und der insoweit der Nachprüfung zugänglich ist (BayVGH, Beschl. v. 28.02.2024 – 11 CS 23.1387). Wenngleich dem Adressaten einer Fahrerlaubnisentziehung bei der Darlegung und der Glaubhaftmachung des Lebenssachverhalts, insbesondere sofern es sich um einen über mehrere Stunden andauernden Zeitraum handelt, keine minutengenaue Protokollierung des Geschehens abzuverlangen ist, erfordert dies gleichwohl eine in sich geschlossene, insgesamt erschöpfende und detailreiche Schilderung. Notwendig ist damit der Vortrag von tatsächlichen Umständen in einer solchen Breite und Tiefe, aus denen die Rekonstruktion eines Geschehensablaufs möglich wird und welche gegebenenfalls die weitere Sachaufklärung durch die übrigen Beteiligten oder das Gericht ermöglichen (OVG Sachsen, Beschl. v. 19.01.2024 – 6 B 70/23). 148

d) Sonderfall Cannabis

§ 14 Abs. 1 Satz 1 Nr. 2 FeV verpflichtet die Fahrerlaubnisbehörde, zur Klärung von Eignungszweifeln bei Einnahme von Betäubungsmitteln ein ärztliches Gutachten anzufordern; auch Cannabis ist ein Betäubungsmittel. Bis 01.04.2024 fiel auch Cannabis unter diese Regelung. Nach § 14 Abs. 1 Satz 3 FeV a.F. konnte die Beibringung eines medizinisch-psychologischen Gutachtens angeordnet werden, wenn gelegentliche Einnahme von Cannabis vorliegt und weitere Tatsachen Zweifel an der Eignung begründen. Diese Sonderregelung des § 14 Abs. 1 Satz 3 bedeutete nach dem 149

BayVGH (Beschl. v. 13.12.2013 – 11 CS 13.2261, juris) aber nicht, dass § 14 Abs. 1 Satz 1 Nr. 2 FeV bei Cannabis nicht anwendbar gewesen wäre. Aufgrund der Sonderreglung, die zudem Ermessen eröffnet, war aber bei Verdacht auf Cannabiskonsum aus systematischen Gründen und darüber hinaus aus Gründen des Übermaßverbots eine einschränkende Auslegung der Vorschrift des § 14 Abs. 1 Satz 1 Nr. 2 FeV notwendig, auch wenn hier nur die Anordnung der Beibringung eines ärztlichen Gutachtens und nicht eines medizinisch-psychologischen Gutachtens, das eine stärkere Eingriffsintensität aufweist, inmitten steht. Handelte es sich bei dem Betäubungsmittel, dessen Einnahme der Betroffene im Fall des § 14 Abs. 1 Satz 1 Nr. 2 FeV verdächtig ist, um Cannabis, so genügte allein die Erfüllung der Tatbestandsmerkmale dieser Vorschrift nicht, damit die Fahrerlaubnisbehörde die Vorlage eines ärztlichen Fahreignungsgutachtens verlangen durfte. Vielmehr hing die Rechtmäßigkeit dieser bloßen Gefahrerforschungsmaßnahme davon ab, dass zusätzlich Umstände vorlagen, die die Annahme rechtfertigen, der etwaige Cannabisgebrauch könnte mit Beeinträchtigungen der Sicherheit des Straßenverkehrs einhergehen. Es mussten also Tatsachen vorliegen, die nicht nur die Annahme begründeten, der Betroffene habe Cannabis konsumiert, sondern solche, die die Annahme begründeten, der Betroffene könnte wegen etwaigen Konsums von Cannabis fahrungeeignet sein. Lagen Tatsachen vor, die die Annahme des Konsums von Cannabis begründeten und bestand darüber hinaus der Verdacht, dass dies in einer Weise geschah, die die Fahrgeeignetheit des Betroffenen in Frage stellte, war die Anordnung der Beibringung eines ärztlichen Gutachtens nach § 14 Abs. 1 Satz 1 Nr. 2 FeV gerechtfertigt, wenn zunächst das »Konsummuster« (einmalig, gelegentlich, regelmäßig) zu klären war. Ergab das Gutachten einen regelmäßigen Cannabiskonsum oder einen nur gelegentlichen Cannabiskonsum, stellte aber gleichzeitig das Vorliegen einer der in Anlage 4 zur FeV genannten »Zusatztatsachen« fest, ergab sich daraus die Fahrungeeignetheit. Blieb das Vorliegen von »Zusatztatsachen« im ärztlichen Gutachten offen, begründeten aber »weitere Tatsachen Zweifel an der Eignung«, konnte die Beibringung eines medizinisch-psychologischen Gutachtens angeordnet werden (§ 14 Abs. 1 Satz 3 FeV a.F.).

150 Einhergehend mit der Legalisierung von Cannabis zum 01.04.2024 wurde auch die FeV den neuen politischen Gegebenheiten angepasst: Der neue § 13a FeV (Klärung von Eignungszweifeln bei Cannabisproblematik) weist die gleiche Struktur auf wie § 13 FeV (Klärung von Eignungszweifeln bei Alkoholproblematik: es fehlt nur eine der Nr. 2 Buchst. c) entsprechende, auf einen Grenzwert bezogene Regelung) und auch die Anlage 4 ist – vor allem mit dem Tatbestand des »Missbrauchs« – an die Eignungsbeurteilung bei einer Alkoholproblematik angenähert.

151 Siehe hierzu die amtliche Begründung (BT-Drucks. 20/10426 v. 21.02.2024, S. 154 zum Cannabisgesetz – CanG):

»Zu § 13a FeV

Aufgrund der begrenzten Zulassung des Besitzes und des Konsums von Cannabis mit diesem Gesetz sind die fahreignungsrechtlichen Regelungen bei einer Cannabisproblematik an die fahreignungsrechtlichen Regelungen bei einer Alkoholproblematik weitestgehend anzugleichen. Hierdurch wird sichergestellt, dass die begrenzte Zulassung des Besitzes und des Konsums von Cannabis nicht dazu führt, dass nun zum Beispiel jedes Mitglied einer Anbauvereinigung Gefahr läuft, einem Fahreignungsgutachten unterzogen zu werden und so jedenfalls für Führerscheininhaber und -bewerber kein Anreiz für die Mitgliedschaft in einer Anbauvereinigung besteht, sich ihre Situation also de facto im Ergebnis nicht verbessert. Eine solche strenge Regelung ist auch im Sinne der Straßenverkehrssicherheit bei Cannabis nicht erforderlich. Es genügt vielmehr, sicherzustellen, dass diejenigen Cannabiskonsumenten keine Fahrerlaubnis haben (dürfen), die von Cannabis abhängig sind oder Cannabis missbrauchen, also zwischen dem Führen von Kraftfahrzeugen und dem Cannabiskonsum nicht ausreichend trennen können. Bei Bewerbern oder Inhabern einer Fahrerlaubnis ist nach Anlage 4 der Fahrerlaubnis-Verordnung (FeV) die Eignung zum Führen eines Kraftfahrzeugs künftig dann zu verneinen und damit eine Fahrerlaubnis nach § 11 Abs. 1 Satz 1 FeV zu versagen bzw. in Verbindung mit § 46 Abs. 1 FeV zu entziehen, wenn die Bewerber bzw. Inhaber abhängig von Cannabis sind oder Cannabis missbräuchlich einnehmen. Letzteres, also Missbrauch von Cannabis, ist dabei wie bei Alkohol dann anzunehmen, wenn die Betroffenen nicht zwischen dem Führen eines Kraftfahrzeugs und einem die Fahrsicherheit beeinträchtigenden Konsum hinreichend sicher trennen können. Im Falle der Beendigung der Abhängigkeit von Cannabis (Entwöhnungsbehandlung) ist die Eignung zum Führen eines Kraftfahrzeugs anzunehmen, wenn die Abhängigkeit nicht mehr besteht und in der Regel ein Jahr Abstinenz nachgewiesen ist. Nach Beendigung des Missbrauchs ist die Eignung zum Führen eines Kraftfahrzeugs zu bejahen, die Änderung des Cannabiskonsumverhaltens gefestigt ist. Entsprechend sind auch die Regelungen über die Anordnung der Beibringung von Fahreignungsgutachten (ärztliches Gutachten bzw. medizinisch-psychologisches Gutachten) bei Verdacht einer Cannabisproblematik an die bei einer Alkoholproblematik anzupassen.

Zur besseren Lesbarkeit und aus systematischen Gründen finden sich die neuen Regelungen über die Klärung von Eignungszweifeln bei einer Cannabisproblematik nun in einem eigenen § 13a der FeV. Danach ist die Beibringung eines ärztlichen Gutachtens künftig nur noch dann anzuordnen, wenn Tatsachen die Annahme von Cannabisabhängigkeit begründen. Die Beibringung eines medizinisch-psychologisches Gutachten ist künftig dann anzuordnen, wenn Tatsachen die Annahme von Cannabismissbrauch (ggf. auch nach dem ärztlichen Gutachten nach § 13a Satz 1 Nr. 2 FeV) begründen, wiederholt Zuwiderhandlungen im Straßenverkehr unter Cannabiseinfluss begangen wurden, die Fahrerlaubnis wegen einer Missbrauchsthematik entzogen worden war oder sonst zu klären ist, ob Cannabismissbrauch oder Cannabisabhängigkeit nicht mehr bestehen.«

e) Bloßer Drogenbesitz

Gemäß § 14 Abs. 1 Satz 2 FeV kann die Beibringung eines fachärztlichen Gutachtens angeordnet werden, wenn der Betroffene Betäubungsmittel, die dem Betäubungsmittelgesetz unterliegen, widerrechtlich besitzt oder besessen hat. Durch das fachärztliche Gutachten soll die Frage geklärt werden, ob der Betroffene Betäubungsmittel einnimmt, da Drogenbesitz ein Indiz für Eigenverbrauch sein kann (VG München, Urt. v. 01.06.2010 – M 1 K 10.1802, juris). Der (widerrechtliche) Besitz von Betäubungsmitteln muss feststehen; hinreichend konkrete Verdachtsmomente für Besitz genügen nicht (BayVGH, Beschl. v. 22.01.2008 – 11 CS 07.2766, juris). 152

Darüber hinausgehende Anhaltspunkte für Einnahme sind nicht erforderlich (OVG Nordrhein-Westfalen, VRS 102, 136; VG München, Urt. v. 01.06.2010 – M 1 K 10.1802, juris). Die im Gesetz angeordnete weitere Gefahrerforschungsmöglich- 153 keit soll gerade Aufschluss über Konsum und Konsummuster geben (VG Freiburg im Breisgau, Urt. v. 06.11.2007 – 1 K 892/07, juris). Die Entscheidung, ob ein Gutachten vorzulegen ist, steht im Ermessen der Fahrerlaubnisbehörde (VG Regensburg, Beschl. v. 26.11.2013 – RN 8 S 13.1824, juris). Im Falle des Besitzes von Cannabis müssen zusätzliche Umstände hinzukommen, die darauf hindeuten, dass Konsum von Cannabis und Fahren nicht getrennt werden können (VGH Hessen, Urt. v. 24.11.2010 – 2 B 2190/10, VRS 120, 125).

f) Anordnung einer medizinisch-psychologischen Untersuchung

154 § 14 Abs. 2 FeV ordnet zwingend (VG München, Urt. v. 01.08.2008 – M 1 K 08.169, juris) die Beibringung eines medizinisch-psychologischen Gutachtens an, wenn die Fahrerlaubnis drogenbedingt durch die Fahrerlaubnisbehörde oder durch ein Gericht entzogen war (Nr. 1), zu klären ist, ob der Betroffene noch abhängig ist oder – ohne abhängig zu sein – weiterhin Betäubungsmittel einnimmt (Nr. 2) oder wiederholt Zuwiderhandlungen im Straßenverkehr nach § 24a StVG begangen hat.

155 Nummer 2 setzt voraus, dass in der Vergangenheit tatsächlich Drogenkonsum vorlag (VG München, Beschl. v. 03.01.2008 – M 1 S 07.5378, juris). Die Anordnung ist nicht an die Einhaltung einer festen Frist nach dem letzten nachgewiesenen Betäubungsmittelmissbrauch gebunden. Erforderlich ist eine Einzelfallentscheidung unter Einbeziehung aller relevanten Umstände. Die Grenze ist erreicht, wenn ein Verwertungsverbot besteht, also wenn Tilgungsreife im Fahreignungsregister eingetreten ist oder ein sonstiges Verwertungsverbot besteht (VG München, Beschl. v. 03.01.2008 – M 1 S 07.5378, juris).

156 Nummer 3 soll als »Parallele« zu § 13 Satz 1 Nr. 2 Buchst. a) FeV Fälle erfassen, in denen Verkehrszuwiderhandlungen unter dem Einfluss nichtalkoholischer berauschender Mittel oder unter dem Einfluss von Alkohol und Betäubungsmitteln begangen wurden (Amtl. Begr. VkBl. 2008, 567). Bei »bloßen« Alkoholfahrten bleibt es bei § 13 Nr. 2 Buchst. b) FeV (§ 14 Abs. 2 Nr. 3 Satz 2 FeV).

g) Übersicht; Gutachtensanforderung bei Alkohol- und Drogenproblematik

157 In folgenden Fällen sind ärztliche oder medizinisch-psychologische Gutachten einzuholen:

158

Art des Gutachtens	§ 13 Alkohol	§ 13a Cannabis	Betäubungsmittel/ Arzneimittel
Ärztliches Gutachten	Alkoholabhängigkeit	Cannabisabhängigkeit	Abhängigkeit von BTM
			Einnahme von BTM
			Missbräuchliche Einnahme von Arzneimitteln
			Besitz von BTM

Art des Gutachtens	§ 13 Alkohol	§ 13a Cannabis	Betäubungsmittel/ Arzneimittel
Medizinisch-psychologisches Gutachten	Alkoholmissbrauch: Anzeichen für Alkoholmissbrauch oder sonstige Tatsachen für die Annahme von Alkoholmissbrauch	Cannabismissbrauch: Anzeichen für Cannabismissbrauch oder sonstige Tatsachen für die Annahme von Cannabismissbrauch	
	wiederholte Zuwiderhandlungen im Straßenverkehr unter Alkoholeinfluss	wiederholte Zuwiderhandlungen im Straßenverkehr unter Cannabiseinfluss	wiederholte Zuwiderhandlungen im Straßenverkehr unter Einfluss von BTM
	Führen eines Fahrzeugs bei einer BAK ≥ 1,6 ‰ oder AAK 0,8 mg/l	–	–
	Entzug der Fahrerlaubnis aus alkoholbedingten Gründen	Entzug der Fahrerlaubnis aus cannabisbedingten Gründen	Entzug der Fahrerlaubnis wegen BTM-Problematik
	Sonstige Klärung, ob Alkoholabhängigkeit oder Alkoholmissbrauch noch besteht	Sonstige Klärung, ob Alkoholabhängigkeit oder Alkoholmissbrauch noch besteht	Klärung, ob Abhängigkeit noch besteht oder BTM/Arzneimittel eingenommen werden

III. Wiedererteilung der Fahrerlaubnis nach vorangegangenem Entzug

Ist eine Alkoholabhängigkeit überwunden, setzt eine Wiedererteilung der Fahrerlaubnis i.d.R. ein Jahr (nachgewiesener) Abstinenz voraus (Nr. 8.4 der Anlage 4 zur FeV). 159
Bei Alkoholmissbrauch fordert die Anlage 4 dagegen keinen exakten Zeitraum im Sinne der »verfahrensrechtlichen Einjahresfrist« (BayVGH, Beschl. v. 24.01.2013 – 11 C 13.31, juris; BayVGH, Beschl. v. 27.09.2013 – 11 CS 13.1399, juris; zum Begriff siehe BayVGH, Beschl. v. 09.05.2005 – 11 CS 04.2526, VRS 109, 64). Eine Fahreignung, die wegen Alkoholmissbrauchs verloren ging, wird nach Nr. 8.2 der Anlage 4 dann wiedergewonnen, wenn das missbräuchliche Verhalten (d.h. die fehlende Trennung zwischen einem die Fahrsicherheit beeinträchtigenden Alkoholkonsum und dem Führen von Kraftfahrzeugen) eingestellt wurde und ein solcher Verhaltenswandel als gefestigt angesehen werden kann. Ob diese Voraussetzungen erfüllt sind, hängt – anders als in dem von Nr. 8.4 der Anlage 4 erfassten Fall der Alkoholabhängigkeit – grundsätzlich nicht vom Ablauf bestimmter Abstinenzzeiträume ab (BayVGH, Beschl. v. 24.01.2013 – 11 C 13.31, juris; BayVGH, Beschl. v. 27.09.2013 – 11 CS 13.1399, juris). Eine Abstinenz ist nur zu fordern, wenn aufgrund der Lerngeschichte anzunehmen ist, dass sich ein konsequenter Umgang mit alkoholischen Getränken nicht erreichen lässt (BayVGH, Beschl. v. 27.09.2013 – 11 CS 13.1399, juris; VG des Saarlandes, Beschl. v. 21.01.2014 – 6 L 2052/13, juris).

160 Siehe hierzu VG Augsburg, Beschl. v. 01.12.2020 – Au 7 S 20.1522, juris:

»Die Voraussetzungen, wann von einer verkehrsbezogenen Notwendigkeit eines konsequenten Alkoholverzichts im Sinne der Hypothese A2 auszugehen ist, sind in den Kriterien A 2.1 K und A 2.2 K (S. 135 bis 138 der Beurteilungskriterien) beschrieben. Danach ist zum einen erforderlich, dass das frühere Alkoholtrinkverhalten ein fehlangepasstes Muster von Substanzgebrauch darstellt, das sich in wiederholten und deutlich nachteiligen Konsequenzen manifestiert hat (Kriterium A 2.1 K) und zum anderen, dass aus der Lerngeschichte abzuleiten ist, dass der Klient zum kontrollierten Alkoholkonsum nicht hinreichend zuverlässig in der Lage ist (Kriterium A 2.2. K).

Der Gutachter hat aufgrund des bei der ersten Trunkenheitsfahrt … gemessenen sehr hohen Promillewerts von 2,47, der auf Alkoholgewöhnung bzw. einen auf längere Zeit hinweg praktizierten Alkoholkonsum hinweist, sowie aufgrund der Angaben des Antragstellers zu seinem früheren Alkoholkonsum festgestellt, dass beim Antragsteller langfristig gesundheitsschädliche Verhaltensgewohnheiten ausgebildet worden seien, die tief in der allgemeinen Lebensführung verwurzelt seien. Zudem hat der Gutachter darauf hingewiesen, dass wegen des sehr hohen Promillewerts (2,47) bei der ersten Trunkenheitsfahrt eine besondere Sensibilisierung für den Konsum von Alkohol im Zusammenhang mit der Benutzung eines Kraftfahrzeugs zu erwarten gewesen wäre, der Antragsteller aber dennoch eine weitere Fahrt unter Alkoholeinfluss nicht habe verhindern können. Aufgrund der Vorgeschichte sowie der weiteren Befundlage könne nicht davon ausgegangen werden, dass der Antragsteller angemessene Regeln zu einem kontrollierten Umgang mit Alkohol aufstellen und konsequent einhalten könne. Diese Ausführungen belegen schlüssig und nachvollziehbar, dass das Befundbild der fehlenden Fähigkeit zum kontrollierten Umgang mit Alkohol im Sinne der Hypothese A2 beim Antragsteller vorliegt.

In einem solchen Fall kann die (Wiedergewinnung der) Fahreignung nur bejaht werden, wenn die Kriterien für eine angemessene Problembewältigung erfüllt sind. Hierzu wird in den Beurteilungskriterien (S. 138) ausgeführt: »Wenn diagnostisch eine Notwendigkeit des Alkoholverzichts festgestellt wurde, gilt die konjunktive Verknüpfung von medizinischen und psychologischen Befunden. Demnach wird eine Alkoholverzichtsangabe erst dann als tragfähige und tiefgreifend verankerte Alkoholkarenz zu werten sein, wenn zu dem »lege artis« belegten Alkoholverzicht über einen ausreichenden Zeitraum (Kriterien A 2.3 N und A 2.4 N) auch eine Einstellungsänderung bzgl. des Alkoholkonsums, eine Missbrauchseinsicht, stabilisierende Lernfortschritte sowie günstige Umfeldbedingungen hinzugetreten sind (Kriterien A 2.5 K bis A 2.7 K).«

161 Für die Diagnose einer bestehenden und noch nicht überwundenen Alkoholabhängigkeit ist es nicht allein maßgeblich, dass in jüngster Zeit kein Alkoholkonsum nachgewiesen werden konnte. Vielmehr ist dies bei der Beurteilung einer Wiedergewinnung einer wegen Alkoholabhängigkeit verlorengegangenen Fahreignung zu bewerten. Diese setzt nach Nr. 8.4 der Anlage 4 zur FeV zum einen eine erfolgreich abgeschlossene Entwöhnungsbehandlung und eine einjährige (nachgewiesene) Abstinenz voraus (vgl. Nr. 3.13.2 der Begutachtungsleitlinien zur Kraftfahreignung…). Zum anderen ist zu beachten, dass die erforderliche Abstinenzzeit von einem Jahr in der Regel nach erfolgter Entgiftung und Entwöhnung liegen muss (VG Bayreuth, Beschl. v. 04.07.2019 – B 1 S 19.536, juris).

Bei einem Alkoholmissbrauch ist eine Kraftfahreignung nicht und nach Beendigung des Alkoholmissbrauchs nur dann gegeben, wenn die Änderung des Trinkverhaltens gefestigt ist (VG Gelsenkirchen, Beschl. v. 24.01.2018 – 7 L 3322/17, juris). Ob diese Voraussetzungen erfüllt sind, hängt – anders als in dem von der Nummer 8.4 der Anlage 4 erfassten Fall der Alkoholabhängigkeit – mit Ausnahme besonders gelagerter, atypischer Sachverhaltsgestaltungen grundsätzlich nicht von der Zurücklegung bestimmter Abstinenzzeiträume ab (BayVGH, Beschl. v. 27.09.2013 – 11 CS 13.1399, juris). Auch bei fehlender Alkoholabhängigkeit kann es aber geboten sein, die Forderung nach absolutem Alkoholverzicht zu erheben, wenn der Betroffene nicht die Willenskraft oder die Einsichtsfähigkeit besitzt, die Aufnahme von Alkohol an dem Punkt zu beenden, jenseits dessen dieses Rauschmittel Auswirkungen auf die Fahrtauglichkeit zeigt, bzw. ab dieser Schwelle vom Führen eines Kraftfahrzeugs im Straßenverkehr konsequent Abstand zu nehmen (VGH Baden-Württemberg, Beschl. v. 08.10.2015 – 10 S 1491/15, juris). 162

Bei regelmäßigem Cannabiskonsum kann nach der zumindest entsprechend heranzuziehenden Vorschrift der Nr. 9.5 der Anlage 4 zur FeV frühestens nach einem Jahr nachgewiesener Abstinenz von einer Wiedererlangung der Fahreignung ausgegangen werden. Bei nur gelegentlicher Einnahme von Cannabis kann statt einer vollständigen Abstinenz auch der nachgewiesene Übergang zu einem mit den Anforderungen der Nr. 9.2.2 der Anlage 4 zur FeV vereinbaren Konsumverhalten genügen. Beruft sich der Betroffene aber ausdrücklich auf Abstinenz, so ist er grundsätzlich hieran festzuhalten (BayVGH, Beschl. v. 18.05.2020 – 11 CS 09.2849, SVR 2010, 310). Damit der Betroffene nach Ablauf der Jahresfrist nicht alsbald wieder in ein früheres, rechtswidriges und gefahrenträchtiges Konsumverhalten zurückfällt, setzt die Wiedererlangung der Fahreignung darüber hinaus die Prognose voraus, dass die Verhaltensänderung von Dauer ist. Das lässt sich nur bejahen, wenn zu einer positiven Veränderung der körperlichen Befunde ein stabiler, tiefgreifender Einstellungswandel hinzutritt, der es wahrscheinlich macht, dass der Betroffene auch in Zukunft die notwendige Abstinenz einhält bzw. er die besonderen Voraussetzungen beachten wird, bei deren Erfüllung ein Konsument von Cannabis als fahrgeeignet angesehen werden kann. Das erfordert – gegebenenfalls neben ärztlichen Feststellungen – eine psychologische Bewertung (BayVGH, Beschl. v. 09.05.2005 – 11 CS 04.2526, VRS 109, 64; BayVGH, Beschl. v. 18.05.2020 – 11 CS 09.2849, SVR 2010, 310). 163

Zusammenfassend (zu Amphetamin) siehe BayVGH, Beschl. v. 05.10.2023 – 11 CS 23.1413, juris: 164

> »Materiell-rechtlich verlangt die Wiedererlangung der Fahreignung nach dem Konsum harter Drogen – also der Nachweis, dass kein Konsum mehr besteht – eine Abstinenz über einen ausreichend langen Zeitraum sowie einen motivational gefestigten Verhaltens- und Einstellungswandel. Für eine positive Verkehrsprognose ist wesentlich, dass zur positiven Veränderung der körperlichen Befunde einschließlich der Laborbefunde ein tiefgreifender und stabiler Einstellungswandel hinzutritt, der es wahrscheinlich macht, dass der Betroffene die notwendige Abstinenz auch in Zukunft einhält (vgl. Nr. 3.14.1 der Begutachtungsleitlinien zur Kraftfahreignung; …). Letzteres kann nur im Rahmen einer medizinisch-psychologischen Untersuchung festgestellt werden …

Hinsichtlich des notwendigen Abstinenzzeitraums nach Drogenkonsum, der nicht zu Abhängigkeit geführt hat, wird teilweise angenommen, dieser sei weder unmittelbar noch entsprechend Nr. 9.5 der Anlage 4 zur FeV zu entnehmen. Diese setze mit der Anknüpfung an eine »Entgiftung und Gewöhnung« eine Abhängigkeit voraus, sei als Sonderregelung nicht analogiefähig bzw. trage gerade der besonderen Rückfallgefahr bei Abhängigkeit Rechnung. Die Mindestdauer der Abstinenz sei vielmehr unter Berücksichtigung aller Umstände, insbesondere Art, Umfang und Dauer des Drogenkonsums zu bemessen (vgl. SächsOVG, B.v. 14.2.2012 – 3 B 357/11 – Blutalkohol 49, 182 = juris Rn. 5; VG Potsdam, B.v. 19.10.2007 – 10 L 703/07 – Blutalkohol 45, 152 = juris Rn. 8 ff.; Geiger, VBlBW 2004, 1/6; ders. SVR 2007, 441/446; dazu neigend auch OVG Bremen, B.v. 30.6.2003 – 1 B 206/03 –DAR 2004, 284 = juris Rn. 10). In eine ähnliche Richtung weist der Standpunkt, eine »Entgiftung und Entwöhnung« komme denklogisch bei Abhängigkeit oder bei über längeren Zeitraum dauerndem Konsum harter Drogen in Betracht, nicht aber bei einmaligem Konsum harter Drogen oder von Cannabis (so Dauer in Hentschel/König/Dauer, Straßenverkehrsrecht, 47. Aufl. 2023, § 2 StVG Rn. 63 ff.).

Der Senat hingegen hat in seiner älteren Rechtsprechung angenommen, dass die Regelung in Nr. 9.5 der Anlage 4 zur FeV bei Aufgabe des Konsums ohne Abhängigkeit hinsichtlich des Abstinenzzeitraums jedenfalls entsprechend anwendbar ist. Danach gilt – vorbehaltlich atypischer Fallgestaltungen – eine Mindestfrist von einem Jahr… Dies deckt sich insoweit mit der Rechtsprechung zahlreicher weiterer Oberverwaltungsgerichte, die in Anlehnung an Nr. 9.5 der Anlage 4 zur FeV in der Regel einen Abstinenzzeitraum von einem Jahr als notwendig ansehen (vgl. OVG LSA, B.v. 1.10.2014 – 3 M 406/14 – VerkMitt 2015, Nr. 11 = juris Rn. 16; B.v. 14.8.2020 – 3 L 121/20 – juris Rn. 14; OVG Saarl, B.v. 28.9.2016 – 1 B 273/16 – Blutalkohol 53,488 = juris Rn. 9; im Ergebnis ebenso OVG NW, B.v. 3.9.2010 – 16 B 382/10 – juris Rn. 21; VGH BW, B.v. 7.4.2014 – 10 S 404/14 – NJW 2014, 2517 = juris Rn. 11, 14; OVG Berlin-Bbg, B.v. 31.10.2018 – OVG 1 S 101.18 – ZfS 2019, 56 = juris Rn. 5).

In seiner jüngeren Rechtsprechung hat der Senat auch die für die Begutachtungsstellen entwickelten Beurteilungskriterien (Urteilsbildung in der Fahreignungsbegutachtung) mit in den Blick genommen (vgl. BayVGH, B.v. 9.1.2017 – 11 CS 16.2561 – DAR 2017, 341 = juris Rn. 12; B.v. 3.4.2018 – 11 CS 18.460 – juris Rn. 16; B.v. 9.7.2019 – 11 CS 19.1066 – juris Rn. 16; B.v. 22.11.2022 – 11 C 22.2282 – juris Rn. 27 f.; …). Danach ist bei fortgeschrittener Drogenproblematik (Hypothese D2) in der Regel ein Jahr nachgewiesene Drogenabstinenz notwendige Voraussetzung einer positiven Begutachtung (Nr. 4 des Kriteriums D 2.4 N, 4. Aufl. 2022, S. 166). Bei besonders günstig gelagerten Umständen kann aber auch eine Abstinenz von einem halben Jahr ausreichen (Nr. 6 des Kriteriums D 2.4 N, 4. Aufl. 2022, S. 166). Bei einer Drogengefährdung ohne Anzeichen einer fortgeschrittenen Drogenproblematik, die zu einem ausreichend nachvollziehbaren Einsichtsprozess und zu einem dauerhaften Drogenverzicht geführt hat (Hypothese D3), kann die Fahreignung schon nach einem durch die Ergebnisse geeigneter polytoxikologischer Urin- oder Haaranalysen bestätigten Drogenverzicht von mindestens sechs Monaten wiederhergestellt sein (Nr. 1 und Nr. 3 des Kriteriums D 3.4 N, 4. Aufl. 2022, S. 173 f.). Soweit der Drogenkonsum über einen längeren Zeitraum stattgefunden hat, ist allerdings auch hier erst durch einen längeren Abstinenzzeitraum von in der Regel einem Jahr eine günstige Voraussetzung für die Stabilität der Verhaltensänderung gegeben (Nr. 2 des Kriteriums D 3.4 N, 4. Aufl. 2022, S. 173).

Für die Regel geht der Senat gleichwohl auch in seiner neueren Rechtsprechung von einer notwendigen Mindestabstinenz von einem Jahr aus …

An diesem Regel-Ausnahme-Verhältnis hält der Senat fest. Dafür spricht, dass die Begutachtungsleitlinien auch bei anderen, nicht Abhängigkeit betreffenden Problematiken davon ausgehen, eine stabile Verhaltensänderung setze in der Regel einen Zeitraum von einem Jahr voraus (vgl. Nr. 3.13.1 zum Alkoholmissbrauch sowie Nr. 3.16 zu Straftaten). Ob nach den differenzierten und komplexen Vorgaben der Beurteilungskriterien eine Mindestabstinenz von sechs Monaten oder einem Jahr zu fordern ist, hängt zudem von einer Vielzahl von Umständen ab wie etwa der eingenommenen Substanz und einem Beigebrauch von Alkohol, den Konsummotiven, der Konsumhäufigkeit und dem Setting, den körperlichen Reaktionen oder auch den Folgen für das Sozialleben des Betroffenen. Danach bestimmt sich insbesondere die Zuordnung zu einer fortgeschrittenen Drogenproblematik oder bloßen Drogengefährdung, aber auch der notwendige Abstinenzzeitraum im Fall einer Drogengefährdung. In diese Tatsachen haben die Fahrerlaubnisbehörde, aber auch ärztliche Gutachter regelmäßig keinen hinreichenden Einblick. Daher ist eine grobe Einschätzung durch die Behörde, letztlich aber auch die Aufklärung im Rahmen der medizinisch-psychologischen Untersuchung im Allgemeinen nur bei Mitwirkung des Betroffenen möglich. Somit greift hier die Erwägung, dass der Betroffene Umstände, die in seiner Person bzw. in seinem Lebenskreis liegen, selbst im Einzelnen darlegen muss.... In die gleiche Richtung weist die Überlegung, dass die Wiedererlangung der Fahreignung ein den Betroffenen begünstigender Umstand ist. Folglich erscheint es gerechtfertigt, wenn die Fahrerlaubnisbehörde von einer notwendigen Mindestabstinenz von einem Jahr ausgehen darf, es sei denn, der Betroffene legt substantiiert und glaubhaft Umstände dar, die nach den Vorgaben der Beurteilungskriterien ohne Weiteres eine Frist von nur sechs Monaten nahelegen. Gleiches dürfte geltend, wenn solche Umstände offen zu Tage liegen.

In verfahrensrechtlicher Hinsicht hat der Senat angenommen, dass die vorgenannten materiell-rechtlichen Zeiträume für die zur Wiedererlangung der Fahreignung nachzuweisende Betäubungsmittelabstinenz auch Bedeutung für die Aufklärungspflicht der Fahrerlaubnisbehörde haben. Behaupte der Betroffene glaubhaft und nachvollziehbar, nunmehr keine Betäubungsmittel mehr zu nehmen, dürfe die Behörde ein Jahr nach dem als Beginn der Abstinenz genannten Stichtag – also nach Ablauf der sog. verfahrensrechtlichen Einjahresfrist – nicht mehr ohne Weiteres von fehlender Fahreignung ausgehen, sondern müsse den Betroffenen zur Vorlage eines medizinisch-psychologischen Gutachtens auffordern. Gleiches gelte, wenn unabhängig von dem Vorbringen des Betroffenen gewichtige Anhaltspunkte für eine Abstinenz von einem Jahr vorlägen. Die Frist für die Vorlage des Gutachtens müsse dabei so bemessen sein, dass dieser den Abstinenznachweis bis zur Begutachtung führen könne. Dabei ging der Senat – ersichtlich vor dem Hintergrund, dass geringe Konsummengen bei der Haaranalyse nicht notwendigerweise zweifelsfrei nachzuweisen sind (vgl. Schubert/Huetten/Reimann/Graw, Begutachtungsleitlinien zur Kraftfahreignung, S. 304; so auch die Beurteilungskriterien, 4. Aufl. 2022, S. 315 für den einmaligen Konsum; vgl. auch Nr. 3.14.1 der Begutachtungsleitlinien [»vier Laboruntersuchungen«]) – davon aus, dem Betroffenen müsse in der Regel die Teilnahme an einem Drogenkontrollprogramm für die Dauer eines Jahres ermöglicht werden.... Diese Maßstäbe hat der Senat auch für den Fall zu Grunde gelegt, dass materiell-rechtlich bereits ein Abstinenzzeitraum von sechs Monaten ausreichend erscheint ...

Andere Obergerichte nehmen an, dass dann, wenn eine Fahrungeeignetheit festgestellt wird, grundsätzlich ohne Beachtung starrer zeitlicher Vorgaben von deren Fortbestand auszugehen ist, solange der Betroffenen nicht den materiellen Nachweis der Wiedererlangung der Fahreignung erbracht hat (vgl. VGH BW, B.v. 25.10.2022 – 13 S 1641/22 – NJW 2023, 465 Rn. 12; B.v. 7.4.2014 – 10 S 404/14 – NJW 2014, 2517 = juris Rn. 10; OVG Berlin-Bbg, B.v. 31.10.2018 – OVG 1 S 101.18 – ZfS 2019, 56 = juris Rn. 5; OVG NW, B.v. 3.9.2010 – 16 B 382/10 – juris Rn. 5 ff.). Allerdings wird hier ebenfalls davon ausgegangen, dass die Frage, ob der betreffende Fahrerlaubnisinhaber die Fahreignung bis zum Abschluss des Verwaltungsverfahrens wiedererlangt hat, auch für die Rechtmäßigkeit einer Entziehungsverfügung von Bedeutung ist. Bei hinreichend belastbaren Anhaltspunkten für eine mögliche Wiedergewinnung der Fahreignung und der ernsthaft erklärten Bereitschaft des Betroffenen, sich einer erforderlichen Begutachtung zu unterziehen, könne die Fahrerlaubnisbehörde verpflichtet sein, entsprechende Aufklärungsmaßnahmen einzuleiten (vgl. VGH BW, B.v. 25.10.2022 a.a.O. Rn. 13; B.v. 7.4.2014 a.a.O. Rn. 14). Abgelehnt wird dabei – unter Verweis auf das Interesse an einer zeitnahen Klärung der Eignung sowie unvertretbare Risiken für die Verkehrssicherheit durch einen möglicherweise ungeeigneten Kraftfahrer – jedoch die Annahme, die Frist zur Vorlage des Gutachtens sei so zu bemessen, dass der Betroffene den Abstinenznachweis bis zur Begutachtung führen kann. Diesem sei es zumutbar, unmittelbar nach dem Abstinenzentschluss entsprechende Nachweise zu erbringen (vgl. VGH BW, B.v. 7.4.2014 a.a.O. Rn. 12 f.; OVG NW, B.v. 3.9.2010 a.a.O. Rn. 21 f.).«

165 Der BayVGH geht in diesem Zusammenhang davon aus, dass die Ausgangs- und Widerspruchsbehörde bei Betäubungsmittelkonsum mit Ablauf der sog. »verfahrensrechtlichen Einjahresfrist«, also einer einjährigen Betäubungsmittelabstinenz, daran gehindert ist, ohne weitere Überprüfung von einer feststehenden (fortbestehenden) Ungeeignetheit des Betroffenen aufgrund Betäubungsmittelkonsums nach § 11 Abs. 7 FeV auszugehen (VG Regensburg, Beschl. v. 24.03.2022 – RN 8 S 21.2183, juris).

166 Der Frage, ob die Fahreignung wiedererlangt wurde, muss danach aber nur nachgegangen werden, wenn der Betroffene entweder einen einschlägigen Verhaltenswandel behauptet oder – was selten der Fall sein wird – unabhängig hiervon hinreichend gewichtige Anhaltspunkte dafür vorliegen. Andernfalls darf die Behörde sogar nach dem Ablauf der »verfahrensrechtlichen« Einjahresfrist weiterhin davon ausgehen, dass sich an der mangelnden Fahreignung des Betroffenen nichts geändert hat. Lediglich nach dem Verstreichen einer noch größeren Zeitspanne wandelt sich auch bei fehlender Behauptung einer Verhaltensänderung ein zunächst im Sinne von § 11 Abs. 7 FeV feststehender Sachverhalt in eine Fallgestaltung, bei der die Einholung eines Gutachtens vorausgesetzt wird (VG Bayreuth, Beschl. v. 20.12.2022 – B 1 S 22.1109, juris).

IV. Untersagung des Führens fahrerlaubnisfreier Fahrzeuge

1. Grundsatz

167 Erweist sich jemand als ungeeignet oder nur noch bedingt geeignet zum Führen von Fahrzeugen, hat ihm die Fahrerlaubnisbehörde nach § 3 Abs. 1 FeV – Einschränkung und Entziehung der Zulassung – das Führen zu untersagen, zu beschränken oder die erforderlichen Auflagen anzuordnen. Rechtfertigen Tatsachen die Annahme, dass der Führer eines Fahrzeugs zum Führen ungeeignet oder nur noch bedingt geeignet ist, kann die Fahrerlaubnisbehörde in entsprechender Anwendung der §§ 11 bis 14 FeV ein Gutachten anfordern (§ 3 Abs. 2 FeV). Die Vorschrift gilt für Personen, die kein

fahrerlaubnispflichtiges Kraftfahrzeug führen, sondern in anderer Weise am Straßenverkehr teilnehmen, also z.B. für Fahrrad- und Mofafahrer und Lenker von Fuhrwerken (amtl. Begr. VkBl. 1998, 1061).

§ 2 Abs. 4 StVG enthält eine rudimentäre Definition der Eignung. Dieser Eignungs- 168
begriff gilt auch für fahrerlaubnisfreie Fahrzeuge (amtl. Begr. VkBl. 1998, 1061; OVG Niedersachsen, Beschl. v. 02.02.2012 – 12 ME 274/11, DAR 2012, 161). Danach ist geeignet, wer die notwendigen körperlichen und geistigen Anforderungen erfüllt und nicht erheblich oder nicht wiederholt gegen verkehrsrechtliche Vorschriften oder gegen Strafgesetze verstoßen hat (§ 2 Abs. 4 Satz 1 StVG). Körperliche und geistige Fahrtauglichkeit als gesetzlicher Begriff ist keine genormte, nachprüfbare Funktion im naturwissenschaftlichen Sinn, sondern das Intaktsein einer Summe biologischer Funktionen, bezogen auf ständig wechselnde äußere Umstände und Verhältnisse (*Spann*, DAR 1980, 309, 312)

Über den Verweis in § 3 Abs. 2 FeV auf die §§ 11 bis 14 FeV ist auch die Anlage 4 169
zur FeV anwendbar, jedenfalls soweit sich Mängel auch auf das Führen von nicht fahrerlaubnispflichtigen Fahrzeugen beziehen (OVG Niedersachsen, Beschl. v. 02.02.2012 – 12 ME 274/11, DAR 2012, 161).

Die Untersagungsverfügung selbst ist streng zu unterscheiden von einer Entziehung 170
der Fahrerlaubnis. Es handelt sich um eine gesonderte Entscheidung, um einen weiteren Verwaltungsakt.

Die Untersagung zum Führen von Fahrzeugen jeder Art im Straßenverkehr fand – 171
nach bisheriger Meinung – ihre (ausreichende) Rechtsgrundlage in § 3 Abs. 1 Satz 1 FeV. Danach hat die Fahrerlaubnisbehörde das Führen von Fahrzeugen oder Tieren zu untersagen, zu beschränken oder die erforderlichen Auflagen anzuordnen, wenn jemand sich als ungeeignet oder nur noch bedingt geeignet hierzu erweist. Die Fahrungeeignetheit des Betroffenen muss insoweit nachgewiesen sein. Dabei bestimmt sich die Ungeeignetheit zum Führen von (fahrerlaubnisfreien) Fahrzeugen nach den Vorschriften, die auch für das Führen fahrerlaubnispflichtiger Kraftfahrzeuge gelten, nämlich nach § 3 Abs. 1, § 2 Abs. 4 StVG und § 46 Abs. 1, § 11 Abs. 1 FeV (BayVGH, Beschl. v. 27.03.2006 – 11 ZB 06.41, 11 C 05.3297, 11 C 05.3298, juris).

Wird fehlende Eignung festgestellt, ist die Behörde zum Einschreiten verpflichtet. 172
Sie hat allerdings ein Auswahlermessen bezüglich Art und Umfang der Maßnahme im Sinne von § 3 Abs. 1 FeV (BayVGH, Beschl. v. 27.03.2006 – 11 ZB 06.41, 11 C 05.3297, 11 C 05.3298, juris; OVG Niedersachsen, Beschl. v. 02.02.2012 – 12ME 274/11, DAR 2012, 161). Grundsätzlich wäre es hier möglich, nur das Führen motorisierter Fahrzeuge zu untersagen oder das Führen eines Fahrrades nur für bestimmte Zwecke (OVG Niedersachsen, Beschl. v. 02.02.2012 – 12ME 274/11, DAR 2012, 161) oder für bestimmte Zeiten (OVG Bremen, Beschl. v. 09.01.1990 – OVG 1 B 108/89, VRS 79, 310) zu gestatten.

Zugunsten des Betroffenen ist zu berücksichtigen, dass die Teilnahme mit fahrerlaub- 173
nisfreien Fahrzeugen am öffentlichen Straßenverkehr, insbesondere mit einem Fahrrad, wesentlicher Ausdruck der allgemeinen Handlungsfreiheit aus Art. 2 Abs. 1 GG

ist (OVG Rheinland-Pfalz, Urt. v. 17.08.2012 – 10 A 10284/12, NJW 2012, 3388). Die Fortbewegung mit diesem Verkehrsmittel ist grundsätzlich voraussetzungslos allen Personen, etwa auch kleineren Kindern und alten Menschen, erlaubt. Allerdings erkennt die Rechtsprechung bei Personen, die unter Alkohol- oder Drogeneinfluss fahren, i.d.R. »charakterliche Mängel«, die zur Fahrungeeignetheit führen und die bei den anderen Personengruppen nicht vorliegen (OVG Niedersachsen, Beschl. v. 02.02.2012 – 12ME 274/11, DAR 2012, 161).

174 In die Abwägung einzustellen ist auch der Aspekt der Selbstgefährdung. Zwar verbietet unser Rechtssystem, solange nicht überwiegende Belange der Allgemeinheit entgegenstehen, dem Einzelnen nicht jede Selbstgefährdung. Begibt er sich indessen als Fahrzeugführer in den allgemeinen Straßenverkehr, dann handelt er nicht nur auf sein eigenes Risiko, sondern entscheidet auch über das Ausmaß des im heutigen Straßenverkehr immer gegenwärtigen Risikos für andere mit. Darüber hinaus schützen die Vorschriften der Fahrerlaubnis-Verordnung auch die Belange der Allgemeinheit. So würden bei bspw. einer Verletzung des Betroffenen u.U. hohe Folgekosten entstehen. Unfallopfer fallen zuweilen ihr Leben lang der Fürsorge privater und öffentlicher Pflegepersonen zur Last (BGH, Urt. v. 20.03.1979 – VI ZR 152/78, DAR 1979, 162).

175 Seit dem Beschluss des BVerwG vom 20.06.2013 (3 B 102.12, DAR 2013, 594) ist verbindlich geklärt, dass die Anordnung, ein medizinisch-psychologisches Gutachten beizubringen, oder der Erlass einer Untersagungsverfügung nicht voraussetzt, dass der Betroffene Inhaber einer Fahrerlaubnis ist oder vorhat, jemals eine solche zu erwerben. Mit diesem Beschluss wies das BVerwG die Nichtzulassungsbeschwerde einer Klägerin zurück, die stark alkoholisiert – es war eine Blutalkoholkonzentration von 1,9 Promille gemessen worden – Fahrrad gefahren war. Die Fahrerlaubnisbehörde hatte ihr aufgegeben, ein Gutachten über ihre Eignung zum Führen fahrerlaubnisfreier Fahrzeuge beizubringen. Die Klägerin, die weder im Besitz einer Fahrerlaubnis war, noch vorhatte, jemals eine solche zu erwerben, hatte sich geweigert, sich begutachten zu lassen, und die Fahrerlaubnisbehörde hatte ihr daraufhin untersagt, fahrerlaubnisfreie Fahrzeuge zu führen.

176 Das BVerwG stellte daraufhin fest, dass nach § 3 Abs. 2 FeV die Vorschriften der §§ 11 bis 14 FeV entsprechende Anwendung finden, wenn Tatsachen die Annahme rechtfertigten, dass der Führer eines Fahrzeuges oder Tieres zum Führen ungeeignet oder nur noch bedingt geeignet ist. Mit der Anordnung der entsprechenden Anwendung dieser Vorschriften sollten nicht die Voraussetzungen, unter denen nach § 13 Satz 1 Nr. 2 Buchst. c) FeV ein medizinisch-psychologisches Gutachten beizubringen ist, relativiert werden. Dass die §§ 11 bis 14 FeV nicht unmittelbar, sondern nur entsprechend anwendbar sein sollen, erkläre sich ebenso wie bei der Verweisung in § 46 Abs. 3 FeV daraus, dass unter Abschnitt II. 2. der FeV und damit auch in den §§ 11 bis 14 FeV die Voraussetzungen für die Erteilung einer Fahrerlaubnis geregelt werden, während § 3 Abs. 3 FeV die Führer von Fahrzeugen aller Art – also auch erlaubnisfreie Fahrzeuge beträfe – und § 46 FeV den Inhaber einer Fahrerlaubnis, also jemanden, dem die Fahrerlaubnis bereits erteilt worden ist. Mit der Verweisung auf die §§ 11 bis 14 FeV solle der Regelungsgehalt dieser Vorschriften auch auf diese

Fälle erstreckt werden, allerdings naturgemäß nur insoweit, als sie ihrem Wortlaut nach anwendbar seien – übertragen auf einen (Nur-)Fahrradfahrer also nur insoweit, als die in Bezug genommenen Regelungen ihrem Inhalt nach nicht das Führen von Kraftfahrzeugen voraussetzen würden. § 13 Satz 1 Nr. 2 Buchst. c) FeV differenziere nicht nach Fahrzeugarten, so dass sie nicht das Führen eines Kraftfahrzeugs voraussetze. Demgemäß gelte die Bestimmung aufgrund der Verweisung in § 3 Abs. 2 FeV auch für Fahrradfahrer, ohne dass sie eine Fahrerlaubnis beantragt hätten oder Inhaber einer solchen Erlaubnis sein müssten. Da eine festgestellte Blutalkoholkonzentration von 1,6 Promille oder mehr den Verdacht eines die Fahreignung ausschließenden Alkoholmissbrauchs begründe, müsse daher schon aus Gründen der Gefahrenabwehr den Eignungszweifeln nachgegangen werden, gleichgültig, welches Fahrzeug geführt worden sei und unabhängig davon, ob der Fahrzeugführer Inhaber einer Erlaubnis zum Führen von Kraftfahrzeugen sei oder eine solche Erlaubnis anstrebe. Insoweit fänden die Grundrechte eines Betroffenen ihre Grenzen in den Rechten Dritter, insbesondere im Recht der übrigen Verkehrsteilnehmer auf Leben und körperliche Unversehrtheit, die der Staat zu schützen aufgerufen sei.

Nicht Gegenstand der Entscheidung war aber, unter welchen Voraussetzungen man 177 das Fahrradfahren untersagen kann.

2. Die zur Thematik ergangene Rechtsprechung – ein Überblick

178

Gericht	Entscheidung	Tenor
BVerwG	Urt. v. 04.12.2020 – 3 C 5.20	Dass § 6 Abs. 1 Nr. 1 Buchst. y) StVG diesen Anforderungen genügt, ist keineswegs eindeutig. Näherer Überprüfung bedürfte aus Sicht des erkennenden Senats zudem, inwieweit es mit Blick auf das gegenüber Kraftfahrzeugen in der Regel geringere Gefährdungspotenzial des Führens fahrerlaubnisfreier Fahrzeuge mit den Anforderungen des Verhältnismäßigkeitsgrundsatzes vereinbar ist, wenn § 3 Abs. 2 FeV für die Klärung von Eignungszweifeln ohne weitere Differenzierung umfassend auf die strengen Anforderungen der §§ 11 ff. FeV verweist, die auf die Prüfung der Eignung und Befähigung zum Führen von Kraftfahrzeugen ausgerichtet sind. Aufgeworfen ist damit zugleich die Frage, inwieweit bestehenden Unterschieden im Rahmen der vorgegebenen entsprechenden Anwendung der §§ 11 ff. FeV Rechnung getragen werden kann und, ob und inwieweit die §§ 11 ff. FeV auch im Verfahren zur Aufhebung eines Verbots, fahrerlaubnisfreie Fahrzeuge zu führen, anzuwenden sind.

Gericht	Entscheidung	Tenor
OVG Saarland	Beschl. v. 03.05.2021 – 1 B 30/21	Ob die Untersagung des Führens erlaubnisfreier Fahrzeuge … in § 6 Abs. 1 Nr. 1 Buchst. y) StVG eine hinreichende gesetzliche Ermächtigungsgrundlage findet, ist fraglich und bedarf der Klärung im Hauptsacheverfahren. Dasselbe gilt hinsichtlich der Frage, inwieweit es mit Blick auf das gegenüber Kraftfahrzeugen in der Regel geringere Gefährdungspotenzial des Führens fahrerlaubnisfreier Fahrzeuge mit den Anforderungen des Verhältnismäßigkeitsgrundsatzes vereinbar ist, wenn § 3 Abs. 2 FeV für die Klärung von Eignungszweifeln ohne weitere Differenzierung umfassend auf die strengen Anforderungen der §§ 11 ff. FeV verweist, die auf die Prüfung der Eignung und Befähigung zum Führen von Kraftfahrzeugen ausgerichtet sind.
VG Bayreuth	Beschl. v. 20.12.2022 – B 1 S 22.1109	Die Rechtmäßigkeit des § 3 FeV, insbesondere die Verfassungsmäßigkeit von dessen Rechtsgrundlage sowie die Vereinbarkeit des § 3 FeV mit dem Grundsatz der Verhältnismäßigkeit wurden im vorliegenden Verfahren nicht in Frage gestellt. Die Kammer geht … jedenfalls im Rahmen einer summarischen Prüfung im Eilrechtsschutz von der Rechtmäßigkeit der Regelungen des § 3 FeV im Hinblick auf die Untersagung des Führens fahrerlaubnisfreier Fahrzeuge aus. Zwar wurden an der Rechtmäßigkeit des § 3 FeV, wie dargestellt, teilweise in der jüngeren Rechtsprechung Zweifel geäußert. Jedoch ist bisher keine gerichtliche Entscheidung ersichtlich, die – über die Äußerung bloßer Zweifel hinaus – eine Rechtswidrigkeit des § 3 FeV positiv feststellt oder von einer solchen ausgeht. Die Kammer sieht daher derzeit keinen Anlass, ihre bisherige Rechtsprechung zu dieser Frage aufzugeben.
VG Gelsenkirchen	Beschl. v. 23.09.2021 – 7 L 901/21	§ 3 Abs. 1 Satz 1 FeV … begegnet … keinen rechtlichen Bedenken. Auch mit Blick auf das gegenüber Kraftfahrzeugen in der Regel geringere Gefährdungspotenzial des Führens fahrerlaubnisfreier Fahrzeuge ist es mit den Anforderungen des Verhältnismäßigkeitsgrundsatzes vereinbar, dass § 3 Abs. 2 FeV für die Klärung von Eignungszweifeln ohne weitere Differenzierung umfassend auf die strengen Anforderungen der §§ 11 ff. FeV verweist, die auf die Prüfung der Eignung und Befähigung zum Führen von Kraftfahrzeugen ausgerichtet sind. … Denn Verkehrsunfälle, die ungeeignete Fahrer erlaubnisfreier Fahrzeuge verursachen, können ebenfalls mit schwerwiegenden Folgen für Gesundheit und Leben anderer Verkehrsteilnehmer verbunden sein.

Gericht	Entscheidung	Tenor
		Darüber hinaus ist zu berücksichtigen, dass die §§ 11 ff. FeV … nach dem ausdrücklichen Wortlaut des § 3 Abs. 2 FeV lediglich entsprechend Anwendung finden. Die Einschränkung betrifft zunächst den Anwendungsbereich der Norm, der nur dann eröffnet ist, wenn die Regelung ihrem Inhalt nach nicht das Führen eines fahrerlaubnispflichtigen Kraftfahrzeugs voraussetzt. Mit Blick auf Anlage 4 zu §§ 11, 13 und 14 FeV ist eine entsprechende Anwendung zudem nur möglich, soweit sich die Mängel auch auf das Führen von nicht fahrerlaubnispflichtigen Fahrzeugen oder Tieren beziehen. Den bestehenden Unterschieden hat die Fahrerlaubnisbehörde ferner im Rahmen des ihr eingeräumten Auswahlermessens Rechnung zu tragen. Die Regelung des § 3 Abs. 1 Satz 1 FeV erweist sich schließlich auch nicht deshalb als unverhältnismäßig, weil sie … selbst … keine Regelung dazu trifft, in welchen Fällen eine solche Maßnahme wieder aufzuheben ist. Das Fehlen einer solchen Regelung hat nicht zur Folge, dass etwa die bestandskräftige Untersagung des Führens eines fahrerlaubnisfreien Fahrzeuges als Dauerverwaltungsakt, … auf Ewigkeit Wirkung entfaltet, ohne dass ein Anspruch auf Aufhebung bestünde. Die ursprünglich rechtmäßige Untersagung des Führens fahrerlaubnisfreier Fahrzeuge wird nachträglich rechtswidrig, wenn die Voraussetzungen für ihren Erlass nachträglich nicht mehr vorliegen, insbesondere also dann, wenn der Betroffene seine Eignung zur fahrerlaubnisfreien Teilnahme am Straßenverkehr wiedererlangt hat. Mangels abschließender spezialgesetzlicher Regelung ist in diesem Fall auf die im Verwaltungsverfahrensgesetz (VwVfG) getroffene allgemeine Regelung des § 48 Abs. 1 Satz 1 VwVfG bzw. auf die entsprechenden landesrechtlichen Regelungen … zurückzugreifen. [Anm.: Siehe aber auch § 36 Abs. 6 Satz 1 GewO: Dem Gewerbetreibenden ist von der zuständigen Behörde auf Grund eines … Antrages die … Ausübung des Gewerbes wieder zu gestatten, wenn Tatsachen die Annahme rechtfertigen, dass eine Unzuverlässigkeit … nicht mehr vorliegt.]

3. Die Entscheidung des BayVGH vom 17.04.2023 (11 BV 22.1234)

Mit der Entscheidung vom 17.04.2023 (11 BV 22.1234) stellte der BayVGH fest, 179
dass § 3 FeV die Anforderungen an die Eignung zum Führen von fahrerlaubnisfreien Fahrzeugen nicht hinreichend bestimmt regelt und daher als Rechtsgrundlage für behördliche Untersagungen nicht herangezogen werden kann.

180 Ausgehend vom Grundsatz, dass der Grad der Bestimmtheit einer gesetzlichen (Eingriffs-)Regelung mit den Wirkungen auf die (Grundrechts-)Position des Betroffenen zunimmt, führte das Gericht aus, dass eine Untersagung der Teilnahme am Verkehr mit fahrerlaubnisfreien Fahrzeugen einen erheblichen Eingriff in die durch die allgemeine Handlungsfreiheit geschützte Mobilität des Betroffenen darstellen würde. Eine Untersagung des Führens fahrerlaubnisfreier Fahrzeuge, das ansonsten jedermann im öffentlichen Straßenraum ohne Weiteres erlaubt sei, können den Betroffenen ganz auf den nicht immer und überall erreichbaren und mit nicht unerheblichen Kosten verbundenen öffentlichen Personen- und Gelegenheitsverkehr beschränken. Die Teilnahme am Straßenverkehr mit erlaubnisfreien Fahrzeugen, insbesondere mit dem Fahrrad, könne für die private Lebensgestaltung des Einzelnen, einschließlich der Ausbildung und Berufsausübung von erheblicher Bedeutung sein.

181 Demgegenüber seien die materiellen Voraussetzungen, unter denen ein Eingriff nach § 3 Abs. 1 Satz 1 FeV erfolgen dürfe, nur sehr lückenhaft geregelt.

182 Insbesondere sei nicht ausreichend klar geregelt, in welchen Fällen sich der Führer fahrerlaubnisfreier Fahrzeuge als ungeeignet bzw. nur noch bedingt geeignet erweise und wann Eignungszweifel im Sinne von § 3 Abs. 2 FeV gerechtfertigt seien. Ein den Anlagen 4 bis 6 zur FeV vergleichbares Regelwerk, das zur Konkretisierung der unbestimmten Rechtsbegriffe der körperlichen und geistigen Anforderungen diejenigen Erkrankungen und Mängel aufführe, die die Eignung zum Führen von Kraftfahrzeugen im Regelfall längere Zeit beeinträchtigen oder aufheben können, fehle für Fahrzeuge, die keine Kraftfahrzeuge sind.

183 Rechtlich unzulässig sei es jedenfalls, identische physische und psychische Anforderungen an das Führen von fahrerlaubnispflichtigen und -freien Fahrzeugen zu stellen. Denn Fahrzeuge, die keine Kraftfahrzeuge seien, unterschieden sich von Kraftfahrzeugen insbesondere in Größe und Gewicht, den Fahreigenschaften, der erreichbaren Fahrgeschwindigkeit, in Bedienung und Art der Benutzung und damit in den Anforderungen an den Fahrer und in ihrem Gefahrenpotenzial.

184 Soweit §§ 11 bis 14 FeV nur dann entsprechend angewendet werden sollten, als nach ihrem Inhalt nicht das Führen fahrerlaubnispflichtiger Fahrzeuge vorausgesetzt sei, würden damit die Fragen, welche – vor allem auf physiologische bzw. pathologische und psychologische Eigenschaften des Fahrers zurückzuführenden – Mängel im Einzelfall relevant seien und unter welchen konkreten Voraussetzungen die in den §§ 11 bis 14 FeV vorgesehenen Gefahrerforschungsmaßnahmen getroffen werden dürften, nicht geklärt. Die auf die Beurteilung der Kraftfahreignung zugeschnittenen Vorschriften befassten sich nur am Rande mit dem Führen eines sonstigen Fahrzeugs.

185 Den Fahrerlaubnisbehörden stünden auch keine den Begutachtungsleitlinien zur Kraftfahreignung vergleichbaren verkehrsmedizinischen antizipierten Sachverständigengutachten zur Verfügung, die den aktuellen Stand der wissenschaftlichen Erkenntnis zu Eignungsmängeln beim Führen fahrerlaubnisfreier Fahrzeuge wiedergeben würden.

186 In Anbetracht dessen, dass die Beurteilung von Eignungsmängeln häufig medizinisch-psychologischen Sachverstand erfordere, bestünden daher erhebliche Zweifel

daran, dass die Fahrerlaubnisbehörden in der Lage seien, ihr Auswahlermessen auf der Grundlage allgemeiner Lebenserfahrung auszuüben. Das würde allenfalls bei schweren Erkrankungen oder Behinderungen möglich sein.

Auch wenn der Bestimmtheitsgrundsatz nicht eine den §§ 11 ff. FeV i.V.m. Anlage 4 187
bis 6 vergleichbare Regelungsdichte erfordern mag, komme der Senat unter Berücksichtigung der Vielfalt der Eignungszweifel auslösenden Sachverhalte zu dem Ergebnis, dass die Rechtsgrundlage für die angegriffene Maßnahme nicht hinreichend bestimmt sei. Es sei in rechtsstaatlicher Hinsicht bedenklich, im Wesentlichen darauf zu vertrauen, dass eine unbestimmte Eingriffsermächtigung durch Auslegung seitens der Behörde, deren Verhalten gerade beschränkt werden soll, in gebotener Weise eingeengt werde.

Wegen des nicht hinreichend bestimmbaren Inhalts des Eignungsbegriffs und der nicht 188
näher eingrenzbaren entsprechenden Anwendung der §§ 11 ff. FeV i.V.m. Anlage 4 bis 6 zur FeV auf die Beurteilung, ob Eignungszweifel hinsichtlich des Führens (bestimmter) fahrerlaubnisfreier Fahrzeuge vorliegen und welche Erforschungsmaßnahmen diese rechtfertigen, sei weiter davon auszugehen, dass die entsprechende Anwendung dieser Vorschriften auch nicht erforderliche sowie unangemessene Maßnahmen beinhaltet und damit nicht dem Verhältnismäßigkeitsgrundsatz genüge.

Mit Urt. v. 20.03.2024 – 10 A 10791/23.OVG hat sich das OVG Rheinland-Pfalz 189
dem BayVGH angeschlossen: § 3 der Fahrerlaubnis-Verordnung regelt die Anforderungen an die Eignung zum Führen von fahrerlaubnisfreien Fahrzeugen nicht hinreichend bestimmt und kann daher als Rechtsgrundlage für behördliche Untersagungen nicht herangezogen werden.

4. Fazit

Dem BayVGH ist zuzustimmen: Eine Untersagung des Führens fahrerlaubnisfreier 190
Fahrzeuge auf Grundlage des »dürren« – nur in einer von der Exekutive festgelegten Bundesverordnung enthaltenen – § 3 Abs. 1 Satz 1 FeV genügt verfassungsrechtlichen Anforderungen nicht.

Nach der Wesentlichkeitstheorie verpflichten Rechtsstaatsprinzip und Demokratie- 191
gebot den Gesetzgeber, die für die Grundrechtsverwirklichung maßgeblichen Regelungen im Wesentlichen selbst zu treffen und diese nicht dem Handeln und der Entscheidungsmacht der Exekutive zu überlassen.

Wie weit der Gesetzgeber die für den fraglichen Lebensbereich erforderlichen Leitlinien 192
selbst bestimmen muss, richtet sich nach dem Grundrechtsbezug, wobei die Wesentlichkeitstheorie nicht nur die Frage beantwortet, ob sich der parlamentarische Gesetzgeber überhaupt mit einer Thematik befassen muss, sondern auch wie detailliert die Vorgaben sein müssen, die er der Exekutive macht. Zwar kann auch Rechtssetzungsbefugnis im Verordnungswege auf die Exekutive delegiert werden, je stärker es dabei zu Grundrechtseingriffen kommen kann, desto engere Grenzen muss die gesetzliche Ermächtigung stecken. Die Vorschrift des § 3 Abs. 1 FeV beruht zwar auf der generellen Ermächtigung des § 6 Abs. 1 Nr. 1 Buchst. y) a.F. StVG (Ermächtigung zum

Erlass von Verordnungen über Maßnahmen, um die sichere Teilnahme sonstiger Personen am Straßenverkehr zu gewährleisten, sowie die Maßnahmen, wenn sie bedingt geeignet oder ungeeignet oder nicht befähigt zur Teilnahme am Straßenverkehr sind), nun § 6 Abs. 1 Satz 1 Nr. 1 Buchst. b) StVG n.F. Weitere gesetzliche Regelungen bestehen darüber hinaus nicht. Die Fahrerlaubnis zum Führen von Kraftfahrzeugen ist dagegen in § 2 StVG geregelt und die Entziehung der Fahrerlaubnis zum Führen von Kraftfahrzeugen in § 3 StVG. Das OVG Niedersachsen sieht § 6 Abs. 1 Nr. 1 StVG mit dem Begriff der »Zulassung von Personen zum Straßenverkehr« als eine »Ermächtigungsgrundlage für die Untersagung des Führens eines Fahrzeuges gemäß § 3 Abs. 1 FeV« an (OVG Niedersachsen, Beschl. v. 01.04.2008 – 12 ME 35/08, juris, auch zum Folgenden). Im Rahmen dieser Entscheidung wurde die Norm des § 6 Abs. 1 Nr. 1 Buchst. y) StVG unter dem Aspekt des Bestimmtheitsgebotes als geeignete Rechtsgrundlage für den Erlass des § 3 Abs. 1 FeV überprüft und mit tragfähigen Argumenten für rechtmäßig befunden. Nach einhelliger Meinung stellt die Untersagung des Führens fahrerlaubnisfreier Fahrzeuge jedoch einen starken Grundrechtseingriff dar, sodass sich auch die Frage nach einer verfassungsrechtlichen Rechtfertigung des Grundrechtseingriffs stellt. Ein Argument der Verhältnismäßigkeit ist es in diesem Zusammenhang auch, dass Fahrräder prinzipiell sogar durch Kinder geführt werden können, die noch in keiner Weise zur eigenständigen und von der Begleitung Erwachsener unabhängigen Verkehrsteilnahme geeignet sind. Niemand käme jedoch auf die Idee, Kindern allein aufgrund ihrer Minderjährigkeit und Unerfahrenheit das Fahrradfahren zu untersagen. Im Umkehrschluss bedarf es gegenüber Jugendlichen und Erwachsenen, deren Ungeeignetheit zum Führen von Fahrrädern im Raum steht, schlagkräftiger Sachargumente und vor allem einer gesicherten Ermächtigungsgrundlage für eine Untersagungsverfügung. Fahrradfahren ist in unserer Gesellschaft ein wesentliches Mittel zu Gewährleistung von Mobilität und weist damit einen starken Bezug zur Menschenwürde auf. Damit wäre es wohl angezeigt, dass sich der Gesetzgeber mit der Untersagung des Führens fahrerlaubnisfreier Fahrzeuge mindestens in gleichem Maß und auf der gleichen Normebene befasst wie mit der Fahrerlaubnis zum Führen von Kraftfahrzeugen und diese Regelungsfrage nicht der Exekutive des zuständigen Bundesministeriums sowie der durch den Bundesrat vertretenen Bundesländer überlässt. Nach der neueren, u.a. zur Frage staatsanwaltlicher Ermittlungskompetenzen ergangener Rechtsprechung des Bundesverfassungsgerichts ist die Eingriffsintensität der maßgebliche Indikator für die erforderliche Ermächtigungsgrundlage (BVerfG, Beschl. v. 17.02.2009 – 2 BvR 1372, 1745/07, NJW 2009, 1405, 1407, auch zum Folgenden) Unmissverständlich fordert das BVerfG in dieser Entscheidung: »Beschränkungen des Art. 2 I GG bedürfen einer gesetzlichen Grundlage, aus der sich die Voraussetzungen und der Umfang der Beschränkungen klar und für den Bürger erkennbar ergeben und die damit dem rechtsstaatlichen Gebot der Normenklarheit entspricht.« Diesen verfassungsrechtlichen Anforderungen genügt die Rechtsgrundlage des § 3 FeV in keiner Weise.

193 Vor diesem klaren Hintergrund aktueller verfassungsrechtlicher Rechtsprechung sollte den Fahrerlaubnisbehörden und den Betroffenen überdies ein übersichtlicher, allgemein verständlicher und hinreichend praktikabler Katalog an die Hand gegeben werden, welcher Kriterien enthält, bei deren Einhaltung ein Betroffener nach Wiedergewin-

nung seiner Eignung wieder zum Straßenverkehr zuzulassen ist. Schließlich muss sich auch die Verkehrspsychologie dieser Thematik annehmen und geeignete Beurteilungskriterien entwickeln bzw. für Kraftfahrzeugführer vorhandene Kriterien in Richtung der Fahrradfahrer modifizieren. In toto darf die Schwelle für die Wiedererlangung der Eignung zum Führen von nicht mit Motorkraft angetriebenen Fahrzeugen dabei im Vergleich zur Rehabilitation von Kraftfahrzeugführern nicht allzu hoch angesetzt werden, sondern muss – stets unter stetiger Beachtung des Verhältnismäßigkeitsgrundsatzes – auch nicht »so perfekten« Verkehrsteilnehmern die Wiedergewinnung ihrer fahrzeuggebundenen Mobilität ermöglichen.

Ungeklärt ist dagegen, unter welchen Voraussetzungen jemand (wieder) zum Führen fahrerlaubnisfreier Fahrzeuge zuzulassen ist. Grundsätzlich müsste dies ja schon geschehen, bevor jemand die Eignung zum Führen von Kraftfahrzeugen wiedererlangt, wobei hier – soweit ersichtlich – nur Forschungsergebnisse hinsichtlich des Zusammenhangs von Fahrtüchtigkeit und Alkoholkonsum bestehen. 194

▶ Zusammenfassung

Wer im öffentlichen Straßenverkehr ein Fahrzeug führen will, muss dafür geeignet sein. Zu dieser Eignung gehört es auch, bei der Verkehrsteilnahme nicht unter Alkohol oder Drogen zu stehen, welche die Reaktionsmöglichkeiten und die Konzentration negativ beeinflussen. Welche Anforderungen an die Eignung zu stellen sind, ergibt sich aus den Nr. 8 und 9 der Anlage 4 zur FeV. Die Anlage 4 unterscheidet zwischen Alkohol, Cannabis und (sonstigen) Betäubungsmitteln und zwischen verschiedenen Formen des Umgangs mit diesen berauschenden Mitteln. Die FeV hält mit den §§ 13 und 14 ein abgestuftes Instrumentarium bereit, um es den Fahrerlaubnisbehörden zu ermöglichen, die (fortbestehende) Eignung eines Betroffenen zu überprüfen. 195

V. Verwirkung

Auch eine lange Verfahrensdauer hindert eine Fahrerlaubnisbehörde nicht daran, Maßnahmen zu ergreifen. Ob es auf dem Gebiet des Fahrerlaubnisrechts überhaupt zu einer Verwirkung behördlicher »Ansprüche« kommen kann, hat der BayVGH im Beschluss vom 30.03.2020 (11 CS 10.123) offengelassen. Voraussetzung für eine Verwirkung wäre jedenfalls, dass neben dem Verstreichen eines längeren Zeitraums weitere Umstände hinzukommen, die ein schutzwürdiges Vertrauen darauf begründen, die Behörde werde von ihrer Befugnis auch künftig keinen Gebrauch mehr machen. Das ist aber zweifelhaft: Die Möglichkeit (Pflicht), eine Fahrerlaubnis bei Nichteignung zu entziehen, ist kein verzichtbares subjektives Recht, sondern ein im öffentlichen Interesse bestehendes Recht (zum Baurecht siehe BayVGH, Beschl. 21.11.1995 – 2 CS 95.3597, BayVBl. 1996, 634: »Es entspricht gefestigter Erkenntnis, daß die Befugnis der Bauaufsichtsbehörde, auf die Einhaltung der öffentlich rechtlichen Vorschriften zu achten (vgl. Art. 85 Abs. 1 Satz 1 BayBO), nicht verwirkt werden kann.«). 196

Kapitel 4 Fachliche Grundlagen und Praxis der Begutachtung

Übersicht

A. Die Fahreignung und ihre Einschränkung

1 In diesem Abschnitt soll der Eignungsbegriff unter dem verkehrsmedizinischen und verkehrspsychologischen Gesichtspunkt betrachtet werden. Empfehlenswert ist es, zwischen den Bereichen der Fahreignung sowie den damit verbundenen Zweifeln an der Eignung bzw. der Eignungsmängel zu unterscheiden. Dann gibt es noch die besonderen Anforderungen, die an bestimmte Gruppen von Fahrerlaubnissen gestellt werden (z.B. Fahrerlaubnis zur Fahrgastbeförderung). Regelungen dazu finden sich vor allem in den Anlagen 5 und 6 der FeV. Im Weiteren steht aber die Aufklärung von Zweifeln an der Fahreignung im Mittelpunkt.

2 Die **Fahreignung** ist nicht nur begrifflich von verwandten Anforderungen, wie der **Befähigung** und der **Fahrsicherheit** abzugrenzen Auch aus fachlicher Sicht zeigt die Praxis mitunter, dass die damit verbundenen Phänomene und Fragestellungen nicht immer klar auseinander gehalten werden. Betrachtet man etwa die Problematik, ob jemand angesichts seines fortgeschrittenen Alters noch fahrgeeignet ist, hat man es nicht selten mit mehreren der oben genannten Bereiche zu tun:

Ist der Betreffende noch befähigt, sich in der komplexen Verkehrsumwelt ausreichend zurechtzufinden? Es geht in diesem Fall um die Befähigung der betreffenden Person. Verkehrspädagogische Maßnahmen, wie die Teilnahme an Schulungsmaßnahmen oder Fahrstunden können in diesem Fall hilfreich sein. Auch technische Hilfsmittel im Fahrzeug können unterstützen. 3

Zudem kann Fahrunsicherheit dadurch entstehen, dass z.B. Medikamente eingenommen werden müssen. 4

Daneben können auch körperliche Einschränkungen oder Erkrankungen Eignungszweifel aufkommen lassen, sofern diese fahreignungsrelevant sind. 5

Zusammenfassend kann man sagen: 6

> »Die **Fahreignung** umschreibt die körperlich-geistigen Voraussetzungen und die Bereitschaft einer Person, die **Befähigung** zum sicheren Führen eines Kraftfahrzeugs zu erwerben und zu erhalten sowie ihr Verhalten verantwortlich so zu steuern, dass sie am öffentlichen Straßenverkehr nur im Zustand der **Fahrsicherheit** und unter Beachtung der Sicherheitsinteressen Anderer teilnimmt.« (*Brenner-Hartmann*, 2017)

Auch in den »Begutachtungsleitlinien zur Kraftfahreignung« (Bundesanstalt für Straßenwesen, 2022) finden sich Anforderungen an die Eignung. Dort heißt es im Abschnitt 2.1: 7

> »Bei der Beurteilung der Fahreignung wird davon ausgegangen, dass ein Betroffener ein Kraftfahrzeug nur dann nicht sicher führen kann, wenn aufgrund des individuellen körperlich-geistigen (psychischen) Zustandes beim Führen eines Kraftfahrzeugs Verkehrsgefährdung zu erwarten ist.
>
> …
>
> Für die Konkretisierung des Gefährdungssachverhaltes wurde davon ausgegangen, dass er dann gegeben ist, wenn
>
> a) von einem Kraftfahrer nach dem Grad der festgestellten Beeinträchtigung der körperlich-geistigen (psychischen) Leistungsfähigkeit zu erwarten ist, dass die Anforderungen beim Führen eines Kraftfahrzeuges, zu denen ein stabiles Leistungsniveau und auch die Beherrschung von Belastungssituationen gehören, nicht mehr bewältigt werden können oder
> b) von einem Kraftfahrer in einem absehbaren Zeitraum die Gefahr des plötzlichen Versagens der körperlich-geistigen (psychischen) Leistungsfähigkeit (z. B. hirnorganische Anfälle, apoplektische Insulte, anfallsartige Schwindelzustände und Schockzustände, Bewusstseinstrübungen oder Bewusstseinsverlust u. ä.) zu erwarten ist,
> c) wegen sicherheitswidriger Einstellungen, mangelnder Einsicht oder Persönlichkeitsmängeln keine Gewähr dafür gegeben ist, dass der Fahrer sich regelkonform und sicherheitsgerecht verhält.«

Hier steht also insbesondere die Frage nach der Leistungsfähigkeit im Zentrum, die überdauernd oder unvorhersehbar zeitweise beeinträchtigt sein kann, aber auch der Aspekt nach den Einstellungen und Einsichten, die mit einer regelkonformen und sichere Verkehrsteilnahme im engen Zusammenhang stehen. 8

9 In der 4. Aufl. der Beurteilungskriterien werden in einem Kapitel Eignungsvoraussetzungen dargestellt. So heißt es dort u.a.: »Das sichere Führen eines Kraftfahrzeuges (Kfz) erfordert ein Mindestmaß an körperlicher und geistiger Leistungsfähigkeit, aber auch einen verantwortungs-bewussten Umgang mit Regeln, Vorschriften und Normen sowie Rücksichtnahme auf andere (DGVP & DGVM, 2022, S. 39).« Es wird zudem darauf hingewiesen, dass Verkehrsverhalten auch soziales Verhalten ist, wobei auch die Mobilitätsbedürfnisse und Sicherheitsinteressen anderer Verkehrsteilnehmer beachtet werden müssen.

10 Was aber spricht nun eher gegen sozial angepasstes Verhalten und für die Gefährlichkeit des Kraftfahrers für die allgemeine Verkehrssicherheit? Hier ist eine Vielzahl von Faktoren denkbar, die miteinander in Zusammenhang stehen können. Zu den **verhaltensnahen Faktoren** gehören z.B.

- Einstellungen,
- Werte und
- Bewertungsdispositionen.

11 Aber auch eher **verhaltensferne Faktoren** sind von Bedeutung. Dazu zählen dysfunktionale Persönlichkeitsmerkmale wie

- Extraversion,
- Impulsivität und
- Aggressionsneigung.

12 Eine Rolle spielen zudem Lernprozesse, Umfeldfaktoren und die Informationsverarbeitung der aktuellen Situation. Verhält sich z.B. ein anderer Kraftfahrer meiner Meinung nach in einer konkreten Verkehrssituation falsch, gibt es verschiedene Möglichkeiten der Interpretation dieser Situation. Hat er sich vielleicht so verhalten, um mich zu ärgern oder war er einfach nur kurz abgelenkt, hatte aber keine böse Absicht? Je nach Sichtweise und Beantwortung dieser Fragen sind völlig unterschiedliche Reaktionen denkbar.

13 Häufig ist es auch so, dass bei Kraftfahrern mit erheblichen Eignungsmängeln die bisherigen Lern- und Entwicklungsbedingungen von Bedeutung sind. Daneben spielen die oben genannten Risikofaktoren eine große Rolle. Vor diesem Hintergrund muss häufig von schon vorhandenen verfestigten Gewohnheiten mit hoher Änderungsresistenz ausgegangen werden. Einschränkungen der Fahreignung sind unter diesem Aspekt deswegen häufig nur schwer zu korrigieren, weil es in der Regel grundsätzlich nicht leicht ist, Gewohnheiten zu verändern. Das gilt auch für das (Fehl-)Verhalten im Straßenverkehr als Kraftfahrer. Fährt z.B. jemand schon seit vielen Jahren oft deutlich zu schnell, hat dafür auch schon eine Vielzahl von Punkten im Fahreignungsregister, Geldbußen und Fahrverbote erhalten und sein Fahrverhalten bisher aber trotzdem nicht verändert oder verändern können, so spricht dies für eine erhebliche Änderungsresistenz und einen unzureichenden Lerngewinn, obwohl sein Fehlverhalten schon wiederholt sanktioniert worden ist.

Fazit: Die Fahreignung umfasst verschiedene Facetten und ist von den Begriffen »Befähigung« und »Fahrsicherheit« abzugrenzen. Sie ist für die Verkehrssicherheit von erheblicher Relevanz. Eine Vielzahl von Faktoren, wie z.B. verhaltensnahe, aber auch verhaltensferne Faktoren, spielen in diesem Zusammenhang für die Feststellung der Fahreignung eine wichtige Rolle. Banse (2012) hat z.B. die Wechselwirkungen zwischen Verhaltensdispositionen (Aggressivität), allgemeiner Kriminalität (Straftaten) und (Fehl-)Verhalten im Straßenverkehr empirisch belegen können (siehe Abb. 1). Risikoreiches Verhalten in Straßenverkehr, das zu Unfällen führt, sagt auch eine erhöhte Anzahl von Strafdelikten vorher. Umgekehrt spricht aber auch die Anzahl von Strafdelikten bei einem Betroffenen für eine erhöhte Wahrscheinlichkeit von Delikten im Straßenverkehr. Vereinfacht könnte man sagen, so wie jemand lebt, so fährt er auch, aber auch der umgekehrte Zusammenhang ist belegt. 14

15

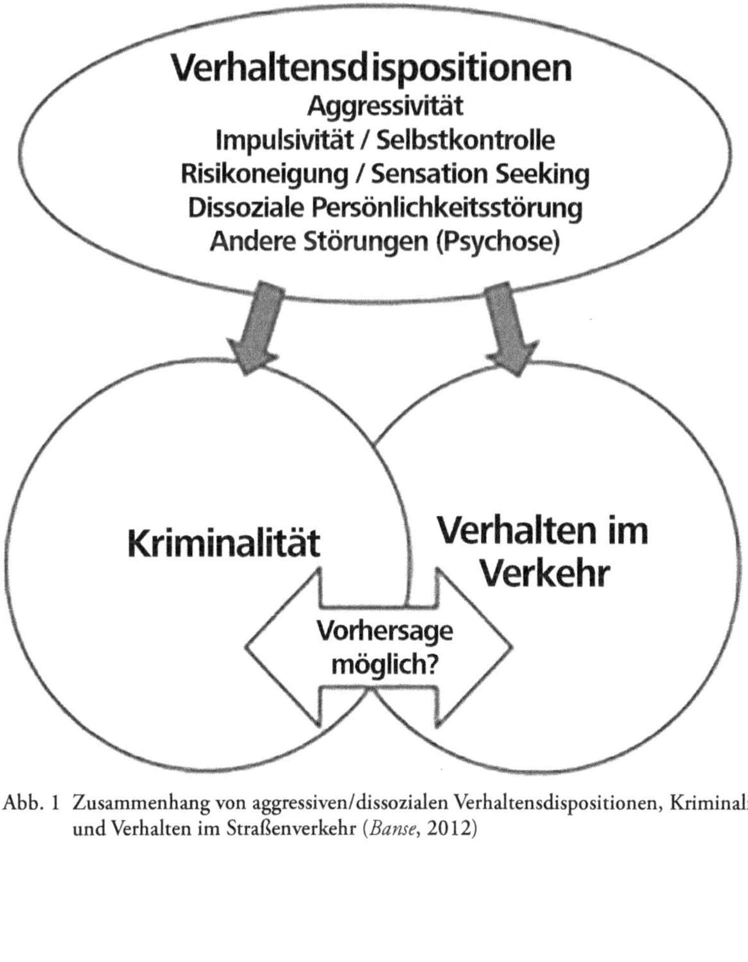

Abb. 1 Zusammenhang von aggressiven/dissozialen Verhaltensdispositionen, Kriminalität und Verhalten im Straßenverkehr (*Banse*, 2012)

16 Damit wird auch sichtbar, dass Verhalten im Straßenverkehr von inneren und/oder äußeren Bedingungen abhängig ist. Bei der Überprüfung der Fahreignung müssen deswegen solche Aspekte immer auch berücksichtigt werden.

B. Überprüfung der Eignung

17 Bereits in Kap. 2 A. (dort Rdn. 1–37) wurden die in § 11 FeV in den Absätzen 2, 3 und 4 aufgeführten Arten von Gutachten vor allem aus rechtlicher Sicht erläutert und die Anordnungsgrundlagen für die Behörden beschrieben. Nunmehr sollen die Fragen beantwortet werden, wie sich die unterschiedlichen Gutachtenarten unterscheiden, wo Grenzen sind, aber auch die Besonderheiten und Möglichkeiten.

I. Das ärztliche Gutachten

18 **Das ärztliche Gutachten** stellt bei Krankheiten und Mängeln entsprechend Anlage 4 FeV, die Regelform des Gutachtens dar. Das medizinisch-psychologische Gutachten und das Gutachten des amtlich anerkannten Sachverständigen oder Prüfers (aaSoP) werden in »besonderen Fällen« als zusätzliche Möglichkeiten von Fahreignungsüberprüfungen beschrieben. Diese Rangfolge ist in der Vorbemerkung zur Anlage 4 FeV so dargestellt. Es heißt dort:

> »**Vorbemerkung**
>
> ...
>
> 2. Grundlage der im Rahmen der §§ 11, 13 oder 14 vorzunehmenden Beurteilung, ob im Einzelfall Eignung oder bedingte Eignung vorliegt, ist in der Regel ein ärztliches Gutachten (§ 11 Absatz 2 Satz 3), in besonderen Fällen ein medizinisch-psychologisches Gutachten (§ 11 Absatz 3) oder ein Gutachten eines amtlich anerkannten Sachverständigen oder Prüfers für den Kraftfahrzeug-verkehr (§ 11 Absatz 4).«

19 Aus historischer Sicht war es tatsächlich so, dass man sich zunächst vor allem auf Krankheiten hinsichtlich der Fahreignung konzentrierte. Dafür stand das Gutachten »Krankheit und Kraftverkehr«. Inzwischen jedoch zeigt sich zunehmend, dass auch Verhaltensauffälligkeiten, also nicht gesundheitliche Aspekte, Eignungszweifel begründen. Ausdruck dieser Entwicklung sind z.B. die Spezialvorschriften der §§ 13, 13a und 14 FeV.

20 Die Aufgabe des ärztlichen Gutachtens besteht in der Erfassung möglicher gesundheitlicher Belastungen eines Kraftfahrers, die gegen eine sichere Verkehrsteilnahme zum Führen eines Kfz sprechen (könnten). Es geht z.B. um die Feststellung und diagnostische Abklärung einer Symptomatik, dann aber auch um die Beurteilung der Auswirkungen auf die Fahrsicherheit sowie eine prognostische Aussage zum Krankheitsverlauf. Dabei spielt auch die Krankheitseinsicht eine wichtige Rolle. Ist die betroffene Person in der Lage, die eventuell fahreignungsrelevante Erkrankung überhaupt adäquat zu erkennen und daraus auch Konsequenzen für eine verantwortungsbewusste Teilnahme am Straßenverkehr zu ziehen?

Gerade wenn es allerdings um die Folgen einer Erkrankung oder Medikation für das psychophysische Leistungsvermögen geht, sind dem ärztliche Gutachter mit den diagnostischen Möglichkeiten nur eingeschränkte Aussagen möglich. Der Befund einer verkehrspsychologischen Leistungstestung mit objektiven und standardisierten Verfahren, der den Anforderungen an beigestellte Befunde nach Anlage 4a Nr. 6 Buchst. a) FeV entspricht und der von einem psychologischen Gutachter erhoben wurde, der die Anforderungen nach Anlage 14 Nr. 2 Buchst. b) erfüllt, kann deswegen im Rahmen eines ärztlichen Gutachtens zur aktuellen Abklärung möglicher, durch das Krankheitsbild naheliegender (psychophysischer) gesundheitlicher Beeinträchtigungen zusätzlich notwendig werden. 21

Selbst bei einem dann auffälligen Befund sind aber noch weitere Schritte zu überprüfen. Es geht um die Frage der Kompensation von Leistungseinschränkungen durch die persönlichen Einstellungen und Grundhaltungen eines Patienten. Dies jedoch kann ein ärztliches Gutachten in der Regel nicht hinreichend leisten. Dies verhält sich ebenso mit der Frage der Behandlungscompliance, die eine weitergehende Abklärung persönlicher Einstellungen erforderlich machen. 22

Dass ein ärztliches Gutachten auch bei gesundheitlichen Fragestellungen, wie schon dargestellt (siehe Rdn. 89, 131), diese mitunter nicht hinreichend abklären kann, um eine Fragestellung vollständig beantworten zu können, darauf weist bereits die Vorbemerkung zu Anlage 4 FeV hin: 23

> »3. Die nachstehend vorgenommenen Bewertungen gelten für den Regelfall. Kompensationen durch besondere menschliche Veranlagung, durch Gewöhnung, durch besondere Einstellung oder durch besondere Verhaltenssteuerungen und -umstellungen sind möglich. Ergeben sich im Einzelfall in dieser Hinsicht Zweifel, kann eine medizinisch-psychologische Begutachtung angezeigt sein.«

Demnach kann ein ärztliches Gutachten mit den schon beschriebenen Grenzen durch ein Gutachten einer BfF (medizinisch-psychologisches Gutachten) ergänzt werden (müssen). Auch ein Gutachten des aaSoP nach § 11 Abs. 4 FeV (Rdn. 89) kann in Folge eines ärztlichen Gutachtens angeordnet werden. 24

II. Das Gutachten des amtlich anerkannten Sachverständigen oder Prüfers

Das **Gutachten des amtlich anerkannten Sachverständigen oder Prüfers (aaSoP)** hat zum Ziel die Frage zu beantworten, ob eine Person trotz körperlicher Mängel ein Fahrzeug noch sicher bedienen kann. Diese Begutachtungsform ist unabhängig von einer vorherigen ärztlichen oder medizinisch-psychologischen Begutachtung nur selten (bei Behinderung des Bewegungsapparats) sofort zur Anordnung möglich. 25

III. Das medizinisch-psychologische Gutachten

Das medizinisch-psychologische Gutachten hat den Vorteil, dass es wegen seiner interdisziplinären Ausrichtung und der Zusammenarbeit des ärztlichen und des psychologischen Gutachters die umfassendsten Aufklärungsmöglichkeiten hinsichtlich 26 der Fahreignung erfassen kann. Anderseits bietet es deswegen aber auch immer wieder Angriffspunkte hinsichtlich der Verhältnismäßigkeit dieser Maßnahme. Vor allem das psychologische Untersuchungsgespräch wird mitunter als tiefer Eingriff in die Persönlichkeit und private Lebensgestaltung angesehen, anders als dies im Vergleich bei einer ausschließlich medizinischen Untersuchung der Fall ist.

IV. Rangfolge der Begutachtungsformen

27 In der Fahreignungsbegutachtung muss bei der Anordnung von Maßnahmen durch die Fahrerlaubnisbehörde immer auch die Verhältnismäßigkeit beachtet werden. Wie schon erwähnt, ist eine verkehrsmedizinische Abklärung im Bereich von Erkrankungen und Suchtproblemen als erster Schritt der Eignungsüberprüfung vorgesehen, um klären zu können, ob eine verkehrsrelevante Ausprägung einer Krankheit, eine Alkoholabhängigkeit oder ein Missbrauch von Drogen oder Medikamenten nach Anlage 4 FeV vorliegt. Der verkehrspsychologischen Untersuchung sollte immer dann erfolgen, wenn die Frage von psychophysischen Leistungsdefiziten objektiv zu klären ist oder wenn Einstellungen und Verhaltensgewohnheiten bei den Eignungszweifeln eine Rolle spielen. »Insbesondere das Feld der Veränderungen problematischer Einstellungen und auffälligen Verhaltens sowie die persönliche Reifung sind Kernbereiche psychologischer Veränderungsdiagnostik« (*Brenner-Hartmann*, 2017).

28 Das medizinisch-psychologische Gutachten wird vor allem dann regelmäßig angeordnet, wenn es um die Frage der Wiederherstellung der Eignung geht, in der Regel nach einem Entzug der Fahrerlaubnis wegen erwiesener Nichteignung.

29 Die MPU findet im interdisziplinären Rahmen statt, bei der medizinische und psychologische Gutachter eine Untersuchung durchführen und letztendlich gemeinsam ein Gutachten erstellen. Neben der medizinischen und psychologischen Untersuchung werden zumeist noch Testverfahren und Fragebögen als diagnostische Mittel eingesetzt. In der Abb. 2 sind die Bestandteile und Befundquellen einer MPU in einer Übersicht dargestellt.

30

Abb. 2: Befundquellen einer MPU

Diese Untersuchung (MPU) dauert mehrere Stunden, bis alle Untersuchungsteile 31 absolviert worden sind. Im Jahr 2023 unterzogen sich etwa 82.000 Personen einer MPU in Deutschland. Die Hauptuntersuchungsanlässe dafür waren Alkoholdelikte sowie Auffälligkeiten mit Drogen/Medikamenten. Grundsätzlich sind bei diesen Deliktgruppen bei weniger schwerwiegenden Problemausprägungen drei Gutachtenausgänge möglich:

- positive Prognose,
- negative Prognose und
- Empfehlung einer Nachschulung (Kursempfehlung nach § 70 der FeV).

Im Jahr 2023 erreichten ca. 57 % der zu Begutachtenden im Rahmen der MPU eine 32 positive Prognose. In der Abb. 3 ist dargestellt, wie sich die verschiedenen Untersuchungsanlässe für die Zuweisung zur MPU in Deutschland prozentual verteilen.

33

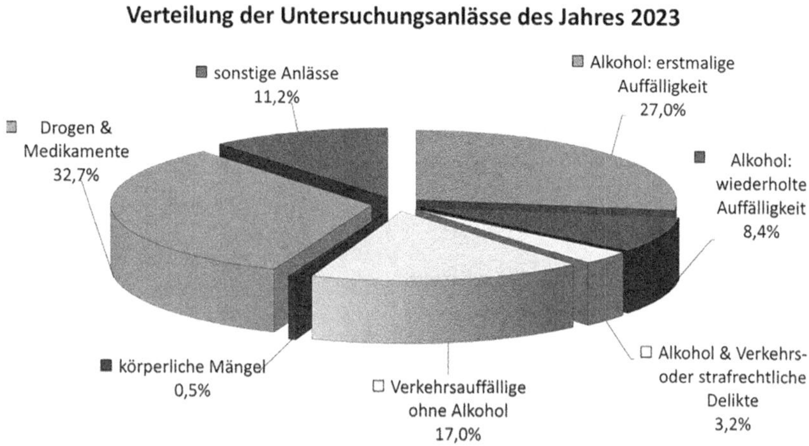

Abb. 3: Verteilung der Untersuchungsanlässe in 2023

34 Bei einer negativen Prognose gelang es dem Betroffenen nicht, seine Eignungszweifel auszuräumen oder besondere Anforderungen (schon) zu erfüllen. Im Volksmund heißt es dann häufig von in der Prüfung (gemeint ist die MPU) »durchgefallen«. Die Gründe dafür können vielfältig sein. Häufig spielen dann folgende Faktoren eine Rolle:

- mangelnde Einsicht und Selbstkritik,
- nicht nachvollziehbare Angaben,
- Schuldabwehr,
- Bagatellisierung,
- unzureichende Verhaltensänderung,
- Hinweise auf erhöhte Rückfallgefahren.

35 Im Jahr 2023 erhielten weniger als 5 % der zu Begutachtenden eine Kursempfehlung nach § 70 FeV (Kurse zur Wiederherstellung der Fahreignung). Es gibt verschiedene Kursmodelle für alkohol- und drogenauffällige Kraftfahrer. Bevor eine negative Prognose gestellt werden muss, ist zu überprüfen, ob die noch bestehenden Eignungszweifel durch Absolvierung einer solchen Schulungsmaßnahme beseitigt werden können. Ebenso ist zu klären, ob der Betreffende überhaupt kursfähig ist. Bei schwerwiegenden Ausgangsproblematiken, z.B. Alkoholabhängigkeit, kann eine solche Kursfähigkeit nicht attestiert werden. Auch bei fehlenden deutschen Sprachkenntnissen oder bei einem Inhaberstatus (also noch im Besitz einer Fahrerlaubnis) ist ein solcher Kurs ebenso nicht indiziert. Zusätzlich ist zu prüfen, ob der Betroffene überhaupt die motivationalen Voraussetzungen für die Kursteilnahme mitbringt. Ist also auch von dieser Seite her damit zu rechnen, dass er einen Lernerfolg durch die Kursteilnahme erzielen kann? Das setzt u.a. voraus, dass er zumindest in Ansätzen sein eigenes Verhalten selbstkritisch reflektieren kann und ferner zu einer Veränderung bisheriger Einstellungen und Gewohnheiten bereit ist. Der Kurs kann dem Betroffenen helfen, Verhaltensalternativen zu entwickeln, aufzubauen und zu stabilisieren.

Im § 11 Abs. 10 FeV heißt es darüber hinaus: 36

»Hat der Betroffene an einem Kurs teilgenommen, um die Eignungsmängel zu beheben, genügt in der Regel zum Nachweis der Wiederherstellung der Eignung statt eines erneuten medizinisch-psychologischen Gutachtens eine Teilnahmebescheinigung, wenn

1. der betreffende Kurs nach § 70 anerkannt ist,
2. auf Grund eines medizinisch-psychologischen Gutachtens einer Begutachtungsstelle für Fahreignung die Teilnahme des Betroffenen an dieser Art von Kursen als geeignete Maßnahme angesehen wird, seine Eignungsmängel zu beheben,
3. der Betroffene nicht Inhaber einer Fahrerlaubnis ist und
4. die Fahrerlaubnisbehörde der Kursteilnahme nach Nummer 2 vor Kursbeginn zugestimmt hat.«

In den »Beurteilungskriterien« (DGVP & DGVM, 2022) wird grundsätzlich zwischen drei verschiedenen Arten von Fragestellungen im Rahmen der Eignungsdiagnostik unterschieden: 37

Nachweisdiagnostik 38

Von Nachweisdiagnostik wird gesprochen, wenn der Betroffene für eine bestimmte Art der Fahrerlaubnis darlegen muss, dass er die besonderen Anforderungen an diese Klasse (schon) erfüllt (z.B. Klasse D oder FE zur Fahrgastbeförderung). Dies gilt auch für eine angestrebte Befreiung von bestehenden Verkehrsvorschriften (z.B. Mindestalter). In beiden Fällen soll belegt werden, dass die gestellten spezifischen Anforderungen von der überprüften Person (bereits) erfüllt werden.

Entlastungsdiagnostik 39

Entlastungsdiagnostik ist der Regelfall für die MPU. Davon kann ausgegangen werden, wenn Nichteignung bei einer Person bereits zu einem früheren Zeitpunkt bestanden hatte – z.B. festgestellt in einem strafrechtlichen Urteil – und zum Zeitpunkt der Begutachtung überprüft wird, ob die Eignung wiederhergestellt ist. Mit Hilfe der Entlastungsdiagnostik will sich der Betroffene also von einer fortbestehenden Annahme der Ungeeignetheit entlasten. Er muss für sich günstige Umstände oder eine grundlegende und stabile Veränderung in Einstellung und Verhalten geltend machen können, die die Eignungsbedenken entkräften sollen. Das setzt voraus, dass die Person gute Gründe und Belege im Rahmen der Entlastungsdiagnostik vorbringen kann, die mit hoher Wahrscheinlichkeit gegen erneutes relevantes Fehlverhalten sprechen. Es handelt sich dabei um eine Prognose, also eine Wahrscheinlichkeitsaussage.

Überprüfungsdiagnostik 40

Überprüfungsdiagnostik bedeutet, dass die Fahrerlaubnisbehörde zum aktuellen Zeitpunkt Nichteignung beim Betroffenen aufgrund der aktenkundigen Vorfälle noch nicht unterstellen kann, aber Tatsachen dennoch für erhebliche Zweifel an der Fahreignung sprechen (z.B. Verkehrsteilnahme unter Alkoholeinfluss mit einem Fahrrad).

Diese drei diagnostischen Zielrichtungen führen dann auch zu unterschiedlichen Anforderungen an die Mitwirkungspflicht und Erwartungen an die Mitwirkungsbereitschaft des Betroffenen bei der Aufklärung des Sachverhalts. Will der Betroffene eine bestimmte 41

Qualifikation schon nachweisen, wird er alles versuchen, um bei der Befunderhebung mitzuwirken. Auch im Rahmen der Entlastungsdiagnostik liegt es im Interesse des Klienten, seine positiven Veränderungen möglichst umfänglich und nachvollziehbar darzustellen, also vor allem positive Aspekte herauszustellen. Ganz anders stellt sich die Situation bei der Überprüfungsdiagnostik dar, wo es verschiedene Fallkonstellationen gibt, in denen z.B. durch Bagatellisierung oder Verschweigen von Daten und Befunden das Aufdecken von Eignungsmängeln verhindert werden könnte. Aber auch bei der Begutachtung zur Überprüfung von Eignungszweifeln kann vom Betroffenen erwartet werden, dass er in dem Maße mitwirkt, wie es für die Befunderhebung im Rahmen der behördlichen Fragestellung erforderlich ist. Der Gutachter wird ansonsten die durch fehlende Mitwirkung bedingten Einschränkungen in der Befunderhebung und Befundverwertung im Gutachten entsprechend darstellen und bewerten.

V. Gutachten nach Anlage 5 und 6 FeV

42 In den Anlagen 5 und 6 der FeV ist die Überprüfung des Sehvermögens und der gesundheitlichen Voraussetzungen im Rahmen der Erteilung und Verlängerung einer Fahrerlaubnis der Gruppe 2 und zur Fahrgastbeförderung geregelt. Zudem werden dort besondere Anforderungen auch an die Gutachten und die Qualifikation der Gutachter bzw. Begutachtungsstellen aufgeführt. Da diese Gutachten jedoch nicht der Klärung von Eignungszweifeln dienen, werden sie an dieser Stelle nicht näher erläutert.

43 In der Anlage 5 der FeV ist zudem dargelegt, welche Bereiche der Leistungsanforderungen im Rahmen der Fahreignungsbewertung im Sinne besonderer Anforderungen zu untersuchen sind:

a) Belastbarkeit,
b) Orientierungsleistung,
c) Konzentrationsleistung,
d) Aufmerksamkeitsleistung und
e) Reaktionsfähigkeit.

44 Auch wird an dieser Stelle beschrieben, wie diese Anforderungen zu überprüfen sind, nämlich mit psychologischen Testverfahren, deren Eignung von einer geeigneten unabhängigen Stelle nach Anlage 14 Abs. 2 Nr. 7 der FeV bestätigt worden ist. Diese Anforderungen an die Verfahren sind auch bei der Überprüfung von Leistungsparametern im Rahmen von medizinisch-psychologischen oder ärztlichen Gutachten mindestens zu erfüllen. In der Anlage 14a der FeV (2017) sind nunmehr die Voraussetzungen für die amtliche Anerkennung als Träger einer unabhängigen Stelle für die Bestätigung der Eignung der eingesetzten psychologischen Testverfahren und Testgeräte und für die Begutachtung dieser Träger durch die Bundesanstalt für Straßenwesen beschrieben. Die Anforderungen an den Träger der unabhängigen Stelle sind benannt, ebenso wie die Fachkompetenz der dort tätigen Gutachter.

45 Inzwischen gibt es bei der BASt eine Übersicht über geeignete Testverfahren und Testgeräte, die im Rahmen der Fahreignungsbegutachtung oder einer Fahreignungsuntersuchung nach § 11 Abs. 9 FeV (Stand: 26.09.2023) genutzt werden müssen. Diese

Liste wird von der BASt geführt, veröffentlicht und ständig ergänzt. In der Übersicht ist u.a. dargestellt, welche Testverfahren, für welche Leistungsdimensionen einsetzbar sind. In der Abb. 4 ist die aktuelle Liste von Testgeräten dargestellt. 46

Geeignete Testverfahren und -geräte					
Leistungsdimension	**Testverfahren**	**Testformen/Versionen**	**Autor(en)/Herausgeber**	**Eignung bescheinigt am**	**Kommentar**
Aufmerksamkeit	Adaptiver tachistoskopischer Verfketvsauffassungstest [ATAVT]	S1, S2, S3, S4, S5, S6 (jeweils ab WTS Version 6.80)	SCHUHFRIED GmbH, Mödling (Österreich)	07.11.2019	
	Corporal Plus: Verteilte Aufmerksamkeit A	Ab Version 10/2020 ab Softwareversion 2.0.001	Vistec AG, Olching	16.10.2020	
	Corporal Plus: Geteilte Aufmerksamkeit	Ab Version 10/2020 ab Softwareversion 2.0.001	Vistec AG, Olching	16.10.2020	
	TAP-M Geteilte Aufmerksamkeit (Doppelaufgabe)	Ab Version 1.3.2	Psytest Vera Fimm – Psycholagische Testsysteme, Herzogenrath	25.06.2021	
Belastbarkeit	Determinationstest (DT)	S1, S2, S4, S5, S6 (jeweils ab WTS Version 6.80)	SCHUHFRIED GmbH, Mödling (Österreich)	07.11.2019	Kotrektur am 20.06.2023: Entfall der Testversion S3
	Coporal Plus: Daueraufmerksamkeit	Kurz- und Langform Ab Version 10/2020 ab Softwareversion 2.0.001	Vistec AG, Olching	16.10.2020	
	TAP-M Flexibilität	Ab Version 1.3.2	Psytest Vera Fimm – Psychologische Testsysteme, Herzogenrath	25.06.2021	
Konzentration	Cognitrone (COG)	S1, S2, S3, S4, S5, S6, S9, S11 (jeweils ab WTS Version 6.80)	SCHUHFRIED GmbH. Mödling (Österreich)	07.11.2019	
	Corporal Plus: Konzentrierte Aufmerksamkeit	Ab Version 10/2020 ab Softwareversion 2.0.001	Vistec AG, Olching	16.10.2020	
	Corporal Plus: Selektive Aufmerksamkeit	Ab Version 10/2020 ab Softwareversion 2.0.001	Vistec AG, Olching	16.10.2020	
	TAP-M Go/Nogo	Ab Version 1.3.2	Psytest Vera Fimm – Psychologische Testsysteme, Herzogenrath	25.06.2021	
Orientierung	Linienverfolgungstest (LVT)	S1, S2, S3 (jeweils ab WTS Version 6.80)	SCHUHFRIED GmbH, Mödling (Österreich)	07.11.2019	
	Coporal Plus: Visuelles Scanning	Ab Version 10/2020 ab Softwareversion 2.0.001	Vistec AG, Olching	16.10.2020	
	TAP-M Visuelles Scanning	Ab Version 1.3.2	Psytest Vera Fimm – Psychologische Testsysteme, Herzogenrath	25.06.2021	
Reaktionstätigkeit	Reaktionstest (RT)	S1, S2, S3, S4, S5, S6, S7, S8 (jeweils ab WTS Version 6.80)	SCHUHFRIED GmbH, Mödling (Österreich)	07.11.2019	
	Coporal Plus: Intrinsische Alertness	Ab Version 10/2020 ab Softwareversion 2.0.001	Vistec AG, Olching	16.10.2020	
	TAP-M Alertness	Ab Version 1.3.2	Psytest Vera Fimm – Psychologische Testsysteme, Herzogenrath	25.06.2021	

Abb. 4: Geeignete Testverfahren und Testgeräte

C. Fachliche Grundlagen der Begutachtung

47 Gutachten zur Fahreignung werden von fachlich qualifizierten und für diese Tätigkeit auch anerkannten Sachverständigen erstellt. Die Gutachter haben sich dabei an rechtlich verankerten Richtlinien und am Stand der Wissenschaft, wie er in fachlichen Standardwerken zusammengefasst ist, zu orientieren. Abweichungen von den dort aufgestellten Grundsätzen sind zwar möglich, müssen dann aber fallbezogen begründet werden.

48 Im Folgenden werden Standardwerke und Vorgaben bundeseinheitlicher und EU-rechtlich vorgegebener Grundsätze der Eignung zum Führen von Kraftfahrzeugen im öffentlichen Straßenverkehr beschrieben. Dazu gehören:
- EU-Ebene: Appendix III zur 3. EU-Führerschein-Richtlinie,
- auf nationaler Ebene insbesondere die Anlage 4 zur FeV.

49 Die 3. EU-Führerschein-Richtlinie regelt bspw. in Appendix III, Abschnitt ALKOHOL:

> »14. Alkoholgenuss ist eine große Gefahr für die Sicherheit im Straßenverkehr. Da es sich um ein schwerwiegendes Problem handelt, ist auf medizinischer Ebene große Wachsamkeit geboten.
>
> Gruppe 1:
>
> 14.1. Bewerbern oder Fahrzeugführern, die alkoholabhängig sind oder das Führen eines Fahrzeugs und Alkoholgenuss nicht trennen können, darf eine Fahrerlaubnis weder erteilt noch darf ihre Fahrerlaubnis erneuert werden.
>
> Bewerbern oder Fahrzeugführern, die alkoholabhängig waren, kann nach einem nachgewiesenen Zeitraum der Abstinenz vorbehaltlich des Gutachtens einer zuständigen ärztlichen Stelle und einer regelmäßigen ärztlichen Kontrolle eine Fahrerlaubnis erteilt oder es kann ihre Fahrerlaubnis erneuert werden.
>
> Gruppe 2:
>
> 14.2. Die zuständige ärztliche Stelle muss die zusätzlichen Risiken und Gefahren besonders berücksichtigen, die mit dem Führen von Fahrzeugen dieser Gruppe verbunden sind.«

50 EU-Regelungen sind dann auch die Grundlage und haben Einfluss bzw. sind zwingend anzuwenden auf die Umsetzung in nationales Recht. Bezogen auf das o.g. Beispiel Alkohol geht es auf EU-Ebene um die Eignungsfrage bei Alkoholabhängigen und Personen, die Alkoholkonsum und Teilnahme am Straßenverkehr nicht trennen

51 Wie wurde diese EU-Bestimmung in nationales Recht umgesetzt? In der Anlage 4 FeV ist bezogen auf die Eignungsfrage bei Alkohol eine Unterteilung zwischen Alkoholabhängigkeit und Missbrauch getroffen worden. Erst nach Beendigung des Alkoholmissbrauchs oder wenn eine Alkoholabhängigkeit nicht mehr besteht, ist eine Fahreignung als wieder gegeben anzusehen. In der Anlage 4 FeV ist ebenso beschrieben, was dies konkret bezogen auf den Umgang mit Alkoholkonsum bedeutet und bei welcher Konstellation und wie lange Nachweise zur Abstinenz zu erbringen sind.

52 Im Fall der Alkoholabhängigkeit wird der Zeitraum der nachzuweisenden Abstinenz für ein Jahr festgelegt.

Neben diesen Vorgaben, die noch recht allgemein gehalten sind, finden sich in einschlägigen Fachwerken präzisere Bestimmungen. Es handelt sich dabei um 53
- die »Begutachtungsleitlinien zur Kraftfahreignung« herausgegeben von der Bundesanstalt für Straßenwesen (BASt, Gräcmann & Albrecht, 2022) und
- die »Beurteilungskriterien – Urteilsbildung in der Fahreignungsbegutachtung«, herausgegeben von den Fachgesellschaften »Deutsche Gesellschaft für Verkehrspsychologie – DGVP« und »Deutsche Gesellschaft für Verkehrsmedizin – DGVM« (DGVP & DGVM, 2022).

Im Folgenden werden beide Fachwerke vorgestellt. 54

I. Die Begutachtungsleitlinien zur Kraftfahreignung

Im Jahr 2000 wurden zwei Leitlinien, die davor getrennt für den medizinischen Bereich und den psychologischen Bereich zur Fahreignung galten, in ein Werk, nämlich den »Begutachtungs-Leitlinien zur Kraftfahrereignung« zusammengeführt. 55

Im allgemeinen Teil dieser Leitlinien werden zunächst grundsätzliche Beurteilungshinweise, Auswahl und rechtliche Stellung der Begutachtenden sowie die Anforderungen an die psychische Leistungsfähigkeit und die Möglichkeiten der Kompensation von Mängeln beschrieben. Daneben gibt es einen speziellen Teil. In diesem werden in einzelnen Kapiteln körperliche und geistige Krankheiten und Mängel unter Bezug auf Anlage 4 FeV behandelt. Hierbei geht es vor allem um Fragen der Leistungsfähigkeit und der Verkehrssicherheit, also Aspekte, die die Fahreignung unmittelbar betreffen. Ferner werden Leitsätze zur Eignung zum Führen von Fahrzeugen dargestellt. Auch die Bedingungen für die Eignungsfrage werden in Abhängigkeit von der Ausgangsproblematik formuliert. 56

Inzwischen wurden einige Kapitel der Begutachtungsleitlinien überarbeitet und es wurden neue Kapitel zu Erkrankungen/Eignungsmängeln hinzugefügt. Zuletzt aktualisiert wurden die Kapitel 3.4 »Herz- und Gefäßkrankheiten« (gültig seit 31.12.2019), Kapitel 3.5 »Diabetes mellitus« (gültig seit 24.05.2018), Kapitel 3.6 »Nierenerkrankungen« (gültig seit 31.12.2019), Kapitel 3.10 »Störungen des Gleichgewichtssinnes« (gültig seit 01.06.2022) sowie Kapitel 3.11 »Tagesschläfrigkeit« (gültig seit 14.08.2017). 57

II. Die Urteilsbildung in der Fahreignungsbegutachtung (Beurteilungskriterien)

Die Beurteilungskriterien wurden ständig überarbeitet und sind in immer neuen Auflagen erschienen. Die Gründe dafür waren vielfältig. Immer wieder gab es auch Bemühungen, das Werk zu präzisieren und auf aktuelle Studienergebnisse, z.B. zur Wirksamkeit der MPU, hinzuweisen und neue Erkenntnisse in das Werk einzuarbeiten. *Brenner-Hartmann* (2017) nimmt auf einer dieser Studien Bezug, die für eine hohe Prognosesicherheit der MPU spricht und auch oft zitiert wird. »Aufgrund vielfältiger zwischenzeitlicher fachlicher und rechtlicher Veränderungen wurde im Jahr 2010 durch den VdTÜV eine aktuelle Evaluationsstudie zur Legalbewährung 58 nach einer MPU (EVA-MPU) durchgeführt, die vom Zentrum für Evaluation und Methoden (ZEM) der Universität Bonn wissenschaftlich begleitet und ausgewertet wurde (*Hilger et. al.*, 2012).

59 Untersucht wurde die Verkehrsbewährung von 1.600 Personen, die zwischen November 2005 und Oktober 2006 Fahreignungsbegutachtungen (MPU) wegen Alkoholauffälligkeiten in den beteiligten Organisationen absolvierten. Die Bewährung wurde über einen Zeitraum von drei Jahren nach der MPU anhand von Abfragen aus dem damaligen Verkehrszentralregister (VZR) beim Kraftfahrt-Bundesamt (KBA) überprüft. Verglichen wurden die MPU-Fälle mit der Rückfallquote der – durch eine deutlich bessere Ausgangslage charakterisierten – Gruppe der Fahrer mit einer Alkohol-Ordnungswidrigkeit, also einer Gruppe mit einer gesellschaftlich tolerierten Wiederauffallenswahrscheinlichkeit.

60 Bei der Auswertung der Ergebnisse zur Legalbewährung zeigte sich, dass sich die Rückfallquoten aller betrachteten MPU-Fallgruppen weder untereinander noch von den Rückfallquoten der Fahrer mit Ordnungswidrigkeiten wesentlich unterschieden. Die Rückfallquoten der MPU-Gruppen fielen im Vergleich zu den Ergebnissen der früheren Studien wie ALKOEVA und EVAGUT noch einmal deutlich niedriger aus.

61

Im Einzelnen wurden folgende Ergebnisse hinsichtlich der Wiederauffallensrate ermittelt:	
positiv begutachtete, erstauffällige Alkoholfahrer:	6,5 %,
Erstauffällige nach MPU und Kursteilnahme:	8,0 %,
positiv begutachtete, wiederholt Auffällige:	8,3 %,
wiederholt Auffällige nach MPU und Kursteilnahme:	6,8 %,
Kontrollgruppe (OWi-Gruppe):	8,2 %.

62 Die MPU-Gruppen zeigten also trotz bestehender erheblicher Eignungsbedenken, welche die Anordnung einer MPU begründet, keine höheren Rückfallzahlen als die OWi-Gruppe, bei denen keine Eignungsbedenken bestanden. Insgesamt war zudem im Vergleich zu früheren Studien eine weitere Verbesserung der Legalbewährung bei alkoholauffälligen Kraftfahrern nach erfolgreicher MPU zu beobachten. Hier dokumentiert sich erneut die recht gute Treffsicherheit gutachterlicher Aussagen, die auf der Basis der Beurteilungskriterien getroffen wurden.«

63 Die Beurteilungskriterien sind ein Fachwerk, haben aber keine direkte Rechtsgrundlage. Allerdings gilt der Grundsatz, dass nach Anlage 4a der FeV die Untersuchungen zur Fahreignung nur nach anerkannten wissenschaftlichen Grundsätzen vorgenommen werden dürfen.

64 Die Einhaltung dieser wissenschaftlichen Grundsätze wird wiederum vor allem durch die Beachtung der Beurteilungskriterien umgesetzt.

65 Damit ist gemeint, dass die Begutachtung nach anerkannten Regeln durchzuführen ist, die vor dem Hintergrund des derzeitigen Erkenntnisstandes
- als theoretisch richtig gelten,
- sich in der Praxis über eine längere Zeit bewährt haben und

– von einschlägigen Fachkreisen allgemein anerkannt sind (vgl. dazu auch *Schubert/Mattern*, 2006).

Abweichungen von diesen Beurteilungsgrundsätzen sind zwar möglich, dann aber zu begründen. So kann auch zusätzliche (aktuelle) wissenschaftliche Fachliteratur zur Argumentationsführung herangezogen werden. In der Anlage 4 FeV ist unter Vorbemerkungen die Unterscheidung zwischen Regelfall und Ausnahme getroffen worden. Das bedeutet, dass der Gutachter auch einen Entscheidungsspielraum hat und die Besonderheiten des Einzelfalls betrachten muss. Sollte er vom Regelfall abweichen, sollte dies aber fachlich fundiert begründet werden. 66

Da es sich bei den Beurteilungskriterien, inzwischen in der 4. Auflage, um ein Werk von den zwei Fachgesellschaften DGVP und DGVM handelt, ist davon auszugehen, dass dieses den aktuellen Stand der Wissenschaft im Bereich der Fahreignungsbegutachtung zusammenfasst. Die Einhaltung der Beurteilungskriterien stellt nach fachlicher hiesiger Einschätzung sicher, dass die Begutachtung gemäß den Anforderungen der Anlage 4a der Fahrerlaubnisverordnung (FeV) nach anerkannten wissenschaftlichen Grundsätzen durchgeführt wird. 67

In der 4. Auflage der Beurteilungskriterien wurden im Vergleich zur 3. Auflage (2013) z.B. neue relevante fachliche Grundlagen, neue Erkenntnisse der Wissenschaft, aber auch die aktuelle Rechtsprechung berücksichtigt. So ergaben sich u.a. aus fachlich-wissenschaftlicher Sicht für die 4. Auflage Konsequenzen aus Veränderungen in den Leitlinien zur Behandlung alkoholbezogener Störungen und zur Substitution bei Opiatabhängigkeit sowie zur Behandlung medikamentenbezogener Störungen. 68

Auch bei der Beurteilung von verkehrssauffälligen Kraftfahrern mussten neue Risikophänomene, wie z.B. Raser oder Poser, aber auch aggressives Verhalten und unzureichende Impulskontrolle Berücksichtigung finden (*Wagner/Müller/Koehl/Rebler*, 2020). 69

Auch der formale Aufbau der 4. Auflage hat sich im Vergleich zur Vorgängerwerk grundlegend verändert. In einem **Einleitungsteil** gibt es einen historischen Abriss, es werden Evaluationsstudien zu den Beurteilungskriterien vorgestellt und es wird auf Veränderungen seit der 1. Auflage bis zur 4. Auflage eingegangen. Ein allgemeiner Teil befasst sich mit den Schwerpunkten Rahmenbedingungen der Fahreignungsdiagnostik, mit theoretischen Grundlagen der Fahreignung sowie dem Begutachtungsprozess und der Gutachtenerstellung. Zudem wird der Aufbau und die Anwendung der Beurteilungskriterien beschrieben. 70

In einem **speziellen Teil** werden die Hypothesen, Kriterien und Indikatoren zu den verschiedenen Anlassgruppen dargestellt. Diese Rangfolge beschreibt mit zunehmender Detaillierung Einzelbefunde. Damit ist es möglich, Rückschlüsse von individuellen Daten (Indikatoren) zu gutachterlichen Feststellungen (Kriterien erfüllt?) zu ziehen und schließlich zu einer Diagnose (Bestätigen und Verwerfen einer Hypothese) zu kommen. In der Abbildung 5 wird dies beispielhaft dargestellt. 71

72

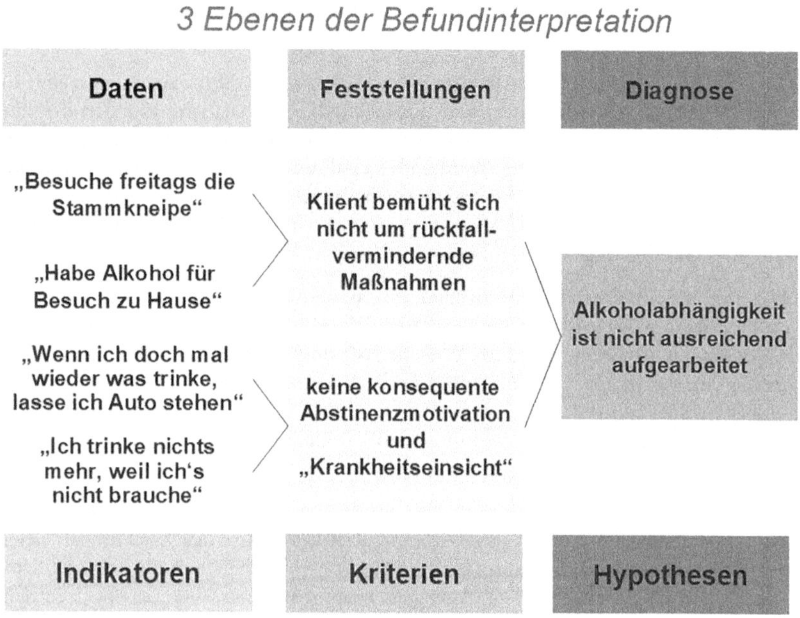

Abb. 5: Hypothesen, Kriterien, Indikatoren: Beispiel Alkoholismus

73 Die Hypothesen werden je nach Anlassgruppe unterschieden. Einige Schwerpunkte sind die A-Hypothesen (Alkohol), die D-Hypothesen (Drogen) und die V-Hypothesen (Verkehrsauffällige und Straftaten). Neu sind in der 4. Auflage der Beurteilungskriterien die M-Hypothesen (Dauermedikamentation und Medikamentenmissbrauch). Daneben gibt es ferner Ausführungen zu weiteren Anlassgruppen, wie der Kompensation gesundheitlicher Mängel, der Entlastungsdiagnostik bei Suchtmittelmissbrauch und Verhaltensauffälligkeiten und dem Nachweis des Erfüllens besonderer Voraussetzungen.

74 An den speziellen Teil schließt sich der **methodische Teil** an. Zunächst wird in diesem Kapitel auf das **psychologische Untersuchungsgespräch (PUG)** eingegangen. Es wird u.a. beschrieben, wie dieses zu planen, durchzuführen und auszuwerten ist. Die zu überprüfende Hypothese zum PUG wird in der 4. Auflage wie folgt beschrieben: »Die im Rahmen der Begutachtung verwendete Gesprächsmethodik ist nach wissenschaftlich anerkannten Grundsätzen entwickelt, anlassbezogen durchgeführt, nachvollziehbar wiedergegeben und zur Beantwortung der Fragestellung geeignet.«

75 Dazu einige praktische Anmerkungen: Im Rahmen einer MPU stellt das PUG, also eine interviewbasierte Erhebungstechnik, die Hauptmethode zur Erkenntnisgewinnung dar. Dieser Teil der Untersuchung wird vom psychologischen Gutachter durchgeführt. Das Ergebnis entscheidet in den meisten Fällen über den Gutachtenausgang. Es muss deswegen in der Planung, Durchführung und Auswertung unbedingt theoretischen begründeten Standards folgen. Es soll dazu dienen, ausgehend von akten-

kundigen Anknüpfungstatsachen, entscheidungsrelevante Informationen über die subjektive Erlebniswelt des zu Untersuchenden, aber ebenso über die Entwicklung relevanter verkehrsbezogener Verhaltenselemente seit dem anlassbezogenen Fehlverhalten zu erhalten. Deswegen reicht es in der Praxis der Durchführung nicht aus, nur die aktenkundigen Delikte zu besprechen. Vielmehr müssen auch die Hintergründe dafür beleuchtet werden, also z.B. die Fragen beantwortet werden, worin der Untersuchte die Ursachen dafür sieht und wie er sein früheres Fehlverhalten heute bewertet.

Dadurch gewinnt der Gutachter u.a. Erkenntnisse darüber, ob der Untersuchte ein 76 angemessenes Problembewusstsein entwickelt hat und sich einsichtig zeigt. Von Interesse ist dann aber auch, ob und welche Konsequenzen der Betroffene aus dieser Analyse gezogen hat und wie er erneutes Fehlverhalten im Straßenverkehr vermeiden will. Hier reichen aber allgemeine Vorsätze und Floskeln, wie etwa »es passiert nichts mehr«, »er wolle sich ändern« oder »er wolle sich in Zukunft an die Regeln im Straßenverkehr halten«, nicht aus.

Bevor jedoch diese Daten in der Darstellungsphase des PUG erhoben werden kön- 77 nen, ist einleitend zunächst eine Vorbereitungsphase (»warming up«) sinnvoll. Der Betroffene wird in dieser zunächst über Sinn und Zweck der psychologischen Exploration sowie die Rolle zwischen Gutachter und ihm aufgeklärt. Die Schaffung eines vertrauensvollen Arbeitsbündnisses dient dazu, die Grundlage für die weitere Datenerhebung zu schaffen. Dies wiederum setzt Wertschätzung, Empathie und Verständnis gegenüber dem Betroffenen voraus. Eine »verhörähnliche« Gesprächssituation sollte in jedem Fall im PUG vermieden werden. Dadurch würde nur Misstrauen und ein Abwehrverhalten durch den Betroffenen erzeugt werden.

In der Praxis zeigt sich häufig, dass die Betroffenen das PUG als eine Art Stress- und 78 Prüfungssituation erleben. Sie wissen zumeist, dass dieser Teil der MPU in der Regel maßgeblich für den Gutachtenausgang ist. Insofern ist es auch fast verständlich, wenn sie versuchen, sich in ein »gutes Licht zu stellen« oder den Erwartungen des Gutachters zu entsprechen. Deswegen ist auch Schuldabwehr und Bagatellisierung nicht selten ein Thema im PUG. Der Gutachter muss deswegen auf Widerspüche, z.B. zur Aktenlage oder zu anderen Befunden, hinweisen und dem Betroffenen die Möglichkeit einräumen, sich in seiner Darstellung korrigieren zu können. Bleibt trotz (mehrmaliger) Rückmeldung durch den Gutachter diese unauflösbar, kann die Datenlage nicht verwertet werden. Man spricht in diesem Fall von der H-0 Hypothese. Das bedeutet, die zur Beantwortung der behördlichen Fragestellung erforderlichen Befunde konnten nicht erhoben werden und sind deswegen für die Befundbewertung nicht verwertbar. Somit ist aber dann eine positive Prognose nicht möglich, die behördlichen Zweifel konnten also nicht ausgeräumt werden. Das PUG wird mit der Erläuterung des vorläufigen Ergebnisses beendet (Feedback-Phase), indem der Gutachter einschätzt, wie die Angaben des Untersuchten zu werten sind.

Neben diesen praktischen Hinweisen sind aber noch weitere Sachverhalte im Sinne 79 von theoretisch begründeten Standards zu beachten. Dazu zählt auch die Frage, wie das PUG aufzuzeichnen ist. Ein Hinweis dazu gibt die Anlage 4a der FeV. Dort ist festgelegt, dass Aufzeichnungen zu führen sind. Mitschriften des Gutachters dürfen nach den Regelungen der Beurteilungskriterien nach Abschluss des PUG nicht mehr inhaltlich verändert oder erst nach Untersuchungsende im Sinne eines Gedächtnisprotokolls ergänzt werden.

80 Wie schon weiter oben angeführt, muss im PUG immer der Untersuchungsanlass und die Fragestellung der Behörde beachtet werden. Daraus leiten sich der Umfang, die Methodik und die zu besprechenden Sachverhalte ab. Deswegen ist es zunächst erforderlich, dass sich der Gutachter überhaupt mit der vorliegenden Behördenakte vor dem Gespräch vertraut macht. Diese kann in der Praxis nur wenige Seiten umfassen, aber auch sehr umfangreich sein. In der Akte gibt es z.B. Informationen zur Deliktvorgeschichte, evtl. Strafbefehle, Gerichtsurteile oder Bußgeldbescheide. Es können aber auch Vorgutachten, Zertifikate und Bescheinigungen in dieser enthalten sein.

▶ Exkurs: Behördliche Fragestellungen für die MPU: Grundsätze und Musterbeispiele

81 § 11 FeV bestimmt, dass die Behörde in der Anordnung zur Beibringung eines Gutachtens festlegen muss, welche Fragen in Hinblick auf die Eignung zu klären sind. Diese Fragestellung sollte sich aus der Aktenlage nachvollziehbar ergeben. Sie muss zudem ausreichend bestimmt und anlassbezogen angemessen sein. Wichtig ist ferner, dass diese durch konkrete, wissenschaftliche Untersuchungsmethoden im Rahmen der Begutachtung überhaupt zu beantworten ist. Sie darf deswegen nicht zu allgemein gehalten sein oder einem Ausforschungsauftrag gleichen. In der Praxis ist es so, dass die Behörden meistens schon Mustervorlagen für die Formulierung von Fragestellungen entsprechend den aktenkundigen Anknüpfungstatsachen haben.

Typische Fragestellungen könnten sein:

- Ist zu erwarten, dass der Untersuchte erneut ein Kfz unter Alkoholeinfluss führen wird? Bestehen psychophysische Leistungsdefizite, die das sichere Führen eines Kfz der beantragten Klasse in Frage stellen?
- Ist zu erwarten, dass der Untersuchte erneut/wiederholt und/oder erheblich verkehrsrechtlich/strafrechtlich im Straßenverkehr auffällig werden wird?
- Erfüllt der Untersuchte trotz der aktenkundigen Straftaten die geistigen (charakterlichen) Anforderungen an das sichere Führen eines Kfz der Klasse B im Straßenverkehr und/oder ist zu erwarten, dass er zukünftig Straftaten im Zusammenhang mit dem Straßenverkehr oder im Zusammenhang mit der Fahreignung begehen wird?
- Ist zu erwarten, dass der Untersuchte zukünftig ein Kfz unter Drogeneinfluss führen wird und/oder liegen psychophysische Beeinträchtigungen vor, die das sichere Führen eines Kfz der Klasse B in Frage stellen?
- Erfüllt der Untersuchte bereits vor Erreichen des Mindestalters die körperlichen und geistigen Anforderungen an das Führen eines Kfz der Klasse D?
- Ist zu erwarten, dass der Untersuchte auch zukünftig erheblich gegen verkehrsrechtliche Bestimmungen verstoßen wird? Hat der Untersuchte sich mit

seinen Fehlverhalten soweit auseinandergesetzt, dass er zukünftig der besonderen Verantwortung zur Beförderungen von Fahrgästen gerecht werden kann?
– Kann der Untersuchte trotz des Vorliegens einer Erkrankung, die nach Anlage 4 der FeV die Fahreignung in Frage stellt, und unter Berücksichtigung der im vorliegenden Arztgutachten festgestellten Befunde ein Kfz der Gruppe 1 sicher führen? Ist insbesondere das psychophysische Leistungsvermögen zum sicheren Führen eines Kfz der Gruppe ausreichend?

Die vorgenannten Fragestellungen sind lediglich als Muster zur Veranschaulichung anzusehen. Selbstverständlich entscheidet die Behörde in eigener Verantwortung über die Formulierung der Fragestellung. In der Abb. 6 ist das Zusammenwirken zwischen dem Betroffenen, der Behörde und der BfF veranschaulicht. 82

83

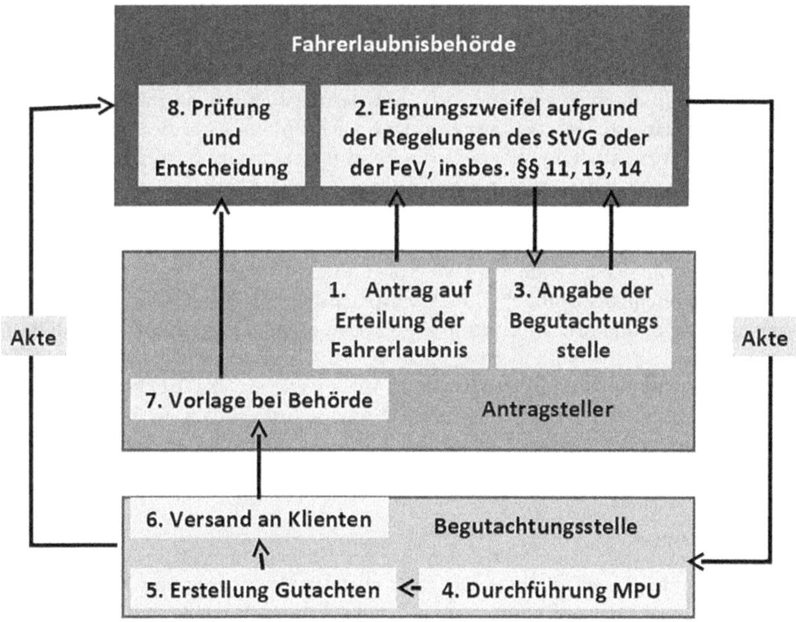

Abb. 6: Kreislauf und Zusammenwirken zwischen dem Betroffenen, der Behörde und der BfF

1. PUG: Hinweise zur Verschriftung der Daten

Nach diesem Exkurs zum Thema »Fragestellungen« gehört zu den Anforderungen der Beurteilungskriterien zum Kapitel PUG auch die Frage, wie die relevanten Inhalte der Exploration zu verschriften sind. Hierzu heißt es, dass diese verständlich und nachvollziehbar wiedergegeben werden müssen. Dazu gehören z.B. auch genaue, eindeutige und detaillierte Angaben zum Gesprächsverlauf. Dagegen würde sprechen, wenn Äußerungen des Untersuchten nur eingekürzt oder ausschnittweise dargestellt werden. Auch die Struktur des Gesprächsverlaufes muss für den Leser im Gutach- 84 ten zu erkennen sein. Es reicht nicht aus, einfach nur Antworten des Betroffenen wiederzugeben, ohne dass die vorab konkrete gestellte Frage des Gutachters sichtbar wird. Die Wiedergabe des PUG kann in indirekter Rede erfolgen. Sollten jedoch wörtliche Zitate in das Gutachten einfließen, so müssen diese als solche zu erkennen sein. Im Gutachten muss ferner sichtbar sein, dass der Gutachter auf Widersprüche hingewiesen hat, die sich u.a. aus den Angaben des Untersuchten im Vergleich mit der Aktenlage oder wissenschaftlichen Erkenntnissen ergeben haben. Ein praktisches Beispiel wäre, dass angegebene Trinkmengen eines Betroffenen im Zusammenhang mit einem Trunkenheitsdelikt bei einer Alkoholfragestellung nicht die Höhe des aktenkundigen Promillewertes erklären können. So ist es unmöglich, dass ein Mann mit einem Körpergewicht von 80 kg durch den Konsum von zwei Bieren à 0,5 l einen sehr hohen Promillewert von über 1,6 erreichen kann.

2. PUG: Hinweise zur Befundwürdigung

85 Es geht aber in einem Gutachten nicht nur darum, Befunde nachvollziehbar und verständlich darzustellen, diese müssen dann auch im Sinne der Beantwortung der behördlichen Fragestellung bewertet und gewichtet werden. Es handelt dabei um die Befundwürdigung. Diese muss nachvollziehbar sein. Das kann z.B. dadurch umgesetzt werden, dass konkrete gutachterliche Schlussfolgerungen durch Angaben des Untersuchten im PUG kenntlich und somit belegbar gemacht werden. Die Befundwürdigung sollte sich außerdem auf alle Schwerpunkte des PUG beziehen. Dazu zählen u.a. Vorgeschichtsdaten, aber auch Gesprächsbefunde zur Problemausprägung, Problembewältigung und Motivation zur Verhaltensänderung bis hin zur Stabilität. Für eine stabile Verhaltensänderung reicht es nicht aus, nur das Bestehen der MPU oder die Neuerteilung der Fahrerlaubnis im Blick zu haben. Bei dieser Konstellation wäre ein Rückfall in frühere Gewohnheiten sehr wahrscheinlich, weil nach Eintritt dieser gewünschten Ereignisse die Motivation für eine weitere Fortsetzung des (neuen) Verhaltensmusters entfallen würde.

3. PUG online?

86 Vor dem Hintergrund der Pandemie, aber auch danach, wurde immer mal wieder die Frage in Fachkreisen diskutiert, ob das PUG nicht auch online absolviert werden könnte. In der 4. Auflage der Beurteilungskriterien ist eine solche Möglichkeit nicht vorgesehen. Es gibt in dieser Hinsicht auch gute Gründe dafür, davon abzusehen. Es wird grundsätzlich von einer direkten Gesprächssituation ausgegangen, da es im PUG nicht nur um reine Datenerhebung geht, sondern auch eine unmittelbare Begegnungssituation stattfindet, die von Wertschätzung und Respekt geprägt sein sollte. Es wäre fraglich, ob eine vergleichbare Eindrucksbildung bei einer auf einen Kontakt per Video eingeschränkten Begegnung überhaupt möglich wäre. Die Qualität der Datenerhebung im PUG hängt auch sehr stark von der Herstellung und Gestaltung der Arbeitsbeziehung zwischen dem Betroffenen und dem Gutachter ab. Gleichzeitig findet eine Verhaltensbeobachtung statt. Körperliche Signale, wie Verspannungen oder Mikroexpressionen, auf die in der persönlichen Begegnung sehr schnell reagiert

werden kann, würden sehr wahrscheinlich in einer Online-Begegnung entfallen. Auch technische Aspekte sowie Fragen des Datenschutzes müssen als zusätzliche Faktoren Berücksichtigung finden. Welche Konsequenzen hätte es bspw., wenn eine Onlineverbindung zum Betroffenen nicht funktioniert oder plötzlich zusammenbricht? Wie könnte unter diesen Bedingungen überhaupt sichergestellt werden, dass das PUG in einer ungestörten Umgebung stattfindet, so wie es im persönlichen Kontakt der Fall ist? Das sind nur einige Fragen, die bisher ungeklärt sind.

Deswegen kann man für das PUG folgendes Fazit ziehen: Die Durchführung einer Onlineexploration ist mit erheblichen fachlichen, methodischen und datenschutzrechtlichen Bedenken verbunden. Es kann deswegen nicht davon ausgegangen werden, dass dieses Vorgehen dem aktuellen Stand von Wissenschaft und Technik entspricht. Außerdem gibt es aus fachlicher Sicht keine Forschungs- und Evaluationsergebnisse, die dafür sprechen würden, das ein Online-PUG bezüglich der Prognosegüte mindestens genauso effektiv wie die herkömmliche Explorationsmethode ist. 87

4. MFU: Die medizinische Fahreignungsuntersuchung

Im methodischen Teil schließt sich nach dem PUG die **medizinische Fahreignungsuntersuchung (MFU)** an. Anlässe für verkehrsmedizinische Begutachtungen können sein: 88
- das ärztliche Gutachten,
- die medizinisch-psychologische Untersuchung (MPU) oder
- die Untersuchung von Kraftfahrern/Personen mit besonderer Verantwortung nach Anlage 5 und 6 der FeV (es handelt sich dabei um Kraftfahrer, die Fahrzeuge der Gruppe 2 führen).

In diesem Teil der Beurteilungskriterien werden z.B. die verschiedenen Aufgabebereiche für ärztliche Gutachten beschrieben. Dazu gehören u.a. Gesundheitsfragestellungen, die Überprüfung des Vorhandenseins einer Alkoholabhängigkeit oder die Erstellung von Gutachten bei Dauermedikamentation zur Abklärung von Hinweisen auf Abhängigkeit oder missbräuchlichen Konsum von Medikamenten. Es gibt ferner die Möglichkeit zur Festlegung von Auflagen (bezieht sich auf die Person) und Beschränkungen (bezieht sich auf das Fahrzeug), Kontroll- bzw. Nachuntersuchungen und Nachbegutachtungen oder Anforderungen an eine fachgerechte Behandlungscompliance. Es kann aber auch notwendig sein, weitere Überprüfungsmaßnahmen, wie z.B. die Absolvierung einer Fahrprobe durch einen aasoP zu empfehlen. Sollten z.B. körperliche Einschränkungen bestehen, kann es notwendig werden, Umbauten am Fahrzeug zur technischen Kompensation vorzunehmen und sich während einer Fahrt (Fahrprobe) davon zu überzeugen, ob diese ausreichend sind und wie der Betroffene mit der Bedienung des Kfz zurechtkommt. Die Fahrprobe wird durch einen technischen Sachverständigen, z.B. einem qualifizierten Kfz-Ingenieur, durchgeführt, der ein Gutachten erstellt. 89

Medizinische Fahreignungsuntersuchungen finden aber auch im Rahmen der MPU statt. Die Beurteilungskriterien nennen in diesem Zusammenhang folgende Hypo- 90 these: »Die medizinische Fahreignungsuntersuchung erfolgt anlassbezogen und unter Anwendung etablierter ärztlicher Verfahren. Eigene selbsterhobene und externe beigestellte Befunde werden nachvollziehbar dargestellt und fließen in die Beantwortung der Fragestellung ein.« Eine wesentliche Anforderung besteht darin, dass ein anamnestisches Gespräch und eine körperliche Untersuchung durchgeführt werden. Es gibt außerdem Festlegungen zum Mindestumfang der MFU im Rahmen der MPU für verschiedene Fragestellungen (z.B. Alkohol, Drogen, Verkehrs-/Strafauffälligkeiten). Die erhobenen Befunde müssen aber auch nachvollziehbar dokumentiert werden. Gerade in der MFU werden nicht selten auch Fremdbefunde, z.B. Therapieberichte, Einschätzungen von Hausärzten/Fachärzten beigebracht. Hier hat der medizinische Gutachter die Aufgabe, diese zu sichten und hinsichtlich ihrer Verwertbarkeit zu überprüfen. Sind diese z.B. überhaupt von Relevanz für die Fragestellung? Gibt es vielleicht Zweifel an der Echtheit der Fremdbefunde? Sind sie inhaltlich nachvollziehbar? Fehlt etwa das Erstellungsdatum oder ist nicht erkennbar, für wenn der Befund überhaupt ausgestellt wurde oder wer diesen ausgestellt hat, so sind dies Indikatoren dafür, dass diese Befunde nicht (hinreichend) verwertbar sind.

91 In jedem Fall ist es darüber hinaus notwendig, dass die Befunde dann auch hinsichtlich ihrer Relevanz für die Fragestellung bewertet werden und in die abschließende Bewertung und dann mit den anderen Untersuchungsteilen in das Gutachten einer MPU einfließen.

92 Der medizinische Untersuchungsumfang und die Dokumentation der Befunde ist entsprechend Anlage 5 und 6 der FeV geregelt. Auch die Muster für die Bescheinigungen finden sich an dieser Stelle.

5. CTU: Chemisch-toxikologische Untersuchung

93 Neben dem PUG und der MFU findet sich im methodischen Teil der Beurteilungskriterien auch ein umfassendes Kapitel zu den **chemisch-toxikologischen Untersuchungen (CTU)**. Es handelt sich dabei um ein bedeutsames Hilfsmittel im Rahmen der Begutachtungen von Betroffenen, die durch Alkohol, Drogen oder Medikamente aufgefallen sind. Diese Befunde können unterstützen, sofern geeignetes Untersuchungsmaterial vorliegt (in der Regel Haare, Blut, Urin), und zu verschiedenen Sachverhalten einen Aufklärungsbeitrag leisten. Gerade wenn es z.B. um die Aufdeckung von Widersprüchlichkeiten geht, um die Überprüfung von Konsumgewohnheiten oder Alkohol-, Drogen- und Medikamentenfreiheit/Abstinenz sind die CTU von Bedeutung. Die Anforderungen an CTU werden in den Beurteilungskriterien wie folgt beschrieben: »Die im Rahmen der Begutachtung berücksichtigten toxikologischen Befunde sind fachkundig erstellt worden, hinsichtlich der Durchführungsbedingungen sowie der angewandten Methoden transparent, aussagekräftig, vollständig und adäquat dokumentiert und damit forensisch verwertbar.«

94 Aus der Praxis kann eingeschätzt werden, dass es in diesem Zusammenhang bei der Umsetzung eine Vielzahl von »Fallstricken« und Problemen geben kann. Auf einige soll an dieser Stelle hingewiesen werden. Zunächst schreibt die Anlage 4a der FeV

fest, welche Arztgruppen überhaupt befugt sind, z.B. entsprechende Abstinenzkontrollprogramme, durchzuführen.

Dort werden genannt: 95
- Facharzt mit verkehrsmedizinischer Qualifikation, der nicht zugleich der den Betroffenen behandelnde Arzt sein darf,
- Arzt des Gesundheitsamtes oder andere Arzt der öffentlichen Verwaltung,
- Arzt mit der Gebietsbezeichnung »Facharzt für Rechtsmedizin«,
- Arzt mit der Gebietsbezeichnung »Arbeitsmedizin« oder der Zusatzbezeichnung »Betriebsmedizin«,
- Arzt einer Begutachtungsstelle für Fahreignung,
- Arzt/Toxikologe in einem für forensisch-toxikologische Zwecke akkreditierten Labor.

Auch nicht jedes Labor kann die vorliegenden Proben für den Bereich der Fahreig- 96
nung analysieren. Gefordert wird vielmehr, dass das Labor nach DIN EN ISO 17025 für forensische Zwecke nach den Standards der Gesellschaft für Toxikologische und Forensische Chemie (GTFCh) akkreditiert sein muss.

Es gibt zudem in den CTU-kriterien Festlegungen dazu, wie die Proben zu entneh- 97
men sind. Bei Urinproben ist z.B. die Sichtkontrolle bei der Urinabgabe von großer Relevanz, gerade auch, um Manipulationsversuche weitestgehend ausschließen zu können. In der Praxis kommt es immer wieder vor, dass durch Betroffene versucht wird, Fremdurin abzugeben oder die Probe zu verunreinigen. Bei Urinproben ist es zudem wichtig, zu beachten, dass die Einbestellung spätestens am Folgetag erfolgt und die Einbestellung für den zu Untersuchenden unvorhergesehen stattfindet. Nimmt er den Termin nicht wahr oder versucht durch Ausreden zu begründen, weshalb er am Folgetag nicht kommen kann, so führt das in der Regel zum Abbruch des Urinkontrollprogrammes. Es sei an dieser Stelle darauf hingewiesen, dass gerade bei einem solchen Programm die betroffene Person vorab eine Vereinbarung mit verschiedenen Vertragsbedingungen unterschreiben muss. In dieser sind z.B. auch die Abbruchkriterien für das Kontrollprogramm benannt. Bei jeder Probennahme erfolgt vorab auch eine Identitätskontrolle, die durch die Probeentnahmestelle auch zu dokumentieren ist. Damit soll sichergestellt werden, dass auch die richtige Person zum Termin erscheint.

Zu den CTU-kriterien gehören schließlich auch Festlegungen zum Inhalt der Beschei- 98
nigung über die durchgeführten Untersuchungen. Diese müssen transparent sein und eine Bewertung zu den Durchführungsbestimmungen, zu Verantwortlichkeiten und zur Befundinterpretation in Abhängigkeit von der Fragestellung (Abstinenzkontrolle, kontrollierter Konsum, aktueller Nachweis der Drogenfreiheit am Untersuchungstag) zulassen.

Insgesamt gesehen spielen Befunde der CTU eine wichtige Rolle im Bereich von 99
Fahreignungsüberprüfungen bei Fragestellungen zu Alkohol, Drogen und/oder Medikamenten. Allerdings haben sie neben der PUG und MFU eher die Aufgabe einer Hilfsfunktion, sie sind insofern nur ein Teil in einem Begutachtungsprozess und

sollten in ihrer Bedeutung auch nicht überschätzt oder gar allein dominierend, z.B. für einen Gutachtenausgang, sein.

6. PTV: Psychologische Testverfahren

100 Nach dem Abschnitt CTU schließt sich im methodischen Teil der Beurteilungskriterien ein Kapitel zu **psychologischen Testverfahren (PTV)** in der Begutachtung an. Schon an anderer Stelle in diesem Buch wurden dazu Ausführungen gemacht (siehe Rdn. 44 f.). Deswegen sollen nunmehr nur noch ergänzend eher anwendungsbezogene und praxisrelevante Informationen gegeben werden.

101 Die eingesetzten Testverfahren müssen aus der Fragestellung der Behörde ableitbar sein. Der Testanwender muss für den Umgang mit den Testverfahren eine qualifizierte Person sein. Diese legt auch die einzusetzenden Testverfahren fest. In der Praxis ist bei der Testdurchführung zu beachten, dass der Betroffene nicht übermüdet oder gesundheitlich beeinträchtigt ist. Auch muss sichergestellt werden, dass die Testinstruktionen von diesem überhaupt verstanden worden sind. Das bedeutet, ist der Person eindeutig klar, was er am Testgerät tun soll. Gerade bei Personen mit unzureichenden Deutschkenntnissen kann dieser Hinweis von großer Bedeutung sein. Sollte ein bestellter Dolmetscher nach Anlage 4a der FeV in der Fahreignungsbegutachtung zum Einsatz kommen, so ist es wichtig, dass dieser die Testanweisung in die Muttersprache des Betroffenen übersetzt. Viele Testgeräte haben aber heute schon fremdsprachliche Instruktionen zur Verfügung. Ferner ist darauf zu achten, dass äußere Störfaktoren während der Testdurchführung unterbleiben.

102 Nach Beendigung der Testphase erfolgt die Testauswertung und Testinterpretation nach festgelegten Standards. Zur Überprüfung der Kompensation bei Unterschreitung von Normbereichen in der Mehrzahl der Testverfahren besteht in bestimmten Fällen die Möglichkeit der Durchführung einer verkehrspsychologischen Fahrverhaltensbeobachtung. Das bedeutet praktisch, eine Fahrt des Betroffenen mit einem Fahrschulauto mit Fahrlehrer und einem Verkehrspsychologen als Beobachter unter realen Verkehrsbedingungen. Der Verkehrspsychologe muss ein erfahrener Gutachter sein, der die Anforderungen nach Anlage 14 der FeV erfüllt. In dieser sind die Anforderungen an den psychologischen Gutachter definiert. Neben einem Diplom/Master in Psychologie muss er eine zweijährige praktische Berufstätigkeit und zusätzlich eine mindestens einjährige Praxis in der Begutachtung der Eignung von Kraftfahrern in einer Begutachtungsstelle für Fahreignung belegen können. In der Praxis erfolgt die Fahrt über eine standardisierte Strecke und sollte eine Fahrzeit von 50 bis 70 Minuten haben. Die Instruktionen im Fahrtverlauf sind ebenso standardisiert und erfolgen durch den im Fahrzeug sitzenden Verkehrspsychologen. Auffällige Verhaltensweisen im Rahmen der Fahrt durch den Betroffenen sind zu protokollieren. Abbruchkriterien sind z.B. erhebliche Verkehrsverstöße während der Fahrt, die Gefährdungen anderer Verkehrsteilnehmer, notwendige Eingriffe des Fahrlehrers oder Fahruntüchtigkeit des Betroffenen. Über die verkehrspsychologische Fahrverhaltensbeobachtung gibt es einen Bericht, der die Ergebnisse zusammenfasst. Letztendlich werden sowohl Testergebnisse als auch die Ergebnisse der evtl. durchgeführten verkehrspsychologischen Fahrverhaltensbeobachtung in das Gut-

achten eingearbeitet und interpretiert. Sowohl die Testdurchführung, die Testergebnisse und ihre Bewertung müssen nachvollziehbar und vollständig im Gutachten integriert sein. Zudem ist es notwendig, die eingesetzten Testverfahren und Entscheidungsgrenzen im Sinne der Normerfüllung zu beschreiben.

7. FFI: Fahreignungsfördernde Maßnahmen

Die bisher dargestellten Teilaspekte im methodischen Teil der Beurteilungskriterien 103
(PUG, MFU, CTU, PTV) sind im Rahmen von Fahreignungsbegutachtungen (Arztgutachten, MPU) von erheblicher Relevanz und in Teilen oder vollständig Bestandteil dieser Untersuchungen. Anders sieht dies bei den **fahreignungsfördernden Interventionen (FFI) als Maßnahme** zur Veränderung von Einstellungen und Verhalten aus. Ausführungen zu diesem Bereich schließen den methodischen Teil der Beurteilungskriterien ab. Gerade FFI im Vorfeld einer MPU, die auf eine Veränderung von Einstellungen und Verhalten abzielt, erfordern von den Durchführenden unterschiedliche Kompetenzen aus verschiedenen Bereichen. In der Abb. 7 findet sich dazu eine Übersicht (DGVP, 2015).

Zu den diagnostischen Kompetenzen gehören: 104

- *Methodenwissen* (Vorgehen bei der Diagnose von Merkmalen wie z.B. Verursachungsstile oder Impulskontrollfähigkeit),
- *Bedingungswissen* (Gesetzmäßigkeiten menschlichen Verhaltens; Kenntnisse über Einflüsse, die Erleben und Verhalten verursachen und aufrecht erhalten; Kenntnisse über das Zusammenwirken von Persönlichkeitsmerkmalen, Einstellungen und situative Auslösebedingungen),
- *Änderungswissen* (Planung und Umsetzung einer Intervention; Barrieren und fördernde Einflüsse; Kenntnis spezifischer Interventionsansätze und deren zielgruppenspezifischen Limitationen) sowie
- *Fachwissen* zum Themenbereich MPU (Detailkenntnisse der gesetzlichen Grundlagen, Verordnungs- und Gesetzestexte, BGL, BK, Kommentartexte, vertiefende Publikationen aus internationalen Fachmedien).

Zu den kommunikativen Kompetenzen gehören:

- Einhaltung einer neutralen, unabhängigen und unparteilichen Beraterrolle und Beachtung berufsethischer Standards,
- Befähigung zu einer effektiven und zielorientierten Gesprächsführung,
- professioneller Aufbau der Beratung über unterschiedliche Gesprächsphasen (Ausgangslage, Zieldefinition, Ressourcen-Analyse, Planung eines Lösungsmodells unter Beachtung von zeitlichen Vorgaben und Nachweisnotwendigkeiten, Zusammenfassung und Ausblick) sowie
- Fähigkeit zu Perspektivenwechsel und Empathie.

Abb. 7: Kompetenzen der Durchführenden von FFI

105 Es gibt im gesetzlich geregelten Bereich eine Vielzahl von vorgeschriebenen Qualitätsanforderungen für Interventionsmaßnahmen im Zusammenhang mit der Fahreignungsförderung, wie z.B. im Hinblick auf die Art und Weise der Durchführung solcher Maßnahmen, zum Umfang, zu inhaltlichen Schwerpunkten und zu den Bedingungen an den Durchführenden. Dies bezieht sich z.B. auf das Fahreignungsseminar (§ 42 FeV), auf die besonderen Aufbauseminare (§ 36 FeV) oder Kurse zur Wiederherstellung der Fahreignung (§ 70 FeV) und die verkehrspsychologische Beratung (§ 71 FeV). Es soll im Folgenden jedoch schwerpunktmäßig auf den sogenannten ungeregelten Bereich eingegangen werden. Damit ist gemeint, dass es für dieses Tätigkeitsfeld (MPU-Vorbereitung) keine gesetzlich festgelegten Vorgaben gibt.

106 Die im Abschnitt FFI der Beurteilungskriterien dargestellte Hypothese lautet:

»Eine Maßnahme zur Förderung der Fahreignung unterstützt eine günstige Prognose, wenn
- sie individuell problemangemessen war
- grundsätzlich als wirksam anzusehen ist
- ein der Problemausprägung entsprechendes Ziel verfolgt und erreicht hat
- nachvollziehbar belegt ist.«

107 Leider zeigt die praktische Erfahrung, dass diese Anforderungen durch entsprechende Anbieter zur MPU-Vorbereitung bei Weitem nicht immer erfüllt und umgesetzt werden. So gibt es große Unterschiede in der Qualifikation der Anbieter. Schlimmstenfalls kann es sogar sein, dass überhaupt keine weitergehenden Vorkenntnisse, z.B. in der Psychologie, vorhanden, die fachlichen Regelwerke nicht oder kaum bekannt sind und die Anwendung von FFI nur in einer Art Trainingsprogramm besteht. Damit ist gemeint, dass der Betroffene wohlfeile Sätze und »Geschichten« auswendig lernt, in der Hoffnung, dadurch die MPU leichter oder besser noch nach Möglichkeit fast immer zu bestehen. Es zeichnet sich mitunter auch das vordergründige Ziel bei unseriösen Anbietern ab, dass der Betroffene lediglich die MPU erfolgreich absolvieren soll, nicht jedoch eine grundlegende Einstellungs- und Verhaltensänderung bei ihm durch die Vorbereitung angestrebt wird. Vor diesem Hintergrund ist es dann auch nicht verwunderlich, dass durch Fachgremien immer wieder die Forderung aufgestellt wird, diesen Markt stärker zu regulieren und Qualitätsstandards einzuführen. So hat sich z.B. eine Arbeitsgruppe der BASt mit dem Thema »Qualität in der Fahreignungsberatung und fahreignungsfördernde Maßnahmen« beschäftigt und Vorschläge zur Verbesserung der Situation in diesem Bereich vorgeschlagen (BASt-Bericht, M252, 2015). Insbesondere wurde von den Autoren empfohlen, eine obligatorische Erstberatung für Betroffene bei Entzug/Verzicht auf die Fahrerlaubnis vor der Neuerteilung dieser einzuführen, zumindest dann, wenn sich diese Person zusätzlich einer MPU unterziehen muss. Zudem wurden Anforderungen an die Qualifikation der in diesem Bereich Tätigen vorgeschlagen und eine amtliche Anerkennung dieser diskutiert.

108 Der 52. Verkehrsgerichtstag hat im Jahr 2014 bereits zu diesem Thema in einer Arbeitsgruppe gefordert: »Die Qualifikation von Personen, die in der Vorbereitung zur MPU tätig sind, bedarf einer gesetzlichen Regelung. So wird es den Betroffenen erleichtert, seriöse Anbieter zu finden.«

Die Beurteilungskriterien nennen in dem Abschnitt FFI Kriterien, die dem Gutachter helfen sollen, die individuelle Wirksamkeit einer Maßnahme zu beurteilen, ohne dass aber die Überprüfung der Einhaltung dieser selbst Gegenstand des Begutachtungsauftrages im Rahmen der anlassbezogen behördlichen Fragestellung ist. 109

Zunächst gehört dazu, dass im Rahmen von FFI durch qualifizierte Personen eine angemessene Diagnostik stattfand. Vor der eigentlichen Intervention muss also zunächst die Ausgangsproblematik beim Betroffenen erfasst worden sein. Dann erfolgt in einem zweiten Schritt die Intervention, die angemessen und wirksam sein muss. Es reicht nicht aus, Fragenkataloge einfach nur auswendig zu lernen. Vielmehr gehören verschiedene Elemente zu einer angemessenen Intervention, die von der Deliktaufarbeitung, Einsichtsbildung, Kompetenzaufbau, Wissenserwerb bis zur Stabilisierung und Rückfallvorbeugung reichen müssen. Es sollte auch erkennbar werden, dass die FFI vollständig absolviert und die vereinbarten Ziele erreicht worden sind. 110

Es ist so, dass der Betroffene in der Regel im Rahmen einer MPU eine Bescheinigung über die Absolvierung dieser Maßnahme beibringt. Diese Bescheinigung muss aussagekräftig sein und darf nicht schon das Ergebnis der Begutachtung vorwegnehmen. In der Praxis ist die Qualität von Bescheinigungen über die FFI sehr unterschiedlich. Manche Bescheinigungen sind sehr pauschal formuliert, wie z.B. »Herr N. war bei mir über längere Zeit in Beratung, er hat diese erfolgreich absolviert.« Es ist bei diesem Beispiel u.a. nicht ersichtlich: Warum war er überhaupt dort? Welche Problematik lag vor? Waren es Einzel- oder Gruppensitzungen? Wie lange war er dort und wie oft? Welche Ziele wurden vereinbart? Was heißt erfolgreich absolviert? … 111

Es gibt allerdings auch zunehmend Bescheinigungen, die sehr umfangreich sind und nachvollziehbar den Beratungsverlauf detailliert dokumentieren. Dabei handelt es sich häufig um Durchführende, die mit den aktuellen Beurteilungskriterien gut vertraut sind und sich über die Anforderungen an eine qualitätsgerechte FFI adäquat informiert haben. 112

Abschließend noch der Hinweis, dass die Bescheinigung im Original vorliegen und eigenhändig vom Durchführenden unterschrieben worden sein muss. 113

8. Zusammenfassung zum methodischen Teil

Zusammenfassend kann zum methodischen Teil der Beurteilungskriterien in der 4. Auflage eingeschätzt werden, dass dieser eine gute Basis für die Tätigkeit als Gutachter, aber auch für die verkehrspsychologische Intervention darstellt. Er bietet viele Anregungen, Hinweise und fachliche Richtlinien, die dazu beitragen können, die Qualität der in diesen Arbeitsfeldern Tätigen zu verbessern und Reklamationen wegen fachlicher Mängel zu vermeiden. Insgesamt sind diese Beurteilungskriterien in der 4. Auflage gut strukturiert, was die Lesbarkeit vereinfacht. Die aktuellen fachlich/rechtlichen Grundlagen und entsprechende Änderungen sind ausführlich und verständlich dargestellt. 114

III. Fazit zu den fachlichen Grundlagen

115 Zu den fachlichen Grundlagenwerken im Rahmen von Fahreignungsüberprüfungen gehören die Begutachtungsleitlinien zur Kraftfahreignung und die Beurteilungskriterien. Durch ihre Verwendung ist eine hohe Standardisierung des diagnostischen Prozesses gewährleistet. Auch die Neutralität und die Einzelfallgerechtigkeit als Prinzip der Arbeit wird dadurch gewährleistet. Durch den Anlassbezug der Fahreignungsüberprüfung wird auch der Verhältnismäßigkeitsgrundsatz umgesetzt. Es soll immer der geringstmögliche Eingriff in die Persönlichkeit erfolgen. Da die Grundsätze der Begutachtung im Bereich Fahreignung für alle Betroffenen gleich sind, wird auch dem Gleichbehandlungsgrundsatz Rechnung getragen. Der Einfluss durch die Gutachterauswahl soll dadurch möglichst minimiert werden. Insgesamt gesehen kann eingeschätzt werden, dass durch diese fachlichen Grundlagenwerke eine gute Basis für eine qualitätsgerechte Arbeit im Bereich der Fahreignung gegeben ist.

D. Anforderungen an die Gutachter und die Gutachten

I. Anforderungen an Gutachter und Begutachtungsstellen

116 Die FeV legt in den §§ 65 und 66 sowie in den Anlagen 4a und 14 die Anforderungen an die Qualifikation von Gutachtern und die Voraussetzungen für die Anerkennung von Begutachtungsstellen fest.

117 § 65 FeV
Ärztliche Gutachter

> Der Facharzt hat seine verkehrsmedizinische Qualifikation (§ 11 Absatz 2 Satz 3 Nummer 1), die sich aus den maßgeblichen landesrechtlichen Vorschriften ergibt, auf Verlangen der Fahrerlaubnisbehörde nachzuweisen. Der Nachweis erfolgt durch die Vorlage eines Zeugnisses der zuständigen Ärztekammer. Abweichend von Satz 1 und 2 reicht auch eine mindestens einjährige Zugehörigkeit zu einer Begutachtungsstelle für Fahreignung (Anlage 14) aus.

118 Der ärztliche Gutachter kann also entweder ein Facharzt, der eine zusätzliche verkehrsmedizinische Qualifikation bei der Ärztekammer erworben hat, sein, oder er ist ein Arzt, der seit mindestens einem Jahr bei einer Begutachtungsstelle für Fahreignung tätig ist.

119 Bei der ersten Gutachtergruppe ist der Qualifikationsschwerpunkt in der Facharztausbildung mit aber oft nur kursorischen Kenntnissen im Verkehrsrecht und verkehrsmedizinischen Schwerpunkten zu sehen. Deswegen gab es seitens der Bundesärztekammer Bemühungen, an dieser Situation etwas zu verändern. Es wurde im Jahr 2016 ein Curriculum erarbeitet, welches dazu beitragen soll, den Wissenstand und die verkehrsmedizinischen Kompetenzen von Ärzten zu verbessern.

▶ Exkurs: Curriculum »Verkehrsmedizinische Begutachtung« (Verkehrsmedizinische Qualifikation gemäß der FeV)

Die Bundesärztekammer hat im Jahr 2016 das grundlegend überarbeitete Curriculum vorgelegt. Es besteht aus 5 Modulen. Fachärzte, die die Qualifikation erwerben wollen, müssen die Module 1 bis 4 absolvieren. Diese befassen sich mit folgenden Schwerpunkten: 120

- Basiswissen zur Verkehrsmedizin,
- relevante Regelwerke für die verkehrsmedizinische Begutachtung,
- verkehrsmedizinische Begutachtung und
- spezielle Erkrankungen und Funktionsstörungen sowie Kompensationsmöglichkeiten.

Das Modul 5 (CTU-Kriterien, chemisch-toxikologische Analytik, Probenentnahme) ist zusätzlich und bescheinigt die Qualifikation im Bereich CTU entsprechend den Anforderungen der Beurteilungskriterien.

Das Ziel des Curriculums besteht darin, die ärztliche Kompetenz im Bereich der Verkehrsmedizin zu erhöhen, und es soll dazu befähigen, qualitativ hochwertige Gutachten im Bereich der Verkehrsmedizin erstellen zu können. Das gesamte Curriculum mit den Modulen 1 bis 5 umfasst 28 Stunden. Allerdings muss in diesem Zusammenhang beachtet werden, dass im Anschluss daran für diesen Personenkreis eine regelmäßige Weiterbildungspflicht zu verkehrsmedizinisch relevanten Themen nicht verpflichtend vorgesehen ist. An dieser Situation gibt es durchaus, wohl auch berechtigt, Kritik. »Es erfolgt keine verpflichtende Fortbildung. Die fachspezifische Qualifikation wird nicht in Frage gestellt, aktuelles verkehrsmedizinisches Verständnis ist jedoch oft nicht gegeben (*Weimann-Schmitz*, 2024).«

Im Jahr 2017 wurde eine explorative Studie zum Thema »Qualitätssicherung in der verkehrsmedizinischen Begutachtung« veröffentlicht (*Noeske/Püschel/Bajanowski*, 2017). Die Autoren dieser Untersuchung stellten zusammenfassend fest, dass erstmals der aktuelle Stand der verkehrsmedizinischen Begutachtung in Deutschland ermittelt werden sollte. Dazu wurden Fachärzte und Behördenmitarbeiter von Führerscheinstellen befragt und verkehrsmedizinische Gutachten von mehreren Experten bewertet. Einige Ergebnisse der Studie waren: 121

- Niedergelassene Fachärzte mit verkehrsmedizinischer Qualifikation haben eine signifikant höhere Positivrate bei verkehrsmedizinischen Gutachten im Vergleich zu den Ärzten einer Begutachtungsstelle für Fahreignung.
- Ca. 35 % der geprüften verkehrsmedizinischen Gutachten der niedergelassenen Fachärzte mit verkehrsmedizinischer Qualifikation konnten im Expertenrating nicht als Entscheidungsgrundlage für die Behörde empfohlen werden.

Einige Anmerkungen zu diesen Ergebnissen: Es gab in der Vergangenheit immer wieder Hinweise, dass ein Teil dieser Gutachten, welche von niedergelassenen Fachärzten mit verkehrsmedizinischer Qualifikation erstellt worden sind, eine mangelnde 122

Qualität aufweisen. Die oben genannte Studie hat dieses Ergebnis nach Einschätzung der Autoren bestätigt. Allerdings beziehen sich die Daten auf das Jahr 2013. Die Aussagefähigkeit von ärztlichen Gutachten dieser Berufsgruppe (Niederlassung) wird jedoch mitunter noch immer kritisiert. »Von niedergelassenen Fachärzten mit verkehrsmedizinischer Qualifikation erstellte Gutachten erfüllen die formalen und inhaltlichen Kriterien nicht immer vollumfänglich. Bei Multimorbidität vieler älterer Kraftfahrer werden die Zusammenhänge zwischen den Erkrankungen unzureichend diskutiert, obwohl dies in den Begutachtungsleitlinien zur Kraftfahreignung ausdrücklich gefordert wird (*Weimann-Schmitz*, 2024).«

123 Ferner gab es in den letzten Jahren immer wieder Hinweise auf die Notwendigkeit der Verbesserung verkehrsmedizinischer Kompetenzen generell von Ärzten, z.B. auf mehreren Verkehrsgerichtstagen. Dazu einige Beispiele:

- 55. Verkehrsgerichtstag (2017): Arbeitskreis III: Senioren im Straßenverkehr: »Die verkehrsmedizinische Kompetenz der Ärzte muss verbessert werden.«
- 61. Verkehrsgerichtstag (2023): Arbeitskreis VI: Meldepflicht für Ärztinnen und Ärzte von fahrungeeigneten Personen?: »Es wird festgestellt, dass in verkehrsmedizinischer Hinsicht ein erheblicher ärztlicher Aus-, Fort,- und Weiterbildungsbedarf besteht.«
- 62. Verkehrsgerichtstag (2024): Arbeitskreis III: Fahreignungsgutachten und ihre Überprüfung durch die Fahrerlaubnisbehörde: »Verkehrsmedizinische Inhalte sollten Teil der fachärztlichen Weiterbildung sein.«

124 Bei der anderen Gruppe (Arzt einer BfF) ist neben den niedergelassenen Fachärzten mit verkehrsmedizinischer Qualifikation der Schwerpunkt genau andersherum gelagert, nämlich in der verkehrsmedizinischen Ausbildung an einer Begutachtungsstelle, ohne dass der ärztliche Gutachter spezifische fachärztliche Erfahrung für ein bestimmtes, anlassgebendes Krankheitsbild haben muss.

125 Zumeist kann vor diesem Hintergrund davon ausgegangen werden, dass der für eine bestimmte Fragestellung zuständige Facharzt besser fachlich qualifiziert ist, ein Arztgutachten zu erstatten, je spezifischer ein Krankheitsbild diagnostisch abgeklärt werden muss. Der Arzt in der BfF hingegen ist meist besser mit der verkehrsrechtlichen Relevanz einer bestimmten Symptomatik vertraut und kennt sich in der Regel auch mit der Frage der bedingten Eignung, die durch Auflagen und Beschränkungen noch ermöglicht werden kann, kompetenter aus als der Facharzt. Der Arzt einer BfF hat zudem, anders als der niedergelassene Facharzt, eine regelmäßige Weiterbildungspflicht. Er muss nach den Festlegungen der BASt an mindestens drei Tagen je Jahr an für die Gutachtentätigkeit relevanten Weiterbildungsmaßnahmen teilnehmen.

126 Auch die Begutachtungsleitlinien zur Kraftfahreignung (2022) machen eine Aussage zur Qualifikation von Gutachtern:

»2.2 Auswahl des Gutachters

…

b) Zur Qualifikation des Gutachters

> Der ärztliche oder psychologische Gutachter muss nicht nur über spezielle Erfahrungen in der Verkehrsmedizin bzw. in der Verkehrspsychologie verfügen (praktische Tätigkeit, Fortbildung und Weiterbildung), sondern sich auch bereits durch eine langfristige Tätigkeit in entsprechenden Institutionen (Kliniken, Facharztpraxen bzw. Begutachtungsstellen für Fahreignung) qualifiziert haben (siehe hierzu §§ 65 bis 67 und 72 FeV). Bei speziellen medizinischen Fragestellungen ist die fachärztliche Begutachtung sicherzustellen.«

In der folgenden Tabelle werden den in Anlage 4 zu § 11 FeV aufgeführten verkehrsrelevanten Erkrankungen die gemäß ihrer Qualifikation zur Begutachtung zuständigen Fachärzte zugeordnet (vgl. auch *Madea/Mußhoff/Berghaus*, Verkehrsmedizin, 2012): 127

1. Mangelndes Sehvermögen	Arzt für Augenheilkunde
2. Schwerhörigkeit und Gehörlosigkeit	Arzt für HNO-Kunde
3. Bewegungsbehinderungen	Arzt für Unfallchirurgie und Orthopädie, Arzt für Neurologie, Arzt für Orthopädie, Arzt für Chirurgie mit Schwerpunkt Unfallchirurgie
4. Herz- und Gefäßkrankheiten	Arzt für Innere Medizin (Schwerpunkt Kardiologie), Arzt für Innere Medizin, Arzt für Allgemeinmedizin
5. Zuckerkrankheit	Arzt für Innere Medizin (Schwerpunkt Endokrinologie), Arzt für Innere Medizin, Arzt für Allgemeinmedizin
6. Krankheiten des Nervensystems	Arzt für Neurologie (Nervenheilkunde), Arzt für Neurologie und Psychiatrie
7. Psychische (geistige) Störungen	Arzt für Psychiatrie und Psychotherapie, Arzt für Neurologie und Psychiatrie
8. Alkohol	Arzt für Psychiatrie und Psychotherapie, Arzt für Neurologie und Psychiatrie, Arzt für Rechtsmedizin
9. Betäubungsmittel, andere psychoaktiv wirkende Stoffe und Arzneimittel	Arzt für Psychiatrie und Psychotherapie, Arzt für Neurologie und Psychiatrie, Arzt für Rechtsmedizin
10. Nierenerkrankungen	Arzt für Innere Medizin, Schwerpunkt Nephrologie, Arzt für Innere Medizin, Arzt für Urologie

Die Aufrechterhaltung der verkehrsmedizinischen Qualifikation durch regelmäßige Weiterbildung ist für die Ärzte in den Begutachtungsstellen für Fahreignung, wie schon dargestellt, in der Anerkennungsrichtlinie vorgeschrieben und wird im Rah- 128 men der bei den Trägern verankerten Qualitätsmanagement-Systeme und Informationsdienste sichergestellt.

129 Träger von Begutachtungsstellen für Fahreignung bedürfen der amtlichen Anerkennung. Die rechtlichen Voraussetzungen hierfür sind in § 66 FeV dargestellt.

130 § 66 FeV
Träger von Begutachtungsstellen für Fahreignung

(1) Träger von Begutachtungsstellen für Fahreignung und ihre Begutachtungsstellen bedürfen der amtlichen Anerkennung durch die nach Landesrecht zuständige Behörde.

(2) Die Anerkennung wird auf schriftlichen Antrag des Trägers für den Träger und seine Begutachtungsstellen erteilt, wenn die Voraussetzungen der Anlage 14 sowie der Richtlinie über die Anforderungen an Träger von Begutachtungsstellen für Fahreignung (§ 66 FeV) und deren Begutachtung durch die Bundesanstalt für Straßenwesen vom 27. Januar 2014 (VkBl. S. 110), die zuletzt durch Verlautbarung vom 11. März 2020 (VkBl. S. 217) geändert worden ist, vorliegen.

…

(4) Die Anerkennung ist auf längstens zehn Jahre zu befristen. Sie wird auf Antrag für jeweils höchstens zehn Jahre verlängert. Für eine Verlängerung sind die Voraussetzungen nach Absatz 2 vorbehaltlich der Bestimmungen der Anlage 14 Nummer 8 erneut nachzuweisen.

…

(6) Die Anerkennung ist zu widerrufen, wenn nachträglich eine der Voraussetzungen nach Absatz 2 weggefallen ist, die medizinisch-psychologische Begutachtung wiederholt nicht ordnungsgemäß durchgeführt wird oder wenn sonst ein grober Verstoß gegen die Pflichten aus der Anerkennung oder gegen Auflagen vorliegt.

…

II. Anforderungen an ärztliche Gutachten

131 Auch für ärztliche Gutachten gibt es Festlegungen. Dazu *Brenner-Hartmann* (2017):

»Die Überprüfung von Eignungszweifeln im Rahmen ärztlicher Gutachten dient der Aufklärung darüber, ob eine Erkrankung und deren Symptomatik einen aktuellen Ausprägungsgrad aufweist oder einen wahrscheinlichen Verlauf nimmt, der eine sichere Verkehrsteilnahme nicht mehr zulässt. Dabei sind im Rahmen der Befunderhebung und Befundbewertung grundsätzlich bestimmte Aspekte zu beachten, auch wenn sie nicht in der Fragestellung der Behörde explizit aufgeführt sind. Schon auf einem gemeinsamen Kongress der DGVP und DGVM im Jahr 2015 wurde in einem Workshop die folgenden Punkte genannt, die in einem ärztlichen Gutachten bei eignungsrelevanter Erkrankung Beachtung zu finden sein sollen:

- Liegen infolge der Erkrankung dauerhafte Beeinträchtigungen vor? Falls ja, sind sie kompensierbar bzw. ist eine bedingte Fahreignung gegeben?
- Ist, auch wenn keine aktuelle Beeinträchtigung der Leistungsfähigkeit besteht, mit plötzlichen Symptomen oder einer schwankenden Ausprägung von Symptomen zu

rechnen? Falls ja, sind sie für den Betroffenen vorhersehbar und sind Verkehrsrisiken damit vermeidbar?
- Liegt eine indizierte Dauermedikation vor und wie wirkt sie sich auf die Fahrsicherheit/Fahreignung aus?
- Wie geht der Betroffene mit der Krankheit und der Behandlung um (Selbstmonitoring, Adhärenz, Verantwortlichkeit etc.)?
- Wirkt sich die Krankheitssymptomatik auf die Persönlichkeit und Verhaltenssteuerung aus (Zuverlässigkeit, Impulsivität etc.) und vice versa?
- Bei entsprechenden Hinweisen: Ist ein Missbrauch von Medikamenten zu befürchten? Besteht ein Zusammenhang mit dem Missbrauch von Alkohol oder BtM?

Eine wesentliche Frage wurde zwar nicht angeführt, sollte jedoch in jedem Gutachten berücksichtigt werden:
- Ist eine Verschlechterung der Befunde im weiteren Verlauf der Erkrankung zu befürchten und sind deshalb Kontrolluntersuchungen oder eine Nachbegutachtung erforderlich?«

132 Die Fahrerlaubnisbehörde legt nach § 11 Abs. 6 FeV »unter Berücksichtigung der Besonderheiten des Einzelfalls und unter Beachtung der Anlagen 4 und 5 in der Anordnung zur Beibringung eines Gutachtens fest, welche Fragen im Hinblick auf die Eignung des Betroffenen zum Führen von Kraftfahrzeugen zu klären sind.«

133 Diese Fragestellungen informieren somit den Betroffenen darüber, welche Eignungsbedenken überhaupt vorliegen und deswegen in einer Untersuchung geprüft werden müssen. Sie stellen für die ärztliche Begutachtung auch die Basis der Untersuchung dar und beschränken den Umfang der Untersuchung auf diese Fragestellung.

134 In § 11 Abs. 6 FeV wird der Einzelfall deutlich hervorgehoben.

135 Als Beispiel der Fragestellung an ein ärztliches Gutachten kann folgende Formulierung dienen:

▶ Fragestellung an ein ärztliches Gutachten:

»Ist Herr/Frau … trotz des Vorliegens einer Erkrankung (…), die nach Anlage 4 Nr. … FeV die Fahreignung in Frage stellt, in der Lage, den Anforderungen zum sicheren Führen von Kraftfahrzeugen der FE-Klasse … gerecht zu werden? Kann ggf. durch Auflagen oder Beschränkungen eine bedingte Eignung hergestellt werden?«

136 Eine solche Fragestellung kann auch sehr viel umfangreicher sein. Ein Beispiel dafür stellte *Brenner-Hartmann* (2017) für das Bundesland Bayern vor. Die folgende Formulierung einer Fragestellung einer oberbayerischen Behörde geht aber noch sehr viel weiter ins Detail und präzisiert damit den Auftrag an das Gutachten weitgehend:

▶ Beispiel einer umfassenden Fragestellung:

»1. Ist der Untersuchte trotz des Vorliegens einer Erkrankung, die nach Nr. … der Anlage 4*) FeV die Fahreignung in Frage stellt, (wieder) in der Lage, den Anforderungen zum Führen von Kraftfahrzeugen der oben genannten Gruppe(n) vollständig gerecht zu werden?

2. Liegt eine ausreichende Adhärenz (Compliance; z.B. Krankheitseinsichtigkeit, regelmäßige/überwachte Medikamenteneinnahme [*Hinweise auf – ggf. selbstinduzierte – Unter- oder Überdosierung*] usw.) vor?

3. Sind Beschränkungen und/oder Auflagen erforderlich, um den Anforderungen an das Führen eines Kraftfahrzeuges (je Fahrerlaubnisklassengruppe) weiterhin gerecht zu werden?

Ist bzw. sind insbesondere (eine) fachlich einzelfallbegründete Auflage(n) nach Anlage 4 (z.B. ärztliche Kontrollen) erforderlich? In welchem zeitlichen Abstand und wie lange? Was soll regelmäßig kontrolliert und attestiert werden? Sind die Ergebnisse der Fahrerlaubnisbehörde vorzulegen; wenn ja, warum?

4. Ist eine fachlich einzelfallbegründete (je Fahrerlaubnisklassengruppe) Nachuntersuchung**) im Sinne einer erneuten [Nach-]Begutachtung erforderlich? In welchem zeitlichen Abstand?

5. Liegt – vor dem Hintergrund einer möglichen Wahrnehmungsbeeinträchtigung/der Dauerbehandlung mit Arzneimitteln (xxx) – die erforderliche Leistungsfähigkeit (Belastbarkeit, Orientierungsleistung, Konzentrationsleistung, Aufmerksamkeitsleistung und Reaktionsfähigkeit) zum sicheren Führen eines Kraftfahrzeuges je Fahrerlaubnisklassengruppe vor?

Ist andernfalls eine Kompensation zu prüfen oder wird die Möglichkeit einer Kompensation (z.B. wegen Kumulation von Mängeln) ausgeschlossen?

Ist unter Berücksichtigung besonderer Umstände (z.B. grenzwertige Prozentränge, gesundheitliche Risikofaktoren, altersbedingter Leistungsabbau) eine fachliche einzelfallbegründete Nachuntersuchung der Leistungsfähigkeit (je Fahrerlaubnisklassengruppe) notwendig? Wenn ja, in welchem zeitlichen Abstand?

*) Die konkrete Zuordnung der Unternummer(n) der Anlage 4 erfolgt durch den Gutachter im Gutachten selbst.

**) Die Frage kann unabhängig erfolgen, ob in der Anlage 4 bezüglich der jeweiligen Erkrankung oder des Mangels eine Nachuntersuchung (im Sinne einer erneuten [Nach-]Begutachtung) vorgesehen ist.«

III. Anforderungen an beigebrachte Befunde

137 Es kommt häufig vor, dass im Rahmen von ärztlichen und medizinisch-psychologischen Gutachten externe Befunde, Atteste und Berichte mitgebracht werden. Diese müssen aber bestimmten Standards entsprechen. Dies regelt die Anlage 4a FeV. So müssen sie nach Nr. 6 Buchst. a) im Original vorliegen und vom Aussteller unterzeichnet sein (siehe dazu auch Rdn. 94–98).

138 Hier zeigt die praktische Erfahrung, dass dieser Anspruch jedoch nicht immer erfüllt wird. Es fehlen z.B. auf Befunden Angabe zum Aussteller oder Unterschriften bzw.

diese Befunde liegen nur als Kopie vor. Solche Befunde sind in dieser Form dann jedoch nicht verwertbar. Vielmehr ist es immer erforderlich, dass die Angaben zum Ersteller eines Befundes eindeutig erkennbar sind.

Eine Besonderheit stellen die Anforderungen an Abstinenzbelege dar. So ist in der Anlage 4a FeV festgelegt, dass nur Belege von Gutachtern zur Überprüfung der Fahreignung anerkannt werden können, die die nach dem aktuellen Stand von Wissenschaft und Technik erforderlichen Rahmenbedingungen erfüllen. Dazu gehörten z.B. Festlegungen zur Durchführung der Abstinenzkontrolle wie Terminvergabe, Identitätskontrolle und Probenentnahme. Es werden zudem sechs Arztgruppen genannt, die diese Qualitätsanforderungen erfüllen. Diese werden sowohl in der Anlage 4a als auch im § 11 FeV genannt. 139

Leider zeigt die Praxis, dass es in den letzten Jahren auch einen Trend zu mehr Befundfälschungen gab. Es sind sogar Fälle bekannt geworden, wo ganze Gutachten manipuliert worden sind. Auch vor diesem Hintergrund ist es wichtig, dass Befunde gewissen Qualitätsanforderungen genügen müssen. Der Gutachter hat deswegen in einem eigenen Prüfvorgang zu kontrollieren, ob diese erfüllt worden sind. Ist das nicht der Fall, müssen die Befunde zurückgewiesen und als nicht verwertbar eingestuft werden. Es besteht aber auch die Möglichkeit, dass der Betroffene, sofern möglich, die Befunde nachbessern lässt. Er hat insofern eine Mitwirkungspflicht, da er in der Regel Zweifel an seiner Fahreignung ausräumen muss. Das kann in der Praxis bedeuten, dass, sofern er dieser Pflicht nicht nachkommt, also Befunde nicht nachreicht oder er dies nicht bis zum vereinbarten Termin tut, es zu seinen Lasten gehen kann. Sollten die Befunde maßgeblich für den Gutachtenausgang sein, z.B. weil eine Abstinenz belegt werden muss, diese aber nicht in der geforderten Qualität oder überhaupt nicht vorliegen, so kann diese Tatsache ein Gutachtenergebnis bei einigen Fällen allein tragen. Es ist deswegen immer wichtig, dem Betroffenen auch die Bedeutung von Befundnachforderungen deutlich zu machen. Es kann also nicht einfach vorausgesetzt werden, dass dieses Verständnis bei diesem automatisch vorliegt. Der Betroffene sollte in diesem Zusammenhang auch darüber aufgeklärt werden, wie er sich verhalten soll, sofern er vorgegebene Termine zur Befundbeibringung aus nachvollziehbaren Gründen nicht einhalten kann. Dieses transparente Vorgehen stärkt auch die Arbeitsbeziehung und das Vertrauensverhältnis zwischen dem Gutachter und dem Betroffenen. 140

IV. Anforderungen an die Nachvollziehbarkeit von Gutachten

In der Anlage 4a FeV werden die Anforderungen an die Gutachten für die Fahreignung beschrieben. Nr. 2 Buchst. a) legt dabei fest: 141

»**2. Das Gutachten ist unter Beachtung folgender Grundsätze zu erstellen:**

a) Das Gutachten muss in allgemeinverständlicher Sprache abgefasst sowie nachvollziehbar und nachprüfbar sein. Die Nachvollziehbarkeit betrifft die logische Ordnung (Schlüssigkeit) des Gutachtens. Sie erfordert die Wiedergabe aller wesentlichen Befunde und die Darstellung der zur Beurteilung führenden Schlussfolgerungen. Die Nachprüfbarkeit betrifft die Wissenschaftlichkeit der Begutachtung. Sie erfordert, dass die Untersuchungsverfahren, die zu den Befunden geführt haben, angegeben und, soweit die Schlussfolgerungen auf Forschungsergebnisse gestützt sind, die Quellen genannt werden. Das Gutachten braucht aber nicht im Einzelnen die wissenschaftlichen Grundlagen für die Erhebung und Interpretation der Befunde wiederzugeben.«

142 Die **Nachprüfbarkeit**, also die Anforderung an die Beachtung wissenschaftlicher Grundlagen, ist in der Regel gegeben, wenn sowohl die Begutachtungsleitlinien als auch die Beurteilungskriterien beachtet werden. Bei Abweichungen von den Grundsätzen dieser Leitlinien und Kriterien sind jedoch ggf. wissenschaftliche Begründungen hierfür anzuführen. So kann es sein, dass auch aktuelle Richtlinien und Positionspapiere z.B. von fachärztlichen Verbänden/Fachgesellschaften im Rahmen der Begutachtung Anwendung finden. In diesen Fällen muss allerdings vom Gutachter die Quelle benannt werden. Es wäre ferner sinnvoll zu begründen, warum diese Richtlinien/Positionspapiere genutzt werden und welche Kriterien in Hinblick auf den Begutachtungsfall von Bedeutung sind.

143 Ein weiteres Kriterium für die Gutachtenerstellung betrifft die **Nachvollziehbarkeit.**

144 In den »Begutachtungsleitlinien« finden sich im Abschnitt 2.3 dazu einige Informationen:

»Das Gutachten ist eine Hilfe, die der Rechtsinstanz durch begründete Aussagen über das mögliche künftige Versagen oder Verhalten eines Fahrerlaubnisinhabers oder Fahrerlaubnisbewerbers die rechtliche Entscheidung begründbar machen soll; insbesondere soll es aufzeigen, welche Gefahren von gegebenen Krankheiten, Defekten, Leistungsmängeln oder anderen Sachverhalten ausgehen. Die Beurteilung der Sachlage durch den jeweils zuständigen Gutachter muss daher klar, folgerichtig, widerspruchsfrei und verständlich – grundsätzlich auch für den Auftraggeber – sein. Rechtsbegriffe wie »geeignet« oder »ungeeignet« hat der Gutachter nicht zu verwenden.«

145 In den »Beurteilungskriterien« gibt es umfassende und detaillierte Informationen zum Kriterium der Nachvollziehbarkeit:

»Nachvollziehbarkeit

Das Gutachten muss nachvollziehbar sein. Die Nachvollziehbarkeit betrifft die logische Ordnung (Schlüssigkeit) des Gutachtens. Sie erfordert die Wiedergabe der wesentlichen Befunde und die Darstellung der zur Beurteilung führenden Schlussfolgerungen.

Insbesondere ist zu beachten:

Entscheidungsrelevante Argumente müssen sich auf den gegenwärtigen Status beziehen. Empirische oder statistische Fakten geben lediglich den Hintergrund der Entscheidung ab (sie sind damit aber für die Objektivität der zu Grunde gelegten Anforderungen unverzichtbar).

Positive Beurteilungen müssen bei Anlässen aus dem Bereich der Entlastungsdiagnostik auf der Grundlage deutlicher positiver (innere und/oder äußere) Veränderungen beim Klienten getroffen werden.

Werden Befunde aufgeführt, die der abschließenden Eignungsaussage zunächst widersprechen, muss verdeutlicht werden, warum sie zugunsten der gegenläufigen Befunde hintangestellt werden.

> Eine bewertende Aussage weist einen eindeutigen Bezug zum Befund bzw. der Befundquelle auf, von dem sie abgeleitet wurde (Testergebnis, Beobachtung, Äußerungen zum Tathergang etc.)
>
> Äußerungen des Klienten müssen, soweit sie entscheidungsrelevant sind, inhaltlich (i.d.R. in indirekter Rede) wiedergegeben werden. Werden von den Gutachtern Fragen gestellt, sind diese im Gutachten zumindest sinngemäß erkennbar.
>
> Sofern ein Vorgutachten vorliegt, das bei der aktuellen Begutachtung einsehbar war, ist eine davon abweichende Beurteilung vor dem Hintergrund der damaligen Argumentation zu begründen, d.h. die Veränderung der Befundlage z.B. bezüglich der Leistungsfähigkeit, des Verhaltens, der Einstellung, oder der Lebensbedingungen muss deutlich werden.«

In einem Gutachten werden immer nur die relevanten Befunde aufgeführt, die für 146
die Nachvollziehbarkeit und Beantwortung der Fragestellung von Bedeutung sind. Sie sollen es ermöglichen nachzuvollziehen, warum der Gutachter zu einem bestimmten Ergebnis gekommen ist. Dabei muss immer auch das Gesamtbild betrachtet und nicht nur ein Aspekt herausgehoben werden. Problematisch kann sich die Sache darstellen, sofern externe Laien sich »berufen« fühlen, das Gutachten nachzuvollziehen. Zu diesem Sachverhalt stellen die Beurteilungskriterien klar:

> »Die Anforderung der Nachvollziehbarkeit kann dabei nicht so weit gehen, dass jeder Leser des Gutachtens eine eigene Entscheidungsbildung vornehmen kann und zu demselben Schluss kommen muss. Nachvollziehbarkeit bedeutet vielmehr, dass die Schlussfolgerungen, die der Gutachter aus den Befunden zieht, schlüssig und in sich logisch sind. Gerade die abwägende Gewichtung einzelner Befunde bei einer zumeist komplexen Gesamtbefundlage liegt letztlich in der Verantwortung und Kompetenz des untersuchenden Gutachters, der die vollständige Befundlage überschaut. Widersprüche zwischen **einzelnen Befunden**, nicht abzusichernde Befunde oder vage Äußerungen eines Klienten zu **einem Sachverhalt** bedeuten dabei nicht per se mangelnde Nachvollziehbarkeit. Es muss in solchen Fällen jedoch aus der Argumentation im Gutachten erkennbar werden, warum bestimmte Schlussfolgerungen trotzdem gezogen werden konnten und auf welchen geklärten Befunden sie beruhen.«

Wenn es um die Nachvollziehbarkeit geht, steht im Mittelpunkt häufig auch die Frage, 147
in welchem Umfang das Untersuchungsgespräch erfolgen und anschließend dargestellt werden muss. Das betrifft z.B. Erfragungstiefe und den Umfang der Befragung zu den Vorgeschichtsdaten, aber auch die Quantität und Qualität der Wiedergabe dieser Angaben im Gutachten.

Gerade bei diesen Fragen sind Reibungskonflikte und Verständnisprobleme mit Betrof- 148
fenen, Angehörige, Laien etc. nicht auszuschließen. Dazu *Brenner Hartmann* (2017):

> »Für die Nachvollziehbarkeit eines Gutachtens spielt die Verständlichkeit eine wichtige Rolle. Verwendet der Gutachter Begriffe oder Konzepte, deren Bekanntheit er als gegeben unterstellt, obwohl es sich um Expertenwissen handelt, kann das Gutachten nur von anderen Experten nachvollzogen werden. Es stellt sich also die Frage nach dem sog. »Empfängerhorizont« und damit die Frage, wie umfangreich fachliche Grundlagen, Methoden und Befunde erklärt werden müssen.
>
> Das Spektrum der vorstellbaren Varianten ist sehr breit. Es geht vom schlichten Postulat des Gutachters (»Ich kenne den Patienten, und es besteht keine Einschränkung der Fahr-

eignung«) auf der einen Seite bis hin zur Erwartung, dass ein Gutachten als Lehrstück dienen müsse (z.B. über »Diabetes und Fahreignung«), das dem Leser im Detail erläutert, was eine bestimmte Erkrankung für Symptome aufweist, welche akuten Auswirkungen und Langzeitfolgen sie haben kann, wie sich das auf die Fahrtüchtigkeit auswirken kann, was die rechtlichen Vorgaben fordern, wie sich das im vorliegenden Fall darstellt und welche möglichen Varianten sich für die Zukunft entwickeln können.

Beide Extreme sind nicht zielführend. Es wird immer ein Mittelweg sein, der gefunden werden muss. Das Gutachten wendet sich an den verständigen Empfänger mit einer gewissen Vorkenntnis der Problematik, wie sie beim Sachbearbeiter in einer Fahrerlaubnisbehörde angenommen werden kann.«

149 **Die logische Schlüssigkeit des Gutachtens** bezieht sich auf drei Ebenen:
1. die Nachvollziehbarkeit der Befunde,
2. die Nachvollziehbarkeit des Ergebnisses,
3. die Nachvollziehbarkeit der Schlussfolgerung.

150 *Juris* (Blutalkohol 61 [2024], 121–124) hat in einem Artikel die Empfehlungen des 62. Verkehrsgerichtstags (2024) im Arbeitskreis III »Fahreignungsgutachten und ihre Überprüfung durch die Fahrerlaubnisbehörde« zusammengefasst und erläutert. Er betont: »Zunächst wird in der Präambel Einigkeit darüber festgestellt, ›dass sich das Prinzip der Fahreignungsüberprüfung in Deutschland grundsätzlich bewährt‹. Es hat sich nicht nur in der Vergangenheit bewährt, es bewährt sich in der Gegenwart und bietet alle Voraussetzungen, sich auch weiterhin zu bewähren. An dieser grundsätzlichen Aussage gab es weder in den Referaten noch in der Diskussion rechtliche und fachliche Zweifel.« Der Arbeitskreis III hat einleitend ferner festgestellt, dass Fahreignungsgutachten einer inhaltlichen Überprüfung durch die Fahrerlaubnisbehörden zu unterziehen sind. Nur der Betroffene selbst kann zudem gegenüber der Begutachtungsstelle ein Gutachten beanstanden. Auch in diesem Zusammenhang spielen die Grundsätze zur Erstellung von Gutachten nach Anlage 4a eine maßgebliche Rolle. Wie schon an verschiedenen Stellen in diesem Buch dargestellt (siehe insbesondere auch Rdn. 90–91), müssen diese in allgemeinverständlicher Sprache abgefasst werden, nachvollziehbar und nachprüfbar sein. Die Fahrerlaubnisbehörde kann nur dann, wenn diese Bedingungen erfüllt sind, eine sachkundige Entscheidung treffen. Diese erfolgt bezüglich der Eignungsfrage in eigener Verantwortung. Die Fahrerlaubnisbehörde kann sich also nicht einfach »blind« dem Gutachtenergebnis anschließen und über die Eignungsfrage in diesem Sinne entscheiden, ohne einen eigenen Prüfvorgang zum Gutachten durchzuführen. Da allerdings im Regelfall Mitarbeiter der Fahrerlaubnisbehörde medizinische und psychologische Laien sind, muss gerade seitens der Gutachter Wert darauf gelegt werden, dass das Gutachten für diesen Personenkreis verständlich sein muss. Anderseits wird in den Empfehlungen des Arbeitskreises III sehr stark auch die Forderung nach Fortbildung von Behördenmitarbeitern, aber auch anderen Personenkreisen (Anwälte, Justiz, Gutachter) betont. Hinsichtlich der Verkehrsmedizin heißt es außerdem: »Verkehrsmedizinische Inhalte sollten Teil der fachärztlichen Weiterbildung sein.« Dies sei eine Konsequenz, so *Juris* in seinem Artikel zur Begründung, da »... die Verkehrsmedizin in der Aus-, Fort- und Weiterbildung von Ärztinnen und Ärzten eine sehr stiefmütterliche Behandlung erfährt.«

Zusammenfassend ist für die Nachvollziehbarkeit demnach zu fordern, dass die Befunde klar und verständlich, also weitestgehend in allgemein verständlicher Sprache im Gutachten darzustellen sind. Diese müssen vom Gutachter in diesem ebenso hinsichtlich ihrer Aussagekraft bewertet werden und sich die Schlussfolgerungen aus dieser Bewertung logisch ableiten lassen. Nur auf dieser Basis kann die Fahrerlaubnisbehörde sachkundig die Eignungsfrage entscheiden. 151

V. Umfang der Darstellung des Psychologischen Untersuchungsgesprächs

In der 4. Auflage definieren die Beurteilungskriterien, wie auch schon in der 3. Auflage, Anforderungen an das Psychologische Untersuchungsgespräch (PUG). Sie leiten aus der wissenschaftlichen Literatur ab, wie ein Hypothesen geleitetes, diagnostisches Interview geführt werden sollte. Es werden einige Punkte dazu ergänzend genannt und gleichzeitig wird auf Rdn. 74–87 verwiesen. 152

Die Durchführung des psychologischen Untersuchungsgesprächs entspricht hinsichtlich des Umfangs, des methodischen Vorgehens und der erörterten Sachverhalte dem Untersuchungsanlass und der Fragestellung der Behörde. 153

Die relevanten Inhalte des PUG werden vor diesem Hintergrund verständlich und nachvollziehbar wiedergegeben. Es wird z.B. zum Umfang des Gesprächs gefordert, dass dieser und der Inhalt des PUG der Fragestellung, dem Untersuchungsanlass und der Eindeutigkeit der Befundlage angemessen sind. Widersprüchliche Sachverhalte müssen zudem durch Nachfragen und Rückmeldungen geklärt werden. 154

Auch die Befundwiedergabe im Gutachten soll in einer Form erfolgen, die ein Nachvollziehen des Gesprächsverlaufs und der Inhalte ermöglicht. So wird etwa gefordert, dass die Wiedergabe der Gesprächsdaten nachvollziehbar ist. Die Anforderungen an Genauigkeit, Eindeutigkeit, Detailliertheit und Verständlichkeit müssen erfüllt sein und sich der tatsächliche Gesprächsverlauf in der Wiedergabe des Gesprächs abzeichnen lassen. Dabei ist eine grobe thematische Gliederung möglich, Rückmeldungen zu Widersprüchen und klärende Fragen durch den Gutachter im Gesprächsverlauf müssen zu erkennen sein. Die für die Befundwürdigung relevanten Gesprächsdaten müssen vollständig wiedergegeben werden, wobei für den Leser ersichtlich werden sollte, welche Sachverhalte erfragt und was darauf geantwortet wurde. Die Wiedergabe des Gesprächs erfolgt in indirekter Rede und wörtliche Zitate werden als solche gekennzeichnet. 155

VI. Fazit

Die Anforderungen an die BfF, Gutachter und Gutachten sind gesetzlich und fachlich geregelt. Die Einhaltung dieser ist der grundlegende Maßstab für eine qualitätsgerechte Arbeit im Bereich von Fahreignungsüberprüfungen. Damit können gleichzeitig Reklamationen von Betroffenen weitestgehend vermieden und die Aufdeckung von Mängeln in den Gutachten verhindert werden. 156

Anhang Formulierungshilfen für die Fragestellung in der Beibringungs-/Untersuchungsanordnung

Kern jeder Untersuchungsanordnung ist die Fragestellung der Fahrerlaubnisbehörde. Mit ihr »steht und fällt« oft das verwaltungsbehördliche Verfahren.

Einen verbindlichen Katalog gibt es aber bisher nicht. Die Arbeiten an solchen Katalogen in verschiedenen fachspezifischen Arbeitskreisen konnten bislang zu keinem alle Seiten zufriedenstellenden Abschluss gebracht werden.

Im Folgenden werden von *Volker Kalus* und *Dr. Thomas Wagner* erstellte und in der Zeitschrift »Verkehrsdienst« (VD 2024, 87–111) publizierte Formulierungen abgedruckt, die sich als fachliche Empfehlung für eine entsprechende Fragestellungen verstehen. Der Abdruck der Formulierungshilfen erfolgt mit freundlicher Genehmigung der beiden Autoren sowie des Vogel Verlags.

Teil 1 – Eignungsüberprüfung Alkohol

A – Alkoholabhängigkeit

Tatbestand	Rechtsnorm	Art Gutachten	Gutachter	Fragestellung
Tatsachen die auf Alkoholabhängigkeit hindeuten.	§ 13 Nr. 1 FeV i.V.m. Anlage 4 8.3	Ärztliches Gutachten *Statusbestimmung*	FA Neurologie FA Psychiatrie Arzt/Ärztin BfF[1]	Lässt sich bei (*Name*) die aus den aktenkundigen Tatsachen begründete Annahme einer Alkoholabhängigkeit bestätigen? Sofern keine Alkoholabhängigkeit diagnostiziert werden kann, bestehen Anzeichen für Alkoholmissbrauch im Sinne der Anlage 4 Nr. 8.1. (mangelndes Trennungsvermögen zwischen Alkoholkonsum und Führen eines Kfz)? und Liegen mögliche alkoholassoziierte Beeinträchtigungen körperlicher oder geistiger Art (z.B.: Diabetes, Bluthochdruck) vor, die das sichere Führen eines (Kraft-)fahrzeuges in Frage stellen.[3]
Nach festgestellter Abhängigkeit (in der Regel im Neuerteilungsverfahren)	§ 13 Nr. 2e FeV	Med.-psych. Gutachten *Prognose-Aussage*	BfF[2]	Liegt bei (*Name*) die nach einer erforderlichen Entwöhnungsbehandlung (Anlage 4 Nr. 8.4 und BGLL S. 76) erforderliche stabile Abstinenz vor? und

Tatbestand	Rechts-norm	Art Gutachten	Gutachter	Fragestellung
				Liegen alkoholassoziierte Beeinträchtigungen körperlicher oder geistiger Art (z.B.: Diabetes, Bluthochdruck) vor, die das sicheres Führen eines (Kraft-)fahrzeuges in Frage stellen?[3]

1 *Die dargestellte Reifenfolge ärztlicher Qualifikationen erfolgt gem. § 11 Abs. 2 Satz 2 Nr. 1–5. In der Praxis hat sich die in der Aufzählung zum Ausdruck gebrachte fachliche Überlegenheit von Fachärzten nicht in allen Regionen und Bundesländern bewährt. Immer wieder wird bemängelt, dass Gutachten von Fachärzten mit verkehrsmedizinischer Qualifikation an »Ungenauigkeiten« leiden würden. Dies macht es im Einzelfall erforderlich, das Auswahlermessen der Fahrerlaubnisbehörde nach § 11 Abs. 2 FeV in der Anordnung zu konkretisieren. Die Begutachtungsleitlinien zur Kraftfahreignung (BGLL) bilden eine normative Entscheidungshilfe zum Auswahlermessen, da sie vor einigen Jahren in die Anlage 4a der FeV aufgenommen wurden. Die Fahrerlaubnisbehörde kann im Einzelfall demzufolge bei der Gutachterauswahl von den BGLL mit Begründung abweichen.*

2 Der Übersichtlichkeit halber steht im Folgenden der Begriff »BfF« für »Arzt/Ärztin und PsychologIn einer Begutachtungsstelle für Fahreignung«

3 *Die Tatsache, dass ein problematischer Alkoholkonsum auch die Grundlage für die Anordnung eines ärztlichen Gutachtens ist, rechtfertigt die Annahme, dass sich aufgrund dessen mit hoher Wahrscheinlichkeit Krankheiten ergeben haben könnten.*

Eine klare Aussage, inwieweit eine Erkrankung »nur« auf den Alkoholkonsum zurückzuführen ist, stellt in einer Begutachtung oftmals eine unlösbare Aufgabe dar. Weiterhin sind die BGLL hinsichtlich der Grundlagen einer Diagnose »Alkoholabhängigkeit« nicht auf dem neuesten Stand. Der relevante Zeitraum von 12 Monaten ist nicht mehr auf den Zeitraum direkt vor der Begutachtung beschränkt.

Tatbestand	Rechtsnorm	Art Gutachten	Gutachter	Fragestellung
Erneuter Konsum trotz Abstinenzerfordernis nach positiver MPU (Überprüfungsverfahren)[4]		Med.-psych. Gutachten *Prognose-Aussage*	BfF	Ist bei (*Name*) aufgrund des erneuten Alkoholkonsums trotz Abstinenzgebot oder fachlich begründeter Abstinenzpflicht zukünftig die erforderliche stabile Abstinenz gewährleistet? und Liegen alkoholassoziierte Beeinträchtigungen körperlicher oder geistiger Art (z.B.: Diabetes, Bluthochdruck) vor, die das sichere Führen eines (Kraft-)fahrzeugs in Frage stellen?

4 Hierbei kann es sich um ein Abstinenzerfordernis aufgrund einer diagnostizierten Alkoholabhängigkeit als auch nach einer Begutachtung mit Abstinenz als Vermeidungsstrategie handeln.

B – Alkoholmissbrauch

Definition entsprechend Anlage 4 Nr. 8.1:

»Das Führen von Fahrzeugen und ein die Fahrsicherheit beeinträchtigender Alkoholkonsum kann nicht hinreichend sicher getrennt werden.«

Tatbestand	**Rechtsnorm**	**Art Gutachten**	**Gutachter**	**Fragestellung**
Tatsachen, die auf einen zukünftigen Alkoholmissbrauch hindeuten (Tatsachen die sich aus einem ärztl. Gutachten ergeben [1. Alt.] oder z.B. fehlende Ausfallerscheinungen [2. Alt.])	§ 13 Nr. 2a FeV	Med.-psych. Gutachten	BfF	Ist zu erwarten, dass (*Name*) zukünftig Alkoholmissbrauch gemäß der Definition in Anlage 4 Nr. 8.1 zur FeV betreiben wird? <u>oder</u> Ist zu erwarten, dass (*Name*) zukünftig einen die Fahrsicherheit beeinträchtigenden Alkoholkonsum und das Führen von (Kraft-)Fahrzeugen hinreichend sicher trennen kann? <u>und</u> Erfüllt (*Name*) aufgrund des aktenkundigen Alkoholkonsums weiterhin die körperlich/geistigen Voraussetzungen zum sicheren Führen eines (Kraft-)fahrzeuges der Klasse(n) … ?

Tatbestand	**Rechtsnorm**	**Art Gutachten**	**Gutachter**	**Fragestellung**
Führen eines (Kraft-)fahrzeuges unter Alkohol in der Vergangenheit	§ 13 Nr. 2b/c FeV	Med.-psych. Gutachten	BfF	Ist zu erwarten, dass (*Name*) auch zukünftig Alkoholmissbrauch gemäß der Definition in Anlage 4 Nr. 8.1 zur FeV betreiben wird? <u>oder</u> Ist zu erwarten, dass (*Name*) zukünftig einen die Fahrsicherheit beeinträchtigenden Alkoholkonsum und das Führen von (Kraft-)Fahrzeugen hinreichend sicher trennen kann?

Tatbestand	Rechts- norm	Art Gutachten	Gutachter	Fragestellung
				und Erfüllt (*Name*) aufgrund des aktenkundigen Alkoholkonsums weiterhin die körperlich/geistigen Voraussetzungen zum sicheren Führen eines (Kraft-)fahrzeuges der Gruppe … ?

Teil 2 – Eignungsüberprüfung Drogen

A – Drogenabhängigkeit

Tatbestand	Rechtsnorm	Art Gutachten	Gutachter	Fragestellung
Tatsachen, die auf eine Abhängigkeit von Drogen nach dem BtMG hindeuten[5] bzw. auf Abhängigkeit von anderen psychoaktiv wirkenden Drogen hindeuten[5]	§ 14 Abs. 2 Nr. 2 FeV	Ärztliches Gutachten *Statusbestimmung*	FA/FAin – Neurologie – Psychiatrie – Internist Arzt/Ärztin BfF	Liegt bei *(Name)* aufgrund der aktenkundigen Tatsache(n) eine Abhängigkeit von Drogen nach dem BtMG bzw. psychoaktiv wirkenden Stoffen vor?
Diagnostizierte Drogenabhängigkeit (in der Regel Neuerteilungsverfahren)	§ 14 Abs. 2 Nr. 2 FeV	Med.-psych. Gutachten	BfF	Liegt bei *(Name)* aufgrund der diagnostizierten Drogenabhängigkeit eine Entgiftung und Entwöhnung gemäß 9.5 der Anlage 4 zur FeV und eine stabile Abstinenz von Drogen und Alkohol vor?[6] und Erfüllt (*Name*) nach diagnostizierter Drogenabhängigkeit die körperlich/geistigen Voraussetzungen zum sicheren Führen eines (Kraft-)fahrzeuges der Klasse … ?

5 Da aktuell schon der einmalige Konsum von Drogen nach dem BTMG außer Cannabis oder die missbräuchliche Einnahme von anderen psychoaktiv wirkenden Stoffen zu entsprechenden Maßnahmen (Entzug oder Überprüfung) führt, bedarf

es in der Regel keiner Anordnung eines ärztlichen Gutachtens zur Klärung, ob eine Drogenabhängigkeit vorliegt.

6 Auf die Abstinenznotwendigkeit von Drogen, Alkohol und anderen psychoaktiv wirkenden Stoffen (z.B. Cannabis) sollte in der Anordnung hingewiesen werden. Um eine dauerhafte Abkehr von Drogen, Cannabis und Alkohol einigermaßen verlässlich prognostizieren zu können, erscheint der Nachweis einer Abstinenz über einen gewissen Zeitraum unerlässlich. Neben der inneren, mentalen Abkehr vom Konsum dieser suchtpotenten Drogen ist auch die körperliche Distanz ausreichend zu gewährleisten, denn gerade eine körperliche Abhängigkeit ist davon geprägt, dass der Suchtdruck nicht mehr hinreichend durch den Willen des Betroffenen gesteuert werden kann. Eine Entgiftung bzw. Entwöhnung sind angesichts der hohen Rückfallgefahr nach Abhängigkeit sowohl bei Alkohol als auch bei Drogen und Cannabis nicht ausreichend. (Alkohol Anlage 4 Pkt 8.4/Cannabis Pkt. 9.4/Drogen Pkt. 9.5 FeV). (Dies gilt auch für den Tatbestand einer Cannabisabhängigkeit – Siehe Teil C)

B – Drogen nach dem Betäubungsmittelgesetz außer Cannabis

Tatbestand	**Rechtsnorm**	**Art Gutachten**	**Gutachter**	**Fragestellung**
Tatsachen die auf Konsum von Drogen nach dem BtMG hinweisen[7]	§ 14 Abs. 1 Satz 1 Nr. 2 FeV	Ärztliches Gutachten *Statusbestimmung*	FA/FAin – Neurologie – Psychiatrie – Internist Arzt/Ärztin BfF	Liegt bei *(Name)* aufgrund der aktenkundigen Tatsachen ein Konsum von Drogen nach dem BtMG oder anderen psychoaktiv wirkenden Stoffen vor?
Tatsachen, die auf missbräuchliche Einnahme von psychoaktiv wirkenden Arzneimitteln oder anderen psychoaktiv wirkenden Stoffen hinweisen (z.B. Benzodiazepine/ HHC u.a.)	§ 14 Abs. 1 Satz 1 Nr. 3 FeV	Ärztliches Gutachten *Statusbestimmung*	FA/FAin – Neurologie – Psychiatrie – Internist Arzt/Ärztin BfF	Liegt bei *(Name)* aufgrund der aktenkundigen Tatsachen eine missbräuchliche Einnahme von psychoaktiv wirkenden Arzneimitteln oder anderen psychoaktiv wirkenden Stoffen vor?
Besitz von Drogen nach dem BtMG	§ 14 Abs. 1 Satz 2 FeV	Ärztliches Gutachten *Statusbestimmung*	FA/FAin – Neurologie – Psychiatrie – Internist Arzt/Ärztin BfF	Liegt bei *(Name)* aufgrund der aktenkundigen Tatsachen ein Konsum von Drogen nach dem BtMG oder anderen psychoaktiv wirkenden Stoffen vor?

7 § 14 FeV differenziert zwischen »Tatsachen die auf Konsum hinweisen« und »dem Besitz von Drogen« als Grundlage für die Anordnung. Deshalb empfiehlt es sich hier sauber zu differenzieren, auch wenn sich die Begrifflichkeiten überlagern. Wei-

terhin ist zu berücksichtigen, dass es sich zum einen um eine verpflichtende Anordnung handelt, während die Besitzregelung eine Ermessensentscheidung darstellt.

Tatbestand	Rechtsnorm	Art Gutachten	Gutachter	Fragestellung
Überprüfung nach festgestelltem Konsum von Drogen nach dem BtMG (außer Cannabis) (Zeitnähe von mindestens 6/12 Monaten überschritten und der erforderliche Abstinenzbeleg wurde vorgelegt)[8]	§ 14 Abs. 2 Nr. 1 FeV	Med.-psych. Gutachten	BfF	Liegt bei *(Name)* die erforderliche stabile Drogenabstinenz vor? oder Wird *(Name)* weiterhin Drogen konsumieren? und Erfüllt (*Name*) aufgrund des aktenkundigen Drogenkonsums die körperlich/geistigen Voraussetzungen zum sicheren Führen eines (Kraft-)fahrzeuges der Klasse ... ?

8 Abweichend von der sogenannten »verfahrensrechtlichen Einjahresfrist« des VGH Bayern, die sich bei allen Drogenproblematiken an Anlage 4 Nr. 9.5 und einem Abstinenzzeitraum von 12 Monaten orientiert, sollten hier die Abstinenzerfordernisse der Beurteilungskriterien zugrunde gelegt und den Betroffenen im Anhörungsverfahren die Möglichkeit eingeräumt werden einen forensisch verwertbaren Abstinenzbeleg entsprechend den CTU-Kriterien vorzulegen.

C – Cannabis

Cannabisabhängigkeit

Tatbestand	Rechtsnorm	Art Gutachten	Gutachter	Fragestellung
Tatsachen die auf Cannabisabhängigkeit hindeuten	§ 13a Nr. 1 FeV	Ärztliches Gutachten *Statusbestimmung*	FA/FAin – Neurologie – Psychiatrie – Internist Arzt/Ärztin BfF	Liegt bei (*Name*) aufgrund der aktenkundigen Tatsachen eine Abhängigkeit von Cannabis vor?
Es ist nach einer diagnostizierten Abhängigkeit zu prüfen ob wieder Fahrgeeignetheit gegeben ist	§ 13a Nr. 2d FeV	Med.-psych. Gutachten	BfF	Liegt bei *(Name)* aufgrund der diagnostizierten Cannabisabhängigkeit eine Entgiftung und Entwöhnung gemäß 9.5 der Anlage 4 zur FeV und eine stabile Abstinenz von Drogen und Alkohol vor? und

Tatbestand	Rechtsnorm	Art Gutachten	Gutachter	Fragestellung
				Erfüllt (*Name*) nach diagnostizierter Drogenabhängigkeit die körperlich/geistigen Voraussetzungen zum sicheren Führen eines (Kraft-)fahrzeuges der Klasse … ? Optional Im Falle dass bei (*Name*) keine Abhängigkeit bestätigt werden kann: Finden sich Hinweise auf Cannabismissbrauch gemäß Anlage 4 Nr. 9.2.1?[8]

8 Die Entscheidung inwieweit Tatsachen im ärztlichen Gutachten auf Cannabismissbrauch hindeuten, obliegt grundsätzlich der Fahrerlaubnisbehörde. Trotzdem kann ein Gutachter sich auch zu dieser Thematik äußern. Wichtig dabei ist jedoch immer die Begründung des Gutachters, warum er die Gefahr eines mangelnden Trennungsvermögens/einer mangelnden Trennungsbereitschaft sieht!

Cannabismissbrauch

Tatbestand	Rechtsnorm	Art Gutachten	Gutachter	Fragestellung
2 Fahrten unter Cannabis	§ 13a Nr. 2b FeV (Überprüfung) § 13a Nr. 2d FeV (Neuerteilung)	Med.-psych. Gutachten	BfF	Ist zu erwarten, dass *(Name)* zukünftig (erneut) ein Kraft(-fahrzeug) unter dem Einfluss von THC führen wird? (Trennungsvermögen) und Im Falle des Konsums von anderen Drogen ist der Begutachtungsauftrag in Hinblick auf eine stabile Drogenabstinenz abzuändern[9]: Liegt diese erforderliche Drogenabstinenz vor? und

Tatbestand	Rechtsnorm	Art Gutachten	Gutachter	Fragestellung
Sonstige Zusatztatsachen, insbes. analog Anlage 4 Nr. 9.2.2 a.F., die einen Bezug zur (Kraft-)fahreignung haben oder hohe THC-Werte u.a.	§ 13a Nr. 2a 2. Alt. FeV			Liegen bei … aufgrund des bisherigen Cannabiskonsums körperlich/ geistige Beeinträchtigungen vor (z.B. Cannabisabhängigkeit/Psychosen), welche die Eignung zum Führen von Kraft(-fahrzeugen) in Frage stellt?
Negatives Gutachten mit einer Hypothese D2 und eignungsrelevanter Tatsachen[8b]	§ 13a Nr. 2a 2. Alt. FeV	Med.-psych. Gutachten	BfF	Kann bei *(Name)* aufgrund der im Gutachten vom … vorliegenden fortgeschrittenen Drogenproblematik (D2) und dem hochfrequenten Konsum zukünftig von einem verantwortungsvollen Umgang mit Cannabis als psychoaktiv wirkende Substanz ausgegangen werden oder ist eine stabile Abstinenz erforderlich und gewährleistet? <u>oder</u> »Ist bei *(Name)* basierend auf der Diagnose einer fortgeschrittenen Drogenproblematik (D2) davon auszugehen, dass er zukünftig den Konsum von Cannabis und Fahrten trennen kann oder ist aufgrund der vorliegenden Diagnose zwingend eine stabile Abstinenz von Cannabis erforderlich und gewährleistet?«[8b] <u>und</u> Liegen bei … aufgrund des bisherigen Cannabiskonsums körperlich/ geistige Beeinträchtigungen vor (z.B. Cannabisabhängigkeit/Psychosen), welche die Eignung zum Führen von Kraft(-fahrzeugen) in Frage stellt?

8b Es liegen Hinweise auf einen intensiven, hoch-frequenten (d.h. > regelmäßig) Konsum oder ein fortgesetzter Konsum, trotz negativer Folgen bzw. im Zusammenhang mit Verpflichtungen oder Verlust von Sozialkontakten vor. Auch erneute Auffälligkeit

trotz Besuch eines Kurses nach § 70 FeV, eine aus der Akte bekannte Diagnose F12.1: Psychische und Verhaltensstörungen durch Cannabinoide können diese Überprüfungsnotwendigkeit erforderlich machen. Inhaltlich stellt sich die Frage, unter welchen Voraussetzungen – insbesondere unter Berücksichtigung der Empfehlungen der DGVP in Hinblick auf die Abhängigkeit von Konsumverhalten/Konsumpausen und Trennungsvermögen (siehe hierzu www.dgvp.de) – ein legaler Cannabiskonsum im Sinne eines niederfrequenten Konsums zukünftig möglich ist.
Die Anordnungsnorm des § 14 Abs. 2 Nr. 2 FeV kommt nicht in Betracht, da es dort um die Frage geht, ob Abstinenz besteht oder nicht.

9 Eine derartige ergänzende Fragestellung wäre sinnvoll, um den Betroffenen eine aufgrund der neuen Erkenntnislage ansonsten weitergehend erforderlichen Begutachtung zu ersparen – zum Beispiel zusätzliche Einnahme von Kokain oder Amphetaminprodukten im Selbstbericht der begutachteten Person während der ärztlichen Anamnese oder im psychologischen Untersuchungsgespräch). Ergänzend würde es Sinn machen, in der Anordnung ausdrücklich auf diesen Sachverhalt hinzuweisen.

D – Sonderfall Medizinalcannabis

Tatbestand	**Rechtsnorm**	**Art Gutachten**	**Gutachter**	**Fragestellung**
Variante 1 Keine Vorerfahrung mit Cannabis vor der Verschreibung als Medikament/Indikation wird durch den Arzt gestellt -> »Echte Patienten« – keine »charakterlichen« Eignungsbedenken auslösenden Erkenntnisse! Erkrankung nach Möglichkeit sogar eignungsrelevant	§ 11 Abs. 2 FeV *(Ggf. i.V.m. Anlage 4 Nr. 9.6.2 im Anschluss)*	Ärztliches Gutachten	FA/FAin oder Arzt/Ärztin einer BfF	Eignungsrelevante Erkrankung nach Anlage 4 Erfüllt (*Name*) aufgrund der diagnostizierten eignungsrelevanten Erkrankung (hier: _____) und der damit in Verbindung stehenden Dauermedikation (Name des Arzneimittels), **die nach Anlage 4 Nr. __ die Fahreignung in Frage stellt**, die Voraussetzungen zum sicheren Führen eines (Kraft-)fahrzeuges der Klasse … ? oder Sonstige eignungsrelevante Erkrankung Erfüllt (*Name*) aufgrund der diagnostizierten eignungsrelevanten Erkrankung (hier: ____) und der damit in Verbindung stehenden Dauermedikation (Name des Arzneimittels) **aufgrund der in der Anordnung vom … dargelegten Eignungsbedenken** die Voraussetzungen zum sicheren Führen eines (Kraft-)fahrzeuges der Klasse … ?

Tatbestand	Rechtsnorm	Art Gutachten	Gutachter	Fragestellung
				oder Erfüllt (*Name*) aufgrund des Ausprägungsgrades der Erkrankung (hier: _____), die der Verschreibung von Medizinalcannabis zugrunde liegt, die Voraussetzungen zum sicheren Führen eines (Kraft-)fahrzeuges der Klasse … ?[10] und (in allen Fällen) Liegt eine bestimmungsgemäße Einnahme von Medizinalcannabis vor?[11]

Tatbestand	Rechtsnorm	Art Gutachten	Gutachter	Fragestellung
Variante 2 Patienten mit Vorerfahrung mit Cannabis im Freizeitkonsum. Vor der Verschreibung Cannabismissbrauch gemäß Anlage 4 Nr. 9.2.1 (Verschreibung nach Missbrauch)[9a]	§ 11 Abs. 2 FeV	Ärztliches Gutachten	FA/FAin oder Arzt/Ärztin einer BfF	Ärztliches Gutachten – Fragestellungen siehe unter Variante 1
	+ § 13a … i.V.m. Anlage 4 Nr. 9.6.2	+ Med.-psych. Gutachten	+ BfF	Anschließend ggf. MPU Ist bei (*Name*) trotz der aktenkundigen Vorgeschichte eines ehemals missbräuchlichen Konsums von Cannabis zukünftig von einer ausreichenden Adhärenz im Umgang mit seiner Medikation auszugehen? oder

Tatbestand	Rechtsnorm	Art Gutachten	Gutachter	Fragestellung
				Ist eine nachvollziehbare, stabile Einstellungs- und Verhaltensänderung in Bezug auf den früheren missbräuchlichen Konsum eingetreten und insbesondere zu erwarten, dass *(Name)* die ärztlich verordnete Medikation zukünftig ausschließlich therapeutisch, der ärztlichen Verordnung entsprechend einnimmt und Ist bei *(Name)* trotz der Dauermedikation mit (Name des Arzneimittels) eine ausreichende psycho.-phys. Leistungsfähigkeit gewährleistet?

9a Der zurückliegende Freizeitkonsum kann als Indiz für mangelnde Regelakzeptanz, Defizite in der Selbstkontrolle bzw. für erhöhte Risikobereitschaft interpretiert werden kann oder sogar eine Kontraindikation für die Therapie mit Medizinalcannabis darstellen, z.B. im Falle einer schwerwiegenden Substanzkonsumstörung oder Abhängigkeit.

Tatbestand	Rechtsnorm	Art Gutachten	Gutachter	Fragestellung
Variante 3 Verschreibung wird als individueller Behandlungsversuch bei Verdacht auf Legalisierung des Konsums genutzt[12]	§ 11 Abs. 2 FeV	Ärztliches Gutachten	FA/FAin oder Arzt/Ärztin einer BfF	Ärztliches Gutachten siehe Variante 1
	+ § 14 Abs. 1 Satz 3 FeV i.V.m. Anlage 4 Nr. 9.6.2	+ Med.-psych. Gutachten	+ BfF	Anschließend ggf. MPU Ist bei (*Name*) trotz der aktenkundigen Vorgeschichte eines ehemals missbräuchlichen Konsums von Cannabis zukünftig von einer ausreichenden Adhärenz im Umgang mit seiner Medikation auszugehen? oder

Tatbestand	Rechts-norm	Art Gutachten	Gutachter	Fragestellung
				Ist eine nachvollziehbare, stabile Einstellungs- und Verhaltensänderung in Bezug auf den früheren missbräuchlichen Konsum eingetreten und insbesondere zu erwarten, dass (Name) die ärztlich verordnete Medikation zukünftig ausschließlich therapeutisch, der ärztlichen Verordnung entsprechend einnimmt? und Ist bei *(Name)* trotz der Dauermedikation mit (Name des Arzneimittels) eine ausreichende psycho.-phys. Leistungsfähigkeit gewährleistet?

10 Dieser Fragestellung liegt die Annahme zugrunde, dass Medizinalcannabis nur bei chronischen oder schwerwiegenden Erkrankungen als letzte Behandlungsmöglichkeit nach belegbar zuvor erfolglosen Therapieoptionen (»lege artis« entsprechend § 44 AM-RL nach Wegfall Anwendung § 13 BtMG) verschrieben wird. Demzufolge bekommt eine Erkrankung, die vom Grunde her keine automatische Eignungsrelevanz hat, aufgrund der Verschreibung einen anderen Stellenwert und es besteht die Vermutung, dass hier ein Ausprägungsgrad vorliegt, der eine Eignungsüberprüfung erforderlich macht.

11 Zur Verdeutlichung der erforderlichen Inhalte können alternativ auch folgende Einzelfragen gestellt werden:

- Liegen aufgrund des (regelmäßigen) Konsums von (Medizinalcannabis) körperlich/geistige Beeinträchtigungen vor, die das sichere Führen eines fahrerlaubnispflichtigen/-freien (Kraft-)fahrzeuges in Frage stellen?
- Orientiert sich die Einnahme von Medizinalcannabis zuverlässig und **nachweislich** an der ärztlichen Verschreibung (wird ein Einnahmeprotokoll geführt)?
- Wurden entsprechend § 31 Abs. 6 SGB V/§ 13 Abs. 1 BtMG alle Standardtherapien (ggf. multimodale Behandlungstherapien?) ausgeschöpft, bzw. wurde dargelegt, warum davon abgewichen wurde? Die bisherigen Therapieansätze sind aufzuführen.
- Ist bzw. sind insbesondere (eine) fachlich einzelfallbegründete Auflage(n) (zum Beispiel ärztliche Kontrollen) erforderlich? In welchem zeitlichen Abstand und wie lange? Was soll regelmäßig kontrolliert und attestiert werden? Sind die Ergebnisse der Fahrerlaubnisbehörde vorzulegen; wenn ja, warum? Ist eine fachlich einzelfallbegründete Nachbegutachtung erforderlich? In welchem zeitlichen Abstand?
- Sind ggf. weiterführende Untersuchungen erforderlich? Wenn ja, sind diese ausreichend zu begründen!

12 Hier ist die Fahrerlaubnisbehörde mit einem schwer lösbaren Konflikt konfrontiert. Wird behördlicherseits bekannt, dass die Verschreibung nur zur Legalisierung eines missbräuchlichen Drogenkonsums dienen soll, ergeben sich nach Auffassung der Autoren daraus Bedenken hinsichtlich der Fahreignung, da ein ehemaliger jetzt zulässiger regelmäßiger Cannabiskonsum vorliegt. Diese Feststellungen können sich aus dem hinsichtlich der Erkrankung vorgeschalteten ärztlichen Gutachten ergeben.

E – Sonderfälle Mischkonsum/Wiederholt Verstöße nach § 24a StVG

Tatbestand	Rechts-norm	Art Gutachten	Gutachter	Fragestellung
Konsum von Alkohol und Cannabis anlässlich einer Fahrt	§ 13a Nr. 2a 2. Alt. FeV	Med.-psych. Gutachten	BfF	Ist zu erwarten, dass *(Name)* zukünftig erneut Mischkonsum entsprechend Anlage 4 Nr. 9.2.2 mit Cannabis und Alkohol betreiben wird und es demzufolge bei dem Betroffenen zur Gefahr der Aufgabe der Trennungsbereitschaft oder zu einem Kontrollverlust (so wie BVerwG am 14.11.2013 – 3 C 32/13 die Problematik definiert hat) kommen kann? und Ist zu erwarten, dass (*Name*) zukünftig einen die Fahrsicherheit beeinträchtigenden Alkohol- bzw. Cannabiskonsum und das Führen von (Kraft-)Fahrzeugen hinreichend sicher trennen kann? Liegen aufgrund des bisherigen Konsumverhaltens Beeinträchtigungen vor, die das sichere Führen eines (Kraft-)fahrzeuges der Klasse … grundsätzlich in Frage stellen?
2 Verstöße nach § 24a StVG[13] (1 x Alkohol/ 1 x Cannabis)[13a]	§ 14 Abs. 2 Nr. 3 FeV	Med.-psych. Gutachten	BfF	Ist zu erwarten, dass (*Name*) zukünftig einen die Fahrsicherheit beeinträchtigenden Alkoholkonsum bzw. den Konsum von Cannabis und das Führen von (Kraft-)Fahrzeugen hinreichend sicher trennen kann? und Liegen aufgrund des bisherigen Konsumverhaltens Beeinträchtigungen vor, die das sichere Führen eines (Kraft-)fahrzeuges der Klasse … grundsätzlich in Frage stellen?

Tatbestand	Rechts-norm	Art Gutachten	Gutachter	Fragestellung
2 Verstöße nach § 24a StVG (1x Alkohol/1x Amphetamin) (Im Regelfall Neuerteilungsverfahren)	§ 14 Abs. 2 Nr. 3 FeV	Med.-psych. Gutachten	BfF	Ist zu erwarten, dass (*Name*) zukünftig ein Kfz unter dem Einfluss von Alkohol führen wird? und Liegt bei *(Name)* die erforderliche stabile Drogenabstinenz vor? und Liegen aufgrund des bisherigen Konsumverhaltens Beeinträchtigungen vor, die das sichere Führen eines (Kraft-)fahrzeuges der Klasse ... grundsätzlich in Frage stellen?

13 Darunter können natürlich aufgrund der Zielrichtung der Regelung auch Zuwiderhandlungen nach § 316 StGB subsumiert werden.

13a BR-Drucks. 302/08 vom 30.04.2008:

»...Die wiederholte Zuwiderhandlung im Straßenverkehr unter Alkoholeinfluss ist in § 13 Nr. 2 Buchstabe b) eindeutig geregelt. Die vorliegende Änderung ist erforderlich, um auch die Fälle einer wiederholten Verkehrszuwiderhandlung unter Einfluss berauschender Mittel zu regeln. Auch der Fallkonstellation, dass neben einer Ordnungswidrigkeit nach § 24a Abs. 1 StVG (Alkohol) eine weitere Verkehrszuwiderhandlung unter Einfluss berauschender Mittel (§ 24a Abs. 2 StVG) begangen wurde, wird hier Rechnung getragen. Eine gebundene Entscheidung ist deshalb gerechtfertigt, da in allen Fällen zwischen Konsum von Drogen und/oder Alkohol nicht getrennt werden konnte. ...«

Diese Regelung kann aufgrund der Formulierung »wiederholt Zuwiderhandlungen im Straßenverkehr gemäß § 24a StVG« angewendet werden, auch wenn die Überschrift des § 14 FeV sich nur auf Betäubungsmittel und Arzneimittel bezieht, da die Begründung sich auch auf berauschende Mittel bezieht. Darunter kann Cannabis subsumiert werden. Dagegen spricht wiederum die Formulierung »Drogen und/oder Alkohol«.

Es bleibt formal die Frage offen, ob eine Fahrt unter Cannabis auch unter § 14 Abs. 2 Nr. 3 FeV fällt.

Folgt man den Darstellungen des Gesundheitsausschusses, dass *»...§ 14 FeV bezogen auf Cannabis* ***nur noch anwendbar ist,*** *wenn Cannabis als Arzneimittel verwendet wird ...«* fallen Cannabisfahrten nicht unter § 14 Abs. 2 Nr. 3 FeV.

Nach Meinung der Autoren müsste die Anwendung weiterhin möglich sein, es handelt sich hier definitiv um eine Regelungslücke (eigentlich besser als Formulierungslücke zu verstehen) und eine Anwendung daher weiterhin möglich sein sollte.

Teil 3 – Verkehrsrechtliche Fragestellungen

Es stellt sich die Frage, inwieweit bei der Fragestellung die Differenzierung zwischen Ordnungswidrigkeiten oder Straftaten erforderlich ist. Grundsätzlich sind auch Straftaten als verkehrsrechtliche Vorschriften zu bewerten. Weiterhin bestehen die Eignungsbedenken in Hinblick auf zukünftige Nichteinhaltung von verkehrsrechtlichen Vorschriften, unabhängig von einer Bewertung von erheblich oder wiederholt. Auch die Frage ob die Zuwiderhandlungen mit einem Fahrzeug oder Kraftfahrzeug begangen werden, ist in diesem Zusammenhang nicht relevant, da es generell um die Frage geht, inwieweit Betroffene bereit sind sich an verkehrsrechtliche Normen zu halten.

§ 11 Abs. 3 FeV:

4. bei einem erheblichen Verstoß oder wiederholten Verstößen gegen verkehrsrechtliche Vorschriften,

5. bei einer erheblichen Straftat, die im Zusammenhang mit dem Straßenverkehr steht oder bei Straftaten, die im Zusammenhang mit dem Straßenverkehr stehen.

Tatbestand	Rechts-norm	Art Gutachten	Gutachter	Fragestellung
Erhebliche oder wiederholte Zuwiderhandlungen im Straßenverkehr	§ 11 Abs. 3 Nr. 4+5 FeV	Med.-psych. Gutachten	BfF	Ist zu erwarten, dass (*Name*) auch zukünftig gegen verkehrsrechtliche Vorschriften verstoßen wird? und Liegen den aufgeführten Zuwiderhandlungen körperliche oder geistige Erkrankungen oder Mängel zugrunde?[14]

14 *Regelwidriges Verkehrsverhalten oder Straftaten können die Folge von z.B. psychiatrischen, neurologischen, internistischen oder auch substanzgebundenen Störungen nach Konsum psychoaktiver Substanzen sein. Beispielhaft sei an dieser Stelle auf Persönlichkeitsstörungen, die Aufmerksamkeitsdefizit-/Hyperaktivitätsstörung (ADHS) oder eine Suchterkrankung (Alkohol-, Drogen- oder Medikamentenabhängigkeit) als Ursache für die aktenkundige Verhaltensauffälligkeit hingewiesen. Insofern erscheint diese zusätzliche Fragestellung erforderlich im Hinblick auf Art und Umfang des abklärungsbedürftigen Beweisthemas.*

Entzug aufgrund von 8 Punkten	§ 4 Abs. 10 StVG	Med.-psych. Gutachten	BfF	Ist zu erwarten, dass (*Name*) zukünftig wieder gegen verkehrsrechtliche Vorschriften verstoßen wird? und Liegen den aufgeführten Zuwiderhandlungen körperlich oder geistige Beeinträchtigungen zugrunde?

Fahrerlaubnis auf Probe	§ 2a Abs. 4 StVG oder § 2a Abs. 5 StVG	Med.-psych. Gutachten	BfF	Ist zu erwarten, dass (*Name*) zukünftig wieder gegen verkehrsrechtliche Vorschriften verstoßen wird? und Liegen den aufgeführten Zuwiderhandlungen körperlich oder geistige Beeinträchtigungen zugrunde?

Aggression/Nutzung eines Fahrzeuges

6. bei einer erheblichen Straftat, die im Zusammenhang mit der Kraftfahrereignung steht, insbesondere wenn Anhaltspunkte für ein hohes Aggressionspotenzial bestehen oder die erhebliche Straftat unter Nutzung eines Fahrzeuges begangen wurde.

7. bei Straftaten, die im Zusammenhang mit der Kraftfahreignung stehen, insbesondere wenn Anhaltspunkte für ein hohes Aggressionspotenzial bestehen.

Tatbestand	Rechtsnorm	Art Gutachten	Gutachter	Fragestellung
Straftat unter Nutzung eines Kraftfahrzeugs, wenn die Situation zu einer Gefährdung oder Beeinträchtigung des Verkehrs kommen konnte bzw. diese nur mit einem Kfz möglich wäre	§ 11 Abs. 3 Nr. 6 FeV	Med.-psych. Gutachten	BfF	Ist zu erwarten, dass *(Name)* zukünftig wieder ein (Kraft-)fahrzeug zur Durchführung einer Straftat benutzen wird? Und sofern weitere Eintragungen im FAER vorliegen: Ist auch zukünftig mit Verstößen gegen verkehrsrechtliche Bestimmungen zu rechnen?
Hinweise auf ein erhöhtes Aggressionspotenzial	§ 11 Abs. 3 Nr. 6/7 FeV	Med.-psych. Gutachten	BfF	Ist aufgrund der in der Anordnung[15] vom … dargestellten Sachverhalte/Tatsachen bei *(Name)* von einem erhöhten Aggressionspotenzial auszugehen, so dass künftig ein straf- oder verkehrsrechtliches Fehlverhalten im Straßenverkehr zu erwarten ist? und Ist das bisherige Verhalten auf körperlich oder geistige Erkrankungen zurückzuführen?

Tatbestand	Rechts-norm	Art Gutachten	Gutachter	Fragestellung
Straftaten außerhalb des Straßenverkehrs mit Bezug zur Kraftfahreignung	§ 11 Abs. 3 Nr. 7 FeV	Med.-psych. Gutachten	BfF	Ist aufgrund der in der Anordnung vom … dargestellten Sachverhalte/ Tatsachen bei *(Name)* zukünftig ein straf- oder verkehrsrechtliches Fehlverhalten im Straßenverkehr zu erwarten?[16] und Ist das bisherige Verhalten auf körperlich oder geistige Erkrankungen zurückzuführen?

15 Der Bezug auf die Anordnung sensibilisiert auf die Aktenbestandteile, die von der Verwaltungsbehörde für Ihre Anordnung zugrunde gelegt wurden!

16 Die Frage auf straf- und verkehrsrechtliches Fehlverhalten im Zusammenhang mit dem Aggressionspotenzial oder allgemeinen Straftaten beinhaltet auch Sanktionierungen die sich alleine auf strafrechtliches Fehlverhalten im Straßenverkehr (z.B. Körperverletzung) ohne direkten Bezug zu straßenverkehrsrechtlichen Regelungen beziehen.

Fahrerlaubnis zur Fahrgastbeförderung

8. wenn die besondere Verantwortung bei der Beförderung von Fahrgästen nach Abs. 1 zu überprüfen ist,

Tatbestand	Rechts-norm	Art Gutachten	Gutachter	Fragestellung
Straftaten, welche selbstgerechte bzw. selbstsüchtige Charakterzüge offenbaren/ abstraktes Vermögensdelikt	§ 11 Abs. 3 Nr. 8 FeV	Med.-psych. Gutachten	BfF	Ist trotz der in der Anordnung vom … aufgelisteten Sachverhalte/ Tatsachen bei *(Name)* die besondere Verantwortung bei der Beförderung von Fahrgästen gewährleistet?

Mindestalter

Siehe hierzu § 10 Abs. 2 FeV:

»… Die erforderliche körperliche und geistige Eignung ist vor erstmaliger Erteilung einer Fahrerlaubnis, die nach Absatz 1 Nummer 5 Buchstabe b) Doppelbuchstabe bb), Nummer 7 Buchstabe b), Nummer 8 Buchstabe b), Nummer 9 Buchstabe b), c), d), e) oder f), auch in Verbindung mit Absatz 1 Satz 2 Nummer 2 erworben wird, durch Vorlage eines medizinisch-psychologischen Gutachtens nachzuweisen. …«

Tatbestand	Rechtsnorm	Art Gutachten	Gutachter	Fragestellung
Antrag auf Befreiung vom Mindestalter (Klasse B/ Berufskraftfahrerausbildung)	§ 11 Abs. 3 Nr. 2 FeV	Med.-psych. Gutachten	BfF	Besitzt (*Name*) die erforderliche körperliche, geistige und charakterliche Reife zum Führen von Kraftfahrzeugen der Gruppe 1/2 (ggf. innerhalb der Berufskraftfahrerausbildung)

Auffälligkeiten bei der Prüfung nach § 18 Abs. 3 FeV

»... Stellt der Sachverständige oder Prüfer Tatsachen fest, die bei ihm ***Zweifel über die körperliche oder geistige Eignung des Bewerbers*** *begründen, hat er der Fahrerlaubnisbehörde Mitteilung zu machen und den Bewerber hierüber zu unterrichten. ...«*

Tatbestand	Rechtsnorm	Art Gutachten	Gutachter	Fragestellung
Auffälligkeiten bei der Fahrerlaubnisprüfung	§ 11 Abs. 3 Nr. 3 FeV	Med.-psych. Gutachten	BfF	Kann der Untersuchte trotz der vom Sachverständigen oder Prüfer nach § 18 Abs. 3 FeV mitgeteilten Auffälligkeiten (siehe Prüfungsunterlagen!) ein Kraftfahrzeug der Gruppe 1 sicher führen?

Teil 4 – Überprüfung aufgrund einer Fahrprobe/Befähigungsprüfung

Tatbestand	Rechtsnorm	Art Gutachten	Gutachter	Fragestellung
Auffälliges Fahrverhalten	§ 46 Abs. 4 FeV	Befähigungsprüfung	aaSoP[17]	Besitzt (*Name*) noch die nach § 17 Absatz 1 FeV erforderlichen Fähigkeiten?
Ergänzung zum ärztlichen Gutachten	§ 11 Abs. 4 Nr. 1 FeV	Technisches Gutachten (Fahrprobe)	aaSoP	Ist (*Name*) aufgrund der sich aus dem Gutachten vom ... ergebenden Bedenken noch in der Lage ein (Kraft-)fahrzeug der Klasse ... sicher zu führen?
Behinderungen des Bewegungsapparates, um festzustellen, ob der Behinderte das Fahrzeug mit den erforderlichen besonderen technischen Hilfsmitteln sicher führen kann	§ 11 Abs. 4 Nr. 2 FeV	Technisches Gutachten (Fahrprobe)	aaSoP	Ist (*Name*) aufgrund der Einschränkungen des Bewegungsapparates noch in der Lage ein (Kraft-)fahrzeug der Klasse ... sicher zu führen?

Tatbestand	Rechtsnorm	Art Gutachten	Gutachter	Fragestellung
Neuerteilungsverfahren	§ 20 Abs. 2 FeV	Befähigungsprüfung	aaSoP	Besitzt (*Name*) noch die nach § 16 Absatz 1 (theoretischen) und § 17 Absatz 1 (praktischen) erforderlichen Kenntnisse und Fähigkeiten?

17 Amtlich anerkannter Sachverständiger oder Prüfer

Teil 5 – Überprüfung der psychophysischen Leistungsfähigkeit

Vorbemerkung:

Die Überprüfung der psycho-physischen Leistungsfähigkeit ist aktuell nur im Anschluss an ein ärztliches Gutachten nach § 11 Abs. 1 oder Abs. 2 FeV oder innerhalb einer med.-psych. Begutachtung möglich. Bei speziellen Erkrankungen (z.B. MS, ADHS) ist gemäß den Vorschriften in den BGLL zusätzlich eine Überprüfung des psychophysischen Leistungsvermögens erforderlich.

Tatbestand	Rechtsnorm	Art Gutachten	Gutachter	Fragestellung
Bedenken an der psychophysischen Leistungsfähigkeit	§ 11 Abs. 3 Satz 1 FeV	*»Med.-psychol. Gutachten«*[18]	BfF	Liegt bei (*Name*)aufgrund von (z.B. Dauerbehandlung mit Arzneimitteln) die erforderliche psycho-physische Leistungsfähigkeit zum sicheren Führen eines (Kraft-)fahrzeugs (FE-Klasse/Art des Fahrzeuges) vor? Dabei ist ggf. durch eine Fahrverhaltensbeobachtung zu prüfen, ob die Möglichkeit einer Kompensation gegeben oder ggf. ausgeschlossen ist. und Ist eine Nachuntersuchung der psycho-physischen Leistungsfähigkeit notwendig? Wenn ja, warum und in welchen zeitlichen Abständen?

18 Diese Bezeichnung resultiert aus der Anwendung des § 11 Abs. 3 Nr. 1 FeV.

Teil 6 – Arzneimittelmissbrauch/-Abhängigkeit

Tatbestand	Rechtsnorm	Art Gutachten	Gutachter	Fragestellung
Arzneimittel werden (alternativ) zu Drogen ohne Verschreibung konsumiert	§ 14 Abs. 2 Satz 2 FeV	Med.-psych. Gutachten	BfF	Ist bei (*Name*) zukünftig von einer stabilen Abstinenz von psychoaktiv wirkenden Stoffen auszugehen? und

Tatbestand	Rechtsnorm	Art Gutachten	Gutachter	Fragestellung
				Liegen aufgrund des bisherigen Konsums von Arzneimitteln Beeinträchtigungen vor, die das sichere Führen eines (Kraft-)fahrzeuges der Klasse … grundsätzlich in Frage stellen?
Arzneimittel werden nicht bestimmungsgemäß entsprechend einer bestehenden Verschreibung konsumiert	§ 11 Abs. 3 Satz 1 FeV[19] Anlage 4 Nr. 9.4	Med.-psych. Gutachten	BfF	Ist bei (*Name*) zukünftig von einer bestimmungsgemäßen Einnahme (Adhärenz) der verschriebenen Arzneimittel auszugehen? und Liegen aufgrund des bisherigen nicht bestimmungsgemäßen Konsums von Arzneimitteln Beeinträchtigungen vor, die das sichere Führen eines (Kraft-)fahrzeuges der Klasse … grundsätzlich in Frage stellen?
Abhängigkeit bei bestimmungsgemäßem Gebrauch eines betäubungsmittelhaltigen Arzneimittels	Anlage 4 Nr. 9.5	Med.-psych. Gutachten	BfF	Siehe hierzu VGH Bayern vom 05.07.2019 – 11 CS 19.1210

19 Im Regelfall sollte aufgrund der Erkrankung im Vorfeld ein ärztliches Gutachten vorliegen, anderenfalls erfolgt die Anordnung über § 14 Abs. 2 Nr. 1 FeV, da es ohne ärztliches Gutachten in der Regel zum Entzug kommt, da aufgrund eines mangelnden Abstinenznachweises die Anordnung eines ärztlichen Gutachtens erst einmal entfallen dürfte.

Teil 7 – Erkrankungen

Tatbestand	Rechtsnorm	Art Gutachten	Gutachter	Fragestellung
Diagnostizierte eignungsrelevante Erkrankung nach Anlage 4	§ 11 Abs. 2 FeV i.V.m. Anlage 4	Ärztliches Gutachten	FA/FAin oder Arzt/Ärztin einer BfF	Erfüllt (*Name*) aufgrund der diagnostizierten eignungsrelevanten Erkrankung (hier: ____) und der damit in Verbindung stehenden Dauermedikation (Name des Arzneimittels), **die nach Anlage 4 Nr. __ die Fahreignung in Frage stellt**, die Voraussetzungen zum sicheren Führen eines (Kraft-)fahrzeuges der Klasse … ?

Tatbestand	Rechtsnorm	Art Gutachten	Gutachter	Fragestellung
Diagnostizierte Erkrankung, die nicht in Anlage 4 aufgeführt ist	§ 11 Abs. 2 FeV i.V.m. Anlage 4	Ärztliches Gutachten	FA/FAin oder Arzt/Ärztin einer BfF	Erfüllt (*Name*) aufgrund der diagnostizierten eignungsrelevanten Erkrankung (hier: ____) und der damit in Verbindung stehenden Dauermedikation (Name des Arzneimittels) **aufgrund der in der Anordnung vom... dargelegten Eignungsbedenken** die Voraussetzungen zum sicheren Führen eines (Kraft-)fahrzeuges der Klasse ...? und[19]
Multimorbidität/Polimedikation	§ 11 Abs. 2 FeV i.V.m. Anlage 4	Ärztliches Gutachten[20]	FA/FAin oder Arzt/Ärztin einer BfF	Erfüllt (*Name*) aufgrund der diagnostizierten Erkrankungen (hier: ____) und der damit in Verbindung stehenden Medikationen (Name der Arzneimittel) die Voraussetzungen zum sicheren Führen eines (Kraft-)fahrzeuges der Klasse ... ?[21] oder (z.B. bei psychiatrischen Erkrankungen) Erfüllt (*Name*) aufgrund der diagnostizierten Erkrankungen (hier: ____) und der damit in Verbindung stehenden Medikationen (Name der Arzneimittel) i.V.m. der vorangehenden Begutachtung (Erkrankung angeben) die Voraussetzungen zum sicheren Führen eines (Kraft-)fahrzeuges der Klasse ... ?
Es liegen Erkenntnisse vor, die Eignungsbedenken auslösen, diese können aber aufgrund mangelnder Mitwirkungspflicht nicht näher eingegrenzt werden.[22]	§ 11 Abs. 2 FeV	Ärztliches Gutachten	FA/FAin oder Arzt/Ärztin einer BfF	Sind die aktenkundigen Erkenntnisse über (*Name*) auf eine Gesundheitsstörung/Erkrankung bzw. ein Mangel in einer Art und Ausprägung zurückzuführen, welche die Fahreignung in Frage stellt? Ist (*Name*) in der Lage, den Anforderungen zum Führen von (Kraft-)fahrzeugen der Klasse ... gerecht zu werden?

20 Zur Frage, welche Gutachter in speziellen Krankheitskombinationen durch die Fahrerlaubnisbehörde in Anspruch genommen werden können, finden sich in einer aktuellen Entscheidung des VGH Bayern (v. 21.11.2023 – 11 CS 23.1206) umfang-

reiche Ausführungen (siehe hierzu auch Nr. 2.7 der Begutachtungsleitlinien-Kumulierte Auffälligkeiten).

21 Der Komplex der »Fragestellung« beinhaltet zum einen die konkrete Frage nach der Eignung im Zusammenhang mit einer bekannten Krankheit bzw. bekannten Symptomatiken, die auf Eignungsprobleme hinweisen. Dies stellt die **Grundfragestellung** dar.
Ergänzend zeigt die Erfahrung mit ärztlichen Gutachten, dass weitergehende Inhalte erfragt werden sollten, um eine anschließend erforderliche Auflagenverfügung dem Einzelfall entsprechend formulieren zu können (ergänzende [!] Fragestellungen oder Hinweise an den Gutachter im Schriftsatz der Fahrerlaubnisbehörde):
- Auflagen und/oder Beschränkungen und der damit verbundenen Einzelfallbegründetheit
- zeitliche Abstände von Auflagen
- Dauer der Auflagen
- konkrete Angaben, was konkret bei Auflagen kontrolliert bzw. attestiert werden soll
- wem sind die damit in Verbindung stehenden Unterlagen vorzulegen
- Nachbegutachtung i.S.d. Anlage 4a zur FeV
- Frage nach der Überprüfung der psycho-physischen Leistungsfähigkeit
- Frage nach dem Erfordernis eines technischen Gutachtens eines aaSoP bei Bewegungseinschränkungen

22 Kommen die Betroffenen ihrer Mitwirkungspflicht nicht nach und können demzufolge die Auffälligkeiten gesundheitlich nicht näher eingegrenzt werden, bleiben der Verwaltungsbehörde nur zwei Möglichkeiten. Entweder wird die Fahrerlaubnis aufgrund mangelnder Mitwirkungspflicht entzogen oder alternativ ein ärztliches Gutachten entgegen der Auffassung des BVerwG (v. 05.02.2015 – 3 B 16/14) (kein allgemeines Ausfragen) angeordnet (siehe *Kalus*, Die Mitwirkungspflicht, VD 2023 Heft 7).